世界传世藏书

【图文珍藏版】

历史知识大博览

赵征⊙主编

第三册

线装书局

自古红颜多薄命——陈圆圆的最终去向

公元 1644 年，李自成兵败山海关，而原本盘踞东北地区的满族人随后入主了中原。在这关系到中国从 17 世纪中叶到 20 世纪初的历史大走向和亿万生灵命运的重大历史事件背后，却隐藏着一个既有着许多浪漫气息又充满悲情的一个模模糊糊的关键人物，她就是明末苏州城内一个绝色女子——陈圆圆。说来也奇怪，关外清兵与明政府百年抗衡最终获胜，李自成几十万人十几年浴血奋战功败垂成……这些足以改变历史的事件居然最终都源于一名妓女的被劫。

史书记载，历史上却有陈圆圆其人，她本姓邢，名沅，字圆圆，又字畹芬，出生于江苏常州府武进县。她的父亲是个货郎，母亲早亡，自小家境贫寒，也正因为家贫，后来不得不沦落到苏州桃花坞做了一名歌妓。因为陈圆圆极美有长袖善舞，所以很快就红透了苏州城，成了当时达官贵人们追逐的对象。冒襄《影梅庵忆语》、陈其年《妇人集》、李介立《天香阁笔记》、（道光）《武进县志》等书对以上内容有着详细的记载。虽然也有人认为她出身于大家闺秀，生于四川，父亲曾为四川成都同知，但是此说没有证据支持。

既然陈圆圆是流落在苏州的风尘女子，那么她是怎么到达京城而落入吴三桂之手，并成为其宠妾的呢？这个问题暂无定论。据《清史列传·逆臣吴三桂》记载，崇祯周皇后的父亲嘉定伯周奎有一次到苏州营葬，见陈圆圆美貌就将其带回京城，后来赐给了吴三桂为妾；据《天童密云悟塔铭》说，皇亲田弘遇在崇祯十四年（公元 1641 年）到南海普陀山进香归来时，于次年春天从苏州抢掠而来，起初将其纳为自己的爱妾，后来因为体弱多病，便将陈圆圆送给了吴三桂；而据徐树丕《识小录》卷二《合纪诸不肖事末》记载，崇祯十五年春四月，田弘遇有一个当锦衣卫的女婿叫汪起先，他到苏州办事的时候，在一戏场发现了陈圆圆，被其美色所吸引，便将其强行赎走。而当时已花花公子周玉莎也觊觎陈的美色，不甘心心中所爱被汪带走，便托好友宋某纠集了一批地痞无赖，将陈圆圆从汪起先手里过了回来。宋某的父亲曾入过仕途，知道田弘遇的女儿是当朝贵妃，父以女荣，田终日嚣张跋扈，不可随意冒犯，便亲自去给汪起先赔罪，并将陈圆圆归还给了汪起先。后来，汪起先因为得罪了田弘遇，便忍痛割爱将陈圆圆献了田弘遇抵罪。再后来，田弘遇又把陈圆圆献给了崇祯帝。

后来，李自成攻入北京，农民军将领刘宗敏被已是吴三桂爱妾的陈圆圆的美色所迷，将其占为己有，这直接导致了时任宁远总兵，下辖十万大军的吴三桂开关降清。不过对这段历史，史学家们观点又出现了分歧。姚雪垠根据《甲申传言录》中所载，刘宗敏向吴襄索要陈圆圆，而吴襄回答说陈已经死在了宁远，并认为陈圆圆与吴三桂降清一点关系都没有，因为当李自成攻入北京时，陈圆圆早已命丧宁远了。但是，另外一些学者通过对当时有关记载的辨认考证，认为农民军虽然起初军纪严明，但在进入北京城后，渐渐变得军纪混乱，烧杀奸淫时有发生，并且对达官富豪的拷掠更甚。因此，刘宗敏"系襄索沅"导致吴三桂降清是有可能的。

最后，关于陈圆圆的最终归宿也有不少分歧。

第一种观点认为，陈圆圆根本没到过云南，早就死在了宁远。其根据是康熙二十年（公元1681年），清军攻破昆明，查抄吴三桂伪宫时，并没有见到陈圆圆的踪迹，宫中册籍也没有她的名字。

第二种观点认为，陈圆圆在山海关一战，被吴三桂抢回，其后随吴三桂到了云南。后来，当清兵攻破昆明城时，陈圆圆自缢而亡或绝食而死。据刘健《庭闻录》记载，吴三桂有宠妾陈圆圆、八面观音以及四面观音等，并且在城破时，陈圆圆已死去。刘健的父亲曾担任云南同知，吴三桂叛乱时，他知道吴必败，誓不相从，他对吴三桂的记载应该是可信的。孙旭在《平吴录》中云："桂妻张氏先死，陈沅及伪后郭氏具自缢，一云陈沅不食死"。《平滇始末》也记载："陈娘娘、印太太及伪后郭氏，俱自缢。"

第三种观点认为，吴三桂兵败后，陈圆圆并未自杀或绝食而死，而是出家去了。至于陈圆圆在何时何种情况下出家，又众说纷纭。

第四种观点认为，清兵攻入昆明后，吴三桂的手下马宝护送陈圆圆和其子吴启华逃亡到了贵州恩州府，并定居在这里，从此隐姓埋名，直至逝世。其墓有碑文曰："故先妣吴门聂氏之墓位席。孝男吴启华媳涂氏立。""吴门聂氏"即为陈圆圆的代称，并说这是陈家的秘密，只许一代一代相传。

此外，还有观点认为，陈圆圆当时在昆明洪觉寺出家为尼，后逃到城西三圣庵，法名寂静，一直活到八十岁。更有观点认为，陈圆圆随吴三桂到了云南之后，遭到吴三桂其他妻妾的嫉妒，再加上年老色衰，渐渐失宠，后来便向吴三桂请求做了一名女道士，离宫而去。从各种史料来分析，陈圆圆出家是很有可能的。

陈圆圆一届风尘女子之所以成为千古风流人物，吴伟业的《圆圆曲》功不可没，"恸哭六军皆缟素，冲冠一怒为红颜。"有学者认为《圆圆曲》为文学作品，存在艺术上的虚构夸张成分；而有人则认为吴伟业作为历史见证人，以文学形式真实地记录了当时的历史，此诗完全可以作为史料。同时，吴伟业在这一时期所写的其他几部有关妓女的作品，都是真人真事的。并且，据《庭闻录》记载："至谓三桂入卫之时，方欲取沅，与谓沅在宁远者皆非也。唯吴梅村《圆圆曲》得其实。当时梅村诗出，三桂大惭，厚赂求毁版，梅村不许，三桂虽横，卒五如何也。"然而，从《武进县志》《明史》《清史稿》《明季北略》《甲申传言录》《圆圆传》《天香阁笔记》《影梅庵忆语》等史料记载看，陈圆圆其人其事大体是可信的，她的一生可以概括为：出身贫寒，后流落风尘，以色美艺佳成为苏州名妓。后为皇亲田弘遇购买，后又转归吴三桂。李自成入北京，她为刘宗敏所得，后又为吴三桂所有，随之到云南，或死或出家。

孝庄太后是否下嫁多尔衮之谜

1644年，皇太极驾崩。一场激烈的皇位之争展开了。有实力的竞争者有三个人：长子肃亲王豪格、皇太极十四弟睿亲王多尔衮和第九子福临。其中豪格和多尔衮都是拥有实力的亲王，得到八旗部队中半数的支持。这时福临的生母博尔济吉特氏看中了两红旗旗主礼亲王代善的辈分和威望具有能够左右大局的力量，便紧紧拉住代善，使两红旗长支持福临。然后又将镶蓝旗拉至麾下。最后，使多尔衮改变初衷，拥戴福临。幼主福临即位后，多尔衮把持国柄，成为摄政王。

《清朝野史大观》这样记载：多尔衮还以顺治的名义向天下颁布诏书：皇叔摄政王现在是单身，他的身份、地位和相貌，皆为国中第一人，太后非常愿意放弃自己的地位嫁给他。因此"太后下嫁"之说自明末清初即已流传，清末排满时重又复炽。

至于太后下嫁皇叔多尔衮，一直以来，史学界有着各种不同的看法。有的根本就不承认此事；有的说这件事是千真万确，也是符合满族传统的。满族入关前由奴隶制向封建制迅速过渡，但还保留着兄死则妻其嫂等遗俗，而且博尔济吉特氏既然要为自己的亲生儿子谋皇位，扩大政治势力是其必由之路，因此用新的联姻来扩大自己的势力还是符合情理的。至于下嫁时的规模怎么样，有没有向天下颁发诏书，这还需要进一步的考证。一些颇具历史价值的史书确切地记载了这件事。清蒋良骐在《东华录》

孝庄太后

中记载说，多尔衮"自称皇父摄政王，又来到皇宫内院"。假如太后没有嫁给他，假如他没有以皇父的身份对待顺治帝，那么，他经常出入内院，恐怕是皇室宗亲所不能答应的。而且，多尔衮死后，朝廷破格追封他为诚敬义皇帝。

朝鲜《李朝实录》对此事也有记载。书中说，顺治六年二月，清廷曾派使臣到朝鲜递交国书。朝鲜国王李倧从见国书中将多尔衮称为皇父摄政王，便问道："贵国咨文中有皇父摄政王的称法，这是什么意思？"使臣回答："去掉'叔'字，是朝中可喜可贺的事啊。他和皇帝就成了一家人。"

《清圣祖实录》记载说，康熙二十六年十二月，孝庄文皇后得了重病，即将死去时，孝庄文皇后对康熙说："太宗文皇帝梓宫，安放在那里已很长时间了，不可因为我而去打扰太宗皇帝的安息。我迷恋你父皇、皇父及你，不忍远去，所以在附近选一块地安葬了就行了。这样，我也没什么可以遗憾的了。"清朝讲究帝后合葬，显然，孝庄文皇后是觉得下嫁皇叔多尔衮，愧对太宗，于是就借口说不愿葬得太远，单独就近安葬。孝庄文皇后的要求不合情理，但作为孙子的康熙是亲耳听到孝庄文皇后的遗言的，当然得遵守，于是他把孝庄的灵柩停放在东陵。到了雍正继承皇位时，才将灵柩葬入东陵地宫。

南明弘光政权的兵部尚书张煌言在《建州宫词》中也讲述了这样一件事实："上寿

称为合卺樽，慈宁宫里烂盈门；春宫昨进新仪注，大礼恭逢太后婚。"这事在当时很可能是尽人皆知的，否则，张煌言也不会这样撰写。四川师范大学图书馆收藏着一部《皇父摄政起居注》，注后有刘文兴写的跋。跋称：清宣统初年，内阁库坦妃，家君刘启瑞当时是阁读，奉命检阅库藏，得顺治时太后下嫁皇父摄政王诏。于是，这件事便在整个朝野传开了。

另一方面，20世纪30年代，明清史大师孟森著《太后下嫁考实》，力辩此事全无。也有学者认为张煌言诗，不能作为太后下嫁确证。其诗系远道之传闻，故国之口语，诗非信史，不足为凭。而蒋氏《东华录》所记"皇父"，是清君主对某个臣下的尊称，或是清世祖封多尔衮为"皇叔父"后以其定鼎功勋显著，无可晋爵，乃以"皇父"为封。"皇父"之于皇帝仍为臣下。而满族旧俗有直呼尊者为父之例，多尔衮前封"皇叔父摄政王"，满文直译为"汗（君）的叔父父王"，因此这并不表明多尔衮为福临的皇父。

综上所述，"下嫁"是否确有其事，目前难以做出定论，只待新的材料发现和新的研究工作展开，才能解开个中之谜。

董鄂妃身世之谜

清初皇帝顺治是历史上有名的多情种子，他爱美人不爱江山，在自己钟爱的妃子去世后，开始万念俱灰。据民间传说，顺治因董鄂妃去世心灰意冷，遁入空门。而董鄂妃究竟是何人呢？是顺治以一般途径纳入宫中的妃子，还是另有来历？

据汤若望回忆录记载，顺治皇帝狂热地爱上了一位满籍军人的夫人，并在这位军人斥责他夫人时，打了此军人一个耳光，于是这位军人因愤致死，或自杀而死。皇帝于是把这位军人的夫人收入宫中，并封为贵妃，这位贵妃于顺治十七年（公元1660年）产下一子，皇帝本预备立他为将来的皇太子。但是这位皇子竟于数星期之后死去，其母不久亦去世。这与《御制董妃行状》中说董妃"后于酉冬生荣亲王，未几王薨"的记载相合。于是有人推测董鄂妃实为这位军人之妻。

不过，谁是那个军人，为什么他的夫人在宫禁中竟能自由出入，实是耐人寻味。从其夫人与皇帝的亲近情形看，必为近臣。有人于是开始猜测上述军人即是顺治之弟太宗第十一子博穆博果尔，即襄亲王。此人卒于顺治十三年（公元1656年）七月初三日，终年16岁。董鄂妃于同年八月间在其18岁时即被册封为贤妃，从时间上推测，正好27天的服制刚满。

对董鄂妃进宫时情形，当时诸种史书均没有做过详细的记载，仅仅有顺治在挽词中说她在18岁时，以其德优而被选入宫中。可是选秀制度规定，超过17岁的女子就没有权利参加选秀了。董鄂氏若18岁时才去应选，别说"以德选入掖庭"，就是和众"合例女子"竞争而进宫做侍女的可能性都很小。那时选秀的合适年龄一般在13岁至16岁之间，若把初选、复选、择配、成婚和与襄亲王一起过日子的时间等因素考虑在内，董鄂妃参加选秀的年龄应在15岁左右，也就是顺治十年前后。董鄂氏进宫后没多长时间，顺治便将其赐为襄亲王博穆博果尔的妻子。

清初有各宗室及亲郡王命妇轮番入侍后妃制度，作为襄亲王妻子的董鄂氏，当然有进宫的资格。长时间周旋于内宫，这样自然而然就有机会与皇帝交往。顺治十一年四月，孝庄太后觉察到儿子与弟媳之间有不正当的勾结，赶忙命令停止命妇入侍后妃之例，说以前根本没有此定制，应"严上下之体，杜绝嫌疑"，这似乎就是针对顺治与董鄂氏的不正当关系而言。

襄亲王与顺治是同父异母的兄弟，而董鄂氏却是襄亲王的妻子。顺治这种强占弟媳的可恶行为当然不但有辱国体、宗门和家法，更严重的是恶化了满蒙贵族的政治关系，因此孝庄太后当然要竭力反对。首先，她废弃了亲王郡王命妇入侍后妃的旧例，以便不让儿子和董鄂氏继续来往，接着册立孔四贞为东宫，想使顺治转而宠幸孔四贞，可是她所做的一切均没有效果。顺治为了得到弟媳，逼死胞弟，夺占弟媳。对于顺治的种种行为，孝庄太后在无可忍耐时终于亮出"杀手锏"，将董鄂妃除去，也因此导致了顺治出家的闹剧。

以上说法只是一些人的推测而已，在民间，关于董鄂妃的来历还有另一种说法，认为董鄂妃即为明清之际江南名妓董小宛。

董小宛姓董名白，字青莲，又字小宛，她在 19 岁时嫁给了当时有名的才子冒襄，冒襄的《影梅庵忆语》记载了董小宛的生平，《影梅庵忆语》中追述她的生平时不吝笔墨，但对小宛生病及丧葬等事却语焉不详。冒襄写道"到底不谐，今日验兑。"似乎董小宛不是病死，病死应作悼亡之辞，而不至于生出"不谐"之叹。于是有人推测说冒襄以小宛被掳之日作为祭辰，托言小宛已死，实则被掳入宫，赐姓董鄂，晋封贵妃了。

到底董鄂妃是顺治弟媳，还是民间传说之董小宛，尚无人做出肯定的结论，董鄂妃的来历与顺治是否出家一样，成为千古之谜。

东太后慈安死因之谜

在清朝的历史上，作为两宫皇太后之一的东太后慈安是与西太后慈禧一样举足轻重的人物，然而光绪七年三月初十日（公元 1881 年 4 月 8 日），一向健康无病的东太后慈安在 12 小时内竟突然发病及暴卒，实在出人意料。从此，慈安之死成为清宫的一件疑案。

东太后慈安，姓钮祜禄，谥孝贞显皇后，为满洲镶黄旗人，于道光十七年七月十二日（公元 1837 年 8 月 12 日）出生，其父穆扬阿，曾任广西右江道。咸丰为皇子时，钮祜禄氏就已经是他的侧福晋。由于他的嫡福晋（萨克达氏，后上尊号孝德显皇后）于咸丰即位前已经去世，钮祜禄氏遂于咸丰二年二月（公元 1852 年 3 月）被封为贞嫔，五月晋贞贵妃，十月又册立为皇后。1861 年 11 月咸丰帝死后，她被尊为母后皇太后，上尊号慈安，与慈禧太后共同"垂帘听政"，众人称她为"东太后"或"老佛爷"，与西太后慈禧相对应。

慈安与慈禧形成鲜明的对比，她是位德高望重的好皇后，因此众人痛惜其暴崩，并对其死产生了怀疑。东太后当时45岁，小西太后慈禧两岁，"体气素称强健"（孔孝恩、丁琪著《光绪传》），而当时西太后慈禧正病卧在床。所以听到噩耗，很多朝臣都以为是"西边出事"了，等得知结果后惊诧不已。许多官员提出怀疑，尤其是左宗棠，立即大喊有鬼。翁同龢的《翁同龢公日记》中记载说："则昨日（初十日）五方皆在，晨方天麻、胆星，按云类风痫甚重。午刻一按无药，云兴脑混乱，牙紧。未刻两方虽可灌，究不妥云云；则已有遗尿情形，痰壅气闭如旧。酉刻一方天脉将脱，药不能下，戌刻仙逝云云……呜呼奇哉！"仅12小时便由发病至死，岂不"奇哉"？

据说，慈安太后在暴卒的当天还曾经视朝。

而当时枢府王大臣奕䜣、大学士左宗棠、尚书王文韶、协办大学士李鸿藻等觐见慈安，都见慈安面无病状，仅是两颊微红，犹如醉色，没有什么特别之处。午后，军机诸臣退，内廷忽传孝贞太后驾崩，命枢府诸人速进议，诸大臣惊诧不已。因为以往帝后生病，总是在军机检视之下传御医用药。而此次忽然传太后驾崩之消息，确实非常奇怪。诸臣入至慈安宫，见慈禧坐矮椅，目视慈安小殓，十分镇静地说："东太后素来健康，怎会突然死去？"语时微泣，诸臣皆顿首慰藉，均不敢问其症状。最后草草办完了丧事。

根据慈禧以上的表现，人们便认为是慈禧毒死了慈安，而且，传说咸丰帝留给慈安一封密诏，要她必要时处死慈禧，慈安在慈禧的哄骗下焚毁了密诏，把自己对抗慈禧的一件最大的武器也毁了，慈禧便毒死了她。

对慈安太后暴卒的具体原因至今还存在着争议，除中毒之说外，还有自杀、自然死亡等说。"自杀"说来自《清稗类钞》，书中说："或曰：孝钦实证以贿卖嘱托，干预朝政，语颇激。孝贞不能容，又以木讷不能与之辩。大患，吞鼻烟壶自尽。"《清朝野史大观》里又用"或曰慈禧命太医以不对症之药致死亡"来说明慈安为用"错药致死"。

不管是"毒死一说"还是"自杀"或"错药致死"说，都有一个共同点，即慈禧害死了慈安。不过也有学者认为慈安为"自然死亡"，徐彻的《慈禧大传》则倾向于"病死"说。首先，作者认为慈安不善理政，例如召见臣子时说的话分量不足，只会询问其身体状况、行程远近等等，所以她根本不会妨碍慈禧在政治上的权力，慈禧也没必要害死她。

徐彻提出了《翁同龢日记》中的关于慈安发病的两则记载作为证据。一则是慈安太后26岁时曾经患了"有类肝厥"疾病长达24天，甚至达到"不能言语"之程度。另一则是同治八年（公元1869年）十二月初四日，慈安太后"旧疾发作，厥逆半时许"。"厥症"主要表现为突然昏迷、不省人事、四肢厥冷，轻者昏厥时间较短，重者则会一厥不醒甚至死亡。

但这也只是徐彻的一家之言，至于慈安太后暴卒的真正原因，只能是作为清宫的疑案成为人们茶余饭后的话题。

珍妃坠井之谜

珍妃，姓他拉氏，满洲镶红旗人，才色并茂，颇通文史，光绪十四年（公元1888年）进宫，后晋封为珍妃。光绪帝与珍妃感情甚好，但慈禧与珍妃一直有嫌隙，后因珍妃支持光绪戊戌变法，因此受到慈禧太后怨恨，最后在光绪二十六年（公元1900年）七月八国联军进攻北京、慈禧仓皇出逃前夕，将珍妃溺死于宁寿宫外的玻璃井中，但珍妃是否坠井而死，一直众说纷纭。据《清朝野史大观》记载，八国联军兵临城下，慈禧等人收拾行装准备逃出紫禁城，珍妃进言说皇上是一国之君，应该留京，太后一怒之下命李莲英将其推入宁寿宫外大井中。

这种说法认为珍妃的死是由于她干预朝政，支持变法，惹怒了慈禧，才使慈禧在八国联军进京前西逃西安时，将其除掉。

但是也有人说珍妃并未讲过"皇上留京"一语，珍妃坠井是西太后用封建的贞节观诱逼所致。

太监小德张过继孙张仲忱在《我的祖父小德张》一文中记述了珍妃死时的情景，说珍妃当时患重病，请求回娘家避难，慈禧不准，让崔玉贵把珍妃投入井中。

种种说法各持一端，至今也是个谜。但珍妃死后，引起了人们对她的无限同情，一批正直的士大夫知识分子纷纷托词为悼。

西施最后的归宿如何?

我国古代"四大美女"之首的西施，是春秋末期越国的一名浣纱女，有闭月羞花、沉鱼落雁之貌，之所以能名见史册，是因为她不幸成为两个国家斗争的主角，吴王夫差对之宠幸有加，也因为她对越国放松了警惕最终被越国打败。

那么，吴国灭亡以后，这位美貌的女子究竟归宿何处呢? 早期的史书所记录的，都是一代红颜薄命的下场，立了功却最终被越王装进皮袋沉到江里。《墨子·亲士》篇就说："西施之沈（'沉'，古作'沈'），其美也。"《太平御览》引东汉赵晔所撰《吴越春秋》中有关西施的记载说："吴亡后，越浮西施于江，随鸱夷以终。"这里的"浮"字也是"沉"的意思。"鸱夷"，就是皮袋。这与上述记载相同。另外，唐代诗人皮日休也有《馆娃宫怀古》五首，第五首是："响屟廊中金玉步，采苹山上绮罗身；不知水葬今何处，溪月弯弯欲效颦。"这些记载均说西施最后被沉于水。但是后人不忍这位绝代佳人有如此可悲的结局，于是流传出西施和范蠡偕隐西湖的美满姻缘的故事。范蠡是当时越国的大夫，帮助越王勾践刻苦图强，灭亡吴国，因深知越王勾践为人"可以共患难，不可以共安乐"，于是隐姓埋名出走。本来范蠡和西施没有任何关系，但因有范蠡泛于西湖的传说，后人便给他安排了一个如花美眷西施为伴，同时也给西施安排了一个虚假的美满的结局。《越绝书》是东汉袁康所撰，记吴越两国史迹及范蠡等人的活动，多采传闻异说。例如《越绝书》就这样记载："吴亡后，西施复归范蠡，同泛五湖而去。"唐代诗人杜牧在所作《杜秋娘诗》中有句云："西子下姑苏，一舸逐鸱夷。"这里的"鸱夷"不做皮袋解释，而指的是范蠡。《史记·越王勾践世家》说范蠡亡吴后，"浮海出齐，变姓名，自谓鸱夷子皮"。《姓氏书辨证》卷三中也说，范蠡到了齐国以后，自号鸱夷子。

民间还有一些纪念范蠡与西施爱情的场所。说是在范蠡送西施去吴国途中，二人情难自抑，双宿双栖，生下一子。等他们一路磨蹭到吴国时，孩子已能张嘴说话。至今吴越间还有一"爱子亭"，用于纪念范蠡与西施的爱情结晶。只不过令人遗憾的是，传说中这个孩子后来送给别人抚养就再也没有找回。

《史记》中《越王勾践世家》与《货殖列传》都提到范蠡却没有提起西施，就更不用说她和范蠡有什么关系。是司马迁没有看到这方面的记载，没有听到这方面的传说，还是司马迁特意不写进去，今天就无从知晓了。因此有关西施的结局众说纷纭。是被沉于水，或者跟随范蠡归隐于西湖，或者还有其他什么结局，这仍是有待探索的谜。

王昭君出塞之谜

王昭君，中国古代四大美人之一，"昭君出塞"的故事让风华绝代的王昭君在历史上据有一席之位。

这个故事在《汉书·匈奴传》和《后汉书·南匈奴传》等正史中都有所记载。但有关她出塞的原因，至今众说纷纭，莫衷一是。

一种最流行的说法是，王昭君因自傲，未买通画工毛延寿，因而被丑化。未能遭皇上宠幸的昭君觉得在宫中没有意思，于是自请去匈奴。经汉元帝同意，她便出塞去和亲了。

据《汉书·元帝纪》和《西京杂记》所载："王昭君，西汉南昭秭归（今属湖北）人，名嫱。"晋时为避司马昭讳，她又被称为明君和明妃。相传，她是齐国王襄的女儿，竟宁元年（公元前33年），17岁的王嫱被选入宫中，汉元帝是按画工的画像选宫女的，为了能被皇上召幸，深居后宫的宫女们，总想让画工把自己画得美点。所以，她们不惜花费重金贿赂画工。

王昭君初入宫廷，第一不懂这些规矩，因而没有准备这笔贿金；二来觉得自己天生美貌，不怕皇上不召见。据说，画工毛延寿在画王昭君的眼睛时，便开口说："画人的传神之笔在于点睛，是一点千金呀！"对毛的暗示昭君虽心领神会，但没有买他的账，反而讥讽了他几句，毛延寿见她如此傲慢，便把那点该点到昭君眼睛上的丹青点到了她的脸上。多了这么一点，王昭君因而苦守了不知多少时光。

这时，恰好匈奴呼韩邪单于来朝，要与汉人和亲。王昭君久居深宫，觉得面见圣上无望，积怨甚深，便主动要求离汉宫去匈奴。汉元帝原想她毫无姿色，因此同意了她的要求。

到了呼韩邪单于与昭君离开的那一天，汉元帝见王昭君丰容盛饰，美冠汉宫，不禁大吃一惊。他本想留下她，可是怕与人失信，只好忍痛割爱，让王昭君出塞和亲。

据传，后来汉元帝对画工毛延寿大为恼火，想要杀掉毛延寿等画工。

王昭君到了匈奴，生儿育女，俨然一个贤妻良母。可是好景不长，没几年，呼韩邪单于驾崩。阏氏之子继位。依匈奴习俗，王昭君要嫁给继子为妻。昭君不从，上书汉朝要求回汉宫。此时元帝已死，成帝即位，成帝敕令她从胡俗，无奈之下昭君又成了单于阏氏。又传，王昭君觉得屈辱，最后服药而死。

历史上还有一说，王昭君之所以出塞，是毛延寿设下的救国计策。宫廷画工见王昭君美貌异常，怕汉元帝贪恋其美色而步纣王后尘，于是将昭君有意丑化。后汉元帝见昭君真面目虽想反悔但最终忍痛割爱。历史上一些文人大大赞扬了毛延寿此举，认为他这样做不但使元帝免于沉溺女色之祸，而且昭君出塞确实对边疆的安宁起到了积极的作用。

正史中记载，王昭君出塞和亲，对汉边疆的安宁确实起了积极的作用。从此，汉匈关系和睦，这说明政治联姻对于汉匈外交起到了积极作用。

"闭月" 之貌出谁家——貂蝉身世之谜

在古代四大美人中，最迷人的当属貂蝉了，因为她竟让英雄豪杰为之神魂颠倒；也数她最不可捉摸，因为人们至今还没有弄清楚她的本来面目。关于她的身世，主要有以下四种观点。

第一种观点认为她是王允的歌妓。王允，东汉太原祁县（今属山西）人，字子师。初为郡吏，灵帝时，任豫州刺史，献帝登基后任司徒。王允为了铲除董卓，想用美人计来达到目的。于是他想到了貂蝉，王允对她说明了其中情由及利害关系，并要求她助一臂之力。貂蝉按王允的要求，以她的美色挑起了吕布和董卓之间的矛盾，最后，利用吕布杀了董卓，为王允排除异己立下了汗马功劳。事成后，貂蝉在花园里为王允祈祷拜月，正巧此时有一片彩云遮月。王允见之曰："貂蝉美色使月亮躲到云后面去了。"据此，后人都传说貂蝉有"闭月"之容。

第二种观点认为她是董卓的婢女。董卓，东汉陇西临洮（今甘肃岷县）人，字仲颖。本为凉州豪强，灵帝时，任并州牧。昭宁元年（公元198年）率兵入洛阳，废少帝，立献帝，专断朝政。曹操与袁绍等起兵反对，他挟献帝西迁长安，自为太师，后来为吕布所杀。据《后汉书·吕布传》载："卓以布为骑都尉，誓为父子，甚爱信之。常小失意，卓拔戟掷之，布拳捷得免。布由是阴怨于卓。卓又使布守中阁，而私与侍婢情通，益不自安。"这段记载的就是凤仪亭掷戟之事。由此可知，貂蝉是与吕布情通的董卓婢女。

第三种观点认为她是吕布之妻。据《三国志·吕布传》注引《英雄记》载："建安（汉献帝年号）元年六月，夜半时，布将河内郝萌反，将兵入布所治下邳府，诣厅事阁外，同声大呼，布不知反将为谁，直牵妇，科头袒衣，相将从溷上排壁出，诣都督高顺营。"又载："布欲令陈宫、高顺守城，自将骑断太祖（曹操）粮道，布妻谓曰：'宫、顺素不和，将军一出，宫、顺必不同心共守城也，如在蹉跌，将军当于何自立乎？妾昔在长安，已为将军所弃，赖得庞舒私藏妾身耳，今不须顾妾也。'布得妻言，愁闷不能自决。"这里描述的这位科头祖衣的妇人，就是吕布之妻貂蝉。

还有一种观点认为她是吕布部将秦宜禄之妻。据《三国志·关云长传》注引《蜀记》曰："曹公与刘备围布于下邳，云长启公：'布使秦宜禄行求救，乞娶其妻。'公许之。临破，又屡启于公，公疑其有异色，先遣迎看，因自留之。云长心不自安。"从这段记载中可知秦宜禄的妻子是很有姿色的。另外，因为关羽先想娶其为妻，可是由于曹操"自留之"，所以引起关羽的妒忌。他妒火中烧，一刀便把秦宜禄的妻子给杀了。元人杂剧《关公月下斩貂蝉》就是以此事创作而成。因此，秦宜禄之妻也成了传说中的貂蝉。

貂蝉作为四大美女之一，其红颜薄命委实令人悲叹。

曹植在《洛神赋》中写的神秘女子是谁？

位列"三曹"之一，素以文采见长的曹植在他一生的作品中，除七步诗之外，《洛神赋》便是他最著名的代表作之一了。但曹植在《洛神赋》中所写的洛水之神到底是谁呢？

甄后，是曹丕的妃子。作为小叔子的曹植居然动了爱慕之心，这就兄弟之道言，是其不义，就君臣之道言，是其不忠。不义不忠，大逆不道，成何体统？于是从古至今，便有一支浩荡大军，来辨伪正本，口诛笔伐。唐彦谦曾经说："惊鸿瞥过游龙去，虚恼陈王一事无。"陈王，就是指曹植。宋人刘克庄却说，这是好事之人乃"造甄后之事以实之"。明人王世贞又说："令洛神见之，未免笑子建（曹植字）伧父耳。"清代又有何焯、朱乾、潘德舆、丁晏、张云璈等人，群起而鞭挞之。把他们的论点综合起来，大概有如下几点：第一，曹植爱上他的嫂嫂很不可能。他没有那么大的胆量写《感甄赋》。丕与植兄弟之间因为政治的斗争，本来就很紧张，曹植写《感甄赋》，岂不是色胆包天，不怕掉脑袋了吗？第二，图谋兄妻，这是"禽兽之恶行"，"其有污其兄之妻而其兄晏然，污其兄子（指明帝）之母而兄子晏然，况身为帝王者乎？"第三，李善注引《记》所说的文帝曹丕向曹植展示甄后之枕，并把此枕赐给曹植，"里老所不为"，何况是帝王呢？极不合情理，纯属无稽之谈。第四，《感甄赋》确有其文，但"甄"并不是甄后之"甄"，而是鄄城之"鄄"。"鄄"与"甄"通，因此是"感甄"。曹植在写这篇赋前一年，任鄄城王。第五，《洛神赋》一文，是"托词宓妃以寄心文帝"，"其亦屈子之志也"，"纯是爱君恋阙之词"，就是说赋中所说的"长寄心于君王"。后来的人否定感甄说不过是重复这些观点。如果说有所增加，只是说，14岁的曹植不大可能向曹操求娶已经24岁的已婚女子为妻。

与此相对立的是小说传奇和一些诗人，有的作者干脆认为洛神就是甄后。《太平广记》卷三百三十一《萧旷》篇和《类书》卷三十二《传奇》篇，都记述着萧旷与洛神女艳遇一节。洛神女说："妾，即甄后也……妾为慕陈思王之才调，文帝怒而幽死。后精魂遇于洛水之上，叙其冤抑。因感而赋之。"李商隐在他的诗作之中，曾经多次引用到曹植感甄的情节，甚至说："君王不得为天下，半为当时赋洛神。"蒲松龄的《聊斋志异·甄后》篇中，甄后大骂曹操、曹丕，说"丕不过贼父子庸子耳"，连父带子一块骂。后面还有一段评语是这样的："陈思时一见，《感甄赋》不虚作矣。"

综观千百年来的争论，对立的双方都没有拿出充分而直接的证据来说明是感甄或不是感甄，大多是推论。如果说是感甄之作，用什么确凿的材料来推翻否定者所提出的六点疑问？如果不是为感甄而作，那曹植又为什么写这篇《洛神赋》？女丘果说是寄托君臣之道，作为政治上屡次受其兄长迫害的曹植，会产生《洛神赋》中所表现的那么真挚的感情吗？似乎也不可能，所有的这一切仍旧是悬而未解的谜。

北宋名妓李师师死亡之谜

看过《水浒传》的人可能都知道，宋江在要归顺朝廷时，苦于没有门路，最后无法，只得托李师师打通关节。当然，这是小说家虚构的情节，但现实中的李师师是怎样的呢？原来李师师是北宋末年誉满京华的名妓，她本姓王，4岁亡父，只得入娼籍李家，后因才貌双全，善词曲，工歌唱，名噪汴京。她与当时的皇帝宋徽宗的交情不一般。宋徽宗就是在一次微服出游中结识李师师的。

后来徽宗将李师师纳入后宫，一个是风流皇帝，一个是风情万种的妃子，二人无比恩爱。只可惜，好景不长，金人入侵，徽宗被掳，而李师师就不知下落如何了。于是有人推断，这样一位绝代佳人，即使想要从此平静生活，似乎也不太可能。即使遁入空门，但是金人野蛮，又怎会任其安然生活。南宋时就有人做了一篇《李师师外传》，交代了她的下落，说她为宋徽宗殉情。

《李师师外传》中说，金人攻破汴京后，金主帅挞懒派人去找李师师，但找了很多天都没找到，张邦昌等人跟踪李师师，最后捉了她送到金军大营。李师师大骂道："以我一个卑贱的妓女，受到皇上宠爱，宁愿死也不迎合这些金人。你们这些高官显贵，朝廷有什么对不起你们的，你们却事事不为社稷子孙着想！"于是拔下金簪自刺喉咙，没死成，于是折断金簪吞下而死。作者因而说道："看李师师后来的事迹，慷慨激昂似侠士，不能不说是出类拔萃的女子。"后来清人黄廷鉴对李师师为徽宗殉情的事也极为赞赏。

但是，关于《李师师外传》中所说的李师师为宋徽宗殉情一事，后人异议颇多。鲁迅称这篇外传只是传奇而已，不足为据，其他许多人也持否定态度。邓广铭教授在《东京梦华录注》中说《李师师外传》"一望而知为明人妄作"，彻底否定其真实性。但这些说法也只是推测而已，没有明显的文献资料可以证明李师师并没有为宋徽宗殉情。

还有另一种说法则说汴京失陷后，李师师被俘北上，嫁给一个身有病残的老兵为妻，耻辱地了结一生。

作为一个与亡国之君有关系的绝色女子，李师师的情事必然会涉及国事，因而其下落究竟如何，只能任由后人评说了。

宋代杰出女词人李清照晚年有没有改嫁？

李清照，宋代杰出女词人，号易安居士，北宋著名学者李格非之女，21 岁嫁名士赵明诚，夫妻相得，皆好学能文。李清照在丈夫赵明诚亡故以后，是否改嫁张汝舟，成了后代学者深究而不得其解的历史之谜。

到了近代，有不少人提出李清照改嫁一事不存在。况周颐对张汝舟、李清照在赵明诚死后的行踪进行了考证，证明两人踪迹判然，当然不足信改嫁之事。黄墨谷几次著文为清照"辩诬"，对俞正燮等人的观点表示赞同，也将自己的不少看法提了出来。这些看法主要有以下几点：第一，黄墨谷对其他宋代李清照改嫁情况的记载提出异议。照他看来，宋代这么多人记载李清照改嫁一事，可是，赵明诚的表甥，又是綦崇礼的儿女亲家谢伋在他的著作《四六谈麈》中不但不提李清照改嫁一事，并且引了李清照对明诚表示坚贞的祭文，"坚城自坠，怜杞妇悲深"。第二，黄墨谷对李清照自传性文章《后序》提出了自己的看法。她提出，按照历法和宋代著作《容斋四笔》《瑞桂堂瑕录》的记载，《后序》应当作于绍兴五年，这时张汝舟已经除名三年了。换句话说，即使清照有改嫁一事，《后序》中也应该提到。除了上面这些说法外，黄墨谷认为谈论清照改嫁一事，不应该摒弃她的自传性文章《后序》所反映的内容，也不应该摒弃她的诗、词、文章和生平事迹。李清照曾经讲过类似"虽处忧患而志不屈"等述志的话，她在明诚死后又为颁行《金石录》耿耿于怀，在 68 岁时还上表于朝。这些情况，也极好地证明了清照并没有改嫁。

另一些学者不赞同俞正燮、黄墨谷等人观点。他们认为，在记载清照改嫁的材料中，"就时间而论，胡仔、王灼、晁公武、洪适都是清照同时代人。就地域论，胡仔、洪适之书，一成于湖州，一成于越州，并不是去天万里，而胡仔、王灼成书时清照仍然健在。要说在清照生前他们就敢明目张胆地造她的谣言，伪造《谢启》，这是不近情理的。南渡后明诚的哥哥存诚、思诚都曾做到不小的官，赵家那时并不是没有权势"（黄盛璋《李清照事迹考辨》）。针对《谢启》的真伪问题，黄盛璋提出，李清照"颁金通敌"冤案发生在建炎三年，从《谢启》中提到的"克复""底平"和称綦崇礼为"内翰承旨"等情况看，《谢启》当作于绍兴三年以后，因为建炎三年，朝廷正在仓皇避乱，不可能看"克复""底平"等事。再说，当时綦崇礼只担任中书舍人的官职，此职不能冠以"内翰承旨"的头衔。由此可见，发生在建炎之年的"颁金冤案"与《谢启》风马牛不相及。

有人提出张李二人在明诚卒后到汝舟踪迹判然，黄盛璋对此提出，从宣城、广德经吴兴有一条"独松岭道"，故不能肯定张汝舟是否去过杭州。黄盛璋还根据宋代社会习俗分析改嫁一事，他认为，明清两代妇女守节才趋严格。《宋史·礼乐志》中对治平、熙宁年间诏许宗女、宗妇两嫁之事有所记载。可见，宋代视改嫁为平常之事，宋人自然就不会惊诧于李清照改嫁一事了。

明末名妓柳如是为何自缢身亡？

柳如是祖籍浙江嘉兴，原姓杨名爱，小字影怜，号蘼芜君，后改姓柳，名隐，又改名是，字如是，号河东君、我闻女士。康熙三年（公元 1664 年）五月二十四日，其夫 83 岁高龄的钱谦益溘然长逝；随后几天，柳如是即悬梁自尽。那么，这位明末名妓自缢身亡的真正原因是什么呢？后人大致有以下几种不同的观点。

传统说法认为柳如是是为钱谦益殉节而死的。有人认为，这可以从两人的结合和婚后情况来证明。常熟人钱谦益学识渊博，誉满海内，柳如是对他慕名已久。两人经过一段时间的唱和，加强了彼此了解，增进了友谊，感情很好。第二年春天，两人终于结为夫妻，在从松江回常熟的船上成婚。虽然当时柳如是才 24 岁，正值青春妙龄，而钱已是年届花甲的白发老翁，但两人婚后感情还算不错，常在一起旁征博引，订讹考异，间以谐谑，琴瑟和谐。钱谦益曾经是"东林党"领袖，在社会上的知名度极高。钱谦益死后，柳如是为他殉节是可以理解的，也在情理之中。

也有人认为柳如是之死是为了抗争恶势力。学者楚南等人认为，柳如是自杀的壮举显示了她对封建制度的大胆抨击，钱谦益人生中有几大污点，柳如是是极为不满的，顺治元年（公元 1644 年）李自成攻克北京，崇祯帝自缢身亡。五月，福王朱由崧由马士英带到南京，称监国，不久称帝，钱谦益因谄事马士英，被起用为礼部尚书。第二年，即弘光元年五月，清兵渡江，弘光逃跑，钱谦益及总督京营戎政赵之龙、大学士王铎等迎降。这是钱谦益人生道路上的两大污点。对此，柳如是常心怀不满，多有讥讽的话，并曾多次劝钱谦益自尽，均未果。当钱暮年不得意而说"要死"时，柳讥讽他说："当初不死，现在已经晚了。"因此，柳如是未必一定会为钱谦益殉节。另外柳如是一生历尽辛酸曲折，她始终在追求获得人的尊严，在这方面她宁为玉碎，不为瓦全。

还有人认为柳如是被逼自尽的。钱谦益死后，家族中迅速爆发了一场争夺家产的斗争，即所谓"钱氏家难"。在钱氏家族看来，柳如是以钱谦益妾的身份掌握家政大权是莫大的耻辱，他们早已积怨在胸，现在钱谦益去世，顿感柳已失去依靠，立即爆发了一场家变。于是，族人钱曾、钱谦光等人在恶霸豪绅钱朝鼎的指使下，趁钱谦益新丧，大吵大闹，敲诈勒索，逼迫柳如是交出房产钱财，甚至掠夺田地 600 亩，僮仆十几人；柳如是来钱家 20 余年，一直大权在握，从没有受人之气。如今，丈夫的尸骨未寒，便遭到无耻小人的当面凌辱，如何忍受得了，在进退无门、忍无可忍的情况下，她仍镇定自若地对早晚坐逼的族人说："稍静片刻，容我开账。"然后，她独自登楼，紧闭房门，悬梁自尽。她写下遗嘱，打发长子钱孙爱、女儿和女婿等上衙告状。因此，《中国历代才女小传》等书都认为柳如是实际上是被族人追逼而自杀的。

但是，明末名妓柳如是自杀的真正动机到底是什么，至今仍是一个众说纷纭的谜，尚无定论。

香消玉殒落何方——陈圆圆归宿之谜

"冲冠一怒为红颜",清人吴梅村的《圆圆曲》向我们展示了一代奇女子陈圆圆的传奇经历。在那明末清初的动荡岁月中,在一系列重大历史事件的背后,陈圆圆是一个既有许多浪漫气息,又充满时代悲剧性的红颜女子。她的最终归宿至今仍是一个谜。

还有一种说法说是陈圆圆在山海关之战后,就一直跟随吴三桂,当吴三桂被封为平西王时,陈圆圆也得专房之宠。当清兵攻破昆明城时,吴三桂之子吴世璠服毒自杀。而吴世璠妻与陈圆圆均是自缢而死,或说其绝食而死,孙旭的《平吴录》就说吴三桂叛乱失败时"桂妻张氏先死,陈沅及伪后郭氏俱自缢,一云陈沅不食死"。《平滇始末》也说:"陈娘娘(圆圆)、印太太及伪后郭氏,俱自缢。"

此外还有一说是陈圆圆在吴三桂败后,并没有自杀或绝食而亡,而是出家做了尼姑。但对于她何时何种情况下出家,说法不一。有说是清兵攻破昆明时,吴将马宝护送陈圆圆及其子吴启华逃亡到贵州恩州府岑巩,从而在此定居下来,并取名叫马家寨。陈圆圆母子一直隐姓埋名,死后便葬于此地。其墓有碑文曰:"故先妣吴门聂氏之墓位席。孝男吴启华媳涂氏立。""吴门聂氏"指的就是陈圆圆。也有的说陈圆圆当时在昆明宏觉寺削发为尼,后逃至城西三圣庵为尼,法名寂静,一直活到康熙二十八年之后,寿至八十而亡。还有的说是陈圆圆随吴三桂到云南后,处处遭吴三桂正妻的嫉妒,而当时陈圆圆开始人老色衰,与吴三桂发生分歧,一气之下便求为女道士,得到吴三桂应允后,便离宫入山。按当时情况,陈圆圆出家也有可能。

一代奇女香消玉殒,魂落何方还有待进一步证实。

文化谜案

未知动物集合体——龙的原型之争

大家常说,中国人是龙的传人,因为龙是中华民族文明的象征,是炎黄子孙始祖崇拜的图腾。关于龙的传说和记载可谓五花八门,相当丰富。但是,龙究竟是个什么样的生物?它又是起源自什么呢?自古至今这都是一个无法解开的谜题。

众所周知,龙是一种虚拟动物。在《说文》一书中,解释说:"龙,鳞虫之长,能幽能明,能大能小,能短能长,春分而登天,秋分而入渊。"由此可见,龙被描写成了一种水族类的超级神物。不过,龙的形状在中国历史上并不是一成不变的。在商周时期的甲骨文、金文上的龙,很多都是有巨头、长吻,生耳或角,卷曲身躯,一或二足,被鳞,有目,有点类似鳄鼍。到了汉代,龙则变成头大尾小,嘴巴长,上唇长于下唇,鼻端肥厚拱起或向上翻卷,脑袋像马,爪似禽类,耳状如牛,尾类野豹,细颈厚胸。魏晋时期,龙的形态才基本定型,大体是牛头

（或马头、扬子鳄头、鱼象混合头、鳄虎混合头、蛇头等）、象鼻、鹿角、马鬃、蛇躯、鳞身、鳄棘、鱼尾、鹰爪、鼍足，能在水中游、云中飞、路上爬，呼风唤雨，腾云驾雾，司掌旱涝，成为自然界的最高主宰。

龙的种类更多，有鳞的叫蛟龙，有翼的称应龙，有角的为虬龙，无角的是螭龙，还有诸如鱼龙、并逢龙、窃取龙、枳首龙、饕餮龙、玄武龙、象鼻龙、凤尾龙、返祖龙、麒麟等，而且龙还有九子。那么，这么多种类的龙，其追根溯源应该是什么呢？

龙的原型为一种蛇

著名学者闻一多在《伏羲考》中认为，龙是由许多图腾融合而成的一个综合体，是由于部落兼并而产生的混合图腾。但龙图腾，尽管有的部分像马、像鱼、像猪或像鸟，但它的主干部分和基本形态却是蛇。这表明在远古各部落图腾林立的时代，蛇图腾最终兼并和同化了其他弱小部落的图腾。但是，有的学者认为，蛇和龙的演进虽然有关系，但是蛇属于演进系列，而龙另有一个演进序列，原生龙并没有以蛇为主体融合其他动物而演化为定型的龙，反而是在龙图腾的演化中，蛇是作为被综合的特征融入龙的形象的。

龙起源于闪电意向物化

持此观点的人认为，古代科学落后，每当雷电交加时，有光宛转如腾蛇，人们无法解释这个现象，就想象出"马首蛇尾"的"鳞虫之长"，即龙的原型。并且，在历史上"龙"的确和天象联系紧密，古人并不是因为看到了与龙相似的动物，而是根据天空出现的闪电，幻想出神异的物种——龙，也就是说龙是自然现象的物化神话。但反对者认为，龙作为图腾崇拜，肯定是先有其物，才谈得上崇拜，因此龙一定是自然界存在的动物。

龙源自于灭绝的恐龙

支持该学说的人认为，古人以具有四足、细颈、长尾、类蛇、牛、虎头的爬行动物为龙，很可能是他们根据所见的某种恐龙形象描绘下来的。并且，古龙的图案，也酷似某些"恐龙"，如湖北随县战国曾侯乙墓编磬上的"异兽"，汉徐州画砖上样子很像恐龙的一种东西，尤其四川发现恐龙化石最多，而古代很多地方也以龙命名。

龙源自于彩虹

李圃在《甲骨文选读·自序》中称，虹总是出现在水面和天空之间，而能够上天入水者只有龙而已。甲骨文中的虹字上面两道弧形恰似龙身，下面两端好像两只龙头，正在作二龙吸水。

龙源自于云

何新在《诸神的起源》中说，有云即会产生雨，这就是龙原型产生的意象基础。

龙源自于猪

有学者在对辽宁阜新县胡头沟红山文化墓中出土的玉器，及红山文化遗址中出土的豕形玉和内蒙古翁牛特旗三星塔拉村发现的三星塔拉玉龙等进行研究比对后，认为龙首形象极有可能来源于猪首。而且，有些龙也确实叫猪龙。但是，另有学者认为，距今四五千年前在长江流域和黄河流域之间，生活着以作为图腾的古老民族，所以在良渚文化、大汶口文化、红山文化、龙山文化、夏家店文化中出土大量豕玉和各种变形豕纹，豕形玉虽然在尾端与头部封闭或开口的状况类似龙的钩形卷曲状，但钩形弯曲状是商周及其以前玉器配饰、礼器的一种定式，不是只有龙。因此，豕形玉未必就是龙形玉，更不能将猪视为龙的原型。

龙源自于蜥蜴

唐兰在《古文字异论》中认为，龙象蜥蜴长角的形状。

龙源自于鳄鱼

王大有的《龙凤文化源流》中指出，中国最原始的龙是湾鳄、扬子鳄，商周甲骨文和铜器铭文中的徽号文字，有许多为龙的形象，这应当被看作是对真实龙的描绘，从一个侧面也反映出龙应该是客观存在的自然动物。这些描绘在特征上与自然原型极为贴切，这点与纳西族文字和巴蜀文字相似。

龙源自于河马

刘城淮在《略谈龙的始作者和模特儿》一文中，根据王充《论衡·龙虚》的"世俗原龙之像马头蛇尾"载，认为龙的原型为河马，而在原始社会我国南方曾有河马。历史记载中，马和龙的关系也颇为紧密，周代有"马八尺曰龙"，典籍上说"龙马"河图而天下大吉，马具有龙的飘逸奔腾形状。历史上还有"冉国"。究竟龙的原始起源和造型是以上各种学说的哪一种或者是人们今天还不知道的什么东西呢？至今还是不得而知，这个问题得留待后人慢慢解决了。

旷世书帖竟存疑——《兰亭集序》真假之辨

公元353年3月3日，此时正值暮春之初，东晋大书法家王羲之和当时的名士谢安、孙绰等41人，在会稽山阴（今浙江绍兴）的兰亭，举行了一次别有情趣的酒会。此时，他们面前是一条蜿蜒曲折的小溪，水面上飘着一只长有两耳的椭圆形酒杯，酒杯顺着汩汩的溪水漂流而下，漂到谁面前，谁就拿起酒杯一饮而尽，并要借着酒兴吟诗咏怀，这就是盛行于汉魏至南北朝时期一种独特的饮酒习俗，人们美其名曰"曲水流觞"。这次文豪汇集的酒会留下了许多传世诗作，王羲之也在酒酣之际，意兴阑珊地奋笔疾书，为诗集写了一篇序，这就是著名的《兰亭集序》。这篇作品，共有28行，324个字，可谓笔飞墨舞，气象万千，有着极高的艺术层次。整个序中以"之"字最多，共计19个，但每个"之"字都别开生面，无一雷同，不愧是王羲之最得意之作。历代书法家无不对《兰亭集序》交口称赞，认为它是我国行书的绝代佳作。

据史料记载，王羲之当初作《兰亭集序》时将其写在茧蚕纸之上，所用毛笔的笔端是由鼠的胡须做成的。王羲之本人也非常欣赏自己的这幅作品，曾一再叮嘱子孙要好好保存。因此，在南北朝时期，这幅作品一直保存在他的子孙手里，直到第七世孙智永。南朝陈代时期，永兴寺的高僧智水获得了《兰亭集序》，在他行将圆寂之时，又把这幅作品交给了弟子辨才。

时光荏苒，朝代更替，转瞬间就到了唐朝。唐太宗李世民是一个极喜爱书法的皇帝，尤其推崇王羲之的书法，他想尽办法四处搜集王羲之和王献之的真迹，虽然他找

兰亭集序

到了几乎所有真迹，但是却始终没有《兰亭集序》的消息，这使李世民感到遗憾。经多方打探后，李世民终于得知《兰亭集序》在僧人辨才手中，便多次派人前去讨求。然而，辨才却不肯给，他推脱说这幅书法已经在战乱中丢失了。最后，李世民采用房玄龄出的一个计策，费了九牛二虎之力，才得到这幅珍贵的作品。拿到《兰亭集序》后，李世民爱不释手，并视其为"国宝"，对房玄龄、辨才等人给予了重赏，还命令当时的书法名家赵模、冯承素、韩道政、诸葛贞四人拓摹一些副本，分发给了太子、诸王及近臣，让他们平时好好研习。经唐太宗李世民这么一提倡，后来学书法的人几乎都要临摹王羲之的字体，以便体会其书法当中的精髓。从此，王羲之的真书，也就成了代替汉魏笔法的书体正宗。随着时针指向贞观二十三年，李世民病重不治，在他临死时把太子李治叫到了床前，对李治耳语道："我想把《兰亭集序》带到那边继续观摩。"就这样《兰亭集序》真迹被作为殉葬品埋到了唐太宗李世民的昭陵中。由此可见，唐太宗李世民对这幅书法作品之爱，甚至在另一个世界里，还不忘继续欣赏。遗憾的是，后来唐太宗李世民的昭陵被盗，《兰亭集序》真迹也从此失传了。后世流传的只有摹本，而现在能够看到的，多被认为是虞世南、褚遂良、冯承素等人的摹本。但是，这些传世本是真是假，一直是历史上争论不休的话题。

最早对传世本的可靠性提出质疑的人是清代乾隆年间的赵魏，他在仔细观察了王羲之《兰亭集序》真迹的石刻本后，认为该帖中没有保留任何隶书的痕迹，而南北朝时期至初唐存世的碑刻一般都有些隶书的味道，因此现在流传下来的王羲之的真迹石刻本"若非唐人临本，则传摹失真也"。当时，赵魏只是怀疑《兰亭集序》的真伪，而到了清朝光绪年间，广东人李文田更是大胆地提出，《兰亭集序》根本不是王羲之的作品。他把《兰亭集序》序文与王羲之的《临河序》进行比较，虽然两者所讲的是一回事，但是无论从篇名还是到文字上，它们都有很大的差别。另外，他还认为，王羲之的书法应该与汉魏隶书相近，不会写出南北朝以后的书体来，因此这幅书帖只能是

隋唐时期的书法佳作，而不是王羲之的真迹。郭沫若先生根据新出土的文物为例证，肯定了清代李文田的论点，他还进一步论证指出，不但《兰亭集序》的序文不是王羲之的原作，帖文也不是王羲之所书。郭沫若分析传世的序帖是王羲之七世孙智永的作品。郭沫若把与王羲之同时代的一些碑刻作品和写本，拿来和《兰亭集序》书帖相比较，发现《兰亭集序》的文字体段与同时代的作品相差甚远。《兰亭集序》的笔法，与唐朝时期盛行的楷书是一致的，两汉以来的隶书笔意在作品中却丝毫不见。他又对比了《临河序》与《兰亭集序》，得出了《兰亭集序》是在《临河序》的基础上进行删改移易、扩大而成的结论。郭沫若先生还进一步分析指出，早在梁武帝时期，王羲之的真迹就已经存世不多了。到了唐代初年，中间相隔了 100 多年。尤其是期间又经历了南北朝时期的大动乱，书画作品很多毁于战火或流失于民间。唐太宗李世民因爱好书法，因此不惜花费重金收购传世的书法佳作，这无形中刺激了一批唯利是图的人制作大量伪作。而智永也具备了制作伪品的条件，首先，他是王羲之的七世孙，这个特殊身份就是最好的王牌；其次，智永的书法造诣很高，隋炀帝曾称赞他的字"得右军（王羲之做过右军将军，所以有人也叫他王右军）之肉"，以此推断，他的一些书法作品有时确实可以以假乱真；最后，智永还会做文章，郭沫若先生认为《兰亭集序》中的有些语句很合"禅师"的口吻，就其文章风格来说也与唐代相合。因此，该书帖是智永的作品。

然而，持相反观点的学者则认为，从序文的内容来看，《兰亭集序》体现了王羲之的儒、释、道三者混杂的思想；从书帖的书法特点来看，也是王羲之的作品无疑。因为，晋朝时的篆书和隶书在传统的官书中普遍使用，王羲之所写的行书和真书是当时的新字体，还不能登大雅之堂，一直到唐初才得到公认。两晋南北朝时期的写经字体含有隶书的韵味是为了显其庄重，而王羲之的书帖在书法上发挥了他的独创性，因此《兰亭集序》完全摆脱了隶书的痕迹，也正是由于王羲之的革新、前进，使他开创了隋唐以来的书法风格。同时，持这种观点的学者还认为，把书帖的作者定为智永，属于想当然的说法，证据不足。

总而言之，《兰亭集序》究竟是真是假，还得要后世学者们不断寻找答案了。

意境幽远意难测——李商隐"无题诗"之谜

晚唐诗人李商隐一生诗作很多，文采斐然，与杜牧合称为"小李杜"，他的传世诗作有 600 多首，可分为政治诗、咏史诗、抒情诗、咏物诗、无题诗五大类。其中，李商隐的"无题诗"成就最大，这类诗约占他总创作量的十分之一以上。李商隐无题诗中最著名的一首如下。

相见时难别亦难，春风无力百花残；春蚕到死丝方尽，蜡炬成灰泪始干。晓镜但愁云鬓改，夜吟应觉月光寒；蓬山此去无多路，青鸟殷勤为探看。

从表面上来看，他的无题诗意境幽远，是以淡淡的情思、华丽的辞藻来表达自己忠贞不渝的爱情和相思的痛苦。然而，其中所蕴含的真正含义，却是十分隐晦、难以理解的。时至今日，李商隐的无题诗依然是一组可望而不可即的美丽谜团。

如果以上面那首《无题》为例，单从字面分析，首联写离别时的依依不舍，次联写对女子的苦苦相思之隋，三联设想女子也在日夜思念着他，末联则笔锋一转，想象着青鸟替他传书，帮他探望远在他乡的意中人。

但细细想来，又觉得有很多疑问，诗中的"女子"指的是谁？"蓬山"又意喻何物？长期以来，针对这些问题，很多人提出了自己的看法，然而到现在还没有定论。

有学者认为，这首《无题》诗根本就不是爱情诗，李商隐只是想借用诗的形式，来表达自己在仕途上的失意落寞却不甘沉沦的心情。据说，李商隐本人也否认这首《无题》是爱情诗，只是借用一些事物来表达自己的某些情感。

既然这首《无题》不是爱情诗，那么李商隐想借助这首诗寄托什么呢？大家可以试着从李商隐的生平中寻找蛛丝马迹。李商隐生于唐宪宗元和八年（公元813年），怀州河内人。他从小才华出众，17岁就受到太平军节度使令狐楚的赏识，三次资助他到长安赶考。25岁时，经令狐楚的极力推荐，李商隐终于考取了进士，并留在朝中任校书郎。由于令狐楚十分偏爱李商隐，他的儿子对李商隐的印象也特别好。可是，不久之后，令狐楚去世，这使李商隐在政治上失去了靠山，只好投奔当时的经原节度使王茂元，并娶了王茂元的女儿为妻。

当时，朝廷里的官员分为势不两立的两大派，即以李德裕为首的李党与以牛僧儒为首的牛党。当时，牛李两党恩怨很深，明争暗斗，长期争执不下。正是这种党派之争，给李商隐的仕途埋下了祸根，也是导致他烦闷的原因。而后世推测，这也许就是这首《无题》诗的背景。

综合以上的分析，一些学者就推而广之，认为应该把李商隐的无题诗系列看作是他的一种感情寄托。清代的学者朱鹤龄认为，男女之情与君臣朋友之情完全相通，如《楚辞》就是借"芳草""美人"来表达君臣之情的。试想，李商隐因为党派之争，身处政治的漩涡之中，讲话作诗怎么敢直抒胸臆呢？因此，他的无题诗不能看作是情意绵绵的爱情诗。清化的吴乔和冯浩也支持这一观点，他们认为，李商隐的无题诗多是有所寄托，单纯表达爱情的很少。在当时的政治环境下，李商隐并不敢直抒心意，只好借男女情爱来表达这种既渴望又怨恨的复杂心理。

但是，还有一些学者认为，分析李商隐的无题诗要区别对待。这种提法以《四库全书》"提要"为代表。"提要"指出，李商隐的无题诗有表寄托的，如"来是空言去绝踪"等；有表达缠绵悱恻的爱情的，如"近知名阿候"等；有实属狭邪者，如"昨夜星辰昨夜风"等；还有失去本题的，如"万里风波一叶舟"等。如果一概以美人香草来理解，就有可能出错。但是，一旦涉及具体篇章分类时，又往往各执一词了。

其余的学者则认为，分析李商隐的无题诗要就诗论诗，不能坚持同一个标准。这种意见以清人屈复为代表。他认为，任何诗都有作者的某种寄托，只是有些可以分析到，有些则无法知晓而已，如"月中箱里斗婵娟"，"终遣君王怒僵师"诸篇皆是表达男女之间的爱情，但也有寄托。如果非要弄清诗中的寄托之意，还需要认真斟酌。

实际上，到底如何解读李商隐的"无题诗"，至今仍无统一意见。现在流行的观点认为，对于一般读者，姑且把它当作爱情诗来读，领略他细腻的笔触，精美的用词，深沉隽永的情感。至于有无寄托，寄托了什么，还是留给专家学者们去研究吧。

伏羲、女娲兄妹通婚之谜

中国古代"三皇五帝"的传说，一直流传至今。伏羲和女娲都位居"三皇"之列。他们是传说中人类的始祖。

伏羲、女娲兄妹通婚的故事，在中国古代传说中也流传得较广。据传，伏羲和女娲是一对兄妹。天降洪水，他们在一个大葫芦里躲过了劫难，然后兄妹结婚，人类便是他们的后代。这个故事是真是假，没有太多的历史记载。唐末李元的《独异志》中有这样详细的记载："昔混沌初开之时，有娲兄妹二人于昆仑山咒曰：'天若遣我兄妹二人为夫妻，而烟悉合。若不，使烟散。'于是烟即合，其妹即来就兄。"

河南唐河曾出土了一幅《伏羲女娲图》，其前均有两朵烟，这是夫妻可以结合的象征。

还有的汉墓画像石上有着交尾状的伏羲、女娲像。伏羲被画成鳞身，女娲被画成蛇躯。他们被比喻成人格化的蛇神和女神。有的汉墓画石上有分别手捧着太阳和月亮的伏羲和女娲。这就是说伏羲是太阳神，是阳精；女娲是月亮神，是阴精：取阳光雨露滋育着万物生长之义。

如今，在陕西省临潼骊山有一座人祖庙，庙里面仍供奉着女娲。这里每年要举行两次祭礼，一次在农历三月三日，一次在农历六月十五日。当地的人们又把这两次庙会称为"单子会"。很多不育的妇女往往趁庙会之时，夹着床单，怀里藏着布娃娃，先到骊山的人祖庙给女娲烧香许愿，然后再偷偷地夜宿附近的树林中。附近各村的青壮年男子，在晚饭后也多上山，遇到这些不育的妇女，便可就地同居。次日清晨，这些妇女回村时，只能低头走路，不可回顾，否则会"冲喜"。

这种奇异的"野合"风俗，恐怕也是从远古伏羲、女娲兄妹通婚的传说中遗传下来的。

中国远古时，兄妹为什么可以通婚呢？人类最原始的婚姻状态可以对此做出一定的解释。婚姻和家庭观念最初并不存在于人类的头脑之中。当时人类之间是一种杂乱的两性关系。采集、狩猎经济发展起来后，古人们在劳动中开始按照男女、年龄进行分工。随着人类思维的进步使父母开始不愿与自己的子女发生两性关系。最后杂乱的两性关系终于被人类摒弃了。比较固定的血缘群团，又称"血缘家庭"或"血缘公社"发展了起来。作为一个生产、生活单位，它同时又是一个内部通婚的集团。在这里面，祖辈与少辈之间、双亲与子女之间发生两性关系是不允许的，而兄妹之间互相通婚并没有被禁止。这种血缘群婚在人类发展史上经历了以百万年计的漫长岁月。据人类学家考证，在我国发现的云南元谋人、陕西蓝田人均属于分类学上的直立人阶段，大致都处于血缘公社时期。

在我国的少数民族中，如纳西族、傣族、苗族、侗族、壮族、黎族和高山族等，现在还都流传着兄妹通婚的神话。此外，在一些少数民族地区，现在还或多或少地保留着血缘婚的残余。

现代的历史学家，至今还不能断定出伏羲和女娲的年代距今有多长时间。但是，他们一定是生活在原始社会的血缘公社时期。这一点是可以肯定的。而这一时期距今有百万年之久。伏羲和女娲究竟是否兄妹通婚，现有的史料还无法充分证明。

马克思曾说："在原始时代，姊妹曾经是妻子，而这是合乎道德的。"这样看来，伏羲和女娲兄妹通婚似乎更有存在的可能。

足球是黄帝发明的吗？

蹴鞠是中国古代一种类似足球的运动，用以练武。公元前3世纪末的古籍《蹴鞠新书》记载了一个古老的传说：足球是黄帝发明的。蹴鞠亦作"蹵鞠""鞠鞠"。关于蹴鞠，除《蹴鞠新书》的记载外，刘向《别录》也有很相似的记载："蹴鞠者，传言黄帝所作，或曰起于战国时。"足球是否是黄帝发明已经没法考证。不过近代发掘所得，也似乎可以解释中国古代就有类似足球的运动。但它到底是什么时候开创的呢？现在只能推断出它的始创时代可能比战国要早。

1926年，中央研究院的李济教授在山西夏县西阴村灰土岭，发掘到大小不一的纹饰陶球和一个陶制小陀螺。考古专家卫聚贤看过这些实物后，认为这些陶丸大的是玩具，小的则为弹丸。根据考古学家研究的结果，认为这些器物与半坡遗址同期，属于距今约四五千年的新石器时代仰韶文化遗物。

考古研究的发现并不止于此。1934年，李济和梁思永等又在山东历城县城子崖发现龙山文化遗址。在这里，他们发掘到直径2.2厘米的红色陶球，而且在同一遗址第五区黄土凸起处东灰土堆内，发现一堆大泥球，但都已经被打坏。这些大泥球以碳-14加以测定，约在公元前2800年至公元前2300年之间，属于龙山期文化，在新石器时代晚期。

1954年，在西安半坡仰韶期文化遗址，考古专家们又发掘到一些大小不一的石球。他们认为：这些石球不但数量多，而且磨得光滑、规则，直径自1.5至1.6厘米，很可能是弹丸一类的东西。这就产生了疑问：这些到底是弹丸还是玩具呢？如果是弹丸，它们一旦被打出去，就很难得找回来。以新石器时代的打磨技术，要制成一个弹丸必须费很长的时间，大概要数日。那么新石器时代的古人，会不会把这些费劲做的"弹丸"用来打出去呢？这一点看来是不大合理的。又有人认为这些石球是装饰品，可是它们上面并没有穿孔，也着实难以令人相信。

《汉书·枚乘传》有"蹴鞠刻锐"的说法。颜师古注云："蹴，足蹴之也；鞠，以韦为之，中实以物；蹴鞠为戏乐也。"由此可见，金元时寒贱之子琢石为球，恐怕是古代的游戏方法，以其作为某些皮球的代用品。在殷墟发掘工作中没有发现当时可能存有的皮球，而在西安的发掘工作中却发现了石球，也许因为皮制品不好保存，而石球、陶球却可以很好地保存下来。

这些虽然仅仅是主观的推断，没有形成定论。但根据考古发现的种种器物，中国新石器时代即使不一定有足球，也似乎已经有了球类运动。可是公元前2世纪司马迁作的《史记》和公元前1世纪刘向校的《战国策》，都明确地记载了战国时代齐都临淄人爱好足球运动。史称汉高祖刘邦的父亲丸公，他本人就常常与乡中丰邑"屠贩少年"踢球。刘邦生于公元前247年，据此推论，丸公应生于战国之时。当时连小城边邑也流行踢足球了，可见足球运动在当时已经很广泛了。

中国汉字的起源是怎样的？

汉字是每个中国人在日常生活中最熟悉的事物。然而，汉字究竟起源于何时至今也没有统一的说法。

第一种说法是"仓颉造字说"。

东汉的许慎在《说文解字》中说黄帝的史官仓颉创造了"书契"。"书契"是指刻写在陶坯或甲骨上的文字。原始文字的起源和发展的几个阶段是"八卦""结绳""书契"。因此，在汉字起源的诸多说法中，以"仓颉造字说"的影响比较大。《荀子》《吕氏春秋》和《韩非子》等古文献，也都肯定了"仓颉造字说"。

第二种说法是"陶器刻符说"。

仰韶文化陶器记事符号被发现后，不少专家学者认为，这是具有汉字性质的符号。在龙山文化、大汶口文化、良渚文化和二里头文化中出土了一大批带有记事符号的陶器。大汶口文化陶器的一些刻符被解读为戌、斤、斧、炅、旦等字。因此，人们认为，中国汉字起源于陶器刻符。

第三种说法是"殷商甲骨文说"。

持这种说法的学者认为，文字在殷商时才出现——青铜器铭文和甲骨文。因此，殷商时代的甲骨文是现在已知用于记录成句语言系统的最古文字。在商代，甲骨文已具有相当程度的规范化。它不仅在语法结构上为先秦书面语言奠定了雏形，而且在字形上也跟西周、东周、秦、汉文字一脉相承，是相当成熟的文字体系。范文澜也持这种说法。

第四种说法是"夏代起源说"。

郭沫若认为，像其他事物一样，文字的产生与发展更应是一个漫长的历史过程。因为殷商时代的甲骨文已很成熟，所以其产生至少应在商以前1000年左右，因此中国文字应该是起源在夏或夏之前。已进入阶级社会时代的夏应该有文字，至少应该有原始文字。在现有的文献资料中，《史记》中的《夏本纪》《殷本纪》都载有明确的先王、先公世系。它所依据的肯定是古代文献的记载。也就是说，用于记录历史的、开始与语言相结合的文字系统在夏启时代已经出现。

但是，这仅仅是推测。因为在考古发掘中还没有发现确凿无疑的夏代文字。中国文字究竟源于何时，到现在为止还是一个谜。

十二生肖是怎样产生的？

2004 年，是中国农历甲申年，被人称为"猴年"，这是用"十二生肖"来纪年的。"十二生肖"又称为"十二属相"，是用十二种动物为名称的纪时方法。那么，十二生肖的纪年法是如何创立的呢？它又是在什么时候开始的呢？

据传说，在很久很久以前，天上的玉皇大帝为了让人们按时耕作、起息，便想让人们学会纪时。玉皇大帝想选十二种动物作为十二生肖，按顺序每年一个生肖，每十二年又重新开始一轮。消息传出后，天下所有的动物都想成为十二生肖中的第一位，都愿意作为十二生肖之一。于是动物们纷纷赶往天庭，接受玉皇大帝的挑选。玉皇大帝见动物们如此踊跃，很是高兴，为了尽量做到公平，玉皇大帝让动物们举行了一次比赛，胜者即可入选。老鼠因其机敏灵活，跟巨大的大象搏斗时，它钻进了大象的鼻子使大象认输，赢得了所有动物的掌声，并以其聪明灵活被排在了选中的十二种动物的第一位。十二生肖就这样产生了。

但这只是一个生动的神话而已。真实的情况是什么样的呢？早在距今 6000 年前，我国古代人民就通过对天象的观察发现太阳和月亮一年要会合十二次，而每次会合的位置不同。所以古人将太阳运行一圈的轨道分为十二等分，即"十二宫"，以"子丑寅卯"等相配使用，用以纪年、纪日。"天干地支"就是这么产生的，"天干地支"纪时的方法非常方便、实用，但还要用十二生肖与之配合，这是为什么呢？

一些史学家认为，这是一种动物崇拜。以十二生肖纪时的原因是因为古代人民非常崇敬动物，对大自然中各种或活泼或凶悍的动物有一种图腾情结。我国一些少数民族也有自己民族的十二兽法用以纪年。在漫长的历史过程中，这种图腾情结就与天干地支联系了起来，后来就用于纪时了。

但各种说法都还没有形成一致的定论。今天，我们虽然仍在使用这种纪时方法，但是十二生肖之谜还未被破译。

甲骨文之谜

大约在公元前 16 世纪，商汤灭夏，在中原立国。从此中国历史进入商代。商王盘庚曾五次迁都于殷。直到商纣亡国总共 273 年，商代晚期的统治中心一直在殷。但商朝被灭之后，殷民迁走，殷都逐渐变成一座废墟。殷都的文明也只局限于文字记载上，甚至有人认为那些记载不可作为信史。后来，一连串的偶然事件逐渐否定了这种怀疑。考古者逐渐将殷都积淀的古文明展现出来。

1899 年，北京国子监祭酒王懿荣老先生感到身体不舒服，就买了一剂含有"龙骨"的药物，在准备将这些"龙骨"研碎时，王懿荣发现这些坚硬的东西并不是什么骨头，而是上面有许多划痕的变黄的龟甲。王懿荣是一位研究古文字的专家。好奇心驱使他拿起甲骨仔细地观察。他吃惊地发现这些划痕像是一种文字。他于是将这家药店的全部"龙骨"买下，经过细致研究和考证，断定这种非篆非籀的字形是商代的一种占卜文字。

我们现在已能解释商代的文字为什么要刻在甲骨或兽骨上，为什么这些刻着文字的甲骨碎片总是有许多裂纹或切痕。原来所有这些碎片都是史书上所称的"卜骨"。骨上的裂纹是人们有意用高温加热所造成的。根据商代的习俗，商代人上自王公下至庶民，无论是大事还是小事，都要用这种龟甲和牛胛骨进行占卜。占卜时，就用燃炽的木枝烧炙甲骨的反面凿出的槽和钻出的圆窠，这时甲骨因厚薄不匀而出现"卜"字形裂纹。这些裂纹就是他们判断吉凶的"卜兆"。占卜以后，将所问事顷刻记在甲骨之上，这就是"卜辞"。占卜的内容是以当朝国王为中心的，有对祖先与自然神祇的求告与祭祀，有对天象、农事、年成以及风、雨、水的关注，也有对周围各国战争的关注和商王关于旬、夕、祸、福以及田游、疾病、生育的占问等。这样就为我们提供了许多商代历史事件或天气气象的资料。

王懿荣的发现引起了许多中外人士对甲骨的重视。1908 年，经罗振玉先生多方查询，才得知甲骨实出自河南安阳小屯一带。伴随着甲骨被确认、购藏和挖掘，古文字学家也开始对甲骨文进行破译。经过众多专家的努力，甲骨片上排列的文字成为可以通读的文句了，从而证实了出土甲骨文的小屯村正是古文献记载的殷墟。因此，一个湮没了 3000 多年的繁华故都终于在世人面前得以呈现。

自 1899 年发现殷墟甲骨至今，约有 15 万片以上商代甲骨已出土，现分藏在国内，另有一部分流散到其他国家。殷墟甲骨文内容涉及商代的政治、经济、文化及天文等。可以说甲骨文的发现和破译帮助我们解开了历史上许多难解之谜，而发现的甲骨文共有 4500 多个单字，还有 2/3 的文字等待人们去破解。

中国绘画的始祖是谁？

在世界美术史上，中国画独树一帜。中国绘画的起源可追溯到原始社会，其绘画痕迹留于陶器上的各种花纹、图案上，但现代意义上的绘画并非这些花纹、图案。那么，谁是中国画的始祖？中国画起源于何时？我国有很多关于这个问题的传说，古籍上也对此众说纷纭。

"白阜始作图画说"。《画史会要》中说："火帝神农氏，命其臣白阜，甄四海，纪地形而图画之，以通水道之脉。"白阜是传说中神农氏的大臣，古人在讨论绘画起源诸问题时极少提及此说，因为白阜画的是地形图。

"绘画源于黄帝说"。《鱼龙河图》说："黄帝遂画蚩尤形象，以威天下。"这些可以说是绘画。《云笈七签》又云："黄帝以四岳皆有佐命之山，乃命潜山为衡岳之副，帝乃造山，躬形写象，以为五岳真形之图。"这两者都只能算是画地形图了。

"伏羲氏始作画说"。《周易·系辞上传》云："古者伏羲氏之王天下也，仰则观象于天，俯则观法于地，观鸟兽之文，与地之宜；近取诸身，远取诸物。于是始作八卦，而文籍生焉。"古今都有学者认为，伏羲氏所画八卦的爻象的意义原在图形，因为它们都是象形的。伏羲氏观察天象画出了"乾"，根据大地则画了个"坤"等等。因而伏羲氏所画的八卦乃是中国最原始的绘画。

"绘画始作于史皇说"。史皇是黄帝的大臣。《文选》李善注中说："《世本》云：'史皇作图。'宋忠曰：'史皇，黄帝臣；图，谓图画物象。'"《云笈七签》则称："黄帝有臣史皇，始造画。"说得更为直截了当。在《画史会要》中，黄帝之臣史皇"体象天地，功侔造化"，颇"善鱼"，无一不通，无一不画。黄帝的另一大臣仓颉作文字便是授传于史皇的"写鱼龙龟鸟之形"。

"绘画始于仓颉说"。不仅书法，绘画亦源于仓颉。书画同源是得到我国大多数学者的肯定的。朱德润《存复斋集》云："书画同体而异文……类皆象其物形而制字；盖字书者，吾儒六艺之一事，而画则字书之一变也。"《孝经援神契》中说道："奎主文章，仓颉效象。"宋均注云："奎星屈曲相钩，似文字之画。"意即"屈曲相钩"的文字实际上就是中国最原始的绘画。"绘画始祖为封膜说"。《画塵》中指出："世但知封膜作画。"意思是说人们只知晓封膜为绘画之祖。但此说没有根据。唐人张彦远见到《穆天子传》中有"封膜昼于河水之阳"之语后，误把"封"当作姓，又将"昼"解为"画"，并用郭璞的注来证实这一误解，很是牵强，有穿凿附会之意，使后人误传世上曾有过"封膜"其人，并说中国绘画之祖就是封膜。此说实为以讹传讹，故而不足凭信。

"骵首为绘画始祖说"。《说文解字》曰："舜女弟名骵首。"骵首是传说中英雄时代舜的妹妹，她曾"脱舜于瞍象之害"，向两个嫂嫂告发了恶徒们欲置舜于死地的阴谋，救了舜一命。《列女传》盛赞她善画，"造化在心，别具神技"。骵首又名嫘或画嫘。正是由于嫘创造了绘画，所以她又叫画嫘。

然而，骵首的绘画事迹，距今年代久远，某些古籍的记载又缺乏有力的根据，往往带有神话色彩，无从查考。中国绘画的始祖也许是黄帝时代的人物，究竟谁属目前仍是个谜。

《山海经》到底是什么性质的书？

《山海经》是我国第一部描绘山川与物产、风俗与民情的大部头地理著作，还是我国古代第一部神话传说的大汇编，有着巨大的文化价值与历史价值。全书共十八篇，分为《山经》和《海经》两个部分。然而，对于这样一部体系庞大的"怪"书的性质归类，却是各有各的看法。

有一种比较有影响力的观点认为，《山海经》是一部巫术之书、记祭祀的礼书和方士之书，是古人行施巫术的参考书。鲁迅在《中国小说史略》中称："《山海经》……盖古之巫书也"。他的观点对中国学者产生了重大的影响，绝大多数人都持此种观点。班固把《山海经》置于"术数略"的"形法家"，是"大举九州之势"而求其"贵贱吉凶"，类似后世讲究"风水"的迷信之书。这是对《山海经》性质的最早的说明。后司马迁认为它荒诞不经，难登大雅之堂，认为《山海经》中虽然记载了方位、山川、异域，但那是因为祭祀神灵的需要，如《海外西经》记载的"登葆山，群巫所从上下也"。此外，《海经》中所记载的海外殊方异域、神人居住的地方、怪物的藏身之处，都是秦汉间鼓吹神仙之术的方士的奇谈。由于诸多对巫术和祭祀的记载，《山海经》被归类为语怪、巫术书。

茅盾从神话学角度把《山海经》归为一部杂乱无章的神话总集，专记古怪荒诞的神话故事。这一看法很具有普遍性。《山海经》所收的神话故事源自上古历史传说，以及各地诸侯国的报表文书和采自民间的神话故事。如我们周知的"女娲补天"就来自于《大荒西经》，还有《大荒北经》中的夸父追日，《北山经》中的精卫填海、后羿射日、共工怒触不周山、大禹治水、黄帝擒蚩尤等这些神话传说都来自《山海经》中的记载。

此外，还有不少学者认为《山海经》是一部自然地理和人文地理专著，是"第一部有科学价值的地理书"，具有极高的军事价值和政治价值，它详细地记载了境内山川地貌的距离和里数，还记录了各个地区的山脉、河流，以及草木、鸟兽、矿藏等，还有关于各地的特产和风情的记载。

近世的许多学者，也都认为它是一部既有科学内容、又杂有巫术迷信成分的地理志。既是历史地理学家又精通古代神话和宗教的顾颉刚颇赞同此观点，或许是为了在巫书与地理志之间寻求一种平衡与融合。很长一段时间内，《山海经》是地理书似乎成了定论。但是后来也有人认为，虽然《山海经》记述了山川、异域，但是它并不是以讲述地理为目的，不能够把它误认为是一部实用的地理书。

还有一种观点，认为《山海经》是根据图画记述的。在晋代，陶渊明有诗曰："泛览周王传，流观山海图，俯仰终宇宙，不乐复何如？"《山海经》中有些文字，如"叔均方耕""长臂人两手各操一鱼"，确实是根据图片来述说的。根据我国古代很早就有的关于山川地图的记载，可以推测出《山海经》成书时有一种绘载山川道里、神人异物的图画，也就是说最早的《山海经图》是图文并茂的，上面既有图形图画，多为一幅幅线描的怪兽人神插图，也有文字，还有大量图画式的文字。

《山海经》是实用的自然地理和人文地理专著，还是杂乱古怪的神话？是奇士编撰的小说，还是巫术和方士之书？它成书于什么时代，作者又是谁？谜底仍未解开，还有待于新的发现和进一步探讨。

孙武到底有没有著《孙子兵法》？

我国古代的军事文化十分灿烂，以《孙子兵法》为其杰出代表。《孙子兵法》又称《吴孙子兵法》，通称《孙子》，为中外人士奉为兵书之鼻祖，相传为春秋吴将孙武所撰。在中国古代，这部经典的兵法著作为军事家的必读书，在宋代官定的军事教科书《武经七书》中位居首位。只有熟读《孙子》、考试合格的从军行武者才能被授武职。《孙子》传入西方，也有数百年历史。据说拿破仑滑铁卢失败后，曾十分后悔没有早读此书，否则或许能免遭失败。今日经营工商企业的日本、西方企业家，常有使用《孙子兵法》而取得成功的。

然而对于吴国将军孙武到底是不是《孙子》的作者，却有一番争论。战国时《商君书》《韩非子》等提到过"孙吴之书"，指的是《孙子兵法》和《吴子兵法》，但并未说明作者即是孙武。

汉代司马迁《史记·孙武列传》正式记录了孙武的事迹："世俗所称师旅，曾道《孙子》十三篇，吴起兵法，也多有敌弗论。"他肯定地说《孙子》十三篇为孙武所著。此后千年之间，无人对《史记》之说提出怀疑。但到了宋代，又出现了疑问：历史上是否确有孙武其人？孙武真的写了《孙子》？持怀疑观点的有宋人陈振孙的《直斋书录题解》、叶适的《习学纪言》等。怀疑者们认为：第一，他的名字和事迹有可能是司马迁的误闻或是杜撰，《左传》未提及；第二，一些孙武所处时代不可能出现的名词、事件、状况出现在《孙子》中，例如春秋时代仅称大夫为"主"，臣僚以"主"称国君是三家分晋后的事，而《孙子》中称国君为"主"；第三，《史记》同时记载了齐将孙膑的事迹并有兵法理论，但并未专门说明有《孙膑兵法》，也许是太史公将一书误作二书，一人误作两人。因此，《孙子》或被说成是春秋、战国之时山村处士所写，或被认为是孙膑所撰，还有的说是秦汉时的人伪托。

但是，陈振孙、叶适的怀疑论遭到了许多学者的反对，如明代宋濂的《诸子辨》，清代的《四库全书总目提要》的撰者等。这些意见认为：严肃、认真的史家太史公在本传中所叙孙武、孙膑事明明白白、翔实可靠，《汉书·艺文志》明确提出古兵法有《齐孙子》（孙膑）和《吴孙子》（孙武），实无可疑。至于《左传》，本身也非完整之历史记录，也可能出错，不能仅凭其中偶遗之记载即断定《史记》之文字为误谬。《孙子》原文定出自春秋之世，只是后代人在其中窜入了若干涉及后世名物之文字。先秦古籍常有此种现象，即便是《左传》本身，也不例外，《孙子兵法》核心内容的真实性、历史性和孙武的著作权不足以受到影响。

1972年山东临沂银雀山汉墓竹简本《孙膑兵法》和《孙子兵法》的出土，为解决这番争论提供了一些重要的资料，有可能揭开历史真相。因为已考订出墓葬年代是西汉初年，而且竹简《孙子兵法》恰好有十三篇，所以可以证明：第一，至少在西汉初年《孙子》已经存在，其篇目内容与今天基本一致，曹操整理《孙子》，并无大的改动。第二，确实有《孙膑兵法》这本书。第三，确有孙武、孙膑两人。第四，《孙子》并非孙膑著。第五，《史记》所记载史实基本可信。有一种意见认为，《孙子》的作者之争应该暂停，孙武肯定是《孙子》的作者。

由于竹简本的可信度还是一个疑问，因此不能证明《孙子》成书的具体时间，也无法证明《孙子》从成书到竹简抄录时，其间有无重大修改。不能直接证明《孙子》就是孙武所作，因而还有待于进一步的考古发现和研究，以解开《孙子》的作者之谜。

孔子著《春秋》之谜

《春秋》是流传下来的迄今为止我国最早的一部编年体史书，也是儒家的主要经典。人们谈论《春秋》时，往往提到孔子。但《春秋》到底是不是孔子所作？人们对此有不同的看法。

一种观点认为，《春秋》就是孔子所作。它最早由孟子提出来。孟子认为，春秋时社会动荡，各种邪说暴行屡屡出现，"孔子成《春秋》而乱臣贼子惧"。现代学者指出，孔子之所以作《春秋》，一是因内乱，一是因外患。孔子作《春秋》以正名分，给诸侯、大夫以严正的褒贬，从心理上来钳制他们，以安定天下的秩序，恢复周王室的政治权力，同时达到"尊王攘夷"的目的。

另有一种观点认为，《春秋》不是孔子所作，不过是由孔子整理而成。有的学者指出，孔子是我国历史上第一个创办私立学校的教育家。他为了能更好地讲学，搜集鲁、周、宋、杞等故国文献，重加整理编次，形成《易》《书》《诗》《礼》《乐》和《春秋》六种教本。孔子对它们的内容虽有删节，但态度是"信而好古"，也就是尽量保持原有的文字，包括原来的史事内容和表达风格。司马迁在《史记·孔子世家》中说："子曰：'弗乎弗乎，君子病没世而名不称焉。吾道不行矣，吾何以自见于后世哉？'乃因史记作《春秋》，上至隐公，下讫哀公十四年，十二公。"据此说法，孔子是根据鲁国和周王室以及其他诸侯国的史官的记载略加修改，编写成一部简要的史书。《春秋》中的一些字句都是沿用以前史官的写法，并非孔子的创造。

还有一种观点，认为孔子根本没有著作或删订《春秋》。"五四"以后，钱玄同主张此说。他认为，"六经"（《诗》《书》《易》《礼》《乐》《春秋》）并没有孔子改动的痕迹。《春秋》应是鲁史旧文，其中如"郭公""夏五"之类，都保存了原来的缺简，只不过在长期转写、流传中，难免会有改动。他们又举出《论语》作为例子，说《论语》载孔子生平言行甚详，其中论《诗经》的最多，但对于《春秋》却一字未提；孔子时代《春秋》还是鲁国秘藏的国史，孔子不可能也不必要对这本秘藏的国史进行改编。有的学者则根据《春秋》记载孔子生年和卒年，认为孔子修《春秋》的说法是不能成立的。因为他不会自称"孔子"，又不能写出自己的卒年。孔子只是曾经把《春秋》作为教材而已。经孔子一用，《春秋》便逐渐流传到了民间，然后再由孔门弟子一代一代地传述下去。《春秋》不是一时而成或出于一人，而是由鲁国史官们在两百多年时间里陆续编纂而成，从而出现了一些前后风格、笔调不太一致的地方。

以上三种说法各有道理，谁也不能彻底说服谁，遂成文史上的又一桩公案。但不论《春秋》是否为孔子所作，都不会削弱孔子作为文化伟人的地位和《春秋》作为古籍的不可估量的研究价值。

孟姜女真的哭倒长城了吗？

《孟姜女》传说以故事、歌谣、诗文、戏曲等多种形式在我国广大地区内流传，有着久远的历史，几乎家喻户晓。它与《白蛇传》《牛郎织女》《梁山伯与祝英台》，一向被称为中国的四大民间传说。但是孟姜女的故事到底是怎样形成的呢？历史上真有孟姜女哭倒长城一事吗？

大多学者认为，孟姜女的故事是由《左传》所载春秋时"杞梁之妻哭夫崩城故事”演化而成的，后来以多种文艺形式广泛流传于民间。在我国学术界，最早开始研究孟姜女故事并取得卓越成就的，当首推顾颉刚先生。顾颉刚认为，其实孟姜女与万里长城毫无关系，她应该是春秋时的齐国人。孟姜女故事最早见于《左传》：襄公二十三年（前550）传说，齐国将领杞梁被委任为攻打莒国的先锋，他是齐国的贵族，不愿受贿，战死疆场。他的妻子善哭在齐国是有名的。她听说自己的丈夫不幸阵亡后，号啕大哭，据说她哭杞梁哭得极为哀婉动人，以至把城哭倒了。到了唐代“杞梁妻哭崩城”的故事发生了实质性的变化。一个叫贯休的和尚写了一首诗，把杞梁夫妇的故事和秦代修筑长城联系到了一起。从此“孟姜女哭长城”的故事就这么一代代流传下来了。因此，顾先生认为孟姜女就是《左传》上所说的“杞梁之妻”，而唐代以来孟姜女故事是春秋时代杞梁之妻故事嬗变而来的。

不少学者同意顾先生的上述论点，例如著名学者钟敬文先生就认为民间传说这种民间文学的形式在流传过程中是不断变化的：在《左传》里，杞梁的妻子哭得凄凉；到了战国时期，《礼记·檀弓》写她在路上迎枢而哭；西汉刘向的《列女传》，写得就更夸张了，说她连哭十天，哭到城墙崩塌，最后投水自尽。孟姜女这个极为哀怨动人的故事流传了两千多年，传播地区几乎遍及全国，它的变化多姿是必然的。以至于孟姜女的传说由原来的齐国杞梁之妻，逐渐演变，到了隋唐就急剧转变为孟姜女哭倒埋夫尸的万里长城。

也有人认为：孟姜女哭倒长城是确有其事，这个故事最早出现于春秋时期（约前549），而当时的齐国正处在泰山之北。也就是说，孟姜女哭的应该是齐长城，而不是秦始皇修筑的长城。事实上，故事发生时，秦长城尚未修筑，而齐长城西段已在公元前557年以前完成。历史故事产生在山东，齐长城的建筑年代又早于杞梁战死的年代，这时秦长城和其他国家的长城都未建，所以孟姜女哭的长城，只能是齐长城，而不是秦长城。

但是，有的学者并不认同顾先生关于唐代以来孟姜女故事是由春秋时杞梁之妻演化而来的观点。中国学者路工认为，杞梁妻和孟姜女哭倒长城这两个故事在内容上根本不同，其主人公也有许多差异。我们没有理由说孟姜女故事是从《左传》的杞梁妻故事发展来的。我们知道形成孟姜女故事的主要原因，它反映了战争和劳役给人民带来的痛苦与灾难。长城从春秋战国到明代，一直不停止地修建增补，所以每一朝里民间都可能产生像孟姜女这样的故事。“孟姜女哭倒长城的故事”是经过千万人民集体创作的，表达了他们的真实感受，寄托了他们的悲愤与无奈。

苏联汉学家鲍·李福清也认为孟姜女的传说与杞梁之妻的传说无关，在1961年出版的《万里长城的传说与中国民间文学的体裁问题》一书中还指出，顾颉刚在分析各种有关孟姜女的作品时，并没有把民间文学创作与人民的生活联系起来。顾颉刚认为孟姜女传说起源于古籍资料，这一结论是不能令人同意的。孟姜女传说事实上是在民间产生的，后来才笔之于书，而由于各种具体的历史条件，它的情节才发生了变化。孟姜女传说的记录最早见于唐代的《同贤记》。孟姜女万里寻夫、哭倒长城的情节，最直接、最早见于文献是在唐人所留《琱玉集》转载的《同贤记》。《同贤记》把孟姜女故事的时代背景，设定于秦始皇修筑长城，男主角名叫杞良，是筑城戍守的士兵，因不想再受修筑长城的劳累之苦而决定出逃，但是被人发现了，杞良在仓皇中逃进孟家后园，正好撞到孟家的女儿孟仲姿洗澡。孟仲姿羞愧至极，为了名誉和清白，只好和杞良结婚，二人渐渐产生了深厚的感情。不久后，杞良回到工地，惨遭不幸被打死，他的遗骸被筑在城中，仲姿悲痛欲绝，放声大哭，将长城哭倒。持此种观点的人认为，孟姜女传说与武士杞梁之妻的传说无关。所以我们研究的时候，不能机械地拿历史上的人物、事实，对照传说故事中的人物、事实，以证明真实不真实。

孟姜女的故事历经唐、宋、元、明、清各代文人的共同创作，以至到今天出现了各种不同的版本，男女主角的姓名、身世、故事细节、哭城地点，都有不同的说法。究竟哪种说法最有说服力，学者们还在争论，目前还难以达成共识。

秦始皇传国玉玺下落追踪

玉玺是国家权力的象征，其自身也具有无比珍贵的价值。随着朝代的更迭，玉玺也经历了风风雨雨。秦始皇统一中国之后，为了显示其至高无上的权威而令玉工孙寿为其刻制了一枚国玺。国玺是以闻名天下的和氏璧刻成，玺方四寸，其上盘曲巨龙，李斯手书的"受命于天，既寿永昌"八个形如"龙凤鸟鱼"之状的篆字镌刻其上。

"玺"和"印"在秦汉之前并无尊卑之分。自秦始皇后，玺成为皇帝专用。因为它是用玉刻成的，所以国玺又称玉玺。

凭此玉玺秦始皇原想将皇位代代相传，没想到秦二世便亡国了。从此，这象征着至高无上权力的玉玺也便成为历代帝王争夺的对象。他们为这块玉玺而钩心斗角，互相厮杀。

在秦朝末期，刘邦进入咸阳，子婴在举行了投降仪式后将传国玉玺献给了刘邦。到了西汉末年，王莽篡权，他命其弟王舜进宫向其姑母孝元太后逼索传国玉玺。太后一怒之下将玉玺掷到地上，撞破了一角。王莽用纯金把撞去的一角补上。王莽失败后，传国玉玺落入东汉开国皇帝刘秀之手。东汉末年，十常侍作乱。汉少帝夜出北宫，却把传国玉玺丢失了。后来孙坚攻入长沙，在城南甄官井捞出一宫女尸体，从其项下锦囊中的一个金锁锁着的小匣子内发现了玉玺。孙坚死后，袁术拘捕了孙坚妻子而夺得玉玺。袁术兵败身亡后，传国玉玺落入曹操之手。西晋统一后，司马炎得到了玉玺。西晋灭亡之后，玉玺流落到北方十六国。后来，有人将传国玉玺献给了东晋皇帝。东晋灭亡后，玉玺被刘裕得到，开始在南朝宋、齐、梁、陈中流传。隋文帝灭陈后，获得传国玉玺。隋末，隋炀帝被宇文化及杀死，玉玺落入宇文化及手中。宇文化及兵败后，窦建德得到玉玺。窦兵败后，唐高祖李渊又得到玉玺。从此以后，玉玺在唐传了370年。最后，玺被后梁皇帝朱温获得。梁之后，玉玺归后唐。公元963年，石敬瑭勾结契丹耶律德光攻打洛阳。后唐废帝李从珂见失败已成定局，便带着玉玺登玄武楼自焚了。传国玉玺从此便没了踪影。

随着时间的推移，一度失踪的玉玺据说又重现人间，并被元顺帝的后人博硕克图汗得到。元太祖成吉思汗的嫡系后裔林丹汗得知了这一消息，他认为这玺应属于他，便用武力把它从博硕克图汗手中夺了过来。后来玉玺又被皇太极用武力夺去。皇太极得到之后，才发现玺上刻的是"制诰之宝"，并非秦始皇的传国玉玺。但皇太极为了宣扬"天命所归"，对外仍称获得了传国玉玺，于是改"金"为"清"，建立了大清国。后来清朝统一了天下，就将这颗假传国玉玺当成了清朝传国的宝物了。这是关于玉玺下落的第一种说法。

除此之外，还传说北宋时咸阳的一位农民耕地时发现一方玉印，上面刻着"受命于天，既寿永昌"八个字。当时的宰相蔡京得知这一消息后，命拿来考证。最后他宣称这就是秦始皇的传国玉玺。此事曾轰动一时。到后来这块玉玺被一位曾在美国侨居多年的国民党军官得到了。后来，这位军官要在澳门出售这块玉玺，香港的一位爱国人士得知这一消息后，表示愿收购这块玉玺捐赠给祖国。但经专家鉴证后说这方玉玺是赝品。此后也有一些关于玉玺下落的传说，但真实性都值得怀疑。

唯一能肯定的是，秦始皇的传国玉玺肯定尚在人间。因为据专家介绍，用来雕制传国玉玺的和氏璧是玉石中的"柱长石"，能耐1300度的高温，所以一般火焚化不了它。由此说来，说不定哪一天这方传国玉玺会真的重现人间。到那时，关于玉玺下落的谜团就会解开了。

秦兵马俑主人到底是谁？

1974年，在陕西省临潼县（今临潼区）秦始皇陵东侧发掘出土了由一号坑、二号坑、三号坑、四号坑组成的大型地下兵马俑军阵。这就是令世人惊叹叫绝的秦兵马俑，堪称"人类文明的精神瑰宝"，是"世界第八大奇迹"。

最著名的一号俑坑，由6000件陶人、陶马组成一个长方形军阵。整个军阵由三部分组成：前面是210个弓弩手组成的前锋部队，中间是6000人的铠甲俑组成的主体部队，后面是35乘驷马战车，战车两侧各有一排保护驭手的侧翼部队。这些武士俑身高1.75~1.95米，均按秦军将士形象塑造，体格魁伟，服饰逼真，神态生动。他们手执戈、矛、戟、铩等各种兵器，严阵以待。陶马则高1.5米，长2米，高大健壮，肌肉丰满，表情机警，栩栩如生，匹匹都如同即将奔赴疆场的骏马。经判断，一号坑为"右军"，二号坑为"左军"，三号坑为"指挥部"，四号坑为"中军"。

人们认为，只有统一全国的秦始皇，才具有组织和指挥这支钢铁队伍的气度和能力。秦始皇死后，有这么一支驻扎在京城内外的大军。因此，这些俑坑就应该是秦始皇的陪葬坑，这些兵马俑毫无疑义就是他的殉葬品。

可是，有人经考证否定了这个结论，提出了一堆疑问，使这个公认的看法变成了扑朔迷离的谜团。

其一，军阵之谜。

在一号坑和二号坑里，发掘出战车。它们和步兵、骑兵组成方阵，形成一种作战方式。但是在《文献通考》《菽园杂记》《淮南子》和《史记》等古籍记载中，那不是秦始皇时期的军阵。那么，兵马俑也就不该属于秦始皇了。

其二，武士之谜。

四个俑坑中的大部分兵士均身穿战袍，腿扎行膝，足登浅履，精梳着各种头髻，没有一个人戴攻坚作战的头盔，没有着护身铠甲。秦始皇怎么能用这样无战斗力的军队征战南北吗？

其三，武器之谜。

秦统一六国后，为防止旧贵族反叛，下令收缴全国的兵器，铸成钟座和各重24万斤的12个大铜人，违者诛杀。然而，在兵马俑坑中竟出土了大批的步兵使用的矛、戟、铍等长柄武器及弩弓。这都是违禁的。因此，当时的人是不可能如此做的。

其四，服饰颜色之谜。

秦统一六国之后，规定"衣服、旌旗、节旗皆为尚黑"的制度，一律着黑色。可是俑坑中的武士俑们，身上穿的却是五颜六色的衣服，不符合历史事实。

那么，到底兵马俑的主人是谁呢？

学者陈景元在《大自然探索》1984年第4期发表的《秦俑新探》一文中详细考证了俑坑中出土的铜铖的年代顺序和武士俑身上的铭文，认定这些兵马俑属于秦昭王之母——秦宣太后。这位太后本是楚国人，生前嫁到秦国，专权41年。这些兵马俑是她的仪仗队，是护送她的亡灵回老家的。

然而，上海《社会科学》杂志1985年第2期发表刘修明的文章，对上述说法又提出两个问题，使这个说法难以成立。其一，俑坑出土的兵器比秦宣太后晚50年。谁也不会把当代的新式兵器加到半个世纪前的死者的坟墓中去。兵器之一名为"相邦吕不韦戈"，属于秦始皇时代的三年、四年、五年、七年之物。兵器之二名为"寺工"长铍，"寺工"一词最早出现在秦始皇二年，是专铸墓葬兵器的官署。况且这些兵器出土时，土层并没有被挖掘过的痕迹。其二是秦宣太后的葬地。《史记》中明确记载"宣太后死，葬芷阳骊山"。实际上，芷阳在骊山南麓，而兵马俑坑在骊山北麓，方向正好相反。一个是言之凿凿的史实，一个是明确无误的实地，结论根本不同。

兵马俑的主人究竟是谁？这仍是一个令人费解的谜团。

《胡笳十八拍》究竟是谁的作品？

"为天有眼兮何不见我独漂流？

为神有灵兮何事处我天南海北头？

我不负天兮天何配我殊匹？

我不负神兮神何殛我越荒州？"

怒涛滚滚般不可遏制的悲愤，诅天地咒神祇、雄浑不羁的气魄以及用整个灵魂倾诉出来的绝唱，绞肠滴血般痛苦的诘问，这就是著名的《胡笳十八拍》。对于《胡笳十八拍》的作者是谁，中国文学史上历来有争议。有的学者认为是当年曹操迎回汉家的蔡文姬，有的学者却持相反的观点，更有学者认为是董庭兰所作。下面把各家说法分别叙述出来。

郭沫若作话剧《蔡文姬》，著文六谈《胡笳十八拍》，认为蔡文姬是《胡笳十八拍》的作者。他说，这实在是一首自屈原《离骚》以来最值得欣赏的长篇抒情诗，只有身临其境的人，才能写出这样的文字来。郭沫若认为《胡笳十八拍》是蔡文姬被胡骑所掳后所写的作品。但是文史专家们有不同的看法。他们认为《胡笳十八拍》不是蔡文姬所作，主要理由有：

其一，《胡笳十八拍》的描写不合地理环境和历史事实。

第一，刘大杰等指出，在那时根本没有诗中所叙"城头烽火不曾灭，疆场征战何时歇？杀气朝朝冲塞门，胡风夜夜吹边月"那种汉兵与匈奴的争战不休。说明作者并不了解南匈奴和东汉王朝的关系。南匈奴已于东汉末年内附东汉王朝。距离文姬所居的南庭匈奴河套地区尚远。再者在建安八年蔡文姬归汉，而曹操则在建安十二年平定三郡、乌桓，在时间上也不对头。这与诗中"两国交欢兮罢兵戈"也不符。

第二，刘大杰等指出，汉末南匈奴分为二支，文姬可能被居河东平阳即今山西临汾的於扶罗、呼厨泉一支掳去。而诗中"夜间陇水兮声呜咽，朝见长城兮路杳漫""塞上黄蒿兮枝枯叶干"不合地理环境。

第三，否定者认为，诗中有"戎羯"一词，而羯族是晋武帝后"匈奴别种入居上党以后才有的名称"，蔡文姬在五胡乱华之前预先知道是不可能的。

其二，不见著录、论述和征引。

刘大杰等人认为，汉《后汉书》《文选》和《玉台新咏》以及晋《乐志》和宋《乐志》均无《胡笳十八拍》的记载，六朝论诗的人也没有称述，《蔡琰别传》也没有引用它的诗句。由此断定，它是唐人伪造。

其三，关于风格、体裁问题。

刘大杰等认为，从语言结构、音律对偶及修辞炼句上看，此诗具有和东汉诗不同的特征。诗中"杀气朝朝冲塞门，胡风夜夜吹边月"两句，东汉诗中不曾有过炼字、修辞如此精巧、平仄如此谐调、对仗如此工整的，在东汉诗赋中也没有"人生倏忽兮如白驹之过隙，然不得欢乐兮当我之盛年"这种错综句法。用语方面，诗中"泪阑干"是唐时始有的词汇。语句方面，"夜闻陇水声呜咽"是袭用北朝民歌《陇头歌辞》。用韵方面，《胡笳十八拍》和曹植《名都篇》《美女篇》的通押迥别。先韵和寒韵不通押，也是唐人用韵方法。

有人指出，全诗 1200 多字，只有两联对仗工整，比起同期建安诗篇不算多，不能抓住两联就说它不是东汉风格。

而朱长文《琴史》卷四《董庭兰传》："天后时，凤州参军陈怀古善沈、祝二家声调，以胡笳擅名。怀古传庭兰。"沈即沈辽。《崇文总目》载："《大胡笳十八拍》，沈辽集，世名沈家声。沈辽早于陈怀古，陈怀古为董庭兰师。"

以上说法各有道理，到底《胡笳十八拍》为何人所作这个问题，学术界至今仍未

历史之谜

给世人一个满意的答案。

桃花源究竟在何处？

千古名篇《桃花源记》出自我国屈原以后的又一伟大诗人、晋宋时代杰出的诗词散文大作家陶渊明的手笔。它是我国古代散文中的奇葩，传诵千古而不衰。《桃花源记》就是他亲笔绘出的理想社会图：环境优美，怡然自得。在这样的理想社会，没有君主，没有战乱，没有贫穷，没有欺诈。人们淳朴厚道，和睦相处，过着自食其力、康乐幸福的生活。一千六百多年来，这篇不足 400 字的《桃花源记》，不知让多少人为之魂牵梦绕，可在现实生活中，怎么也寻她不到。"桃花源"究竟是纯属虚构，是东方的乌托邦，还是有它真实的原型呢？它的原型又在哪里呢？

陶渊明（365~427），字元亮，又名潜，别号五柳先生，谥号"靖节先生"。原籍江州浔阳紫桑栗里（今江西省九江市西南 10 千米）人。他生于一个没落了的官僚世家。曾祖陶侃，封长沙公，赠大司马。祖父陶茂是武昌太守。母孟氏，是陶侃的外孙女。在这种家庭环境中，陶渊明自幼聪明好学。史称"潜少怀高尚，博学，善属文，颖脱不羁，任真自得，为乡邻之所贵"。

义熙十四年（418），刘裕杀晋安帝，立恭帝，朝廷大权全归刘裕。为了笼络人心，任陶渊明为著作佐郎，而"不为五斗米折腰"的陶渊明厌倦了官场上尔虞我诈的生活，无心恋政，说自己有病而不赴任，于是有了"陶征士"之称。公元 420 年，刘裕称帝，国号宋，改元永初，废晋恭帝，晋朝灭亡。第二年，恭帝被刘裕杀死。就在宋永初元年前后，陶渊明写下了他的代表作《桃花源诗并序》。

湖南的桃源县被大多数人称为陶渊明笔下的桃花源，俯临沅水，背倚青山，景色绮丽，松竹垂阴，千百年来，吸引无数骚人墨客前去寻访、探幽，留下千古佳话以及墨宝遗迹。目前有神话故乡桃仙岭、道教圣地桃源山、福地洞天桃花山、世外桃源秦人村四个景区近百个景点。桃源地域东汉时置县，名沅南县，属武陵郡。隋开始直到唐和五代，撤县而成为武陵县的一部分。宋太祖乾德元年（963），朝廷发出了分拆武陵县的政令，转运使张咏根在实地考察后，建议置桃源县。历史悠久的"桃花源"，是中国古代四大道教圣地之一，有"第三十五洞天，四十六福地"的美誉。它以山水田园之美，寺观亭阁之盛，诗文碑刻之丰，历史传说之奇而举世闻名。当地的人们用陶渊明的诗文命名在此修建了观、祠、亭、洲，比如桃花观、集贤祠、蹑风亭、缆船洲等。不少学者认为陶渊明描绘的那幅美好的社会生活图景并不是他的臆想和虚构，而是桃源县实在的生活。

也有学者认为《桃花源记》是当时居住在武陵地区的苗族社会生活的写真，那时武陵地区的苗族人民已出现了自耕农的私有制，但由于生产力还比较低，剩余产品也比较少，还产生不了突出的富户和显贵人物，所以没有阶级压迫、阶级剥削的社会现象。除了陶渊明对此有记载外，另一个东晋文人在他的著作中也提到了这个"世外桃源"。此外，武陵的苗族人民素有对桃树的崇拜以及有客人"便要还家，设酒杀鸡作

"食"的习俗等等，这些都能说明陶渊明所说的桃花源就是指湖南武陵地区的苗家社会。

在今天的连云港市区也有两个武陵的地名：一个是《魏书》中记载的武陵郡，遗迹犹存，在赣榆县的沙河城子村；另一个是云台山脉的宿城西山麓，至今留有武陵古邑的地名。位于江苏省连云港市北云台山东南侧的宿城山凹，三面环山，山川秀丽，景物清幽，除了翻越虎口岭，与外界无路可通。宿城区山雄水秀、风光旖旎，春生奇花瑞草，秋染五色层林，左映清流激湍，右带茂林修竹，还有悟正庵的千年银杏、保驾山的苍松掩映、滴水崖的漱玉喷珠、枫树湾的飞金流丹等人间奇景，四时好花常开，八节鲜果不绝。陶渊明确实曾经到过这个地方，他在著名的《饮酒诗》中写道："在昔曾远游，直道东海隅"。根据地理志的记载，陶渊明所说的"远游"，正是指处于东海一角的宿城高公岛之行。而且，宿城山的地理方位与入口，与《桃花源记》中的记载相吻合。南唐诗人李中早就在他写的"犹怜陶靖节，诗酒每相亲"诗句里发出了与陶渊明同样的感慨——看到秀丽的渔村，鲜美的芳草，一径通幽的石峡小口，只想忘记世间烦恼，常住于此。苏东坡知道陶渊明是游过宿城山的，他也曾模仿陶渊明写过这样的诗篇："我昔登远山，出日观苍凉，欲济东海县，恨无石桥梁。"陶渊明的后裔陶澍向道光帝讲述高公岛、宿城一带的太平景象时，把它们说成是与桃花源无异的人间仙境。后来，他还在宿城法起寺旁建起了"晋镇军参军陶靖节先生祠堂"，还仿照陶渊明故居的特点，在门前植柳栽桃。于是昔日"山有小口，仿佛若有光"的宿城山水，如今已出入通达，一片繁华景象。

桃花源究竟只是陶渊明失望于现实中的理想，一个激起无数人对美好生活的向往的美丽的梦幻，还是真的曾经有一个那样神奇而又美丽的地方，现在还是一个无法解答的谜。

梁祝故事是真是假？

梁山伯、祝英台的故事，除了口口相传以外，舞台艺术表现传播也相当多，在我国可说是家喻户晓、妇孺皆知。但是，历史上是否真有梁祝其人其事？如果有，他们是哪个时代、什么地方的人？或者根本就是"街谈巷议，道听途说"的"小说家"所造？这是个众说纷纭、饶有兴味的"谜"。

否定有梁祝真有其人其事者认为：梁祝和白蛇传、牛郎织女、孟姜女的故事合称"中国四大民间故事"，后来编成戏剧，尽管戏剧和故事都十分动人，但毕竟只是传说，因此事实上是不存在其人其事的。他们进而推论说：梁祝死后岂能化蝶？孟姜女焉能哭倒长城？至于织女和白娘子一为天女，一为白蛇所化，纯属"子虚乌有"，其理自明。这是一家之言，听来似乎很有道理。

然而，认为梁祝实有其人其事的也很不少。江苏某报的一篇短文，说祝英台本是明代侠女，梁山伯原是前朝书生。两人本来毫不"搭界"，但是祝英台为民造福，死后人们为她安葬，挖掘墓穴时发现下面有梁山伯墓，于是将他们合葬，才演化出"梁祝"故事来的。

其实，研究"梁祝"是否确有其人其事不是从今日开始的。历史上有些严肃的学者也进行过研究和探索。清代乾嘉时著名经学家焦循就是其中的一位代表。他在《剧说》卷二中引宋元之际刘一清的《钱塘遗事》以及自己亲身见闻，说全国至少有四座所谓"梁祝墓"。第一处墓葬地在河北林镇，见刘一清的《钱塘遗事》。第二处墓在山东嘉祥县，是焦循曾经亲眼见到祝英台墓的碣石拓片。他在《剧说》中说："乾隆乙卯（公元 1795 年），余在山左，学使阮公（即阮元）修山左《金石志》，州县各以碑本来。嘉祥县有祝英台墓，碣文为明人刻石。"第三处墓在浙江宁波，这一说法是嘉庆元年（1796 年）焦循到宁波，"闻其地亦有祝英台墓，载于志书者，详者事云：'梁山伯、祝英台墓，在鄞西十里接待寺后，旧称义妇冢。'"焦循在记载中虽然没有说曾经亲眼看见这座墓，但据浙江一位老新闻工作者说，新中国成立前这个地方除有梁祝墓之说外，还有梁山伯庙。鄞县乡间还流传有"若要夫妻同到老，梁山伯庙到一到"的俗语，庙中香火还很盛。焦循进而查考地方志。据方志记载："晋梁山伯，字处仁，家会稽，少游学，道逢祝氏子同往。肄业三年，祝先返，后山伯归，访之上虞，始知祝为女子，名曰英台。归告父母，求姻时，已许贸城西清道原。明年，祝适马氏，舟经墓所，风涛不能前，英台临冢哀痛，地裂，而埋璧焉。事闻于朝，丞相封'义妇冢'。"第四处是扬州祝英台墓，焦循基本上持否定态度。他说："及吾郡城北槐子河旁，有高土，俗亦呼为祝英台坟。余入城必经此。或曰，此隋炀帝墓，谬为英台也。"清代另外一位著名学者毛先舒在《填词名解》卷二引《宁波府志》，和焦循记载鄞城（今鄞县）梁祝墓大同小异，只是多了"今吴中花蝴蝶，盖橘蠹所化，童儿亦呼梁山伯、祝英台云"这么一句话而已。

根据焦循、毛先舒引方志中的记载，谢安是东晋名臣，历史上实有其人，那时女子也没有缠足陋习，为祝英台女扮男装提供了一定的方便，而且志书上记载竟然如此详尽，因此不能排除历史上确实有梁祝其人其事的可能。

如果大胆假设、揣想，梁祝故事会不会本是编撰，但由于这一悲剧感人至深、代代相传，后人才信以为真的而写入志书呢？总之，梁祝故事传说中还有一些谜，需要后来的学者去破解！

《韩熙载夜宴图》成因之谜

《韩熙载夜宴图》流传于世一千多年来，摹本迭出，渔樵佳话亦不少。仅关于它的成因故事，就有几种观点：宋人的《宣和画谱》说，李煜命令顾闳中夜窥韩第并作此画，仅是为了满足那位南唐后主"欲见（韩）樽俎灯烛间觥筹交错之态"的好奇心。宋陶岳撰《五代史补》时却说，李煜派闳中画出韩熙载"不羁"之态的目的是把此画赐给韩，"使其自愧"。元代《画鉴》等书的作者又出新编，认为李煜派顾闳中夜窥韩第并作画，既非好奇，也非规劝，而是想在上调韩熙载当丞相前，了解一下此人的生活作风，且派去"窃窥"和后来作画的不止顾闳中一人，还有一位叫周文矩的，也是御前大画家。《画鉴》的作者汤垕说，他曾亲眼见过周文矩的《韩熙载夜宴图》。

事实上，这些传闻的可靠性是很值得怀疑、揣测的。李后主时代，韩熙载已是兵部尚书兼充勤政殿学士，其私人府邸岂是外人可"窃窥"的？再说，李后主即使想了解韩熙载私生活情况，也用不着费这么多心机，因为韩熙载早年是有名的"知礼"大臣，曾任知制诰（专为皇帝理文书），为人"素高简，无所卑屈"，不饮酒，不贪财，写得一手好文章，多才多艺。晚年，见南唐气数已尽，不愿做亡国之君的陪葬品，以蓄伎、放荡"自污"，甚至装乞丐上街说唱，闹得世人皆知，这难道还需要李煜派人去打听吗？如果说《韩熙载夜宴图》的成因与韩熙载不能成为丞相有关，笔者倒同意这一猜测：此画也许是韩、顾（或周）的袖里之作，是韩熙载导演的"自污"剧目之一。要知道他是一位史称"隶书与画皆隽绝一时"的著名画家。

有学者认为，这幅名画展现的不是历史事实，有一桩鲜为人知的历史冤案隐藏在这背后。

他们依据的是朱仲玉的《南唐演义》一书记载的说法，据载：韩熙载是南唐时有名的文人，他生性刚正不阿，为人从不虚与委蛇，敢于直言。此人平生不善饮酒，略饮一点便会面红耳赤，心跳不止，更不至于通宵进行宴饮。那么，这幅《夜宴图》是如何来的呢？原来，当时南唐李璟在位时，以宋齐丘为后台的"五鬼"（五个奸臣）把持朝政。他们结党营私，徇私舞弊，胡作非为。韩熙载力劝李璟远小人，近良臣。"五鬼"因此恨透了他。为了打击韩熙载，"五鬼"一面设法收买了当时的大画家顾闳中，让他作画造谣韩熙载，一面又到处散布不利于韩熙载的各种谣言。顾闳中为了画得像，颇费了一番心血。他为了能够随意出入韩府，以便描画韩府的人物、景色及建筑，不得不先装出一副与韩熙载要好的样子，然后就照着宋齐丘家宴会的场面铺陈作画，经过一番移花接木之后，终于绘成一幅《韩熙载夜宴图》。这幅千古名画流传至今，谁能猜测出它表现的竟并非历史事实，甚至还包藏着一伙奸人的祸心，使韩熙载蒙受了千年不白之冤。

《清明上河图》中的"清明"是什么意思？

宋代张择端的《清明上河图》是中国历史上的一幅杰出画作。自从它问世以来，受到上至王公贵族、下至文人墨客的赏识和珍藏而辗转数百年。此图卷全长528厘米，宽24.8厘米，是一幅描绘北宋都市生活各方面的长卷风俗画。张择端用十分高超的艺术手法，横向全景式构图，将极其繁复的场景处理得有条不紊，严密紧凑。它的笔法谨严，设色典雅，人物传神，器物逼真，是世人公认的中国古代遗产中的伟大作品之一。对了解和研究当时的经济、文化、建筑、交通、服饰、民俗等具有极其重要的价值。

但是，此画原来既没有画家本人的署名，也没有画名。后来，金人张著在卷后题跋，认为此画为"翰林张择端"所作，并附了简短的作者小传，同时提到了张择端画有《清明上河图》及《西湖争标图》。至此，这幅图卷才被称为《清明上河图》。由于画卷上有宋徽宗题诗之句"如在上河春"，后人因此确定此画描绘的是清明时节的景色。从那以后，直至20世纪80年代，人们都认为他画的是清明时节的景物，未有异议。

而今，学术界却对这幅画的名称发起了一场争论。尤其是"清明"一词，其说不一。

一是"清明节"说。

近代一些艺术史家持"时令说"的观点，认为图中描绘的是在清明时节，汴京城郊居民进行扫墓、踏青、探亲等种种活动。并肯定了是"清明节"。

二是"清明坊"说。

1981年有人对画面中的内容提出了质疑，并提出了"地名说"，从画面所展现的内容推断此画描绘的是中秋节前后的景色，而非"清明"，他又据画中的"城门楼"设想《清明上河图》应该是描绘的从"清明坊"到汴河口这一段上河的繁华热闹的景色，"清明"是指汴京城中的"清明坊"。上述两种意见都有理有据，但也有各自的缺陷。如持"清明时令说"，则画面上并无门插柳条、扫墓、踏青、郊游等特有的"清明"时习俗；如持"清明坊"之说，也无有力凭证。

三是寓意"承平"说。

还有一种观点是"清明"既非时令，又非地名。画面所显示的是秋色而不是春光，是沿河数里好几处街道，并不仅指在郊外的某一个地点。这里所说的"清明"应该是在称颂"太平盛世"。《后汉书》有"固幸得生于清明之世"的话，用"清明"即意味着"治平"。张择端作为一名皇帝御用画院的待诏创作这幅鼓吹"歌舞升平"的作品，以迎合宋徽宗的心意，是很有可能的。他为了

清明上河图（局部）

加强歌功颂德的气氛，成功地向皇帝进献此画，因而选用了"清明"一词。这一说法，颇有见地。

综上所述，从各方面加以分析，第三种意见是很有说服力的。因此，在《清明上河图》有关"清明"二字的解释还没有定论之前，我们一般情况下将其视作北宋一般的都市生活的典型写照。

怒发冲冠凭栏处——《满江红》作者之谜

一直以来，人们都认为流传千古的《满江红》是南宋抗金名将岳飞所作。但是，

近代已故学者余嘉锡在《四库提要辩证》中的《岳武穆遗文》条下，却对《满江红》的作者是否是岳飞提出了质疑。

余嘉锡认为，这首词最早见于明代嘉靖十五年（公元1536年）徐阶编的《岳武穆遗文》。宋、元人的记载或题咏跋尾从未见过此词，但却突然出现于400年后的明代中叶，不能不让人生疑。同时，收录者对此词出处一无所言，搞得《满江红》像是来历不明的词。再说，岳飞之子岳霖和孙岳珂，费尽艰辛搜求岳飞遗稿，但他们所编的《岳王家集》中却未收录这首《满江红》，31年后重刊此书时，仍未收入该词，这让人觉得很奇怪。所以，余嘉锡认为《满江红》可能不是岳飞所作，而是明人的伪作。

赞同余嘉锡看法的夏承焘还就词中"驾长车踏破贺兰山缺"一句加以研究，而不是补充论断。夏认为，贺兰山位于今甘肃河套之西，南宋时属西夏，而不是金国地盘。岳飞率兵直捣的黄龙府，是在今吉林境内，"这首词若真出岳飞之手，不应方向乖背如此！"夏承焘进一步考证：在明代，北方鞑靼族就常从贺兰山入侵甘、凉一带，明代弘治十一年（公元1498年），明将王越曾在贺兰山抗击鞑靼，打了第一个胜仗，因此，"踏破贺兰山缺"在明代中叶只是一句抗战口号，在南宋是决不会有的。所以这首词出现于明代，正是作这首词的明代人说出了当时的地理形势和时代意识。

1980年9月10日，台湾《中国时报》发表孙述宇的文章，它主要从词的内容和风格上提出质疑。孙认为《满江红》是一首激昂慷慨、英风飒飒的英雄诗，而岳飞做过的另一首词《小重山》却是那样地婉转低回、失望惆怅，两首词的格调和风格大相径庭，不像出于同一人之手，因而也怀疑《满江红》的真伪。但是：

第一，贺兰山同"长安""天山"一类地名一样，可用作泛称，岳飞就是把贺兰山当作黄龙府。1980年12月15日香港《大公报》发表苏信的文章，认为西夏与北宋向来都有战事，派范仲淹经略延安府，就是镇守边陲、防御西夏的。这种对峙局面直至真宗、仁宗贿赂求和才暂时安定下来。岳飞当然熟悉50余年前的这段历史，《满江红》一词提到的贺兰山，很可能就是借指敌境，不能简单地当作违背地理常识。

第二，一些作品湮没多年，历久始彰，在文学史上是有先例的。如唐末韦庄的《秦妇吟》，湮没900余年才看到全文。

有人还结合词句，根据史实，考证出岳飞写《满江红》的具体时间。岳飞30岁（公元1133年）执掌军事，因责任重大，身受殊荣，感动深切，乃作成此壮怀述志《满江红》词。故词中有"三十功名尘与土"一句。岳飞从军后，南征北战，至30岁时，计其行程，足逾八千里，故词中有"八千里路云和月"一句。岳飞30岁时置守江州，适逢秋季，当地多雨，故词中有"潇潇雨歇"之句。因而推断出，《满江红》词是岳飞表达其真实感受，于宋绍兴三年（公元1133年）秋季九月下旬作于九江。

《满江红》词究竟是否出于岳飞手笔？论者意见不一。不过，即使是怀疑《满江红》为伪作者，也无法抹杀这首词的价值和历史影响，不管是否是岳飞所作，《满江红》也仍然值得流传下去。

谁是《金瓶梅》的真正作者？

《金瓶梅》是一部惊世奇书，也是"明代四大奇书"之一，还被清代小说点评家张竹坡誉为"第一奇书"。它借《水浒传》中"武松杀嫂"一节引出以西门庆为主角的一段市井生活，借宋代的人物暴露明代社会的腐败。一般认为书名是以西门庆三个重要女人名字中的各一个字拼凑成的。"金"指潘金莲，"瓶"指李瓶儿，"梅"指庞春梅。这本书思想内容丰富、艺术手法娴熟，但是它问世时，作者并没有署上自己的真实姓名，所以学者们对它的作者问题始终抱有很大的兴趣，以至《金瓶梅》的作者到底是谁，迄今仍然无定论。

《金瓶梅》的作者署名"兰陵笑笑生"，但其真名实姓考证至今并无定论，作者是何方人氏也说法不一。因为作者声称写的是山东地面的人和事，署名中又有"兰陵"字眼，加之作品用语基本上是北方话，所以多认为是山东人。有的研究者认为作者是李开先。李开先是山东人，嘉靖进士，40岁罢官回家，他的身世、生平和对词曲等市井文学的极深的爱好和修养与前人对《金瓶梅》的说法不谋而合；作品本身也证明它同李开先关系密切；李开先的作品《宝剑记》也是用《水浒》的故事，把《金瓶梅》和李开先的《宝剑记》做比较，就会发现不少相同之处。所以《金瓶梅》和《三国演义》《水浒传》《西游记》一样，都是在民间艺人中长期流传之后，经作家个人写定的，而这个写定者就是李开先。还有人认为作者是另一个山东人贾三近，他是嘉靖、万历年间大文学家，因为《金瓶梅》一书从头到尾贯穿了大量的峄县人仅用的方言俚语，峄古称兰陵，从贾三近的生平事迹，以及宦游处所、人生经历、嗜好、著作目录等方面看，他是最接近"兰陵笑笑生"的一个人。

最流行的看法则认为，嘉靖年间的大文学家王世贞是《金瓶梅》的作者。王世贞，字元美，号凤洲，又号弇州山人，是南京刑部尚书，也是明代著名的文学家、史学家。王世贞才学富赡，文名满天下，与李攀龙、谢榛等合称为"后七子"。在前后七子中最博学多才。李攀龙去世后，他独领文坛20年。《明史》称他"才最高、地望最显，声华意气，笼盖海内"。

他为官清正，不附权贵。东林党杨继盛被严嵩陷害下狱，他经常送汤药，又代杨妻草疏。杨被害后，他为杨殓葬；父亲被严嵩陷害，他作长诗《袁江流钤山冈》和《太保歌》等，揭露严嵩父子的罪恶。他精于吏治，乐于提拔有才识之人，衣食寒士，不与权奸同流合污，受时人推重。

据说他作《金瓶梅》是想为父报仇，王世贞的父亲因献《清明上河图》的赝品，被人识破，因而得罪权臣严嵩和严世藩父子，最后被残害致死。王世贞为报父仇，特作小说《金瓶梅》献给严世藩投其所好。书的内容隐射严嵩父子，揭露他们的种种丑行，而书上又涂有毒药，当严世藩读完此书后就中毒而死了。

但是著名学者吴晗率先对这个观点提出质疑，他查阅了大量的正史、野史、笔记，以翔实的史料作为依据，推翻了前人据以立论的主要依据——《清明上河图》与王世贞家族的关系，得出历史上的王世贞之父并不是因为献假图被害，严世藩也不是因为中毒而身亡的结论，否定了《金瓶梅》为王世贞所做的传统看法。吴晗还从书中大量运用的"山东方言"这一点来看，认为王世贞虽然在山东做过三年官，但是要像本地人一样用方言写出这样的巨著是不可能的。他还明确指出，《金瓶梅》应为万历十年至三十年的作品，作者绝不可能是王世贞。有不少研究者也撰文支持吴晗的观点。

20世纪80年代，国内开始有语言学家发表文章对作者的山东籍贯表示怀疑，理由是作品中有不少用语是当今山东方言所没有的，反而在吴方言区经常用到，于是大胆设想作者有可能是吴方言区人。30年代时，英国汉学家阿瑟·韦利就曾提出《金瓶梅》作者是徐渭这一说法，在60多年后却被绍兴文理学院讲师潘承玉新近出版的《金瓶梅新证》给证实了。

潘承玉的《金瓶梅新证》首先从时代背景推断《金瓶梅》成书时代为明嘉靖末延续至万历十七年稍后，而这正与徐渭的生活时代相吻合。从地理原型、风俗、方言等诸角度多层面来看，小说与绍兴文化也有很深刻的联系，根据《金瓶梅》是一部"借宋喻明""借蔡讽严（嵩）"之作的定论，指出当时正是绍兴形成了全国第一个反严潮流，披露了徐渭与陶望龄以及沈炼为代表的一大批"反严乡贤"鲜为人知的史实，从沈炼正是被严嵩迫害致死，断言徐渭是因感于乡风，感于沈炼的冤死愤慨而作《金瓶梅》。另外，徐渭在晚年曾暗示过他花40年心血而完成了一部长篇小说。而《金瓶梅》的措辞用语、文风都与徐渭十分吻合。另外，从作者写作《金瓶梅》的特殊心态，也跟徐渭的遭际一脉相承。

中国古典文学名著《金瓶梅》问世四百多年来，作者究竟是谁？创作背景怎样？笑笑生究竟是何人，还是一个未解的谜，这一连串疑问仍像重重迷雾笼罩，等待后人的解答。

为什么十三陵中十二陵上都无碑文？

在北京的明十三陵中，有十二陵没有碑文。这究竟是为什么呢？

在这十三陵中，只有明成祖朱棣的石碑上有碑文，这块长陵石碑，正面上刻有"大明长陵神功神儒碑"字样，下刻有朱棣儿子明仁宗亲自题写的为其父歌功颂德的三千余字的碑文。既然十三陵中的第一陵有碑文，其余十二陵为什么不刻上碑文呢？

顾炎武在访问十三陵之后，写出了《昌平山水记》，他说，传说嗣皇帝谒陵时，问随从大臣："皇考圣德碑为什么无字？"大臣回答说："皇考功高德厚，文字无法形容。"而《帝陵图说》给出了另外一种解释，《帝陵图说》里明太祖朱元璋曾说："皇陵碑记，都是大臣们的粉饰之文，不能教育后世子孙。"他这一批评，使翰林院的学士们再不敢写皇帝的碑文了。后来，写碑文的任务，便落在嗣皇帝的肩上。所以孝陵（太祖）碑文是成祖朱棣亲撰，而长陵（成祖）的碑文，是明仁宗朱高炽御撰。

但明仁宗以后各碑，为何嗣皇帝不写了呢？依照这种说法，长、献、景、裕、茂、泰、康七陵门前，并没有碑亭和碑。到了嘉靖时才建，嘉靖十五年（公元1536年）建成，当时礼部尚书严嵩曾请世宗撰写七碑文，可是嘉靖帝迷恋酒色，又一心想"成仙"，哪有心思写那么多的碑文，因此就空了下来。

世宗以外的各皇帝，看到祖碑上无字，自己也就不便只为上一代皇帝写碑文，但如果都写的话，也没有太多的精力，因此，一代一代的皇帝传下来，就出现了这些无字碑。实际上，自明朝中期以后，皇帝多好嬉戏，懒于动笔，而最主要的原因是，如不加以粉饰，他们所谓的"功德"已经不能直言了，因而这些皇帝干脆不写了。

还有人认为，这些皇帝的做法是效仿武则天。因为武则天是一个聪明的人，"无字碑"立得真聪明，功过是非让后人去评论，这是最好的办法。这些皇帝们知道自己有可以肯定的地方，但同时肯定也有应该否定的地方。他们知道自己的一生人们会有各种各样的评价，碑文写得好坏都是难事，因此才决定立"无字碑"，功过是非由后世评说。

不管这些说法怎样，到现在，这些无字碑还立在十三陵中，同它们身后的皇帝一起，真正是做到了"功过是非由后世评说"。

《水浒传》的作者究竟是谁？

《水浒传》是我国古代文学艺术宝库中的精品之作，它是我国古代第一部农民起义为题材的长篇白话小说。小说通过梁山英雄从个人复仇到集体反抗而最终又失败的悲壮历程，塑造了农民起义的众多英雄形象，它深刻地揭露了封建统治阶级的罪恶，歌颂了反抗封建压迫的英雄人物，揭示了封建时代尖锐的社会矛盾和起义产生、失败的社会根源。其中的宋江、鲁智深、林冲、武松等梁山好汉，流传了几百年，家喻户晓。

但是，它的作者是不是施耐庵呢？

《水浒传》的故事取材于北宋末年宋江领导的一次农民起义，历史上确实有宋江等36人起义反抗北宋朝廷一事，起义给了当朝统治者沉重的打击，但最后还是失败了。《徽宗本纪》和《张叔夜传》等文献都记载了此事。后来这个故事就在民间广泛流传，而且不断丰富与充实，在南宋时被民间的说话艺人用说话的形式继续传播，到了宋末元初时，就被人写入了《大宋宣和遗事》话本，到了元代，戏剧艺术空前繁荣，当时杂剧表演中就有《水浒》戏，百回本《水浒传》的问世是在元末明初，从民间口头流传到说话艺人话本再到文人的加工创造而成，这是一个相当漫长的过程，然而这项再创造、再加工的工作难度非常大，它的完成者究竟是谁，学术界目前还有很大的争议。

大多数的人还是对施耐庵是这一名著的作者持肯定意见的：施耐庵是江苏兴化人，他出身船家，家境贫寒。童年时随父到了苏州，13岁时在苏州附近的浒墅关读书，29岁时中举人，后来经朋友推荐，到山东郓城任训导。在山东，他遍搜梁山泊附近有关宋江等人的英雄事迹，熟悉了山东的风土人情，有关他搜集这些事迹还有很多有趣的记载。35岁时施耐庵考中了进士，到钱塘任县尹，两年后因与当权者不合，任期不满便辞官回苏州，在家从事创作。后来，施耐庵做了起义领袖张士诚的幕僚，这使他熟悉了农民起义军的军营生活和许多起义军首领。时间一长，施耐庵发现张士诚等首领日益骄逸，料想他们肯定不能成功，于是便离开了张士诚，居住在常熟河阳山和江阴祝塘一带以教书为生，并根据民间故事和说话艺人话本，还有自己所搜集的资料，潜心创作《水浒传》。张士诚失败后，朱元璋搜捕有关人员，施耐庵为了避祸，只好到现在大丰市的白驹镇定居，并继续《水浒传》的创作。《水浒传》一书著成后，在民间流传甚广。朱元璋看到此书后愤怒至极，将施耐庵关进刑部天牢。后经刘伯温的帮助，托病就医被释放，施耐庵在天牢关了一年多，精神上、肉体上都受到很大摧残。出狱时，已是瘦骨嶙峋，步履艰难了，不久后，他就去世了。从《水浒传》这篇名著里我们可以看出施耐庵的爱憎，他对于朝廷、皇帝的昏庸的憎恶，对奸臣当道的痛恨，对于有才识之人在这个社会当中难以生存的这种不满，他在那些英雄人物身上也寄托了自己的理想和希望。明人胡应麟《少室山房笔丛》认为，虽然《水浒传》的创作大体上经历了从南宋初年到元末约134年的时间，是群体创作与文人加工润色后的结果，但是，它的主要创作人还是施耐庵。这个观点是大多数人都接受的，而且，至今所有版本的《水浒传》基本上都冠有施耐庵的名字，《水浒传》的作者是施耐庵，也成了基本的文学常识。

另一种观点则认为《水浒传》的作者是罗贯中，罗贯中是施耐庵的门生，根据考证，罗贯中所做的《三遂平妖传》的二十一篇赞词中，有十三篇被插入到《水浒》中，这种情况表明，两书的作者是同一个人，就是罗贯中。而且他们认为罗贯中创作的《三国志通俗演义》和《水浒传》之间存在的差异正好表现了作者在世界观方面发生的变化。

还有人认为《水浒传》是施耐庵和罗贯中师生二人通力合作而完成的，施耐庵死后，罗贯中在淮安又住了几个月，他把施耐庵留下的书稿做了番整理后，动身到全国的刻书中心——福建的建阳去，准备把《水浒传》刻印出来。可是，这里所有的书坊，没有一家敢刻印。罗贯中只好在建阳住下，这期间，他又将《水浒传》重新做了纂修和编次，同时集中精力，写成了《三国演义》。不久后，他也染病，离开了人世。明人高儒《百川书志》著录有《忠义水浒传一百卷》，题为"施耐庵撰，罗贯中编次"。大多数学者认为《百川书志》所载是《水浒传》的祖本，材料很有权威性。此外，天都外臣作序的《水浒传》题署"施耐庵集传，罗贯中撰修"，是如今能见到的最早的《水浒传》的版本，也很有权威性。这又可佐证施耐庵和罗贯中两人都是此书的作者。

部分学者还认为《水浒传》的作者是郭勋，他组织门客，参考了宋元人的话本、诗词、笔记和元杂剧等编写而成的。他们提出的论据有两个：一是明初时尚无人提及《水浒传》，郭勋的百回本《水浒传》应该是《水浒传》的最早版本，现在见到的最早谈到《水浒传》的文献出现在嘉庆年间，此时明朝已经灭亡一百多年，所以《水浒传》不可能产生在元末明初。

二是《水浒传》里的不少地名都是明代的建制，元末明初的人不可能写出来。这说明元朝末年的施耐庵不可能是《水浒传》的作者。而《水浒传》上所署的施耐庵，很有可能也不是真实姓名，而是为逃避祸害而取的别名。

这些观点各执己见，也没有一种观点能够理由充分地驳倒其他观点，《水浒传》的作者究竟是谁，到目前为止还没有定论，有待学者们进一步考证。

高鹗续写了《红楼梦》吗？

《西游记》《水浒传》《三国演义》以及《红楼梦》并称为我国古典文学的四大名著，其中又以《红楼梦》成就最高，达到了我国古典文学的顶峰。《红楼梦》成书至今已有二百余年的历史了。作为我国最重要的一部小说，它不仅感动了中国人，也得到了世界人民的重视与喜爱。《红楼梦》有各种不同的版本，数十种续书，流传到世界各国。

长期以来，人们普遍认为曹雪芹只写了《红楼梦》的前80回，后40回是清代文人高鹗所写。然而由于《红楼梦》的成就如此之高，人们对它的热爱如此之深，曹雪芹心中的《红楼梦》的后40回究竟如何，一直成为文学界乃至热爱"红楼"的人的一大遗憾。

"高鹗续书说"最早是由我国大学者胡适提出来的。他最早看到《红楼梦》的时候，认为小说的诗词是在暗示人物的命运和结局，但是看到后来，有些人物的结局并不按照诗词所预言的那样。所以他提出小说的前80回和后40回有矛盾，进而猜测《红楼梦》可能是由两人所写。同时，经他考证，高鹗的同年进士张船山在《赠高兰墅鹗同年诗》题解中写道："传奇《红楼梦》后四十回俱兰墅所补。"于是胡适便将补书的作者认定是高鹗。这种观点提出后长期被人们接受，也就是很多人普遍认为《红楼梦》后40回是由高鹗所写的原因。对于高鹗补写后40回，也有不同的说法。一种说法是高鹗根据自己的喜好编出自己喜欢的后40回，自娱自乐，还有一种说法更可笑，那就是高鹗奉清廷的要求，修改和续写"红楼"，所以在思想上必然受到约束。

然而，随着对内容的进一步研究，很多学者、专家认为高鹗不可能续后40回《红楼梦》。首先，从高鹗的生平来看他不可能续写《红楼梦》：高鹗，字兰墅，一字云士，清代文学家。因为他酷爱小说《红楼梦》，所以自取别号"红楼外史"。他是汉军黄旗内务府人，祖籍铁岭（今属辽宁）。他于乾隆五十三年（1788）中举人，六十年（1791）中进士。据胡适考证，高鹗续写"红楼"的时间是在1791至1792年，只有两年的时间。然而，这么短的时间，高鹗可能写出占原书一半篇幅的后40回吗？高鹗怎么可能求取功名的时间里花如此多的精力续写《红楼梦》？这显然是件不合情理的事情。其次，高鹗续写"红楼"的时候，真本的《红楼梦》并没有完成太久，可能根本就没有消失，只是零散不全，需要补充，那么高鹗何必又要舍弃原来的而自己另写后40回呢？难道他想替曹雪芹干活，自己做无名英雄吗？

而且据我国的红学专家周汝昌老先生考证，《红楼梦》的结果不是高鹗所续的那样，而是在大抄家后，贾府全家败落，在贾环及赵姨娘等的密告下宝玉和凤姐入狱，后来被小红（红玉）和贾芸搭救，凤姐因此心力交瘁而亡，宝玉沦为更夫时宝钗也已郁郁而亡。在抄家前黛玉与湘云投湖自尽，后来史湘云被搭救，沦落风尘。最后与宝玉邂逅二人结为夫妻。这才是故事真的结局。这么说，高鹗续书又何必两头不讨好呢？

我们再来看看曹雪芹。传说他曾"披阅十载，增删五次"，这说明《红楼梦》很可能本来就已经写完了，只是一些原因，我们没有看到后 40 回。那么高鹗是否真的续写后 40 回呢？

目前，一些专家学者认为高鹗不仅没有续写后 40 回，而且现存的红楼梦都是曹雪芹本人所写。据他们考证，将 1959 年山西发现的《乾隆抄本百廿回红楼梦稿》（简称《红楼梦稿》）与其他所有版本进行了比照，发现《红楼梦稿》才是曹雪芹的手稿本，而其他所有版本都是曹雪芹在这部稿本上一边修改一边由不同的人抄录出去的。只是由于全书修改的时间很长，抄出去的版本很多。另一方面，从语言上来考证，全书 120 回通用的语言风格都是南京话，而东北人高鹗是写不出来的。况且，"红楼"中的人物是变化发展的，不一定与诗词的预言发生矛盾。

无独有偶，一位计算机专家从数学统计方面入手，在语言风格上，通过计算机的统计、处理、分析，也对《红楼梦》后 40 回由高鹗所作这一流行的看法提出了异议，认为 120 回都是曹雪芹所作。

《红楼梦》后 40 回到底是由谁续写的？也许这并不重要，正如断臂维纳斯的完美之处，因为不完美而完美，后 40 回是给读者留个想象空间。到底是谁误读了《红楼梦》？高鹗是否钻了只有 80 回的这个空子？他是否真见到了 80 回以后的残稿？到底他的 40 回续书，和雪芹真书有无关系？这成了一个历史之谜，不过也正是因为后人的续写，才使得《红楼梦》这一经典成为一部有始有终的完整作品。

历史谜团

欧洲上空的草原雄鹰——匈奴人寻踪

匈奴是我国北方的一支古老的游牧民族，他们繁衍在河套地带，游牧于大漠南北。相传，匈奴人的先祖是夏朝的遗民。商代甲骨文称其为"鬼方"，同代的诗集中又称其为"獯鬻"；周朝人称他们为"猃狁"；到了春秋战国时期，"狄""戎"则成了他们的代名词。直到秦汉时期，才有了匈奴之名。

匈奴曾在我国北方活跃了几百年，同中原王朝连年争战，在我国历史上画下了浓墨重彩的一笔。公元 1 世纪后，匈奴分为南北两支，南匈奴人居内地，后来逐渐和汉民族融合。北匈奴在西汉帝国的军事打击之下，一路西逃。那么这群昔日在草原上翱翔的雄鹰究竟飞往何处了呢？这成了一个长期不为人知的谜题。

大约三百年后，欧洲东部突然出现了一支强大的骑兵部队，他们骁勇善战，自称匈人。4 世纪，这些匈人在匈牙利平原上建立了匈人帝国。

这支震撼欧洲的匈人骑兵，与中国西逃的北匈奴有无渊源关系？此一问题引起了中外学者的极大兴趣。

史学界不少学者认为，欧洲匈人即北匈奴后裔。法国学者德搂尼最早提出这一观点。随后，英国历史学家吉本、学者伯克、德国学者夏德都在自己的著作中引用了这一观点。中国许多著名学者也赞同这一观点，如章太炎认为，"今之匈牙利即匈奴音转。"学者何震亚认为，"匈牙利的《匈》为种族名，《牙利》为地名，匈牙利即《匈人住地》。"

人们还从风俗习惯、文化艺术等方面进行了考察，研究发现欧洲匈人和匈奴人在祭祖天地鬼神、崇拜日月、献血为盟、脱帽致谢等方面非常相似。1907年，匈牙利探险家斯坦因在中国新疆乌鲁木齐以东50公里处发现了一处古墓群。最近，匈牙利的考古学家在重新分析研究这处古墓群的墓内陪葬品时，意外地发现这些陪葬品与9世纪、10世纪的匈牙利国内墓群的陪葬品十分相似。

此外，匈牙利的考古学家还在古墓群附近碰到一个少数民族群体——乌戈尔人。乌戈尔人与当地的维吾尔人截然不同，他们全族仅有9000人，且能歌善舞，他们的民歌中有73首与匈牙利的五声音阶完全合拍。有人还发现匈牙利民歌中，有不少曲调和我国西北少数民族——裕固族的民歌极为相似，像是一首歌曲的不同变奏。要知道，西汉时，匈奴曾长期统治裕固族，因此裕固族民歌保留匈奴民歌的风格是很自然的。远在欧洲的匈牙利也有和裕固族一样风格的民歌，说明匈牙利和匈奴确实有很深的渊源。匈牙利文学家基塞里·伊什特万曾多次来中国，他也发现了这一情况。他还发现裕固族对有些名称的叫法和匈牙利人完全相同，如苹果都叫"奥尔莫"，绿色都叫"凯克"，妈妈都叫"奥尼奥"。他认为，匈牙利人和裕固人有"亲戚关系"。

因此，很多学者坚信，今日欧洲的匈牙利人很可能是匈奴人的后裔。

但是，并不是所有人都能接受这一观点的。相反的观点有以下几个。

匈牙利与匈人无直接关系

公元453年阿提拉死后，匈人（Hun）帝国迅速瓦解。尽管欧洲人从此习惯把来自东方的各种游牧民族都称作"匈人"，真正匈人的后代却下落不明。只是有点证据能表明7世纪后期进入巴尔干半岛的保尔加人（保加利亚人的祖先之一）中或许有些匈人成分。

匈牙利人自称马扎尔（Magyar）人。他们在9世纪后半叶出现于欧洲时，真正可考的匈人差不多在四百年前就消失了。根据著名匈牙利裔历史学家Denis·Simor教授的名作《匈牙利史》，把匈牙利人称为匈人是典型的时序倒错，因为没有任何历史资料表明两者有直接关系。

许多人想当然地误认匈牙利Hungary一名与匈人Hun有关，这是大错特错的。Hungary一名真正的来源是On ogur，也即突厥语On Oghur，按照中国历史习惯不妨译为"十姓"（突厥语On为"十"；Oghur是历史上著名的突厥部族名，与维吾尔的古称回纥Uighur不无关联）。欧洲人的这一称呼起因于早期马扎尔人和突厥族的密切接触，因此历史上欧洲人常常把匈牙利马扎尔人视为突厥人。但是，严格地讲，突厥语属阿尔泰语系，匈牙利语属于乌拉尔语系。两者并非同一语系，因此马扎尔人和突厥人绝不是一回事。

不过，可以肯定的是马扎尔人的祖先来自亚洲草原，而不是印——欧种人。今天，匈牙利人还保留一项文化特异：他们是欧洲唯一将姓列在名之前的民族。这一姓名顺序与中国、日本等东亚国家是一致的。

匈奴与欧洲匈人的关系不明

有许多人认为欧洲匈人就是中国历史上的北匈奴。尽管这一说法非常流行，但是在历史研究中，这是一个始终没有确证的假设。Denis·Simor 教授的《剑桥早期亚洲内陆史》就对这一观点不断提出质疑。已故匈人史专家 E·A·Thompson 的名著《匈人》也重申，在研究匈人时，不宜引用关于匈奴的资料。

"匈人就是匈奴"这一假设基本上完全建立在语音的近似上，并无其他任何历史和考古证据。从北匈奴在中国历史上消失到匈人在欧洲的出现之间有几百年的空白，再加上巨大的地理间隔，如果没有直接间接的历史记载或考古实物发现，光凭语音上的近似做出这种判断是不科学的。

近年来，随着科学技术的发展，DNA 等测试手段也被派上了用场，但令人遗憾的是，现在还未发现任何一个有力的证据能回答这一问题。中国古代的匈奴人和欧洲的匈牙利人是否有血缘关系或系同一民族，恐怕还需要若干年才能解答。

在哪点的这把火——赤壁大战地点之争

赤壁，是一个知名度极高的古战场。"二龙争战决雌雄，赤壁楼船扫地空；烈火张天照云海，周瑜于此破曹公。"这是唐代大诗人李白描绘赤壁之战的诗句。

据史书记载，东汉建安十三年（208 年）冬，曹操亲率 20 万大军进攻东吴。孙权在诸葛亮的说服下，与刘备组成联军共守长江天险。孙刘联军利用曹军不善水战的弱点，利用火攻大破曹军。一时间，"火烈风猛，船往如箭，烧尽北船，延及岸上营落。倾之，烟焰张天，人马溺死者甚众。"（《资治通鉴》）这次战役，孙刘联军以少胜多，以弱胜强，为魏、蜀、吴三足鼎立之势的形成奠定了基础。

这样著名的战场，自然就成了文人雅士们吟咏感怀的对象。从唐代李白始，迄元朝吴师道止，仅唐、宋、金、元四代，有文章记载的咏史作者就有 14 人之多，所作诗、词、曲、赋中，有很多名篇传世。虽然如此，对于赤壁古战场的地理位置究竟在哪里，作者们似乎并不清楚。北宋苏东坡在黄州（今黄冈市）所做的脍炙人口的《念奴娇·赤壁怀古》也只是说："故垒西边，人道是，三国周郎赤壁。"对于黄冈城外的赤鼻矶，是否就是赤壁古战场，语焉不详。而"人道是"，所指之"人"，实际上就是唐代诗人杜牧，他所书《赤壁》绝句中，"折戟沉沙铁未销，自将磨洗认前朝。东风不予周郎便，铜雀春深锁二乔"。就是视黄冈城外之赤鼻矶为古战场的。然而，赤鼻矶的地理位置既不在樊口上游，又不在大江之南，与史书所载不符，并非真正的古战场，后人多称黄冈赤鼻矶为文赤壁。那么，武赤壁，也即真正的赤壁古战场在哪儿呢？对此，也有不少争议。

第一种看法认为，赤壁在今湖北嘉鱼县东北，王力主编的《古代汉语》和朱东润主编的《中国历代文学作品选》，都持这种观点。追本溯源，该学说最初见于《大清一统志》，书中记载：赤壁山"在嘉鱼县东北江滨"，且《水经注》也记载："赤壁山在百人山南，应在嘉鱼县东北，与江夏接界处，上去乌林二百里。"此说后来为清末著名地理学家杨守敬所认同，"赤壁当在嘉鱼县东北与江夏接界处"，且认为"《大清一统志》所定最确"。

第二种看法认为，赤壁应在湖北蒲圻县西北。阴法鲁主编的《古文观止译注》中写道："那个赤壁，在今湖北省蒲圻县西北，长江南岸。"《元和郡县图志》也记载："赤壁山在蒲圻县西一百二十里，北临大江，其北岸即乌林，即周瑜用黄盖策，焚曹公舟船败走处。"持此说的还有我国宋元之际的史学家胡三省。

这两种说法，哪一种更切合实际呢？最近几年，这个"谜底"似乎在渐趋明朗，持"蒲圻县西北"说的人日渐多了起来，这不仅因为《元和郡县图志》的作者李吉甫生活的年代与赤壁之战的年代较接近，和更早些时候的《荆州记》有与《元和郡县图志》相同的记载，而且因为蒲圻的赤壁，陆续有大批的器物被发掘出来，进而在赤壁大战古战场之争的天平上为蒲圻县填上了一枚重重的砝码。

据南朝盛宏之《荆州记》记载：刘宋元嘉年间，在赤壁发掘出了曾参与赤壁之战的东吴大将吕蒙的墓穴，"墓中有一髑髅极大，蒙形长伟，即蒙髑髅也。"另据《南史·宋书·符瑞志》记载："刘宋大明七年，蒲圻出铜路鼓，'独足四面'。"南宋诗人谢枋得在《赤壁诗序》中说："予自江夏溯洞庭，舟过蒲圻，见石崖有赤壁二字，因登岸访问父老曰：'乌林有烈火岗，上有周公瑾庙地今士人耕地得箭镞，长尺余，或得断枪折戟，其为周瑜破曹军处无疑。'"

在赤壁对岸的乌林，1973年出土了一件东汉晚期的铜马镫，一台印有东汉献帝"建安八年"的瓦砚，并有东汉铜镜、陶瓷器和箭镞等。1976年，在赤壁山下一米多深的土层中发现沉船上的铁环、铁钉、东汉铜镜等古物。同年，又在赤壁山上发现铜、铁、玉带钩各一件。1977年，在赤壁山和南屏山各发现一枚传令旗上的三棱形镂孔铜镞。1987年3月7日，在赤壁金鸾山坡一座东吴砖室墓中，发现诸葛亮设计制造的铜弩机一件，同时还发现东汉五铢钱和规矩星纹铜镜。同年4月9日，在同一地方，又发掘出东吴都尉武官陈文和墓，墓中出土一件更好的铜弩机，上有射程表尺，有铭文，还出土钢剑一柄、草叶纹镜一面，"大泉当千"一枚及青瓷器等37件文物。通过发掘出来的这些遗物来判断，这里极有可能就是真正的赤壁古战场。

历史与传说差距有多大——杨家将的虚虚实实

"四郎探母""穆桂英挂帅""十二寡妇征西"等"杨家将"的故事自北宋以来家喻户晓、路人皆知，故事中杨氏一家精忠报国的精神一直被世人所称道。但是，目前却有学者指出，这些故事多出自民间的小说、杂剧等，它们早在记载杨氏祖孙三代披坚执锐、浴血奋战的相关史书尚未刊行之前，就广泛传播开来了。那么历史上"杨家将"的故事到底有多少是真呢？令人遗憾的是，宋代的各类著作史书将杨家人物事迹记载得含糊其词，矛盾重重，尤其是将民间口头传说、小说笔记、曲艺杂剧更是随意改编杜撰，进而使杨家将的事迹变得真假难辨了。

关于杨延昭，宋人谢维新的《合璧事类》后集记载："真宗时杨畋，字延昭，为防御使，屡有边功，天下称为杨无敌，夷虏皆画其像而事之。"此说法与南宋刊行的《东都事略》《续资治通鉴长编》等史书大相径庭。按史书载，杨畋是杨琪的儿子，字乐道，并不是延昭。杨畋虽出于将家，却多从政，官至龙图阁直学士，并未做过防御使。做防御使且屡获战功的人是杨延昭，他是杨继业之子，被称为杨六郎，但他并不是"杨无敌"。"杨无敌"乃是他父亲杨继业的称号。杨继业原名杨业，继业是北汉皇帝刘崇赐给他的名字。

关于杨业有几个儿子的问题，元朝初年的徐大焯所著《烬余录》载："杨业，太原人，世称杨令公……（其祖孙三代）世称杨家将……（业有七子）长子渊平随殉，次子延浦、三子延训官供奉；四子延环初名延朗，五子延贵并官殿直，六子延昭，从征朔州功，加保州刺史，真宗时与七子延彬（初名为延嗣）屡有功，并授团练使。延昭子宗保，官同州观察。"书中还说杨宗保曾参加平南平西和防辽的战争。但据《宋史》记载，杨业祖孙三代并不"世称杨家将"，杨延昭也不是排行第六，而是长子，其儿子也不是宗保，而是文广。

"杨家将"的另一个关键人物是穆桂英，关于穆桂英是否真有其人，支持者和否定者各执一词。支持者认为，近年发现的山西代县《杨氏宗谱》、山西原平《杨氏宗谱》中，都记载了杨六郎延朗有三子，分别为宗保、宗政、宗勉；而在湖北黄梅发现的《杨氏宗谱》更明确记有"宗保妻穆氏，生文广、同信二子"（1983年7月30日《浙江日报》）。由此可见，杨氏家谱中有穆桂英和杨宗保。因此，有学者认为，虽然史书中并没有穆桂英的姓名，但并非无此人。据称"杨文广之妻慕容氏，武艺高强，英勇善战，辽兵将均畏之"（《保德州志》）。又据该志说，慕容氏家乡在保德州的穆塔村，而慕、穆姓读音相近，所以，学者认为，"《保德州志》之所以没有记载她的名字，可能是后人改了其姓氏，并给她起了民间通用的'桂英'这一名字，这样更方便流传"。"穆桂英助杨家于沙场，可谓不无根据，至于名字如何，乃其余事"（刘子钦《话说"杨家将"》，山西《文史研究》1988年第1期）。

否定者认为，根据宋人《隆平集》和《宋史·杨业传》中记载杨延昭的儿子不是宗保而是文广与同信，认为穆桂英的丈夫杨宗保"不是历史人物，是小说家虚构的"，"所谓杨穆联姻，所谓破天门阵，都是小说家为了渲染杨家将，渲染杨门女将而塑造的形象和推理的故事"。既然杨宗保不存在，当然也就没有穆桂英的故事了。

关于杨家部将孟良，在杨家将的故事中，为人性格豪爽，憨直仗义，他身为主帅杨延昭的副将，随其出生入死，血战沙场，立下了汗马功劳，可是在《宋史》中并无此人记载，因而不少学者认为这是一个艺术虚构的人物。

到了 1988 年，这一观点有了转机，有学者在河北省赞皇县马村发现了一块宋代孟良墓志，据墓志记载，孟良曾授朝散郎守殿中丞之职，致仕骑都尉，朝廷赐予绯银鱼袋。他于北宋熙宁八年去世，享年 81 岁，可推算其生于淳化五年（公元 994 年），历经宋太宗、宋真宗、宋仁宗、宋英宗及宋神宗五朝，与杨家将中祖孙数代，经历的年代吻合。因此，赞皇县中的孟良墓埋葬的很可能就是杨家将中的孟良。

但是，持否定态度的学者经过仔细考证，认为此说无法令人信服，史书记载杨业的儿子杨延昭，生于后周显德四年（公元 957 年），死于北宋大中祥符七年（公元 1014 年），享年 57 岁。据此推断，杨延昭比赞皇县孟良大了 37 岁，当他挥戈跃马、上阵杀敌之时，后者还是一个小毛孩，而杨延昭的儿子杨文广生于北宋太平兴国二年（公元 977 年），则比河北赞皇县孟良大 17 岁，论年龄孟良应称文广为兄，甚至称叔，而在有关杨家将的小说或戏曲中，杨六郎（杨延昭）与孟良以兄弟相称，显然不符合小说或戏曲中的情理。

河北赞皇县的孟良与杨家将中的孟良既同名同姓，生卒年代又大致相同，这引起了人们极大的兴趣。但是，要确认彼孟良即此孟良，至今还缺乏确凿的史料证据。

关于杨继业因受潘仁美陷害被辽军保卫撞碑而死一事，《宋史》记载却与此正好相反，史书上说潘仁美"仁恕清慎，一代良将"。至于说寇准夜审潘仁美及杨六郎杀潘仁美等，在史书上也找不到一星半点的记载。此外，如"沙滩会战""破天门""孟良盗骨"等故事，在史书上也没有找到证据。并且，杨继业是否在幽州救过宋太宗，佘太君是否就是折太君等，都是真假难辨。

国家文物宝藏的浩劫——清东陵被盗之谜

1928 年春，原奉军收编的土匪马福田率部叛逃至清东陵旁的马兰峪，蓄意长期挖坟盗宝。当时，国民革命军北伐部队已进入河北地区，奉军北撤，而冀东一带的散匪却非常肆虐。在这种情况下，国民革命军派出孙殿英部前往剿抚。孙殿英在沿途多次见到被拆毁的东陵殿宇木料被大量盗运，竟起了不义之心。接着，他得知马福田进驻马兰峪准备掘陵的消息，认为这是个天赐良机，便马上命令第八师师长谭温江连夜率兵打跑了马福田。同时，为遮人耳目，他们到处张贴布告，声称部队要搞军事演习，开始有计划的盗墓行动。

1928 年 7 月 8 日，孙殿英在军部召开紧急会议，会上孙宣布崩皇陵也是革命，是继承孙中山先生的遗志，为革命做出贡献的"正义"之举，并由参谋冯养田宣布行动方案。至此，一场旷世罕见的盗陵事件，拉开了序幕。以孙殿英为首的盗墓者用了 7 天 7 夜的时间，秘密挖掘了清东陵慈禧墓和乾隆墓，盗窃了大批金银财宝，而这些财宝中的大部分至今下落不明。

据民间传说，孙殿英将盗掘得来的部分东陵宝藏贿赂给了他的上司徐源泉，而徐源泉则将宝藏埋在了自家公馆的地下密室。"文革"期间，有人在武汉新洲徐公馆附近挖出了不少枪支军备，结果有关徐公馆藏有巨宝的说法不胫而走。

那么东陵被盗的宝物是否真的被藏在徐公馆呢？目前，这个问题存在几种不同的看法。

徐源泉公馆占地面积 4230 平方米，坐落于武汉新洲区仓埠镇南下街。据史料记载，1931 年，时任国民党中央执委第六集团军陆军上将的徐源泉，耗资 10 万大洋在仓埠镇建成了这座融中西建筑艺术风格为一体、极其富丽堂皇徐公馆。并且，据当地老百姓讲，徐公馆是徐源泉为母亲和妻室建造的，他自己并没有入住。公馆建成后，徐源泉派出了两个连的兵力保护。

徐公馆的外观雄浑壮丽，内里装饰美轮美奂，公馆的地下室有一个秘道，传说宝藏就埋在这条秘道之中。

在"文革"期间，曾有人在徐家公馆附近挖花坛，结果挖出了一条深可过人、内有积水的地道。但是，由于地道内不断冒出腾腾的水气，众人怀疑地道下可能有机关和毒气，就没敢下去。

后来，我国在进行文物普查和文物补查时，许多专家组曾多次对徐公馆和徐源泉的亲属、街坊进行了仔细的寻访，结果并未发现任何有价值的线索。

1994 年，新洲文物管理所一位姓胡的人为搞清徐公馆的埋宝之谜，专程探访了徐公馆东厢房下的密室。他来到这间仅几平方米大、空空如也的密室，先仔细地清扫了一遍，然后细细敲打每一面墙砖，查看里面是否藏有机关。结果发现，密室的墙上并没有糊泥巴，有一面墙的砖还参差不齐，似乎墙是临时砌上去的。但是由于各种原因，他没有做进一步的调查。

后来，为了探明真相，这位姓胡的人又走访了当年徐公馆里的一名女佣。

据这位女佣回忆，孙殿英盗东陵时，徐源泉是他的司令，因此发了财，就用这笔钱修建了徐公馆，当时做房用的是武昌城墙上的砖。公馆建成后，国民党曾在徐公馆附近枪毙了一批人，很多人怀疑被这些被枪决的人都是修建徐公馆的工匠。

世代居住在新洲区仓埠街的林庚凡老人徐源泉姐姐的养子也提供了一些证据。据他介绍，自己小时候曾到过徐公馆玩耍，那时徐公馆富丽堂皇，地道里尽是值钱的宝贝。徐源泉喜欢骑高头大马，徐源泉的妻子当时有一顶金光灿灿的凤冠。徐公馆的大门原先朝北，徐源泉认为这有着"败北"的不祥寓意，于是把大门改成现在的西北方向。他认为，徐公馆的地下很可能藏有从清东陵挖出的财宝。

对于沸沸扬扬的藏宝之说，新洲区文物管理所所长则持另一种看法，他认为徐公馆藏有清东陵宝物的说法没有任何证据，目前关于清东陵被盗的部分财宝藏在武汉徐公馆的消息，只是来源于民间的一些传言以及某些研究人员的推测。早在 20 世纪 60 年代，他就听到附近的老人说徐公馆可能是埋宝的所在地。但在更早的时候，文物部门曾对徐公馆进行过一次较大规模的维修工作，却并未发现有传说中的藏宝地道。

对于徐公馆是否藏有宝物，徐公馆原主人徐源泉的儿子徐钧武的观点应该更具有权威性。徐钧武说，自己从小便居住在徐公馆，这也只是一幢普通的两层木质建筑，并有一个普通的地下室，他的父亲在他很小的时候就离家在外，并未和家人在此居住。

抗战胜利后，徐源泉卸甲还乡，一直住在武汉市区。1948 年，他到广州开会，写信让徐钧武去趟广州，徐钧武到了广州后，父亲告诉他决定不回武汉了。1949 年，父亲飞往台湾时并未带多少行李。徐钧武推断说："如果说有什么东陵财宝的话，他肯定会要我带过去，或嘱咐我将财宝转移。而我们从未听说有东陵财宝的事，徐公馆藏宝的可能性不大。"

如果说清东陵的宝物真的没有藏在徐公馆，那么这批东西究竟藏在哪了呢？会不会当初孙殿英自己就私藏下来了呢？尽管孙殿英最初上交了两箱珠宝，做出一番公事公办毫无徇私的姿态，但接下来的事实却证明，孙殿英手中仍有大量的珠宝赃物。据孙殿英身边的参谋长文强回忆，孙殿英曾不无得意地对他说："乾隆墓中陪葬的珠宝不少，最宝贵的是乾隆颈项上的一串朝珠，上面有 108 颗珠子，听说是代表十八罗汉的，都是无价之宝。其中，最大的两颗朱红的，在天津与雨农（戴笠）见面时，送给他做了见面礼。还有一柄九龙宝剑，有九条金龙嵌在剑背上，还嵌有宝石，我托雨农代我赠给委员长（蒋介石）和何部长（何应钦）了……"孙殿英还说："慈禧太后墓被崩开后，墓室不及乾隆墓大，但随葬的东西就多得记不清楚了。从头到脚一身穿挂都是宝石。翡翠西瓜托雨农代我赠宋子文院长，口里含的一颗夜明珠，分开是两块，合拢就是一个圆球，我把夜明珠托雨农代我赠给蒋夫人（宋美龄）。宋氏兄妹收到我的宝物，引起了孔祥熙部长夫妇的眼红。接到雨农电话后，我选了两串朝靴上的宝石送去，才算了事……"

但是，不管那些被盗的珍宝最终是被用来行贿，被变卖，被毁坏，还是被走私海外，总之现实是下落不明。1928 年，《中央日报》上的一则新闻，让大家从中或许可以窥见清东陵珍宝的悲惨命运：天津海关一次查获古玩珍宝 35 箱，经查明，此物是北平吉贞宦古玩铺长张月岩托运出口运往法国的……当时，这方面的报道还有很多。

由于绝大多数珍宝不知去向，经人们的口耳相传，它们已经被笼罩上了神秘色彩。有人估计，1928 年，清东陵被盗走了价值过亿的稀世珍宝。

大洋深处葬忠魂——致远舰沉没之谜

1894 年爆发的中日甲午战争，最终以清政府惨败，北洋水师全军覆灭，割地赔款而告终，堂堂泱泱大清国拥有着亚洲第一的舰队，居然在实力不如自己的日本水师面前如此不堪一击，而甲午黄海海战便是此次中日战争的缩影。

1894 年 9 月 17 日，北洋水师与日本舰队在黄海海面不期而遇，双方随即展开了一场惨烈的海战。这天下午 3 点半，北洋舰队与日本舰队已经鏖战近两个小时，处境困难。旗舰定远号屡中敌弹，超勇、扬威两艘战舰先后中炮沉没。平远舰中炮后受创驶离战场暂避，日本舰队由北洋舰队的右翼向左翼回旋，逼近旗舰定远号的前方，向定远舰发难。情势万分危急！此时，致远舰管带邓世昌为保护旗舰，下令开足机轮，驶出定远舰之前，迎战来敌。日本四艘先锋舰立时围攻致远舰，致远舰连续受到 10～13 英寸重炮榴霰弹的轰击，中弹累累，水线下受伤，舰身倾斜，弹药将尽，但仍于"阵云缭乱中气象猛鸷，独冠全军"。邓世昌见敌舰吉野号横行无忌，最为猖獗，于是命令大副陈金揆"鼓轮怒驶，且沿途鸣炮，不绝于耳，直冲日队而来"，意与日舰同归于尽。遗憾的是，致远舰还未来得及与吉野号相撞，就倾斜沉没了！舰艇上的邓世昌等250多名将士全部落水。邓世昌落水后，其侍从刘忠将浮水救生艇推给他，但他却扬臂高呼："为杀敌而死，不要偷生！不做俘虏！"义不独生，奋掷自沉。他的随身爱犬"太阳犬"凫到他身边，衔住他的手臂，被他推开；"太阳犬"又叼住他的发辫，不让其下沉，邓世昌最后将"太阳犬"捺入水中，终于饮恨海底！全船将士除7人获救，全部壮烈殉国。致远舰沉没后，朝野震惊。清光绪帝曾为邓世昌书挽联："此日漫挥天下泪，有公足壮海军威！"又作诗一首发到邓世昌祖居："城上神威炮万斤，枉资剧寇挫我军。后来天道终许我，致远深沉第一勋。"（《邓世昌遗事及有关文献》，刊《图书馆杂志》1982年第2期）日本海军也承认，致远舰"勇敢果决，极有胆量"。（川崎三郎《日清战史》）但是，致远舰究竟是怎样沉没的，至今还是一个谜。根据相关的史料记载，主要有两种说法。

第一种是中鱼雷沉没说。姚锡光所撰《东方兵事纪略》称："致远药弹尽，适与倭舰吉野值。管带邓世昌……谓倭舰专恃吉野，苟沉是舰，则我军可以集事，遂鼓快车向吉野冲突。吉野即驶避，而致远中其鱼雷，机器锅炉迸裂，船遂左倾，顷刻沉没。世昌死之，船众尽殉。"姚锡光曾任驻日领事，甲午中日战争时他正在山东巡抚李秉衡衙署任事，经常往来于辽、碣、登、莱之间，观察军情，掌握了大量第一手材料。他以自己的所见所闻，参考中外记载后撰成此书，记载翔实清晰，所以此书一直为史学专家所重视。1935年，国民党参谋本部第二厅第六处编印的《甲午中日战争纪要》即持此说。中华人民共和国成立后出版的著作，如丁名楠等合编的《帝国主义侵华史》（第1卷）、范文澜的《中国近代史》（上册）、胡绳的《从鸦片战争到五四运动》、陈旭麓主编的《近代中国八十年》以及孙克复、关捷的《甲午中日海战史》、戚其章的《北洋海军》、1979年版的《辞海》，都沿用了此种说法。邓世昌的孙女邓素娥在回忆邓世昌轶事时也说致远舰是被鱼雷击中而炸裂沉没的。电影《甲午风云》也以鱼雷命中致远舰作结尾。

第二种是中炮沉没说。北洋舰队提督丁汝昌，海战时在定远舰上指挥作战。他在战后第二天向北洋大臣报告海战经过时说："倭船快，炮亦快且多。对阵时彼或夹攻，或围绕，其失火被沉者，皆由敌炮轰毁。"（故宫博物院编《清光绪朝中日交涉史料》）盛宣怀档案中保留了参战官兵在1895年3月总结海军利弊的呈文近十件，镇远舰枪炮官曹嘉祥、守备饶鸣衢的呈文写道："譬如致（元）、靖（远）两船，请换截堵水门之橡皮，年久破烂，而不能修整，故该船中炮不多时，立即沉没。"守备高承锡的呈文说："水师战船贵有铁甲，甲厚则船坚，交锋之际，经战持久，不易沉没。如大东沟之役，超勇、扬威、致远皆因无甲，故中炮即透入机舱，进水沉没。"（《盛宣怀档案资料选辑·甲午中日战争》）当时，参战的外国军官泰莱在《甲午中日海战见闻记》中说："为敌炮所沉者三舰，其中有一为忠勇之邓君所统之致远舰。""躬履行间"的水师提督英国军官斐物曼特而对林乐知说："致远既受重伤，志欲与敌舰同归于尽，……不料日炮毕萃于其舰，独中沉渊之祸，惨哉！"（蔡尔康译编《中东战纪本末》）正是因为主张"中炮沉没"说的，均为海战参加者，即为亲见所见，因此自然不能不引起人们的重视了。

参战目击者都说致远舰是中敌炮致沉，而治史者却众口一词的称致远舰是中鱼雷而沉的。于是，致远舰沉没的真相，也就成为至今未能解开的谜。

汉武帝后宫巫蛊之乱新探

在中国古代史上，秦皇汉武被相提并论。汉武帝一生大有作为，但在他在位时又上演了一幕幕巫蛊闹剧，致使皇后、太子、丞相和无数大臣都成为巫蛊的牺牲品，史称"巫蛊之乱"，它成为汉武帝一生洗不清的污点。

公孙贺是当时汉朝丞相。为了替儿子赎罪，他答应为汉武帝捉拿阳陵大盗朱安世。朱安世被捉后，为了报复，向汉武帝写了一封揭发公孙贺的信，朱安世在信中写出了公孙贺的种种罪行，甚至说公孙贺密谋要取代皇上；在皇上经常出入的甘泉宫路下埋下木偶，巫蛊皇上。很快，这封信便转到武帝刘彻手中。

本性猜忌多疑的刘彻看了这封信，雷霆震怒之下下令火速查究，查究的大事自然由江充负责。江充派手下罗织罪名，趁机把公孙贺的人马一网打尽。公孙贺与敬声一同被捕入狱，严刑拷打，蔓引牵连，使得很多人无端获罪。最终，公孙贺父子惨死狱中。江充还不过瘾，还要灭公孙贺全家，甚至皇后的姐姐卫君儒也未能幸免。

这一巫蛊案使武帝更加疑神疑鬼，总怀疑有人用巫蛊术来暗害他。因此，这种迷信猜忌之心又被江充利用了。江充除去了公孙贺后，把矛头指向别的手握重权的皇亲国戚。诸邑公主、阳石公主、卫青的儿子长平侯卫伉也都受到牵连，并全部被杀。江充非常得意，又把仇恨的利剑指向曾得罪过自己的太子刘据。

一天，武帝神思恍惚，隐隐约约看到几千个木人，手拿着兵器，凶神恶煞般向他袭来。他惊醒后，觉得浑身酸软，毫无力气，锐气精力荡然无存。此后的刘彻，精气散佚，身体一天不及一天。武帝认为此乃巫蛊所致，命江充从速查实。

江充和心腹按道侯韩说、御史章赣率领大量爪牙进入后宫，对每一个宫都掘地三尺，搜查木偶，甚至武帝御座下的地面也被挖掘了。太子东宫和皇后中宫，也要挖地三尺。

太子刘据和皇后卫子夫恼怒万分，但有圣旨在，太子、皇后也只能听之任之。江充分部挖完之后，奏报刘彻，声称在东宫和中宫挖出的木偶为数最多，并且每个木偶身上都写了许多咒语，诅咒武帝，言辞不堪入目。武帝刘彻龙颜大怒，可仔细想想又不至于此，便召太子入宫，想要问个究竟。

太子得知自己被江充诬告，非常恐惧。刘据清楚武帝偏信江充，打算出城面见父皇，解释清楚。他又有些畏惧，唯恐刘彻不问是非曲直，就置自己于死地。

刘据真的无计可施，在万般无奈的情况下采用了少傅石德的计策，派人佯称天子使者，收捕江充，一举把江充及其死党杀死。

江充被杀死后的当天夜里，太子派心腹假称天子使者，进入皇后居住的未央宫，告知皇后大祸临头，情况危急万分。刘据调用皇后御厩车马、射士，私自派人打开长乐宫中贮备武器的仓库，紧急调用长乐宫卫士，大肆搜捕江充党羽。京师长安乌烟瘴气，宫中血雨腥风，一时天下大乱。

太子刘据最终战败，带着残兵败将逃出京城长安。丞相刘屈耄率军占领京师后，把这次叛乱的主谋全部缉拿，众多的太子宾客和太子少傅石德以及太子家小全部被杀。皇后卫子夫感到脱不了干系，也自杀身亡。

不久太子的行踪被发现，太子被迫自缢而死。

太子刘据全家死亡殆尽，但武帝想不通，依然派人调查此事。一年后，此事才真相大白。太子真的是无辜，皇后也是冤死，这纯粹是由佞臣江充策划的一场宫廷巫蛊冤案。史书记载，汉武帝时期的这些巫蛊案使两位太后被杀，两位丞相被腰斩，太子刘据和两位公主、皇孙罹难，加牵连的人前后超过10万人，晚年时汉武帝已感到巫蛊术的危害，了解到太子被巫蛊所害，遂诛灭江充家族，继而筑"思子台"，并在太子蒙难处筑"归来望思台"。武帝在思子台上老泪纵横，品尝自己一手酿成的苦果。

北朝众帝后出家之谜

在一般人的心目中，很难将高高在上、享受荣华富贵的帝后与孤独寂寞、陪伴青灯古佛的尼姑联系在一起，然而，在封建王朝中，却有多位早年出自尼庵或是晚年遁入空门的尊贵帝后。而且在北朝的中后期，大概100多年之中，仅历魏、齐、周11帝，竟然有17位帝后出宫为尼，实在是世所罕见。这成为我国佛教史和北朝发展史上的一个极为奇怪的现象。那么，何以造成这种现象呢？

有人从我国的佛教传说来分析，用帝后佞佛来解释它，认为这是媚佛、迷信佛的结果。

东汉明帝时，佛教传入我国，先始于洛阳。汉末曹魏时期，在河南地区得到了初步的传播，西晋十六朝时期得以迅速的传播和发展，在北魏时达到鼎盛。

南北朝时期的佛教，由于门阀世族的推崇，进一步得到了统治阶级的扶植和推广，获得了广泛的传播。再加上佛教所宣扬的因果报应和六道轮回之说具有很大的诱惑性，因而南北朝历代的统治者，包括皇帝、贵族和世族官僚都信奉佛教，天竺（印度）僧人佛图澄、鸠摩罗什先后被北朝后赵石勒、石虎和前秦苻坚尊为国师。南朝的梁武帝更是一个信奉佛教的虔诚教徒，他曾把佛教定为国教，前后4次出家为僧，迫使朝廷和众大臣出巨资为他赎身。北朝也是如此，以北魏来看，各位帝王都崇尚佛法。根据史书的记载，北魏时的15位皇帝（连同西魏），都倡导佛法并且大兴译经、造寺及刻像之事。文明皇太后冯氏、孝明皇后胡氏、恭帝皇后若干氏及西魏文皇后乙佛氏都在长安出家为尼。在当时，洛阳城里的西域僧人有3000人之多。宣武帝下令建造的永明寺有一时期曾居住外国沙门达3000余人。当时的文人学士，也大多崇尚佛法，这就致使寺庙僧人的发展极为迅速。从这些资料可以看出，正是由于对佛教的盲目信奉，才导致了北朝时 17 位帝后出宫为尼。

然而，另外一些人从北朝 17 位帝后为尼的背景出发，仔细加以比较，得出了另一种结论，认为佞佛并不是帝后出家的真正原因，以为这些帝后出家为尼的真正原因包括：一是健康的缘故，寺庵的环境有利于染病在身的帝后的康复；二是有的帝后在争宠的角逐中，由于失宠而被逐出宫为尼；三是因皇位更迭或王朝易代而沦为牺牲品的，对这些失败的帝后来说，入尼庵实在是一个很好的去处；四是幼主嗣位后两宫争权的失败者；五是入寺寻求政治避难的。

另外有一些人则认为应该从当时寺院经济的特殊地位来探讨分析这么多帝后出宫为尼的根本原因。北朝中后期，由于统治阶级的扶持，寺院势力得到了迅速的发展，僧尼的人数骤增。佛寺已经遍及全国各地，这其中的不少佛寺是由统治者出资修建的。这些皇帝修建的寺庵，大都富丽堂皇，以收容帝后为尼最多的瑶光寺为例，此寺还有大量的宫女供帝后妃役使。这些寺院都占有相当多的土地和大量的劳动力，渐渐形成了独立的寺院经济和特殊的僧侣地主阶层。寺院都拥有大量的土地财富，不经营生产，通过出租或役使依附农民，经营商业，发放高利贷等。剥削广大的劳动人民，聚集了大量的财富。范缜在《神灭论》中说：人倾尽家财去拜佛求僧，然而那些粮食却被无所事事的众僧吃掉了。大量钱财都流进了寺院，社会上到处都是坏人，但却没有人去制止，人们还都在称颂"阿弥陀佛"。因此可以看出，这些寺院其实是供帝后享乐的另一处别宫，在实际的物质生活上与宫中并无差别。因此，这些人认为，在当时，寺院的特殊地位才是帝后出宫为尼的根本原因。

总而言之，不论这些帝后出宫为尼的真正原因如何，都只是让人们在回顾这段历史时，徒增几声感叹而已。

《投名状》背后的历史疑云——被迷雾笼罩的"刺马案"

随着电影《投名状》的上映，一段沉寂已久的历史再次浮出水面。《投名状》的故事原型是大名鼎鼎的"晚清四大疑案"之一的张文祥"刺马案"——两江总督离奇遇刺，凶手当场被捕，动机疑点重重，结案一拖再拖。是复仇？还是情杀？抑或是政治谋杀？重重迷雾笼罩在这部《投名状》背后的故事中……

神秘刺杀

真实的"刺马案"发生在清朝同治九年七月二十六日（1870 年 8 月 22 日），时任两江总督（即今江苏、安徽、江西、上海四省市的军政最高领导）的马新贻结束了当日的兵士检阅，从射箭场打道回府。当他走到府衙门口的时候，早在路边埋伏许久的一个人忽然冲出人群，径直冲向马新贻。这人一边口呼冤枉，一边拔出匕首，刺中了马新贻的右肋。马新贻当场呕血仆地，第二日便一命呜呼了。奇怪的是，这名凶手刺中马新贻后不但不逃，反而大呼："刺客是我张文祥"，坐以待捕。

这是一桩真实的奇案——堂堂封疆大吏遇刺身亡，案件一发，朝野震动。刺客如何能轻易行刺得手？又是怎样的深仇大恨让他如此无所畏惧？这怪诞的案情让慈禧太后也不禁惊问："马新贻此事岂不甚奇？"

但更奇的是凶手的供词。朝廷派来曾国藩和刑部尚书郑敦谨反复督审，凶手供出了三点作案动机：他的妻子和钱财被人霸占，于是找到时任浙江巡抚的马新贻拦轿喊冤，但马新贻没有受理。后来张文祥几经辗转虽要回了妻子却失去了钱财，妻子一气之下自杀了，他因此憎恨马新贻；他的很多海盗朋友被马新贻捕杀，他要为朋友报仇；马新贻还查封了他的典当行生意，断了他的生路。于是新仇旧恨交织，使他密谋两年，最终找到机会刺杀了马新贻。

但这份荒唐的供词自然无法令人相信，于是案件被一拖再拖，疑云重重。

流言四起

案件悬而未决，民间却早已流言四起。相关的传说千奇百怪，但主要的因果关系不外乎三种——复仇、情杀和政治谋杀。

先说复仇说。传说张文祥曾是一名捻军（当时一支农民起义军）的小头目，在被清军将领马新贻打败后，与结拜兄弟邱材青、龙启云在浙江沿海结寨。后来张文祥加入了太平军，邱材青、龙启云留守石寨。结果石寨再次被马新贻剿灭，张文祥的两个兄弟被杀，他的妻子也被寨中的叛徒霸占。被逼上绝路的张文祥誓报此仇。

其次是情杀说。相传张文祥在做捻军头目时俘虏过清军将领马新贻。马新贻趁机劝说张文祥投靠朝廷。张文祥被马新贻的言语打动，于是叫上他的两个兄弟——曹二虎和石锦标，与马新贻四人一同结拜，投奔了清军。此后，马新贻的官运渐旺，却见利忘义，疏远兄弟，又因为看上了曹二虎美貌的妻子，竟将曹二虎设计杀死。于是，张文祥一怒之下为兄报仇。

最后是政治谋杀说，其中涉及"督抚不和说"和"湘军示威说"。前者是猜测马新贻与巡抚丁日昌不和，丁日昌派人将其刺杀。但更为可信的是后一种说法：曾国藩的湘军在剿灭太平天国的过程中势力壮大，朝廷于是派马新贻（回族）作为两江总督，一来镇守，二来节制湘军，并暗中彻查湘军攻陷南京后太平天国巨额库银的去向。而马新贻到任的两年中，对猖狂的湘军进行了多次裁制，激起了湘军的愤怒，于是，湘军势力"公然大胆"地策划了"刺马案"，给朝廷一个响亮的警告。

电影《投名状》的剧情融合了三种猜测的合理成分，以情杀说为主线，政治阴谋说为真相，复仇说做点缀，把故事讲得扣人心弦。而真实的案件本身由于涉及清廷、太平军、湘军、捻军等众多集团，牵扯到慈禧太后、曾国藩、丁日昌等重要人物，又包含造反、复仇、夺妻、满汉争权等诸多传奇元素，涉案因素太广，真相已难寻求。最终，轰动一时的"刺马案"随着主犯张文祥被"凌迟处死，剖心致祭"而草草结案。真相虽已湮没，却留给后人无限的想象空间……

从商人到相国——成功转型的吕不韦

"士农工商"，在中国古代的职业排行中，商人的社会地位是最低的。然而在战国，就有这样一位传奇的商人，他凭借敏锐的政治嗅觉和不凡的商业头脑，完成了从"成功商人"到"一国之相"的成功转型。他就是历史上赫赫有名的吕不韦。

吕不韦，"囤积居奇"

吕不韦，战国时期阳翟（今河南省禹州市）的一位大商人。他依靠在列国之间低价买入、高价卖出的手法，积攒了大量的家财。然而，精明的商人吕不韦志向并不在此，他有着更大的野心，那就是用智慧换来无上的政治权力。

一日，吕不韦到赵国的首都邯郸去贩卖货物，遇到了处境困窘的秦国王孙子楚。子楚本名嬴异人，后改名子楚，是秦国太子安国君的儿子。安国君有二十多个儿子，子楚在其中并不受宠爱，于是被作为人质留居在赵国（战国时期各国互换人质的情况很常见）。当时秦国不断攻打赵国，所以身为秦国人质的子楚不被赵国礼遇，连日常的花销都不够用，生活过得很窘迫。吕不韦很可怜子楚的处境，同时敏锐的政治嗅觉令他马上意识到，眼前的年轻人大有文章可做。他将子楚比作"奇货"，认为"囤积"起来可以获得巨大的利益，这就是成语"奇货可居"的出处。

吕不韦开始与子楚频繁交往，并结为密友。他曾风趣地对子楚说："我能光大你的门庭，而我的门庭也会随着你的光大而光大。"他为子楚出谋划策，筹划着怎样能让子楚"翻身"。吕不韦为子楚出了一个主意："秦昭王已经老了，你的父亲安国君是太子，早晚会继位成为秦王。安国君在妻妾中最宠信华阳夫人，但她却没有子嗣。你应该从现在开始广结宾朋，然后回国好好侍奉华阳夫人，争取让她劝说安国君立你为继承人。"接着他郑重地对子楚说："我虽然不富有，但愿意拿出千金家财帮助你。"一席话正说中子楚心事，两人于是一拍即合。

精明而有胆识的吕不韦倾尽了自己所有的积蓄，帮助子楚各处打通关系。他先是掏出了五百金给子楚用来结交宾客，打造形象；又拿出五百金买来各种珍奇玩物，自己带去秦国，以子楚的名义托华阳夫人的姐姐送给华阳夫人。他还贿赂华阳夫人的姐姐，让她传话说："子楚聪慧而有德行，广交天下宾朋，虽身在异邦，却日夜流泪思念父亲和华阳夫人"；同时，让她不断提醒华阳夫人："以容貌得宠之人，年长色衰后就会失势，只有自己立的太子当了王，才能永葆富贵。"华阳夫人被这番话说得心动，就向安国君极力推荐子楚。后来，子楚果真被立为安国君的继承人。

从商人到相国

子楚被立为继承人后，吕不韦也被任命为子楚的老师。就在政治前途一片光明之时，意想不到的事情却发生了：秦昭王五十年（前257），秦国派兵围攻赵国都城邯郸，恼羞成怒的赵王要杀人质子楚以泄愤。关键时刻，又是吕不韦果断地拿出六百金贿赂守城官，带着子楚逃回了秦国。

六年后，秦昭王去世，安国君继承王位，立子楚为太子。仅过了一年，安国君病逝，子楚登上王位，即秦庄襄王。至此，商人吕不韦的政治投资获得了圆满成功，而随之收获的，是他梦寐以求的丰硕的政治权力。

秦庄襄王元年（前249），吕不韦被任命为战国七雄中最强国家——秦国的丞相，封为文信侯，以洛阳的十万户作为他的封邑。仅仅过了三年，秦庄襄王子楚便去世了，子楚的儿子嬴政（即后来的秦始皇）继承王位。嬴政年少继位，尊吕不韦为"仲父"（春秋五霸之首齐桓公对管仲的尊称），朝政大权掌握在太后和吕不韦手中。至此，吕不韦可谓权倾朝野，达到了政治权力的巅峰。

吕不韦头脑精明，能力很强。秦庄襄王在位时，曾命他率领 10 万大军征伐阴谋串联各国反秦的东周公国。他一举攻克了东周的七座城邑，彻底灭亡了存在几百年的东周，夺取了大片的土地。同时，他还很重视文学、历史文献的整理，曾令门客编纂《吕氏春秋》。《吕氏春秋》又名《吕览》，收录当时各家之作 116 篇，20 余万字。该书从开天辟地说起，涉及为人、治国之道以及如何认知事物等，内容十分丰富。司马迁曾高度评价此书为"备天地万物古今之事"，甚至将其与《周易》《离骚》相提并论。

奢靡腐化终致祸

赢得人生中最大"财富"的吕不韦，开始展现他骄纵奢靡的一面。当时，各国王公崇尚养士之风，号称"战国四公子"的齐国孟尝君、赵国平原君、魏国信陵君和楚国春申君，每人都坐拥上千宾客。吕不韦认为，以秦国之强，在养士方面不如别国是很丢人的事，于是他也广招门客，人数达到三千多人。他还在编好《吕氏春秋》后，将其刊布在都城咸阳的城门上，同时悬起千金置于其侧，宣称：谁能为此书增损一字，就赏他千金。

随着权力的膨胀，吕不韦被胜利冲昏了头脑，奢靡腐化愈发没有节制。他不仅吃穿用度靡费，追求最极致的享受，而且丝毫不把年少的皇帝嬴政放在眼里，背着他与太后通奸。后来嬴政逐渐长大，吕不韦开始为曾经的恶行感到恐惧。他想了一个脱身的办法，私下找了一个名叫嫪毐的壮硕门客，把他送给太后寻欢，并制造嫪毐已被阉割的假象，以掩人耳目。太后得到嫪毐后非常喜欢，整日与他混在一起，最后竟为嫪毐生下了两个孩子！而嫪毐也变得极具权势，很多人为了依附他，甚至不惜净身进宫做宦官。

这一做法造成了秦国后宫的淫乱局面，使得亲政后的秦王嬴政再也无法忍耐。他下令清理后宫，以谋反的罪名夷灭了嫪毐的三族，杀了嫪毐与太后的孩子，囚禁了太后。而与此案有莫大关联的吕不韦最终也没能逃脱惩罚。秦王嬴政先是免去了吕不韦相国的职务，紧接着为防吕不韦造反，又赐书严斥。已是惊弓之鸟的吕不韦料想自己难逃一死，于是饮了毒酒自尽，了结了传奇的一生。

秦始皇的生父之谜

秦始皇的生父是吕不韦吗？这一直是民间津津乐道的话题。

据《史记·吕不韦列传》记载，子楚作为人质留居赵国邯郸时，与吕不韦相交甚密。一天，子楚到吕不韦家中做客，吕不韦命家中擅长舞蹈的女子（后世称为赵姬）出来伴宴。当时，这名女子已经怀了吕不韦的孩子。子楚非常喜爱这名女子，向吕不韦讨要。吕不韦原本非常生气，但想到将来的政治回报，还是"下了血本"忍痛将这名女子送给了子楚。这名女子对子楚隐瞒了怀孕之事，后来到了产期，生下了一个儿子——他就是后来的秦始皇嬴政。

《史记》明确记载了这件事，后世的很多史书也都沿袭了这种说法，《汉书》《资治通鉴》甚至称秦始皇为"吕政"。但不可否认的是，《史记》虽为"二十四史"之首，但它的体例较为自由，书中多收录神话、传说、野史等素材。其中记载的秦始皇身世之说生动之余未免有待考究。

首先，怀有身孕的赵姬嫁给子楚后，子楚按照怀胎时间来算，不可能分辨不出谁是孩子的生父。

其次，《史记》记载，赵姬本是赵国富贵人家的女儿（原文为"赵豪家女"）。在赵王追杀子楚的时候，赵姬和孩子被留在了赵国，而正是因为她尊贵的身份，母子才得以在追杀中幸免。然而，拥有这等尊贵身份的千金，又怎会在吕不韦家中伴宴，并任凭他像对待货物一样的说送人就送人呢？

千百年来，关于秦始皇生父的争论从未停歇，史家对此也众说纷纭、莫衷一是。但可以肯定的是，秦始皇生父为吕不韦的说法，夹杂着民间对秦始皇的怨愤情绪和后世对秦朝暴政的贬损态度。同时，汉朝史家为了树立本朝灭秦取而代之的正统地位，也存在诋毁秦朝的倾向。

将军百战声名裂——泣血悲李陵

"将军百战声名裂。向河梁、回头万里，故人长绝。"辛弃疾的词字字浸血，咏叹了汉代极其悲怆又极具争议的将领李陵。援军断绝，一朝兵败，他的遭遇令人同情；投降匈奴，誓不归汉，他的选择又令人不耻。最终，李陵在身败名裂、全家被诛的痛苦和无奈中客死他乡，其间是非恩怨，千百年来谁能道清？

将军请战捷报传

汉武帝天汉二年（前99）秋天，骑都尉李陵麾下部将陈步乐快马加鞭赶往长安，手中紧握汉军对匈奴作战的最新战报。见到汉武帝后，陈步乐连报捷讯，详细陈述了李陵出兵匈奴后的行军路线和作战方略，尤其对李陵率兵与敌军奋勇拼杀的情景大加描绘。汉武帝听后龙颜大悦，立即封赏了陈步乐。群臣也纷纷奉迎，连夸"李陵英勇善战"，高呼"陛下圣明"。这一战，就是左右李陵一生命运的"酒泉之战"。

李陵，字少卿，生于陇西成纪（今甘肃省静宁县）。他是汉代名将李广的孙子，因擅长骑射，爱兵如子，在军中享有很高的声望。汉武帝很欣赏李陵，先是将他选为建章宫羽林军的长官，后来又派他率领800骑兵深入匈奴侦察地形。李陵率兵深入匈奴腹地2 000余里，虽没有发现匈奴兵，但汉武帝仍将他擢升为骑都尉，命他带领5 000名士兵驻扎在酒泉、张掖一带练习骑射，防备匈奴。

天汉二年（前99），汉武帝派自己的宠将李广利率兵三万攻打匈奴，命李陵的部队为李广利提供后勤保障。李陵听后坚决辞谢，并上疏汉武帝说："臣愿率兵迎战匈奴单于的主力军，必能大获全胜！"汉武帝有些惊讶地说："如今没有多余的骑兵拨给你，你要凭5 000士兵出战吗？"李陵斩钉截铁地说："就凭5 000士兵！"汉武帝非常赞赏李陵的勇气，立即答应了他的请求，并令强弩都尉路博德率兵接应。

然而，路博德的资历比李陵老，不甘心为李陵做接应，便上疏称："秋季恰逢匈奴兵强马壮，不如等到来年春季，臣与李陵分头出战，两路夹击，定能击败匈奴。"汉武帝看后，误认为是李陵临阵退缩，怂恿路博德上疏，便驳回了路博德的请求，催促李陵立即出战。

就这样，李陵略有些仓促地率兵出战，"酒泉之战"打响了。起初，李陵的部队占据上风，他带领弓箭手用强弩射击敌军，歼灭敌兵数千人。捷报传至长安，满朝欢喜。匈奴单于见势不妙，急调八万骑兵，联合原来的三万骑兵共同对抗李陵的部队。李陵率兵边战边退，令重伤士兵躺在车上，轻伤士兵推车，伤势再轻些的士兵持兵器作战，一路又斩杀敌兵三千余人。

十几天后，李陵的部队与匈奴兵在山间林莽中交战。李陵连发几箭射击匈奴单于，单于大惊，慌忙逃走。看到李陵的部队坚持了这么久，仍然如此英勇剽悍，单于对部下感慨地说："这支部队精锐善战，久攻不下，日夜引我军向南方边塞走，莫非是有伏兵吗？"言语中流露出退兵之意。但一些部下将领认为："单于亲自率领数万骑兵对抗数千汉军，如果不能歼灭，岂不让汉军轻视我们吗？"单于于是决定再战。两军一天交锋数十次，李陵的部队又杀死匈奴兵两千余人，单于感到形势不利，于是又考虑退兵。

李陵以5 000人敌匈奴数万人，歼灭敌兵一万余人，挫敌威风，令汉武帝和满朝文武惊喜不已。然而就在此时，李陵的厄运却悄然而至。

风云突变的酒泉之战

单于决定退兵，酒泉之战本已胜利在望。然而就在这时，李陵军中一个名叫管敢的军侯因被校尉侮辱，一气之下投降了匈奴。这一降，使汉军战况急转直下。

管敢向匈奴兵透露："李陵的部队前方没有伏兵，后方也没有援军。如今军中粮草、箭矢已经濒临断绝，只有李陵和成安侯韩延年各率领800名士兵前行，用精锐骑兵就可以攻破。"匈奴单于听后大喜，立即派骑兵围攻李陵的部队。李陵的部队在山谷中行进，匈奴的士兵则在山坡上射箭。一时间箭如雨下，李陵四面受敌。李陵率兵一面迎敌，一面南撤，箭矢用完了，士兵们就用短刀、车辐做兵器，与匈奴兵厮杀。到了傍晚，李陵的部队退到一个峡谷中。匈奴兵将李陵的退路截断，然后纷纷向峡谷内投掷乱石。李陵所率士兵死伤大半，再也没法行进了……

夜幕降临，李陵一个人穿着便衣走出营帐，过了很久才回到帐中，对身边的侍卫说："败局已定，我恐怕要葬身此地了！"侍卫劝说道："将军威震匈奴，如今是天不遂人愿。哪怕是破匈奴俘虏，日后还能想办法逃回中原，皇帝必会以礼相待的，千万不要轻言战死啊！"李陵呵斥道："你不要说了！我若不死，就不是壮士！"说完，他斩断战旗，把军中携带的珍宝埋在地下，然后对军中士兵说："倘若再给我几十支箭，我必能带你们突围。然而兵器已经用完了，我们也没有兵力再战了。这样下去，天亮了只能束手就擒。你们各自逃命吧，希望能够有人见到皇帝，向他禀报实情。"

到了半夜时分，李陵与韩延年各自率领十几个壮士突围，却被匈奴数千骑兵追击。

韩延年不幸战死。这时，匈奴兵前来劝降李陵，李陵长叹一声："我没有面目再见陛下了！"然后投降了匈奴。

李陵终究没有信守自己战死沙场的诺言。在兵败招降之时，倘若他不为所动，拔刀自刎，便成了千古英雄。然而，他选择了投降这一最为军人所不齿的归宿。李陵在前一天还豪言壮语"吾不死，非壮士也"，为何第二天就归降匈奴了呢？有人说他是贪生怕死，然而他请命率5 000名士兵横扫匈奴，表现的又是何等大无畏的气概；有人说他是心存不甘，因为他出兵匈奴有方，兵败之由无非是军中奸细的出卖以及李广利三万大军的坐视不管。或许，面临生死抉择的时候，李陵想起了侍卫的进言，决定先图自保，日后重返中原再立功业。然而，听闻李陵投降的汉武帝却早已将他拒之门外。

从降匈奴到声名裂

李陵兵败的消息传至长安，汉武帝以为李陵为国殉难了，心情沉重地召见了李陵的家人。然而，李陵的家人脸上没有悲痛之意，反而有羞愧的神色。汉武帝这才听说李陵投降的消息，顿时大怒，对李陵的家人大加斥责，然后又叫来曾经传捷报的部将陈步乐，责问李陵投降一事。陈步乐惊恐万分，回到家中便自杀了。

听说李陵投降的消息，满朝文武纷纷进言，斥责李陵有罪。唯有生性刚正又有些书生意气的太史令司马迁为李陵说话。司马迁看到朝臣们在李陵打胜仗时都不吝溢美之词，而李陵一朝兵败，群臣就恶言相加，落井下石，不禁为李陵愤愤不平。他对汉武帝说："李陵向来忠孝，常常为国家大事奋不顾身。他率领不足5 000人的兵马，深入匈奴境内，与数万大军作战，殊死搏杀，挫敌锐气，即使后来失败，也不能掩盖他的英勇之举。至于他没有战死，恐怕是假意投降，以图日后为汉室效力。"汉武帝听后不置可否，没有再追究。

不久，汉武帝再次派李广利出兵匈奴，嘱咐他请李陵暗中相助。然而，李陵此时已经与匈奴单于结下兄弟情谊，加之对李广利心存芥蒂，便没有伸出援手。李广利无功而返，对汉武帝实情相报。汉武帝听后震怒，想起司马迁的"假降"之说更加气愤，便下令将司马迁以"大不敬"之罪打入牢狱。家境贫寒的司马迁没有钱赎身买罪，最终不幸被处以宫刑。

过了一段时间，汉武帝的愤怒情绪渐渐平复，回忆起"酒泉之战"时，自己催促李陵出战，后来又没有派援军支援，导致李陵的部队几乎全军覆没，心中不免内疚。于是，汉武帝派人安抚李陵部队的幸存士兵，并再次派将领出兵匈奴，同时准备迎回李陵。此次率兵出征的将领是因杅将军公孙敖。他率部与匈奴兵交战之后未能取胜，回朝禀报汉武帝说："据我军俘获的匈奴兵称，有个叫李陵的汉军将领教他们习武打仗，来对付汉军，这才使我军败下阵来。"这一次，汉武帝再也忍无可忍，盛怒之下将李陵的亲人全部诛杀。自此，李陵在陇西身败名裂，世人皆以之为耻。

然而，这个帮助匈奴兵击败汉军的"汉奸"却并非李陵，而是与他名字相近的另一名汉朝降将李绪。李陵得知自己被冤枉、家人被诛杀之后，痛不欲生，派人刺杀了李绪。但是，这也只能泄一时之愤，终究于事无补。这次阴差阳错的误解使李陵返回汉朝的大门被牢牢关闭了，也使他将功折罪、挽回名声的希望化为泡影。

二十余年未踏中原

绝望的李陵无路可走，只好死心塌地地留在匈奴了。匈奴单于因李陵出身将军世家、作战异常英勇，对他格外器重，还将自己的女儿指婚给李陵。李陵接受了单于的恩赐，并出任匈奴的右校王，自此成为与投降匈奴的丁灵王卫律地位相当的重臣。

李陵与当时被扣留在匈奴的汉朝使臣苏武旧时相识，单于便派李陵前去劝降苏武。李陵来到苏武牧羊的北海（今西伯利亚贝加尔湖），对苏武说："你的母亲去世了，妻子改嫁他人，兄长和儿子也因为触犯律法而自杀。如今你在汉境已经没有亲人，可谓了无牵挂。现在已年迈的武帝猜忌心很重，即使你回去，他也未必相信你的忠心。不如投降匈奴，在这里度过余生吧。"苏武听后坚定地说："我世世代代受汉室的恩泽，作为汉朝使臣，必当全力以赴，不辱使命。让我投降匈奴，不如直接杀了我吧！"李陵顿时感到无地自容，羞愧地叹道："苏武真是忠义之士！像我和卫律一样的叛臣，简直是罪大恶极！"他流着泪向苏武道别，并让妻子送牛羊给苏武。后来，汉武帝驾崩，李陵向苏武转达了这个消息。苏武听后放声大哭，朝着南面顿首拜祭，因为悲伤过度，口吐鲜血，险些葬送性命。李陵不禁感慨万分，羞赧不已。

汉昭帝即位后，与李陵有旧交的大将军霍光和左将军上官桀曾派人去匈奴迎接李陵回朝。然而，李陵无奈地说："我已经是匈奴人了。回朝固然容易，但恐怕再受侮辱，大丈夫不能一再受辱了……我决定留在匈奴，终生不再回去。"

汉昭帝始元六年（前81），苏武终于得以回朝。李陵泪流满面地为苏武送行，想起自己的命运，无限感伤。"径万里兮度沙幕，为君将兮奋匈奴。路穷绝兮矢刃催，士众灭兮名已溃。老母已死，虽欲报恩将安归？"李陵呜咽地咏出这首诗，是在为苏武高兴，更为自己难归故土、一生坎坷的命运而悲痛欲绝。

成为匈奴的将领后，李陵并未帮助匈奴损伤汉军。汉武帝征和二年（前91），匈奴入侵汉境，汉武帝派遣李广利、商丘成率兵出战。汉军班师而还时，匈奴单于派李陵率领三万匈奴兵追击商丘成的部队。然而，李陵率军与商丘成大战九日，却被杀得片甲不留，仓皇而归。正史记载李陵出战汉军的战例仅此一例。以李陵的作战才能，不至于败得如此惨重，因此后人多认为，这是李陵顾及故土、有意败北。

李陵的一生，虽然并没有做出有损汉朝利益的事情，但是他的投降终究没有得到时人与后代人的谅解。人们常将李陵与苏武对比，以显示忠贞气节的不同。汉昭帝元平元年（前74），李陵死在匈奴。在投降后的二十余年间，他没有再踏上中原一步。

汉武帝晚年的悔与痛——巫蛊之祸

如果有人问，汉武帝一生中最遗憾和悔恨的事情是什么？答案不是开疆拓土壮志未酬，也不是治国理政有愿未平，更不是舞榭歌台有酒未消，而是一场"巫蛊之祸"，以及他因此失去的儿子、妻子和皇孙。

晚年多疑的汉武帝

汉武帝刘彻，公元前141年登基，公元前87年去世，在位时间长达54年。他统治的前期和中期可谓汉朝的鼎盛时期，国家统一，政局稳定，经济强盛，政治清明。然而到了晚年，这位圣明君主的执政能力却开始下降。

晚年的汉武帝志得意满，宠幸佞臣，听不进忠言逆耳的谏诤。他的独裁思想越发严重，对群臣无端猜忌，而且偏执嗜杀，动不动就将冒犯自己的臣子灭族，兴起了数次株连万人的惨案。汉武帝晚年曾一连诛杀了李蔡、严青翟、赵周、公孙贺、刘屈氂等五位当朝丞相，弄得当时的朝臣人人自危，无人敢出任"丞相"一职。

据正史记载，当汉武帝决定任命公孙贺为丞相时，公孙贺死活不肯接受印绶，跪地痛哭着祈求说："臣是从边远地区来的，凭借骑马射箭当上了官，能力有限，实在当不了丞相啊！"汉武帝命左右"扶起丞相"，公孙贺还是不肯起身。汉武帝大怒，拂袖而去。公孙贺无奈之下，只好当了这个丞相。结果没过多少年，公孙贺就因儿子犯罪被株连入狱，活活冻死狱中，其家族也被诛灭。

晚年的汉武帝还越发迷信鬼神，整日求仙炼丹，行事荒唐。他组织很多妖巫术士为他建造楼台，炼丹制药，希望自己能够长生不死。有一名叫李少君的术士告诉汉武帝，祭灶可以招来鬼神，鬼神来了就可以把丹砂炼成黄金，使用由这种黄金做的餐具用餐，有延年益寿的作用。汉武帝对他的话深信不疑，亲自行祭灶礼，沉溺于把丹砂变成黄金的"神话"，还派遣术士到海中寻访仙人。后来李少君死了，汉武帝认为他是成仙了，竟然派人去寻找。类似的荒唐事数不胜数，其结果是汉武帝身边走邪门歪道的人越来越多，而他自己也越来越疑神疑鬼。

"巫蛊之祸"始末

汉武帝晚年的昏聩、猜忌、疑神疑鬼，最终酿成了他执政后期最严重的一场祸乱——"巫蛊之祸"。

所谓"巫蛊"指的是一种巫术，"巫"指祈求鬼神加害于人，"蛊"则是使人受迷惑，昏狂失性。用巫蛊之术害人的方式很多：有的用桐木刻成仇人形象，然后刺心钉眼，希冀以此祸及仇人；有的假装鬼神附体，借以欺弄或恐吓他人……巫蛊本是一种荒唐的迷信风俗，但在蒙昧的古代，它却是人人忌讳的致命妖术。汉代"巫蛊"之风盛行，并从民间传入皇家，宫中一些妃子和宫女为了争宠，也常用这种办法诅咒他人。

汉武帝到了晚年，身体状况每况愈下，经常耳不聪、目不明，精神恍惚。迷信的汉武帝认为这是有人暗中诅咒他，因此对"巫蛊"一类的妖术非常反感，一旦发现便严厉惩办。于是，不少小人借此大做文章，陷害无辜。佞臣江充是汉武帝身边的宠臣，平日为非作歹，肆意妄为。正直的太子刘据对他的所作所为一直非常不满。江充担心太子即位后会惩办自己，便向汉武帝进谗言，说："您的病不见好转，是因为宫里有'巫蛊'之气诅咒您"。愤怒的汉武帝立刻派江充去调查，并下令按道侯韩说、御史章赣、黄门苏文等一干小人协助江充。

江充带人闯入太子宫中，四处搜寻、挖掘，却无一所获。为了诬陷太子刘据，江充趁人不注意，悄悄拿出事先准备好的木头人，大肆宣扬说："在太子宫中挖掘出来的木头人最多，还发现了太子书写的帛书，上面写着诅咒皇上的话。我们应该马上奏明皇上。"太子刘据见状，倍感冤屈，便想去汉武帝避暑的甘泉宫当面解释。太子少傅石德连忙劝阻说："皇帝原本就忌讳'巫蛊'，您就是去了恐怕也说不清。况且皇帝现在远在甘泉宫，家属都不允许去探望，是生是死都不清楚。您忘了秦朝皇子扶苏的教训（秦始皇死后，胡亥与大臣赵高、李斯密谋秘不发丧，矫诏赐死了皇子扶苏）吗？为今之计，不如先把江充等人抓起来审问。"听完这席话，刘据不由得紧张起来，立即命人去抓捕江充等人。于是，江充被捕，并以谋反罪被斩首示众；按道侯韩说拒捕被杀；然而，御史章赣却侥幸脱逃了。

章赣一口气逃到甘泉宫，向汉武帝诬告太子谋反。盛怒之下的汉武帝不分青红皂白，便下令丞相刘屈氂率兵捉拿太子。太子刘据见有人逃脱告密，自知祸事将至，于是面见母后卫子夫，痛陈事情原委。卫子夫听说皇帝派兵来捉拿自己的儿子，立即下令打开未央宫的武库，发放兵械给支持太子的百姓，并将京城的囚犯武装起来，准备对抗皇帝的征讨部队。为了赢得京城官民的支持，太子刘据昭告全城说："皇帝在甘泉宫养病期间，奸臣作乱谋反，请大家与我合力剿灭叛军！"接着，太子刘据又去征调胡人军团与北军，但胡人军团早接到了汉武帝的命令，正准备镇压太子叛乱；北军监护使者任安则明哲保身，接受了太子印后却闭门不出。一时间，文武百官与京城百姓也难辨是非，形势一片混乱。

皇帝的征讨军队与太子的军队在京城大战数日，双方死伤了数万人。但太子的临时武装毕竟敌不过皇帝的正规军，最终兵败。太子刘据带着自己的两个儿子仓皇逃出城外，躲在了湖县（今河南灵宝西）的一个平民家里。皇后卫子夫在宫中上吊自尽。

千古一场父子悲

汉武帝听说太子逃脱以后非常愤怒，下令举全国之力搜捕太子。满朝文武见状都吓得不敢说话，没人敢上前为太子申冤。一位名叫令狐茂的贤明老者听闻太子之事后，给汉武帝上疏，语重心长地说："我听说父慈母爱，孩子就会孝顺；父子不和，家室就要丧亡。这次的事，太子并非不孝，而是做父亲的失察。太子有冤却不能向您辩白，不申辩又会被乱臣所害。太子不忍愤愤之心，杀了江充。后来子盗父兵，也是为了救难自保。我认为太子并无谋反之心，请您明察。"

汉武帝闻此劝说，幡然悔悟，于是下令不得伤害太子。但是，一切为时已晚。太子躲藏的地点被当地县官发现后，县官立即带兵捉拿太子。太子刘据无处可逃，于是在民房之中上吊自尽。刘据的两个儿子也被前来捉拿的官兵一并杀死。就这样，一场"巫蛊之祸"上演了一出令人唏嘘的父子相残惨剧。

太子已死的消息传来，汉武帝痛苦不堪。这次由"巫蛊"引发的祸乱，使他失去了一位结发半生的妻子，一位仁厚孝顺的儿子，还有两个年幼的皇孙。

不久，朝臣车千秋直言犯谏为太子辩驳。汉武帝派人调查，才知道太子从来没有参与"巫蛊"之事，这一切都是江充捣的鬼。悲痛欲绝的汉武帝下令族灭了江充全家，把从犯苏文绑在桥上活活烧死，将逼死太子的人也全部灭族。同时，汉武帝还将直言为太子平反的车千秋连升九级，提拔为大鸿胪。

汉武帝对太子的冤死始终无法释怀，于是建造了一座叫"思子宫"的宫殿，又在太子被害的地方建造了一座高台，取名"归来望思之台"。天下百姓得知此事，莫不为之唏嘘感叹不已。

悔恨与悲痛纠缠着年迈的汉武帝，直至他去世。在生命的最后岁月里，汉武帝深刻地反思了自己晚年的过失，并以前无古人的胸襟，颁布了中国历史上第一道皇帝自责的诏书——《轮台罪己诏》。诏书的最后一句说道："朕即位以来，所为狂悖，使天下愁苦，不可追悔。至今事有伤害百姓、靡费天下者，悉罢之。"

清流士子的噩梦——党锢之祸

发生于东汉的党锢之祸是一场空前的政治、文化浩劫。在宦官集团的操纵下，这场浩劫几乎将一个时代的儒生一网打尽，最终处于风雨飘摇之中的东汉王朝也亡于其中。党锢之祸不啻为清流士子的噩梦，更成为中国历史上一段不堪回首的记忆。

宦官当权惹"清议"

所谓"党锢之祸"，指的是将士大夫官僚的故吏、门生等朋党"禁锢"起来，使其终生不得为官。这是东汉宦官集团面向士大夫和儒生发动的一场斗争，斗争的缘起是宦官权力的膨胀。

东汉建立不久，就出现了历史上著名的"娃娃皇帝"现象。自汉章帝起，即位的皇帝年龄都很小，如汉和帝十岁即位，汉殇帝即位时还不到半岁，汉冲帝即位时年仅两岁。这些"娃娃皇帝"当然没有能力治理国家，朝政大权于是旁落到外戚势力手中。据史料记载，汉和帝即位后，窦太后重用自己的兄长窦宪，使得朝中重臣多出自窦宪门下。汉质帝时，外戚梁冀当政，飞扬跋扈，质帝忍不住骂了他一句"跋扈将军"，竟被立即毒死。外戚独揽大权，极大地影响了皇权，于是"娃娃皇帝"成年后的当务之急就是剪除外戚势力。

然而，权力几乎被架空的皇帝，想与势力庞大的外戚集团对抗谈何容易。在这种情况下，皇帝唯一能调动的势力就是与自己朝夕相伴的宦官。汉和帝时，皇帝依靠宦官郑众挫败了外戚窦宪的势力。后来郑众因功被封为鄝乡侯，并开始参与朝政。此后，宦官当政的势头便一发不可收拾。汉桓帝延熹二年（159），梁太后病逝后，皇帝便与宦官单超密谋剪除外戚梁氏的势力。后来，汉桓帝借宦官与宫中侍卫之力一举击溃外戚梁氏。为了犒赏宦官，汉桓帝竟在一天之内封单超、徐璜等五名宦官为侯，时称"一日五侯"。

就这样，皇帝打击了外戚，又造成了宦官专权的局面。汉桓帝时，宦官专权已经形成了乱政的局面。宦官恃宠而行，在朝中假传圣旨，胡作非为；在地方则四处抢掠，兼并土地，所作所为与盗贼无异。由于宦官势力强大，官僚士绅都去巴结，宦官就借此安插亲信，培植党羽，形成了一个势力集团。

宦官为非作歹，引起了朝中的士大夫官僚及太学（东汉最高学府）儒生的强烈不满。这些士子自许"清流"，将宦官等奸人称为"浊流"。他们常常利用讲学、闲谈来品评朝纲，议论国事，抨击宦官乱政，这种评议的行为史称"清议"。"清议"形成了一股强大的舆论力量，使得宦官集团颇有些畏惧。清流士子还通过上疏皇帝、闹学潮、弹劾官员等方式与宦官斗争。"清流"与"浊流"势同水火。

第一次党锢之祸

在反对宦官的士子中，影响最大的人物是李膺。李膺，字元礼，曾任青州刺史、河南府尹、司隶校尉等职。当时，大宦官张让的弟弟张朔贪赃枉法，残暴无度，连怀有身孕的妇女都杀害。时任司隶校尉的李膺听说其罪行后，下令严惩不贷。张朔立即跑到张让的家中躲避。不料李膺丝毫不惧怕张让的势力，带人冲进张让家中，将张朔逮捕并绳之以法。此事令朝野为之一震，宦官们的恶性从此收敛了许多，连假日也很少出宫。汉桓帝见状，不解地问："你们怎么突然变老实了？"宦官们答道："都是因为李校尉太厉害了！"

李膺的雷厉风行成为党锢之祸的导火索。汉桓帝延熹九年（166），与权宦关系密切的方士（持有方术的人）张成得知朝廷将要大赦，便唆使自己的儿子杀人。李膺得知此事后，立即将张成的儿子抓起来，审问其罪行。此时，汉桓帝果然下令大赦。然而义愤填膺的李膺，没有赦免张成的儿子，反而将其就地正法。这件事惹怒了汉桓帝，宦官们借机进谗言诋毁李膺，并指使张成的弟子上书，控告李膺与太学生结交为朋党，诽谤朝廷。汉桓帝一怒之下，将李膺等200多名"党人"抓捕起来。第一次党锢之祸爆发了。

被抓捕的"党人"入狱后，受到宦官的严刑逼供，被迫招认"同党"，使得党锢之祸牵连的范围越来越大，朝野一时笼罩在恐怖的氛围中。这时，朝中一些同情士子的正直官僚开始设法营救"党人"。窦皇后的父亲窦武素来不满宦官专权，便上疏请求汉桓帝释放"党人"。战功赫赫的度辽将军皇甫规也上疏汉桓帝，请求把自己划为"党人"株连入狱。而李膺入狱后，机智地把一些宦官党羽说成是"同党"，使得宦官们哭笑不得，无所适从。与此同时，太学生的"清议"不断声援"党人"，使全国上下形成一股强大的舆论压力。在种种因素的作用下，汉桓帝终于在一年后释放了"党人"，但令李膺等人"禁锢终身"，一生不得为官。

第一次党锢之祸虽然使很多士子遭到迫害，但是同时也让他们获得了空前的社会声誉和文化地位。李膺成为士子中声望最高的一位，与他交游甚至被称为"登龙门"，即使能作为客人登门拜访他，也被视为一种荣耀。其他"党人"如陈蕃、杜密、范滂、郭泰等，也受到太学生的一致拥护。"党人"被释放时，受到人们的车马相迎、夹道欢呼。一时间，整个社会皆以"党人"为荣，以宦官为耻。

第二次党锢之祸

第一次党锢之祸平息不久，汉桓帝驾崩，汉灵帝即位。此后，曹节、王甫等宦官开始专权乱政，引起了窦武、陈蕃等士大夫官僚的不满。窦武、陈蕃等人密谋铲除宦官势力，不料消息败露。曹节等宦官得知后立即挟持汉灵帝，发兵拘捕了窦武和陈蕃。

后来窦武兵败自杀，陈蕃入狱被害。这次事件使士子力量遭到了沉重的打击，而宦官权力则达到鼎盛。

汉灵帝建宁二年（169），山阳郡（今属山东省济宁市）东部督邮（代表太守督察县乡、传达政令的官吏）张俭上奏皇帝，弹劾宦官侯览欺压百姓。结果侯览不但扣下了奏章，还诬告张俭结党营私。汉灵帝偏听偏信，下令搜捕张俭及其同党。宦官们借此大做文章，将第一次党锢之祸的诸多士子牵连进来，对"党人"进行疯狂的反扑和彻底地清算。这就是规模更大、迫害更深的第二次党锢之祸。

第二次党锢之祸持续时间长达十六年，遭迫害的"党人"达六七百人，其中被杀的"党人"就有一百多人，此外还有数以千计的太学生被无端陷害。当时声名显赫、有重大影响的士子几乎被残害殆尽。

朝廷派兵搜捕李膺时，家乡的父老乡亲都劝他逃走避祸。李膺却坦然地说："遇到祸事不应逃难，如果有罪不该免刑，这是臣子的节操。我今年已经六十岁了，生死由命，逃走了又何处安身呢？"说完，他主动投狱，后来死在狱中。太仆杜密同时被治罪，也死于狱中。人们将李膺、杜密合称为"李杜"。当时另一位知名的士子范滂也在朝廷搜捕名单之中。他主动前往县里自首，县令郭揖立即拿出官印，大义凛然地说："天下之大，您何必自赴刑狱？在下愿意舍官与您一同逃亡！"范滂感慨地说："我如何能连累你，又让我的老母亲随我颠沛流离呢？"于是慷慨投狱。范滂的母亲送他走时，淡定地说："你如今能与李膺、杜密齐名，即便死，又有什么遗憾呢！"侍御史景毅曾将儿子景顾送到李膺门下做门生，宦官搜捕"党人"时，漏掉了景顾的名字。景毅主动将儿子送到刑狱，并说："当年让景顾拜在李膺门下，就是因为李膺的忠正贤良。如今他怎么能因名单的疏漏而苟且偷生呢！"这些故事在民间广为流传，人们听后无不慨叹不已。

东汉末年，"黄巾起义"爆发后，汉灵帝才下令解除"党锢"，然而为时晚矣。满朝儒生几乎被一网打尽，宦官、外戚势力横行，社会弊端凸现，东汉不久便灭亡了。后人遂称："东汉亡于党锢。"

北魏王朝的残酷祖制——子贵母死

在中国古代的帝王之家，儿子被立为皇储，当母亲的一定喜不自胜，从此"母以子贵"，尽享富贵荣华。然而在南北朝时期的北魏皇室中，后妃们却天天祈祷不要生下皇子，因为自己的儿子一旦被立为太子，她就将走上死路……

残酷的"子贵母死"制度

北魏是鲜卑族建立的北方政权。入主中原之前，鲜卑族首领继承人的册立和即位往往有赖于母族的强大。这种"母强子立"的体制一直持续到北魏的开国皇帝道武帝拓跋珪继位。道武帝继位后，积极扩充领土，于386年建魏称王，并于三年后迁都平城（今山西省大同市）并称帝。颇有远见的道武帝拓跋珪意识到，先前的部落体制已经不再适用，北魏需要有超越一切之上的专制君权。而在"母强子立"的制度下，"母权"对皇权的威胁是极大的。为此，道武帝痛下决心，创制了残酷的"子贵母死"制度：一旦选择了某位皇子为储君，那么这位皇子的生母就要被赐死。

制度一经设立，道武帝便赐死了太子拓跋嗣的母亲刘贵人。年少的太子伤心得号啕大哭。道武帝却对他说："我之所以这样做，是为了不让妇人以后干预政权，令外戚势力作乱。你要把这种方法继承下去。"旁边的大臣也连忙说："是啊，古代圣君也是这样做的。"大臣此言指的是汉武帝赐死钩弋夫人一事。汉武帝晚年想册立钩弋夫人所生的皇子刘弗陵为继承人，又担心自己死后皇帝年幼，太后容易秉政祸乱朝廷。于是，为了皇权的稳固，汉武帝狠心赐死了年轻貌美的钩弋夫人，以绝后患。

就这样，已有"先例"的"子贵母死"制度作为北魏的祖制被传承下来，直至北魏灭亡。

一设一废两悲剧

然而，"子贵母死"这种极端的制度并没有收到应有的效果。

小皇帝的生母被赐死，便需要有另外的女性来照顾他。于是，北魏出现了奇特的三位"皇太后"并存的局面。一位是皇帝的生母，皇帝即位后追封被赐死的母亲为皇太后。另一位是皇帝的养母，她们对皇帝有养育之恩，也会被封为皇太后。最后一位更为奇特，按照北魏拓跋氏的古制，皇帝的妃子需要亲手铸造一个金人，只有铸造成功的才有资格被选为皇后，于是在前朝铸造金人成功而被选为皇后的人（非皇帝生母）到了后一朝，便理所当然被奉为皇太后了。

在这种制度下，后两位"皇太后"仍然拥有着左右皇权的能力，因此使"子贵母死"制度的效力减弱。又因为这项制度对于每朝的皇帝来说都是一场生离死别的噩梦，所以北魏不少皇帝都想废掉它。著名的北魏孝文帝就曾因不忍杀死自己的爱妃林氏而向祖母冯太后苦求废掉祖制，但没有得到应允。

直到北魏的第八位皇帝宣武帝拓跋恪在位时，因笃信佛教，不忍杀生，于是断然宣布废除这项制度。但历史又无情地捉弄了仁慈的宣武帝，他的好心最终导致了北魏的灭亡。

宣武帝不忍心杀死的是皇子拓跋诩的母亲胡充华。宣武帝死后，胡太后利用皇帝年少，大权独揽，不仅在国内大兴土木，建造佛寺，而且重用佞臣，豢养情夫，搅得朝廷乌烟瘴气。最后，穷凶极恶的胡太后竟然毒死了自己的儿子孝明皇帝。太后的恶行激起了群臣的反抗，后来她终被勤王之师（皇帝有难时前来救援的部队）诛杀。然而经过这一番折腾，北魏的气数已经完全耗尽了。

风华绝代的"巾帼女官"——上官婉儿的苦乐人生

上官婉儿是中国历史上少有的集智慧与美貌于一身的女性。她游走于前朝后宫的权力漩涡中，深得两朝皇帝宠信，一度是执掌大权的"巾帼首相"；她以风华绝代、文采卓然的非凡魅力，让多少风云人物拜倒在她的裙下。然而，她终成为权力刀锋上的祭品。这段苦乐交织的人生，亦成为令人喟叹的传说。

深受宠信的"巾帼女官"

唐高宗麟德元年（664），上官婉儿出生在陕州陕县（今河南省三门峡市）。《旧唐书》《新唐书》中均记载了一个亦真亦幻的故事：上官婉儿的母亲郑氏在怀胎时，曾经梦见一位巨人给她一杆大秤，说："将来必生贵子，执掌大权，权衡天下。"上官婉儿降生后，郑氏看到是个女孩，便笑着说："你将来能权衡天下吗？"襁褓中的上官婉儿竟咿呀相应。

由于祖父上官仪获罪，上官婉儿刚一出生就随母亲郑氏被发配到掖廷为奴。上官婉儿自幼聪慧机灵，擅长写诗作赋，又生得貌美如花，端庄秀雅，渐渐在宫中小有名气。上官婉儿14岁时，武则天因听闻她才貌双全而召见她，并命她当场写作文章。上官婉儿文思泉涌，一气呵成，令武则天大加赞赏。从此，上官婉儿被免去奴婢身份，留在武则天身边负责协助起草诏书等文字事务。

凭借过人的才识和出众的政治能力，上官婉儿逐步获得了武则天的信任。圣历元年（698），武则天开始让上官婉儿参与奏章的处理和决策。自此，上官婉儿越发显示出超凡的政治才能。她对百官奏事多能提出自己的见解，而且常常与武则天的判断不谋而合。上官婉儿还能准确地揣测武则天内心的想法，有时武则天尚未明示，她已将事情办理妥帖。这使得武则天对上官婉儿更加倚重。后来，武则天将很多奏章都交由上官婉儿处理，自己只是最后批示而已。

后人常言，武则天一生最信任的人实为上官婉儿。她对自己的子女都忍心杀害，却舍不得杀上官婉儿。相传，武则天退位后，平日里有两大乐趣，一是听上官婉儿朗诵诗词，二是向上官婉儿倾诉心事。

上官婉儿与武则天的生平惊人地相似，同为14岁进宫，同样侍奉两朝皇帝，又同是在先皇去世后被继任皇帝迎回宫中。武则天死后，唐中宗李显将上官婉儿迎回宫中，封为"昭容"，仍掌管诏书事宜。"昭容"的地位仅次于皇后一人和妃子三人，位列"九嫔"第二。后来，上官婉儿的母亲郑氏也被封为"沛国夫人"，可见中宗李显对上官婉儿的宠信。

身处宫廷30余年，上官婉儿几乎取悦了所有的"重量级人物"，可谓八面玲珑。她不仅赢得了两朝皇帝的宠信，还尽力协调好与李姓、武姓子女的关系。她与相王李旦、太平公主情同手足，与武三思及其兄弟也交情甚好。朝中许多大臣也十分敬重上官婉儿，将其尊为"内宰相"。可以说，上官婉儿虽无丞相之名，却有丞相之实，也算应验了母亲郑氏的那个梦。

权力刀锋上的祭品

常言道："伴君如伴虎。"作为距离皇帝最近的女官，上官婉儿不可避免地卷入到宫廷争斗的漩涡中。尽管她工于处世，独具心计，但终究没能逃出成为权力牺牲品的悲剧。

据《旧唐书》《新唐书》记载，武则天当朝，上官婉儿曾因忤逆武则天犯了死罪，本该诛杀，但武则天怜惜其才华，竟不忍心杀她。后来，上官婉儿被处以"黥面"（在面部刺字）之刑，额头上留下了不可磨灭的印记，娇美的容貌从此被毁。关于上官婉儿忤逆武则天的具体原因，正史没有交代，野史中主要有两种说法：一说是上官婉儿看不惯武则天豢养男宠的行为，曾私自把其男宠张昌宗关在宫门外，致使张昌宗一怒之下烧了宫殿；另一说是上官婉儿与武则天的男宠张昌宗调情，被武则天撞见，大发雷霆。被"黥面"后，上官婉儿再也不梳妆打扮，自此素面朝天。

唐中宗时，上官婉儿与韦皇后、武三思一派势力较为亲近。中宗李显懦弱无能，韦后与武三思便大权独揽，几乎架空了中宗的权力。上官婉儿审时度势，站在了韦后一边。同时，她还力劝中宗提升韦后的女儿安乐公主的地位，怂恿韦后、安乐公主效仿武则天夺权。这一切引起了太子李重俊（中宗李显的第三子，非韦后所生）的强烈不满。他集结自己的力量，于神龙三年（707）起兵讨伐韦后一派，杀死了武三思及其子，并冲进肃章门，要求中宗交出上官婉儿。上官婉儿急忙跑到中宗和韦后的身边，故意激怒他们说："太子今天的意思，是要先杀了婉儿，然后再杀陛下和皇后啊！"中宗和韦后听后大怒，便带着上官婉儿和安乐公主逃到了玄武门，命羽林卫剿杀太子逆党。太子兵败被杀，上官婉儿暂时得以保全。

然而好景不长。太子死后，韦后和安乐公主的野心日益膨胀，急不可耐地筹划篡位。上官婉儿审时度势，认为以韦后的能力难成大器，即便阴谋得逞，恐怕早晚要败事。为了不受牵连，她又策略性地倾向了太平公主的势力。景龙四年（710），中宗李显突然驾崩，这是包括上官婉儿在内的所有人始料不及的。史书明确记载，中宗是被韦后与安乐公主毒杀的。上官婉儿预感到，韦后如此玩火自焚，末日将近，自己也很难善终。这时，她想到一个自救的办法，那就是与太平公主一同拟一份中宗遗诏，在遗诏中为李姓子弟争取利益，打压韦后的势力。于是，温王李重茂被立为太子，韦后知政事，相王李旦参政。

野心勃勃的韦后自然不满足，加紧了篡位的步伐。为阻止韦后的阴谋，太平公主联合临淄王李隆基一同起兵，杀了韦后与安乐公主。身为同党，上官婉儿也在讨伐之列。李隆基的手下刘幽求率兵冲进上官婉儿的住处时，上官婉儿带着宫女手捧蜡烛出门相迎，并亲自将自己起草的中宗遗诏拿给刘幽求，证明自己为李唐天下尽了心。刘幽求果然被感动，向李隆基求情，然而终究没有得到同意。这天夜里，上官婉儿被杀，享年47岁。

风华绝代的"第一才女"

集美貌、才情和智慧于一身的上官婉儿，是唐朝最具魅力的女性之一。即使她为了生存而堕落，牺牲了道德的底线，甚至参与争权、祸乱朝政，也没有减少众人对她的痴迷。据史书记载，章怀太子李贤、唐中宗李显、梁王武三思，甚至临淄王李隆基都曾倾慕或深爱上官婉儿，当朝才子文人为她倾倒的更是不计其数。

上官婉儿刚进宫时，与当时的太子李贤相识。当时，上官婉儿才十几岁，李贤二十四岁。野史记载，上官婉儿曾做过李贤的侍读，两人相互倾慕，有过一段感情。然而，这段感情即使存在过，也很快被现实粉碎。太子李贤与武则天不合，不久被废。

而这份诏书正是上官婉儿一字一句亲笔拟写的。在爱情与权力之间，上官婉儿选择了后者。

武则天的第三子李显自少年时代就喜欢上官婉儿。李显被立为太子后，上官婉儿蓄意与李显亲近，使李显对她更加痴心。后来，上官婉儿又与武三思走到一起，正史明确记载为"淫乱"。为了自己与武三思的前途，上官婉儿又把武三思推荐给韦皇后。这也是上官婉儿成为韦后同党的直接原因。

唐中宗时，上官婉儿备受皇帝宠爱。她向中宗提议设立修文馆，广纳朝中才子文人前来赋诗。才子们写作的诗赋，都由上官婉儿来亲手评定，名列第一等的人赏赐金爵，荣耀无比。上官婉儿自己也写出了许多独具匠心、文辞优美的诗篇。一时间，朝中作诗之风盛行，上官婉儿的诗也被争相唱和。在修文馆的诸多才子中，崔湜引起了上官婉儿的注意。上官婉儿爱慕其诗才，很快就与崔湜有了私情。《旧唐书》和《新唐书》均记载，上官婉儿因与崔湜私通，特向中宗请求搬出宫外居住。中宗竟答应了她，还为她建了一座豪宅。上官婉儿还极力帮助崔湜逐渐升官，后来崔湜竟坐到了宰相的高位。

据野史记载，李隆基自幼对上官婉儿也很仰慕。只因一次无意间看见上官婉儿与武三思淫乱，李隆基才由爱生恨。后来，李隆基登基后，怀念上官婉儿的文才，还特命人收集其诗文，编辑成册。

精心谋划的血腥屠杀——胡蓝之狱

"胡蓝之狱"是明朝初年一场惊心动魄的大案，前后历经14年，株连被杀者多达4.5万余人。明太祖朱元璋借此案几乎清除了所有的开国功臣，制造了"狡兔死，走狗烹"的千古悲剧。

"罪有应得"的胡惟庸

明朝建立前，胡惟庸曾跟随朱元璋征战，但一直默默无闻。朱元璋选任丞相时，曾经向堪比张良的文臣刘基征询合适的人选。提及胡惟庸时，刘基说："胡惟庸是最糟糕的人选，就像一匹劣马，让它来驾车一定会闯祸。"可见胡惟庸品行、能力都不过关。然而，他凭借善于奉承的功夫，居然爬到了左丞相的高位，成为独揽大权的第一号重臣。胡惟庸大权在握后，日渐独断专行。他私看官员呈给皇帝的奏折，有时候看到对自己不利的言论，就会擅自压下去不报；他还经常在不禀报皇帝的情况下，擅自决定朝廷官员的升迁乃至生杀大事。胡惟庸还笼络了一批文武大臣，形成一个权力集团，同时对内招兵买马，对外勾结塞外蒙古兵，以图谋反。

明太祖洪武十三年（1380）正月，当朝丞相胡惟庸向明太祖朱元璋奏报，说自己府上的井中甘泉喷涌，请皇上移驾观赏。朱元璋听后大喜，以为是祥瑞之兆，便下令前往相府。龙驾刚出西华门，路边突然冲上来一个小太监，拦住了皇帝的车马，言语不清地想要说什么。这一大不敬的行为惹得朱元璋龙颜大怒，立即命人将这个太监拖到一边痛打。小太监的右手被打断了，仍拼命指着远处的一个方向。朱元璋这才意识到事有蹊跷，顺着小太监所指的方向望去，竟是胡惟庸的府第。他赶忙返回，登上城楼一看，胡惟庸府上兵马刀枪林立，早就准备好谋逆一事。朱元璋立即下令抓捕胡惟庸，严审罪行。告发胡惟庸的小太监名叫云奇，是西华门的内侍。这一幕就是《明太祖实录》中明确记载的"云奇告变"。"云奇告变"发生后，胡惟庸的同党、御史中丞涂节进一步揭发胡惟庸谋反，并举出证据。同年，朱元璋以"擅权植党"的罪名杀了胡惟庸，并对他抄家灭族。

然而，"云奇告变"的真实性引起了后世史学家的质疑。首先，胡惟庸谋反既然被朱元璋亲眼所见，后来判罪怎么会只是"擅权植党"，而丝毫没有涉及蓄谋造反的罪行？其次，史料记载，朱元璋登上城楼看到胡惟庸府上有造反情势，这显然不合常理：一则丞相府是何等要地，府中情况怎能让人从城楼就看见；二则就算真能从城楼看清丞相府，胡惟庸怎会傻到大张旗鼓地造反（刀枪林立）？再次，胡惟庸谋反之事被西华门内侍得知的可能性极小，而这一内侍又恰巧在皇帝赴险途中出现，更是匪夷所思的事情。

山雨欲来风满楼

然而令人没有想到的是，这竟是一场血腥屠杀的开始。明太祖朱元璋利用胡惟庸一案织成一张"罪网"，将越来越多的臣子网罗进来。

胡惟庸死时的罪名是"擅权植党"，不久后则升级为"通倭通虏"。凭借这个罪名，所有的"胡党"都要牵连被诛。几年之内，竟杀死"胡党"及其家属三万人！事实上，真正的"胡党"哪有如此之多，其中更多的是朱元璋欲除之而后快的开国功臣。

著名文臣宋濂因其侄子宋瓒和长孙宋慎被判"胡党"而牵连其中，被判处死刑。朱元璋的皇后马氏听说后非常不解，对朱元璋说："宋濂是皇子们的教师，普通百姓家对教书先生尚且很敬重，您怎么就不能宽恕他呢？"朱元璋生气地说："既然是逆党，怎么能开恩？"马皇后又劝说："宋濂早已不在朝中任职，此事想必与他无关。"朱元璋听到马皇后为宋濂说情，更加愤怒，将马皇后呵斥出去。后来，马皇后为朱元璋送晚餐，餐中没有一点酒肉。朱元璋觉得很奇怪，便问马皇后原因。马皇后说："宋濂就要死了，我愿意代皇子们服丧。"这句话感动了朱元璋，终于使他免了宋濂的死罪，但仍将宋濂全家贬到茂州。途中，72岁的宋濂病死，举朝闻之无不悲痛。

胡惟庸案发后，被判为"胡党"而获罪的无辜臣子已经难计其数。他们因各种强加的甚至根本不成立的证据而入狱，或斩首，或灭门。胡惟庸被杀10年后，就在人们认为这场株连甚广的屠杀已告完结时，朱元璋竟再次翻出旧案，把胡惟庸的罪名升级为"谋反"。这一次，开国功臣李善长被其家奴卢仲谦告发，罪名是与胡惟庸勾结谋反。朱元璋得知此事后，竟表态说李善长"知逆谋不发""狐疑观望怀两端，大逆不道"。

李善长早年即为朱元璋的谋臣，以几十年的交情，朱元璋居然轻易相信一个家奴的谋反之辞，可见他欲除李善长已久，恐怕告发李善长的家奴也是受其唆使。结果，李善长以"交通谋反"获罪，全家上下七十余口全都被杀。一年以后，学士解缙为李善长喊冤，上疏直接指责朱元璋的做法。嗜杀的朱元璋看后竟没有生气，一言不发，默认了这桩冤案。

愈演愈烈的蓝玉案

胡惟庸案平息后两三年，蓝玉案就爆发了。所谓"胡蓝之狱"，就是胡惟庸案与蓝玉案的合称。

蓝玉是开国功臣常遇春的妻弟，是明初南北征战、屡建奇功的将领。洪武二十一年（1388），蓝玉因与蒙古兵作战有功而被封为凉国公。三年后，蓝玉再次出师大捷，回朝后被加封为"太子太傅"。然而，蓝玉对此却表示不满，抱怨道："我的功劳这么大，难道还不能加封为太师吗？"这话传到朱元璋耳朵里，为蓝玉案埋下了伏笔。

蓝玉自恃劳苦功高，平日飞扬跋扈，蛮横张扬。据记载，他养有不少义子，在外霸占民田、欺压百姓，而当朝中御史去审查这些案件时，他竟敢私自驱逐。蓝玉以功臣自居的姿态原本就让朱元璋非常反感，而他为人骄横的作风更是授人以柄。

洪武二十六年（1391）春天，锦衣卫（明朝皇帝的特务机构）指挥蒋献告蓝玉"谋反"，朱元璋立即下令逮捕蓝玉。入狱后的蓝玉在锦衣卫的严刑拷打下，最终屈打成招，口供是"趁皇帝外出耕田时举事谋反"。这一解释不仅本身说不通，而且证据也非常牵强。

据后人考究，蓝玉谋反的证据多是乡里渔夫、染匠的口供，如果蓝玉真要谋反，怎么会随意说给乡里人听？

然而，朱元璋就依照这些证据定了蓝玉的罪，将蓝玉全家诛杀。此后，又追究了"蓝党"（也称"蓝贼"）的谋反罪，诛杀了1.5万余人。在被判为"蓝党"的臣子中，不乏功臣良将，有一公、十三侯、二伯。试想，这些高官如果集体勾结造反，又怎么可能束手就擒、举家被诛呢？或许朱元璋也恐众人猜疑，于是特意将蓝玉谋反一案编为《逆臣录》，亲手写诏书布告天下，并在诏书中说："自今胡党、蓝党概赦不问。"

事实上，经过"胡蓝之狱"，明初的开国功臣几乎被诛杀殆尽，还能再去拷问谁呢？所谓"概赦不问"，无非一句漂亮话罢了。

皇权的空前巩固

血腥的"胡蓝之狱"让朝中大臣人人自危。相传，朝臣们每天清晨出门前要留下遗书，与妻儿老小话别，晚上若能平安回家，则全家欢庆，如同过节一般。历史上，这样大肆屠杀功臣的例子是极为罕见的，尽管汉高祖有过先例，但远比不上朱元璋的杀戮之广、迫害之深和手段之多。人们不禁要问，朱元璋这般大开杀戒到底为什么呢？

答案是两个字——皇权。朱元璋从社会最底层做到一代帝王，身边的功臣都是曾经平起平坐打天下的兄弟。臣子的功劳高、权力大，便对皇权产生一种无形的威胁。朱元璋当上皇帝后，担心这些功臣有逆反之心，更担心他们威胁自己子孙的皇权。

据记载，朱元璋杀戮功臣时，太子朱标曾经屡次进谏，劝朱元璋不要滥杀无辜。朱元璋没有直接阐释缘由，而是将一根长满棘刺的木杖扔在地上，让朱标捡起来。在朱标犹豫不决之时，朱元璋把木杖拿起来，削去上面的刺说："我正是帮你把刺拔掉，然后再把木杖交给你啊！"一语道破了他大杀功臣的用心。

朱元璋借胡惟庸案收回了相权，借蓝玉案打击了将权。"胡蓝之狱"的结果是废除了丞相，改设六部；设五军都督府、削弱将领兵权。自此，明朝的皇权达到空前巩固的程度。

缇骑四出血四溅——厂卫特务机构的带血档案

一提起明代的锦衣卫东厂、西厂和内行厂，很多人都会不寒而栗。在众多的影视作品中，锦衣卫和东、西厂一直被描画成阴森恐怖、杀人如麻的地狱魔窟。明代的厂卫特务机构到底是怎么一回事？又有过哪些令人发指的恶行呢？

"缇骑"锦衣卫

锦衣卫是明朝的一个官署名称，全名叫作"锦衣亲军都指挥使司"，也就是皇帝的侍卫亲兵兵署。根据明代初年的军队设置，皇城的禁卫军由12个亲军卫队组成，而锦衣卫是其中之一。锦衣卫由明朝的开国皇帝朱元璋设立。由于出身的特殊性，朱元璋尤其重视皇权的巩固，因此他设立直属皇帝的锦衣卫部队，目的就是加强皇权。

明朝锦衣卫的设置源于历朝历代的亲兵侍卫，但职能又有所不同。锦衣卫的职责是"掌直驾侍卫"和"巡查缉捕"。前者很好理解，就是负责皇帝的保卫和仪仗工作。从事这部分工作的兵士又被称作"大汉将军"，是从军队中挑选相貌堂堂、身材魁梧且声音洪亮的男子充实其中，立于宫门充当朝廷的门面。后者是明朝锦衣卫的独特职能，即从事皇帝亲自下令的侦察、逮捕、审问等工作，相当于皇帝的特务部队。锦衣卫判案不用经过国家司法部门的审核，可以自行处置罪犯。这也就是锦衣卫"大大有名"的原因。

锦衣卫的特务职能由下辖的镇抚司完成，其中又有南镇抚司和北镇抚司之别。南镇抚司主要负责侦察和逮捕工作，而北镇抚司则负责审理案件和判决罪犯，而且拥有自己的监狱（称"诏狱"）。镇抚司的兵士称作"校尉"或"力士"，在执行任务时又被称作"缇骑"，一般是由军队中身强力壮、武功高强的兵士担任。他们身着代表皇帝恩赐的漂亮的"飞鱼服"，是名副其实的"锦衣"卫。

锦衣卫的首领称为"指挥使"，一般由皇帝最亲近的将领担任（很少由太监担任）。每当明朝皇帝有所疑虑和担心时，"缇骑"便四处出击，上到王公大臣，下到黎民百姓，全在他们监视和查捕的范围内。

锦衣卫还有一项著名的职能——执掌廷杖。"廷杖"是明朝特有的惩罚朝臣的一种酷刑。大臣们惹怒了皇帝，就会被拉出午门执行"廷杖"。锦衣卫将大臣绑好之后便是一顿乱棍，很多大臣都枉死于这种酷刑之下。

锦衣卫发展到后来，由于权限太大，便成了宫廷争斗的工具。很多奸臣勾结锦衣卫"指挥使"编织罪名，残害忠良，祸国殃民，锦衣卫也迅速堕落成为明代衰亡的一大恶疾。

东厂、西厂和内行厂

在明朝，与锦衣卫的设置并列的就是东厂、西厂和内行厂，其中最主要的是东厂。

东厂又称东缉事厂，是明朝特有的特务机关和秘密缉查机关，由明成祖朱棣设立。由于朱棣是从自己的侄子手中夺过的皇位，名不正言不顺，因此格外在意自己权力的维护和巩固。为了镇压政治上的反对力量，扑灭谋反篡位的阴谋，他设立了直属于自己的新的特务机关——东厂。东厂的职能是探查、缉捕叛逆奸邪分子，职能上与锦衣卫并立。与锦衣卫不同的是，东厂的首领由皇帝信任的太监担任，称作"东厂掌印太监"或"厂主""厂督"。

起初，东厂只负责"抓人"，而后交由锦衣卫处理，后来逐渐也拥有了"自行处置"的权力，有专属的监狱。又由于太监群体更为接近皇帝，也更受皇帝信任，东厂的地位逐渐抬升，后来居上，与锦衣卫的关系从平级变为上下级关系（东厂的权力更大）。东厂内部也分各种职能机构，一般是从锦衣卫中选派精干分子担任，在具体的行动中也比锦衣卫设置更为严密，有合理的分工和严格的制度。例如，每个月的第一天要集中布置工作，每个人有固定的负责区域等等。

西厂又称西缉事厂，在明朝历史上只短期存在过，职能与东厂相同。明宪宗成化年间，一个叫李子龙的妖道用旁门左道蛊惑人心，朝中很多人成了他的拥趸，甚至传出李子龙意图弑君谋反的消息。虽然李子龙的势力不久就被锦衣卫斩草除根，但心惊胆战的明宪宗还是不放心，于是派太监汪直出城查探臣子们和百姓的动向。汪直抓住这次机会，到处捕风捉影，故意把事情搞成很严重的样子，向明宪宗报告。于是明宪宗决定成立一个新的特务机关——西厂，加强对情报的刺探，并任命汪直为首领。西厂成立后，势力极度膨胀，一度统辖了锦衣卫和东厂。但由于滥杀无辜，作恶太多，在满朝大臣的一致反对下，西厂于明武宗年间被撤销。

内行厂，又称内厂，是明代"厂卫"制度中寿命最短的机构。明武宗年间，大太监刘瑾因与东厂、西厂首领有矛盾，于是奏请皇帝新设一个特务机关——内行厂，由他自己管辖。内行厂的权力更大，不仅具有此前特务机关的所有职能，而且还将锦衣卫、东厂、西厂列入监视和捕杀的范围，权限更广，用刑更酷。内行厂仅仅存在了五年，便随着刘瑾的覆灭，与西厂一同被撤销。但仅仅在这五年内，它就残害了无数忠良。

缇骑四出血四溅

锦衣卫、东厂、西厂、内行厂，四者构成了臭名昭著的明代"厂卫"特务制度，史上又称"缇骑四出"。由于明代"厂卫"制度的空前残酷，滥杀无辜，因此可谓"缇骑四出血四溅"——"缇骑"一旦行动，必又是一场腥风血雨。

明朝开国皇帝朱元璋统一天下后，为了清除对皇权的威胁，永保朱姓江山，开始了对开国功臣的"大清洗"。他派出大批的特务，深入王宫相府、百姓人家收集情报，稍有异常便严令抓捕，大加杀戮。仅胡惟庸、蓝玉的案件，便动用锦衣卫屠杀了4.5万余人。特务们甚至被秘密地安插在朝臣的家里，连臣子每天的言行笑骂都一清二楚。

有一次，大学士宋濂在家中请几个朋友吃饭。第二天上朝时，朱元璋询问宋濂昨天请了哪些朋友、喝酒了没有、吃了什么菜，宋濂都如实回答。朱元璋满意地说："看来你没欺骗我。"宋濂这才反应过来，朱元璋早已安插了特务在府上监视他，不禁吓出了一身冷汗。由此可见当时特务猖獗的程度。"厂卫"特务遍布，人人都生活在白色恐怖之中。

上到王公贵胄，下到百姓黎民，大到谋反叛逆，小到窃窃私语，这些全都在明代"厂卫"特务们的监视范围内。不论是谁，稍有不慎，都可能招来"缇骑"的逮捕。而一旦被抓，就会被带到如同地狱魔窟一般的"厂卫"监狱，遭受一番严刑拷打。一些人因此屈打成招，被无辜地杀害；有些人就算是熬了过来，被释放时也已是终身残疾甚至不成人形；而更多的人，是在这座地狱中被各种酷刑活活地折磨致死。

"厂卫"特务们为了审"犯人"发明了各种"前所未有"的残酷刑罚。在审问"犯人"时，特务们惯常"打着问"，一边对"犯人"施以杖刑，一边问讯。而对于嘴硬的"犯人"，又有"好生打着问"和"好生着实打着问"之别，直到把"犯人"打得皮开肉绽。除了"杖刑"以及"夹棍""指钉""脑箍"等"常规"刑罚外，更有令人毛骨悚然的"特别"酷刑：

"抽肠"：高处横一木杆，上搭绳索，绳索一端绑铁钩，另一端坠上重物。而后将"犯人"的肛门割开，用铁钩钩住"犯人"的大肠头，再将另一端的重物放下，借力将"犯人"的肠子整根抽出，致人死亡。

"刷洗"：把"犯人"脱光衣服绑在铁床上，用滚水向他身上浇，之后拿铁刷子在"犯人"身上反复搓，直至刷开皮肉，露出白骨。"犯人"不等刑毕便早已死去。

"剥皮实草"：把"犯人"的皮剥下来，填上草，挂在城门示众。明朝前期的剥皮是将"犯人"斩首后剥皮，到了明朝后期就已经有了活剥人皮的刑罚，更有甚者是向"犯人"身上浇熔化的沥青，等沥青凝固后敲击，人皮便同沥青一起被剥下。

类似的酷刑举不胜举。明朝是中国历史上使用酷刑最有名的朝代，而这些酷刑的执行者，就是这些"厂卫"特务们。

忠良枉死 "厂卫" 亡国

"厂卫"制度控制下的大明王朝，无数的冤魂枉死，其中很多是忠臣良将、朝廷栋梁。而他们的被害，更是严重地消耗了明王朝的元气。

方孝孺是明初著名学者、文学家、思想家，官至文学博士，曾做过建文帝的老师。他为人忠正，人品和学识名扬天下。明成祖朱棣发动政变夺取皇位（史称"靖难之役"）后，方孝孺誓死不为朱棣草拟继位诏书，并当面斥责其篡位行径。朱棣恼羞成怒，命令残忍的锦衣卫力士将方孝孺嘴角割开，撕裂到耳根，然后拖到闹市凌迟处死。此后，朱棣还命令东厂和锦衣卫分头搜捕方孝孺的家眷和亲戚，连带方孝孺的学生，一共873人一并处决，创造了亘古未有的"诛十族"的灭门惨案。

明世宗嘉靖年间，"厂卫"特务们又制造了"左顺门血案"。明武宗朱厚照死后，由于没有子嗣，于是选择了兴献王朱祐杬的长子朱厚熜继承皇位，史称明世宗。明世宗继位后，一直想给自己的生父尊封一个皇帝的称号，但遭到满朝文官的反对。明世宗一意孤行，结果爆发了反对派群臣的集体进谏。包括九卿 23 人、翰林 20 人、给事中 21 人、御史 30 人等 220 余名朝廷要臣集体跪倒在宫中左顺门外苦谏。明世宗命令锦衣卫逮捕了为首的几名大臣，导致局面更加混乱。明世宗盛怒之下，下令逮捕了几乎所有进谏的官员，并对其中的 180 余人处以"廷杖"。一时间，午门之外上百人受刑，鲜血四溅，惨不忍睹。最后，竟有 17 名朝廷官员被锦衣卫活活打死，创造了中国历史又一个血腥的记录。

明朝末年，朝政混乱，奸臣当道，"厂卫"特务更是大行其道，迫害朝廷仅有的"几根栋梁"。天启年间，明熹宗是个天生"木匠奇才"，整日不理朝政，专心于做木匠活。魏忠贤借此逐渐掌握了朝政大权。顾命大臣杨涟和左金都御史左光斗等直臣联名上疏弹劾魏忠贤。事情被魏忠贤得知，他利用"厂卫"的势力，编造杨涟等人的罪名，并令锦衣卫将他们逮捕投入大狱。杨涟在狱中被打得皮开肉绽，提审时根本无法坐立，只得躺在地上受审，最终被害死狱中。杨涟死时，尸体被土袋垒压，耳朵里被楔入铁钉，场面十分恐怖。左光斗同样被打得体无完肤，面部被折磨得焦烂，无法辨认，左膝以下筋骨完全脱离，最终惨死狱中。

不只朝廷官员如此，平民百姓也无时无刻不笼罩在恐怖的阴影下。据《明史·刑法志》记载，同样是在明熹宗年间，一次夜里，有四个百姓在自己家的小屋里喝酒，其中一个人喝得有些多，张口骂了魏忠贤几句。话还没说完，"厂卫"特务就踹门而人，将四人逮捕入狱，并当着另三个人的面，将谩骂者凌迟处死（一说活剥了皮），其余三个人吓得几乎发了疯。

就这样，残酷的"厂卫"制度一直伴随大明王朝，直至它灭亡。"厂卫"制度的设立意图在于加强皇权，但它一方面残害了无数的忠良，毁败了朝廷的根基；另一方面助长了宦官、佞臣的气焰和权势，放大了朝廷的腐败和黑暗。明朝的气数在"厂卫"制度引起的激烈矛盾和内耗中逐渐被消磨殆尽，最终无力地瘫倒在了清军的铁蹄之下。无怪乎后人说：大明不是亡于流寇，而是亡于"厂卫"。

与美貌无关——独特的清宫"选秀"制度

后宫粉黛，佳丽三千。在人们的传统印象里，皇帝身边的女人一定是倾国倾城的绝代佳人。然而，清代后宫却不尽然。慈禧太后难称貌美，而隆裕皇后更是长相奇丑。她们为何能被选为"后宫佳丽"？清代选后选妃有什么独特的标准？

顺治帝创制"选秀"制度

传统印象里，皇帝的后宫佳丽应是全天下最美的女人。而近年来公布的一些清代皇后皇妃的老照片却让人大跌眼镜——照片中的女人大多相貌平平，不少甚至可以用丑陋来形容。这种强烈的反差让人不禁要问：她们是如何被选入宫中的？解开这一疑问，就要从清宫"选秀"制度说起。

所谓"选秀"，是清朝政府为皇帝和皇室子弟选择妻室和宫女的独特方法。清宫的

"选秀"制度是清代第一位入关的少年皇帝顺治帝创制的。

最初，清代皇室的"择偶"标准并无定规，一般为巩固政权、联结盟友，多选择与蒙古王公联姻。顺治帝的母亲——鼎鼎有名的孝庄太后就来自蒙古大草原。依照惯例，顺治帝14岁那年，孝庄太后为他迎娶了他的第一位皇后——蒙古卓礼克图亲王吴克善的女儿、孝庄太后的侄女博尔济吉特氏。但年少的顺治帝并不喜欢这位性格有些刁蛮的皇后，小两口的感情越过越淡，顺治帝也逐渐产生了"废后重选"的念头。终于，在这段婚姻维持了两年后，顺治帝以"当年罪臣多尔衮包办婚姻"为由废掉了博尔济吉特氏。情感生活遇挫的顺治帝决意亲自挑选一位中意的伴侣，于是他通过孝庄太后的懿旨颁行了新的皇家"择偶"办法："选立皇后，作范中宫，敬稽典礼，应于内满洲官员之女，在外蒙古贝勒以下、大臣以上女子中，敬慎选择。"（《清世祖实录》）这一指令改变了传统的清朝皇族婚姻方式，将满洲官员和外藩王公大臣家的女子纳入选择的领域，扩大了联姻的范围。这就是最初的清宫"选秀"制。

清宫的"选秀"制实际上分为两种。一种是在内务府包衣三旗（清代皇室的奴隶）中进行的每年一选的"选秀"，主要是为宫中选择宫女（此非本文探讨内容）。另一种是针对八旗女子的"选秀"，主要为皇家选择妻室。这种"选秀"每三年举行一次，满、蒙、汉八旗人家13岁至16岁的女孩子都必须参加。经层层筛选后，选中者留在宫中，或成为皇帝的妃嫔，或被赐予皇室子孙做妻室；而没有被选中者，则赐返回家，自行婚配。值得注意的是，在应选年龄内的女孩子如未参加"选秀"，或在"选秀"前已定终身的，其家庭将被治以重罪。乾隆五年（1740），朝廷更是对"选秀"制进行了进一步规定，要求在应选之年由于种种原因未能参加阅选的女子，必须在下一次的"选秀"中补选，不得遗漏。由此可见，清政府对"选秀"制度非常重视。

清宫"选秀"制度自顺治帝时创制，一直持续到光绪帝末期才被废止，前后举行过80余次。可以说，清宫"选秀"制度几乎贯穿了清朝入关后的整部历史。

"留牌子"与"撂牌子"　"选秀"制不仅扩大了清代皇室选择妻室的范围，也使更多的女子获得了进宫享受荣华富贵的机会。每到"选秀"之年，各省的适龄女子便由其所在旗营选派，乘骡车送至京城。雇骡车的费用则由朝廷统一发放。

各位应选"秀女"们到达京城后，略行休整，便在本旗参领、领催的安排下开始"排车"。所谓"排车"，就是排列"秀女"们入宫参选的顺序。一般来讲，队伍先按照满、蒙、汉的次序排列。然后在三个民族队列中再排序，宫中后妃们的亲戚排在最前面，其次是曾经初选选中、此次是复选的女子，最后是这次新到的"秀女"。最后在每类人群中，又按年龄大小排定次序。在"排车"一切就绪后，"秀女"们便在日落时乘车依次前往皇宫。每架车上悬挂两个灯笼，灯笼上带有"某旗某佐领某某人之女"的标志。"秀女"的车队约在傍晚到达地安门，再由地安门前往神武门等候。皇宫太监开启宫门，"秀女"们也依次下车，过"顺贞门"（取义"既顺且贞"）前往御花园、体元殿、静怡轩等处接受阅选。

"秀女"们五六个人站成一排，依次进入接受阅选。被选中的"秀女"，写有她姓氏等信息的名牌将被留存，叫作"留牌子"；同理，没有被选中的，就称为"撂牌子"。被"撂牌子"的女子，由太监带出宫后，便可自行婚配了。而被"留牌子"的，则进入下一个环节——定期复选。定期复选频繁且更为严格，未被复选上的女子则同样赐返还家；复选再次被选中的"秀女"，就会成为未来皇族后妃的候选人。然而成为候选人之后仍不算结束，这些"秀女"还要经过"引阅""复看""留宫住宿"等诸多环节，才能最终成为真正的皇族妻室。

门第第一品行第二

下面便说到我们所关注的正题了：清宫"选秀"到底以什么为标准？美丽的容貌是否是入选后宫的主要标准呢？答案恐怕是否定的，清宫"选秀"并非"选美"，而且美貌还有可能成为被淘汰的理由。

首先，清宫"选秀"的范围有限，只是在八旗女子中进行选择，广大的平民女子是没有资格参加的，所以候选人数并不多，选出美貌女子的概率也有限。其次，清朝统治者对"女色"存有一种忌惮心理。清宫"选秀"制度中就明文规定，八旗秀女被阅选时，必须穿着旗装，更不允许浓妆艳抹。而且，越是貌美的女子，越容易被人联想到"红颜祸水"一类的词汇，而遭到阅选"秀女"的太后的抵制和满朝文武的指责。在中国传统观念中，帝王好色是极不光彩的事情，所以就算是皇帝已有"意之所属"，也不敢轻易犯"好色"之大忌。

清宫"选秀"的真正标准是品行和门第。所谓品行，就是说所选之女应有"母仪"，有仁厚端方之相，仪态庄重，慈威并济；性格方面应是孝慈、温恭、宽仁、淑慎，不急不躁，通情达理。所谓门第，就是该女子出身如何，王府千金和旗兵之女在选秀的天平上是有天壤之别的。

在品行和门第这两条标准的权衡中，门第是第一位的。清代的皇家后妃大多出自名门，而品行倒在其次。至于相貌，很多时候更是连考虑都不考虑的因素了。光绪帝的红颜知己珍妃相貌尚可，但她并不是凭借美貌入宫，而是凭借显赫的门第——父亲长叙官至侍郎；祖父裕泰是曾任闽浙总督和陕甘总督的封疆大吏；伯父长善是广州将军，同时又是大学士桂良的女婿、恭亲王奕訢的连襟。至于光绪帝的皇后——后来的隆裕太后，众所周知，奇丑无比，但她无人可比的门第弥补了相貌的不足。于是，在清宫"选秀"的特有标准下，她以堂堂慈禧太后侄女的尊位入主后宫，母仪天下。

慈禧太后的"大清门之恨"

最终被选中的"秀女"之中，以选为皇后者最为尊贵。皇帝要举行隆重的婚娶大典来迎娶皇后，其中一个重要的标志就是皇后被迎娶时的进宫路线。按清制规定，皇后的轿子要从大清门（明清两代皇城正门天安门的外门，又称"皇城第一门"，1959年扩建天安门广场时拆除，1976年在其遗址处修建了毛主席纪念堂）抬进来，依次通过天安门、午门，直至后宫。而被选为妃嫔的"秀女"，则只能从紫禁城的后门神武门入宫。于是，走没走过大清门，便成为衡量后宫地位尊卑的一项尺度。

慈禧太后以"选秀"入宫，但只被封为贵人，后因得宠，逐步抬升。但这无法弥补她没有走过大清门的遗憾，所以她格外忌讳这点。偏巧，与她不和的儿媳妇——同治帝的皇后阿鲁忒氏是从大清门入宫的正宫皇后。阿鲁忒氏与慈禧太后没有亲缘关系，在性情、爱好等方面又有较大差异，加之她有些清高，因此素来不讨慈禧太后喜欢。

一天，慈禧太后责骂阿鲁忒氏，阿鲁忒氏在忍无可忍之时说出一句"请给媳妇留点尊严，媳妇是从大清门抬进来的"。这直接刺到了慈禧太后的痛处，并让她产生了置儿媳妇于死地的杀心。结果，同治帝死后不到 100 天，年轻的皇后阿鲁忒氏就在慈禧太后的虐待和逼迫下自杀殉葬了。

"十常四勿"长寿经——乾隆帝的养生之道

清乾隆帝是中国历史上最长寿的帝王，足足活了 89 岁。据记载，他年过八旬以后，仍精神矍铄、身强体健，照常读书写字，甚至还能外出狩猎。后人皆惊叹于乾隆帝的长寿不衰，对其养生之道更是纷纷求索。今天，就让我们揭开乾隆帝的长寿秘诀……

长寿皇帝的养生秘诀

清乾隆五十八年（1793），英国使团来华，在热河行宫受到乾隆帝的接见。英国使臣马戛尔尼在日记中写道："乾隆帝虽 83 岁高龄，看起来却如同 60 余岁。他精神矍铄，风度凌驾于少年人。"同行的乔治·斯丹东也记载了对乾隆帝的印象："他走路坚定有力，生活规律，工作繁忙。他从来不戴眼镜，直到逝世前不久还能读书写字，逝世前两年还外出打猎。"

作为中国历史上最长寿的帝王，乾隆帝身体安康地活到了 89 岁，在位 60 年。对于一位日理万机的帝王而言，这不能不说是一个奇迹。

之所以能长寿，乾隆帝的养生之道是很重要的一个因素。他根据自身的体验，总结出了养生四诀："吐纳肺腑，活动筋骨，十常四勿，适时进补。"后人将其中的"十常四勿"进行了具体阐释：所谓"十常"，是指身体的十个部位要经常运动，即"齿常叩、津常咽、耳常弹、鼻常揉、眼常运、面常搓、足常摩、腹常旋、肢常伸、肛常提"；所谓"四勿"，是指有四件事情要注意克制，即"食勿言、卧勿语、饮勿醉、色勿迷"。

乾隆帝一生喜爱外出狩猎和四处巡游。夏天时，乾隆帝多召见武官，与其比武骑射。到了秋天，他常率皇子和侍卫们去围场打猎。著名的木兰围场就是乾隆帝每年必去的地方。乾隆帝曾六次下江南，五次出巡五台山，三次登临泰山……一生几乎游遍了名山大川。他每次外出巡游都要持续数月，既能饱览风景、放松心情，又能活动筋骨、锻炼体力。

乾隆帝的起居饮食很有规律，且一直保持着健康的生活习惯。据史料记载，乾隆帝每天坚持清晨六点起床，七点准时用早餐，餐后到花园中散步，然后召群臣前来觐见，上朝议事。中午约一两点钟，乾隆帝进午餐，餐后就读书写字、吟诗作画。乾隆帝一天只吃两餐，而且从不吃得过饱。晚上就寝从不晚于一更天。此外，乾隆帝从不抽烟，很少饮酒，即便饮酒也是补酒。至于"色勿迷"，乾隆帝的作为就更为后世津津乐道了。历代帝王为情所伤而短命的例子并不少，清代顺治帝就曾为失去心爱的董鄂妃而悲痛至死，光绪帝也因珍妃之死郁郁而终。然而乾隆帝一生虽风流却不滥情，懂得用情适可而止之理。

陶冶性情心不老

乾隆帝的长寿秘诀还在于修身养性、陶冶性情。他一生爱好广泛，吟诗作赋、琴棋书画、茶艺戏曲，无一不能。精神上的充实使他得以保持年轻的心态，对于延年益寿大有裨益。

乾隆帝一生共留下诗文四万余首，尽管其中不乏随意之作，但这仍是个惊人的数字。乾隆帝常常与群臣联诗应对，谈诗论文。现代科学表明，坚持不懈的脑力劳动可以显著延缓衰老，使人到了晚年仍保持敏捷的思维和旺盛的精力。

乾隆帝还喜欢书画，年过八旬仍热衷此道，留下了不少传世作品。书画不仅陶冶性情，而且能锻炼指力、腕力及身心的协调性。此外，乾隆帝还拥有丰富的娱乐生活，如唱歌、鼓乐、看戏、赏花灯等。

乾隆帝不爱饮酒，却爱饮茶。而茶既可以清热提神，消除疲劳，又有益于机体健康。史料记载，乾隆帝对于饮茶非常讲究，曾派人专门测量、品评天下水质的优劣，最终发现北京玉泉山的水最好，便将其定为"天下第一泉"。此后皇宫饮茶用水都取自玉泉山。

为了延年益寿，乾隆帝也适时进用补品，最主要的有两种——龟龄集和松龄太平春酒。龟龄集是增补长寿的药品，松陵太平春酒则有舒筋活血的功效。

道高一尺魔高一丈——科举舞弊与反舞弊面面观

几乎是科举制一创立，舞弊现象就应运而生了。"通关节""冒籍""枪替""夹带"等千奇百怪的手法层出不穷，常常把考场搞得乌烟瘴气。与科举舞弊相对的，则是朝廷绞尽脑汁的反舞弊措施。双方斗法1 300余年，真正诠释了"道高一尺，魔高一丈"。

"通关节"屡禁不止

科举制是以考试方式选拔官吏的制度，自隋代创立至清代灭亡，存在了1 300多年的时间。在这1 300多年中，既有说不尽的十年寒窗一朝高中，也有道不清的不学无术科场舞弊。

在科场舞弊的种种手法中，"通关节"是最为普遍也最难禁止的一种。所谓"通关节"，就是现在所说的"走后门"，指考生通过贿赂考官或与考官拉关系，使其为自己的卷子判高分，以赢得"金榜题名"的机会。

在唐代，科举考试很看重考生的诗才，于是很多考生便在考前"投卷"，即把自己的诗词文赋献给当朝名流，让他们在判定名次时为自己说话。与此同时，考生直接向考官"投金"的现象也比比皆是。因此唐代科举常常在考试之前就已经内定了名次。唐代诗人杜牧曾经将自己所写的《阿房宫赋》投给当时的朝臣，受到20多位大臣的一致赞赏。然而由于考试的前几名早已内定为权贵子弟，杜牧最终只列第五。

为了杜绝"通关节"，宋代科举考试推出了两项反舞弊措施——"糊名"和"誊录"。所谓"糊名"，就是将考生的姓名、籍贯和初定等第等信息糊起来；所谓"誊录"，则是将考生的考卷重新抄录一遍，将抄录本拿给考官审阅。这两项措施使考官无从辨认考卷出自哪位考生之手，避免了考官给特定的考卷判高分。

"糊名"和"誊录"推行以后，果然有效遏制了徇私舞弊之风。有一年，大文豪苏轼的门生李廌参加科举考试，适逢苏轼担任主考官。苏轼希望李廌高中，便在阅卷之时仔细辨认李廌的考卷，发现一篇文章颇似出自李廌之手，便欣喜地说："此人当拔得头筹！"然而，后来才发现，这份考卷竟然是另一名考生章援所写，而李廌却不幸落榜。北宋国子监学生郑獬曾因不满国子监祭酒（掌管教学考试的官吏）给自己的初定名次，而专门写信将祭酒大骂一通。祭酒恼羞成怒，发誓要让郑獬名落孙山。到了正式考试时，那位祭酒发现一份考卷很像郑獬的文风，便立即将其淘汰掉。然而阅卷结束之后，祭酒才发现自己认错了考卷，而郑獬居然高中状元。

这两个例子印证了"糊名""誊录"的效果，然而"上有政策，下有对策"，考生们立即想出了破解的办法。不久，另一种形式的"通关节"就蔓延开来。考生通过在考卷上做暗记，通常是在段末以"也矣""也欤""也哉"等虚词标记，或在文中使用特定的生僻字，然后将暗记写在条子上递给考官。如此一来，考官便能从众多考卷中找出这位考生的卷子。

例如，清咸丰八年（1858），考生罗鸿绎事先向考官李鹤龄递了"关节"条子，约定三场考试中，第一篇文末用"也夫"两个字，第二篇文末用"而已矣"三个字，第三篇文末用"岂不惜哉"四个字，最后再以"帝泽"两个字结尾。李鹤灵依据这几处暗记，果然找到了罗鸿绎的考卷，写下了"气盛言宜，孟艺尤佳"的评语。后来，罗鸿绎果然高中举人。

尽管朝廷针对"通关节"不断推出新措施，例如"锁院"（将考官封闭）等，然而考生"通关节"的手法越来越高明、隐蔽，类似舞弊现象仍屡禁不止。

舞弊手法花样迭出

除了"通关节"，考生舞弊的方式还有"枪替""冒籍""夹带"、泄题、互相抄袭、割换考卷、场内传递等不下十几种，可谓五花八门、层出不穷。"枪替"就是找人替考，受雇替考的人被称为"枪手"。这种舞弊手法多见于考取秀才的初级考试，有时也发生在考取举人的乡试中。清乾隆四十八年（1783），考生岑照请颇有才学的官员叶道和帮忙替考，许诺考中举人后付给叶道和300两银子。叶道和混进考场，替岑照考完了全部三场考试，最终岑照竟名列举人第一名。后来，"枪替"被人揭发，岑照和叶道和双双被斩。为了防止考生找人"枪替"，清代做出了五名考生互结联保的规定，即同考的五人互作担保，并找一到两名廪生（科举考试生员名目之一，享受朝廷补助）

认保，一旦发现"枪替"现象，则五名考生连坐，认保的廪生被革除。

所谓"冒籍"，是指考生冒外州、县的籍贯参加考试，一则占用其他州、县的录取名额，二则在本州、县考完又去别的州、县应考，以增加录取机会。"冒籍"现象也多发生于初级考试。为了杜绝"冒籍"，自清康熙年间起，朝廷推出了"审音"制度，即核对考生的口音，以判别其是不是本州、县人。此外，五名考生互结联保也是防止"冒籍"的措施之一。

"夹带"就是"打小抄"，考生将抄好的"四书""五经"或往届优秀文章偷输带进考场，以便抄袭。"夹带"的现象在明清时期很普遍，因为明清科举以八股取士，重视机械记忆。明清考生"夹带"的技术十分高超，往往以几毫米见方的蝇头小楷誊录整部论语，或抄在小纸卷上，或抄在衣服夹层，或抄在胳臂、大腿上，令监考人防不胜防。明清朝廷针对"夹带"手法，推出的反舞弊措施是最多的。例如，考生穿戴的衣裤鞋帽都必须是单层的，不能有里衬；砚台不能过厚，毛笔必须空心，烛台必须是单盘的，而且用锡做成，烛台柱子中空通底，盛放这些工具的篮子必须镂空能看清里面；甚至考生自带的食品也必须切开，供巡查官检验。为了防止考生将文章抄在身体上，朝廷甚至规定，考生入场时要解开内衣内裤，接受严格搜检。乾隆年间，顺天乡试曾经开展了一次空前绝后的严查，派出大批军役逐个搜身，并规定搜到"夹带"一个赏银三两。结果，那次考试搜出"夹带"者40余人，交白卷者68人，没有答完的考生329人，文不对题的考生276人，而慑于严查未敢入场的竟有将近3 000人。乾隆帝听说后大惊而怒，立即对科举考试做出了更严格的规定。

而对于考场内的抄袭、换卷、传递纸条等舞弊行为，朝廷则规定考生间隔入座，并建了高楼，专门监视考生的一举一动。

"铁手腕"严惩舞弊

考生的舞弊与朝廷的反舞弊争相斗法，考生频频出招，朝廷则见招拆招。然而"道高一尺，魔高一丈"，朝廷少数人的智慧终究难以应对千万考生的"奇技妙招"。于是，朝廷只得用异常严厉的惩罚措施来威慑考生。

惩治科举舞弊力度最大的朝代是清代。清代对于考生"通关节""枪替"以及考官徇私舞弊等行为，一经发现都要判处死罪。顺治年间，大理寺左评事李振邺担任考官，自拟了几十个"关节"条子，公然向考生出售。被举报后，李振邺与另外四名兜售"关节"条子的考官和两名舞弊的考生一同被处斩，家产抄没，全家108口人被流放关外。雍正年间，河南学政俞鸿图在当地一个油店，暗中"售卖"秀才，凡是递送银子的考生都能通过考试。就这样，俞鸿图一共"卖出"了47名秀才，赚取了贿银1.4万余两。案发后，俞鸿图立即被处斩。咸丰年间，当朝军机大臣兼内阁大学士柏葰只因听人说情，录用了一名举人，事后竟被弹劾，最终人头落地。柏葰也成为因参与科举舞弊而被处以极刑的官职最高的大臣。

但在严惩不贷的反舞弊举措下，舞弊现象仍无法杜绝。为了飞黄腾达、富贵齐天，考生与主考官不惜铤而走险，运用种种手法徇私舞弊。最终，弊端越来越明显的科举制于清光绪三十一年（1905）被彻底废除。

兵家奇才商家始祖——范蠡传奇

"经商"或是"做官"，哪一行出人头地都堪称奇才。中国古代却有一位在两方面都登峰造极的"全才"：他既精通韬略，善于治国用兵，又有非凡的商业头脑，是儒商之鼻祖。他就是被世人誉为："忠以为国，智以保身，商以致富，成名天下"的范蠡。

"卧薪尝胆"仗奇谋

越王勾践"卧薪尝胆"、灭吴复仇的故事可谓家喻户晓，而范蠡则是辅佐越王勾践成就一代伟业的第一功臣。

正史中并没有关于范蠡生平的单独记载，他是以越王谋士的身份出现的。公元前494年，越王勾践不听范蠡的劝告，执意要出兵攻吴，结果被吴王夫差大败于夫椒（今太湖洞庭山）。生死存亡之际，范蠡建议越王勾践卑恭求存，以图东山再起。勾践采纳了他的建议，在吴国忍辱负重地做了三年的奴隶。吴王认为勾践已经真心归顺自己，就将他放回了越国。

勾践回国之后"卧薪尝胆"，励精图治，伺机复仇。掌管军事的范蠡与谋士文种共同辅佐越王，使越国日益强盛起来。公元前484年，狂妄的吴王不顾朝臣的谏阻，出兵讨伐齐国，得胜归来后又杀掉了国之栋梁伍子胥。越王看到机会来了，就问范蠡能否出兵，范蠡却说："还不到时候。"过了一年，吴王率军北上会盟诸侯，范蠡对越王说："现在可以出兵了。"越国迅速出兵攻打吴国，杀了吴国太子。四年后，范蠡再次领兵出征，将吴王包围在姑苏的山上。吴王遣使求降，希望越王念及自己当年放他的恩惠。越王被说得有些不忍心。一旁的范蠡却对越王说："当取不取，会反受其累。"越王听后打消了和谈的主意，出兵一举吞灭了吴国。

越国灭吴，范蠡是主要的策划者和组织者。他苦心筹划20余年，以卓越的军事才能创造了中国古代的一个传奇。关于这段历史，民间还流传着一个浪漫的故事：范蠡寻得美女西施，令她色诱吴王，使其疏于政事。西施深明大义，为国献身，完成了一出著名的"美人计"。其后，范蠡功成身退，携西施泛舟而去……传说的真假已不可考，但能确认的是：越国灭吴后，功勋卓著的范蠡被封为上将军。他深知越王"可与同患，难与处安"的性格特点，于是驾舟出海而去，开始了自己新的人生。

富甲天下的"陶朱公"

范蠡离开越国后，乘船来到齐国，化名"鸱夷子皮"，开始了自己经商的事业。他凭借过人的智慧和辛勤的劳作，与儿子经营产业没多久就积累家财数十万。齐国人得知他有非凡的才能，邀请他做了齐国的宰相。

范蠡认为，自己经商可以赚到千金，做官能做到宰相，这已经是普通人能达到的极致了。所谓"物极必反"，再这样下去恐怕会有祸患。于是，他辞掉了宰相的职务，散尽家财，举家迁到了一个叫"陶"（今山东定陶西北）的地方。陶地东邻齐、鲁；

西接秦、郑；北通晋、燕；南连楚、越，是最佳的经商之地。范蠡在此再度"创业"，与子孙悉心农牧，兼做经营，根据行情买卖物品，赚取差价。过了没多久，他又攒下了家财"巨万"，富甲天下。范蠡自号"陶朱公"，成了人人皆知的大商人。

范蠡的经营之道记载在《计然篇》中，讲求根据需求做出变化以及"物极必反"等道理，强调"劝农桑，务积谷""农商兼营"等，这对于今天的人们也颇有借鉴意义。

由于范蠡在商业上的成就卓著，后人常将成功的商人称为"陶朱公"。因为商人在中国古代长期处于低微的地位，所以范蠡并没有成为一个被青史"青睐"的人。但世人对这位极具魅力的"奇人"还是颇为津津乐道，如汉代的司马迁就曾在《史记》中感叹道："范蠡三次更换住处，却能天下闻名。他每次不是简简单单地搬家，而是住在哪里都能成名。"

事了拂衣去深藏身与名——那些慷慨悲歌的刺客

"十步杀一人，千里不留行。事了拂衣去，深藏身与名。"唐代大诗人李白一首《侠客行》，将刺客这一形象生动地勾画出来。在人们的印象中，刺客神秘而诡异，还笼罩着一层冰冷肃杀的色彩。他们是杀人不见血的杀手？还是形迹无痕的高人？揭秘历史上真实的刺客，听一曲他们的慷慨悲歌。

勇气第一武艺第二

刺客素来都是影视作品中"上镜率"颇高的角色，他们被塑造成武功绝顶的高手，飞檐走壁，十步一杀，于百万军中取人首级如探囊取物一般。真实的刺客其实并没有那么神奇，他们很多并不精通武艺，有的甚至手无缚鸡之力。这是因为做刺客最重要的不是武艺，而是大智大勇。

春秋时期的专诸就是这样一位有名的刺客。专诸是吴国人，以善做烤鱼闻名，为人豪爽仗义。当时，吴国的公子光（即后来的吴王阖闾）想杀掉吴王僚而自立。但吴王僚平日身边戒备森严，公子光苦于无法下手。谋臣伍子胥看出了公子光的心意，便向他推荐了壮士专诸。公子光得到专诸后，以礼相待；专诸感恩，愿以死相报，去刺杀吴王僚。于是，公子光以品尝美味的名义将吴王僚邀请到了他的府邸，准备伺机刺杀。吴王僚非常警惕，在沿途和公子光的家中都布置了士兵和亲信。酒宴到达高潮时，专诸呈上美味的烤鱼。警觉的吴王僚命令专诸脱去全身的衣服，确认没有危险后才令其端上佳肴。就在烤鱼被献上的一刹那，专诸忽然从鱼腹中抽出一把锋利的匕首（即后世有名的"鱼肠剑"），一剑刺穿了吴王僚的身体。吴王僚当场毙命。而专诸也当场被吴王僚的侍卫剁成了肉泥。但他舍命的一击却成就了后来有名的吴王阖闾。

还有一位吴国刺客名叫要离。他相貌丑陋，身材矮小瘦弱，勇气却无人能比。吴王僚被刺杀后，他的儿子庆忌逃到了卫国，并在那里招兵买马，准备为父报仇。吴王阖闾听到消息后，寝食难安，于是又寻觅了一位勇士去刺杀庆忌，此人就是要离。

为了得到庆忌的信任，要离采用了苦肉计。他不仅砍掉了自己的右臂，还让吴王阖闾杀掉了自己的妻子。家破身残的要离来到卫国，假意投靠了庆忌。庆忌探得事实，就消除了戒心，将要离视为心腹。三个月后，庆忌出征吴国，与要离同乘一船。要离趁庆忌酒酣之际，拔剑刺透了庆忌的胸口。左右兵士举刀要杀要离，却被刺伤的庆忌拦阻说："放他回国，成全他吧！"说完便气绝而亡。要离被放回吴国后，吴王阖闾要重赏他。要离却辞谢说："我杀庆忌，不是为了做官，而是为了吴国百姓的安宁。"说完，要离便抽刀自刎了。

情义比天许上身与剑

真实的古代刺客的一大特点就是重情重义。为报情义、舍命以殉，通常是他们行刺的理由。在这方面，刺客豫让和聂氏姐弟的故事可称作典范。

豫让刺杀赵襄子是一个有名的为主报仇的故事。春秋时期，晋国内部几大家族互相争斗，最终，赵、魏、韩三家灭掉了智伯一族，分割了晋国的权力。豫让是智伯的门客，深受智伯器重。智伯被杀后，豫让为报旧主知遇之恩，决心报仇。赵、魏、韩三家中，赵家与智伯的仇恨最深，赵家核心人物赵襄子曾用智伯的头盖骨做酒具，因此，赵襄子便成了豫让复仇的首要目标。

豫让先是更改姓名，伪装成受过刑罚的人，混入赵襄子宫中修整厕所。赵襄子去上厕所，忽然感觉心中慌乱，于是下令将修整厕所的人逮捕搜查，果然从豫让身上搜出了尖锐的匕首。赵襄子审问豫让，豫让对复仇之事直言不讳。赵襄子赞赏他是个勇士，于是大度地释放了他。然而豫让并没有就此罢休。为了再次接近赵襄子，豫让不惜把漆油涂满全身，使得全身皮肤溃烂；又吞下炭火把嗓子弄哑，以此改变音容笑貌。后来赵襄子出行，豫让化装为乞丐躲在赵襄子必经的桥下，以图行刺。这一次又是老天庇护赵襄子，他乘坐的马到了桥头忽然受惊。赵襄子预感到周围有危险，马上派士兵搜捕，又发现了豫让。赵襄子被豫让的义举所感动，但于情于理无法再放过他。赵襄子于是对豫让说："你为智伯报仇，已经算是成名了。我宽恕你，也已经足够多了。你自己做个打算吧，我不会再释放你了"，然后派兵包围了豫让。行刺失败的豫让对赵襄子说："今天我甘愿被杀，但为主复仇心愿未了。我恳请您把身上的衣服给我，让我刺它几下，就算我为主复仇了。"赵襄子叹其忠义，脱下衣服交给了豫让。豫让拔剑连刺数下，然后大呼："我可以在九泉之下面对智伯了！"接着自刎而死。豫让的故事传开后，连赵国的志士都为他慨叹不已。

聂氏姐弟的故事则在以死报恩的同时演绎了一段感人至深的姐弟情意。聂荣与聂政是齐国的一对姐弟，弟弟聂政是一位屠户，身手不凡，胆识过人。当时，濮阳的严仲子与韩国的相国侠累有很深的嫌隙。严仲子担心被侠累谋害，于是想先下手为强，找个刺客刺杀侠累。有人向严仲子推荐聂政。但严仲子多次登门拜访，却被聂政一一回绝。严仲子锲而不舍，用黄金百镒为聂政的母亲祝寿。聂政被严仲子的执着打动，真诚地对严仲子说："我家境贫寒，又有老母亲需要赡养，因此不敢接受您的请求。母亲在世，我不能轻易以身许人。"严仲子表示理解，并仍恭敬地对待聂政一家。

不久，聂政的母亲病故。料理完丧事的聂政找到严仲子，接下了刺杀侠累的任务，以报严仲子的知遇之恩。他只身一人勇闯韩国相府，凭借高强的武艺竟然一路从门口打到内堂，亲手击杀数十名武士，最后力斩韩相侠累于堂上。聂政完成使命后已经身负重伤。他自知难免一死，又恐死后连累家人，于是用剑挖出了自己的眼睛，削烂了面容，剖腹出肠，壮烈而死。

聂政死前自毁容貌，故意使人无法辨识其身份。韩国于是将聂政的尸首置于闹市，悬赏千金辨认凶手，但国人无一识得。聂政的姐姐聂荣听说有人刺杀了韩相侠累，疑心是自己的弟弟，便前往辨认。一见果不其然，聂荣扑倒在弟弟尸体上放声大哭，连声大喊"他是聂政"。路人见了很奇怪，便问："此人刺杀了相国，国王正在追查他的来历，你难道没有听说吗？为什么还敢来辨认呢？"聂荣回答说："我弟弟之所以自毁容貌，是为了不连累我。我怎么能因为怕被株连，就埋没了弟弟的名声呢！"路人听后莫不震撼。聂荣伏在弟弟尸体上大叫三声"天啊"，也气绝身亡了。

壮士一去不复还

真实的刺客，很少能像李白诗中所描绘的"事了拂衣去"一般洒脱飘逸，他们大部分是抱着必死的决心，踏上有去无回的旅程。因此，刺客又有"壮士""死士"的称谓，"壮"在慷慨，"死"在悲壮。

历史上最有名的刺客要数刺杀秦王的荆轲了。荆轲本是卫国人，流浪到燕国，喜好读书击剑，勇气更是过人。当时秦国正处在吞并六国的进程中，北方的燕国岌岌可危。燕太子丹急寻救国之策，门客田光向他推荐了荆轲。太子丹拜访荆轲，望其出使秦国，劫持或刺杀秦王嬴政。荆轲慷慨受命，带着面见秦王的信物（秦国将军樊於期的人头）和燕国督亢地区的地图，与助手秦舞阳同赴秦国。

荆轲出发的当天，太子丹和众多亲友都来送行。他们知道荆轲此去一定是有去无回，因此穿戴着白衣白帽，一直把荆轲送到易水河边（燕国边境）。荆轲的好友高渐离擅长击筑（一种乐器），于是弹奏一曲。荆轲伴着悲凉的乐曲慷慨高歌，唱出了"风萧萧兮易水寒，壮士一去兮不复还"的千古名句。周围的人听后无不感伤落泪。

到达秦国后，荆轲用价值千金的玉帛等礼物贿赂秦王的宠臣蒙嘉。蒙嘉在秦王面前替燕国美言一番，秦王于是设置九宾之礼，在咸阳宫接见燕国使者。面对守备森严的秦国宫殿，荆轲的助手秦舞阳吓得面无血色，荆轲却举止自若。荆轲走上殿，恭敬地向秦王献上燕国的地图。就在地图图轴即将完全展开的一刹那，荆轲突然抽出了图轴尽头隐藏的匕首，并一把抓住秦王的袖子，持匕首向他刺去。秦王躲闪及时，挣断了袖子，起身逃跑。荆轲紧追秦王，秦王则绕着柱子躲避。危急时刻，秦王在大臣的帮助下拔出了宝剑，一剑斩断了荆轲的左腿。荆轲又用匕首投掷秦王，但没有击中。荆轲自知行刺失败，于是靠着柱子笑道："事情之所以没有成功，是因为我想活捉你，得到归还侵占土地的凭证去回报太子。"说完，他便被护驾的士兵乱刀砍死了。

荆轲失败了，但一去不还的悲壮故事并没有结束。荆轲的好友高渐离为给荆轲报仇，自己作为刺客潜入秦国。他隐姓埋名，做了大户人家的杂工，耐心等候时机。每逢主人家有人击筑，高渐离便从旁指点，久而久之，很多人都知道他善于击筑。秦始皇（当时已统一六国）听闻高渐离击筑技艺高超，便召他进宫表演。但高渐离还没来得及动手行刺，他的身份就被秦始皇的随从识破了。秦始皇爱惜高渐离的技艺，不忍杀他，于是命人弄瞎了他的双眼，仍令他为自己击筑。失明的高渐离又在筑中放置铅块，利用接近秦始皇的机会，举筑砸向秦始皇。但因他目不能视，结果没有砸中。最终，为友复仇的刺客高渐离被诛杀，而秦始皇再也不敢接近诸侯国的来客了。

一剑转乾坤

刺客的刺杀对象往往是当时的重要人物，因此他们通常都扮演着"一剑转乾坤"的角色。历史上不乏因为刺客的刺杀而改变时局的事例。

春秋战国时期是刺客最为盛行的阶段。这主要是由于当时社会等级较为扁平化，王公贵胄并没有太过森严的等级与护卫，所以刺杀的难度不大；而且当时崇尚道义，因为复仇或者报恩而去当刺客被视为勇敢和光荣的表现。司马迁在《史记》中专门为刺客开辟了一个列传，以褒奖这些仁人义士的慷慨之举。其中，专诸、要离的行刺开启了精彩纷呈的吴越争霸；而假使荆轲刺秦成功，恐怕历史也会被改写。

自秦朝以后，中央集权得到加强，贵族们的自保意识也逐渐提升，刺客行刺便没有以前那么容易了。而统治者也着意剪除这一危险的职业，刺客们也很难再载入史册了。刺客的故事逐渐湮没无闻，只是偶尔在历史的断章中还能零星觅得他们的身影。

西汉末年王莽乱政时期，汉皇族后裔刘秀（即后来的东汉光武帝）率军统一全国，平定群雄，其帐下有两员股肱之将，一个叫来歙，一个叫岑彭。来歙为人光明磊落，智勇双全，他为刘秀制定的"联陇制蜀""西和东攻"等方略为东汉的建立奠定了战略基础；岑彭则几乎参与了东汉王朝建立和巩固过程中所有的战役，是不可多得的将帅之才，更是东汉开国的"云台二十八将"之一。不幸的是，这两位名将却都在人生的鼎盛期遭到佚名刺客的杀害：来歙在进军蜀地的过程中，被蜀人派来的刺客刺中胸部，在奄奄一息之时写下了给刘秀的绝命信函；岑彭也在攻打蜀地时，被一名谎称流民而诈降的刺客刺杀，死于一个叫"彭亡"的地方。刘秀听闻两名爱将被杀，痛哭流涕、怅惋不已……

东汉末年，东吴的开创者"小霸王"孙策平定江东之后，志得意满，准备挥戈北上，与曹操、袁绍等人逐鹿中原。当时，曹操和袁绍正在官渡进行对峙，都无暇顾及南方，这正是孙策乘虚而入、定鼎中原的最好时机。然而就在出兵前夕，孙策外出打猎途中却被昔日仇家的门客用毒箭射杀，死时年仅25岁。东吴出兵北上的计划也因此作罢。试想，如果刺客没有得手，恐怕谁是三国的霸主还未可定论。

再后来，刺客的故事更加少见了，值得一提的就是五代的后梁太祖朱温被刺和清雍正帝被吕四娘刺杀这两个故事。但前一件是儿子行刺父亲，算不得真正的刺客所为；后一件则完全是民间的传说，虚实已不可考。

琴挑卓文君——司马相如的爱情骗局

司马相如琴挑卓文君，是中国才子佳人故事中的经典。《凤求凰》的美妙琴声，让富豪千金与一介穷书生缔结姻缘，从此过上琴瑟合鸣的幸福生活。然而，近年来不少学者的考证却将这个爱情故事颠覆了，把"琴挑卓文君"论作司马相如"劫色骗财"的千古阴谋。究竟是真爱，还是骗局？

倾倒众人的大才子

西汉时期，临邛县（今四川邛崃）有一位著名的富商，名叫卓王孙。一日，卓王孙家中张灯结彩，宾朋盈门，连临邛县县令王吉都光临卓府，不知是为哪位贵客大办家宴。待所有贵宾都到齐了，卓王孙宴请的贵客却称病不肯来。县令王吉只得再次到贵客的住处亲自邀请。盛情难却之下，这位神秘人物才勉强出行，前来赴宴。

这位"千呼万唤始出来"的神秘人物，正是与司马迁并称为"西汉两司马"的著名才子司马相如。司马相如字长卿，小名"犬子"，后因钦佩战国名相蔺相如，便改名为"司马相如"。

司马相如青年时便显露出过人的才华，他善于作赋，精通音律，受到当时梁国（西汉势力最大的藩国之一）国君梁孝王的赏识。随梁孝王到梁国后，司马相如创作了著名的文章《子虚赋》，声名鹊起。因他喜爱弹琴，梁王便赐予他一把名为"绿绮"的琴，上面刻有"桐梓合精"四个字。而这把名贵的琴，就是后来司马相如弹奏《凤求凰》赢取卓文君芳心的传情之琴。

梁孝王死后，司马相如因家中贫困又无处谋生，便投奔自己的好友——临邛县县令王吉。王吉几次三番前往司马相如住处拜访，每次都显得恭敬无比，使司马相如的大名在临邛县广为人知。富商卓王孙就是因为仰慕司马相如的才情，才专门设宴款待他的。

在卓家的宴会上，司马相如可谓倾倒全场。据《史记》《汉书》记载，司马相如"雍容闲雅甚都"，即仪态优雅，风度翩翩，而且非常英俊。他一出场，立刻吸引了所有人的目光，"一坐尽倾"。在为之倾倒的众人之中，卓家千金卓文君也赫然在列。

《凤求凰》求得芳心

卓文君是美貌端庄、气质非凡的大家闺秀。不幸的是，她刚刚守寡在家。宴会之时，卓文君正在隔壁房中。她早就听说过司马相如文采斐然，气质儒雅，如今从门缝中一看，果然名不虚传。此时，卓文君已经对司马相如心生爱慕，唯恐自己配不上他。

正在感慨之时，卓文君忽然听到门外传来一阵琴声。原来，在座宾客听说司马相如擅长抚琴，便邀请他独奏一曲以助兴。在县令王吉的再三请求下，司马相如才拿出"绿绮"琴弹奏起来。通晓音律的卓文君听得如痴如醉。这是一曲《凤求凰》，琴声之外还有歌声，只听司马相如吟唱道："凤兮凤兮归故乡，遨游四海求其凰。时不遇兮无所将，何悟今兮升斯堂……"这是大胆地表露心中感情的词句，更为难得的是文辞优美，意境脱俗，一下子就打动了卓文君的芳心。紧接着，门外又奏起了另一曲，歌词是："有美人兮，见之不忘，一日不见兮，思之如狂……"在深情的旋律中，卓文君终于被折服了。

夜晚，酒席散去，卓文君仍然沉浸在《凤求凰》的美妙琴声中。这时，她的贴身侍婢送来了一张令她意想不到的字条，竟是司马相如不失时机地表白。卓文君这才意识到，原来司马相如早知道她在隔壁，那首《凤求凰》的曲子正是专门为她演奏的，想必司马相如也早已倾心于自己。于是，卓文君匆匆收拾衣物，直奔司马相如的住所。两人连夜私奔，前往司马相如在成都的老家。

从家徒四壁到富甲一方

富商千金卓文君竟连夜与人私奔，这件事立刻成了临邛县最热门的话题。卓王孙听后勃然大怒，连呼："女儿如此不像话，我不忍心杀她罢了，但是绝对不分给她一分钱！"家人和朋友纷纷替卓文君说好话，却仍然无法改变卓王孙的决定。

卓文君跟随司马相如回到老家，看到他家中一贫如洗，"徒四壁立"，简直不敢相信自己的眼睛。她想，当初司马相如在临邛时，穿戴装束都不俗，还有大队车马跟随，俨然大户人家的公子，谁知竟如此贫穷，如何养活自己这样的富家小姐呢？然而转念想到司马相如的才华和深情，卓文君觉得应该满足，便下定了与司马相如过苦日子的决心。

可是生活毕竟是现实的，夫妻俩都没有经济来源，不久日子就过不下去了。卓文君只好拿出自己的名贵衣物去换些钱财，勉强维系生活。久而久之，卓文君越来越闷闷不乐。一天，她终于鼓起勇气对司马相如说："不如我们一同回临邛吧。在那里，随便找我的兄弟们借些钱，也可以维持生活了，何必在这里受苦呢！"司马相如听后表示同意，于是变卖了自己的车马，与卓文君一起回到了临邛，用这些钱开了一个小酒馆。卓文君亲自站在柜台前卖酒，司马相如则穿着大围裙和伙计们在屋里洗碗。

私奔的风波刚刚被临邛人淡忘，夫妻俩受穷卖酒的消息又传遍了全县城。卓王孙觉得自己的颜面都被丢尽了，几乎不敢出门。这时，亲朋好友又来劝说卓王孙接济女儿、女婿。有人说："你有一个儿子和两个女儿，如今家财万贯，所缺的并不是钱。文君已经与司马相如结为夫妇，司马相如虽然贫穷，但才华横溢，是个可以依靠的人。况且他还是王县令请来的贵客，何必让大家都难堪呢？"这番话说动了卓王孙，他也实在不愿女儿、女婿继续在家门口丢人，无奈之下给了卓文君僮仆一百、钱财百万，还有一大批嫁妆。

拿到财产的卓文君和司马相如再次回到成都，买房置地，从此过上了富足的日子。

真爱还是骗局

如此看来，这段感情应该圆满了——从一见钟情到大胆私奔，从艰难度日到衣食无忧，司马相如与卓文君几乎演绎了古今最浪漫的爱情故事。然而，真实的情况恐怕要令所有人大失所望。细心来看，不难发现司马相如的几点破绽。

首先，司马相如在走投无路之时投靠临邛县县令王吉，却处处表现得如同一个有家世的才子。他有车马跟随，在临邛的驿馆里一住就是好几天。王县令天天去拜访他，装出很恭敬的样子（"缪为恭敬"——《史记·司马相如列传》）。开始几天，司马相如还见他，后来干脆称病不见。而这位王县令反而愈发恭敬，仍然天天到访。据史料记载，司马相如与王吉是密友，密友之间如此的举动实难叫人信服。而如此做法果然让司马相如在临邛名声大噪，身价陡升。终于，富商卓王孙提出宴请司马相如。如此大费周折，令人不禁猜疑，司马相如是不是有意引起卓王孙注意，让他设宴的呢？

继而，在卓王孙的宴会上，司马相如称病不来，王吉再次诚意邀请，更做足了司马相如的面子。接下来，便上演了"琴挑卓文君"的一幕。依照常理，宴会的贵宾是不应该被邀请来弹琴助兴的，然而王吉却主动邀请司马相如弹奏曲子。这样做用意有三：一是展现司马相如的精湛琴艺，二是弥补司马相如口吃的不足，三是明知卓文君通晓音律，故意以琴挑芳心。至此，司马相如和王吉联袂上演了一台戏，其指向很明显，就是卓家千金卓文君。

在料想卓文君动心之后，司马相如又买通了卓文君身边的侍婢，将自己的爱慕之意表露出来。从这些迹象不难看出，司马相如对赢取卓文君芳心一事是早有筹划的，"琴挑卓文君"是他设计好的一个计谋。

当然，追求自己所爱的人也无可厚非。虽然这样的处心积虑让一见钟情的浪漫荡然无存，但毕竟称不上"骗局"。问题在于，司马相如是否对卓文君有真感情？他的预谋是为了爱情，还是财产？

这个问题至今仍无定论。一部分人认为是为了爱情，因为司马相如与卓文君私奔后便回老家过起了苦日子，并没有设法成为卓家女婿以分得家财，至于后来卓王孙分财产给他只是凑巧的事。另一种观点则说司马相如是为了财产，或是"骗财为主，同时骗色"。事实上，司马相如在与卓文君私奔前根本没有见过她，他所知道的关于卓文君的情况无非是富商的千金和刚刚守寡在家。然而，他竟能在一天之内热情表白，实在很难让人相信感情的真实性。后来，他与卓文君开酒馆偏要开在临邛，目的就在于逼迫卓王孙救济他们。至于司马相如为什么没有主动提出进卓家的门、要卓家的财，只是为了顾及自己的面子而已。

时过境迁，对于司马相如的主观想法，后人已经很难从史料中分析出来。然而，为财的说法论据更多，也更有说服力。此外，司马相如婚后的三心二意也从另一个侧面印证了这一点。

飞黄腾达欲弃糟糠

司马相如富甲一方后，开始踏上飞黄腾达的道路。汉武帝刘彻即位后，无意中看到司马相如的成名作《子虚赋》，以为是古人的名篇，深为赞赏。后来，汉武帝听说这是当世的一位年轻才子所写，不禁又惊又喜，立即宣司马相如觐见。

司马相如辞别了卓文君，来到京师。他面见汉武帝说："《子虚赋》所写不过是诸侯打猎的事情，请允许我再作一篇赋，专门表现天子打猎的英姿。"汉武帝欣然应允。不久后，司马相如果然写出了一篇文辞华丽、气势恢宏的《上林赋》。汉武帝读后非常高兴，下令封司马相如为"郎"（皇帝的侍从）。

自此，司马相如仕途得意，在京师出尽风头、享尽荣光，早把成都老家和糟糠之妻卓文君抛到九霄云外去了。随着身边的美女越来越多，司马相如渐渐觉得卓文君配不上他了，竟产生了休妻的念头。

一天，司马相如派官差给卓文君捎去一封信，信上只写了 13 个数字："一、二、三、四、五、六、七、八、九、十、百、千、万"，意思是无"亿"（谐音意），即表明自己已对卓文君无意。卓文君看后，立刻明白了司马相如的意思，心中又悲又恨，提笔写下："一别之后，二地相悬，只说是三四月，又谁知五六年。七弦琴无心弹，八行书无可传……"竟用这 13 个数字顺连成一首情真意切的诗，司马相如看到信后，感到万分内疚，自知对不起卓文君。回想从前相濡以沫、淡泊度日的时光，他心生不忍，终于决定亲自迎接卓文君进京。

后来，司马相如以一篇檄文，巧妙地解决了当时巴蜀两地形垫不稳的问题，进一步赢得了汉武帝的信任。这一次，司马相如被任命为中郎将，持节出使西南边陲，途中经过临邛。司马相如与卓文君一同风风光光地回到卓家，临邛百姓夹道欢迎，卓王孙也感到十分欢喜。从前的波折、不快暂时得以忘却，夫妻俩似乎重新回到了恩爱有加的生活。

千古悲剧与君诀别

然而，司马相如并未就此收敛自己的性情，一心一意地对待卓文君，反而更加放纵，时常周旋于脂粉堆里。年过 50 岁之后，司马相如提出要娶一位茂陵（今属陕西西安）女子为小妾，终于令卓文君忍无可忍。

几次三番的三心二意，使卓文君开始怀疑司马相如对自己的感情。这时，她想起当年司马相如弹奏《凤求凰》的情景，以及此后两人共同经历的许多事，隐约有一种被欺骗的感觉。倘若是出于真情而向她表白，又怎么会在富贵之后朝三暮四，甚至想要抛弃自己呢？当年的"琴挑"即使不是别有用心的骗局，至少也是用情不够深。如此想来，卓文君便更觉凄切哀怨。

"皑如山上雪，皓如云间月。闻君有两意，故来相决绝……凄凄重凄凄，嫁娶不须啼。愿得一心人，白首不相离……"卓文君写下了一首催人泪下的《白头吟》。写完后，她又在后面附上几句话，其中有"锦水汤汤，与君长诀"这样的壮烈语句。

看到这些诗句之后，司马相如没有一意孤行地纳妾。然而，"与君长诀"的语句真的在 10 年之后应验了。司马相如因患消渴症（糖尿病）病情日益加重，于汉武帝元狩六年（前 117）离开人世。卓文君孤身一人，在悲痛的情绪下身体逐渐衰弱，也在第二年深秋香消玉殒。

尽管人们都天真地希望，司马相如与卓文君能够演绎一段美好浪漫而善始善终的爱情，但真相却有些残酷：司马相如设下爱情骗局，千古佳话终成千古悲剧。

叱咤五胡的骁勇斗士——"武悼天王"冉闵

这是一段被湮灭的历史和一个无法被主流提及的人物——在民族间混战残杀的血腥时代，骁勇善战的冉闵率军征战，以少敌多，十战十捷，叱咤一时。然而，他的一道"灭胡令"终致血流成河、尸横遍野，招致无数非议之声。他是英雄还是屠夫？抑或特定历史时期的一个悲情过客？

叱咤五胡的悍将

316年，西晋灭亡，匈奴、羯、氐、羌、鲜卑等五个少数民族（史称五胡）进驻中原，陆续建立了一系列国家，与后来的东晋南北朝对峙，史称"五胡十六国"。

五胡统治北方之后，实行了一些压制汉族的政策，激化了民族矛盾。当时一些难以维持生计的汉人流民组成了一支军队，名为"乞活军"。其中有一位勇猛的将领名叫冉瞻，也就是冉闵的父亲。后来，"乞活军"在与前赵（匈奴人建立的政权）的一次战役中失利，冉瞻被斩，十几岁的冉闵被俘。前赵大将石勒见冉闵英勇矫健，便将他留在身边。石勒建立后赵（羯族政权）后，冉闵得到重用，曾多次率兵出征鲜卑。他接连打败鲜卑20万大军，斩杀7万余人，夺取城池28个，声名大震。

350年，冉闵推翻了后赵政权，建立了魏国，史称"冉魏"。建立政权后，冉闵率兵四处征战，开始了以少胜多、十战十捷的战争神话。他先是凭借3 000骑兵攻破匈奴军营，斩杀匈奴兵3万；后来以5 000骑兵打败众胡联军7万，又以11万大军攻破胡军30多万，以万余人斩杀胡军4万；再以6万兵力全歼羌、氐联军10万。经过这一系列战事，山东、山西、河南、河北、陕西、甘肃、宁夏等地均被冉闵攻克，羯族几乎灭绝，匈奴、羌、氐三族被逐出中原。352年，冉闵率领不足一万人的军队出征，被前燕（鲜卑人建立的政权）14了万大军包围。他带领士兵反守为攻，大胆推进，与前燕大军作战10次，均获全胜，创下了史无前例的传奇战绩。

然而，在前燕大军的围攻下，冉闵的部队最终寡不敌众，冉闵也因战马倒毙而不幸被俘。前燕国君慕容俊见到被俘的冉闵后，鄙夷地说："像你这样的奴仆下人，居然也敢妄称君主？"冉闵斥道："你们这般夷狄禽兽都敢自称君主，何况我这样的中土英雄！"慕容俊盛怒之下，命人将冉闵鞭笞300，然后斩首。据《晋书》记载，冉闵死后，方圆数里的草木都枯萎了，前燕大半年无雨，蝗灾泛滥。慕容俊惶恐之极，于是派人去祭祀冉闵，并追封他为"武悼天王"。

英雄还是屠夫

作为一位能征善战的将领，冉闵无疑是出色的。他不仅凭借骄人的战绩被后人誉为"战神"，而且每攻占一座城池必要安抚百姓，解救难民。在被前燕大军围攻之前，冉闵还将军中的所有粮草分给了百姓，自己亲率万名士兵出城与敌人争粮。

然而，在安抚汉族百姓的同时，冉闵对胡人却可谓"杀人不眨眼"。据后人统计，冉闵率军杀死的五胡亲贵、士兵、百姓等足有数十万至上百万。在征战过程中，他还颁发了一道"灭胡令"，号召所有汉人起来与胡人拼杀，致使"无月不战，互为相攻"，各民族之间残杀成性、血流成河。这也是冉闵遭到史学家批判的最主要原因。

那么，冉闵到底是英雄还是屠夫？这要从当时特定的历史环境中寻找答案。"五胡十六国"时期，民族矛盾之深、积怨之多远非今人可以想象。据史书记载，"五胡"政权大多规定胡人为"国人"，可以随意欺压汉人，掠夺汉人的财产；胡人贵族更是大肆俘虏、残杀汉人，奸淫汉族女子。冉闵攻下邺都（今河北省临漳县西南）时，一举解救了数万名汉族女子。他被前燕斩杀后，这些女子全部被鲜卑军队俘获、奸污。胡人原始野蛮的行为给汉人带来了深重的苦难，这才使冉闵忍无可忍举兵灭胡。这一特定时代的无奈之举，客观上解救了大批汉族百姓，然而终难得到历史的认可。冉闵为那段血腥的历史承受了千年争议，成为时势弄人的又一悲情人物。

一代诤臣身后事——唐太宗推倒魏征碑

一个是从谏如流的明君，一个是耿介直言的忠臣，唐太宗与魏征不仅成就了彼此的政治美名，也铸就了一段流传千古的君臣佳话。然而生前君臣无隙，身后却反目成仇——唐太宗为何推倒他亲手撰书的魏征碑？在这段君臣佳话的流传中，又有着哪些偏离历史真实的记载？

千古君臣佳话

贞观十八年（644），64岁的魏征因病溘然长逝。唐太宗闻讯后，悲痛万分，罢朝五天，以示哀悼，并说出了那段千古名言："夫以铜为镜，可以正衣冠；以史为镜，可以知兴替；以人为镜，可以明得失。朕常保此三镜，用防己过。今魏征殂逝，遂亡一镜矣。"

北周静帝大象二年（580），魏征生于巨鹿下曲阳（今河北晋州市西）。魏征自少年时代起，便博览群书，志在四方。他曾经效力过农民起义军领袖李密、窦建德，太子李建成等，终因其皆非明主而无法施展抱负。"玄武门之变"后，唐太宗仰慕魏征的才华，召他入朝。面对唐太宗的怒斥，魏征坦言说："太子如果早听我的忠告，绝无今日！"这种直率的态度不但没有让魏征获罪，反而赢得了太宗的好感，使他成为太宗的近臣。贞观初年，濮州刺史庞相寿被告发贪污，受到了削职处分。作为跟随唐太宗出生入死几十年的老部下，庞相寿冒死求见太宗，请求免于处罚。唐太宗先是气愤地拒绝了庞相寿，然而晚上回到寝宫后，想起庞相寿忠心耿耿地追随自己，如今年事已高，家有妻儿老小，又心生不忍，便传话给庞相寿，让他仍旧留任原职。魏征听说此事后，上书给太宗："不追究庞相寿的贪污罪，令其留任原职，这等于纵容贪赃枉法。如果其他的老部下也因此而贪污，陛下怎么办呢？"唐太宗慎思之后，还是决定撤销了自己的赦免。

一次，唐太宗巡幸洛阳，住在显仁宫，看到茶具都是几年前的旧器具，奉上的酒菜也不见山珍海味，便将总管大骂一顿，贬为庶民。魏征了解情况后，立即面见太宗，直言这是不好的苗头。太宗不以为然地说："国家财富力强，一国之君多花点钱无可厚非。"魏征忧虑地说："正因为是一国之君，才不能开奢靡风气的源头，以防上行下效啊。"唐太宗依然认为魏征危言耸听。魏征又以隋炀帝奢侈贪婪终致亡国的教训警诫太宗，太宗这才意识到自己的失误。

有一次，高句丽向唐太宗进献了两位美女，魏征知道后表示不应当接受。唐太宗很赞成魏征的意见，并说："去年进献了两支鹦鹉，我现在都老想着回宫，何况是两位美女呢？"于是，就派人送了回去。

魏征入朝为官之后，始终秉性忠直、仗义执言，只要是不利于江山社稷的，必定要站出来说话，甚至不惜犯颜进谏。唐太宗也拥有帝王中难得的气量，敢于重用魏征，先后提升他为秘书监、侍中、宰相，并封他为魏国公。贞观十七年（643），魏征病重，唐太宗多次派人送药品和食物，亲自两次到魏征家中探望，还差遣了专人到魏征家中看护，随时禀报魏征的身体状况。唐太宗最后一次去家中看望魏征时，看到他病情加重，便流着泪问："爱卿有什么未了的心愿？"魏征强撑着病体说："我不担心别的，只忧心国家的兴亡啊！"一心为江山社稷立身立言的魏征不愧为"千古第一谏臣"。

"君臣楷模"的真实矛盾直谏难免犯颜，甚至让君王下不了台。魏征的直言让唐太宗既爱，又夹杂着怒、怕、无奈的复杂情感。

唐太宗当政期间，社会逐渐发展，出现了升平景象。唐太宗也渐渐滋长了一些奢侈作风。在众多大臣的歌功颂德之下，唐太宗决定到泰山顶上举行封禅大典（帝王祭告天地的庆功大典）。这时，魏征又站出来反对，令唐太宗很不高兴。魏征从容地解释说："陛下功劳虽大，百姓受到的恩惠还不够多；德行虽然高，还没有恩及所有人；天下虽然安定，财力还不充足；粮食虽然丰收，但库存还比较空虚。何况封禅耗费极大，中原以东地区至今还很荒凉，这不等于向四方暴露弱点，激发其觊觎中原的野心吗？"唐太宗心中不悦，却不知如何反驳，只好将封禅一事搁置不提。

魏征的据理力争有时也让唐太宗心生敬畏。一次，唐太宗打算去山中打猎，行李都准备好了，但最终没有出行。魏征问及此事，唐太宗笑着说："本来确实想去，但怕你谏阻，就取消了。"还有一次，太宗得到一只鹞鹰，非常喜欢，便放在肩上玩耍。不料魏征远远走来，太宗吓得赶忙把鸟藏在怀中。魏征仿佛意识到了，故意说了很久，以致鹞鹰闷死在怀中，使太宗大为扫兴。

几次三番，魏征的进谏令太宗感到尴尬又愤恨。当魏征又一次在朝堂上因直谏惹怒太宗时，太宗气冲冲地跑到后宫，对皇后长孙氏说："魏征总是扫我的面子，总有一天我要杀了这个'乡巴佬'！"皇后听了，却连忙向太宗道喜，说："臣子敢直言，是因为陛下贤明。明君拥有直臣应该欣喜，怎么能开杀戒呢？"太宗猛然醒悟，对魏征更加敬重。

太宗虽然贤明，能够重用直臣，但仍不免有被冲撞后的不悦情绪。好在这些矛盾在魏征生前都没有激化，君臣的良好关系维系到了魏征离世。

"砸碑悔婚"风波

魏征离世以后，唐太宗下令以一品官礼葬，还把魏征的画像置于凌烟阁，经常前去凭吊赋诗。他还派人立起了魏征碑，亲自为魏征撰书。

然而仅半年之后，唐太宗就亲手制造了"砸碑悔婚"风波。他下旨解除了衡山公主与魏征长子魏书玉的婚约，并一怒之下砸毁了魏征的墓碑。这一举动不仅震惊朝野，而且令后人唏嘘……

据记载，魏征死前支持太子李承乾，并大力举荐了原来的中书侍郎杜正伦和吏部尚书侯君集。然而，魏征死后，李承乾竟冒险举事，而后失败。杜正伦和侯君集均为太子党，两人一个被贬，一个被杀。唐太宗想到两人都是魏征举荐，因此怀疑魏征也参与了结党营私。这时，曾颇受魏征器重的褚遂良一见形势不对，便主动告发说魏征生前曾把给皇帝的奏疏拿给自己看。太宗听后更加愤怒，终于亲手推倒了魏征碑。

关于太宗为何如此迁怒于魏征，有学者考证认为，这与太宗时期的山东贵族及关陇集团有关。当时，魏征的责任是接洽和监视山东贵族和关陇集团，以达到分合操纵各大政治集团的目的。而魏征推荐出身山东盛门的杜正伦为相，还举荐属于关陇集团的侯君集出任武将，等于集合了东西文武的社会势力。魏征的行为不仅越过了太宗给他的权限，而且有纠合势力结党谋权之嫌，令太宗无法容忍。即便此事在魏征死后爆发，太宗还是采取了极端的措施。

时隔半年多，唐太宗决意对高句丽用兵，并自负地说，魏征生前劝他不要东征高句丽是无稽之谈。不久，太宗出兵失利，倍感惭愧，便对群臣说："如果魏征在的话，绝不会让我犯这样的错误。"他一边自省，一边又下令重立魏征墓碑，并让魏征的儿子承袭魏国公的爵位。

因此，尽管这对君臣在阴阳相隔之后有过令人痛心的决裂，但终因唐太宗的悔过而获得了破镜重圆的结局。然而，史书所载的这些均合乎事实吗？史学家曲笔的用意

关于唐太宗与魏征的记载，主要见于司马光、欧阳修等史学家所编写的史书。其中关于魏征直谏、太宗纳谏的故事详尽生动，即使是君臣因小冲突偶有不快，也终能让太宗释然，成为太宗虚怀若谷的佐证。因此，后人皆知君臣通力治国，肝胆相照，却鲜有人知道魏征死后的这段酸心事。即便后来唐太宗愤而砸碑，也能够悔悟改正，反而为君臣相知的故事增添了一些戏剧化成分。

然而，近年来对史书记载存疑的人越来越多。首先是推倒的碑有没有重立。据相关学者考证，高四米的魏征墓碑上，碑首、碑侧的花纹仍在，碑身却非常平整，没有刻字的痕迹。如果当时太宗下令重立墓碑，必定要撰文写字，不会是一片空白。此外，原来的碑长期侧卧在碑座旁，左下角残缺了一大块，直到1998年冬天才由世界魏氏宗亲总会出资修复。这说明，现存的魏征碑很可能不是太宗重立的，而是后人立的。

其次就是唐太宗与魏征的君臣之情是否真的如记载的那般完满。很多人怀疑，唐太宗在魏征生前就有杀他之心，甚至有人认为他重用魏征更多的是政治作秀。在权利倾轧、利益纠葛的朝堂上，如此理想的君臣之交恐怕是难以实现的。

那么，史学大家为何要如此描绘这段往事呢？颂扬一位虚怀若谷的明君，讴歌一位刚直谏言的诤臣，并让这对明君直臣的圆满故事流传千古，也许是为了让后世君臣

引以为范，君更贤明，臣更正直吧。从这个意义上说，历史真相固然重要，从史学家描绘的君臣楷模中汲取精华同样重要。

文字带来的血光之灾——直面清代文字狱

清代文字狱延续百余年，其间遭到迫害的文人不计其数。而这些惨遭迫害的文人中，大多数是以"欲加之罪"陷入刑狱，含冤枉死的。清代文字狱的陷害手法五花八门，或牵强附会，或断章取义，或捕风捉影，一桩桩荒唐而残酷的案子谱写成中国历史上一曲哀婉的文化悲歌。

屡兴大狱驻冤魂

所谓文字狱，是指统治者以知识分子的著作悖逆、用语犯禁为由或直接摘取字句罗织罪名，设置刑狱迫害知识分子。文字狱自古就有，到了明清时期尤为严重，其中又以清代康熙、雍正、乾隆三朝最盛。康熙年间兴文字狱20余起，雍正帝在位仅13年也兴文字狱近20起，乾隆年间发生文字狱多达130余起，其中有47起案件判凌迟处死和家人连坐。

康熙年间，最著名的文字狱是"《明史》案"。浙江湖州人庄廷鑨购得明末朱国桢所撰的《明史》，作为自己的著作出版。书中论及明末清初的历史时使用了南明年号，并称清军为"夷寇"。后来，一个叫吴之荣的知县敲诈庄家未遂，便将此事揭发出来。因《明史》案被牵连入狱的达到几千人。康熙二年（1663），直接参与校对、刊印、售卖甚至买书的加上庄氏一门男子70余人都被判了死刑。其中18人被判凌迟处死；已死的庄廷鑨被挖出并断头戮尸；其父庄允城死于狱中，被剁为肉酱；现任知府被判绞刑；前任知府畏罪自杀后，仍被从棺材中拖出砍为36块。"《明史》案"开了以"逆书"挟私报复的先河，此后类似案件频发，如康熙末年的"《南山集》案"、乾隆年间的"《字贯》案"等。

雍正年间，翰林院庶吉士徐骏在奏章中将"陛下"写为"狴下"，令雍正帝大怒。后来，雍正帝派人追查徐骏的著作，发现了"清风不识字，何事乱翻书""明月有情还顾我，清风无意不留人"等诗句，便认定徐骏暗讽清朝统治者，且有复辟明朝之心，当即判处斩立决。内阁学士、礼部侍郎查嗣庭充任江西乡试主考官时，借《易经》《诗经》典故出题，有"维民所止"字样。雍正帝看后认为查嗣庭居心叵测，竟敢让"雍正去头"，便下令将查嗣庭逮捕入狱。他的亲族中也有不少人受到株连。其后，查嗣庭死于狱中，仍被斩首戮尸。

乾隆年间出现了一份假冒忠臣孙嘉淦之名写的奏稿，直接批评乾隆帝施政不当，在各省传抄很广。乾隆帝获悉后大发雷霆，下令各省追查元凶。结果全国大动干戈地查了一年仍没有结果，最后竟找了一些无辜文人治罪。这就是轰动一时的"伪孙嘉淦奏稿案"。乾隆后期，江苏文人徐述夔写作的《一柱楼诗集》被告发，其中有"明朝期振翮，一举去清都"等句子。此时徐述夔已经去世，乾隆帝仍以此大做文章，将与徐述夔和诗集有关的人缔统治罪。乾隆帝的宠臣沈德潜只因生前曾为徐述夔作传，竟然被开棺碎尸。

一曲文人的悲歌

历代文字狱原本只针对忤逆帝王或存心谋反的文字，而清代文字狱除此之外，还特别重视汉族文人表达民族气节、贬损满清民族等方面的文字。清朝统治者入主中原后，非常担心汉人的民族认同问题，对于汉族文人指责统治者"不修孔孟之学""发自蛮荒之地"等论调尤为忌讳。因此，清代大兴文字狱，一是为了加强思想控制，禁止人们抨击当局、表达对朝政的不满；二是为了压抑汉人的民族主义情绪，削弱汉族文人的气节。于是，有些文人尽管并无忤逆言辞，只要表现出一点民族气节也会被论罪；有些文人的著作硬生生被曲解为歧视满清，统治者借此"杀一儆百"，令天下缄口、人人自危。

随着文字狱越发疯狂，朝臣、百姓纷纷借文字狱报复仇家、清除异己，"逆书""逆诗"不断涌现，皇帝也往往难辨是非，从而造成冤狱横生。甚至连皇帝也常借文字狱除掉心头大患，如雍正帝惩办年羹尧，定罪就有"狂悖"一条。到了乾隆末年，文字狱才逐渐平息。这曲文人的悲歌终于落幕，然而此时的清王朝已是"万马齐喑究可哀"了。

第八章　历史文物

凝重静穆：青铜器

镶嵌十字纹方钺

公元前 21 世纪左右，中国开始进入青铜时代，夏代晚期的河南偃师二里头文化是目前考古发现中最早的青铜文化。这一时期，青铜礼器造型初具规范，具有兽面纹特征的纹饰和绿松石镶嵌工艺业已形成。镶嵌十字纹方钺是夏代晚期青铜器。钺是古代的兵器，有些也作为仪仗用具。器物中心有一圆孔，周围用绿松石镶嵌了六组卉纹，这一纹饰在随后的商周时代都未出现过。夏代青铜器的形式非常接近陶器，比较原始，没有繁复的花纹，有小圆点，线条形式简单。

司母戊方鼎

司母戊鼎又称司母戊大方鼎，是中国商代后期王室祭祀用的青铜方鼎，1939 年 3 月 19 日在河南省安阳市武官村一户农家的田地中出土，现藏中国国家博物馆，是我国目前已发现的最重的青铜器。该鼎是商王祖庚或祖甲为祭祀其母所铸。因其腹部铸有"司母戊"三字而得名，也有人释作"后母戊"，后母戊即商王武丁妻子之一的妇妌。

"国之大事，在祀及戎"。对于中国先秦中原各国而言，最大的事情莫过于祭祀和对外战争。作为代表当时最先进的金属冶炼、铸造技术的青铜，也主要用在祭祀礼仪和战争上。夏、商、周三代所发现的青铜器，都是礼仪用具和武器，以及围绕二者的附属用具，这一点与世界各国青铜器有所区别。

四羊方尊

"尊"是古代一种盛酒器皿，一般为圆形、鼓腹、大口，也有少数方形尊，四羊方尊便是其中一例。原物 1938 年出土于湖南省宁乡县（今宁乡市），属于商朝晚期偏早青铜器，现藏于中国国家博物馆，是中国现存商代青铜器中最大的方尊。此尊造型简洁优美，采用线雕、浮雕手法，把平面图像与立体浮雕，器物与动物形状有机地结合起来。整个器物用块范法浇铸，一气呵成，鬼斧神工，显示了高超的铸造水平。羊在古代寓意吉祥。四羊方尊以四羊、四龙相对的造型展示了酒礼器中的至尊气象。四羊方尊的出土地湖南宁乡，从 20 世纪 30 年代开始，出土了大批的青铜器，其出土的青铜器被称为"宁乡青铜器群"。四羊方尊便是"宁乡青铜器群"的代表，也是宁乡出土最早的青铜器。

青铜跪坐人像

青铜跪坐人像，商代后期青铜像，1986 年出土于四川省广汉三星堆二号祭祀坑，现收藏于三星堆博物馆。人像宽脸，云雷纹坚直方耳，耳垂穿孔。圆眼，正视前方，张口露齿，神态严肃。头发从前向后梳，再向前卷，上有发套，似作扁高髻。上身穿右衽交领长袖短衣，腰间系带两周。以铜面具、铜人头像、铜立人等青铜器为代表的三星堆文物，表现了僻居西南一隅的巴蜀先民极富想象力的艺术创造力，先进的青铜冶铸技术，体现了高度发达的社会组织结构，文明发展水平毫不逊色于同时期的中原文化。

大丰簋

大丰簋（古代盛食物的器具），西周早期的青铜器，是西周铜器断代的标准器。因铭文中有"王又大丰"句而得名。又称"天亡簋"或"朕簋"，是武王臣属天亡所作祭器，传说出土于清代道光年间陕西岐山县，现藏于中国历史博物馆。造型端庄稳重，腹部和方座都装饰有卷体夔（传说中的一条腿的怪物）纹，奇诡神秘。腹内底部铸有铭文 8 行、76 字，记述武王举行大礼，命助祭的天亡祭祀文王及上天，并谈及周武王受文王佑护，嗣续周文王灭商朝。天亡为称颂武王功德并记述自己所受恩宠而铸此器。其铭文用韵协调，开创了千古辞赋先河，也是我国韵文的最早表现形式。

大盂鼎

鼎是青铜礼器中的大类，在古代社会里曾是统治阶级划分等级和权力的标志。大盂鼎是西周早期青铜礼器中的重器，传说在清代道光年间出土于陕西岐山县。该器造型端庄稳重，腹内壁有铭文 19 行，共 291 字，内容是叙述康王如何赏赐大臣盂的经过。赏赐品中有"人鬲"，被认为是古代奴隶制的证据。西周早期的金文有瑰异凝重、雄奇恣放、质朴平宝等数类，大盂鼎属于瑰异凝重这一类。铭文大字，字体庄严凝重而美观，在成、康时代的金文中，书法成就居首位。

大盂鼎出土后，被当地豪绅宋金鉴所得，后为爱好青铜器的岐山县令周庚盛占有。道光十三年（1850），宋金鉴去京赶考，得中翰林，有钱有势后便拿出三千两银子把大盂鼎重新赎买回来。后来，宋氏家道衰微，后代宋允寿以七百两白银出让给左宗棠的军事幕僚袁保恒。袁深知左宗棠爱文物，将此鼎孝敬。数年后，湖北总兵樊燮告发左宗棠居功自傲，图谋不轨，朝廷信以为真，欲召左进京对质问罪。当时任工部尚书的潘祖荫上疏辩解，左才得以幸免。左宗棠知潘祖荫喜收藏，集金石甚丰，为报救命之恩，便以心爱之物大盂鼎相赠。

大克鼎

大克鼎又叫克鼎、膳夫克鼎，是西周孝王时期的青铜器。清代光绪年间（1890）陕西省扶风县出土，是西周青铜器中第二大器，仅次于大盂鼎。大克鼎口部微收，腹略鼓，方唇宽沿，大立耳，足呈蹄状。颈饰三组变形兽面纹，间隔以六道棱脊，腹部环带纹，足饰王卢浮雕兽面纹，出色地综合了当时图案与雕塑艺术的成就。鼎腹内壁铸有铭文28行、290字，字体畅达，笔画圆润。大克鼎是大贵族膳夫克用于祭祀他的祖父师华父的重器，在分为两面的铭文中，克歌颂祖父帮助周王室的功绩，自己得祖父余荫，被周孝王任命为大臣；还记载着克受到服饰、田地和奴隶赏赐的情况。铭文反映了西周奴隶制社会由盛而衰的历史，是研究西周社会的重要史料。大盂鼎和大克鼎被称为"重器鸿宝"，与毛公鼎一道，被誉为海内三宝。

毛公鼎

毛公鼎，西周晚期器物，于清朝道光年间出土于陕西岐山周原，是周宣王年间所铸造的一个鼎。大口圆腹，口沿上有两只大耳，腹下三只兽蹄形足。鼎上刻有499个铭文，为当今出土的铭文青铜器中，文字最多的一个。铭文的内容是一篇册命书，提到周宣王在位初期，想要振兴朝政，遂命毛公处理国家大小事务，又命毛公一族担任禁卫军，保卫王家，并赐酒食、舆服和兵器。毛公感念周王，于是铸鼎纪事，由子孙永保永享。全铭文辞精妙而完整，古奥艰深，是西周散文的代表作，被誉为"抵得一篇尚书"。

莲鹤方壶

古代青铜壶主要用来盛酒，古人饮酒多用勺从盛酒器中舀取，再倒入饮酒器中。莲鹤方壶，春秋中期青铜器，1923年出土于河南新郑。现存两件，一藏于故宫博物院，一藏于河南省博物馆，是"新郑彝器"中的代表作。方壶形体巨大，可谓"壶中之王"。其整体呈椭方形，有盖。壶身遍布蟠曲龙纹，两旁有镂空的龙形双耳，壶下伏有双兽，壶口有双层莲瓣，中央立一鹤，展翅欲飞，工艺非常精湛，反映了春秋大变革时期的时代风貌。在2003年邮票《东周青铜器》中，莲鹤方壶赫然位列这一套七枚"国家名片"的首位。

晋侯鸟尊

1962年，晋侯鸟尊在天马~曲村遗址首次被发现。20世纪90年代以后又在该遗址中发现了举世震惊的"晋侯墓地"，并出土了一大批铸有晋侯名号的青铜器，考古学家据此排列出了从改"唐"为"晋"的燮父起，到护送周平王东迁洛邑的晋文侯共九代晋侯的清晰世序。出土于第一代晋侯燮父墓地的青铜鸟尊，成了山西博物院的"镇院之宝"。整个鸟尊以凤鸟回眸为主体造型，头顶凤冠，双目圆睁，翘首回望，通身上下布满精美细密的羽翎纹，宛如一只神情自若的凤鸟。鸟尊的盖被塑造为小凤鸟造型，并且成为鸟尊器盖上的捉手。它昂首前望，一往情深地注视着大鸟。凤尾下设一象首，与双腿形成稳定的三点支撑，充分显示出古代匠人的聪明才智。

鸟兽龙纹壶

鸟兽龙纹壶，春秋晚期铜器，1923 年在山西省浑源县出土。壶是容酒器，龙纹壶周身满布纹饰，自颈至底共有带状纹饰四道，为两种图案装饰所组成。一种是兽面衔两蟠龙，对称相背地展开，蟠龙尾与另一组的龙尾相交缠；另一类是蟠龙和一种人首、兽体、鸟尾的怪兽相缠连的形象，这样的图案是非常少见的。腹以上三道装饰属于后一种，腹下一道属于前一种。蟠龙和怪兽的形状与《山海经》所载的某些山川神祇的形状差不多。

在两道图案的空隙处，呈一狭带状，装饰着三圈浮雕形写实的动物纹饰，有牛、犀牛、虎、豹等等，大多作踞伏状，它们的形象是牛践踏着蛇，犀牛食兽，虎豹食人，食野猪，这种不满 3 厘米的小生物全器共有 50 个之多，都很生动。腹下是一圈伫立的雁群，曲颈昂首，自然可爱。这些小动物形象精细入微的表现技法，是十分惊人的，其中虎豹凶狠地食野猪的形状，极其形象生动，引发人的联想。壶的圈足上有贝文和涛纹。从纹饰上看来，除了具有蟠龙纹等经常使用的题材外，还有非常明显的区域性特征。至于制作的精工华丽，图案构思的巧妙，在春秋晚期的青铜器工艺中，可称为代表作品。

曾侯乙编钟

曾侯乙编钟，出自湖北随州的曾侯乙墓，墓主是战国早期曾国的国王。曾侯乙编钟数量巨大，完整无缺。按大小和音高为序编成 8 组悬挂在 3 层钟架上。最上层 3 组 19 件为钮钟，形体较小，有方形钮；有篆体铭文，但文呈圆柱形，只标注音名。中下两层 5 组共 45 件为甬钟，有长柄，钟体遍饰浮雕式蟠虺纹，细密精致，外加楚惠王送的一枚镈钟共 65 枚。钟上有错金铭文，除"曾侯乙作持"外，都是关于音乐方面的。镈钟铭文上的楚惠王熊章就是楚昭王的儿子，赠钟的原因可能是为报答其父楚昭王在柏举之战时到曾国避难一事。编钟是礼乐制度中的重要器物，为了在曾侯乙编钟的正中悬挂楚王钟，曾国特别挤掉最大的一件甬钟，可见曾国对楚王赠品的重视。

曾侯乙编钟是我国迄今发现的数量最多、保存最好的一套编钟，至今仍能演奏乐曲，音律准确，音色优美。钟是一种打击乐器，用于祭祀或宴饮。最初的钟是由商代的铜铙演变而来，按其形制和悬挂方式又有甬钟、钮钟、镈钟等不同称呼。频率不同的钟依大小次序成组悬挂在钟架上，形成合律合奏的音阶，称之为编钟。钟的大小和音的高低直接相关。商代的钟或 3 枚一套，或 5 枚一套，西周中晚期有 8 枚一套的，东周时增加到了 9 枚一套或 13 枚一套。春秋战国时期，编钟风靡一时，和其他乐器如琴、笙、鼓、编磬等成为王室显贵的陪葬重器。

长信宫灯

长信宫灯，西汉青铜器，1968 年出土于河北省满城县中山靖王刘胜之妻窦绾墓，现收藏于河北省博物馆。宫灯设计十分巧妙，宫女一手执灯，另一手袖似在挡风，实为虹管，用以吸收油烟，既防止了空气污染，又有审美价值。器身共刻有铭文九处 65字，分别记载了该灯的容量、重量及所属者。因灯上刻有"长信"字样，故名"长信宫灯"。据考证，此灯原为西汉阳信侯刘揭所有。刘揭在汉文帝时受封，汉景帝时被削爵，家产及其此灯被朝廷没收，归窦太后（刘胜祖母）居所长信宫使用。后来窦太后又将此物赐予本族裔亲窦绾。此灯作为宫廷和王府的专用品、礼品，可见它在当时也是很珍贵的。

马踏飞燕

骏马在中国古代是作战、运输和通讯中最为迅速有效的工具，强大的骑兵也曾经是汉朝反击匈奴入侵，保持北部地区安定必不可少的军事条件，所以汉人对马的喜爱超过了以往的任何一个朝代，并把骏马看作是民族尊严、国力强盛和英雄业绩的象征。马踏飞燕，又名马超龙雀、铜奔马，为东汉灵帝时期青铜器，1969 年出土于甘肃武威一座张姓将军墓，现收藏于甘肃省博物馆。奔马三足腾空，一足踏飞燕着地，飞驰向前，表现了骏马凌空飞腾、奔跑疾速的雄姿，是汉代艺术家高度智慧、丰富想象、浪漫主义精神和高超艺术技巧的结晶。

三段区段式神兽镜

三段区段式神兽镜，东汉青铜器，现藏于北京故宫博物院。镜面为圆形，面径 17.1 厘米，上下之镜面有两条平行线将内区分为三段。上段中间为一龟负华盖，龟右侧有一高大人物，其左右各饰一侍者，右侍后有一蟾蜍。龟左侧依次排列四人，最后一人身后立一鹤。中段左右各饰一舞狮。下段中间为盘丝形图案，左右各两人，分别盘坐、踞坐。中区为一周半圆形流云纹与方枚相间，地饰细点纹，每一方枚内各有铭文两字，连读是："吾作明镜，幽炼川冈。巧工所居，尾克童上。有四守名，流美宜王。"外区饰菱形涡纹。此镜铸造十分精湛，人物、动物五官都极为清晰，花纹细密繁复，是一件十分难得的精品。

金玉

良渚琮王

良渚琮王，新石器时代晚期玉器，1986 年出土于浙江省余杭县反山良渚文化反山

墓地第 12 号古墓，是良渚文化中最大的，现收藏于浙江省考古研究所。这件玉琮内圆外方，圆度规整，表面光洁，反映了"承天象地、天圆地方"的思想。四面竖槽内上下布列的八组神人兽面图象和八组以转角为中轴线，四角上下并列的简化人、兽、鸟组合纹饰，对称工整，匠心独具。玉琮是中国古代玉器中重要而带有神秘色彩的礼器，既用来祭祀大地，也是一种权威的象征。《周礼》记载："以玉作六器，以礼天地四方：以苍璧礼天，以黄琮礼地，以青圭礼东方，以赤璋礼南方，以白琥礼西方，以玄璜礼北方。"这也是后世"苍天、黄土、青龙、朱雀、白虎、玄武"思想的由来。

良渚文化是长江下游新石器时代晚期的一支重要的考古学文化，几乎达到无墓不出玉的程度，这在史前考古中是绝无仅有的，它的玉器在整个新石器时代也最为发达。玉器上大都刻有一个统一的兽面图案，画面简略、抽象，样子非常奇怪。而"琮王"上的兽面纹最复杂、最完整，人们由此而知，所谓兽面纹，实际上是一位头带羽冠者骑伏猛兽的图像。由于这一图像内涵深奥、神秘，一般刻画在重要器物上，而且这类器物都出土于大墓中，所以被称为"神徽"。

玉龙

玉龙，新石器时代玉器，1971 年出土于内蒙古赤峰市翁牛特旗三星他拉村红山文化遗址，现收藏于中国国家博物馆。玉龙是由一块碧玉料精心雕琢而成，龙体卷曲优美，呈"C"字形。形体硕大，琢刻精湛，龙体伸曲刚劲有力，生机盎然。玉龙身上负载的神秘意味，更为它平添一层美感。龙之故乡，龙的传人，龙是中华民族精神的象征，它的身上寄托了力量、希望和中国人对美好生活的憧憬。同任何一种"神圣之物"一样，龙的形象也来源于先民对"图腾"的崇拜。古代人多把对自然界的畏惧和对美好生活的希冀用一种徽号或保护神来代表，黄帝的后裔就用龙作为标记，称自己是"龙的传人"。后世的帝王也借龙来神化自己。

红山文化是与中原的仰韶文化同时期分布在西辽河流域的发达文明，在发展中同中原仰韶文化和北方草原文化相交汇产生的多元文化，是富有生机和创造力的优秀文化，内涵十分丰富，手工业达到了很高的阶段，形成了极具特色的陶器装饰艺术和高度发展的制玉工艺。

跪坐玉人

跪坐玉人，商代玉器，1976 年出土于河南省安阳县殷墟妇好墓，现收藏于中国社会科学院考古研究所。玉人用黄褐色和田玉雕成，双手抚膝跪坐，头梳长辫、盘于顶，头上戴箍形束发器，接连前额上方卷筒状装饰，像一个平顶冠。人的面庞狭长，细眉大眼，宽鼻小口，方形小耳，表情肃穆。身穿交领长袍至足踝，衣袖窄长至腕，腰束宽带，背后插一卷云状宽柄器，气度雍容，显然是一个上层奴隶主贵族的形象。玉人身体、衣饰、发型的雕琢一丝不苟，近乎写实，是了解当时衣饰的最珍贵的资料。

妇好是商王武丁六十多位妻子中的一位，即祖庚、祖甲的母辈"母辛"，生活于公

元前 12 世纪的前半叶——武丁重整商王朝时期，是我国最早的女政治家和军事家，也是中国历史上第一位有据可查的女英雄。妇好墓内所出的铜礼器和武器，以及大量玉石器等，大体上反映了武丁前后商王朝礼器群的类别和组合，是研究商代礼制的重要资料。大型青铜礼器、武器和大量的玉器、象牙器也显示了商王朝的兴旺和手工业的发展水平。

玉凤

玉凤，商代玉器，1976 年在河南省安阳殷墟妇好墓出土，现藏于中国社会科学院考古研究所。这件玉器的形状与商代甲骨文中的凤字极为相似，是研究商代人心目中凤的形象的极佳实物。玉凤高冠勾喙，短翅长尾，作亭立回首欲飞状，飘逸洒脱，舒展的长尾自然弯曲，尾翎有合有分，素洁无纹。身前有透穿镂孔，更使凤体丰满迷人。背部外凸的穿孔圆钮，应是供穿绳悬挂之处。

据《史记》记载，夏是龙的后裔，帮助大禹治水的殷契是凤的后裔。殷契的母亲简狄在户外洗澡时，吃了玄鸟（即凤）卵而怀孕生了契，即所谓"天命玄鸟，降而生商"，契长大后协助大禹治水有功，后来成为殷商的始祖。殷商崇信玄鸟，因而商代的青铜器上铸有很多变幻无穷的凤纹图案。妇好墓出土了很多玉龙，而玉凤仅此一件，说明妇好对凤的极端重视。

龙形玉佩

龙形玉佩，战国玉器，河南省淮阳县平粮台出土，现藏在河南省文物研究所。这两件玉佩系完全相同的一对，均用黄色和田玉制成。玉佩通体扁平，镂空透雕，有廓，龙体造型奇特，作盘旋游动状。龙回首上昂，目小而传神，口微张似吟鸣之态。躯体硕壮，龙身躬起，呈"s"形并与龙足或脊鳍部分构成若干小"S"形的多重组合，给人以律动感。周身雕饰谷纹，似粒粒珍珠随龙舞动，仿佛两只小黄龙在云中翻腾嬉戏。双龙相对，长嘶起舞，活灵活现，可算是玉佩中的上佳之品。

战国时期，随着礼制的崩溃，思想观念的解放，"百家争鸣"的兴起，带来了艺术上的繁荣，玉器的生产也达到了一个新的高峰。玉的使用范围扩大，佩玉等生活用器增多而礼器比重减少；玉质优良，王侯用玉多使用和田仔玉；琢玉技艺精湛，纹饰多样而多变，线条流畅，出现了金属细工与玉作的结合，即"金镶玉"；作为神瑞动物之首的龙的形象占有突出地位。

云纹高足玉杯

云纹高足玉杯，秦代玉器，1976 年出土于陕西省西安市车张村阿房宫遗址，现收藏于西安市文物管理委员会。玉杯杯身呈直口筒状，杯身纹饰分三层，上层饰有柿蒂、流云纹，中层勾连卷云纹，下层饰流云、如意纹。足上刻有丝束样花纹。秦王朝是个了不起的帝国，却又是个短命的王朝，所以传世的和新出土的秦朝玉器并不多见，确定无疑是秦朝玉酒器者就更是凤毛麟角了。这件云纹高足玉杯虽无复杂奇特之处，但它出土于秦始皇藏宝储珍规模庞大的宫殿——阿房宫遗址中，是秦始皇或其嫔妃们用过的酒杯，其价值就非同一般。

金缕玉衣

金缕玉衣，西汉规格最高的葬服，1994 年出土于江苏省徐州狮子山楚王墓，现收藏于徐州市博物馆。这是目前所见年代最早、玉片数量最多、玉质最好、工艺最精的玉衣，全部用新疆和田白玉、青玉组成，共使用玉片 4248 片，金缕 1576 克。需十万人工才能完成。按照汉代的丧葬制度，玉衣是必需的丧葬品，因为汉人相信金玉可以保持尸体不朽。但只有帝王才能使用金缕玉衣，而此件玉衣的主人是第二代楚王

金缕玉衣

刘郢客，即汉高祖刘邦的弟弟刘交之子。刘交深受刘邦之子、汉文帝刘恒宠信，致使其几个儿子贵比皇子，故刘郢客死时能穿金缕玉衣。同时也说明西汉时期，象征地位和等级的玉衣缕质的使用并未形成严格的制度。

兽首玛瑙杯

兽首玛瑙杯，是至今所见唐代唯一的一件俏色玉雕，也是唐代玉器做功最精湛的一件，1970 年在陕西省西安市何家村出土，现藏于陕西省博物馆。此杯选用世界上极为罕见的红色玛瑙琢制，这件以深红色、淡红色为主调的红玛瑙，中间竟夹有一层淡白，如此神奇自然的变化，如此鲜润可爱的色泽，使这块红玛瑙成为世间稀有的俏色玉材。

依料取题，因材施艺，是俏色玉雕的最大特点。琢玉高手往往能"取势造型，依形布局"，"依色取巧，随形变化"，对材料进行巧妙的雕琢。这件玛瑙杯，工匠在玉材的小端雕琢出惟妙惟肖的兽头，把纹理竖直的粗端雕琢成杯口，而口沿外又恰好有两条圆凸弦，线条流畅自然，天衣无缝。

兽嘴镶金的工艺处理，也是匠心独运，它金光闪闪，克服了兽嘴处材质色泽太深的不足，使兽头的造型之美更为突出。

刻花玉杯

刻花玉杯，唐代玉器，通高3.5厘米，1970年在陕西省西安市何家村出土，现藏于陕西省博物馆。这件玉杯质地呈白色半透明状，用珍贵的和田白玉雕成。杯口作八棱花瓣状，杯腹外满饰阴线浮雕卷草云纹，底有椭圆形圈足。八瓣花状造型和卷草纹饰原为典型的中亚题材，这时已被唐代工匠加以吸收改造后广泛地应用在器物的装饰上。

历年来出土的唐代玉器，以妇女的装饰品和象征官阶的玉带饰为多见。而像玉杯这样的生活器皿迄今只发现一件，并且造型、纹饰又如此秀丽华美，实属绝品。

透雕折枝花锁

透雕折枝花锁，宋代玉器，1974年在北京市房山区长峪沟出土，现藏于首都博物馆。这件玉锁通体镂空透雕，造型呈扁椭圆形。玉质呈青色，晶莹润泽，造型设计精巧，两丛折枝八瓣花构成的花头并列在花锁下部，仿佛花中有花，两个折枝向上缠交在一起，宛如花篮的精美提梁。花的枝叶依形而生，偃仰翻转，自然生动。透露空间，穿插交织，激活了规整的对称式构图，给人以圆满富贵的感觉。

宋朝玉器的一个最大特点是它的世俗化倾向，隋唐五代时已出现了山林花卉等生活化的纹饰题材，到了宋代，不仅器物中日用品占了多数，且纹饰也多取材于生活，如鸳鸯蝴蝶荷叶等，并将这种风气一直延续至今。

"桐荫仕女"玉雕

"桐荫仕女"玉雕，清代玉器，现藏于北京故宫博物院。院外着袍的妙龄少女，手持灵芝，轻盈地向徐开的院门走去。门内的长衣少女，双手捧盒，向门外走来。这一切都通过细细的门缝，互为呼应，情景交融，把两个少女的心理活动刻画得生动传神，画面充满浑厚的生活气息。

但是，谁能想到，这件乾隆皇帝珍爱的宝物，竟由一块废料琢成。原来，它是由一位在清廷供职的琢玉高手，利用一块琢玉碗时剩下的弃料雕成，这原是一块黄白色的整材已雕成玉碗的和田玉，余弃的废料既有裂痕（后经匠师巧妙处理成门缝），又有橘黄色的玉皮子（匠师把它琢成梧桐、蕉叶与覆瓦、垒石），经匠师化拙为巧的鬼斧神工处理，终成一件价值连城的珍品。

"大禹治水"玉山

"大禹治水"玉山，制作于清代乾隆年间，现在陈列于北京故宫博物院珍宝馆，是中国玉器中用料最贵、耗时最久、雕琢最精、形制最大、气魄最盛的一件作品，也是世界上最大的玉雕作品之一。它体现了中国玉雕工艺的卓越成就，被誉为中国玉器中的"魁首"。

玉山用青玉制成，高224厘米，宽96厘米，底座高60厘米，重约5350公斤，下有数千斤重的嵌金丝铜座。内容是描写我国古代传说中夏禹治水的故事。玉山气势雄伟，山岭重叠，洞壑深邃，人们在夏禹的带领下，不畏艰险，开山劈水，兴修水利，表现了我们祖先为造福人类而辛勤劳动的伟大场面。玉山上雕刻有山峰、小溪、瀑布以及人物等多种题材。玉山的正面刻有乾隆皇帝"五福五代堂古稀天子宝"大方印，背面刻"八征耄念之宝"方印，下部还有长篇御诗及相关注文。

陶瓷

人面鱼纹彩陶盆

中国远古的文明源远流长，形成于七千年前的仰韶文化是中国新石器文化发展的一支主干，它展现了中国母系氏族制度从繁荣至衰落时期的社会结构和文化成就，其中彩陶艺术达到了相当完美的境地。

人面鱼纹彩陶盆，新石器时代陶器珍品。20世纪50年代出土于陕西省西安市半坡村，现收藏于中国历史博物馆。彩陶是在陶器表面以红黑赭白等色作画后烧成，彩画永不掉落。古代半坡人在许多陶盆上都画有鱼纹和网纹图案，这应与当时的图腾崇拜和经济生活有关。半坡人在河谷阶地营建聚落，过着以农业生产为主的定居生活，兼营采集和渔猎，这种鱼纹装饰是他们生活的写照。人头上奇特的装束，大概是在进行某种宗教活动的化妆形象，而稍有变形的鱼纹很可能是代表人格化的独立神灵——鱼神，表达出人们以鱼为图腾崇拜的主题。

鹳鱼石斧图彩陶瓮

鹳鱼石斧图彩陶瓮，新石器时代仰韶文化的陶器精品。1978年出土于河南省临汝县阎村，现藏于中国历史博物馆。这一彩陶瓮用夹砂红陶制成，瓮的外壁画着一幅神秘的《鹳鱼石斧图》。鹳鸟全身的白色使得以墨线圈点的鹳眼特别醒目，以墨笔勾勒的鱼和石斧相当遒劲纯熟。彩陶瓮是当时部落联盟首领的葬具，该部落联盟的图腾就是鹳鸟，而鹳鸟口中的大鱼应是敌对部落联盟的图腾。作画者将鹳鸟画得形体硕壮，眼睛大而有神，将鱼画得身体僵直，毫无生气，用鹳口衔鱼的题材正是为了表现本族的胜利和敌人的失败。带符号标志的石斧是首领生前所用之物，是身份地位和权威的象征，将石斧画在瓮上，是部落成员对去世首领的怀念。

彩陶鲵鱼纹瓶

彩陶鲵鱼纹瓶，新石器时代仰韶文化的代表，1958年出土于甘肃省甘谷县西坪遗址，现收藏于甘肃省博物馆。远古时期，中国的黄河流域生活着许多不同氏族的人群，他们结成较大的部落，在文化上互相影响，经济上也有了一定的交流，但各自氏族仍然保持着自己独特的生活习俗和文化特性，并都有与众不同的信仰和崇拜。和半坡的人面鱼纹盆一样，陶瓶上的鲵鱼图案也是器物制作者信奉的神话形象。鲵鱼的脸酷似人形，两只眼睛炯炯有神，身躯卷曲似在游动。瓶体上的图案准确地表现了鲵鱼的特点，反映了远古人类对生活观察的细致和艺术再现水平的高超。

白陶空足鬶

白陶空足鬶，新石器时代大汶口文化遗物，炊事用具，1959 年出土于山东省泰安县大汶口遗址。现收藏于山东省博物馆。鬶是山东龙山文化的典型器物之一，起源于大汶口文化中期，盛行于大汶口文化晚期和龙山文化阶段，是一种造型精巧的器物。白陶洁白细腻，曾见于黄河、长江流域的新石器时代诸文化遗址中，但只是在大汶口文化中才大量流行，此后的龙山文化和夏商文化中的白陶器是对它的继承和发展。陶鬶有实足和袋足的分别，实足鬶一般由流、腹和三个圆锥状实足组成，袋足鬶则以三个大袋足为腹。

蛋壳黑陶杯

蛋壳黑陶杯，新石器时代龙山文化遗物，出土于山东省日照市东海峪龙山文化遗址，现收藏于山东省博物馆。蛋壳黑陶器皿是山东龙山文化特有的标志性陶器，超薄的器壁如同蛋壳一般，"黑如漆，亮如镜，薄如纸，硬如瓷，掂之飘忽若无，敲击铮铮有声"，被誉为"四千年前地球文明最精致之制作"。龙山文化的蛋壳黑陶器皿不以色彩、纹饰为重，而以造型和工艺见长。这件蛋壳黑陶杯形态纤巧秀致，有一种动人的节奏感和韵律美，它的制作工艺达到了中国古代制陶史上的顶峰。

舞蹈纹彩陶盆

舞蹈纹彩陶盆，新石器时代马家窑文化的代表，现收藏于中国历史博物馆。马家窑文化是黄河上游最有代表性的原始文化，距今约有五千多年了。在这件陶盆内沿壁上，陶器制作者用流畅的笔法勾出三块空白，在每一空白处以平涂的剪影似的手法，画了五个手拉手的舞蹈人。因为要以单色平涂来表现舞蹈的动态，所以作者选择了特有的角度。人头侧向一边，两腿却正面稍稍分开。头饰与尾饰分别摆向不同方向，加上互相牵引的双手，很容易使人感到他们身躯是扭转着的，仿佛正在踏着有节奏的舞步跳舞。每个人的形象都与整体有机地结合，形成整齐的图案。舞蹈在原始社会已经产生，先民们用舞蹈来庆祝丰收欢庆胜利、祈求上苍或祭祀祖先，这件彩陶盆就表达了欢乐的主题，集中反映了五六千年前人们的奇妙智慧和生活情趣。

管流爵

管流爵，夏朝晚期陶器，出土于内蒙古自治区敖汉旗大甸子遗址的一座墓葬中。大甸子遗址出土的陶爵很可能是北迁夏人的一支辗转来到此地后所制造的。管流爵为椭圆形口，前部上翘，后部略平。上腹部瘦细，下腹部外鼓。在腰部有一长长的管状流和宽扁鋬（器物上用手提的部分）锥状三足外撇。在古代，爵和角都是用于饮酒的容器，但爵有流，角的造型则无流，而具有若尾的双翼。管流爵形似角而带有管状的流，属于特殊形式的爵，非常少见。

几何纹白陶瓿

几何纹白陶瓿，商代刻纹白陶的代表，仿造青铜器的式样制作，是一件盛酒器，出土于河南省安阳县殷墟，现收藏于北京故宫博物院。造型为球形，颈部是夔纹，腹部为曲折纹饰组成的兽面纹，方菱作双眼，折线作鼻翼。装饰纹样全部由直线构成，主题突出，层次丰富。在夏商两代，白陶器专为奴隶主贵族所有。

原始青釉旋纹尊

原始青釉旋纹尊，商代瓷器，现收藏于上海博物馆。造型规整，简朴端正。内外施釉，釉层薄而匀。外壁划弦纹数道，口沿及腹下部印有细方格纹各一周，装饰素雅。瓷器脱胎于陶器，它的发明，是中国古代先民在烧制白陶器和印纹硬陶器的经验中逐步探索出来的。大约在公元前16世纪的商代中期，中国出现了早期的瓷器，因为其无论胎体还是釉的烧制工艺都尚显粗糙，温度也较低，表现出原始性和过渡性，所以一般称其为原始瓷。与各种陶器相比，原始瓷具有胎质致密经久耐用和便于清洗、外观华美等优点，因此后来逐渐取代陶器，而成为中国人日常生活的主要用器。

秦始皇陵兵马俑

秦始皇陵兵马俑，秦代陶俑，1974年发现于陕西省临潼县（今临潼区）西杨村，现收藏于秦始皇兵马俑博物馆。古时代，奴隶主死后，往往要把活的奴隶和死人一起埋葬，以便奴隶主在阴曹地府也能叫奴隶替他赶车、做饭、劳动。后来改用木制或泥制、陶制的人形偶像陪葬，这就是俑。秦始皇兵马俑坑规模巨大，占地总面积近两万平方米，共出土近八千件兵俑、马俑和车俑。武士俑有的身着战袍，有的身披铠甲，手里拿的青铜兵器都是实物。组织严密，队伍整肃。几十匹战马昂首嘶鸣，攒蹄欲行。整个军队处于整装待发之势。威武雄壮的军阵，再现了秦始皇当年为完成统一中国的大业而展现出的军功和军威。

击鼓说唱陶俑

击鼓说唱陶俑，东汉陶制雕塑，1957 年出土于四川省成都天回山，现收藏于中国国家博物馆。陶俑袒胸露腹，着裤赤足，左臂挟鼓，右手举槌作击鼓说唱表演，神态诙谐，动作夸张，富有浓厚的民间气息和地方风貌。汉代民间极为盛行说唱表演。汉代这种说唱艺术称为"俳优"，史书记载："击鼓歌唱，作俳优。"在汉代，往往以身材矮胖、相貌滑稽的侏儒充任表演者。俑在汉代雕塑中有着十分重要的地位，题材广泛，内容丰富，从车马出行到侍卫家奴，从庖厨宴饮到歌舞百戏，几乎无所不包，反映了汉代五彩斑斓的社会生活。

青瓷莲花尊

青瓷莲花尊，南朝瓷器，1972 年出土于南京东郊麒麟门外灵山南朝梁墓，现收藏于南京博物院。莲花尊的造型与装饰带有浓厚的佛教色彩。盖为僧帽形，盖顶有方形钮，四周为三角形锯齿状的变形莲瓣。口部呈喇叭状，颈部装饰有五个飞天人像，下部贴附有对称的二龙戏珠及忍冬、莲花纹构成的图案。整体造型高大庄重，装饰华丽繁缛，工艺精巧细致，堪称稀世珍品，被誉为"青瓷之王"。

魏晋南北朝时期，佛教大举传入，深刻地影响了中国文化的面貌。在青瓷制品中，佛教艺术的标志——莲花纹成为主要的装饰花纹和时代特征。青瓷莲花尊是莲花纹装饰集大成的文物，它同时也是佛教艺术与中国传统文化完美结合的典范作品。

白瓷龙柄鸡首壶

白瓷龙柄鸡首壶，隋代陶器，1957 年出土于陕西省西安市李静训墓，现收藏于中国历史博物馆。我国白瓷的出现晚于青瓷，是在青瓷的基础上，逐步改进对原料的筛选、淘洗，降低胎、釉中含铁量而烧成的。因为器身置鸡头，所以鸡首壶通常称为鸡头壶，始见于三国末年。这件隋代白瓷龙柄鸡首壶，修长、俏丽的型体，配置挺胸昂首的鸡首与引颈俯首的龙柄，一展隋代鸡首壶具有的秀丽、活跃、生动的风韵。用白釉遮体，更显高雅之美。

墓主李静训是一个九岁的女童，名静训，字小孩，陇西成纪人。她的曾祖父李贤是北周骠骑大将军、河西郡公；祖父李崇，是一代名将，年轻时随周武帝平齐，以后又与隋文帝杨坚一起打天下，官至上柱国；李崇之子李敏——李静训的父亲，也倍受恩宠，被封为上柱国，后来官至光禄大夫。据墓志记载，李静训自幼深受外祖母周皇太后杨丽华的溺爱，一直在宫中抚养。李静训殁于宫中，皇太后十分悲痛，厚礼葬之。

三彩骆驼载乐俑

三彩骆驼载乐俑，唐代陶俑，1957 年出土于陕西省西安鲜于庭诲墓，现收藏于中国历史博物馆。骆驼引颈昂首而立，驼背上有四位异域乐手盘坐演奏，正中一位站立挥袖而舞。这件三彩陪葬俑，为三彩技乐俑中的罕见珍品，塑造形象鲜明，体现了我国盛唐时期艺术的繁荣和中西方文化的交流盛况。此外，陶瓷技术在唐代也有了突飞猛进的发展，除了"南青北白"瓷业之外，三彩陶器在唐代烧造达到顶峰，创造了浓艳瑰丽的唐代艺术风格。唐三彩技术除器物外，广泛运用到偶人禽兽雕塑的装饰上。唐三彩多用于殉葬，极少用于日常生活。

青釉弦纹瓶

青釉弦纹瓶，是宋代官窑瓷器的代表作品。它的造型仿青铜器式样，盘口、长颈、鼓腹、圈足，圈足两侧各有一扁孔可穿带，颈至腹部有凸起弦纹七道，釉层肥厚滋润，呈粉青色，色泽稳定，具有美玉般的质感。器身布满大纹片，纹线自然美观，并运用了官窑典型的"紫口铁足"（器物的口缘釉薄处露出紫色，称为"紫口"；器足底端刮釉露胎处呈黑褐或深灰色，称为"铁足"）的做法，疏朗的弦纹装饰丰富了器形变化；使全器显得古朴、凝重、浑厚、静穆。

官窑作品不尚华饰，仅以简单弦纹布置疏朗明快，透过温润釉色隐见起伏变化，但平淡之中不失典雅，宛如不经意却孕无穷内涵。

天青釉三足洗

天青釉三足洗，宋代汝窑的代表作，现藏于北京故宫博物院。这件三足洗是宫廷陈设瓷器。敞口、直壁、平底、下承三个曲足，外底有五个细小的支钉痕。造型仿汉代铜洗式样，简洁雅致。通体施天青色釉，开细碎纹片，釉色柔和清澈，如玉般青翠华滋。纯正的釉色与釉面特意制作的细碎纹片形成对比，使单一的青釉增添了节奏韵律之感，显示了宋代追求理性之美的艺术风格。

宋代是中国瓷器艺术发展史上的一个高潮时期，窑址遍布南北，五大名窑（汝、官、哥、定、钧）的艺术成就雄踞群窑之上，名声极为显赫，而宋人还有"汝窑为魁"的说法。汝窑烧造的是一种植青釉瓷器，胎骨较薄，呈青白色，质地极细密，釉色如潮水反衬下的蓝天，色彩灰而不暗，蓝而不艳，青而不翠，柔和文静，有玉之美感。流传至今的只有七十余件，可谓弥足珍贵。

青花缠枝牡丹纹梅瓶

青花缠枝牡丹纹梅瓶，元朝瓷器，出土于南京江宁县将军山沐晟（朱元璋养子沐英的次子）墓中，现收藏于南京市博物馆。梅瓶自上而下有五层圈带纹饰，肩上部绘有一周覆莲纹，内有珊瑚、灵芝等"杂宝"纹样。接下来是一圈缠枝牡丹纹饰。腹部周身绘满缠枝牡丹青花图案，紧接着是一条较窄的卷草边饰。下部装饰有卷草纹及仰莲如意纹一周。纹饰带有宽有窄，青花构图严谨，层次分明，主题突出，浑然一体，显得繁而不乱。青色艳丽之中又带古朴，风格生动豪放，堪称元代青花瓷中的绝品佳作。

随着当时国内外贸易的发展需要，元代的瓷业较宋代又有更大的进步。元青花瓷以景德镇为代表，其制作精美而传世极少，故而异常珍贵。元代青花瓷开辟了由素瓷向彩瓷过渡的新时代，其富丽雄浑、画风豪放，绘画层次繁多，与中华民族传统的审美情趣大相径庭，实在是中国陶瓷史上的一朵奇葩，同时也使景德镇一跃成为中世纪世界制瓷业的中心。

斗彩鸡缸杯

斗彩鸡缸杯，明朝成化年间瓷杯，现收藏于北京故宫博物院。杯体小巧，轮廓线柔韧，呈现出端庄婉丽、清雅隽秀的风韵。杯外壁饰子母鸡两群，间以湖石、月季与幽兰，一派初春景象。整个画面神采奕奕，尽写生之趣。鸡缸杯是明朝成化景德镇御窑厂烧制的宫廷用器，明清文献多有所载，颇为名贵。斗彩是明清彩瓷中的名品，成化时期有着辉煌的成就。成化斗彩没有大的瓷器，多为俊雅秀美的掌中把玩之物，器物比例匀称适度，形体线条柔美，像个标致而又小巧玲珑的美人，有一种所谓的"女性美"。其中高足杯、鸡缸杯、葡萄杯、天字罐最负盛名。成化皇帝热衷艺术，精于绘画，他的绘画作品至今仍有六件传世。成化斗彩器物上的山间野趣、春华秋实和田园景致的高雅画意，也反映了成化皇帝的性情与审美情趣。

珊瑚红地珐琅彩花鸟纹瓶

珊瑚红地珐琅彩花鸟纹瓶，清朝雍正年间瓷器，现收藏于首都博物馆。瓶的外壁珊瑚红釉铺地，均匀光润，成色红中闪黄，色泽稳定。珊瑚红地上用蓝、绿、白、金红等珐琅彩料，绘制碧桃花、翠竹、鸟、蜜蜂等纹饰。腹部和颈部共绘两只小鸟，一只栖于竹枝上，另一只展翅于空中，摇首啼叫，蜜蜂在盛开的桃花间飞舞，一派春光明媚、鸟语花香的景象。该瓶造型线条优美流畅，装饰及工艺技术等都达到了极高的水平；彩绘讲究、造型秀美、纹饰细腻、构图考究，表现出了雍正时期珐琅彩的发展特点和官窑器物的整体风貌。

珊瑚红地珐琅彩花鸟纹瓶

珐琅彩瓷是在康熙皇帝的授意下于康熙末期创烧的。珐琅彩瓷的制作是在两地进行：所用素白瓷胎，由景德镇御窑厂进呈；炼制彩料，绘画题诗及烧造是在清宫造办处进行。一般由宫廷画院画家绘画稿本，名书法家题写诗句，然后皇帝亲自审核画稿，名师良匠负责烧彩。雍正时珐琅彩瓷器上所绘翎毛花卉、山水人物，与清宫廷画风一脉相承。珐琅彩瓷是纯粹的艺术欣赏品，体现出浓郁的皇族气息。

书画

甲骨文

甲骨文是我国已发现的古代文字中时代最早、体系较为完整的文字。甲骨文主要指殷墟甲骨文，又称为"殷墟文字""殷契"，是殷商时代刻在龟甲兽骨上的文字。19世纪末年在殷代都城遗址——今河南安阳小屯村发现。甲骨文继承了陶文的造字方法，是中国商代后期（前14~前11世纪）王室用于占卜记事而刻（或写）在龟甲和兽骨上的文字。

甲骨文是在一个偶然的机会被发现的。清朝光绪年间的古文字学家王懿荣，在从药店买回的一味名叫"龙骨"的药中发现，这些骨片、龟甲上刻有一些从未见过的符号。于是他把所有的龙骨都买了下来，发现每片龙骨上都有相似的图案。他确信这是一种文字，而且比较完善，应该是殷商时期的。后来，人们找到了龙骨出土的地方——河南安阳小屯村，那里又出土了一大批龙骨。因为这些龙骨主要是龟类兽类的甲骨，所以人们将它们命名为"甲骨文"，研究它的学科就叫作"甲骨学"。

《云梦睡虎地秦简》

《云梦睡虎地秦简》于1975年出土于湖北省云梦县。它的出土，使现代书法家们眼界大开，也为书法史研究提供了真正秦隶的资料。竹简上的文字为小篆，笔画仍以曲线为主；横画的起笔多重而圆，收笔则轻而尖，钩与捺常作长引之势，已有了明显的隶意。文字肥瘦相间，节奏鲜明平稳，笔画饱满生动，形成质朴而秀朗的书风。

相传秦朝有一个叫程邈的徒隶，因为得罪了秦始皇，被关在监狱里。程邈看到当时狱官的腰牌用篆书写很麻烦，就稍加改革，化繁为简，化圆为方，又创立一种新的字体。秦始皇看了很欣赏，不仅赦了他的罪，还封他为御史，并将这种字体规定在官狱中应用。因为程邈是个徒隶，起初又专供隶役应用，所以把这一书体称为隶书。实际上，正像书法的产生一样，隶书也是经过日积月累由许多人共同创造的，程邈所做的大概是整理工作。

《峄山刻石》

秦王政二十八年（前219），秦始皇出巡山东齐鲁故地登陶县的峄山（今山东邹城东南）时，登高远望，激情满怀，对群臣说道："朕既到此，不可不加留铭，遗传后世。"李斯当即成文篆字，派人刻碑石于峄山之上。这就是著名的《峄山刻石》。

《峄山刻石》是秦篆（即小篆）的代表之作。字的点划均为线条，粗细一致，圆起圆收。字体端庄严谨，有实有虚，疏密得当，从容平和且劲健有力。有人评之为

"画如铁石，千钧强弩"。字的结构上紧下松，垂脚拉长，有居高临下的俨然之态，似乎读者须仰视而观。在章法上行列整齐，规矩和谐。这种整齐划一的风格与秦朝政治理想是一致的。秦刻石在总体上从容、俨然、强健有力的艺术风范与当时秦王朝的时代精神是相统一的。

《峄山刻石》原石已被后来登山的曹操毁掉，但留下了碑文。今天所见到的是宋代人根据五代南唐徐铉的摹本所刻，现藏于西安碑林中。文字的笔画略细而匀整，且多用圆笔，字体呈方形，表现圆浑流丽之风格，与琅琊刻石迥然不同。

在秦的统一事业之中，一个重大的功绩就是统一了文字。中国的汉字已有四千余年的历史。从最早出现在陶器上的符号，刻画在兽骨龟甲上的甲骨文，和铸造在钟、鼎上的金文，以及到周宣王时的太史籀文（大篆），直至公元前 221 年，秦始皇统一了六国后，李斯等人才用小篆统一了中国文字。

殷商人的甲骨文刻辞，企图用以沟通人与神的信息，获得神秘世界的心理感应。商周人在青铜器上铸刻铭文在于祭祀神灵，记录事件或显示富有或权威。秦始皇刻石，将其立于名山之巅，则是用以炫耀他统一六国的功业，同时也创立了一种可以使书法更长久留存的形式，开拓了一个新的艺术天地。同时，秦刻石也是在此前石鼓文的基础上建立起来的碑系开山之作。

马王堆 1 号墓 T 形帛画

马王堆 1 号墓 T 形帛画是中国西汉绘画作品，1972 年出土于湖南省长沙市马王堆，是迄今发现的汉代最早的独幅绘画作品。

汉代盛行厚葬之风，人们都以为人死后的灵魂是不灭的，可以升入天界，封建统治阶级更是希望死后能和生前一样享受权势和富贵，因此竞相攀比，营造墓穴，雕绘墓壁，把阴间布置得如人间一般。他们在覆盖棺椁的帛画上，描绘出灵魂升天的情景和灵魂所生活的天界仙境，以寄托渴望成仙的遐想。虽然这类引魂升天的内容在战国帛画中就已出现，但想象力最丰富、表现色彩最浪漫的当属在长沙马王堆西汉墓中出土的这幅 T 形帛画。

这幅帛画自上而下分段描绘了天上、人间和地下的景象。从整体看，表现手法多样而协调。同时，高度的装饰风格和写实手法相结合是这幅帛画的一大特色。帛画的内容很复杂，却能够处理得既分布全幅，十分饱满，又互有联系，丝毫不觉得杂乱；既能够突出某些主要内容，又有主有宾，花团锦簇，不显孤立。画面以朱红、土红、暖褐为基调，石青、藤黄、白粉等丰富色彩的运用服从于统一的色调，产生了诡异、华丽、热烈的效果。这表现了我国古代绘画艺术的最高水平。在我国古代绘画史上是难得一见的杰作，具有难以估量的艺术价值。

《荐季直表》

钟繇（151~230），字元常，颍川长社（今河南长葛）人，东汉末年举孝廉为郎，历官侍中尚书仆射，封东亭武侯；魏国初建，迁相，明帝即位，迁太傅，人称钟太傅。钟繇擅长书法，先后从师于刘德升、蔡邕等名家，博采众长，对楷、隶、行、草等字体都很精通，尤以楷书闻名。他的书法点画之间，多有异趣，结体朴茂，出于自然，形成了由隶入楷的新貌。他的这一创举对于汉字的定型和书法艺术的发展都有划时代的意义。他与张芝、王羲之齐名，并称"钟张""钟王"。同张芝、王羲之、王献之合称书中"四贤"。真迹已无存，历代奉以为法。

《荐季直表》是钟繇小楷的代表作，写于公元221年。其布局空灵，结体疏朗、宽博，体势横扁，尚有隶意，笔法质朴浑厚，雍容自然。虽有许多不成熟的地方，结体法度均不如晋唐工整，但天趣盎然，妙不可言。由明代开始受到推崇，乾隆更认为是无上的法宝，但却是后人伪作的。现在传下来的是逸少的临摹本，字体端整古雅，结体略呈扁形，笔画已脱八分古意，全是真书笔法，也可以说是楷书之祖。

《平复帖》

《平复帖》的书写年代距今已有1700余年，是现存年代最早并真实可信的西晋名家法帖。内容是写给友人的一个信札，其中有"恐难平复"字样，因此后人称之为"平复帖"。它是用秃笔写在麻纸上的，笔意婉转，笔法质朴老健，笔画盘丝屈铁，结体茂密自然，富有天趣，其字体为草隶书。《平复帖》在中国书法史上占有重要地位，同时在研究文字和书法变迁方面都有参考价值。现藏于故宫博物院。

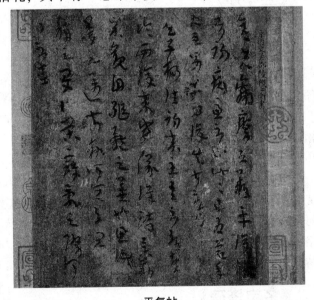

平复帖

这样一幅旷世墨宝出自西晋著名的文学家、文学批评家、书法家陆机之手。陆机（261~303），字士衡，吴郡吴县华亭（今上海市松江区）人。出生于东吴大士族，祖父陆逊、父亲陆抗，都是东吴名将。吴亡后入晋，官至平原内史、前将军。后为司马颖所杀。"少有异才，文章冠世"，是著名的《文赋》的作者。此书使用秃笔书写，在现在见到的同时期及其以前的墨迹中是很突出的。因此今人启功先生曾有诗说："十年遍校流沙简，《平复》无渐署墨皇。"

《洛神赋图》

《洛神赋图》是东晋著名画家顾恺之根据曹植著名的《洛神赋》而作。顾恺之

（约344~405），字长康，小字虎头，江苏无锡人，约公元364年在南京为石棺寺画维摩诘像，引起轰动。366年当上大司马参军，392年为殷仲堪参军，405年升为散骑常侍。顾恺之多才，工诗赋，善书法，被时人称为"才绝、画绝、痴绝"，他的画风格独特，被称为"顾家样"，人物清瘦俊秀，所谓"秀骨清像"，线条流畅，谓之"春蚕吐丝"。传世的《洛神赋图》和《女史箴图》是他的代表作。他还是我国撰写完整画论的第一人，著有《画论》《魏晋胜流画赞》和《画云台山记》，提出"以形写神"的理论，对后世影响很深。

这卷《洛神赋图》的宋摹本在一定程度上保留了顾恺之艺术的若干特点，虽历经千年，但依然可以看出其笔墨神情。全卷分为三个部分，曲折细致而又层次分明地描绘着曹植与洛神真挚纯洁的爱情故事。人物安排疏密得宜，在不同的时空中自然地交替、重叠、交换，而在山川景物描绘上，无不展现一种空间美。全画用笔细劲古朴，恰如"春蚕吐丝"。山川树石画法幼稚古朴，所谓"人大于山，水不容泛"，体现了早期山水画的特点。此图卷无论从内容、艺术结构、人物造型、环境描绘和笔墨表现的形式来看，都不愧为中国古典绘画中的瑰宝。

《兰亭序》

《兰亭序》是王羲之最重要的一件行书作品，在技法上，几臻完美，成为后来行书法的典范，有"天下第一行书"之誉。王羲之（303~361），字逸少，号澹斋，原籍琅琊临沂（今属山东），后迁居山阴（今浙江绍兴），官至右军将军，会稽内史，是东晋伟大的书法家，被后人尊为"书圣"。他的儿子王献之书法也很好，人们称他们俩为"二王"，另一个儿子王凝之官至左将军。因曾任右军将军，世称"王右军""王会稽"。代表作品有：楷书《乐毅论》《黄庭经》，草书《十七帖》，行书《姨母帖》《快雪时晴帖》《丧乱帖》，行楷《兰亭集序》等。

这幅书法用笔中锋为主，笔画多露锋，表现细腻，牵丝流畅优美。字的结构，体势纵长，左低右高。字的大小相应，长短相间，虚实相生。布局上纵有行，横无列，每行又有摇曳动荡，变化多姿。最难能可贵的是，从《兰亭序》那"不激不厉"的风格中，蕴藏着作者圆熟的笔墨技巧、深厚的传统功力、广博的文化素养和高尚的艺术情操，达到了登峰造极的境界。

《多宝塔碑》

《多宝塔碑》是唐朝著名书法家颜真卿早期的代表作品，为后人初学书法的极佳范本。颜真卿（709~785），字清臣，京兆万年（今陕西西安）人，一说为琅琊临沂人。颜真卿家学渊源，精于书法，师承褚遂良、张旭，而自成一格，是唐代的大书法家。此碑字体为楷书，正书三十四行，每行六十六字。原在唐长安安定坊千福寺，宋代移西安碑林，现藏于西安碑林。

此碑并没有形成颜真卿宽博雄浑的风格特点，但在某种程度上可以说，从《多宝塔碑》开始，颜真卿逐渐走上了其独创一家的探索之路。此碑笔笔藏锋、笔笔回锋，结构疏密匀称，风格严谨庄重。书写恭谨诚恳，直接二王、欧、虞、褚遗风，与唐人写经有明显的相似之处，说明颜真卿在向前辈书法家学习的同时，也非常注重从民间的书法艺术中吸取营养。整篇结构严密，字里行间有乌丝栏界格，点画圆整，端庄秀丽，一撇一捺显得静中有动，飘然欲仙。整体看来，浑厚丰满、端庄缜密。

《苦笋帖》

《苦笋帖》是唐代书法家怀素传世书迹的代表作。怀素（737~799），字藏真，俗姓钱，湖南零陵郡人。自幼出家为僧，经禅之暇，爱好书法，刻苦临池，采蕉叶练字，木板为纸，板穿叶尽，秃笔成家。怀素是中国历史上杰出的书法家，他的草书称为"狂草"，用笔圆劲有力，使转如环，奔放流畅，一气呵成，和张旭齐名。后世有"张颠素狂"或"颠张醉素"之称。怀素与张旭形成唐代书法双峰并峙的局面，也是中国草书史上两座不可企及的高峰。传世书迹有《自叙帖》《苦笋帖》《食鱼帖》《圣母帖》《论书帖》《大草千文》《小草千文》诸帖。

《苦笋帖》两行十四字，字虽不多，但技巧娴熟，精练流逸，瘦肥相宜，流畅生动。运笔如骤雨旋风，飞动圆转，虽变化无常，但法度具备。从此帖看亦是多用枯墨瘦笔。尽管笔画粗细变化不多，但有单纯明朗的特色，增强了结体疏放的感觉，与其奔流直下、一气呵成的狂草书势相得益彰。

《步辇图》

《步辇图》是以贞观十五年（641）吐蕃首领松赞干布与文成公主联姻的历史事件为题材，描绘唐太宗接见来迎娶文成公主的吐蕃使臣禄东赞的情景，现藏于北京故宫博物院，出自初唐著名画家阎立本之手。阎立本（约601~678），中国唐代画家兼工程学家，雍州万年（今陕西西安临潼）人，出身贵族。其父阎毗北周时为驸马，因为阎擅长工艺，多巧思，工篆隶书，对绘画、建筑都很擅长，隋文帝和隋炀帝均爱其才艺。入隋后官至朝散大夫、将作少监。兄阎立德亦长书画、工艺及建筑工程。父子三人并以工艺、绘画驰名隋唐之际。阎立本除了擅长绘画外，而且还颇有政治才干。

图卷右半是在宫女簇拥下坐在步辇中的唐太宗，左侧三人前为典礼官，中为禄东赞，后为通译者。唐太宗的形象是全图焦点，作者煞费苦心地加以生动细致的刻画。画中的唐太宗面目俊朗，目光深邃，神情庄重，充分展露出唐代明君的风范与威仪。该图不设背景，结构上自右向左，由紧密而渐趋疏朗、重点突出，节奏鲜明。衣纹器物的勾勒墨线圆转流畅中时带坚韧，畅而不滑，顿而不滞；主要人物的神情举止栩栩如生，写照之间更能曲传神韵；图像局部配以晕染，如人物所穿靴筒的折皱等处，显得极具立体感；全卷设色浓重淳净，大面积红绿色块交错安排，富于韵律感和鲜明的视觉效果。

《簪花仕女图》

《簪花仕女图》是唐代画家周昉的作品。用笔朴实，气韵古雅，现藏辽宁省博物馆。周昉，字晦叔，生卒年代不详，唐代著名画家。出身于仕宦之家，是游于卿相间的贵族。曾任越州（今浙江绍兴）长史、宣州（今安徽宣城）长史别驾，其职位仅次于一州长官刺史。初学张萱而加以写生变化，多写贵族妇女，所作优游闲适，容貌丰腴，衣着华丽，用笔劲简，色彩柔艳，为当时宫廷、士大夫所重，称绝一时。画佛像，神态端严，时称神品。德宗闻其名，诏画章明寺，经月余始定，时推第一。其画风"衣裳简劲，彩色柔丽，以丰厚为体"。

画卷描绘了贵族妇女春夏之交赏花游园的情景。全图的构图采取平铺列绘的方式，卷首与卷尾中的贵妇均作回首顾盼宠物的姿态，将通卷的人物活动收拢归一。她们衣着华丽奢艳，动作悠闲，拈花、拍蝶、戏犬、赏鹤、徐行、懒坐、无所事事，侍女们持扇相从。其赋色技巧，层次明晰，面部的晕色，衣着的装饰，都极尽工巧之能事。轻纱的透亮松软，皮肤的温润光泽，都画得肖似，表现出作者具有高度的艺术技巧和概括能力。

《韩熙载夜宴图》

《韩熙载夜宴图》是五代时南唐画家顾闳中的作品，现藏于故宫博物院。顾闳中（约910~980），江南人，五代南唐画家。时任画院待诏。他善于画人物，用笔圆劲，间以方笔转折，设色浓丽，善于描摹神情意态。据历史记载，后主李煜欲用韩熙载为相，派画院画家顾闳中、周文矩夜至其家，窥看他与门生宾客夜宴情景，绘成此图。绘画分五段，分别画出韩熙载与其宾客舞伎们听琴、观舞、休息、调笔等情节。夜宴众人在静听演奏琵琶，有坐有立，有的侧耳，有的倾身，有的回眸，有的抱膝，都集中在"听"字上。韩熙载眉尖耸起，注视着演奏者，在沉醉中又显露出忧郁之情。全画运笔精熟，色彩绚丽，显示出画家杰出的写实能力和五代人物画的水平。

这幅巨作中共有四十多个神态各异的人物，个性突出，神情自然，生动地反映出那个特定时代的风情。

《清明上河图》

《清明上河图》现存北京故宫博物院，作者是北宋著名画家张择端。张择端（1085~1145），字正道，又字文友，东武（今山东诸城）人。早年游学汴京（今开封），后习绘画，徽宗时在翰林图画院任职。善画风俗画，尤擅绘舟车、市肆、桥梁、街道、城郭等。其作品大都失传，存世《清明上河图》《金明池争标图》，为我国古代的艺术珍品。

画卷描绘的是当年汴京近郊在清明时节社会各阶层的生活景象，真实生动，是一件具有重要历史价值的优秀风俗画。清明上河是当时的民间风俗，如像今天的节日集会，人们借以参加商贸活动。全图规模宏大，结构严谨，大致分为三个段落：第一段是市郊景画；第二段是汴河；第三段是城内街市。总计在五米多长的画卷里，共绘了五百五十多各色人物，牛、马、骡、驴等牲畜五六十匹，车二十多辆，大小船只二十多艘。房屋、桥梁、城楼等也各有特色，体现了宋代建筑的特征。张择端的《清明上河图》是一幅描写北宋汴京城一角的现实主义的风俗画，具有很高的历史价值和艺术水平。

《富春山居图》

《富春山居图》是元代著名书画家黄公望脍炙人口的名作，世传乃黄公望画作之冠。黄公望（1269~1354），字子久，号一峰、大痴道人、井西老人等。工书法，通音律，善诗词，少有大志，青年有为，中年受人牵连入狱，饱尝磨难，年过五旬隐居富春江畔，师法董源、巨然，潜心学习山水画。黄公望把"毕生的积蓄"都融入绘画创作中，呕心沥血，历时数载，终于在年过八旬时，完成了这幅堪称山水画最高境界的长卷——《富春山居图》。

这幅画卷神韵超逸，体备众法，脱化浑融。它以长卷的形式，描绘了富春江两岸初秋的秀丽景色，峰峦叠翠，松石挺秀，云山烟树，沙汀村舍，布局疏密有致，变幻无穷，以清润的笔墨、简远的意境，把浩渺连绵的江南山水表现得淋漓尽致，达到了"山川浑厚，草木华滋"的境界。

《墨葡萄图》

《墨葡萄图》是明朝著名画家徐渭的水墨大写意花卉的代表。徐渭（1521~1593），初字文清，改字文长，号天池、又号青藤道人、田水月等。浙江山阴（今绍兴）人，明代杰出书画家、文学家。自幼聪慧，文思敏捷，且胸怀大志。一生遭遇十分坎坷，可谓"落魄人间"。最后入狱八年。获释后，贫病交加，以卖诗、文、画糊口，潦倒一生。他擅长画水墨花卉，用笔放纵，画残菊败荷，水墨淋漓，古拙淡雅，别有风致。兼绘山水，纵横不拘绳墨，画人物亦生动，其笔法更趋奔放、简练，干笔、湿笔、破笔兼用，风格清新，恣情汪洋，自成一家，形成"青藤画派"。传世著名作品有《墨葡萄图》轴、《山水人物花鸟》册（均藏于故宫博物院）、《牡丹蕉石图》轴，以及晚年所作《墨花》九段卷（现藏于故宫博物院）等。

此画纯粹以水墨写葡萄，随意涂抹点染。画上水墨葡萄一枝，串串果实倒挂枝头，鲜嫩欲滴，形象生动，给人玲珑剔透之感。茂盛的叶子以大块水墨点成。这幅作品风格疏放，代表了徐渭大写意花卉的风格，也是明代写意花卉高水平的杰作。

《荷花水鸟图》

《荷花水鸟图》是清朝著名画家朱耷的代表作之一，现藏于故宫博物院。朱耷（约1626~约1705），即八大山人，本名朱由桵，为明江宁献王朱权九世孙，江西南昌人，著名画家，清初画坛"四僧"之一。他署款时常将"八大山人"连缀写成"哭之、笑之"字样，以寄托愤懑。作为明宗室后裔，朱耷身遭国亡家破之痛，一生不与清王朝合作。他性情孤傲倔强，行为狂怪，以诗书画发泄其悲愤抑郁之情。一生清苦，命运多舛，这形成了天才艺术家必需的人生苦难，更造就了他的艺术价值。朱耷笔墨特点以放任恣纵见长，苍劲圆秀，清逸横生，不论大幅或小品，都有浑朴酣畅又明朗秀健的神韵。章法结构不落俗套，构图疏简、奇险，风格雄奇朴茂，在不完整中求完整。朱耷的绘画对后世影响极大。

画中孤石倒立，疏荷斜挂，细长的茎上生出一朵纤弱的荷花，一只翻着白眼的缩脖水鸟独立于小头朝下的怪石之上。空灵流动的构图，既气势博大，又虚实相生。画面上大片的空白，既增加了空间感，又增强了作品苍凉、悠远的气氛，给人以无穷的遐想。从这一幅作品中，人们很容易察觉作者怪诞、冷漠、高傲、孤独、白眼向人的个性特征。

建筑

故宫

故宫位于北京市中心，是无与伦比的古代建筑杰作，也是世界现存最大、最完整的古建筑群，被誉为"世界五大宫之首"（世界五大宫分别为：北京故宫、法国凡尔赛宫、英国白金汉宫、美国白宫、俄罗斯克里姆林宫）。北京故宫是明清两代的皇宫。历代宫殿都"象天立宫"以表示君权"受命于天"，由于君为天子，天子的宫殿如同天帝居住的"紫宫"禁地，因此又名紫禁城。

故宫始建于1406年，于1420年建成，是明成祖朱棣时期建筑的，历经明清两个朝代二十四个皇帝。故宫规模宏大，占地七十二万平方米。为了突出帝王至高无上的权威，故宫有一条贯穿宫城南北的中轴线，在这条中轴线上，按照"前朝后寝"的古制，布置着帝王发号施令，象征政权中心的三大殿（太和殿、中和殿、保和殿）和帝后居住的后三宫（乾清宫、交泰殿、坤宁宫）。"外朝"与"内廷"以乾清门为界，乾清门以南为外朝，以北为内廷，两者的建筑气氛迥然不同。

外朝以太和、中和、保和三大殿为中心，也称为"前朝"，是皇帝行使权力、举行盛典的地方。此外两翼东有文华殿、文渊阁、上驷院、南三所；西有武英殿、内务府等建筑。内廷以乾清宫、交泰殿、坤宁宫后三宫为中心，两翼为养心殿、东西六宫、斋宫、毓庆宫，后有御花园，是封建帝王与后妃居住之所。内廷东部的宁寿宫是当年乾隆皇帝退位后养老而修建的。内廷西部有慈宁宫、寿安宫等。此外还有重华宫，北五所等建筑。

颐和园

颐和园有"皇家园林博物馆"的美誉。它以昆明湖、万寿山为基址，以杭州西湖风景为蓝本，汲取江南园林的某些设计手法和意境而建成的一座大型天然山水园，也是我国现存的规模最大、保存最完整的一座皇家行宫御苑，是中国四大名园（其他三座园林分别是：承德避暑山庄、苏州的拙政园、苏州的留园）之一。

颐和园原是清朝帝王的行宫和花园，前身为清漪园，始建于1750年，1764年建成，水面约占整个园林的四分之三。颐和园集传统造园艺术之大成，万寿山、昆明湖构成其基本框架，借景周围的山水环境，饱含中国皇家园林的恢宏富丽气势，又充满自然之趣，高度体现了"虽由人作，宛自天开"的造园准则。园中主要景点大致分为三个区域：以庄重威严的仁寿殿为代表的政治活动区，是清朝末期慈禧与光绪从事内政外交活动的主要场所。以乐寿堂、玉澜堂、宜芸馆等庭院为代表的生活区，是慈禧、光绪及后妃居住的地方。以万寿山和昆明湖等组成的风景游览区，也可分为万寿前山、昆明湖、后山后湖三部分。颐和园亭台、长廊、殿堂、庙宇和小桥等人工景观与自然山峦和开阔的湖面相互和谐、艺术地融为一体，整个园林艺术构思巧妙，是集中国园林建筑艺术之大成的杰作，在中外园林艺术史上地位显著。

苏州拙政园

苏州拙政园是江南园林的代表，也是苏州园林中面积最大的古典山水园林。拙政园的布局疏密自然，其特点是以水为主，水面广阔，景色平淡天真、疏朗自然。它以池水为中心，楼阁轩榭建在池的周围，其间有漏窗、回廊相连，园内的山石、古木、绿竹、花卉，构成了一幅幽远宁静的画面，代表了明代园林建筑风格。1509年，明代弘治进士、明嘉靖年间御史王献臣仕途失意归隐苏州后，聘著名画家、吴门画派的代表人物文徵明参与设计蓝图，历时十六年建成。园的名字暗喻自己把浇园种菜作为自己（拙者）的"政"事。

拙政园中现有的建筑，大多是清咸丰十年（1860）拙政园成为太平天国忠王府花园时重建的，至清末形成东、中、西三个相对独立的小园。

中部是拙政园的主景区，为精华所在。其总体布局以水池为中心，亭台楼榭皆临水而建，有的亭榭则直出水中，具有江南水乡的特色。池广树茂，景色自然，临水布置了形体不一、高低错落的建筑，主次分明。总的格局仍保持明代园林浑厚、质朴、疏朗的艺术特色。西部原为"补园"，其水面迂回，布局紧凑，依山傍水建以亭阁。起伏、曲折、凌波而过的水廊、溪涧则是苏州园林造园艺术的佳作。东部原称"归田园居"，布局以平冈远山、松林草坪、竹坞曲水为主。配以山池亭榭，仍保持疏朗明快的风格，主要建筑有兰雪堂、芙蓉榭、天泉亭、缀云峰等，均为移建。

拙政园，这一大观园式的古典豪华园林，以其布局的山岛、竹坞、松岗、曲水之趣，被胜誉为"天下园林之母"。

苏州拙政园

白马寺

　　白马寺位于河南洛阳城东，古称金刚崖寺，号称"中国第一古刹"，是佛教传入中国后第一座官办寺院。它建于东汉明帝永平十一年（68），距今已有近两千年的历史。

　　白马寺原建筑规模极为雄伟，历代又曾多次重修，但因屡经战乱，数度兴衰，古建筑所剩无几，经过多次修葺，现有五重大殿和四个大院以及东西厢房。白马寺的山门为明代重建，为一并排三座拱门，代表三解脱门，佛教称之为涅槃门。山门外，广场南有近年新建石牌坊、放生池、石拱桥，其左右两侧为绿地。左右相对有两匹石马，大小和真马相当，形象温和驯良，这是两匹宋代的石雕马，是优秀的石刻艺术品。部分门洞券面上刻有工匠姓名，皆为东汉遗物。山门内东西两侧有摄摩腾和竺法兰二僧墓。五重大殿由南向北依次为天王殿、大佛殿、大雄殿、接引殿和毗卢殿。每座大殿都有造像，多为元、明、清时期的作品。毗卢殿在清凉台上，清凉台为摄摩腾、竺法兰翻译佛经之处。东西厢房左右对称。整个建筑宏伟肃穆，布局严整。此外，还有碑刻四十多方，对研究寺院的历史有重要价值。

　　从白马寺大门向东走约三百多米，有一座十三层的齐云塔，直插云霄。齐云塔始建于五代时期，原为木塔，北宋末年金兵入侵时烧毁。金朝大定年间重建此塔，至今已有八百多年历史。

少林寺

　　少林寺有"禅宗祖廷，天下第一名刹"之誉，是中国佛教禅宗祖庭，位于河南登封城西少室山。南北朝时，天竺僧人菩提达摩到中国，善好禅法，颇得北魏孝文帝礼遇。太和二十年（496），敕就少室山为佛陀立寺，供给衣食。寺处少室山林中，故名少林。据佛教传说，禅宗初祖菩提达摩在华以4卷《楞伽经》教授学者，后渡江北上，于寺内面壁九年，传法慧可。此后少林禅法师承不绝，传播海内外。

　　现存建筑包括常住院及附近的塔林、初祖庵、二祖庵及达摩洞等。从山门到千佛殿，共七进院落，总面积达三万平方米。山门的正门是一座面阔三间的单檐歇山顶建筑，它坐落在两米高的砖台上，左右配以硬山式侧门和八字墙，整体配置高低相衬，十分气派。门额上有清康熙帝亲笔所提"少林寺"三个大字，更添一道辉煌的景色。

一进山门，便见弥勒佛供于佛龛之中，大腹便便，笑口常开，人称"大肚佛""皆大欢喜佛"。神龛后面立有韦驮的木雕像，神棒在握，是少林寺的护院神。过了山门，便是甬道，两旁碑石如林，故称碑林。经甬道过碑林后便是天王殿，它是一座三间重檐歇山顶殿堂，外面有两大金刚，内里则是四大天王像，个个威武雄壮。穿过天王殿，其后有大雄宝殿。殿内供奉着释迦牟尼、阿弥陀佛、药师佛的神像，屏墙后面悬塑观音像，两侧有十八罗汉侍立。大雄宝殿之后，又有藏经阁，这是寺僧藏经说法的场所。

少林寺西面不远处，就是国内现存的最大塔林。这些古塔是历代少林寺和尚的墓塔，共计230余座。古塔因建筑年代不同而具有不同的建筑风格，它们造型典雅，石雕艺术精湛，塔铭大多涉及古代中外文化交流和少林武功。

赵州桥

赵州桥又名安济桥，坐落在河北省南部的汶河上。赵州桥建于隋代大业年间（605~618），由著名匠师李春设计和建造，距今已有一千四百年的历史，是当今世界上现存最早、保存最完善的古代敞肩石拱桥。李春他们在设计和施工中创下许多技术成就，把我国古代建筑技术提高到一个全新的水平。

赵州桥的设计在我国桥梁技术史上有以下创新：一、采用圆弧拱形式，改变了我国大石桥多为半圆形拱的传统。这样实现了低桥面和大跨度的双重目的，桥面过渡平稳，车辆行人非常方便，而且还具有用料省、施工方便等优点。二、采用敞肩。这是李春对拱肩进行的重大改进，把以往桥梁建筑中采用的实肩拱改为敞肩拱，即在大拱两端各设两个小拱。首先，可以增加泄洪能力，减轻洪水季节由于水量增加而产生的洪水对桥的冲击力；其次，敞肩拱比实肩拱更可节省大量土石材料，减轻桥身的自重；最后，增加了造型的优美，四个小拱均衡对称，大拱与小拱构成一幅完整的图画，显得更加轻巧秀丽，体现建筑和艺术的完整统一。三、单孔，河心不立桥墩，使石拱跨径长达37米之多，这是我国桥梁史上的空前创举。

开封铁塔

开封铁塔，现坐落在河南省开封城东北隅的铁塔公园内，因塔身全部以褐色琉璃瓦镶嵌，远看酷似铁色，故称为"铁塔"，素有"天下第一塔"的美称。铁塔建于北宋皇祐元年（1049），由于当时建筑在开宝寺内，因此，又名"开宝寺塔"，距今已有九百多年的历史。铁塔以卓绝精湛的建筑艺术及宏伟秀丽的身姿而驰名中外。

铁塔完全采用了中国传统的木式结构形式，砖与砖之间垒砌严密合缝，有沟有槽。铁塔呈等边八角形，共十三层，高55.88米，底层每面阔为4.16米，向上逐层递减。塔身遍砌花纹砖，上有飞天、麒麟、菩萨、乐伎、狮子等花纹图案50余种，造型优美，神态生动，堪称宋代砖雕艺术杰作。铁塔设计精巧，结构坚固，虽经地震、河患、狂风暴雨和人为的破坏，仍巍然屹立。塔身内砌旋梯登道，可拾阶盘旋而上，直登塔顶。当登到第五层时，可以看到开封市内街景，登到第七层时看到郊外农田和护城大堤，登到第九层便可看到黄河如带，登到第十二层直接云霄，顿觉祥云缠身，和风扑面，犹若步入太空幻境，故有"铁塔行云"之称。

杭州六和塔

杭州六和塔，位于钱塘江北岸月轮峰上，是北宋时吴越王为镇钱塘潮而建。六和塔塔身为九层，高五十余丈，撑空突起，跨陆俯川。塔顶层装置明灯，为夜航船只指南，后毁于兵火。现存砖建塔身，为南宋绍兴二十六年（1156）重建的。外现十三层木檐，内有六层封闭，七层与塔身内部相通。六和塔自外及里，可分外墙、回廊、内墙和小室四个部分，形成内外两环。内环为塔心室，外环为厚壁，中间夹以回廊，楼梯置于回廊之间。外墙的外壁，在转角处设倚柱，并联结木檐。墙身四面壁门，因墙厚 4.12 米，故进门后，就形成一甬道。甬道两侧有壁龛，壁龛下部做成须弥座。穿甬道而过，内为回廊、内墙四边辟门，另四边为壁龛，相间而成。

六和塔所有壶门均线条流畅，是南宋时期典型做法。塔身第七层和塔刹为元代重修。六和塔中须弥座上砖雕约 200 处，题材丰富，造型生动，有斗艳争奇的石榴、荷花、宝相；有展翅飞翔的凤凰、孔雀、鹦鹉；有舞腾跳跃的狮子、麒麟、棱猊；还有昂首起舞的飞仙、嫔伽等。塔身自下而上塔檐逐级缩小，塔檐翘角上挂了 104 只铁铃。檐上明亮，檐下阴暗，明暗像从远处观看，显得十分和谐。外形雍容大度，气宇不凡，塔内每二层为一级，由螺旋阶梯相连，壁上饰有"须弥座"。塔内第三级须弥座上雕刻花卉飞禽、走兽、飞仙等各式图案，刻画精细。六和塔构思精巧，结构奇妙，是我国古代建筑艺术的杰作。

云冈石窟

云冈石窟位于山西省大同市西，是我国三大石窟之一（云冈石窟、龙门石窟、莫高窟并称为我国"三大石窟"）。石窟依山开凿，东西绵延一公里。现存主要洞窟 45 个，计 1100 多个小龛，大小造像 51000 余尊，它是我国规模最大的石窟群之一，也是世界闻名的艺术宝库。

云冈石窟是在北魏中期开凿的，前后计六十多年才得以建成，距今已有一千五百多年的历史。云冈石窟雕刻在我国三大石窟中以造像气魄雄伟、内容丰富多彩见称。最小的佛像 2 厘米，最大的高达 17 米，多为神态各异的宗教人物形象。整个石窟分为东、中、西三部分，石窟内的佛龛，像蜂窝密布，大、中、小窟疏密有致地镶嵌在云冈半腰。东部的石窟多以造塔为主，故又称塔洞；中部石窟每个都分前后两室，主佛居中，洞壁及洞顶布满浮雕；西部石窟以中小窟和补刻的小龛为最多。

整座石窟气魄宏大，外观庄严，雕工细腻，主题突出。石窟雕塑的各种宗教人物形象神态各异。在雕造技法上，继承和发展了我国秦汉时期艺术的优良传统，又吸收了犍陀罗艺术的有益成分，创建出云冈独特的艺术风格，对研究雕刻、建筑、音乐和宗教都是极为珍贵的宝贵资料。

云冈石窟

莫高窟

莫高窟，俗称千佛洞，被誉为20世纪最有价值的文化发现。莫高窟坐落在河西走廊西端的敦煌，以精美的壁画和塑像闻名于世。莫高窟最初开凿于前秦建元二年（366），至元代（1271~1368）基本结束，其间断断续续经过近千年的开凿，使莫高窟集各时期建筑、石刻、壁画、彩塑艺术为一体，成为世界上规模最庞大，内容最丰富，

莫高窟

历史最悠久的佛教艺术宝库。现有洞窟735个，壁画4.5万平方米、泥质彩塑2415尊。这些艺术珍品不仅反映了中国中古时期宗教和社会生活情况，同时也表现出历代劳动人民的杰出智慧和非凡成就。

古代艺术家在继承中原汉民族和西域兄弟民族艺术优良传统的基础上，吸收、融合

了外来的表现手法，发展成为具有敦煌地方特色的中国民族风俗的佛教艺术品，为研究中国古代政治、经济、文化、宗教、民族关系、中外友好往来等提供了珍贵资料，是人类文化宝藏和精神财富。石窟壁画富丽多彩，各种各样的佛经故事，山川景物，亭台楼阁等建筑画、山水画、花卉图案、飞天佛像以及当时劳动人民进行生产的各种场面等，是十六国至清代一千五百多年的民俗风貌和历史变迁的艺术再现。莫高窟的壁画上，处处可见漫天飞舞的美丽飞天。有的手捧莲蕾，直冲云霄；有的从空中俯冲下来，势若流星；有的穿过重楼高阁，宛如游龙；有的则随风漫卷，悠然自得。画家用那特有的蜿蜒曲折的长线、舒展和谐的意趣，呈献给人们一个优美而空灵的想象世界。

第九章　历史趣谈

历史之趣

开国侵帝汉高祖刘邦

俗话说："流氓会武术，谁也挡不住。"流氓为了达到目的不择手段，无所不用其及。而其中典型的代表就是汉朝开国皇帝刘邦。一提起刘邦，人们脑海中便随之而来"流氓天子"的标签，但真正的刘邦其实不是流氓。那他到底是什么人呢？

《史记·高祖本纪》记载："高祖为人……常有大度，不事家人生产作业……好酒及色。"不劳动却好色，而《汉书》还记载说他："刘季固多大言，少成事。"整天满嘴跑火车，不干正事。在打了败仗时，为了轻装逃跑，就把自己的儿女从车上推下去，部下把他的孩子抱回来后，他又把他们第二次推下车去。由此认为刘邦是个泼皮无赖，行为流氓无比。

实际上，刘邦只是不好生产，不想像父辈一样劳作，而好色则是男人的天性，至于爱说大话，也不能成为其流氓的证据，最多是个"大炮"而已。

《史记·项羽本纪》记载，楚汉战争时，项羽抓住刘邦的父亲，以刘邦的老父为人质，威胁他说："你不抓紧投降，我就把你爹煮了吃。"实际上，项羽的这种行为才是一种"流氓行径"，无耻至极，而刘邦的回答则不亢不卑，非常精彩，可以说是当时的情况下的最佳选择。"我和你一起受怀王之命，我们结拜为兄弟，我爹就是你爹，你如果非要把我爹煮了，那别忘了要分我一杯羹。"不但丝毫不服软，还把项羽奚落一顿。很多人在这里看到了刘邦的流氓性是因为他们认为刘邦不把老父的生死放在心上，但在那种情况下，越是强硬，越是表现出很在乎老父的生命，越会使项羽觉得自己得逞了，越不会有好的结果；而如果表现得对此不屑一顾，则更有可能让老父得以生还。后来的事实也证明了刘邦当初的策略是正确的。

刘邦打了败仗坐在车上逃跑，楚兵在后面追赶。逃跑途中，遇到了刘邦的儿子与女儿，于是带上这两个孩子一起跑。楚兵追得急，刘邦就把儿子与女儿一起推下车，跟随刘邦逃跑的夏侯婴跳下车再把这两个孩子抱上来，并说"虽然情况很紧急但也不能丢下孩子不管"，这样反复数次，刘邦甚至气得要为此杀掉夏侯婴。这在后人眼里成了刘邦自私自利、心肠狠的又一个证据。但让我们设想一下，当时楚兵追赶正急，如果追上了刘邦等人，两个孩子也未必能生还；而楚兵追赶的目标是刘邦，把两个孩子推下车让他们自行逃脱，他们生存的机会反而会更大。从另一方面讲，当时刘邦家人的安危系于刘邦一身，如果刘邦死了，他的家人断无生还之理；而只有刘邦逃脱了，他家人即使被项羽抓了也只会被当作人质而不会轻易被杀掉。事实上，刘邦的老父和妻子就是在这次战斗中被抓的，然而终于能平安归来，就是因为刘邦逃脱了。从感情上说，夏侯婴所谓"虽急不弃"是应该的，但是思考再三便会发现，刘邦的做法则是为了保全家人不得已而为之。至于刘邦瞧不起儒生，往儒生的帽子里撒尿，看起来的确十分流氓，但是却是因为刘邦对儒生一直鄙视而故意为之，并且他在称帝之后也重用了诸如叔孙通之类的儒生。

刘邦进入咸阳后，为了维护秩序，对自己的部队约法三章，要求手下的将士对黎民百姓秋毫不犯。另外，刘邦还下令废除了秦朝的苛捐杂税，开仓放粮，目的是让经历了众多战乱的老百姓都有田种，有饭吃。他的这一举措赢得了老百姓的拥护，树立了刘邦在普通大众心中的地位，为他以后建立大汉王朝打下了坚实的基础。刘邦登基以后昭告天下以文治国，礼贤下士，成为中国历史上的一代明君。平定天下后，刘邦命陆贾著书，研究前朝兴亡成败的经验教训，给后人以警示。他还命萧何参照秦朝法律"取其宜于时者，作律九章"，即"汉律九章"，重用叔孙通整理朝纲，叔孙通制定了一套适合当时形势需要的政治礼仪制度，撰写了《汉仪十二篇》《汉礼度》《律令傍章十八篇》等仪法法令方面的专著，为汉朝的建立和巩固起了重要作用，也为后人留下了一笔宝贵的文化遗产。他以儒家思想为主，法家思想为辅，取消秦时的"严刑峻罚"，提出了"德主刑辅"，宽柔相济的统治理念，成为中国历史上第一次用道家思想成功治国的光辉典范。同时他还下令减轻人民的负担，如减轻田租，什五税一，"与民休息"，凡民以饥饿自卖为奴婢者，皆免为庶人，士兵复员归家，豁免其徭役等，使得百姓得以生息，民心得以凝聚，国家得以巩固，显示了他千古一帝的王者风范。

经过四年的楚汉战争，刘邦最终击败项羽，统一中国，建立了大汉王朝，完成他一生最辉煌的事业。更难能可贵的是，称帝后的刘邦基本完成了他从痞子流氓到千古帝王的成功蜕变，迅速地将中国的大乱转变为大治，并抓住历史机遇，使中国统一和强大起来，取得历史性的发展。所以说，刘邦不仅不是个流氓天子，还是一个能屈亦能伸的大丈夫。

唐朝"楼市"也曾崩盘，朝廷没有救市

楼市一直是大家关心的热点，因为它既重要，又经常变化。在古代，虽然土地制度和市场状况与现在不可同日而语，但其中的变化也是风云莫测——按我们现在的收入算，唐朝的房子就曾经从几百、上千元一平米跌到过几十元。

敦煌房价在"千元"以上

唐宣宗大中十年（856年），敦煌居民沈都和因为急等钱用，卖掉了自家的房子。按照惯例，他跟买方签了一份房屋转让合同，合同上写道：

慈惠乡百姓沈都和，断作舍物，每尺两硕五升，准地皮尺数。算著舍椟物二十九硕五斗六升九合五圭干湿谷米。其舍及地当日交相分付讫。（《敦煌资料》第一辑第298页）

什么意思呢？就是说沈都和这套房子按面积计价，每尺价值小麦两硕五升。另外房子里所有家具陈设也随房子一块儿出让，价值小麦二十九硕五斗六升有余。

合同上写的"一尺"是指一平方尺，唐朝一尺有 0.3 米，一平方尺就是 0.09 平方米。"硕"是容量单位，跟"石"通用。唐朝一石有 59.4 公升，一斗是 1/10 石，一升是 1%石。按每公升小麦重 1.5 斤计算，唐朝一石小麦重 90 斤，一斗小麦重 9 斤，一升小麦重 0.9 斤。所以"两硕五升"小麦重约 180 斤，按今天麦价 8 毛一斤去买，至少需要 140 元。

前面说过，"一尺"是 0.09 平方米，"每尺两硕五升"，说明每 0.09 平方米能卖 140 元，也就是每平方米能卖 1555 元。放在 1000 多年以前的敦煌，这房价是很高的。

平民"月薪"不足 300 元

不过历史不喜欢孤证，单凭这一宗交易，并不能说明敦煌的房价普遍高企，再看下一个例子。

唐僖宗乾符二年（875 年），同样住在慈惠乡的另一位敦煌居民陈都知卖掉了自家的宅基，换来小麦"八百五硕五斗"，即 805.5 石（张传悉《中国历代契约会编考释》）。按每石价值 140 元计算，陈都知家的宅基卖了人民币 112770 元。那块宅基有多大呢？东西宽三丈九尺，南北长五丈七尺。唐朝三丈九尺折合今天 11.8 米，五丈七尺折合今天 17.2 米，假定陈家宅基的形状比较规则，那么其面积就有 203 平方米。拿宅基总价除以宅基面积，可以得出这块宅基的单价：每平方米 556 元。考古报告显示，唐代敦煌民宅全是单层，容积率很低，所以当地价高达五六百元一平方米的时候，房价在千元以上是完全合乎逻辑的。

我手头还有一批唐代敦煌的雇佣文书，那些文书上显示，在公元 9 世纪后期，不管是帮人牧马放羊，还是给人运送货物，甚至包括替人当兵在内，敦煌平民每月的收入一般都不会超过两石小麦。换言之，那时"工薪阶层"的月薪大多在 300 元以下。像这样的收入水平，就是一年不吃不喝，也只能挣够两三平方米，倘若想买一套像模像样的房子，恐怕得忙活几十年。

我不知道千年以前的敦煌是否也有大量需要买房居住的朋友，如果有的话，我猜他们肯定会郁闷，会彷徨，会对房价畸高的房地产市场发泄出汹涌澎湃的怨恨和失望，就像我们今天的某些购房者曾经做过的那样。

"楼市"突然崩盘

值得庆幸的是，这样的状态并没维持多久，敦煌房价在每平方米 1555 元这个制高点上盘旋了一会儿，很快就急转直下，像一架失事飞机那样栽着跟斗俯冲下去。套一句比较现代的说法，敦煌"楼市"崩盘了。

唐昭宗乾宁四年（897 年），敦煌居民张义全卖房，"东西一丈三尺五寸，南北二丈二尺五寸"，只卖了小麦"五十硕"（《敦煌宝藏》第 32 册第 980 页）。一计算得知其建筑面积 28 平方米，售价 7000 元，每平方米才卖 250 元。唐昭宗天复二年（902年），敦煌居民曹大行跟人换房，"东西三丈五尺，南北一丈二尺"的房子，仅估价"斛斗九石"（《敦煌宝藏》第 32 册第 99 页）。换言之，38 平方米的房子，只能卖 1260元，已经降到了 33 元一平方米。

关于敦煌房价，目前能找到的文献非常之少，暂时还弄不清刚开始房价为什么高企，后来又为什么暴跌。另外鉴于中原和江南地区出土的唐代经济文献更加稀少，所以也不敢确定在敦煌之外的其他区域是不是同时出现了房价暴跌的现象。

朝廷没有"救市"

不过可以确定一点：在敦煌房价暴跌之后，大唐朝廷和敦煌政府都没有出手救市。因为查《新唐书》《旧唐书》，查记载唐朝史事更为翔实的类书《册府元龟》，唐代官修的会典《唐六典》及中科院历史所辑录、中华书局出版的敦煌石室藏书释文汇编《敦煌资料》，从中既没有发现唐朝中央政府曾经降低房贷利率和首付的记录，也没有找到敦煌地方政府曾经为购房者提供补贴的迹象。当然，唐朝没有银行，也没有房贷，那时候的中央政府压根儿不可能通过降低利率和首付来救市。

唐朝政府之所以不救市，倒未必是因为它更能替广大购房者着想，才容许房价不断下滑，而极有可能是因为以下几个原因：

第一，当时没有专门的开发商，所谓房地产交易只是在业主之间进行的二手房买卖，而业主们作为一盘散沙，是没有能力游说政府做出救市决策的。

第二，当时房地产行业在整个国民经济领域所占的比重非常小，无论这个行业是否兴旺，都不会导致 GDP 下滑。

第三，当时的财政收入主要来自田赋和人头税，政府从来没有想过卖地生财，房价暴涨也好，暴跌也罢，只能影响地价，而影响不到政府的利益。

宋代私家菜

我一位同事，有道家传凉菜：将鱼鳞熬化，凝成冻以后斜切，加汁调和。她叫不上这道菜的名字，其实在宋朝的饭馆里，这是一道寻常美味，名曰"水晶脍"，黄庭坚还给了它一个更风雅的名字"醒酒冰"。不过，食不厌精的宋朝士大夫绝不会到此止步，他们改变原料，自制醒酒冰，不仅要讲色香味，还要讲意境呢。

《山家清供》据说是宋人林洪所编，作为保存至今的最古老的食谱之一，最不简单的地方，在它的定位——专门记录宋朝士大夫风雅、清新的"私家菜"。像《东京梦华录》里罗列的那些个市井菜肴，就绝对不配在《山家清供》里露脸。其中有一道凉拌菜"素醒酒冰"，就很可以传达该食谱所倡导的"食道"精神：

米泔浸琼脂菜，曝以日，频搅，候白，洗，捣烂，熟煮。取出，投梅花十数瓣，候冻，姜、橙为脍齑，供。

把琼脂菜（如今叫作石花菜，是制作琼脂的原料）洗净、泡软，再煮化成胶——

这就是琼脂了。琼脂倒在容器里，趁热投进去十几片梅花。等琼脂冷凝成冻后，切细条（这是"醒酒冰"——水晶脍的吃法，我推测，"素醒酒冰"也该以相同方法处理），用姜和鲜橙肉佐拌。

似乎宋代士人的"私家菜"约略接近日本菜的风格，讲究清淡、自然，只是这清淡，这自然，却是经过极精心的设计与炮制而成。"素醒酒冰"其实是针对着当时流行的荤"醒酒冰"。荤"醒酒冰"，本名叫"水晶脍"，全因黄庭坚爱搞怪，一时兴起，给俗菜取了个雅名——

醉卧人家久未曾，偶然樽俎对青灯。

兵厨欲罄浮蛆瓮，馈妇初供醒酒冰。（《饮韩三家醉后始知夜雨》）

作者自注云："予常醉后字'水晶脍'为'醒酒冰'，酒徒皆以为知言。"

水晶脍是宋代很火的一道大众凉菜，用鱼鳞熬成，南宋词人高观国专就写过一首《菩萨蛮·水晶脍》：

玉鳞熬出香凝软，并刀断处冰丝颤。红缕间堆盘，轻明相映寒。

纤柔分劲处，腻滑难停箸。一洗醉魂清，真成醒酒冰。

其相关做法，南宋人陈元靓《事林广记》中有详细记录：

赤稍（梢）鲤鱼鳞，以多为妙，净洗，去涎水，浸一宿。用新水于锅内慢火熬，候浓，去鳞，放冷即凝。细切，入五辛，醋调和，味极珍。须冬月调和方可。

这样的水晶脍，北宋汴梁、南宋临安，饮食店里处处售卖，是一道寻常美味小菜，《东京梦华录》《武林旧事》里都有提及。从高观国的描写来看，鱼鳞熬成的水晶脍，不仅透明、轻滑，而且口感清爽，是醒酒的佳味。它用五辛、醋来调味，可见糖、盐之类大约都要放，口味偏重。《山家清供》偏偏弄出个"素醒酒冰"，不仅用无味的琼脂为主料，而且只以姜、橙的清新味道来做提点。

王敦煌的《吃主儿》（三联书店2005年版）里也提到用"洋粉"自制夏日冷食的经历，作者似乎不知道"洋粉"就是琼脂。今天，家庭中自制冷食的时候，多是把琼脂作为一种凝冻剂，而不是作为主料。不过，"素醒酒冰"把天然花瓣投到凝冻中的做法，也许对今天的美食爱好者还是有启发意义——来一款果冻，或者冰淇淋，其中凝有片片花瓣，那感觉如何？

历史上专业从事烹饪的，多为男性，不过唐宋时有不少女厨的身影相当活跃，为皇帝烹调的称"尚食娘子"，为大小官吏当差的称"厨娘"。据廖莹中《江行杂录》等宋代笔记所载，厨娘地位虽然不高，但赏赐丰厚，一手绝艺往往为主人家增光添彩，非大富之家别想请到她们做饭。

朱元璋的反贪运动

所谓"学《大诰》运动"，即朱元璋晚年为了整顿官僚队伍清除腐败现象，而在全国范围内兴起的一场官民大学习和群众大造反运动。

宁可错杀一千，不可放过一个

在历代帝王中，朱元璋是对贪污腐败最深恶痛绝的一个。这种痛恨，既源于血液，又源于理智。作为一个前贫民，疾恶如仇是因为自己底层生活的痛苦经历；作为一个帝王，他的痛恨则来自对自己家业的爱惜，他生怕这些硕鼠咬坏自己辛辛苦苦建立起来的统治之网。

朱元璋采取了中国历史上最严厉的措施来惩贪。他生性苛细，连多用一张信纸在他眼里都算贪污。翻开《大诰三编》，你会看见皇帝亲自惩办的贪污案里，有这样一些赃物，"收受衣服一件、靴二双"，"圆领衣服一件"，"书四本，网巾一个，袜一双"。官员犯了别的错误尚可饶恕，唯有贪污，绝不放过。在反贪运动的开始，他规定凡贪污六十两银子的，就剥皮楦草，摆在衙门前示众。按说这一规定已经残酷至极，不想他后来公布的政策更为极端："今后犯赃的，不分轻重都杀！"

对贪污之官，朱元璋宁错杀一千，不可放过一个。他规定，凡有贪污案件，都要层层追查，顺藤摸瓜，直到全部弄清案情，将贪污分子一网打尽为止。这样做固可使贪吏无所遁形，但在法制不健全的情况下，却也易生流弊，审理者务为严酷以邀上恩，株连蔓引，往往累及无辜。从洪武四年（1371年）到洪武十八年，朱元璋在全国范围内掀起了数次轰轰烈烈的反腐败运动。如洪武四年甄别天下官吏，洪武八年的空印案，洪武十八年的郭桓案，声势都极浩大。两案连坐被冤杀的达七八万人。

由于诛戮过甚，两浙、江西、两广和福建的行政官吏，从洪武元年（1368年）到十九年（1386年）竟没有一个做到任期满的，往往未及终考便遭到贬黜或杀头。用朱元璋自己的话说："自开国以来，两浙、江西、两广和福建设所有司官，未尝任满一人。"

千古奇文《大诰》

虽然惩贪措施如此严厉，腐败却从来没有绝迹。大的腐败消失了，小的腐败却仍然层出不穷。

朱元璋没有想到或者不愿想到的是，造成腐败的根本原因不是他的惩贪措施不严厉，而是中国的贪渎文化过于根深蒂固。在传统的中国社会，因为政治权力笼罩了社会生活的方方面面，而对权力的制约乏力，腐败机会遍地皆是。想让官员不贪，几乎如"渴马守水""饿犬护肉"一样不现实。而朱元璋的低薪制又加剧了腐败的蔓延。史称明代"官俸最薄"，一个县令月收入不过合五两银子，这五两银子不光要负担县令个人的生活，还要供养家庭，支付师爷们的工资。因此，如果不贪污，大明王朝的官员们根本活不下去。

对于官员如此悍不畏死，甘蹈法网，朱元璋震惊之余，把原因归结于旧朝不良思想的污染。他说，经过一百年的元朝统治，人心不古，导致"天下臣民不从教者多"，其中官员们尤其如此。他决定在全国范围内兴起一次强制性的深入的全民思想教育活动。为此他亲自制作了《大诰》这一千古奇文，作为这次运动的学习材料。

所谓《大诰》，就是一本血淋淋的案例汇编。朱元璋把他惩办的大案要案，编成一册，夹杂以大量的说教。由于是朱元璋亲笔所作，所以这本书文辞鄙俗，体例杂乱，多语句不通之处。因为以威胁恐吓官吏百姓为目的，所以他选取的案例都是血腥残忍令人发指者。

洪武十八年（1385年），朱元璋下令说：这本大诰，"一切官民诸色人等，户户有此一本"。终洪武一朝，《大诰》三编共印行数千万本，成为近代史上全球发行量最大的出版物。明王朝从城市到乡村，每家每户的正堂上，都供着一套《大诰》，令全国人民利用一切业余时间学习《大诰》。

全民性的捉贪运动

为了彻底消灭腐败现象，建设一支纯而又纯的官员队伍，朱元璋想到了求助于广大人民群众。洪武中叶，大明帝国里发生了一件中国史上前所未有的事情：皇帝号召底层民众起来，造官僚阶级的反。

朱元璋在《大诰三编·民拿害民该吏三十四》中发出了这样的号召：我设各级官员的本意，是为了治理人民。然而，过去我所任命的所有官员，几乎都是不才无稽之徒……现在，我要靠你们这些年高有德的地方上的老人以及乡村里见义勇为的豪杰们，来帮助我治理地方。如果要靠当官的来给百姓做主，自我登基如今十九年，我还没见到一个人！

一开始，皇帝赋予百姓的是监督权。朱元璋告诉百姓，他们可以直接向他举报官员们的违法行为。并且许诺，皇帝会根据普通民众的意见来奖励和惩罚官员。洪武十九年（1386年），他的政策又大幅度地前进了一步，他令人吃惊地宣称，在他的帝国之内，任何一个人都可以冲进官府，捉拿他所不满意的官员。

另一章中又规定：百姓们捉拿吏员，当官的如果敢阻挡，那么"全家族诛"。

赋予"卑贱"的农民以不经任何法律程序，直接纠拿官吏的权力，这在中国政治史上是从来没有过的事情。

对于这场全国范围内疾风骤雨式的群众运动，朱元璋抱以极大的希望。在一则命令中，朱元璋谈到他的设想："如果天下百姓都听我的，认认真真照这个命令办，那么，不出一年，天下的贪官污吏都变成好官了。为什么？因为良民时刻监督，坏人不敢胡作非为，所以各级官员都不得不做好官，做好人。"

在动员加恐吓之下，朱元璋兴起的捉贪运动终于在各地兴起。在通往南京的路上，经常出现一群衣衫褴褛的百姓押解着贪官污吏行走的情景。也有贪官逃回家里，被亲戚捉住，送到京师。于是，大明天下出现了这样的情景：一直骑在人民头上作威作福的官员们要对百姓下跪求饶了。

无日不杀人

从洪武十八年（1385年）到洪武二十八年（1395年），皇帝与百姓密切配合，严厉打击贪污腐化。那个时候，几乎无日不杀人。不幸在洪武时代做官，真的是一件极为危险的勾当。传说当时的京官，每天清早入朝，必与妻子诀别，到晚上平安回家便举家庆贺，庆幸又活过了一天。

原来是天底下最热爱做官的读书人，此时也视仕途为畏途。有的家里有好学之子，怕被郡县所知，弄去当官，反而叫他们休学种地。有的为了避免被强征出仕，以致自残肢体。

连不少受过朱元璋多次表彰的清官，也因为牵连到空印案之类的大冤案中送了命。济宁知府方克勤是有名的清官，一件布袍穿了十年也没有换新的。因为牵连到了"空印案"里，被朱元璋毫不留情地杀死。户部尚书滕德懋被人举报为贪污，朱元璋迅即把他处死，之后剖开滕的肚子，想看看这个贪官肚子里都有些什么。孰料剖开之后，发现里面全都是粗粮草菜，只好悻悻地长叹一声："原来是个大清官啊！"

最腐败的王朝之一

虽然惩贪力度如此之大，然而朱元璋期望的纯而又纯的状况最终也没有出现。官员们认为反正动辄得咎，不如趁早捞一把算了。连朱元璋寄以最大希望的村民自治也破产了。因为有了权力，可以处理一般的案件，村老也很快腐败，以权谋私，甚至贪图酒食贿赂。

朱元璋晚年，对自己的暴力惩贪曾经有过困惑和动摇。然而，他始终认为自己亲手写订的《大诰》是一部"宝书"。不忍舍弃。在临死前一年，朱元璋"特命有司，将《大诰》内的条目，拣其精要者，附在《大明律》内"。他希望子孙后代世世代代"依《律》与《大诰》拟罪"。

然而，在朱元璋去世的第二个月，建文帝就在《即位诏》中宣布："今后官民有犯法者，执法机关一律只按《大明律》断，不许深文周纳。"这个"深文"显然就是指《大诰》。虽然没有哪个后世皇帝敢明确宣布废除《大诰》，但在朱元璋死后直到明亡，《大诰》再也没有发挥过实际作用。虽然朱元璋自己很欣赏，他的子孙们却羞于提到太祖皇帝这本文字粗鄙内容血腥的著作。到明代中叶，《大诰》已经鲜为人知。曾经发行数千万册的这本宝书，到明末在民间几乎一本也没有了。这也许是朱元璋从来没有想到的。

更让朱元璋没有想到的是，虽然他在世时，通过他堂吉诃德式的努力，贪污腐化现象得到了一时的抑制，然而却积蓄了巨大的反弹能量。在他死后，腐败又迅速发展起来，并且愈演愈烈。明代中后期，腐败现象在各级官吏争先恐后的疯狂和无耻状态中，向政治肌体的一切环节蔓延扩散，并最终积聚成为汹涌的巨涛，吞没了整个王朝。大明最终以中国历史上最腐败的王朝之一被列入史书。

大明朝的"金粉世家"

在大明朝能称得上中央机关的，大致有这么几家：一是内阁，统管全国政务；二是六部，分管全国政务；三是都察院；四是通政司；五是大理寺；六是翰林院，名义上属于文学机构，实际上扮演皇帝智囊团的角色。在上述六大机构以外，又有一个中书科，负责翻译国书、篆刻官印、抄写经文以及为皇族人员办理花名册。中书科也是中央机关，但跟内阁、六部、都察院等中央机关比起来，其级别很低——在里面上班的中书舍人只是从七品，还比不上六部中一个小小的主事；同时没有实权，无论人事、财政，还是司法、监察，一应肥缺与它无缘。所以没有人怕它，是个冷衙门。

明朝公务员的工资本来就低，中书科二十名中书舍人，每人每年的工资只有八十四石，按粮价折算下来，相当于今天七千多块钱。换言之，月工资不到六百元。这是洪武二十五年（1392年）定的标准，此后直到万历朝，近二百年没有上调过。六部人员的工资也不高，但是人家有福利，譬如尚书们可以混到钦赐的房子，侍郎们可以领到像貂皮帽子那样的劳保用品，手握印把子的员外郎可以暗示别人给他送冰敬，送炭敬，或者还有购物券什么的。中书舍人却既没有福利可拿，也没有外快可捞，从理论上讲，只能靠那点儿工资过生活。而北京城内物价奇高，几百块工资根本养活不了一家老小，想过得滋润一些，还不如辞官不干，走街串巷去卖糖葫芦呢。

但是很奇怪，中书舍人们不仅没有集体辞职去卖糖葫芦，还顽强地生了下来，而且生存得还不错。到嘉靖四十年以后，更有大批刚考中的进士争着抢着走后门，闹着要进中书科上班，成为一名每月只拿六百块工资的中书舍人。咱们读史至此，不妨也掩卷沉思一小下，想想其中的奥妙所在：莫非中书科的工作对社会对人民贡献巨大，使得中书舍人们宁可倒贴钱也不当逃兵？或者那是个绝妙的跳板，可以跳到内阁首辅抑或六部尚书的职位上去？我在沈德符《万历野获编》中找到了答案——原来做中书舍人可以发大财。

如前所述，中书舍人主要就是抄抄写写，他们发财的渠道就在抄写上面。举个例子，皇宫里过节，要贴对联，喊几个中书舍人去写，写之前，端上来一盘朱砂，一盘金粉——都是调墨用的。中书舍人从怀里摸出一杆笔来，在金粉里使劲一蘸，笔坏了，"只好"塞袖筒里；然后再摸出一杆笔，再使劲一蘸，笔又坏了，再塞袖筒里。如此这般蘸坏十几杆笔以后，他们才会正式书写。等回去时，袖筒里鼓鼓囊囊全是坏笔，每杆笔上都蘸满了金粉，抖干净，包起来，足有二两重，交给钱庄去熔，一个小金锭就出来了。这枚小金锭，实际价值不亚于两三个月的工资。

嘉靖皇帝朱厚熜信奉道教，经常让中书舍人帮他抄道德经，据说每抄一部《道德经》，就要用掉九百两金粉，事实上那九百两金粉至少有八百两是被中书舍人蘸走的。我猜如果没有太监在场，用掉金粉的效率还会更高一些，连蘸都不用蘸，直接倒进袖筒了事。正是靠着袖筒里这些金粉，中书舍人才养活了一家老小。因为这个缘故，我觉得他们才是真正的"金粉世家"。

1644年，中国的三个皇帝

公元1644年，也就是明朝崇祯十七年，也是清朝顺治元年，又是大顺朝永昌元年。

紫禁城的黄昏

时间：1644年，大明崇祯十七年，元旦。

地点：北京紫禁城太和殿。

这一年的元旦，皇帝朱由检比平时更早就上朝了，除了近身侍卫和太监外，御座旁只有一个手执金吾的礼官站班，皇帝诧异地看了他一眼。

"启奏万岁，群臣因为没听到钟鼓声，以为圣驾还没有出来，所以迟到了。"执金吾者躬身启奏。

"那就立刻鸣钟，开启东西门让他们马上进来！"皇帝不悦地宣谕。

执金吾者下去传旨，钟声响彻了紫禁城，文东武西列班进入的两扇门也敞开了。但是等了一会儿，文武百官仍然不见一个进来。皇帝有点焦躁地对身边的司礼太监说："那就先去谒太庙，然后再回来受朝贺吧！"这是年年元旦例行的礼仪。

司礼监去到长安门外传旨时，发现御驾外出所需的銮舆驾马和仪仗队的一百多匹马都还在御厩中，没有准备好。但是皇帝已经传下谕旨要先去谒太庙，金口一出，怎能等待。于是，只好把长安门外文武朝臣所骑来的马一齐驱赶到端午门里，打算暂时用以代替御马。没想到这些马各有其主，而且完全没受过训练，嘶叫杂沓，跳跃不受羁勒。司礼监无奈，只好硬着头皮回禀，为了皇上的安全，还是等一等吧。

这样的情况是从来没发生过的，既然如此，皇帝只好无奈地又改变了他的旨意——还是先受朝贺再谒太庙。他端坐在太和殿正中的御座上，第一次亲眼目睹冠带煌然的文武百官，在持续不断的钟声中，从东西二门逡巡而入，仓皇跪拜，乱作一团。这是他继承皇位17年来所仅见的。

经过一番折腾，皇帝对于这没有丝毫喜气的元旦朝贺大典已经完全失去了耐心。接着，一阵突然而起的大风狂卷而来，黄沙扑面，天色昏暗，对面不见人。于是决定连太庙也不去了，宣谕退朝。满怀心事，郁郁不乐地在风沙中摸索着回到寝宫去。

他屏退了妃子和太监，依照近年来每遇到拂逆时的惯例，沐浴更衣，焚香祝祷，虔诚地请求天上神佛降临乩坛，指示国事。

这就是1644年，大明崇祯十七年甲申，皇帝朱由检所度过的一生中最后一个元旦的早晨。

从上面所说的经过，看起来似乎很不成体统，不像一个已经立国200多年的王朝所应出现的状况。但是，比起不到100天后的三月十八日，李自成的大顺军前锋已破京师外城时，皇帝在同一地点、同一时间，亲手撞钟而文武百官不见一人到来，还是要好多了。

相应的，再过3天，也就是三月二十一日，大顺王李自成攻占北京，进驻紫禁城。崇祯皇帝朱由检已在煤山自缢。同样的这些文武百官，从前一晚就立在长安门外，天色甫明，不待钟响就争先推挤蜂拥而前，要争得首先朝贺新君的头筹。由于人数太多，争先恐后太过着急，这一群王侯将相还被守门的闯王兵卒乱棍扑打。

短短不到100天的时间，紫禁城的皇宫中，同样的场景，同样的人物，出现如此不同的演出，这就是所谓的"改朝换代"。

东北方的一颗彗星

时间：1644年，大清顺治元年，元旦。

地点：大清国都城盛京（沈阳）皇宫崇政殿。

天还没亮，才刚满6岁的小皇帝福临还在半睡半醒之间，就被母亲孝庄皇太后给叫起来，在宫女的围绕下梳洗和更衣。虽然福临在三个月之前就已经被拥戴为大清国的第二代皇帝，但今天是他当皇帝后的第一个元旦，有十分繁复而隆重的礼仪在等着他主持。

大清王朝的开国皇帝皇太极，在前一年的八月九日晚"无疾而终"，在经过一番宫廷斗争后，皇太极的第九个儿子福临当上了皇帝，他的两位叔叔多尔衮和济尔哈朗成为辅政王。事实上，能征惯战、实际掌控大部分兵权的"九王爷"多尔衮才是名副其实的"摄政王"。

元旦的早晨，小皇帝福临要做的第一件事是到"堂子"里去祭天和拜祖先。"诣堂子"是女真族特有的风俗，凡是出征或凯旋以及逢年节大事，都要由大汗（后金时称谓）或皇帝（大清时称谓）率领诸王、贝勒、大臣等到"堂子"行礼祭天。

经过一番折腾，小皇帝已经完全清醒了，他一边穿戴，一边听着母亲的仔细叮咛。等一切都妥当了，才在叔父多尔衮和侍卫们的簇拥下，首次以皇帝的身份去"堂子"拜天和祭祀祖宗。接下来就是接受诸王大臣和外藩使节（也不过是蒙古诸部与朝鲜而已）的朝贺。至于一年一度的上表祝贺和进献贡物都免了，连例行的集体筵宴也停办了。

今年清朝的元旦如此冷清，和明朝的凄凉完全不同。明朝是因为李自成的大军已逼近京城，情势日益危殆；而清朝则是由于开国之君太宗文皇帝皇太极甫于三个多月前驾崩，朝野思念之情犹深，哀戚之情未减所致。皇太极继父亲努尔哈赤之后更开新局，把一个小小的后金汗国扩展成为一个和大明王朝分庭抗礼的大清王朝，再加上朝鲜受降，蒙古诸部来归，临终前松锦一战，更扫除了入关征明的障碍。这一切，都给人们留有浓郁的思念，自然不可能在新丧之际为了元旦而大肆铺张。

过去的一年多里，明清之间的战斗略有进退，但总的来说，却是清的赢面多。一场决定性的"松锦之战"，不但把明朝悉索敝赋的十余万大军和数百万粮饷全部搞光，连总督洪承畴、大将祖大寿等仅有的能臣勇将都投降了大清王朝。尤其是锦州、松山、塔山和杏山四个军事重镇，全为清军所破，明朝在关外的辽阔土地上，只剩下了距山海关不过二百里的宁远一座孤城了。

前几年，被称为"流寇"的李自成、张献忠等反明民间武力，还在国内腹地四处流窜时，大明朝廷从皇帝到群臣都以为那不过是癣疥之疾，要集中全力对付的是东北关外已经立国称帝，而且多次闯入关内烧杀掳掠威胁京城的大清国。因此在战略上采取的是"先攘外然后安内"。没想到"攘外"既连番挫败，而内部被称为"流寇"的民间反抗武力则日益壮大，攻城略地，渐有星火燎原之势。在头痛医头、脚痛医脚的情况下，政策急转弯，决定"攘外必先安内"。

明朝的君臣们以为清国去年八月刚有大丧，内部又有皇位之争，短时期不致对明朝有大动作；而李自成则从去年正月连续攻占湖北的襄阳、荆州、怀安等地．然后北上河南，破洛阳，入潼关，取道陕西商洛地区，在十一月十一日占领了古都西安。明朝可以用来对付所谓"流寇"的唯一王牌陕西总督孙传庭所统率的精锐全数被歼，整个情势已经到了完全失控的地步。于是决定改用对清采取守势，争取和议；对"流寇"则全力围剿的"攘外必先安内"对策。

历史趣谈

因此，崇祯皇帝颁下诏旨，命令吴三桂立即率领所属军马以及宁远的百姓全部撤到山海关以内。易言之，也就是整个放弃关外这一大片土地。

由于清朝对于关内明朝廷与"流寇"之间互动情势的急剧变化未能掌握，既不知道李自成等反明武力的动态和发展，也没有体察到明朝的处境已经到了危急存亡的关头，因此在"入关伐明"的这一大战略上还没有具体的规划，更没有想到一粒熟透了的果实已经快掉到自己的嘴里来了！

这就是为什么大清顺治元年的元旦竟然如此平静、冷清的缘故。

后主刘禅不痴不愚，不是"扶不起的阿斗"

在世人的心目中，刘禅是脑残，是一个智力低下的人，他把蜀国葬送了，所以后人也称他为后主刘禅。又因为他小名为阿斗，在被传得神乎其神的诸葛亮的扶持下都没有成器，所以世人又认为他是"扶不起的阿斗"，这个说法成了后人评价一个人愚蠢，扶持也没用的代名词。那么阿斗真的扶不起吗？他真的是个昏庸、愚钝甚至有些弱智的君主吗？

刘禅在《三国演义》中就是一个贪玩好乐，不事朝政，而且智力低下的皇帝形象，世人对他的印象也是如此。众所周知，《三国演义》不能当正史来看，但是很多人却据此认为刘禅弱智无能，凡事靠诸葛亮来处理。事实上，刘禅绝不是像传统观念中那么无能。

诸葛亮在《与杜微书》中评价刘禅："朝廷年方十八，天资仁敏，爱德下士。"《三国志》中也说"后主任贤相则为循理之君"。

纵观历史，三国时期魏、蜀、吴所有的皇帝中在位时间最长的一个就是刘禅了，他在蜀汉皇帝位上坐了40年。刘备死后，诸葛亮做相父辅佐了刘禅11年，诸葛亮去世后，刘禅又做了29年的皇帝。在那个群雄割据的动荡年代，有能力偏安一隅这么长时间，不可能是个弱智能办到的，因此刘禅绝对拥有其过人之处。

蜀汉章武三年（223年），刘备伐吴兵败。在白帝城临终前把刘禅和诸葛亮召集到病榻前，对刘禅说："汝与丞相从事，事之如父。"要求刘禅对朝中所有的事都要听从诸葛亮这个相父的安排，这就是史上的"白帝城托孤"。当时这个只有十几岁的小皇帝刘禅对于大权独揽的诸葛亮，做到了凡事都谦让，"以父事之"。后来刘禅年纪渐长，按照汉代朝廷的常规，诸葛亮应当逐渐地将大权交还给刘禅，让刘禅顺利执政，但诸葛亮仍紧握大权。诸葛亮带兵出外征战，对已年满22岁的刘禅依旧不放心，特派心腹董允为侍郎，统宿卫亲兵，"监管"刘禅。在诸葛亮的《前出师表》中，诸葛亮对刘禅的口气和语感，宛如严峻的父亲在冷酷地教导孩子。但是刘禅并没有表示任何不满。

刘禅深知"君臣不和，必有内变"的道理，严格遵从刘备的教导，把保持领导集团的稳定放在首位。因此他虽然不赞成诸葛亮数次发动北伐战争，还是为诸葛亮鼓劲加油。南朝史学家裴松之曾对他做出"后主之贤，于是乎不可及"的评价，这充分说明刘禅具有政治家宽容大度的胸怀。

对其他大臣，刘禅也是如此。诸葛亮死后，魏延因与杨仪不和，欲发动兵变夺权而被杀，但刘禅没有完全否定魏延，下旨说："既已名正其罪，仍念前功，赐棺椁葬之。"当时的学者谯周和大臣董允上书劝谏刘禅不要生活腐化，刘禅虽然不听，便是也没有因不满而惩罚，这也充分说明了他的容人之量。

如果为人宽厚不足以说明他不弱智，那么知人善用则足够表明他绝对非弱智。诸葛亮治国时，刘禅形同虚设，但在诸葛亮死后，刘禅仍然继续沿用诸葛亮那些有利于蜀国的措施，并重用诸葛亮所选拔的人。

诸葛亮北伐，刘禅非常清楚魏蜀的实力悬殊，便规劝诸葛亮说："相父南征，远涉艰难；方始回都，坐未安席；今又欲北征，恐劳神思。"以此委婉地劝阻北伐；并在诸葛亮死后，立刻停止了空耗国力、劳民伤财的北伐。238年6月，司马懿军至辽东，征讨公孙渊，这在蜀人看来，无疑又是一次北伐的好机会。然而刘禅给蒋琬的指令，却很沉着冷静。据《三国志·蒋琬传》，刘禅说："辽东三郡发生的反曹事件，就是当年陈胜、吴广的起义呀！看来上天是要灭亡曹魏了。请爱卿整治行装，奖率三军，进驻汉中。等到吴国的军队也开始行动，东西两方相互呼应，魏国内部又出现问题时，就可以发动进攻了。"由此看来，刘禅的观察不可谓不独到且正确，所以他告诫蒋琬不要轻举妄动，以免重蹈前人劳而无功的覆辙。

在人事任免上，刘禅也表现出他聪明过人的一面。鉴于诸葛亮生前权力太重，刘禅当政后废除了丞相制，以费祎为尚书令和大将军，以蒋琬为大司马，使两人的权力相互交叉，相互牵制，但又各有侧重。从此蜀国的军事及内政大权不再集中于一人。蒋琬死后，刘禅更进一步"自摄国事"。任官封爵，要刘禅同意；人事任免，要刘禅同意；出兵征讨，要刘禅同意，几乎所有的大事，都要刘禅同意。刘禅总揽一切，直接掌管蜀汉政权达19年之久。

蜀国被灭之后，作为亡国之君，不仅刘禅自家生命，而且包括所有蜀地百姓的幸福都掌握在别人手里。所以，刘禅必须装憨卖傻，处处隐藏自己的才能，才能瞒天过海，养晦自保。降魏后，司马昭在一次大宴蜀国君臣时，故意令人奏起了蜀乐，以观察刘禅的反应。蜀国旧臣听后无不现出悲戚之容，只有刘禅一人不悲反笑，简直就是一个缺心少肝、苟且偷安的赖皮相。司马昭对别人说刘禅"全无心肝"。后来司马昭又问刘禅还想念蜀国吗？刘禅马上回答："此间乐，不思蜀。"旧臣郤正在宴会之后对刘禅进言说："主公方才的答话有些不妥。如果以后司马公再问您这类话，您应该流着眼泪，难过地说：'祖先的坟墓都在蜀地，我怎能不想念呢？'"思索了片刻，刘禅点了点头。司马昭又一次问起刘禅是否想念故国时，刘禅按照郤正的指教，装作一副悲伤的样子说出了那几句话。司马昭听后说："你的话怎么这么像郤正的腔调？"刘禅假装惊讶："你怎么知道？这正是郤正教我的！"

司马昭若想杀刘禅，可谓易如反掌，身为阶下囚的刘禅，不可能不明白这一点，想要保全自己的性命，就必须让司马昭觉得他懦弱无能、不足为虑，而"乐不思蜀"正是刘禅所释放的一个烟雾弹，给司马昭留下了"我无忧矣"的好印象，成功地保住了性命。在当时的环境中这是最为明智的选择。对于这一事件，《三国志集解》引于慎行的话说："刘禅之对司马昭，未为失策也，……教之，浅也。思蜀之心，昭之所不欲闻也……左右虽笑，不知禅之免死，正以是矣。"但是后人却把这看作是他弱智的典型表现，事实上看看历朝亡国之君的下场就知道刘禅为什么要这样做了，而他这样做的结果是自己一生平安，直到病逝。

综上所述，蜀汉皇帝刘禅有容人之量、头脑清楚、知人善任，而且，乐不思蜀并不等于没皮没脸。总体而言，即便刘禅的政治才能稍有欠缺，但不能因此就说他是一个弱智的皇帝，更不能将其与晋惠帝之流相提并论。

西北刮来的狂风沙

时间：1644 年，大顺朝永昌元年，元旦。

地点：西安古都秦王府。

当前一年的十一月，李自成占领了古都西安后，在持续的进攻中，轻易取得了大明江山西北部大片土地。大明王朝明显呈现土崩瓦解之势，李自成当仁不让想取而代之。

这一年元旦，李自成正式在西安建立了新政权，建国大顺，改元永昌，自己也改名为"李自晟"，并且以明朝分封在西安的秦王府为新顺王府，发动大量民夫修整长安城，把城墙加高加厚，壕堑加深加宽，比原来更加壮丽。这时，按照军册所载，大顺皇帝李自成已拥有步兵 40 万，马兵 60 万，的确有实力可以立国称帝，与大明和大清分庭抗礼、鼎足而立了。

李自成是在 1630 年离开家乡米脂县，参加所谓"流寇"的反明武力。经过 14 年的时间，当他再回到故乡时，已是与大明王朝分庭抗礼的大顺王。古人曾说过："富贵不还乡，如衣锦夜行，谁知之者。"李自成也未能免俗，但他有更深刻的感受。

两年前，大明朝廷将他的祖茔掘毁，为的是他家的祖坟据说埋在"龙脉"上，将要取代大明江山。因此他在戎马倥偬中一定要回来了解究竟，以便修复原状。于是他召集当地父老集议，精选工役，完全按照原来的地形、地貌和地脉形势，甚至坡坎树木，一切都要恢复原状，不能有半点差错。墓地竣工后，举行了一次隆重的祀典，这才返回延安，并且改延安为天保府，米脂为天保县。

这一年的正月里，北京城还发生了一件怪事。

帝都北京，每年都要热热闹闹地过元宵节。从正月初八开始燃灯，一直要闹到十八日止，一共十天，九门不闭，灯火通明，金鼓震天，游人如织。

每天从外地进城的民众以千百计，都说是进京城来"闹元宵"的。三五天后有守门的官兵感到奇怪，为什么每天进城那么多人，而第二天却没几个出城的？

等过了三个月，当李自成大军兵临北京城下时，不但守城的官兵大多不加抵抗，城内且有数千百人鼓噪开城接应。原来正月闹元宵进城的那些人，正是大顺军的前锋。他们带了不少金银，入城以后，大量收买守城将士。因此，官兵不但不盘查他们，更掩护他们在大顺军攻城时做内应。三月十九日北京城如此轻易失守，这也是原因之一。

这就是——公元 1644 年。也就是大明朝统治中国 276 年的最末一年，大清朝入主中原 268 年的第一年，大顺朝建立的第一年，也是灭亡的一年。

虽然大明朝连续出了三个烂皇帝，政治、军事、经济都连续烂了六七十年；虽然长城外的女真族在辽东地区连续扰攘了近三十年；虽然大顺军在广大中原和西北地区已经窜扰了十几年；但是，直到这一年——1644年，才真正到了决定性的关键时刻。

这一年头100天里，大顺军兵不血刃攻下了大明帝都——北京城，崇祯皇帝自缢身亡。清军得到明朝骁将吴三桂邀请，在山海关一战，把登基才一天的大顺朝皇帝李自成赶出北京城。不久，6岁的小皇帝福临轻而易举登上了紫禁城中元、明两代24位皇帝坐过的宝座。

这就是1644年，一个天翻地覆的年代。

如果吴三桂不献山海关

崇祯帝缢死煤山后，多尔衮立即召开王公大臣会议，满洲谋士们力劝多尔衮立即出兵与李自成争夺天下。当时多尔衮对李自成心怀敬畏，认为清军曾经3次围困北京却没有攻克，而李自成则一战攻破北京，可见此人的大智大勇和起义军的强大战斗力。谋士范文程进谏，李自成虽"拥众百万，横行无忌"，但屡战屡胜，其志必骄，骄兵必败，"可一战破也"。明朝降将洪承畴曾长期与起义军作战，是农民军的头号死敌，深悉农民军的特点。他告诉多尔衮，李自成军战斗力虽比明军强，但不足与清军骁悍的

山海关

八旗劲旅匹敌。于是多尔衮壮了胆，决心出师，率满洲、蒙古八旗大部和汉军八旗的全部，及明降将孔有德、尚可喜、耿仲明三王的兵马，浩浩荡荡地鸣炮出征。他们选择了洪承畴建议的进关路线，不走山海关，而是西经蓟州、密云等地直扑北京，全军轻装简从，辎重在后，精兵在前，准备以迅雷不及掩耳之势将李自成大军包围在北京，一举全歼。只是在出征的第六天，在途中遇到了吴三桂派来的乞降使者，多尔衮才改变了主意，率师向山海关进发，并传令将留在后方的红衣大炮火速向前线运送。这样，才在山海关发生了决定清朝入主中原的大血战。

从当时的形势看，假如吴三桂在明朝灭亡后没有"冲冠一怒为红颜"引清兵入关，而是投降了李自成，忠心耿耿地为大顺政权镇守山海关，那么清军按照洪承畴原定的

战略，出李自成不意，从山海关西面破长城而入，在华北大平原上充分发挥八旗骑兵的野战优势，疾趋北京，形势对李自成起义军将会更加严峻。因为向陕西的退路很容易被截断，李自成军就会被包围在北京。与前三次北京保卫战中的明军不同，李自成内无粮草，外无各路勤王军队，难以固守北京，形势将会比山海关战役严重得多，结局很可能是起义军全军覆没。

由此看来，吴三桂的叛投清朝，对李自成来说其实是幸事。清军因吴三桂降清而变更了迂回包抄李自成的原定方略，改从山海关进攻，对起义军的作战打成了击溃战，使李自成得以保全相当兵力。据彭孙贻的《流寇志》记载，在山海关一战后，李自成尚有兵马数万，退往陕西。只是随后李自成接二连三地失策，才最终断送了起义军。

《四库全书》的风波

清乾隆帝为了崇儒兴学，体现本朝文治之功，雄心勃勃地要编一部史无前例的巨著，将五千年中国文明史囊括在这部名曰《四库全书》的大书之内，遂于乾隆三十七年（1772 年）二月下旨，广招天下名士、学者四千余人，搜集历代稀见珍本及常见惯用的案头读物万余种书籍，按经、史、子、集分类为四部分。其中经，指凡被儒家列为经典著作的，如四书、五经、春秋、礼乐等。史，指记述历代史实、地理疆域及职官、杂史、传记方面的书。子，自战国以后诸子百家的著作，及工、农、兵、医、天文、算法等各种科学技术等著作。集，囊括历代文学家的诗文、词曲、评论等著作。历时十年编纂成的这部《四库全书》，被誉为历代思想文化的总汇，其中包括历代书籍3503 种，79333 卷，46304 册，其卷数之多，为《永乐大典》的三倍半。《四库全书》编成后，又用五年时间，再抄写六份，用工楷缮写的七部书，分别藏在北京文渊阁、圆明园文源阁、盛京文溯阁、承德避暑山庄文津阁、扬州文汇阁、镇江文宗阁和杭州文澜阁。

《四库全书》初步编成后，进呈御览，乾隆随手翻阅几页，发觉不是缺页，就是大段颠倒，或数十行空白或漏抄，并且错别字很多。从子集中随手抽出宋代孙光宪的《北梦琐言》，发现很多错漏之处，并且发现已命令禁毁的书也抄录在内。乾隆阅后勃然大怒。两位总纂官纪晓岚和陆锡熊闻悉后，大惊失色，自动摘下顶戴，伏地请罪。乾隆诏令罚俸一年，命两位总纂戴罪立功，重新勘校全书。令纪晓岚督促原修书馆官员在文津阁重校，另派在京大小官员二百多人，由陆锡熊带往盛京文溯阁重校，限期二月完成。结果查出漏写清代御制作品 3 部、奉旨撰写的书 3 部、清宫内藏书 37 部、缮写未全者 84 部，应销毁违碍禁书 132 部，缮写荒谬处 18755 处，错漏 307000 余字，空白 139600 行，颠倒页数 22800 多处，甚至匣面的书名被错刻、漏刻的也有 71 部。后来乾隆又敕令作了两次大规模校勘，每次都查出大批错乱简编和缮写悖谬之处。乾隆最后严厉惩罚一大批修书官员。

原来乾隆亲政伊始，为了强化满洲贵族专制统治，打着文治光昭的幌子，干着灭绝文化的坏事，激起了一部分知识分子的强烈不满，便通过种种办法，混入纂修《四库全书》的班子，从中破坏捣乱，其中最活跃的是清初著名学者吕留良的曾孙吕任发、吕任迹。当雍正六年（1728 年）吕留良被扣以"夷夏之防"的反清言行，被雍正开棺戮尸时，他的儿子吕毅中和一批学生被监毙后枭首示众，其孙辈被发戍新疆为奴。当乾隆为编修《四库全书》向全国征集古籍，征集缮写人员时，吕家兄弟从边疆逃回。因写得一手好字，改名换姓，被召入书馆。还有李磷的儿子李应曾为报杀父之仇，也混进了书馆。李骥是当时名士，只因《虬蜂集》中有"翘首待重明"的诗句，被诬陷为企图光复明朝，构成叛逆之罪。当时他的小儿子李应曾正在吉林，闻讯后，匆匆化装逃往安南，才幸免被害。李骥九族被诛，李应曾刻骨铭心图谋报复，这次设法混入书馆，就是为了报复。还有一位名士戴移孝，因《碧落后人》诗集内有"长明宁易得"之句，也被乾隆认为煽动叛乱、诅咒朝廷而被斩首，全家被充军新疆。戴移孝有个孙子戴林廷，从小聪明好学，虽弱冠之年，决心替祖上报仇，逃离新疆。由于他孜孜好学，博得翰林院一些老学士的赏识，得以混入书馆，将几十部已被乾隆圈定销毁的禁书，设法选进了《四库全书》。

除了上述这些立志要让全书不全的人士外，乾隆还规定编纂、校勘、提调、抄录等人员每天必须要完成的任务，完不成任务的动辄罚俸、降职，直至处死，可这数千人的编纂队伍中又良莠不齐，出现大量漏抄、错抄等也就不足为奇了。

1834 年的世界首富

1686 年春，广东巡抚李士祯在广州颁布了一项公告，宣布凡是"身家殷实"之人，只要每年缴纳一定的白银，就可作为"官商"包揽对外贸易。令李士祯想不到的是，这一公告竟会在以后的岁月里为中国催生出一位世界首富。

垄断清朝海上外贸，广州十三行成为暴富群体

17 世纪后期，康熙皇帝暂时放宽了海禁政策，来华从事贸易的外国商人日益增多。于是，广东地方政府于 1686 年招募了 13 家较有实力的行商，指定他们与洋船上的外商做生意并代海关征缴关税。从此，近代中国历史上著名的"广州十三行"诞生了。在以后的发展中，这些行商因办事效率高、应变能力强和诚实守信而深受外商欢迎。

1757 年（乾隆二十二年），清朝下令实行闭关锁国政策，仅保留广州一地作为对外通商港口。这一重大历史事件，直接促使广州十三行成为当时中国唯一合法的"外贸特区"，从而给行商们带来了巨大的商机。在此后的 100 年中，广东十三行竟向清朝政府提供了全国 40%的关税收入。

所谓的"十三行"，实际只是一个统称，并非只有 13 家，多时达几十家，少时则只有 4 家。由于享有垄断海上对外贸易的特权，凡是外商购买茶叶、丝绸等国货或销售洋货进入内地，都必须经过这一特殊的组织，广东十三行逐渐成为与两淮的盐商、山西的晋商并立的行商集团。在财富不断积累的过程中，广东十三行中涌现出了一批豪商巨富，如潘振承、潘有度、卢文锦、伍秉鉴、叶上林等，以至于当时就流传有"洋船争出是官商，十字门开向二洋。五丝八丝广缎好，银钱堆满十三行"的说法。在后世看来，这些行商无疑是当时世界上最富有的人。有记载称，当 1822 年广东十三行

街发生了一场大火灾时，竟有价值 4000 万两白银的财物化为乌有，甚至出现了"洋银融入水沟，长至一二里"的奇观。

在广东十三行中，以同文行、广利行、怡和行、义成行最为著名。其中的怡和行，更因其主人伍秉鉴而扬名天下。

资产 2600 万银圆，曾是英国东印度公司最大的债主

2001 年，美国《华尔街日报》统计了 1000 年来世界上最富有的 50 人，有 6 名中国人入选，伍秉鉴就是其中之一。

伍秉鉴（1769—1843），又名伍敦元，祖籍福建。其先祖于康熙初年定居广东，开始经商。到伍秉鉴的父亲伍国莹时，伍家开始参与对外贸易。1783 年，伍国莹迈出了重要的一步，成立了怡和行，并为自己起了一个商名叫"浩官"。该商名一直为其子孙所沿用，成为 19 世纪前期国际商界一个响亮的名字。1801 年，32 岁的伍秉鉴接手了怡和行的业务，伍家的事业开始快速崛起。

在经营方面，伍秉鉴依靠超前的经营理念，在对外贸易中迅速发财致富。他同欧美各国的重要客户都建立了紧密的联系。1834 年以前，伍家与英商和美商每年的贸易额都达数百万银圆。伍秉鉴还是英国东印度公司最大的债权人，东印度公司有时资金周转不灵，常向伍家借贷。正因为如此，伍秉鉴在当时西方商界享有极高的知名度，一些西方学者更称他是"天下第一大富翁"。当时的欧洲对茶叶质量十分挑剔，而伍秉鉴所供应的茶叶曾被英国公司鉴定为最好的茶叶，标以最高价出售。此后，凡是装箱后盖有伍家戳记的茶叶，在国际市场上就能卖得出高价。在产业经营方面，伍秉鉴不但在国内拥有地产、房产、茶园、店铺等，而且大胆地在大洋彼岸的美国进行铁路投资、证券交易并涉足保险业务等领域，使怡和行成为一个名副其实的跨国财团。

伍秉鉴还因其慷慨而声名远播海外。据说，曾有一个美国波士顿商人和伍秉鉴合作经营一项生意，由于经营不善，欠了伍秉鉴 7.2 万美元的债务，但他一直没有能力偿还这笔欠款，所以也无法回到美国。伍秉鉴听说后，马上叫人把借据拿出来，当着波士顿商人的面把借据撕碎，宣布账目结清。从此，伍浩官的名字享誉美国，被传扬了半个世纪之久，以至于当时美国有一艘商船下水时竟以"伍浩官"命名。

经过伍秉鉴的努力，怡和行后来居上，取代同文行成为广州十三行的领袖。伍家所积累的财富更令人吃惊，据 1834 年伍家自己的估计，他们的财产已有 2600 万银圆（相当于今天的 50 亿元人民币），成为洋人眼中的世界首富。建在珠江岸边的伍家豪宅，据说可与《红楼梦》中的大观园媲美。

接触英国鸦片商被林则徐惩处，承担赔款走向没落

作为封建王朝没落时期的一名富商，伍秉鉴所积累的财富注定不会长久。就在他的跨国财团达到鼎盛时，一股暗流正悄然涌动。1840 年 6 月，鸦片战争爆发。尽管伍秉鉴曾向朝廷捐巨款换得了三品顶戴，但这丝毫不能拯救他的事业。由于与英国鸦片商人千丝万缕的联系，他曾遭到林则徐多次训斥和惩戒，还不得不一次次向清政府献出巨额财富以求得短暂的安宁。《南京条约》签订后，清政府在 1843 年下令行商偿还

300万银圆的外商债务，而伍秉鉴一人就承担了100万银圆。也就是在这一年，伍秉鉴病逝于广州。

伍秉鉴死后，曾经富甲天下的广东十三行开始逐渐没落。许多行商在清政府的榨取下纷纷破产。更致命的是，随着五口通商的实行，广东丧失了在外贸方面的优势，广东十三行所享有的特权也随之结束。第二次鸦片战争爆发后，又一场突如其来的大火降临到十三行街，终于使这些具有100多年历史的商馆彻底化为灰烬。

黎元洪是"黎菩萨"，但一点儿也不糊涂

武昌起义时，黎元洪因为职位比较高，可以号召更多的人参加革命，所以被革命军拥戴为独立后的武昌都督。但是他们并不怎么听从黎元洪的命令，黎元洪并没有实权。后来在袁世凯、段祺瑞这些北洋武夫眼里，黎元洪脾气好，又比较听话，只是一枚可供利用的棋子，需要时奉若神明，不用时弃如敝屣。很多人都认为黎元洪是一个糊里糊涂的"黎菩萨"，事实并非如此，黎元洪一点儿也不糊涂。

1911年10月10日晚，武昌起义胜利后，革命党人需要尽快建立革命政权，以便通电全国呼吁响应，军政府都督的人选首先要决定。革命党的主要领导人黄兴、宋教仁都不在武汉。有人建议改推黎元洪，其实在革命党起义前的讨论中，黎元洪就被提名过。可见，起义之后他被推举为都督并非大家的临时起意。黎元洪开始时是被动，但在做了都督之后却是主动管理的。所以历史学家章开沅曾评价他说："武昌是辛亥首义之区，黎元洪在中国人走向共和的道路上，尽管步履蹒跚，坎坷曲折，但毕竟也是迈开第一步的先行者之一，我们理应给以必要的尊敬。"黎元洪在给北洋恩师萨镇冰的私信里表白说："谁无肝胆？谁无热诚？谁不是黄帝子孙？岂甘作满族奴隶而残害同胞？洪有鉴于此，识事体之大有可为，乃誓师宣言，矢志恢复汉业，改革专制政体，建立中华民国。"此后，他也果真一力维护法统，弃帝制而向共和。

袁世凯做了民国大总统后，还想称帝。他曾试探过副总统黎元洪的态度："近来许多人要我做皇帝，亲家（黎、袁是儿女亲家），你看怎么样？"黎元洪正色回答："革命的目的是推翻专制，建立共和。亲家，如果你做了皇帝，怎能对得起武昌死难烈士？"袁世凯听后，再也没和他谈起过类似的话题。

袁世凯的帝制鼓吹机关"筹安会"成立后，以副总统的身份兼任参政院院长的黎元洪不赞成帝制，但是自己手下无兵无将，不能公开作对，只好以辞职的方式抵制。1915年9月，黎元洪提出辞去副总统、参政院院长等职，回原籍休养，袁世凯未予批准，只是以10万元高价购得东厂胡同原直隶总督荣禄的一所旧宅相赠，黎元洪遂于9月下旬迁入，闭门谢客，不发一言。袁世凯正式接受帝位后，立刻册封黎元洪为"武义亲王"，黎元洪坚决拒绝。

随后国务卿陆徵祥来黎府祝贺，黎元洪当面表示不接受爵位后，拂袖入内。袁世凯不久又派裁缝来量做亲王制服，黎元洪下了逐客令。袁世凯以为黎元洪最终会接受，于是在12月19日再次颁布敕令，并命令九门提督江朝宗来黎府宣封。黎元洪这次干脆见也不见江朝宗。江朝宗只好要赖，长跪高呼："请王爷受封！"黎元洪大怒，从房间

疾步而出，指着江朝宗的鼻子大骂："江朝宗，你怎么这么不要脸，快快给我滚出去！"但江朝宗仍然长跪不起，捧诏高呼："请王爷受封！"黎元洪于是命令左右将其架出。袁世凯闻讯，仍不死心，又派长子袁克定和其他人前往黎府送礼，均被拒收。当帝制的积极拥护者和策划者梁士诒前来道贺时，黎元洪指着客厅中的一根石柱对梁士诒说："你们如果再逼我，我就撞死给你们看！"由于黎元洪众所周知的反对帝制的鲜明态度，护国将军蔡锷出京前特地秘密拜访了黎元洪，并请黎元洪静候佳音。当蔡将军打响了反帝制第一枪后，黎元洪击节赞赏道："松坡不愧英雄本色！"袁世凯死后，黎元洪按照《约法》顺位做了总统。他当上总统后，极力宣扬民主、共和思想。

黎元洪在武昌起义时已经47岁，完全是一个旧式的军人，所以在武昌起义的最初三天半的时间内，他的确与革命党人采取了不合作的态度。但他是一个一旦认定理想和目标就百折不回的人。在他年轻的时候，绝大多数读书人仍把科举进第作为人生最高理想的时候，他义无反顾地报考了当时的天津水师学堂，一心要"效命疆场，为国捐躯"。1894年的甲午海战，五品二管轮黎元洪和十几名海军战士凿船自沉。誓死报国。黎元洪不会游泳，穿了一件救生衣，与风浪搏斗了几个小时才游到岸边。他虽然没有出国留过学，仅仅受张之洞派遣到日本考察过三次，但他刻苦好学，明了世界大势，坚信共和、民主是拯救国家于危难中的最好政体。他虽然是一个温柔敦厚之人，素有"黎菩萨"之称，但从对袁世凯称帝之事的态度来看，黎元洪遇到原则问题也轻易不肯退让。

1928年6月3日，黎元洪病死天津后，章太炎至书李根源："天坼天崩，哀感何极。"并在上海为其设奠，并作《祭大总统黎公文》。不久后，章又作一联挽黎，曰："继大明太祖而兴，玉步未更，佞冠岂能干正统；与五色国旗俱尽，鼎湖一去，谯周从此是元勋"，下署"中华民国遗民章炳麟哀挽"。在此联中，章太炎将黎元洪视为明太祖式的人物，清楚地表达了章对黎的一贯认识：黎"首倡大义"，是中华民国的创建者；谓黎一去，中华民国随之"俱尽"，自己亦成为"遗民"，则是章以民国"法统"系于黎元洪一身思想的延伸。"挽联对黎元洪极尽赞美之辞，认为他在创建和捍卫民国过程中所起的作用在孙中山之上，视其为民族英雄，民国的象征。"

清代监狱千奇百怪的敲诈勒索花样

按说死刑犯最难敲诈了，但刽子手勒索起来更是触目惊心。譬如家中有钱的死囚，刽子手往往派他的同伙去找亲属谈，其中对要凌迟碎剐的，就威胁说："要是顺从我的话，当时先刺心脏，给个痛快；要不然，四肢剐完了，人还会有气。"这就是清代监狱里的狱卒和刽子手勒索犯人的手段，像这样黑暗的一幕，在清代监狱里比比皆是。

清朝文学家方苞在文章《狱中杂记》中，把他自己当年被关在牢狱的所见所闻全记录了下来。即使今天读来，狱中公权私用，官府的权力被那些牢役用来给自己牟利，其敲骨吸髓，手段之残忍，仿佛人间地狱，着实恐怖。

监狱就是鬼门关

方苞在文中说：康熙五十一年（1712年）三月，他当时被关在刑部监狱，看见每天都有三四个犯人死掉后便从墙洞里拉出去。见他吃惊，同一牢房的原洪洞县杜县令走过来告诉他说，这还算好的，今年气候还好，死的人不多，往年发瘟疫的时候，每天都要死十几个人呢。

方苞问怎么会这样，杜县令说："狱中有老监四座，每座有五间房子，牢役们只开当中那间的窗户和天窗透气透光，旁边的四间都不开窗，但里面却经常关着二百多个犯人。每到晚上，牢门落锁，天亮才开，犯人拉屎拉尿全在里面，气味极其难闻。冬天的时候，一些穷的犯人没有被褥，就在地上睡觉，哪能不生病？所以深更半夜的时候，有人死了，活人也只得和死人脚靠脚、头靠头地躺着，监房里疾病传染，死的人当然也就多了。"

说到这，杜县令恨恨地说："也真是可怜，那些杀人越货的强盗和惯犯，他们精气特别旺盛，倒基本不生病，那些得病死的，反倒是那些罪轻被押或者被牵连的，或者被当作人证暂时羁押的，你说这不是荒唐吗？"

方苞便问："京师不是还有顺天府的监狱和五城兵马御史衙门的监狱吗，怎么刑部监狱里关的犯人这么多啊？"杜县令说："你不知道，近年来的案件，只要案情稍微重一点，顺天府、五城兵马御史衙门就不敢管；而掌管京城九门守卫的步兵统领抓的犯人，也被放在刑部监狱关押。那些衙门的书吏、狱官、禁卒们，觉得关的人越多，就越有利可图，所以稍微有点牵连的，就一定想方设法捉进来。"

说到这里，杜县令叹道："这里就是鬼门关，进来了不死也得脱层皮。不管你有罪无罪，先给你戴上脚镣手铐。让你吃尽苦头，等到你受不了，就进来劝你找保人，然后估计你家里有多少财产好勒索。勒索来的钱，这些人就瓜分了。比如，要去掉脚镣手铐关到老监外面，得要好几十两银子。至于那些榨不出油水的穷犯人，那就倒霉了，戴上刑具关押，一点也不会客气，还要用他们来警戒其他犯人。"

触目惊心的勒索方式

据说山西阳高县有个叫黄升的人，被无辜牵连进了牢房。牢役们先把他用链子锁在尿缸边，那链子套在他的脖子上，坐也坐不下，只能靠着栅栏半蹲着。拘了大半天后，牢役们出来和黄升谈价钱，说："你想舒服呢，也不难，就看你肯出多少钱。你看，里边屋里，铺盖和桌子啥都有，你要吃什么也行，但住那屋得有条件。"黄升问他什么条件，牢役们说："进那屋花五十吊。你要再花三十吊，就帮你去掉链子；地下打铺也是二十吊，住高铺加三十吊。你要吃菜吃饭，哪怕是吃鸦片烟，我们都可以代办，按次算也行，长包也行，还可以给你便宜点，反正都有价钱。"

倒霉的是这个黄升当时身上没带钱，牢役们见自己说了半天没收获，大怒，众人便一拥而上，将他打个半死，又罚站一夜，第二天家人送钱来才放了下来。

按说死刑犯最难敲诈了，但刽子手勒索起来更是触目惊心。譬如家中有钱的死囚，刽子手往往派他的同伙去找亲属谈，其中对要凌迟碎剐的，就威胁说："要是顺从我的话，当时先刺心脏，给个痛快；要不然，四肢剐完了，人还会有气。"对那些判绞刑的，就说："要是顺从我，一绞就断气；不然绞三次，让他慢慢死。"就算是判砍头，没什么技术好要挟，也要留下死人的脑袋做抵押，问收尸的家属要钱，如此一来，那些刽子手往往都能勒索到几十两甚至上百两银子。只为减少犯人的痛苦，那些没钱的家庭，往往把自家的财产当光，去贿赂那些人。真碰上那些一点钱都没有的，那就不客气了，往往要按照前面威胁的那样来行刑。

就连负责捆绑犯人的衙役也生财有道，谁要是不肯掏钱的话，这些人就乘捆绑的时候折断犯人的筋骨。譬如每年秋天各地都要集中处决犯人，为了震慑那些犯人，往往有陪绑制度，也就是说，捆绑到行刑地等待执行死刑的，有十分之三四，其他的只是陪绑。那些在捆绑时没交钱的，被弄伤后往往要好几个月才能痊愈，有的甚至被弄成残废。

监狱中的潜规则

方苞曾劝一个老牢役说："你们跟那些犯人没仇没恨的，不过想得点财物。那些穷人要真没有，你们就不能当作点善事放过他们吗？"那人冷笑道："放过他们？我们这是为了立下规矩，警告其他犯人，要不这样的话，那不人人都心存侥幸，不肯掏钱？"

见他不明白，那老牢役说："这里面是有学问的。比如同案被捕的三个人，同样刑具拷打，一个人给了二十两银子，他骨头受了点轻伤，养了一个多月才好；第二个人多给了一倍的银子，只受了点皮肉之苦，二十天后就好了；第三个人比第一个人多了六倍的银子，打完后，当天晚上就健步如飞，跟平时没啥两样。这要是没有差别，哪个人肯多出钱呢？这就是规矩，规矩是不能坏的！"

熟谙官场的老手还在后面。有某姓兄弟二人，犯的把持公仓的大罪，依律当斩立决。判决下来后，管文书的书吏说："你们给我一千两银子，我有办法让你们不死。"两兄弟大惊，问他有什么办法，书吏说："这也不难，我另准备一份判决词，原文不用改动，只不过把后面两个没有家属和亲戚的同案从犯的名字来换你们两个，等到案文加封上奏的时候，偷偷地换一下，反正他们死了没人给他们喊冤。"

另一个书吏有点担心，说："这样做，死掉的人固然没什么问题，但万一主审官发现怎么办呢？如果让他们发现，我们就活不成了。"管文书的书吏笑道："这你尽管放心，他要发现的话就得重新上奏请示，重新开判决词，我们这些人固然活不成，但主审官也得一个个罢官走人，对他们来说，这只不过是两个不相干的人，又没人喊冤，多一事不如少一事，他们是不会认真对待的！对他们来说，保住自己的官职比什么都重要，我们这些人，又有什么可怕的呢？"

后来，这个人还真就这么干了，结果两名可怜的从犯被处了死刑。主审官后来发现了，被吓得口张舌翘，却也不敢追究。方苞在文中说，他在狱中还见过这两兄弟，同牢房的犯人指着他们说："这两人就是用谁谁的命换他们脑袋的。"

《狱中杂记》最后还说，有些奸狡的人因长期被关在牢里，干脆和狱卒内外勾结，不出去了，他们在牢里负责惩罚犯人，帮狱卒勒索财物，自己也捞了些钱。比如山阴县有个姓李的，因杀人被关在监狱里，用这种办法每年也能搞到几百两银子。

慈禧太后洗澡和梳妆

慈禧太后向来爱打扮，尤其对洗澡特别讲究，夏天是每天洗一次，冬天则是 2 天到 3 天洗一次。慈禧每次洗澡的时间并不固定，但大都选在晚饭过后一个小时左右。

每当慈禧太后要洗澡时，先由太监把澡盆、水、毛巾、香皂、香水等物品准备好，送到太后的寝宫门口，再由宫女把这些东西送进寝宫。倒好水后，才请太后宽衣入浴。侍候太后洗澡的是四个经过严格选拔和专门训练的宫女。

洗澡的时候，由这四名宫女分别站在太后的四周，然后由其中一名领头的宫女拿起一沓毛巾（共有 25 条）放入水中，浸透以后，先捞出 4 条，双手拧干同时分给其他三人，当即一齐打开，平铺在手掌上，然后轻轻地给太后擦拭着胸背、两腋及双臂。如此擦洗六七次之后，再打上香皂，这种香皂是宫里自制的玫瑰皂。四名宫女必须一齐动手，把香皂涂在毛巾上面，帮太后擦身子（毛巾在一次擦完后随即扔掉）。然后，重新把一沓新毛巾浸泡在水里。毛巾浸透捞出后拧得不很干，用这种湿软的毛巾，轻轻替太后擦去身上的肥皂，必须一遍又一遍直到擦得干干净净，身上没有一点肥皂沫为止。最后就是给太后涂香水，夏天多用耐冬花露水，秋冬则用玫瑰花露水，用量很大，用法也特别，使用时是将洁白的纯丝绵撕成约巴掌大的块，洒上香水，轻轻用绵片拍打身上，把香水拍均匀。擦完香水后，四名宫女再用干毛巾把太后上身的各个部位轻拂一遍，然后给太后穿上偏衫和睡衣。上身洗好了再洗下身。太后认为上身是天，下身是地，地永远不能盖过天，所以洗下身时要重新换一套用具，洗法和洗上身差不多。

太后每洗一次澡要用去 100 条毛巾，因为毛巾从水里捞出来后，她就不允许再放回到水里，故用一次就要扔掉。以至她每洗完一次澡后，澡盆里的水都是干干净净的，看不见半点污垢。

由于要上早朝，慈禧太后每天凌晨 4 时到 5 时就要起床，起床后要做的第一件事就是泡手。这时，宫女用银盆盛满热水，先把毛巾用热水浸透，捞出后由宫女将太后的双手包起来，再将太后被包的双手放到热水里浸泡，水冷了时再换热的，要换两三盆水方可。接着是洗脸，或者说是热敷，用热毛巾长时间地在两颊和额头上热敷，据说这样可以把抬头纹熨开来，并能减少两颊的皱纹。此后她便坐到梳妆台前，由侍寝的宫女帮她在两鬓之间敷上点粉，在两颊抹胭脂，接着便传专人给太后梳头。

这位专门给太后梳头的人，人们只知他姓刘，是个老太监，一直都是他伺候太后梳头，宫里的人都称他为"梳头刘"。后来梳头刘人老了，于是便由李莲英接替给太后梳头。

不过，据清末太监信修明的回忆，慈禧太后 40 岁之后，头发就已脱落很多，仅存鬓边和后脑的短发，俨然一位秃老太太。修饰时全靠用技巧去遮掩，即头顶心用一束假青发，以红胶粘住，两边再贴上发片，大两板头，这是一种满式的宫妆。因为头上粘了假发，所以太后平时行动都小心翼翼，生怕假发会突然脱落下来。太后平时最忌讳掉头发，大有视头发如命的程度，所以李莲英每次给她梳头时，显得格外小心，生怕梳掉一根头发。万一真有头发掉了下来，也得悄悄把掉下来的头发用手拈住，迅速收起来，绝对不能让太后本人知道。梳完了头之后，太后重新开始描眉画鬓，敷粉擦红。她坐在镜子面前对着自己前前后后、左左右右地反复照着，横挑鼻子竖挑眼，仔仔细细地挑毛病，直到完全满意为止。最后还要看看脚上穿的袜正不正，两只脚站平来左比右比，因为她的袜子是绫做的，中间有一条线，穿上后线缝要正对着鞋口才行。所有这一切，都要让她认为满意了，才可以由李莲英搀扶着走出寝宫，准备上早朝。

还有值得一提的是，慈禧太后满手均留有约二寸长的指甲，每天晚上必须进行泡洗修剪。修剪之前要用圆圆的比茶盏大一点的玉碗盛上热水，挨次把指甲泡软，把弯指甲校正理直，对不端正的地方除了要用小锉锉平整，用小刷子把指甲里里外外刷一遍外，还要用翎子管吸上指甲油，对其均匀地涂抹，最后再给指甲戴上用黄绫子做的指甲套。对此，慈禧太后备有一个专门放置修指甲工具的盒子，而所有修指甲工具都是从国外进口的。慈禧太后对每次修指甲时剪下来的指甲，都很细心地保存在一个专门的盒子里，心情特别好的时候，会端出来打开欣赏，显得分外珍惜。可是好景不长，在八国联军进攻北京时，慈禧太后带着光绪皇帝出逃西安的前夕，将满手的指甲全部剪掉了。

巴夏礼的膝盖与圆明园的大火

十几年前，刚到北京的我，最先去的地方就是圆明园。这次作为编辑杂志，我又去了次圆明园。夜晚，万籁俱寂，月光洒在残缺的石柱上，一种深沉的废墟美紧紧地抓住了我，我想，感受历史再没有比圆明园更好的去处了。

月色如水，秋虫哀鸣，我在想，1860 年 10 月 18 日那个月黑风高的夜晚，英法联军的士兵执仗放火焚烧圆明园的情景。我在猜想下令放火的指挥官的心理，他是怎么想的？

了解当时的情况并不难，因为英法联军的指挥官事后撰写了许多回忆录。

圆明园被毁，直接原因是英法联军的报复行动。1860 年英法联军以更换条约为名，攻陷大沽口炮台，占领天津，进军通州，直逼北京。当英法联军在天津和通州时，清政府与其有过一系列的外交谈判。

通州谈判时，英法派代表巴夏礼率领 39 人参加，腐朽的清政府答应了英法联军提出的所有不平等条约，但在枝节问题上却是寸步不让。譬如，在巴夏礼面见皇帝时"跪与不跪"这一点上争执不下，钦差大臣全权谈判代表载垣说："按中国礼制，见皇帝必须跪拜。"巴夏礼说："我非中国之臣，怎么解袍跪拜？"争辩既久，相持不下。清政府接到谈判通报后指示："必须按中国礼节，跪拜如仪，方可许可。"巴夏礼拒不接受，扬长而去。清政府则指示僧格林沁将巴夏礼一行 39 人截拿扣押，押往北京作为人质。

巴夏礼一行 39 人，实际是外交使节，扣押外交使节这本身就是一种落伍的、愚蠢的、不合国际惯例的做法。扣押人质的行为导致英法联军迅速进军、兵临北京城下。

英法联军一方面催讨被扣人质，一方面进攻圆明园。炮火中皇帝和嫔妃仓皇出逃。圆明园落入侵略军之手，接着是连续两日抢掠圆明园中的奇珍异宝，但似乎还没有烧毁圆明园的企图。

三日后，皇帝的弟弟奕訢在武力的逼迫下向英法联军交还了人质，但 39 名人质，生还的仅有 18 人，其余归还的全是尸骸，其中英国《泰晤士报》记者的尸体是七至八块。

英国公使额尔金和英军司令格兰特见到人质和尸体后，决定以火烧圆明园作为报复。额尔金发表声明表示他之所以必须将圆明园焚毁的原因：

"余可以要求巨款，以惩戒清政府，然其罪恶如此，岂区区金钱可以救赎……

"余未尝不可提议将陷害我国人及破坏休战局面之辈交出惩办。然所指过于笼统，清政府必交出下属，牺牲者徒为下属……

"故反复衡量的结果，只有毁圆明园一法最为可行，否则遇难诸君之仇永不可复，而且此举能给中国皇帝以极大的打击。"

清政府杀害人质的行为使本为强盗的侵略者似乎成了讨伐无道的义师。

如今圆明园正在申报联合国世界文化遗产，这使我想起关于世界文化遗产高于主权，属于全人类这一思想。当年的英法联军统帅额尔金、格兰特不可能具有这种思想，他们把辉煌的皇家园林看作是中国皇帝的私有财产，是他们报复和发泄私愤的对象。

圆明园遗址

1945 年二战行将结束时，美军轰炸东京和奈良时，请清华的教授梁思成和林徽因在地图上为其标出著名的文化古迹的位置，以免被炸。

两相对比，我们看到了人类的进步。

人类的进步，文明的进展还不止这些，圆明园遗址告诉我们许多许多。

战争从大的方面讲，是国力的较量，从微观的角度讲，也是人性的较量。圆明园的悲哀在于它没有被毁于炮火，而是毁于人性的丑恶。

抢掠被占之地，毁坏文物胜迹，虽处战争，亦属强盗之举；扣押使节，虐待俘虏，杀害人质，如今不仅为各种战争法所不容，也为文明人所不齿。

在关于圆明园遗址是否重建和怎样重建这个问题上，也能感受到我们中华民族思想的日趋成熟。譬如，1980 年，1583 位各界名人发起的《保护、整修及利用圆明园遗

址的倡议书》中，有许多内容，在今天看来是不妥的。这一倡议的主旨在于重现圆明园，将圆明园建成一个游览性质的公园。今天，停留在这样层次的倡议，是不会有这么多人签名的。

今天，人们意识到了圆明园作为一个废墟本身的历史遗迹价值，是否重修？怎样重修？不同的观点在激烈的争论，争论本身就是一个进步。圆明园总体规划决定仅仅重修圆明园遗址的 10%，这显然是一个在重修与反重修之中的一个折中的选择。折中比起争论来也是一个进步。

圆明园遗址告诉我们的，还远远不止是这些……

周瑜胆识过人，并非气量狭小

《三国演义》第五十六回《曹操大宴铜雀台孔明三气周公瑾》中，周瑜因为气量狭小一直嫉妒诸葛亮的才能而导致被气死，第五十七回时，诸葛亮还来哭丧周瑜。从小说中看，周瑜之死完全是因为肚量太过狭小，在死前还嫉妒地大喊："即生瑜，何生亮！"似乎十分嫉妒诸葛亮的才能。人们也因此而认为周瑜是一个气量狭小的人。事实到底如何呢？至少在正史中的周瑜是与小说截然相反的！

周瑜（175 年~210 年），字公瑾，三国时期吴国将领，杰出的军事家。《三国志》记载他"长壮有姿貌"，精音律，多谋善断，胸襟广阔，人称周郎。208 年赤壁之战中大败曹军，奠定三分天下基础。后图进中原，不幸早逝。

《三国志》中，陈寿对周瑜的评价是，政治上高瞻远瞩，忠心耿耿；军事上"胆略兼人"，智勇双全；人格修养上，"性度恢廓"，情趣高雅。陈寿是在周瑜身后 20 年才出生的史家，他对于周瑜的描述虽然轻描淡写，但已近乎完美。

周瑜自幼与孙策交好，而且相当有眼光，当孙策刚崛起时，周瑜随之扫荡江东，并送钱粮物资助孙策成就大事。袁术爱惜周瑜的才华，想要收到麾下为他效力，但是周瑜认为袁术目光短浅，难成大事，便拒绝了他投奔了孙策。周瑜到了东吴以后充分地发挥了他的军事才能，为孙策打下江东基业立了汗马功劳，深得孙策的信任。孙策遇刺后曾留下遗言，"内事不决问张昭，外事不决问周瑜"，足以证明周瑜在东吴的地位。孙权继位以后，周瑜还曾劝阻孙权送子为质。

历史上的周瑜胸襟广阔，气度宽宏。有记载说，老将程普因周瑜年轻地位却比自己高，对他不服，多次当面侮辱他，周瑜从来都不跟他计较，程普最后被周瑜的才华和品德所折服，感动地说："与周公瑾交，若饮醇醪，不觉自醉。"从此之后，二人成为好友。

赤壁大战，周瑜力排众议主张联刘抗曹，并给孙权分析了曹军的劣势和东吴军的优势，而后妙计破了曹操的连环战船，指挥大军火烧赤壁大破曹军，成为赤壁之战的头号功臣。其后又以战略性的眼光攻克了南郡。赤壁之战后，周瑜多次想要收回荆州，并向孙权建议出兵西川，灭刘璋，进汉中灭张鲁，从而与曹操二分天下，这一系列的想法都体现了一个军事战略家的远见卓识。然而还没等实施，周瑜就病逝巴丘，年仅 36 岁。

周瑜去世，孙权痛哭流涕，说："公瑾有王佐之才，如今短命而死，叫我以后依赖谁呢？"他称帝后，仍念念不忘周瑜，曾对公卿们说："没有周公瑾，我哪能称尊称帝呢？""东吴的王图霸业，随周瑜猝死化为泡影，自此从欲染指天下转为偏安一方。"可见周瑜在东吴所起的作用是无人可替代的。

《三国演义》对周瑜的形象做了大量的扭曲贬低，小说中所描述的很多事情根本都没有发生过。据正史记载：连刘备都评价周瑜"器量广大"，周瑜气量宽宏根本不会被气死。从赤壁之战结束到周瑜病逝的两年间，诸葛亮正在零陵一带搞后勤工作，根本没有和周瑜见过面。周瑜病逝后，送丧吊唁的是周瑜旧下属庞统，而不是诸葛亮。可见周瑜跟诸葛亮见面的可能性都很小，更不可能交锋了，而且当时孙权方面大都反对抗曹，主张投降，而周瑜则是力排众议，主张抗击曹操的。刘备当时几乎没有什么势力，能够得到对孙权影响力巨大的周瑜的支持已经很难得了，怎么可能任由诸葛亮与周瑜对着干呢？

《三国演义》中，诸葛亮的手下嘲笑周瑜"赔了夫人又折兵"的事情也根本不存在。孙权的确是要把妹妹嫁给刘备，但是那只是单纯的政治婚姻，和周瑜根本没有任何关系。此外，《三国演义》中说周瑜是因为中了诸葛亮激将法之后才主战抗击曹操的，事实根本是子虚乌有。周瑜是东吴最有力的主战派人士，正是孙权听了他的劝说才有了赤壁之战。借东风更是胡扯，诸葛亮并未参与赤壁之战，赤壁是以周瑜为首的东吴将领的功劳，当时刘备根本没有什么势力，在赤壁之战中所起的作用十分有限。北宋一代文豪苏轼在其传颂千古的《念奴娇·赤壁怀古》中说："遥想公瑾当年，小乔初嫁了，雄姿英发。羽扇纶巾，谈笑间，樯橹灰飞烟灭。"寥寥数句，描绘了周瑜当年的英雄气概以及在赤壁之战中所立下的不世功业。苏轼写此词后数百年，《三国演义》方才问世，我们有理由相信，苏轼眼中的周瑜，更为接近历史真实。

张飞非但不"粗"，更是智谋过人

无论是《三国演义》，还是传统戏剧，更或者是近年来很受关注的大片《赤壁》，张飞都被刻画成一个燕颔虎须、豹头环眼的彪形大汉，行事鲁莽，经常大呼小叫，粗鲁无礼。历史上的张飞果真就是一个这样的人吗？答案是否定的！真正的张飞绝对不是一个粗人，相反还是一个非常细心，有勇亦有谋的人。

据历史记载，张飞不仅号称"万人敌"，还精通兵法，机智异常，工于书法。215年秋，曹操在击败张鲁之后，回转马头想从刘备手中夺回关中，便派手下猛将张郃领兵三万进犯巴西。张郃大军势如破竹，很快就攻到了宕渠、蒙头、汤石等地。刘备派张飞率万余兵马出战。面对三倍于己的敌军，而且对方将领是曹操手下首屈一指的猛将，张飞没有"鲁莽行事"，而是出奇兵，从一条狭窄的山路上拦截了曹军，击败张郃。由此可见，张飞不仅有喝断当阳桥的勇猛，更有智谋，以有利地形打伏击战，一举击败张郃，几乎全歼强敌。张飞在破敌之后大喜，便以石代纸，以矛为笔，在蒙头的八蒙山石壁上，凿下两行隶体大字："汉将军飞，率精卒万人，大破贼首张郃于八蒙。立马勒铭。"《方舆纪要》上也有相关记载：八蒙山"山下有勒石云：汉将张飞率精卒万人，大破贼首张郃，立马勒石。盖张飞所亲书也"。张飞的"立马铭"虽然现在已经没有了，但是光绪年间有人做了一个拓本，张飞的字写得苍劲有力，非常具有欣赏价值，由此可见，张飞是工于书法的。一个工于书法的人，一定会有较高的文化水平，当然也就不可能是一个"粗鲁"的人。此外，关于张飞的书法，有许多记载，如南北朝时南朝的陶弘景在《古今刀剑录》中记载说，张飞被封为新亭侯时，亲书刀剑铭文"新亭侯，蜀大将也。"张飞不仅擅长书法，还会画美人画，明代卓尔昌的《画髓元诠》中记载："张飞喜画美人，擅草书。"清代《历代画征录》中也有相关的记载："张飞，涿州人，善画美人。"

张飞的"细"不仅表现在他懂兵法，善用奇兵，还有其他方面的表现。据裴松之注《三国志》引《山阳公载记》：马超被曹操打败之后去投靠刘备。刘备对马超极尽礼遇。马超跟刘备谈话的时候经常直呼刘备为"玄德"。关羽得知后大怒，请示刘备要把他杀掉。刘备说："马超因为走投无路来归顺我，你们却因为他直呼我的名字就把他杀了，怎么能够使天下信服呢？"张飞听罢就说："既然这样，让他知道什么是人臣之礼就可以了。"第二天刘备召集众人，请马超也来参加，关羽和张飞执刀并列站在刘备身边。马超环顾众人，没有看见关羽和张飞在座位上坐着，后来发现他们二人侍立在刘备身边时，"乃大惊，遂不复呼备字"。由此可见，张飞要比关羽细心多了，不动声色地就把马超震住了。如此聪明的举动岂是一个粗人能想得出来的？

如果张飞是一个粗人，那么他一定会看不起那些手无缚鸡之力的读书人，但据《三国志》记载，"飞爱敬君子"，也就是说，张飞对有学问的人非常敬爱。赤壁之战后，庞统前来投靠刘备。刘备对他不怎么重视，只让他当耒阳县县令。庞统非常不满，上任之后就消极怠工，积攒了很多公务。张飞奉命视察工作，发现后十分恼火，想撤庞统的职，待看到庞统很快就把积攒的公务处理完毕后，张飞大为高兴，认为庞统大材小用，就把庞统带回刘备身边，使他得到重用。刘巴出身荆州世家，少年时就很有才干，名气也很大。刘备夺取益州之后，刘巴投靠了他。据《零陵先贤传》记载："张飞尝就刘巴宿，巴不与语，飞遂忿感。"张飞曾经与刘巴一起投宿，张飞因为"爱敬君子"，所以就主动跟刘巴讲话，可是刘巴却瞧不起他是个"武夫"，不搭他的话茬。当时刘巴刚刚投靠刘备，而张飞则已经跟随刘备大半辈子了，并且与刘备"恩若兄弟"，如果他要报复刘巴，对他进行处罚，甚至杀死都是轻而易举的事，但是张飞只是气愤，而没有将刘巴如何。他这样做，正如为他抱不平的诸葛亮对刘巴所说："张飞虽实武人，敬慕足下。主公今方收合文武，以定大事。"这也可以看出张飞不仅不粗，还是一个懂得顾全大局的人，他是为了刘备的天下而不跟刘巴计较的。

总之，以上的历史记载都可以证明，张飞不是一个粗人，而是一个"文武双全"式的英雄人物。罗贯中在写《三国演义》之时肯定也十分稔熟相关史料，但是他为了彰显刘备的"天下枭雄"和诸葛亮的"无所不能"，再加上张飞的屠户出身，而故意将张飞塑造成这样一个"草莽英雄"式的人物，而一般不读正史，只看《三国演义》，甚至将其当成正史的人也就会想当然地把张飞看成一个粗人了！

李鸿章日本议和秘闻录

1895 年甲午一战，李鸿章苦心经营 20 年的北洋海军全军覆没。对于李鸿章而言，甲午战败是他一生的耻辱，签订《马关条约》更是他一生最大的耻辱。熟悉外交事务的李鸿章，不得不听从蕞尔岛国晚辈伊藤博文的摆布。

战前，李鸿章在 1894 年 6 月中旬曾经请俄国和英国驻华公使出面调停中日之争。但英国人此时正想拉拢日本制衡沙俄，不愿意蹚这个浑水。英国领事曾告诉李鸿章，英国政府请日本与中国共同退兵。但也仅此而已，别无下文。俄国公使喀西尼也告诉李鸿章，沙俄政府会不惜以逼迫的手段压制日本人。李鸿章信以为真，一心等待俄国人出面，但最终却不见动静，导致军事部署被动和延误。

平心而论，甲午战争的失败，并非李鸿章一人之责，而是清政府腐败所致。由于海军军费被挪用修建颐和园，自 1889 年以来，海军未添新舰，未置新炮，连弹药也多为过期、不合格、不配套的产品。北洋海军在作战中，炮弹发射速度慢，炮位少，炮弹击中敌舰要害部位后竟穿而不炸。北洋海军被日军围堵在威海卫之际，清政府竟不发援军，眼看着舰队被日军围歼。舰队外籍顾问又伙同候选道牛昶炳等人，威逼北洋水师提督丁汝昌签字投降。眼见大势已去，生性懦弱的丁汝昌不禁悲从中来，服毒自尽。

日本人点名要李鸿章出面谈判

仗打到这个分上，派员议和已不得不提上议事日程。李鸿章左思右想，觉得如果在日本志得意满、趾高气扬之时，派大员贸然前往，恐怕会遭日方奚落。因此，他在给恭亲王奕䜣的信中，提出了一个出人意料的建议："在下与张荫桓等人再三商量，觉得现在只想派一名忠实可信的洋员前往，既容易得知对方的意图，又不会引起对方的怀疑。"李鸿章最终选定的这个人物，就是在天津海关工作 20 余年的德国人德璀琳。

对于德璀琳，李鸿章在同一封信中写道："德璀琳在天津工作二十多年，对我很忠心，中法议和等事他都暗中相助。先前伊藤博文到天津与我订约时，他认识伊藤幕僚中的一位英国人，于是又从中相助，很是得力。如果让他前去日本酌情办理讲和一事，或许能够相机转圜。"

在日本方面，外相陆奥宗光在得知清政府准备派洋人来日本代为商谈议和事项之后，马上与首相伊藤博文进行会商。他们认为，现在还不是与清廷停战的最佳时机，日本应力图扩大战果，占领东三省部分领土，以此来逼迫清政府做出更大的让步。更何况，清政府此时派来的是一名洋人，很可能是来打探虚实的，日本政府不得不防。因此，二人商定不见德璀琳，迫使清政府派出更高规格的代表。

德璀琳碰了一鼻子灰，灰溜溜地回到中国。1895 年 2 月 1 日，清政府又派张荫桓和邵友濂二人赴日，到达日本人指定的谈判地点广岛。但伊藤博文对二人百般刁难，甚至不允许他们发密电和北京取得联系。到达日本的第二天，双方互换国书。伊藤博文发现张荫桓和邵友濂所携带的国书文字中有"一切事件，电达总理衙门转奏裁决"

字样，遂认定二人授权不足，与国际谈判的惯例不符，于是拒绝与他们谈判。张荫桓和邵友濂急忙写信给陆奥宗光，申明光绪皇帝的确向他们授予了议和全权。日本方面依然不依不饶，甚至驳回了张荫桓和邵友濂发电报给国内修改国书文字的请求，还借口说广岛是日本军事重镇，不许闲杂人员逗留，将张荫桓和邵友濂赶到了长崎。

就在张荫桓和邵友濂被日本政府拒绝的当天，伊藤博文与使团随员伍廷芳进行了一次谈话。伊藤博文问伍廷芳："你方为什么不派遣重臣来呢？请问恭亲王为什么不能来敝国？"伍廷芳答道："恭亲王位高权重，无法走开。""那么李鸿章中堂大人可以主持议和，贵国怎么不派他来？"伍廷芳随之反问："我今天是和您闲谈。那我顺便问问，如果李中堂奉命前来议和，贵国愿意订约吗？"伊藤博文自然能够听出伍廷芳的弦外之音，回答得也是滴水不漏："如果中堂前来，我国自然乐意接待，但是也还是要有符合国际惯例的敕书，必须要有全权。"伍廷芳又问："那么中堂也要来广岛吗？"伊藤未置可否。

就在这次谈话前后，日军取得威海卫战役的胜利，北洋海军全军覆没。清政府失去了与日本人讨价还价的最后筹码，没有别的办法，只好派李鸿章前往日本议和。

李鸿章不想做"卖国贼"

1895年2月22日，李鸿章奉旨进京。此时，日本人再次向清政府表示，他们不仅要清政府赔款，而且要求割地！此时，不管是慈禧、光绪还是满朝文武，谁都不愿意背上这个遗臭万年的罪名，李鸿章自然也不愿意。经办外交多年，李鸿章早尝够了"卖国贼"的滋味，所以，他一定要得到清政府的全权授权，才肯出使日本。

进京次日，光绪在乾清宫召见了李鸿章。围绕是否割地问题，朝堂上争执不下，乱作一团。李鸿章表示，不能够承担割地的责任，更何况连日本人要的赔款现在都无法凑齐。光绪的老师翁同龢等人也说，宁可多赔款，也不可割地一寸。以恭亲王奕䜣为首的一干大臣则认为，如果不答应割地，日本人恐怕不会与议和。现在情形危急，日本军队的锋芒已指向北京。为保京师无恙，就只能顺从日本人的心愿。

为了寻求支持，李鸿章再次奔走于各国使馆，希望能得到列强的支持。只可惜此时各国要么已与日本沆瀣一气，要么暗中打着自己的"小九九"，准备中日议和开始后坐收渔翁之利。李鸿章的求助行动无果而终。

3月4日，光绪正式下诏，宣布李鸿章为头等全权大臣，予以署名画押之全权。13日，李鸿章等人乘坐德国轮船"礼裕"号和"公义"号，悬挂"头等议和大臣"旗帜，起程直奔日本马关。随从出访的有李鸿章之子李经方，随员伍廷芳、马建忠，以及美国顾问、前国务卿科士达等。

春帆楼上唇枪舌剑

马关议和之地春帆楼，本是日本医生藤野玄洋于1862年开办的诊所。此楼居高临下，风景秀丽，附近有一处温泉。藤野玄洋医生死后，其女美智子不通医术，但独具慧眼，在这里开了一家河豚料理店。

对于春帆楼，时任日本首相的伊藤博文别有一番感情。当年的伊藤博文经常在马关一带出入，经常光顾美智子的河豚料理店。一日，吃得兴起的伊藤博文从楼上远眺关门海峡，碧波之上的点点渔帆令其感动不已。联想到自己别号春亩，伊藤博文不禁兴致大发，为此店取名"春帆楼"。选此地为谈判地点，想必伊藤博文也打算像日本政府在甲午战争中所做的一样，要拼命吃下清政府这条"河豚"。

1895 年 3 月 20 日午后 2 时半，李鸿章一行登上春帆楼。春帆楼上，围着方桌摆放着十多把椅子。日本政府还特别为年逾七旬的李鸿章安排了痰盂。伊藤博文为谈判颁布了四条纪律：一是除谈判人员外，不论何人有何事，一概不得踏入会场；二是各报纸的报道必须要经过新闻检查后方可付印；三是除官厅外，任何人不得携带兵器入内；四是各客寓旅客出入，均必须由官厅稽查。此外，伊藤博文还特别宣布：清政府议和专使的密码密电，均可拍发，公私函牍概不检查。从表面上看，好像日本人对李鸿章非常客气，其实，日本人在甲午战争前已成功破译了清政府的密码，中国使团与朝廷往来的电文，日本人一览无余，自然也乐得送个顺水人情。

3 月 21 日，在与李鸿章的首次谈判中，伊藤博文向李鸿章提出的停战条件是：日军占领大沽、天津、山海关一线所有城池和堡垒，驻扎在上述地区的清朝军队要将一切军需用品交与日本军队，天津至山海关的铁路也要由日本军官管理，停战期间日本军队的一切驻扎费用开支要由清政府负担等。伊藤博文明白，山海关、天津一线如果被日军占领，将直接危及北京安全。这个停战条件是清政府万万不会答应的。如果这一停战条件被清政府驳回，日本正好就此继续进攻。尤其狡猾的是，伊藤博文此时隐藏起觊觎我台湾的企图，向李鸿章隐瞒了日军正向台湾开进的事实，企图在日军占领台湾后再逼李鸿章就范。

春帆楼上，中、日两国唇枪舌剑，谈判僵持不下。恰在此时，一桩突发事件改变了谈判的进程。

李鸿章遇刺改变谈判进程

3 月 24 日下午 4 时，中日第三次谈判结束后，满怀心事的李鸿章步出春帆楼，乘轿返回驿馆。谁知，就在李鸿章的轿子快到达驿馆时，人群中突然蹿出一名日本男子，在左右未及反应之时，照着李鸿章就是一枪。李鸿章左颊中弹，血染官服，当场昏厥过去。一时间，现场大乱，行人四处逃窜。行刺者趁乱躲入人群溜之大吉，躲入路旁的一个店铺里。

眼见主人遇刺，李鸿章的随员们赶快将其抬回驿馆，由随行的医生马上进行急救。幸好子弹没有击中要害，不久李鸿章就苏醒过来。李鸿章毕竟见过大风大浪，面对变故表现得异常镇静，还不忘嘱咐随员将换下来的血衣保存起来，不要洗掉血迹。面对斑斑血迹，73 岁的李鸿章不禁长叹："此血可以报国矣。"

李鸿章的伤口在左眼下一寸的位置。所幸的是子弹虽然留在了体内，但并没有伤到眼睛。李鸿章在日本遇刺，立即引起了国际社会的关注，德国驻日公使馆的医生赶来为他看病。各国医生会诊之时，日本医生建议开刀，但德国和法国医生坚决反对。理由是既然这颗子弹对李鸿章的眼睛无害，不如暂时留在体内。他们担心，如果贸然开刀，将会危及李鸿章的性命。

行刺事件发生后，日本马关的警察在很短时间内抓到了凶手。经审讯，此人名叫小山六之助，21岁，是日本右翼团体"神刀馆"的成员。他不希望中日停战，更不愿意看到中日议和，一心希望将战争进行下去。所以决定刺杀李鸿章，挑起中日之间的进一步矛盾，将战争进行到底。小山六之助的想法与日本政府此时的意图大相径庭。日本政府本来拟就的谈判方略是借战争逼迫清政府签订不平等条约，然后见好就收。此时的伊藤博文最担心的就是有什么把柄落在列强手中，让一直虎视眈眈的西洋各国从中干涉。坐收渔翁之利。小山六之助的行为恰恰无异于授人以柄。难怪伊藤博文闻讯后气急败坏地发怒道：这一事件的发生比战场上一两个师团的溃败还要严重！

李鸿章遇刺的第二天，清政府给李鸿章来电，除慰问伤势之外，还指示应趁"彼正理曲之时，李鸿章据礼与争"。当时，如果李鸿章就势回国，再说服列强进行干涉，也许《马关条约》的内容就不会是后来那个样子。可是被列强与日本欺负得没脾气的清政府，压根儿没有想过可以利用列强之间的矛盾，只是担心如果不及早结束谈判，在华日军将会继续制造战端，危及京师安全。

28日，当伊藤博文再次来到李鸿章的驿馆，告之日本天皇已下令停战时，李鸿章不禁喜出望外。他没有想到，几天来在谈判桌上口干舌燥未能取得的战果，竟然会因为自己的遇刺而峰回路转。30日，中日停战条约签字。

1895年4月17日，李鸿章与日本代表签订了丧权辱国的中日《马关条约》。条约规定：割辽东半岛、台湾、澎湖列岛及附属岛屿给日本；赔偿日本军费白银2亿两；增开重庆、沙市、苏州、杭州为通商口岸；开辟内河新航线；允许日本在中国的通商口岸开设工厂，产品运销中国内地免收税款。

蒋干才貌双全，绝非败事之徒

在《三国演义》中有很多人物只是短暂地出现了一两次，比如大将潘凤甫一出现便被华雄斩首："太守韩馥曰：'吾有上将潘凤，可斩华雄。'绍急令出战。潘凤手提大斧上马。去不多时，飞马来报：'潘凤又被华雄斩了。'"还有一些人出现的时间要长一些，但是却难逃被罗贯中污蔑为反面形象的命运。其中最典型的代表当属蒋干。

《三国演义》中，蒋干做的最有名的事就是"群英会蒋干中计"，大致情节如下：

赤壁大战前夕，曹操亲率百万大军，驻扎在长江北岸，意欲横渡长江，直下东吴。东吴都督周瑜也带兵与曹军隔江对峙，双方剑拔弩张。曹操手下的谋士蒋干，因自幼和周瑜同窗读书，便向曹操毛遂自荐，要过江到东吴去做说客，劝降周瑜。

周瑜正在帐中议事，部下传报故人蒋干来访。周瑜甫一闻讯，便已猜出蒋干来意，他眉头一皱，计上心来，连忙吩咐众将依计而行，随后带着众人亲出帐门迎接。二人相见，寒暄一番，周瑜挽着蒋干手臂同入大帐，设盛宴款待蒋干，请文武官员都来作陪，并传令奏起军乐，开怀畅饮。酒至半酣，周瑜举杯祝酒道："在座各位，都是江东豪杰，今日之会，可称作群英会！真是——同窗契友会'群英'，江东豪杰逞威风！"随后，乘着酒兴，起身舞剑作歌："丈夫处世兮立功名，立功名兮慰平生，慰平生兮吾将醉，吾将醉兮发狂吟。"直喝得酩酊大醉。

宴罢，蒋干扶着周瑜回到帐中，周瑜说道："很久没和子翼兄共寝，今夜要同榻而眠。"说着，朦朦胧胧地睡去。蒋干心中有事，想起在曹操面前曾经夸下海口，不知回去如何交代，听听外面鼓打二更，哪里还睡得着？他见周瑜鼾声如雷，便摸到桌前，拿起一叠文书偷看起来。正翻着，忽见里面有一封书信，细看却是曹操的水军都督蔡瑁、张允写给周瑜的降书。蒋干看罢，大吃一惊，慌忙把信藏在衣内。再要翻其他文书，却听周瑜梦中呓语："子翼，我数日之内，定叫你看曹操首级！"蒋干口中含糊答应着，连忙吹了灯，匆匆睡下。

清晨，有人入账叫醒周瑜，说道："江北有人来……"周瑜急忙止住他，看看蒋干，蒋干只装熟睡。周瑜和那人轻轻走出帐外，又听那人低声说道："蔡瑁、张允说，现在还不能下手……"声音越来越低。蒋干心中着急，可又不敢乱动。不一会儿，周瑜回来躺下睡了。蒋干怕惊动周瑜，等周瑜睡熟，偷偷地爬起来，径直走出军营，守营军士也不阻拦。他来到江边，寻着小船，飞一般驰过长江，回见曹操。

原来这一切都是周瑜的计谋。他知道曹军中只有蔡、张二将精通水战，便设下此计，想借曹操之手杀掉这两个人。曹操果真上了当，斩了蔡瑁、张允。等到众人将蔡瑁、张允的人头送上时，曹操才省悟过来，但已经晚了，只好另换了两个水军都督。后来蒋干再次去东吴，再次中了周瑜之计，"偶遇"庞统，并将其带过江向曹操引荐了，结果曹操中了庞统所献的"连环计"，将战船用大锁连在一处，赤壁一战，周瑜采用火攻，曹操水军一败涂地。此后，蒋干在《三国演义》中再也没有出现，但他的形象已在人们心中定型——成事不足，败事有余的愚蠢之辈。

历史上的蒋干如何呢？据《三国志·江表传》记载，蒋干"有仪容，以才辩见称，独步江、淮之间，莫与为对"。起初曹操知道周瑜年少有美才，派蒋干去见周瑜，希望能说动周瑜，周瑜接见蒋干，向蒋干说："子翼良苦，远涉江湖为曹氏做说客邪？"蒋干说："吾与足下州里，中间别隔，遥闻芳烈，故来叙阔，并观雅规，而云说客，无乃逆诈乎？"周瑜说："吾虽不及夔、旷，闻弦赏音，足知雅曲也。"然后和蒋干一同进食。三天后周瑜邀请蒋干参观军营，宴饮时还请侍者展示服饰珍玩，并向蒋干说："丈夫处世，遇知己之主，外托君臣之义，内结骨肉之恩，言行计从，祸福共之，假使苏张更生，郦叟复出，犹抚其背而折其辞，岂足下幼生所能移乎？"蒋干笑着但始终没有说话。蒋干回去后向曹操称赞周瑜雅量之高非言辞所能形容。

这是正史关于"蒋干盗书"的记载，也是罗贯中小说情节所依据的史实。从蒋干与曹操、与周瑜的对话可以看得出，蒋干虽然没有多大功劳，但绝对不是一个笨到连那种低级的反间计都看不出来的人，并且周瑜不会弱智到用这等低级的计谋。

此外，在历史上的赤壁之战中，曹操并没有杀掉蔡瑁、张允。据《襄阳耆旧传》记载，蔡瑁年轻时就与曹操交好，曹操率领大军南征，不战而得荆州以后，曾经亲自造访蔡家，"入瑁私室，呼见其妻子"，对蔡瑁优礼有加，所以不大可能因此而杀掉他。

而且历史上蒋干去见周瑜的时间，在《资治通鉴》中的记载是建安十四年（209年），也就是赤壁之战以后。所以，不管曹操在赤壁之战中败得多惨，也不管蔡瑁、张允是否真被曹操所杀，都与蒋干无关。而且，这趟差使也不是蒋干争取来的，而是曹操派他去的。并且在与周瑜面谈时，蒋干也是非常得体，他知道周瑜的打算，所以一直笑着始终没有说话，并且回去之后还称赞周瑜。这绝对不是一个二百五能够做得到的。

由一个玩笑引发的政变

玩笑之言，玩笑之事，本无伤大雅。但因为一句玩笑，导致了一场流血的宫廷政变，导致了即位刚刚一年的国君掉了脑袋，却真的有点匪夷所思。

这场政变发生在春秋时期的公元前605年。被杀的国君是郑灵公，杀害他的两个大臣是子公（公子宋）和子家（公子归生），两人都是郑国的宗室。

这一天，上朝的时候，子公的食指忽然自己动了起来。在一边的子家觉得奇怪，子公对他说："每当我的食指这样动的时候，就能尝到非同一般的美味。这种情况已经发生多次，没有一次不应验的。看来，今天又要大快朵颐了。"子家听了将信将疑。

过了一会儿，内侍果然传命，郑灵公要请众臣吃鼋羹（王八汤）。子公见状大喜："果然不出我之所料！"子家等人也跟着笑了起来。郑灵公见他们笑得开心，忙问何故，众人告知原委。郑灵公戏之道："应验不应验，还不是寡人说了算！我不请你吃，你就吃不到！"

朝贺已毕，群臣退入朝房休息，等待美味。子家对子公说："虽有美味，倘若主上不召你，那怎么办？"子公不以为然地说："主上遍赐群臣，怎么会单单丢下我。"

散朝后，郑灵公对内侍一番吩咐。他要开个玩笑，存心不让子公的食指应验。

日影西斜。群臣重新上朝，按照品级大小，依次入席两厢叙坐。子家与子公的官阶最高，当然为左右首席。郑灵公环顾群臣说："鼋是水族美味，异常难见。今天的大鼋，更是稀有。寡人不敢也不忍心独自享用，愿与众卿一起品尝。"群臣纷纷起身拜谢。

一会儿，庖人端着鼎走进来。只见白汽弥漫飘散，香味冲入鼻孔，群臣抽动着鼻翼，眼巴巴地望着庖人。庖人径直向前，跪献郑灵公。郑灵公拿起筷子夹起一块鼋肉送进嘴里，接着又喝了几口鼋汤，连声赞道："好香的肉，好鲜的汤！"

经过灵公这么一搅动，鼋羹的香味更浓了，仿佛空气里到处都是那沁人心脾的香味。过了好一会儿，灵公才在众人的期盼之中吩咐："每人赐肉一鼎，象箸一双！"庖人依照灵公的吩咐，一改往常从上座奉食的章程，竟从下座一鼎鼎地把鼋羹端上来。端到最上首的二席，偏又只剩下一鼎鼋羹。庖人为难了。他看看子公，又看看子家，迟疑不决，只好启奏道："鼋羹只有一鼎，不知赐给哪位，请主公明示。"郑灵公瞟了子公一眼，笑吟吟地吩咐："赐给公子归生吧。"

这样一来，众臣都吃到了鼋羹，唯独子公没有吃到。人们嚼着肉，喝着汤，有滋有味。唯独子公在那里眼巴巴地看着，满脸窘相。郑灵公看在眼里，不免得意，哈哈大笑道："寡人将鼋羹遍赐众卿，与大家同享美味，偏偏轮不到公子宋的。命该如此，可见公子宋的食指并不灵验！"

再看子公，他的脸涨得通红，尴尬已极：他在子家面前已说了满话，话说得太绝；

今日百官都得到了国君的赏赐，连品级低微的百石小官也得到了一鼎鼋羹，偏偏自己两千石俸禄的贵戚重卿却没有。在满朝文武面前，自己还有什么脸面？子公满肚子怨气无处发泄，听到灵公的话，总算找到发泄的地方。是灵公损了他的面子，坏了他的灵验，他要在灵公那儿找回来。只见子公霍地跳起来，跑到灵公面前，将食指伸进灵公的鼎里，又出一块鼋肉，放进嘴里吞了下去，也哈哈大笑道："臣已经吃到了鼋肉，臣的食指到底还是灵验的！"说罢，也不理会灵公，径自下堂离去。

在群臣面前，子公竟如此放肆，他的眼中哪里还有国君的尊严？郑灵公气呼呼地摔下象箸，狠狠地说："真是不成体统，公子宋欺寡人太甚！郑国虽小，难道就没有尺寸之刃，砍下欺君犯上者的项上人头吗？"

子家见状，连忙和其他大臣弃鼎离席，跪下叩头，谢罪说："公子宋向来与主上亲近，今日之事，他是恃主上恩宠开个玩笑，不是成心失礼。请主上看在平日的情分上，原谅他吧。"

郑灵公铁青着脸，也不搭话。群臣见状，也不敢再多言。君臣不欢而散。

子家觉得事情不妙，便没有回家，而是径自去见子公。他把灵公动怒的情况讲了一遍，劝他说："明天入朝，一定要向主上谢罪。"子公怨气未消，振振有词地说："不尊重别人的人，别人也不会尊重他。是主上先失礼，他还想处治我，我凭什么要向他赔礼认错？"子家劝解道："事虽如此，但君臣之间，不可因戏语而生怨怒。还是谢罪为好。"子公不置可否，子家只好退去。

次日，两人一同入朝。子公随班行礼，全无惶恐负罪之语。倒是子家看着着急，几次暗示他，子公却只当没看见。子家只好躬身说："公子宋昨日染指失礼，特来向主上告罪。他惶恐之间不能措辞，请臣代为转达。望主上念在他多年来勤谨办事的分上，饶了他吧。"一边说，子家一边向子公使眼色。但子公全然不理，这个梯子算是白搭。郑灵公一见子公那个样，气就不打一处来。他绷着脸，冷冷地说："是寡人得罪了公子宋，他哪能有什么错处？哼！"说着起身，拂袖而去。

彼此不相让，怨隙越结越深。子公出朝，秘密派人请来子家，对他说："主上恨透了我，恐怕还要杀我。俗话说：'先下手为强。'与其坐以待毙，不如起而自救，先行发难。"

子家连连摇手，道："使不得，使不得！自家的家畜养得时日久了。还舍不得下手，何况一国之君，谁敢轻言弑逆？不可胡言乱语，徒惹祸端！"

子公见子家不从，马上见风转舵，笑着说："我不过是开个玩笑，您不要当真。"

子家道："这种玩笑可不是随便开的！谋逆死罪，还要株连宗族，岂可戏言？你放心，我不会多嘴多舌的。"说罢，告辞而去。

虽然子家满口应承，但子公并不放心。万一走漏了风声，就有亡身灭家的大祸啊！只有把子家搅在里面，才能平安无事。他知道子家与灵公的弟弟公子弃疾关系密切，数有往来，便到处传言，说子家与公子弃疾经常秘密相聚，不知商议何事。好事不避人，他们恐怕要做什么危害社稷的勾当。

听到这些传言，子家吓坏了。他急忙找到子公，质问道："你胡说些什么呀？这简直是要我的命!"

子公道:"我信任你,和你商量大事,你却不干。这是成心害我死呀!既然如此,我也就顾不上什么朋友之情了,我一定要你和我做伴。"

子家素来懦弱,遇事优柔寡断。见子公如此说话,骇然道:"你要干什么?"

子公咬牙切齿地说:"主上是个昏君,这从分赐鼋肉这件事上就能表现出来。这样的昏君,早就该废掉!我要行大事,废昏立明。我们共同扶立公子弃疾如何?"

子家想了想,苦着脸说: "你看着办吧!可别把我牵连进去,我决不说出去就是了。"

得到子家默许,子公便有恃无恐了。他暗中聚集家甲,重金贿赂灵公左右,趁灵公秋祭斋宿,半夜潜入斋宫,轻而易举地杀死灵公。然后,以暴疾讣告国人。

政变后,子公等欲立公子弃疾为君。公子弃疾不忍心兄长的暴死,更不愿受人挟持,便托词不干。不得已,子公和子家遂立郑灵公的庶弟公子坚为君,是为郑襄公。

按孔子作春秋,书曰:"郑公子归生弒其君夷。"放过罪魁祸首子公而归罪于子家,这是为什么?因为子家身为执政重臣,惧谮从逆,知其事而不敢言,"任重者,责亦重",所以孔子归罪于子家。

明成祖怒斩三千宫女

明成祖朱棣在历史上很有作为,但他又是一位性格固执、刚愎自用、猜忌多疑、杀人如麻的皇帝。永乐末年,他大肆滥杀宫女、宦官,在这次大惨案中,被杀的宫女有近3000人之多,为明代后宫最大的一次惨案。

失去爱妃滥杀无辜

其实,成祖杀戮宫女之事早在永乐年中期就曾发生过。事情还得从贤妃权氏说起。

永乐初年,国家逐渐强大。朱棣追求享乐。后宫美女渐多。永乐五年(1407年),皇后徐氏病死,皇后一直没有再立,王贵妃和贤妃权氏是他最宠爱的妃子。权氏是一位选自朝鲜的美女,天姿国色,聪明过人,能歌善舞,尤其是善吹玉箫,成祖十分怜爱她。

永乐八年(1410年),成祖率大军出征,特地带权贤妃作为随侍嫔妃宫女,随军出塞。没有料到,这位独得天宠的妃子,在大军凯旋回宫时,死于临城,葬在峄县。成祖伤心欲绝。

宫中两名姓吕的朝鲜宫女与宦官相好之事恰好此时发生。本来,历代宫中都有宫女与宦官结为假夫妻的事情,明代也有这种现象,宫中称之为"对食",也称某宫女为某宦官的"菜户"。

起初,吕氏是朝鲜商贾的女儿,史籍中称"贾吕"。她见到本国先期入宫的宫人吕氏,因为都是朝鲜人,又是同姓,贾吕想与吕氏交往。谁料,吕氏对贾吕的为人很是不屑,拒绝与她结好。贾吕一直心存不满。不久,成祖贤妃权氏死于北征凯旋回师途中,吕氏曾随军侍候过贤妃,于是贾吕诬告贤妃是被吕氏在茶里下了毒药而死的。

明成祖朱棣正是心情悲伤难过之时，闻后大怒，没有细查，当即诛杀吕氏及有关的数百宫女、宦官。

明代后宫最大惨案

永乐十八年（1420年），独得明成祖宠爱、准备立为皇后的王贵妃也死去，成祖再一次经历丧失宠妃的伤痛。贾吕与宫人鱼氏私下与宦官结好之事恰在此时暴露。

成祖甚为恼火，雷霆大发。贾吕和鱼氏惧祸，便上吊自杀。成祖竟以此为由，亲自刑审贾吕侍婢，不料却查出这一班宫女要谋杀皇帝的口供。

朱棣极为恼怒，亲自下手对宫女们动用酷刑，其中受株连被杀的宫女近2800名，而且成祖每次亲临施刑。有宫人临刑时当面斥骂成祖："你自己年老阳衰，宫人与小宦官相好，有什么罪过！"朱棣让画工画了一张贾吕与小宦官相抱的图画，羞辱宫人，同时更加大肆杀戮。

据《李朝实录》记载，当宫人被惨杀之时，适有宫殿被雷电击中，宫中的人都很高兴，以为朱棣会因害怕上天报应而停止杀人。可是朱棣依旧如故，丝毫"不以为戒，恣行诛戮，无异平日"。两次杀戮事件，被诛的宫女及宦官达3000人之多。

据说，"明成祖晚年患疾病，容易狂怒，发作难以控制，甚至歇斯底里，他本人残忍好杀，又添上晚年的疾病，就更加狂暴异常。"至于他患了什么病，官修《明史》及《实录》只说他晚年容易发怒，可究竟是一种什么病，发病的诱因是什么，历史上已找不到相关的记载了。

崇祯死前大开杀戒

1644年3月16日，崇祯刚刚被太监侍候着穿好龙袍，这时有太监来报："皇上，李自成所率的叛军打到昌平了！"崇祯大惊失色，无奈之下，只好召集群臣，商讨对策。然而，大殿上静寂无声，好久没有人说话，后来，不知哪位大臣哭出声来，接着哭声连成一片。崇祯拍案大怒，才喝住了哭声。

不久，昌平失守的消息传来，一时间君臣大惊，大殿上悲凉的景象再次重现。

17日，北京城被围。而此时，负责北京城防的明军对起义军的围攻已无抵御之力。在这种情况下，崇祯自知已回天无力，召集群臣商议也是于事无补，大呼："内外诸臣误我！误我！"然后，一边仰天长号，一边绕殿环走，不停地捶胸顿足，痛哭失声。整整折腾一夜，直至天明。

3月18日，天色刚黑，崇祯心神不宁地等着守城明军的消息。这时，有一个太监神色紧张地跑来，跪地向崇祯报告："皇上，内城也被攻破了！"崇祯忙问："守城的官兵到什么地方去了？守城提督李国桢又在哪里？为什么会守不住？"

太监回答道："守城的官兵早已逃散。"接着又说："皇上您还是赶紧设法逃走吧！"崇祯还想再问一些情况，这名太监转身便逃。崇祯连喊几声，可那太监连头都不回便径自走了。

崇祯只得亲自带着太监王承恩，来到紫禁城北的最高点——煤山。他放眼一看，只见京城内外，火光冲天，四周喊杀声阵阵传来，炮声也隆隆作响。见此，崇祯不禁仰天长叹，泪如雨下，很久才下山回乾清宫。回到乾清宫后，崇祯决定准备后事。他提笔亲手写下给内阁的谕旨：命成国公朱纯臣辅佐东宫太子，提督内外军务。然后命太监将谕旨送往内阁，可是，没多一会儿，太监跑回来报："皇上，内阁中早已空空如也！"

崇祯闻言，撂下笔，不禁感慨万分，想到以往的前呼后拥，想到以往的群臣跪拜、山呼万岁，看到今天的凄凉末日，崇祯再一次痛哭失声。

这时，崇祯已经苦闷到了极点，对未来再也不抱任何幻想。过了许久，崇祯愤然站了起来，他先把周皇后叫来，又让太监把袁贵妃叫来。

此时，崇祯已是精疲力竭，状近疯狂。他大声叫喊要左右把酒送上来，连呼倒酒，一口气饮下了几十杯酒，然后又泪流满面地长叹道："朕上对不起列祖列宗，下负我百姓！"周皇后、袁贵妃见此，也陪着流泪不止。喝完这番悲怆失意的酒，崇祯又将太子慈烺、永王慈炤、定王慈炯召来，准备将他们托付给各自的外祖父家，希望能够给自己留下一点血脉。

那时定王才13岁，永王12岁，对当时的险境还全不知情，身上穿的还是平时的华衣美服。见此，崇祯含泪说道："皇儿啊。现在是什么时候了，还不赶快将绸缎锦衣脱掉，这会给你们招来杀头的危险！"说完忙命左右寻来破衣，崇祯心情悲愤地对他们说："大明社稷就要完结了，这实在是父皇的罪责和过失，但朕已经尽力了。皇儿们今天还是皇子，明日就是百姓了，在战乱离别的时候，千万要记得隐姓埋名，不要出头露面，见到年纪大的人要称呼他们长辈老翁，见到年纪轻的要喊他们伯伯叔叔。万一保了性命，一定要给父母报仇雪恨呀！千万不要把父皇今天的告诫给忘掉了。"说罢，崇祯将他们紧紧地搂在怀中。对此，太子和两位皇子含泪应诺。周皇后上前搂住自己的亲生儿子太子和定王，又将田贵妃的儿子永王扯来，四个人哭成一团，最后三人由太监领出。

托孤的事情完了之后，崇祯转头对周皇后道："大势已去，你作为皇后国母，应当自尽了。"周皇后听了，痛哭起来，说："为妾侍奉陛下十八年了，最后，连劝你南迁的一句话你都不肯听，以至于到今日这步田地，这也是天命啊！今日能为大明社稷殉身，对我来说也就没有什么遗憾了！"说完，周皇后径直跑回坤宁宫自尽身亡。

这时，崇祯又赐白绫给袁贵妃以及西宫众妃嫔，对她们说："皇宫马上就会被敌人攻破，妃嫔一定不能落到闯贼的手里。你们应当小心谨慎地守住贞节，以保全列祖列宗的礼制。"说完，崇祯挥挥手示意："自尽吧！"接着，崇祯又想到了公主。他想："闯贼打进宫内，也不能让他们污辱了公主。"于是，崇祯提剑直奔宁寿宫长平公主的住处。长平公主见父皇满脸杀气地撞进来，便知道大事不妙，她扯着崇祯的衣襟大哭不止："父皇。我是大明的公主、您的女儿啊！您不能杀我啊！"听到女儿这般撕心裂肺的哭喊，崇祯心如刀绞。但有什么办法呢？崇祯"嗖"地一下拔出剑来，一边用袖子遮住自己的面孔，一边悲怆地喊道："你为什么要生到我的家中！"随后，手起剑落，一剑砍去！长平公主被吓呆了，本能地举起胳膊去挡剑，结果被砍断右臂，昏倒在地上。这时，崇祯皇帝的脸上、身上到处溅满了女儿的鲜血，可这位皇上已经形同无心的铁皮人，完完全全地没有了感觉。接着，崇祯皇帝又来到了幼女昭仁公主的住处，他不顾女儿的苦苦哀求，不顾宫女妃嫔们的拼命阻拦，像个杀红了眼的恶魔一样，一把将昭仁公主抓在手里，没容她再作挣扎，剑已刺进公主的胸膛。杀完公主后，崇祯又径直来到坤宁宫，刚进大殿，便有一个宫女向他报告说："周皇后自缢了！"崇祯面无表情地走上前去，抬起手摸摸周皇后的尸体，已经凉了，只听他喃喃地说："好……好……"接着又转身来到了西宫。不知为什么，当崇祯走进大殿时，袁贵妃自缢的绳子突然断了，整个人跌在地上。崇祯见状，二话没说，拔剑连刺三下，袁贵妃也倒地身亡。

这时，来了一个太监向他报告："郭宁妃、庄妃割脉而亡；李淑妃、吴康妃跳水而死；王贤妃、郑裕妃等五人准备出逃，已经被擒。"崇祯听后大怒，命令将这五名妃子带到他面前，然后，他手持长剑，一个一个全部杀死。

此时，崇祯的精神已经完全崩溃，杀完亲人妃嫔，他茫然地坐在地上，呆呆地望着沾满鲜血的长剑和衣襟，整个人都痴了过去。这时，"轰"的一声炮响，崇祯皇帝猛然惊醒，他这才发觉已经是半夜了。他知道，下一个该死的是他自己了。

他叫来大太监王承恩，吩咐他准备行装，崇祯自己也换上了便装。之后，崇祯和王承恩混在太监中，出了东华门，来到朝阳门，但城门却被严密把守。王承恩只好假说奉命出城，但守城门的人却请他到天亮时验明身份再出城。无奈之下，崇祯和王承恩只得由胡同绕出紫禁城，奔向正阳门。在那里，只见三盏白灯高悬在城门之上，王承恩小心翼翼地说："皇上，正阳门已被叛军攻陷，咱们转向安定门吧！"此时，崇祯早已龙颜扫地，一路上缄口无言，由王承恩搀扶着，主仆二人又朝安定门走去。可到那儿一看，安定门城门紧闭，根本无法开启。这时天色已亮，崇祯长叹一声道："走不了啦，回宫吧。"不过，回宫前，崇祯还心存侥幸，执意来到皇极殿前，亲自敲响了景阳大钟，他想召集群臣，再商出逃之计。但大钟响了好久，也不见有人前来。此时，大臣们早已逃之夭夭，哪还能听到皇帝的召唤。崇祯大骂百官贪生怕死，该杀！走投无路之下，崇祯已无意再回皇宫，只想一死了之。他命王承恩在前，他跟跄跟在后面，主仆二人登上了煤山山顶。

经过一夜的奔波，这时的崇祯已是狼狈不堪：身上只穿着白色内衣，长发披散，右脚光着，只有左脚还穿着一只鞋。来到山顶寿皇亭，崇祯回首望去，此时天色已经大亮。

崇祯知道北京已完全陷落，不由感到万分沮丧，更加心灰意冷，他用手扶着寿皇亭的柱子，不禁悲伤怨恨了起来：平时对大臣们都不错，可现在却没有一个人跟随在左右，真的是可怜可悲到极点了。想不到当年祖宗出于象征江山永固而堆筑的万寿山，竟然成了自己的葬身之地，两百多年的大明天下竟要在自己手里失去，还有什么脸面去见列祖列宗呢？想到这里，崇祯停了下来，伸手解下衣带，又用颤抖的手将它搭在寿皇亭下的一棵枯树的树枝上，然后转头吩咐王承恩："等朕死后，要将朕的脸部遮盖起来，以示无脸面见列祖列宗之意。"然后，自缢而死。

清代官场图

捐官：官员之多如过江之鲫

对于候补官之多，时人讥为"过江名士多于鲫""官吏多如蚁"。江南又有口号云："婊子多，驴子多，候补道多。"

清代实行捐官制度以后，大量谋官者拿钱买到了官，但所买的仅仅是一个职衔，并不是实缺。要想得到实缺，必须等有官位空出来才能递补。这种有官衔而无实缺，时时巴望着补缺的官，谓之候补官。

候补官当时有"灾官"之称，意思是当这种官活受罪，如同受灾一样。这是因为候补官的数量相当多，递补一个实缺极为不易。而当了候补官，大小总是一个官，因而需要维持相应的体面排场，如雇用长随，酒食征逐，交际应酬，都是少不了的，这就需要花很多钱。而候补官由于没有实际差使，也就没有丝毫收入，所以往往弄得穷困不堪，甚至饥寒而死。

《官场现形记》说："通天下十八省，大大小小候补官员总有好几万人。"以江宁为例，宣统末年，江宁的各种候补官数目如下：道员三百余员，府、直隶州三百余员，州、县一千四百余员，佐贰杂职二千余员，共计四千余员。而江宁的官缺，合道、府、厅、州、县计之，才不满五十缺。二者比例为八十比一。又如光绪年间湖北知县汪曾唯在给友人的一封信里说到湖北省候补官日见增多的状况："鄂省候补人员日见其多，道府六十余员，同（知）通（判）七十余员，州县二百六十余人，佐杂几及千人。茫茫宦海，正不知何日得登彼岸也。"

由于僧多粥少，仕途拥挤，所以补缺的机会很少。或是等很多年才能补上，或是终身也补不上。曾经捐过户部郎中的大名士李慈铭，在北京保安寺街居住时写过一副对联，叹补缺之慢："保安寺街，藏书十万卷；户部员外，补阙一千年。"有人作《补缺》诗云："部复朝来已到司，十年得缺岂嫌迟。"十年能补上缺就已经很知足了。某年元旦，开封府文武官员至抚署贺岁，巡抚以对联"开封府开印大吉，封印大吉"求对，一候补知县对曰："候补县候缺无期，补缺无期。"据说有个捐佐贰杂职的候补官，十七年没补上缺，每日在街巷中散步自遣。一次在小巷中认识了一位寡妇，后来二人结为夫妻。这位候补官自嘲说："我总算补上缺了。"意思是补了寡妇缺丈夫之缺。

候补官长期补不到缺，便穷困不堪，乃至饥寒而死。清人欧阳昱曾说到他亲见亲闻的一些候补官贫困不堪的状况：许多候补州县，贫至饭食不给，饿死在旦夕，不得已借高利贷以救眼前，苟延性命，他日如何，在所不计。某候补知县到省二十年，未得差委，衣食俱乏，冻馁而死。死时身上仅穿破衣破裤，床上唯有一破席。又有一候补知县因饥寒难耐，吞烟自尽。候补佐杂官较之候补知县生活更苦。某候补巡检严冬只穿一件破夹袍，外加一件纱褂，两袖与前后身到处是破洞，内用黑纸粘住，头戴破凉帽，脚穿破单鞋，冻得浑身颤抖，两脚站不稳。他对人哭诉说："一身饥寒已极，妻子又冻馁将死，无路可生，只有求死一法。"人至其家看时，见破屋中其妻与子女五六人卧在一床，俱穿破单衣，饿已两日，大者不能言，小者不能啼。《二十年目睹之怪现状》写到一位叫陈仲眉的候补知县，到省十多年，因久无差事，吃尽用光，穷得不得了，结果寻短见上吊死了。有一首竹枝词咏候补官初冬卖衣，企盼补缺云："十月初冬天气寒，皮袭典尽客衣单。投供几载无消息，魂梦时惊到了班。""投供"是补缺的手续之一，即到吏部报到，开明履历，呈送保结，证明一切无虚伪。诗里说，投供都几年了，也没等来补缺的消息，盼望补缺的心情使他们常常在睡梦中梦到补上了缺。

候补官的心情都是非常苦闷和沮丧的。清末文人赵之谦捐了个江西知县，候补多年也没补上实缺，于是自题书斋名为"仰视千七百二十九鹤斋"（其所刻丛书也以此斋名命名），以寄托自己的心情。"千七百二十九"指当时全国有 1729 个州、县。其意是说这些官职只能"仰羡"而高不可攀，可见其心情是非常苦闷和沮丧的。有一首《羊城候补南词》，也反映出候补官的苦闷和沮丧，词中有云："你因官热闹，俺为官烦恼。投闲置散无依靠，悔当初心太高……三顿怎能熬，七件开门少。盒剩新朝帽，箱留旧蟒袍。萧条，冷清清昏和晓。煎熬，眼巴巴暮又朝。……穷通算来难预料，只有天知道！安命无烦恼，安分休轻躁，几曾见候补官儿闲到老。"

做官的谱儿

清朝官吏有许多坏习气，其中之一就是摆官谱、讲官派。所谓官谱、官派，就是做官的排场、派头。民国时有位深知清代官吏此习的人评说道："前清旧官僚习气最为可恨，当其未得志时，徒步而行，不以为苦；一登仕版，出入非肩舆不可，一若天生两足为无用者。不宁维是，一切起居动作，均须依赖他人，甚至吃饭穿衣亦须奴婢相助。官愈大，则此种习气愈甚。"实际上，清朝官吏摆官谱、讲官派的表现还有很多，包括衣食住行、说话办事等各方面。官场中人的普遍看法是：做官就应当有官谱、官派，不然算什么官？所以，一旦为官，便要摆谱、讲派。即使条件不允许，也要想办法硬摆穷讲。下分六个方面来看清代官吏摆官谱、讲官派的情况。

一、官员出门时鸣锣开道、仪仗威武的排场，尤能体现官谱官派。《官场现形记》里的钱典史说到州县官要靠鸣锣开道显示官的身份："我们做典史的，既不比做州县的，每逢出门，定要开锣喝道，叫人家认得他是官。"清制，各省文武官员自督抚到知县，外出时皆有仪仗，仪仗依官品分等级。督抚的仪仗是所谓"八座之仪"，即：以小红亭（头亭）为前导，次为红伞（避雨之用）、绿扇（障日之用）及鸣锣者四人，其后为肃静、回避木牌各二及官衔牌，再次为红黑帽皂役各四人，呼喝不绝，再后面是骑而导者一人（俗呼顶马）及提香炉者四人，然后是本官所乘绿围红障泥大轿，四人抬之，四人左右扶之（八抬大轿），轿后为戈什哈（巡捕）二人和跟马二骑。《歧路灯》里写学台出行时其仪仗走过的情景："只见刺绣绘画的各色旗帜，木雕铁打金装银饰的各样仪仗，回避、肃静、官衔牌、铁链、木棍、乌鞘鞭，一对又一对，过了半天……金瓜开其先，尾枪拥其后，一柄题衔大乌扇，一张三檐大黄伞儿，罩着一顶八抬大轿，轿中坐了个弯背白髯、脸上挂着镜看书的一位理学名臣。"如果官员出行走水路，则必择高大楼船，舱门贴红纸字条，旗、牌、伞、扇插列舱面，也鸣锣开道，锣声一响，行舟让路，两岸肃然。出行鸣锣的次数，依官职而不同，其含义也不同。州县官出行鸣锣，打三响或七响，称为三棒锣、七棒锣，意为"让让开""军民人等齐闪开"（一说"君子不重则不威"）。道府出行鸣锣，打九棒锣，意为"官吏军民人等齐闪开"。节制武官的大官出行，要打十一棒锣，意为"文武官员军民人等齐闪开"。总督以上官员出行，因是极品，打十三棒锣，意为"大小文武官员军民人等齐闪开"。官员出行时鸣锣开道，被认为是必行的官仪；无之，则被认为不成体统。如郑板桥夜间出巡不鸣锣开道，不用"回避""肃静"牌子，只用一小吏打着写有"板桥"二字的灯笼为前导。时人对此都看不惯，他的朋友郑方坤说他"奇历落，于州县一席，实不相宜"。

二、京官到衙署时，皂隶要在门口迎接侍候。如是堂官，则有四名皂隶在前面扬声喝导而进；如是司郎官，则有一名皂隶导引，只作遏声。清前因居士咏此官派云："京官体统亦尊荣，舆从临衙皂隶迎。分引诸司唯有遏，堂官对导共扬声。"

三、住宅要讲官派，表现之一是讲求宅第宽敞气派。如李慈铭在经济拮据的情况下仍愿出高价租赁宽敞的大宅。同治十三年（1874 年）起，他租居位于北京保安寺街的故闽浙总督季文昌的旧邸，其邸有屋二十余楹，有轩有圃，花木葱郁，气派阔绰。当时他的年收入是 123 两银子，而房租就达 48 两。表现之二是在宅门上贴上可以显示官派官威的"封条"。北京宣南一带官宅多贴有标有官衔和禁人"喧哗"字样的"封条"，以壮观瞻，以示荣耀，以警行人。有两首竹枝词是咏封条上标有官衔的："陆海官居各表之，衔条比户贴参差。长班领客无须问，但到门前便得知。"（《日下新讴》）注云："京城内外有职者，于所居临街大门之上，各贴官衔封条。""居官流寓仕京朝，门示头衔壁上标。待得春秋亲校士，红笺添并两封条。"（《燕京杂咏》）注云："官宅禁示闲人。"红条书主考官姓名、职务，"贴大门以示荣"。又有两首竹枝词咏贴封条禁人喧哗。其一："封条处处禁喧哗，小小门楼也宦家。为问何人曾入仕？舍亲始祖作官衙。"（《草珠一串》）其二："每做京员势必添，两条四块甚威严。喧哗禁止偏难止，多半门前壮仰瞻。"（《增补都门杂咏》）关于禁喧哗的字样和所谓"两条四块"，《官场现形记》描写道：京官吴赞善家的"大门之外，一双裹脚条，四块包脚布，高高贴起，上面写着甚么'詹事府示：不准喧哗，如违送究'等话头"。

四、吃饭讲排场，讲派头。一些官员食必方丈，根本吃不了。待客时，客已停箸，菜肴却仍在上桌。知县大老爷吃饭的仪节是：一个神气活现的家丁快步跑到签押房门口，把门帘高高打起，大喊一声："请大老爷吃饭啦！"喊完再撑着门帘恭敬地肃立在那里侍候。

五、摆官谱、讲官派对于官瘾十足的人来说，成为不可缺少的东西。有的求官者官位还没到手，就摆起了官谱；有的官却在已经失掉官职后，仍在摆官谱。《官场现形记》里有个黄某，祖上办盐，"到他手里，官兴发作，一心一意地只想做官。没有事在家里，朝着几个家人还要'来啊来'的闹官派"。某都统被革职回到家乡，但官习不改。每天起床后吸鼻烟时，便有仆人持官衔手本数十份，立在旁边，依次呼手本上的姓名："某大人拜会——""某老爷禀见——"然后躬身待命。都统吸完烟，便挥手令仆人出去。仆人走至中门，再大声呼曰："道乏——"（拒见客人的客气话，意谓你辛苦了一趟）。如此程式，就像演戏一样。每日行之，都统便觉得心神舒泰，否则便寝食不安，如患心病一样。

六、许多官僚自己摆谱还不够，家人婚丧做寿也要大讲排场。晚清上海知县叶廷眷上任三年，其母做寿的排场一年比一年大。以寿筵为例，同治十一年（1872 年）为烧烤二席、鱼翅十三席、次等鱼翅十二席；十二年变为烧烤二席、燕菜二席、鱼翅十四席、次等鱼翅十席；十三年又变为烧烤三席、燕菜十席、鱼翅二十一席，另送同乡三十席（中等鱼翅五席、次等鱼翅十三席、海参十二席）。对本衙和外衙随官前来贺寿的差役仆人也请吃寿面、给赏钱，连县狱里的犯人也赏面赏肉。有一年请吃寿面的数目竟达二千零五十碗。

乾隆买假画

清朝乾隆年间，由《富春山居图》引发的"富春疑案"，是中国画史上最大的疑案。这桩乾隆买假画的龙门阵，还是由和珅引起的。

乾隆皇帝善书画，通鉴赏，所以特别喜欢收藏和观赏名画。乾隆十年（1745 年）夏天，内阁学士兼礼部侍郎的沈德潜看到皇上比较空闲，就呈上一批诗文请他阅览。乾隆皇帝专心致志地读了起来，一段题为《黄子久富春山居图跋》的文字，详细地叙述了《富春山居图》的情况，引起了乾隆的兴趣。

《富春山居图》是元末四大家之一的黄公望所作。黄公望曾为中台察院掾史，曾一度被诬下狱，出狱后信奉全真道，古稀之年，云游来到浙江富阳，在富春江边的庙山坞结庐定居。元至正七年（1347 年），79 岁高龄的黄公望开始创作《富春山居图》。他常年与山川为友，"搜尽奇峰打草稿"，历时 7 年，在逝世前夕才告完成。画卷高 1 尺余，长约 2 丈，这是最能够代表他艺术风格和个性特征的作品。

这幅画卷被誉为"画中之兰亭"，元、明、清的画家都以能目睹为荣幸。此画一直在收藏家手中流传，许多人都把它奉为瑰宝，秘藏起来，不肯轻易示人。400 年来，该画历尽沧桑，现在已不知藏在何处。茫茫人海，到哪里去寻找呢？乾隆虽然非常想看看真迹，甚至想得到它，可他也清楚，这是大海捞针的事情。

这件事被善于察言观色的和珅知道了。他想，如果能得到这幅画，并把它献给皇上，就会更加得到宠幸，他岂肯放过这个溜须拍马的机会！回到府上，和珅就派出心腹四下寻找。可是，几个月下来，连一点音讯也打听不到，和珅急得吃不下饭睡不好觉。

和珅的老婆想，这样下去还不闹出病来。这天，她特地请来了戏班子，要和珅去看看戏，散散心。这出戏演的是《狸猫换太子》，演到刚出生的太子被人用一只剥了皮的狸猫换走时，和珅猛地一愣，真是心有灵犀一点通，他想，在皇宫中，皇帝连亲生儿子被调走都不知道，难道我不能弄两幅假画来骗骗皇上吗？他知道，明、清以来，追摹黄公望画已经蔚然成风，安徽境内"黄山画派"中的诸大家，不断临摹黄氏名迹，刻意追求，已到了可以乱真的地步。他戏也不看了，连忙回到书房，派懂书画的心腹去安徽请高人了。

和珅的心腹来到黄山脚下，打听到一位叫王其原的画师。据了解，王其原曾经看到过《富春山居图》真迹，并模仿下来，这还不算，他还临遍黄公望传下来的每一幅画图，对黄公望的笔墨变化心领神会，仿制黄公望的画已是炉火纯青。他自己也直言不讳地夸口说，临摹《富春山居图》，可以不假思索信笔画来。和珅的心腹目睹了王其原所临摹的画，感到非常满意，就把他请到了京城。

王其原进入和府，和珅要人好生款待，并让他在密室里作画。因为给和大人效劳，王其原格外卖力，几个月后，《富春山居图》模仿好了，还制成了古色古香的样子。和珅拿出几幅黄公望的真迹相比较，也看不出破绽，心中暗自高兴。

王其原要回安徽去了，和珅给了他许多银两，晚上，设宴为他钱行。王其原喝下一杯酒后，顿时腹中剧烈疼痛，这才晓得和珅要杀人灭口，可已是身不由己了。他双手捧着肚子站了起来，一个跟跄，口吐鲜血倒下了。

第二天上早朝，乾隆皇帝看到和珅好像有事相告的样子，忙问道："和爱卿，看你满面春风的，又有什么喜事了？"

和珅上前一步，笑容可掬地说："启禀圣上，我花了两千两银子，终于寻觅到了《富春山居图》真迹。"

乾隆一听，真不敢相信自己的耳朵，迫不及待地说："和爱卿，快拿来让朕看看。"

和珅连忙取出《富春山居图》说："献给皇上。"

乾隆得到这日思夜想的宝画，高兴得眉毛直颤，连声说道："和爱卿献宝有功，朕要好好地赏你。"说着，乾隆把那幅《富春山居图》展开，摊到龙案上，左看右看，爱不释手。他看到笔墨苍古，是自己早已渴求的真迹，但又不放心，一边让太监把画卷拿到文武群臣面前，一边说："众爱卿都来鉴赏一下，看看这画是不是黄公望的真迹？"

和珅是乾隆的第一权臣，他献的画谁敢说是赝品？再说，这画也画得实在太精妙了，谁能分辨得出真假？"真迹""宝画"，一个个赞叹不已。连独具慧眼的著名诗人沈德潜也不得不点头称是。

乾隆又让太监把《富春山居图》拿回到龙案上，仔细地欣赏起来。画面上是富春江一带秋初景色：丘陵起伏，峰回路转，江流沃土，沙町平畴。云烟掩映村舍，水波出没渔舟。近树苍苍，疏密有致，溪山深远，飞泉倒挂。亭台小桥，各得其所，人物飞禽，生动适度。正是"景随人迁，人随景移"。整个画面，让人看得心脾舒畅。乾隆的脸上露出了笑意。

看皇上爱不释手的样子，和珅觉得火候来了，晃动着肥胖的身子，眨眨眼睛说："皇上，此画不会是赝品吧？"

乾隆清楚，和珅是向他讨赏来了，想想这画是他花钱买来的，自己也不能白得，就吩咐内侍太监取来两千两银子给了和珅。和珅真不愧是个雁过拔毛的贪官，连皇帝那里也要去骗银两。

其实，《富春山居图》真迹是在雍正十三年（1735 年）被鉴赏家、天津盐商安歧买去的。1746 年冬，安府家道衰落，安歧将家中一批收藏品托求皇室傅恒出售，《富春山居图》真迹也转到了乾隆皇帝手中。乾隆反复观看，还叫内侍拿出和珅献来的那幅画卷，放在一起做比较，又传来一些懂书画的大臣一起辨别真伪。大概是那幅赝品画得太好了吧，加上大臣们又怕和珅的权势，何况乾隆皇帝都认为是真的，谁敢去推翻皇上已作的定论，就都说和珅的那幅是真迹。

乾隆把赝品当成真，反把真的当作了假，造成了真伪颠倒的"富春疑案"。

乾隆对那幅赝品的钟情一发而不可收，经常在宫中展阅，连出巡时也带在身边。从1745年至1794年，他亲笔在画上题了50多处诗文，印鉴累累。在他八旬正寿时，也忘不了再写上几句，弄得画上面没有一点空隙。乾隆至死也不知道受骗买了假画。

直到1816年，胡敬等奉嘉庆皇帝编纂《石渠宝笈》三编，《富春山居图》真迹始得正名编入，洗去沉冤，疑案得以澄清。后来，《富春山居图》真迹因被火焚，一分为二。民国年间，后半段藏于故宫博物院，新中国成立前夕被国民党政府携往台湾，前半段藏于浙江博物馆。2001年8月，位于富春江畔的文化产业集团公司华宝斋，依托独特的制版工艺和石印工艺，选用传统手工生产的宣纸，按原作大小成功影印《富春山居图》。加上题跋、钤印等，影印画卷总长10.28米、高0.334米。据浙江省博物馆副馆长鲍复兴、台北故宫博物院原院长秦孝仪等专家认定，它保留了原作的风貌和意味，达到逼真的效果，使人们得以欣赏这一名画之貌。当然，这是后话。

丁宝桢诛杀慈禧宠宦安德海

清末一代名臣、山东巡抚丁宝桢诛杀慈禧宠宦安德海的故事，虽流传甚广，但知道其中内幕和具体细节的人，恐怕就不多了，作者最近在事发地山东济南和泰安等地广泛收集有关资料，撰写了此文。

清朝同治八年（1869年）七月初，安德海的两艘太平船沿京杭大运河扬帆南下，一路上以钦差大臣身份出现，沿途一些趋炎附势的地方官争先恐后前去逢迎巴结，讨好安德海一伙。安德海趁机大敲竹杠，中饱私囊。

七月二十日，太平船驶入山东境内，抵鲁北古城德州，安德海令船靠岸，说明天是他生日，要在船上庆寿，差人们就忙了起来。次日挂起了他从宫中带出来的龙袍，船舱中并排放两把太师椅，一把摆着龙袍和翡翠朝珠一挂，一把坐着安德海。船上娈男妙女都给他磕头拜寿。尔后，浓妆艳抹的女戏子给安德海演了"八音联欢"，十分热闹。运河两岸看热闹的百姓越聚越多，河堤上站满了密密麻麻的人，形成了两道人墙。只见此船头插一面三角形、镶牙边的旗子，旗中绘有一太阳，太阳中间一只三足乌鸦。船两旁挂两面大旗，一面写着"奉旨钦差"，另一面是"采办龙袍"，还有迎风招展的龙凤彩旗多面。安德海大开酒宴，过了有生以来最得意的一个生日。

安德海在德州停船庆寿的消息，像长了翅膀一样，一时轰动德州城。德州知州叫赵新，字晴岚，天津人，咸丰癸卯举人，曾任长清县知县，政绩显著，同治四年调补德州知州。

钦差过境怎没接到"明降谕旨"呢（清朝派遣大臣出京，军机处外发公文，沿途地方官员按礼迎送）？差人下船买东西也没出示"勘合"（清朝奉命出京兵员由兵部签发身份证件，途经各地，不需花钱买东西，可凭证取得地方官府供应的物资）。赵新心中十分纳闷，便带上差人来到城西侧的堤岸察看，见船已出了德州地界，赵新便返回州衙。

赵新召集幕僚商议，问众人那日中三足乌鸦小旗是何意。幕僚们回答不出来。赵知州说典故出自《史记》的《司马传》。文曰："幸有三足乌为之使。"安德海挂此旗的意思是暗示人们他是奉西太后的懿旨。赵新随后带两名心腹随从，主仆三人骑快马直奔济南，到山东巡抚衙门（该衙门是明洪武年间齐王府）递上了手本，通报德州知州有要事拜见抚台大人。山东巡抚丁宝桢就把赵新让到西花厅叙谈。

丁宝桢（1820～1886），贵州平远州（今织金）人，字雅璜，咸丰进士，1867年升山东巡抚，是一位刚正激烈、一清如水、铁面无私、不喜趋奉的好官。他对安德海凭西太后之宠，种种不法，早已心中不满。接到德州知州赵新的禀报后，便立召抚院幕僚商议，决定一面拟密折，以六百里加急送往北京；一面动用紧急公文，派快马分别下令东昌（今聊城）知府程绳武，驻东昌总兵王心安，济宁知州王锡麟，泰安知县何毓福及沿河各县，对安德海一伙跟踪准备缉拿。

此时，安德海船已行至临清，因河水浅无法前行，他便让人雇用20余辆大车，浩浩荡荡沿大道到了聊城。后又折道东行，直奔泰安，夜宿义兴客栈。

聊城知府程绳武、总兵王心安来到泰安县知县何毓福府上，商量怎样捉拿安德海一伙。泰安知县何毓福，字松亭，汉军镶红旗人。他在京内任监察御史时，曾因参奏安德海而被安陷害入狱。后因证据不足，又因何的母亲是同治的乳娘，才得以释放，贬为泰安七品县令。何知县是跛脚，据说是当时受刑所致，所以何毓福痛恨安德海。他安排泰安参将姚绍修，率领泰安营士兵，把义兴客栈包围起来。何知县同守备刘英魁带领马快、东西两班和补班（外班）冲进客店，很快就把安德海随员逮了，结果不见安德海，何知县和守备刘英魁命士兵严加搜查。

店内灯笼火把一片通明，屋内外、厕所、马棚全搜遍了，还是没有。何知县又命士兵屋内院内仔细搜查，最后终于在院内水井中发现了他。原来他听到动静，见势不妙，自己便带着部分从皇宫盗出来和沿途搜刮来的金、银、珠宝等，进后院把它藏进水井里。士兵发现后，很快把他捉住。何毓福命人将井里藏的东西打捞上来，连人带东西连夜解省。王总兵等带骑兵夹车护卫，天明抵达济南，安德海被押交抚院。丁宝桢命抚标中军绪承参将、臬司潘蔚，把安德海寄押在历城监狱。

安德海是慈禧手下红得发紫的一个权监，何以被山东巡抚丁宝桢在济南捉住？事情总是有前因后果的。究其原因可归结为四个方面：一是安德海为讨好慈禧伤人太众。二是受宠忘形有恃无恐。有一次，山东巡抚丁宝桢叩见慈禧太后，不慎顶戴失落。那时服装不整或佩戴有缺，为之不仪，是对皇上的大不敬。当时，慈禧并没吭声怪罪。安德海却站在一旁，装腔作势地大声说："丁宝桢，你好大胆，竟敢在老佛爷面前失仪，你还要脑袋不？"丁宝桢赶紧捡冠准备戴上时，安德海走近脚一抬把丁宝桢的顶戴踢滚到一旁。三是权欲熏心利令智昏。四是最要命的一点。他在慈禧太后面前得宠后，连同治也不放在眼里，表现十分傲慢，处处事事找小皇上的碴，因此载淳恨透了安德海。载淳还在当大阿哥时，就曾因安德海插话接舌，当着慈禧的面大发雷霆，让安德海掌嘴一百。慈禧虽然不大高兴，但为了维护皇子的尊严，也未加阻挡。咸丰死后，6

岁的载淳就问："我当皇上，能说杀谁就杀谁吗？"贴身太监问要杀谁，载淳在其手上写了"小安子"。

时机终于来了。同治得知安德海想出京为他置办龙袍，于是灵机一动，来了个"我不管那闲事"。这时宫廷上下都知安德海是要找死，却没有一个人出来劝阻。

安德海离京，载淳立即到长春宫绥寿殿去找慈安太后商量。慈安早知载淳有除掉安德海之意，同时也认为安的确是一大祸害，如不除掉后患无穷。但如何除掉他，确实费了一番心计：安德海离京期间，必有折子奏来，只要慈禧不知，事情就好办。于是慈安想出了一个绝妙的办法：以慈禧近日身体欠佳为由，建议让皇帝看奏折，学习处理政事。慈禧也同意，就传懿旨：内奏处的黄匣子先送给皇帝，让皇帝每天下了书房到自己的翊坤宫看奏折。这样一来，就有了剪除安德海的良机。

八月初五夜，丁宝桢亲审安德海。开始安德海傲然兀立，满不在乎不开口。丁便大声喝问："安德海就是你吗？"安德海说："丁宝桢，你连安老爷都不认得，做什么混账抚台？"这时，王心安伸手在安德海头上使劲一按，来了个"泰山压顶"。安德海双腿一软，跪倒在地，他才说是奉西太后懿旨出京。可地方既没见到明发上谕，安德海手中又没有奉准出京的勘合，当然丁宝桢不认可。安德海恼羞成怒，轻蔑地冷笑道："丁大人，你想把我怎样？难道还要杀我不成？"丁宝桢厉声斥道："你携带妇女，擅用龙凤旗，还有小旗子上那玩意儿；你一路招摇，惊扰地方，不要说是假冒钦差，就算果有其事，凌迟处死，亦不为过。"安德海这才软下来，求丁大人高抬贵手，放他一马。丁宝桢为稳妥起见，先把安德海等人押在历城县，并马上修书一封奏明皇上，等候朝旨。

载淳终于盼来了丁宝桢关于安德海的折子。他瞒着慈禧立即召见了恭亲王奕䜣和内务府大臣明善及其他有关大臣，决定让恭亲王马上赶到军机处，命军机大臣宝望执笔拟密旨，将安德海就地正法。旨曰："览奏曷胜骇异，该太监擅离远出，并有种种不法情事，若不从严惩处，何以肃宫禁而儆效尤，著丁宝桢速派干员于所属地方将该蓝翎安姓太监严密查拿。令随从人等，指证确实。毋庸审问，即行就地正法，不准任其狡饰。如该太监闻讯折回直境，或潜往河南、江苏等地，即著曾国藩等饬属一体拿来正法。其随从人等，有迹近匪类者，并著严拿，分别惩办，毋庸再行请旨。倘有疏纵，唯该督抚是问。将此由六百里各谕令知之。钦此。"载淳安排好一切，怕皇额娘闻讯生出变故，特别叮嘱，廷寄明天晚上一定得递到。兵部驿使接旨后，以六百里加急递往山东。

却说泰安在捉拿安德海时，因有几个随从上街玩耍，漏网后连夜跑回北京，后由李莲英将情况禀告了慈禧。所以，皇上的圣旨未到，慈善太后的懿旨就先到了济南。何毓福等人建议丁抚台接旨不开读，因为内容一定是赦安德海，如不遵照执行，便有欺君之罪；如开读，放回了安德海等于放虎归山，将来我们谁也不会有好果子吃。按规定办没错，太后的懿旨应隆重开读，先供奉起来，建皇亭接懿旨才行。于是，在院东建皇亭。以争取时间等候皇上圣旨的到来。

慈禧得知安德海泰安被捉和他家被抄的消息后，非常生气，派人召见皇帝。慈禧得知是乘她有病而发难，怒不可遏。皇帝同治虽心中十分紧张和害怕，却强自镇静，从容地说："安德海在外边胆大妄为，无法无天；丁宝桢上了折子，怕皇额娘气得病更重了，不敢让皇额娘知道。"慈禧看了折子，问清了"日中三足乌"的意思，更加生气，便问明如何处置。当她得知要就地正法，觉得惋惜心疼。心想，反正我的懿旨比皇上下得早，也许能保他一命，所以，慈禧就没有再追究。第二天晚上，廷寄到了正在焦灼等待的丁宝桢手中。丁宝桢命臬司潘蔚立即批了斩标，由抚标中军绪承监斩。历城知县即刻命人到狱中将安德海提到巡抚衙门，验明正身，几个戈什哈（满语亲兵）架着被绑的安德海来到西刑场。这时号筒吹响，刽子手大刀一挥，安德海这颗罪恶累累的脑袋便滚落在地上。

事后，慈禧考虑反正安德海已经死了，人死不能复活。建皇亭接懿旨形式是尊重她；安德海出京犯了大清律，一路僭越无度罪不可赦；丁、何等人奉旨杀安德海名正言顺。不能为了一个奴才，怪罪皇上和大臣。心中虽有不满，但事到如今，也只有这样了，所以再也没有过问。丁宝桢、何毓福等官员杀安为民除害，朝野赞许，闻名于世。

甲午年湘军决战日本的檄文

檄文本是古来国人开仗的时候，用以给自家壮胆，同时吓唬敌人的小把戏，其实用处不大。但古往今来，喜欢玩的人还真是不少。说某人文武双全，就说他上马杀敌，下马草檄，而且下笔千言，倚马可待。

说来也怪，古来流传下来的檄文妙品，往往属于失败者一方。陈琳为袁绍拟的讨曹瞒檄，以及骆宾王为徐敬业写的讨武曌檄，都是可以选入中学课本的佳作。连被骂的对象见了，都击节赞赏或者惊出一身冷汗，医好了头风病。可是写得好，不见得打得好。看来，笔下文章和真刀实枪，的确是两码子事。

前一阵在香港讲学，闲着无聊，乱翻清人笔记，居然发现了一篇这种吓唬人的妙文。此文简直妙不可言，足以跟讨曹瞒檄和讨武曌檄鼎足而三，丢下一句都可惜，所以全文抄在下面，供同好者欣赏：

为出示晓谕事：本大臣奉命统率湘军五十余营，训练三月之久，现由山海关拔队东征。正、二两月中，必当与日本兵营决一胜负。本大臣讲求枪炮，素有准头。十五、十六两年所练兵勇，均以精枪快炮为前队。堂堂之阵，正正之旗，能进不能退，能胜不能败。湘军子弟，忠义奋发，合数万人为一心。日本以久顿之兵，师老而劳，岂能当此生力军乎？唯本大臣以仁义之师，行忠信之德，素不嗜杀人为贵。念尔日本臣民，各有父母妻子，岂愿以血肉之躯，当吾枪炮之火？迫于将令，远涉重洋，暴怀在外。值此冰天雪地之中，饥寒亦所不免。生死在呼吸之间，昼夜无休息祗候，父母悲痛而不知，妻子号泣而不闻。战胜则将之功，战败则兵之祸。拼千万人之性命，以博大岛圭介之喜快。今日本之贤大夫，未必以黩武穷兵为得计。本大臣欲救两国人民之命，自当开诚布公，剀切晓谕：两军交战之时，凡尔日本兵官逃生无路，但见本大臣所设投诚免死牌，即交出枪刀，跪伏牌下。本大臣专派仁慈廉干人员收尔入营，一日两餐，与中国人民一律看待，亦不派做苦工。事平之后，即遣轮船送尔归国。本大臣出此告示，天地鬼神所共鉴，决不食言，致伤阴德。若竟迷而不悟，拼死拒敌，试选精兵利器与本大臣接战三次，胜负不难立见。迨至该兵三战三北之时，本大臣自有七纵七擒之法。请鉴前车，毋贻后悔，特示。（大岛圭介为甲午战时的日本驻朝公使，当时中国舆论认为他是导致中日开战的一个阴谋家）

这篇檄文出自中日甲午战争期间，湖南巡抚吴大澂之手（很大可能是出自其幕僚的手笔），时间是光绪二十年（1895年）。当时，北洋水师已在困守刘公岛，离覆没不远。而陆军则从平壤一直退到海城。吴大澂在晚清，也属于比较开明而且务实的"廉干人员"。在危难时率军出征，而且带的是武器装备以及训练都远不及淮军的湘军，居然能够发出如此气壮如牛的檄文，要在战场设立"投诚免死牌"，并要约日军"接战三次"，让人家"三战三北"，自己则可效诸葛亮，有七擒七纵之法。

当然，吴大澂的部队，还是真的跟日军接战了，并没有说了不练。只是战绩跟淮军一样，打一仗败一仗，"三战三北"的不是日本人，而是他老人家自己。开战的时候，我估计什么"投诚免死牌"之类的也没有立起来。投降的日本人，一个都没有。一天管两顿饭，以及用轮船送投降的日本官兵回国诸事，自然都谈不上了。倒是被围在刘公岛的北洋水师，全体被俘，被人装在一艘卸除了枪炮的训练舰上，送了回来。

湘军和淮军是中国学西方搞军事现代化的产物，中日开战之前，中国的士大夫，一致认为日本军队，不及湘、淮军远矣。就连世界舆论，也大多看好中国。没想到真的动起手来，如此不中用。两军轮番上阵，结果连一个小胜仗都没有打过。据对阵的日军说，中国兵打仗一上来就乱枪齐放，等到子弹打得差不多了，就是他们撤退的时候了。看来，"精枪快炮"，而且"素有准头"，只是嘴上说说而已。手里不比日军差的洋枪洋炮，所起的作用，倒更像是过年放的鞭炮。

盛宣怀打垮胡雪岩

胡雪岩与盛宣怀分属不同的利益集团。胡的后台是左宗棠，盛的后台是李鸿章，而左与李有极深的矛盾。这就是胡、盛争斗的缘由。

盛宣怀击溃胡雪岩的案例非常精彩。他采用直击要害的手段，使胡雪岩的财富大厦在短时间内轰然倒塌。

盛宣怀先来了个"掐七寸"。胡雪岩每年都要囤积大量生丝，以此垄断生丝市场，控制生丝价格。越依靠某种东西时，就越受制于它。盛宣怀恰恰从生丝入手，发动进攻。他通过密探掌握胡雪岩买卖生丝的情况，大量收购，再向胡雪岩客户群大量出售。同时，收买各地商人和洋行买办，让他们不买胡雪岩的生丝，致使胡雪岩生丝库存日多，资金日紧，苦不堪言。

紧跟着，盛宣怀开始"釜底抽薪"，打现金流的主意。胡雪岩胆大，属于敢于负债经营的那种人。他在5年前向汇丰银行借了650万两银子，定了7年期限，每半年还一次，本息约50万两。次年，他又向汇丰借了400万两银子，合计有1000万两了。这两笔贷款，都以各省协饷作担保。

这时，胡雪岩历年为左宗棠行军打仗所筹借的80万两借款已到期，这笔款虽是帮朝廷借的，但签合同的是胡雪岩，外国银行只管向胡雪岩要钱。这笔借款每年由协饷来补偿给胡雪岩，照理说每年的协饷一到，上海道台就会把钱送给胡雪岩，以备他还款之用。盛宣怀在此动了手脚，他找到上海道台邵友濂："李中堂想让你迟一点划拨这笔钱，时间是二十天。"邵友濂自然照办。

对盛宣怀来说，20天已经足够，他已事先串通外国银行向胡雪岩催款。这时，左宗棠远在北京军机处，来不及帮忙。由于事出突然，胡雪岩只好将他在阜康银行的钱调出80万两银子，先补上这个窟窿。他想，协饷反正要给的，只不过晚到20天。

然而，盛宣怀正要借机给胡雪岩致命一击。他通过内线，对胡雪岩调款活动了如指掌，估计胡雪岩调动的银子陆续出了阜康银行，趁阜康银行正空虚之际，托人到银行提款挤兑。

提款的都是大户，少则数千两，多则上万两。但盛宣怀知道，单靠这些人挤兑，还搞不垮胡雪岩。他让人放出风声，说胡雪岩囤积生丝大赔血本，只好挪用阜康银行的存款；如今，胡雪岩尚欠外国银行贷款80万，阜康银行倒闭在即。尽管人们相信胡雪岩财大气粗，但他积压生丝和欠外国银行贷款却是不争的事实。很快，人们由不信转为相信，纷纷提款。

挤兑先在上海开始。盛宣怀在上海坐镇，自然把声势搞得很大。上海挤兑初起，胡雪岩正在回杭州的船上。此时，德馨任浙江藩司。德馨与胡雪岩一向交好，听说上海阜康即将倒闭，便料定杭州阜康也会发生挤兑。他忙叫两名心腹到库中提出2万两银子，送到阜康。杭州的局势尚能支持，上海那边却早已失控。胡雪岩到了杭州，还没来得及休息，星夜赶回上海，让总管高达去催上海道台邵友濂发下协饷。邵友濂却叫下人称自己不在家。

胡雪岩

胡雪岩这时候想起左宗棠，叫高达赶快去发电报。殊不知，盛宣怀暗中叫人将电报扣下。第二天，胡雪岩见左宗棠那边没有回音，这才真急了，亲自去上海道台府上催讨。这一回，邵友濂去视察制造局，溜之大吉了。

胡雪岩只好把他的地契和房产押出去，同时廉价卖掉积存的生丝，希望能够挺过挤兑风潮。不想风潮愈演愈烈，各地阜康银行门前人山人海，银行门槛被踩破，门框被挤歪。胡雪岩这才明白，是盛宣怀在暗算他。

不久，一代红顶巨商胡雪岩在悲愤中死去。

面对胡雪岩这样的强敌，盛宣怀如果采用"慢战"，胡雪岩可以应付裕如，绝不会破产。他采取速战法，抓住胡雪岩的要害，突然出手，胡雪岩的现金流一时中断，偌大的基业突然崩溃。

1945：汉奸大逮捕

1945年8月15日，日本天皇宣布无条件投降。8月16日，由伪国民政府代主席陈公博主持，在南京颐和路"主席官邸"召开了汪伪中央政治委员会临时会议。在一片恐慌、内讧和混乱之中，会议决定解散"国民政府"，将中央政治委员会改为南京临时政务委员会，军事委员会改为治安委员会，作为办理伪政权各部结束事宜及维持地方治安的总机关。当晚广播了《国民政府解散宣言》。至此，历时五年多的汪伪政权彻底垮台。同一天，伪满洲国皇帝溥仪面无表情地念了一遍《伪满洲国皇帝退位诏书》，在日本侵略者卵翼之下苟延残喘了13年的伪满洲国也终于曲终人散。卖国汉奸们也随之步上了他们的黄泉末路。

被国民党逮捕

从1945年9月下旬起，蒋介石委派军统局在南京、上海、北平、广州等地开始逮捕汉奸，汪伪巨奸纷纷落网。

逮捕汉奸基本都是采取诱捕的方法。在上海，1945年9月20日的中秋之夜，军统局局长戴笠向周佛海、缪斌和汪伪特工总部主任丁默村等数百名汪伪高级官员和将领发出请柬，邀请他们出席中秋赏月晚宴。酒过三巡，戴笠站起来说："八年抗战，现已胜利，在座的不少人在抗战期间出任伪职，这当然有各种原因。从今天起，只要能立功赎罪，政府是宽大为怀、既往不咎的……"戴笠的话被热烈的掌声打断了。稍停，他乘着酒兴继续说："解决汉奸问题，政治重于法律。要相信蒋委员长，相信政府。"9月23日，戴笠手下的一百多个行动小组，把印制精美的请柬又送到了汉奸们的家中。这些汉奸耳边还回响着三天前戴笠在中秋月下的诺言，做梦也不会想到今天就会成为阶下囚，所以一个个都毫无戒备地跟着来到军统局愚园路公馆。等到进入大院，只见四周站满了荷枪实弹的军警特务，先到一步的伪职人员一个个垂头丧气，惊慌不安，后到的情知不妙，也只好束手就擒。当夜预捕的一百多名汉奸无一漏网。第二天晚上，又捕到一百多人，连同第一批捕捉的汉奸，全部关进原汪伪76号特工总部的监狱里。后来因人越来越多，只好在南京市又建了一个新的看守所，把一部分汉奸分流到那里关押。

在北平，12月5日，戴笠沿用上海的老办法，借李宗仁北平行营指挥所的名义，在北平东城北兵马司一号举行盛大宴会。向北平五十多名特任级、简任级和荐任独立伪职的大汉奸发出"敬备菲酌，恭请光临"的请柬，邀请他们出席宴会。这一天，受戴笠邀约按时赴宴的特任级大汉奸有：先后任伪华北政务委员会第一任及第四任委员长的王克敏，第五任委员长王荫泰，伪华北政委会常委、华北治安总署督办、华北绥靖总司令齐燮元，绥靖总署督办杜锡钧，教育总署督办周作人、王谟，伪华北政委会常委、经济总署和财务总署督办汪时璟，农务总署督办陈曾拭，工务总署督办唐仰杜，伪华北政委会委员、北平市长刘玉书以及北平宪兵司令黄南鹏（简任级）等。汉奸们接到请柬，一个个怀着疑虑不安的心情来到东城兵马司一号。一进院子，只见军警林立，戒备森严，已知宴无好宴。虽然酒席极为丰富，但汉奸们已是味同嚼蜡，难以下咽。在大家匆匆吃完以后，戴笠拿出经蒋介石审定的名单，对宴会上的汉奸宣布说，根据国民政府在抗战期间制定的惩治汉奸条例，凡当过特任职、简任职和荐任独立伪职的汉奸，都必须按其职守，受当然的检举。因此，"从现在起你们都是被捕的人犯，我们准备把大家送往监狱。这是中央命令，本人不能做任何主张。"伪华北政委会第二任委员长王揖唐在戴宴客之前托病住进中央医院，被军统从中央医院拘押到看守所。

头号大汉奸汪精卫于 1944 年 11 月 10 日在日本病死，他的老婆陈璧君、伪广东省长褚民谊在广州被诱捕。汪精卫死后，陈璧君带着一批亲信，回到广州。日本宣布无条件投降后，陈璧君找褚民谊商议对策，决定向老蒋献殷勤，请蒋看在昔日一致反共的情分上，网开一面，将功赎过。于是，以褚民谊的名义，向蒋介石接连发出了两份献媚电报。不久，军统局广州站主任郑介民拿着伪造的蒋介石请褚民谊、陈璧君赴重庆商谈"善后事宜"的手令来到褚公馆，声称奉戴笠之命，前来迎接陈璧君与褚民谊前往重庆。1945 年 10 月 14 日上午，郑介民通知褚民谊，专机已到，要陈与褚下午 3 时等候在原省政府门口，有车来接。3 时整，郑介民带着十余辆汽车和一伙军统人员准时到达。他下车后，即宣布每辆车只能坐两人，其余座位，由军统陪送人员乘坐。车队刚出省府，陈璧君就发现汽车不是朝白云机场方向行驶，她惊问："这是去哪里？"郑介民笑着解释说："重庆来的是水上飞机，我们这是去珠江边，上船过渡到飞机上。"汽车很快来到珠江边，早有汽艇在迎候。郑将陈、褚送上船后，称有公务不能陪同前往，便将两人交给姓何的中校专员，随后乘车走了。汽艇刚一离岸，那位姓何的专员就从口袋里取出一张纸，说重庆来电，委员长已去西安，旬日内不能回渝。陈、褚此时来渝，诸多不便，应先在穗送安全处所，以待后命。此时两人方知中了戴笠的圈套。陈、褚二人在珠江边的一栋两层楼房里被幽禁了半个月，后被押往南京。

陈公博亡命日本后被引渡回国。抓捕汉奸的行动即将开始时，重庆的《新民报》转发了日本《朝日新闻》的一则消息："北平 29 日电，同盟通讯员发：据《光华日报》特派记者谈，前南京国民政府主席陈公博于 26 日自杀，伤势严重，于 29 日不治而死。"但戴笠很快就侦知了实情，当即与日本方面交涉："陈公博等数人似已逃往日本，是什么人帮助的？"原来，日本派遣军副总参谋长今井武夫在芷江洽降结束回南京后，告诉陈公博，关于伪政府要员的处置问题，未能得到"予以宽大处理的确实诺言"。陈公博惊恐万分，涕泪交加，哀求暂去日本"旅行"。8 月 25 日凌晨，陈公博带着他的妻子李励庄、女秘书莫国康、伪行政院秘书长周隆庠、伪军事委员会经理总监何炳贤以及伪安徽省长林柏生、伪实业部长陈君慧等 7 人，在日本军人小川哲雄中尉的护送下，乘坐日本中华航空公司的飞机逃离南京，飞抵日本。为了掩人耳目，陈公博一行改名隐姓，用了"东山商店一行"的假称，躲在京都一个名为金阁寺的寺庙里，妄图逃避人民的制裁。9 月 9 日，何应钦向冈村宁次正式提交了"备忘录"，戳穿陈公博假自杀的烟幕，要求日本政府速将陈公博等逮捕归案。20 日，何应钦再次提出引渡陈公博的"备忘录"。重压之下，日本被迫交出陈公博等一伙汉奸。10 月 3 日，陈公博等被押回南京。

对周佛海的逮捕颇费周折。周佛海在为日本人效力的后期，也为蒋介石卖过命。他通过设在伪财政部上海办事处的秘密电台，不断向重庆输送重要情报，还为重庆方面保释过被捕人员，谋杀了李士群。怎样处置周佛海，叫蒋介石左右为难。戴笠献上一策：不如先将其软禁起来、随气候冷暖，自有进退之路。于是。周佛海接受戴笠的"劝告"，电呈蒋介石，辞去上海行动总队总指挥的职务，把警察、军队之权及中央储备银行的家当尽数交给了戴笠。9月30日，周和伪上海警备司令罗君强、特务头目丁默村、周的内弟中央信托公司总经理杨惺华、中央储备银行总务处长马骥良，由戴笠陪同飞往重庆，被幽禁于嘉陵江畔的"白公馆"。周佛海等人被送往重庆保护起来后，全国上下要求惩治这个大汉奸的舆论越来越高涨，国民党统治集团内部也有不少人推波助澜，借以打击戴笠。1946年3月，戴笠于南京戴山机毁丧命。周佛海悲叹："雨农死，我亦亡。"9月，周佛海等人被解往南京。

日本无条件投降后，伪监察院长梁鸿志被列为通缉对象，他便藏匿于苏州。不巧的是他新娶的姨太太去上海料理私事时被人发现，那人跟踪尾随找到了梁鸿志幽巷深隐中的苏州私宅，便向国民政府举报。于是，梁鸿志在苏州被捕。

当时，大汉奸一个一个纷纷落网，身为伪立法院副院长的缪斌不但安然无恙，还得到了戴笠发给的八万元奖金。但好景不长，1946年2月上旬的一天，几个腰上挂着盒子炮的彪形大汉破门而入，二话没说就将他铐了起来。缪斌与家人从容告别："你们只管放心，我是不会死的。"岂料两个月后，他就在监狱里被秘密枪决，成了抗战胜利后第一个受审、第一个被处死的大汉奸。为什么缪斌在大汉奸中被捕最晚，一旦被抓就急于判决呢？原来缪斌干的一件事惊动了美国总统。

1945年初，日本败局已定，内阁首相小矶国昭急于同重庆政府媾和，便决定通过缪斌做"谋和"的工作。蒋介石的军统组织想在不战而胜的局势中立个头功，就同意缪斌去东京活动。缪斌在日本活动了四十天，无功而返。日本投降后，美军在日本内阁的档案里发现了有关这次活动的文件。麦克阿瑟遂电询蒋介石为什么瞒着美国与日本单独媾和？蒋介石复电表示绝无此事。蒋介石还要依靠美国打内战，为事情免于败露，下令立即逮捕缪斌，并迅速处死。

另外，伪工商部长梅思平、伪南京市长周学昌、伪行政部长李圣五、伪海军部长凌霄、伪社会福利部长彭年、伪宣传部次长郭秀峰等23名大汉奸在南京被捕。伪山东省长马良、杨毓殉，伪山西省长苏体仁、冯司直、王琅，大间谍川岛芳子等也分别被捕。

1945年11月23日，国民政府正式颁布了《处理汉奸案件条例》，以1946年底为告发汉奸截止日期。这年冬天，国民政府开展了对汉奸案的审理和结案工作，至1947年底基本办结。1948年1月5日，国民政府司法行政部部长谢冠生宣布：据各省市已报汉奸案件经检查办结案内，起诉的为30828人，免予起诉的为20718人，其他的为13323人。审判办结的25155案内，科刑的为14932人。其中死刑369人，无期徒刑979人，有期徒刑13570人，罚金14人。大汉奸陈公博、诸民谊、王揖唐、齐燮元、殷汝耕、梅思乎、林柏生、梁鸿志、丁默村和大间谍川岛芳子等50余人被判死刑；陈璧君（1959年病死于上海监狱）、罗君强（1970年病死于上海监狱）等近百人被判无期徒刑。周佛海先被判处死刑后被蒋介石赦免，改判无期徒刑。1948年2月，心脏病复发，死于老虎桥监狱的囚室之中。此外王克敏被押不久便病死狱中，汪伪内政部长陈群、逃跑通缉的汪伪江苏省长高冠吾等自杀。

被苏联红军逮捕

1945年8月8日，苏联政府对日本宣战。8月9日，百万苏联红军以排山倒海之势向盘踞在我国东北的日本关东军发起攻击，关东军顷刻间土崩瓦解。8月19日，伪满洲国皇帝溥仪和其弟溥杰、两个妹夫、三个侄子、一个医生和随侍大李分乘两架飞机从通化出发去沈阳，准备在那里换乘大型飞机逃往日本。上午11时，溥仪乘坐的飞机先到了沈阳机场，在机场休息室里，等候另一架飞机。等了不久，忽然响起了一阵震耳的飞机马达声，原来是苏军飞机着陆了。一队队手持冲锋枪的苏联士兵走下飞机，立即将机场上的日本军队缴了械，溥仪也被抓获。第二天，便被苏联飞机押往苏联远东监狱。另外，伪满洲国国务总理大臣张景惠，伪满参议府议长、兴亚国民运动大会总司令臧式毅，伪满第二军管区司令官、伪皇帝侍从武官长、伪尚书府大臣吉兴，伪满第九军管区司令官甘珠尔扎布，伪满最高检察院检察官徐良儒，伪满军事部大臣邢士康等六十多名伪满洲国军政要员被苏军逮捕。1950年7月，苏军将这些伪满洲国战犯和一千多名日本战犯移交我国抚顺战犯管理所。

被蒙古国逮捕

日本投降后，伪蒙古联盟自治政府副主席李守信被蒋介石任命为第十路军总司令、东北民众自卫军司令等职。内战爆发后，受命到内蒙古东部地区招纳旧部，组织武装，配合国民党军队进攻解放区。1947年，其部众被人民解放军全歼于开鲁，他逃往北平，后又辗转到台湾。1949年，李守信返回内蒙古，在阿拉善旗参与组织"蒙古自治政府"的活动。阿拉善旗和平解放后，又出逃至蒙古人民共和国，于1950年被逮捕并引渡回国受审。

新中国成立前后被中共逮捕

一些汉奸虽然逃过了国民党的审判，但后来被中共抓获。张岚峰在1946年8月被蒋介石任命为汜东"清剿"副总指挥，1947年1月16日在山东曹县东南被中共晋冀鲁豫野战军俘获。孙殿英1947年在豫北战役中投降。伪天津市长温世珍，新中国成立后被人民政府处以极刑。伪满司法部大臣、参议府参议张焕相在1945年苏军进攻长春时，潜回原籍抚顺，未被俘获，后在沈阳定居。1951年9月"镇反"时因群众检举，在沈阳大东区住所被捕并关押在战犯管理所。先后担任伪满洲国议院院长、伪华北政务委员会顾问的赵欣伯，被国民党逮捕后，买通司法部门，以"保外就医"的名义回到家中，从而逍遥法外。新中国成立后，1951年7月20日，北京市公安局依法传讯了他。他深感自己恶贯满盈，心中万分不安，高血压猝然发作，导致脑血栓，经抢救无效，死于看守所里。

非常遗憾的是，也有一些大汉奸逃脱了法网。曾任伪华北临时政府最高顾问、伪华北政务委员会咨询委员的曹汝霖，1949年逃往台湾，后至日本、美国，死于底特律。伪浙皖绥靖司令任援道逃往香港，1949年中国人民解放军饮马深圳河，任援道顿觉香港也难以立足，于是又举家远飞加拿大定居，1980年死于加拿大。汪伪"文胆"胡兰成逃到浙江，在省立温州高中当国文教员，一躲三年。1949年春夏之交，温州解放，他逃到上海，碰上伪军长邹平凡，一起逃到香港，半年后偷渡到日本，1982年7月25日客死东京。他是汪伪政权中唯一漏网的文人汉奸。无论是生是死，这批汉奸卖国贼在抗日战争时期所犯下的滔天罪行，是不可饶恕的，他们将永远被钉在历史的耻辱柱上。

旧上海三大亨的最终结局

黄金荣、杜月笙、张啸林，是举国皆知的旧上海"三大亨"，他们集帮会、恶霸、流氓头目于一身，又都以反共有功挂上蒋介石授予的少将参议头衔，数十年中横行十里洋场。随着世道变迁，国共大决战的胜负分明，"三大亨"终于走向了穷途末路。

枪下毙命的张啸林

1937年，日军发动"八一三"事变，中国军队奋起抵抗，至10月下旬，战局恶化，蒋介石度势不敌，准备放弃上海了。为防"三大亨"被日伪利用，蒋电告杜月笙，要杜与黄金荣、张啸林离沪南去香港。

杜月笙约见黄金荣、张啸林，转告了蒋介石的通知，率先表示服从。黄金荣称自己年逾古稀，体弱有病，去港岛路途迢迢经不起颠簸，想留在上海，保证闭门不出，绝不为日本人做事。张啸林则阴阳怪气地说："蒋委员长也太累了，这是我们的私家事，管那么多干吗？"

其实，信奉"有奶便是娘"的张啸林，已萌生了不轨之心。

"三大亨"地位的排列，原本是黄、张、杜，30年代中变成了杜、黄、张。杜月笙靠着投机钻营，得到蒋介石的赏识与支持，地位扶摇直上，跃为第一。黄金荣自称年事已高退休了，与世无争甘拜下风。张啸林出道的时间比杜月笙早，在青帮中的资格也比杜高一辈，他还曾救过杜的命，对杜当仁不让做老大，心中大大的不服。

日本人拿下上海已成定局，蒋介石部署撤退之时，张啸林心中却暗喜，打起如意算盘：上海华洋杂处，各种势力盘根错节，日本人攻占容易统治难，必然要拉拢利用帮会头目等闻人。而今举足轻重的三个大亨中，黄金荣已表明不会出头为日本人做事，杜月笙去了港岛，正给了他独霸上海滩的绝好机会。

果然，11月上旬，上海沦陷。日军上海派遣军司令官松井石根施以华制华伎俩，物色汉奸为其服务。

张啸林公开投敌后，立即布置其门徒，软硬兼施胁逼各行各业与日本人"共存共荣"，大肆镇压抗日救亡活动，捕杀爱国志士；又以"新亚和平促进会"会长的名义，派人去外地为日军收购粮食、棉花、煤炭、药品，强行压价甚至武装劫夺。他还趁此机会招兵买马，广收门徒，扩展实力。

远在香港的杜月笙，按蒋介石之嘱，写信给张啸林，劝他回头是岸，勿为日作伥。张回信云：蒋介石能靠美国人坐庄，我为什么不能与日本人合作？

蒋介石见张啸林甘心事敌当汉奸，指示军统局长戴笠予以制裁。戴笠于是向潜伏在沪上的军统上海区区长陈恭澍，发出了针对张啸林的锄奸令。陈恭澍制定了锄奸计划，派定了行动组。行动组长陈默，曾受训于中央军校高教班，抗战前任上海警备司令部稽查处组长。

由于张啸林的行踪诡秘莫测，军统锄奸任务不能完成，戴笠深为不满，严词诘责，催促加紧进行。区长陈恭澍与行动组长陈默决定改变方法，动用内线，由张啸林的保镖林怀部执行之。

1940 年 8 月 15 日《申报》等沪上大小报纸，刊登了张啸林的死讯：昨华格臬路血案，张啸林遭枪杀，凶手即张保镖，定 16 日下午 3 时在寓所入殓……

客死香江的杜月笙

上海即将陷落时，杜月笙遵蒋介石之命去了香港，以恩报恩继续与蒋介石合作，遥控指挥留在沪上的门徒，协助潜伏的军统特工从事情报、策反、锄奸活动。太平洋战争爆发，日军进攻香港，杜月笙迁居陪都重庆，除组建恒社、中华贸易信托公司、通济公司，与沦陷区交换物资供军需民用大发国难财外，还赢得了拥护领袖、支援抗战的美誉。

抗战后，杜月笙自以为劳苦功高，想趁蒋介石论功行赏的机会，捞个有影响的职位过过官瘾，他将目光定在了上海市市长的职位上，但是蒋介石对杜月笙的态度却发生了变化。蒋介石既要利用他，又恨他难以驾驭，有心趁着日寇投降接收重建上海的契机，加以抑制，不让他名正言顺重新称霸上海，免使上海成为游离于中央政权之外的独立王国，蒋对内甚至明确训示：对帮会的基本政策是取缔。

此后，三大战役结束，内外交困中的蒋介石被迫下野。杜月笙知道蒋家王朝气数已尽，开始谋虑去从。对于去留与去向，杜月笙早有盘算权衡。虽然中共方面通过黄炎培等劝他留下，但他自己判断反共 20 余年，四一二反革命政变时，就杀了包括上海总工会委员长汪寿华在内的众多共产党人，可谓血债累累，所以不敢不走。至于去哪里呢？与蒋介石嫌隙既生，孑然一身去台湾，还不是寄人篱下？杜月笙选择了去号称自由港的香港。

败退台湾的蒋介石，还是要把杜月笙拉去台湾，曾派俞鸿钧、洪兰友等赴港游说，杜月笙都是以疾病缠身为由推拒。蒋介石于是采取了"神经战"恐吓他。1951 年 4 月初，在香港的国民党特务传话给杜月笙：中共正欲与港英当局交涉，要把他押回上海，在清算四一二政变大会上批斗，同时大陆特工潜入港岛，如交涉不成时，就将他就地处决。

杜月笙信以为真，因极度恐惧夜难成寝，日坐愁城，患了严重的神经衰弱、心脏病。当年 7 月盛夏，他中风偏瘫，这次他拒绝进医院治疗，8 月 10 日以后，杜月笙进入昏睡状态，水米不进，延至 16 日下午咽下了最后一口气。

终老沪上的黄金荣

三大战役落幕，国民党军 800 万精锐丧尽，处于内外交困中的蒋介石宣布下野，在幕后遥控时局，曾令京沪杭警备总司令汤恩伯，通知黄金荣早做准备，视战局发展适时迁居台岛。

黄金荣决意留在上海不走，既非病老，又非视死如归，而是心中有底吃了定心丸。

国民党中央监察委员、首任淞沪警备司令杨虎，是四一二反革命政变中血腥屠杀共产党人的具体指挥者，与黄金荣属一丘之貉。抗战期间，杨虎失宠，对蒋介石心怀不满，经周恩来启发开导，转化成了反蒋民主人士，抗战后寓居沪上，与上海地下党保持着密切联系。中共上海局从有利于上海的解放与接管出发，决定对帮会势力采取瓦解方针，因杨虎与黄金荣私交甚厚，委托杨转达黄金荣：只要不死心塌地跟着反动派，可既往不咎，不予捕办，保证人身自由。

黄金荣

黄金荣本来就不想离开大上海，除了在上海生活了半个多世纪不愿老死异乡外，还有一个很重要的原因，他的财产有大部分是搬不走的不动产，如大世界游乐场、自诩为"皇家花园"的黄家花园等；但他也怕留在上海性命难保。正在左右为难，而今听到杨虎的传话，又惊又喜，却又有几分不相信，唯恐是共产党设下圈套引他入瓮。

杨虎现身说法："黄先生的顾虑太多了，共产党光明磊落，言行一致，我欠共产党的债比你还多，还不成了他们的朋友？正因为共产党有这么大的度量，才有那么多的党政军大员弃暗投明过去。"他随之列举了一串名字：高树勋、曾泽生、吴化文、张克侠、傅作义、张治中、邵力子、章士钊……

黄金荣在这一点上较之杜月笙聪明，他相信了共产党的承诺，下决心不走，笃悠悠照过逍遥生活，又训示徒子徒孙收敛行迹，改恶从善，给自己留条后路。他又隔三岔五去大世界门前打扫卫生。昔日的大亨扫马路，引来行人驻足，议论纷纷。他毫不在乎的样子："这叫劳动光荣，有什么稀奇的？我过去不劳而获，现在要通过劳动改造思想，重新做人。"黄金荣还买了 500 万元（旧币）的公债，说是为建设新上海做些贡献。

1950 年底，镇反运动大张旗鼓深入展开，上海捕办了一大批反革命分子，内中没有黄金荣。众多吃过黄金荣苦头的市民深感意外，不可思议。

如何处置黄金荣，市政府领导经郑重斟酌，决定对他的宽大政策不变，理由是：黄金荣所犯的罪行大都在抗战以前。上海沦陷后，他不受利诱拉拢，拒不出任伪职；全面内战期间，也未为蒋介石出力；新中国成立前夕，能听取忠告不去台湾，也未随杜月笙逃往香港；新中国成立后基本上服从人民政府政策法令，不再继续作恶。考虑到黄金荣的民愤甚大，应让他在报上自首悔过，争取市民谅解。

1951 年 5 月 20 日，《黄金荣自白书》在《新闻日报》《文汇报》刊出。

黄金荣的自白书，立时成了沪上一大新闻，热门话题，各有见地，莫衷一是。多数人肯定这是共产党政策威力的体现，也有人称黄金荣口是心非，写自白书但为蒙混过关。对此，《新闻日报》遵照市政府领导的指示，以"编者按语"的形式，肯定了让黄金荣登报自首的意义，又向黄金荣敲了警钟：上海滩的流氓大亨，向党和人民公开认罪，对稳定社会秩序、震慑残余反动势力，起到了重要作用。当然，我们不能被一时现象所迷惑，要提高警惕，擦亮眼睛，长期监督，以观后效。

黄金荣当然明白，"长期监督以观后效"是何含义，如不奉公守法，随时会关进提篮桥（监狱）。

他虽不再像新中国成立前那样逍遥作乐，但也还是过着吃好穿好住好的老板生活。只是毕竟已是耄耋之年，与以前相比落差太大心情不畅；加之家门不幸，媳妇李志清卷了一大笔款资去了香港，终于支撑不住病倒了，于 1953 年 6 月 22 日去世。这年他 86 岁。临终前他断断续续地说："我的一生都风扫落叶去了！"

江姐受过什么酷刑

江姐，是在 20 世纪 50 年代后期、60 年代初期因革命回忆录《在烈火中永生》和"党史小说"《红岩》的相继出版，而成为当代中国公众家喻户晓的革命烈士。

她本名江竹筠，地下党组织内一般都称她"江姐"。1948 年初，她的丈夫彭咏梧（中共川东临委委员、下川东地工委副书记）在下川东领导农民暴动失败不幸牺牲。她忍住悲痛，要求地下组织将她再派到下川东，继续从事农村暴动的准备工作，不料于端午节后因上级领导叛变出卖而被捕。正忙于打内战的国民党当局为了防止后方农村暴动，急于从她口中得到有关中共地下组织的情况，对她施用了各种酷刑，但她任凭拷打折磨，坚不吐实，关押至 1949 年 11 月 14 日被杀害。

后来回忆录的作者们在创作小说《红岩》时又以她为原型塑造了仍旧称为"江姐"的"江雪琴"，实际上江雪琴的革命经历和主要事迹均与江竹筠相同（电影演员于蓝在扮演电影《烈火中永生》中的江姐时，就专门请当年江姐的战友刘德彬详细介绍了真实的江姐的各方面情况）。因此，一般人仍然把小说中以及后来根据小说改编的电影《烈火中永生》、歌剧《江姐》等文艺作品中的江姐都看成是历史上真实的江姐。

在人们所熟知的江姐的动人事迹中，有两个最让人印象深刻、过目难忘的情节，一个是她亲眼看到了被国民党当局杀害后悬挂示众的她丈夫彭咏梧（小说等文艺作品中叫彭松涛）的人头，另一个是她被捕后遭受了以竹签子"钉手指"的酷刑。

遗憾的是，这两个震动了亿万公众的情节，恰恰都是虚构的。

虚构这两个情节，并非是在作者们创作小说时，而是在他们写革命回忆录——报告文学时，甚至在此前为青少年作烈士事迹宣传报告时就开始了。后来刘德彬在一份回忆材料中坦诚写道："事实上，烈士的一些英雄事迹也是被夸大了的。如江姐受刑本来是（夹）竹筷子，把它改成了（钉）竹签子；全文背诵《新民主主义论》，实际上是提纲和要点；江竹筠并未见到她丈夫的人头，而把她说成见到了。"1964年《在烈火中永生》再版时，因江姐看到丈夫人头的情节编造痕迹太重，被刘德彬提议删掉了。但江姐遭受竹签子"钉手指"酷刑的情节，仍然保留了下来，长期留传，影响深广。

我们看看历史上对江姐事迹的介绍中，对她受刑的介绍经过了怎样的演变。

1949年11月30日，人民解放军占领重庆。在国民党当局溃逃前夕，对渣滓洞、白公馆等地关押的政治犯实行了血腥大屠杀。12月初，分别在11月27日大屠杀之夜从渣滓洞、白公馆脱险逃生的刘德彬、罗广斌等到"脱险同志联络处"报到集中。随即被安排到"重庆市各界追悼杨虎城将军暨被难烈士追悼会"组织部协助工作，参加整理烈士传略，提供给烈士资格审查委员会评审烈士时参考。他们集中了许多脱险的同志一起讨论，提供烈士生平及狱中表现等资料，罗广斌与刘德彬、凌春波记录整理，由罗广斌一人做代表向评审会议介绍情况，听候咨询。

1950年1月中旬，"重庆市各界追悼杨虎城将军暨被难烈士追悼会"召开后，罗广斌、刘德彬等将有关材料整理成大会特刊《如此中美特种技术合作所——蒋美特务重庆大屠杀之血录》，印行3000册，分送有关单位和烈士亲属。其中，"被难烈士事略"中的"江竹筠烈士"一则，对江姐被捕后的受刑是这样介绍的：

特务们一点不放松她，戴重镣，坐老虎凳，吊鸭儿浮水，夹手指……极刑拷讯中，曾经昏死过三次……

可见，在早期的情况介绍中，江姐所受的酷刑并没有什么竹签子"钉手指"，而只有一个"夹手指"。这个"夹手指"其实是古已有之的一种酷刑，名叫"拶"。拶，是旧时酷刑的一种，以绳穿5根小木棍（比吃饭用的筷子略粗）为刑具，名叫"拶子"或"拶"。行刑时，将受刑者手指分别套入木棍之间，用力紧收，叫"拶指"，简称"拶"。在明代凌濛初所著话本小说《二刻拍案惊奇》卷十二《硬勘案大儒争闲气，甘受刑侠女著芳名》中，就记载了南宋名妓严蕊遭诬陷后被绍兴太守严刑逼供，太守"就用严刑拷她，讨拶来拶指，严蕊十指纤细，掌骨嫩白……"京剧《窦娥冤》中，窦娥也受过此酷刑，她的唱词中有"不招认实难受无情拶棒"。可知此刑早在元代就经常使用了，而且看来多半用于对女性逼供。

在早期介绍江姐事迹的文章中，如实写了她受到的是"夹手指"即"拶指"的酷刑。但是，不久之后，这个酷刑被改成了用竹签子"钉手指"。

1957年2月19日出版的《重庆团讯》当年第3期发表的罗广斌、刘德彬、杨益言《江竹筠》（连载之一，编者按称选自即将完稿的《锢禁的世界》），其中描写江姐受刑的情况是：

绳子绑着她的双手，一根竹签子从她的指尖钉了进去……竹签插进指甲，手指抖动了一下……一根竹签钉进去，碰在指骨上，就裂成了无数根竹丝，从手背、手心穿了出来……

以后在小说《红岩》中，江姐也是受的这种竹签子"钉手指"的酷刑。在根据小说改编的电影《烈火中永生》、歌剧《江姐》等文艺作品中，自然也都是一样。歌剧

《江姐》第六场中，特务头子沈养斋在下令对江姐用刑时狂叫着："把她的十个手指，给我一根一根地钉上竹签！"

这样的细节，的确给人印象太强烈、太刺激了。因此许多人一提到江姐，就会想到竹签子"钉手指"。

今天来回顾这段历史，可能有人会提出疑问：罗广斌他们怎么可以在宣传烈士事迹时不实事求是？这个问题，其实不应苛责罗广斌等人。因为在当年，他们既不是作家，也不是历史学家，都只是年轻的共青团干部。那时他们的职责和心愿，只是为了教育青少年，为了千方百计启发青少年的"阶级觉悟"和"反美"情绪而进行政治性的宣传鼓动，他们不是进行严肃的历史研究，更不懂什么"学术规范"，加上当时强调的是"政治第一"，文艺、教育等都要"为无产阶级政治服务"。在那样的大气候中，他们难逃历史的局限。因此，他们在宣传讲演中没有拘泥于历史细节的真实，想的只是为青少年讲"革命故事"，而且要尽可能讲得生动感人。罗广斌在西南联大附中读书时就是有名的"故事大王"，讲起故事来更善于作艺术性的加工、渲染。这样，他们在讲演中就陆续加进了一些虚构的、夸张的内容，以后又写到了作品里。

其实，真实写出江姐当年受过的酷刑不是"钉竹签子"而是"拶指"，也并不会就因此而贬低她的英雄形象。

历史，毕竟不应虚构——不管是以什么名义。听说今天在歌乐山烈士陵园展览馆的讲解中，已经不再讲江姐被竹签子"钉手指"了。这是实事求是原则的恢复，也是历史的进步。

北大旁听生中的历史名人

数年前，赫赫有名的北京大学宣布限制校外人员随便进校参观，不久，又开始限制非北大学生在北大教室内旁听。至此，一贯以开放著称的北京大学将大门死死关闭，里面全剩下了国内的高考精英们。在北京大学的领导者们看来，也许普通人难以一瞻北大容颜，就能使得北大更神秘一些；也许更神秘一些，就意味着更神圣一些；也许更神圣一些，就意味着更牛一些；也许更牛一些，就意味着能进世界大学前列了。无论是否如此，我们可以看见的是，北大悠久而光荣的旁听传统，很快就要消失不见了！

以后，当阳光明媚地照进北大校园的时候，北大的学生们就要持证上课了。教学楼前站立的神情冷漠的保安们，随时准备去驱赶那些想浑水摸鱼的家伙了。只是，有几个已经逝去了的先生可能会大呼侥幸了：幸好我生得早，要不然……

这几位已经逝去的先生，他们实在太有名了，他们至今还被北大捧为宝，只是，他们可未必买北大的账，因为当时他们可是旁听生。

NO. 1 毛泽东（1893—1976）

他老人家先后两次来北大旁听，第一次是1918年8月至1919年3月，第二次是1919年12月至1920年4月。两次旁听，对毛泽东的影响颇大，甚至毛泽东在这里收获了他与杨开慧的爱情。

NO. 2 沈从文（1902—1988）

亦不用过多介绍，念完高中的同学肯定都知道。1922年夏天，二十岁的沈从文脱下军装，风尘仆仆从湘西跑到北京，住西西会馆，后来搬进银闸胡同，到北京大学做了旁听生。这位文学天才原来没念过中学，念小学时也是天天逃课，要不是这时候在北大"补课"，真难以想象他后来能成为中国现代文学史上的小说大家。

NO. 3 丁玲（1904—1986）

著名女性作家。毛泽东有诗赞其"昔日文小姐，今日武将军"。代表作有小说《莎菲女士的日记》《太阳照在桑干河上》，散文《牛棚小品》，是中国现代文学史上重要的左翼作家。新中国建立后，一度担任中国作协党组书记、副主席职务。1924年，二十岁的她来到北京，在北大旁听，并结识了同样是"北漂一族"的沈从文和胡也频，后者成为她风雨人生的第一个伴侣。

NO. 4 冯雪峰（1903—1976）

现代著名诗人，文艺理论家。"五四"时期"湖畔诗人"之一，后来成长为左翼文学的重要作家，和晚年的鲁迅交往密切，新中国建立后也曾是文艺界的领导。1925年，二十二岁的冯雪峰到北大旁听，并自修日语，还因此和丁玲摩擦出了爱的火花，闹出了现代文学史上一段纯真浪漫又让人扼腕叹息的三角恋。

NO. 5 柔石（1902—1931）

有着短暂而了不起的一生，"左联五烈士"之一。鲁迅《为了忘却的记念》一文对他有很详细的记述。柔石是革命者，更是一位颇有成就的小说家（可惜他创作生涯太短了），留下了《二月》《为奴隶的母亲》等名篇，均被改编为经典电影。1925年到1926年，他曾在北大旁听。

NO. 6 瞿秋白（1899—1935）

现代著名作家、记者和编辑，还是中共早期的领导人之一，在1927年7月一度接替陈独秀负责中央工作，对中国革命和中国文学都有巨大贡献。1917年，他曾在北大旁听。

NO. 7 王度庐（1909—1977）

武侠小说家，著有《鹤惊昆仑》《宝剑金钗》《剑气珠光》《卧虎藏龙》《铁骑银瓶》五部武侠小说，在金庸大侠名扬神州的时代，也没能完全掩盖这位20世纪40年代风靡一时的武侠大家的光芒。他少时家贫，无力为学，只能到北大偷师学艺，遂成一代大侠。

NO. 8 孙伏园（1894—1966）

散文家、著名编辑，人称"副刊大王"，先后主编过《晨报副刊》和《京报副刊》。他是鲁迅的同乡和学生，一度和鲁迅交往甚密。1919年，他和他的弟弟孙福熙曾一起到北大旁听。

NO. 9 曹靖华（1897—1987）

著名翻译家和散文家，1921年在北大旁听，后来成为北大教授。

NO. 10 金克木（1912—2000）

著名散文家、梵语研究学者。小学学历，1935年在北大旁听，后来成为北大著名

教授。

NO. 11 成舍我（1898—1991）

曾任上海《民国日报》主编、北京《益世报》总编辑。1924 年起，先后创办《世界晚报》（北京）、《民主报》（南京）、《立报》（上海）、《香港立报》等，被誉为中国报界巨子。1918 年他到北大旁听。

鲁迅一生的经济收入

"文革"时期，二十五岁的我从中国科学院被押送到劳改农场。不发工资，每月仅十五元最低生活费。人拉犁耕地，干牛马活之余，还是改不掉"老九"的臭毛病：一到休息时瞪着双眼就想看书。幸好农场有一套《鲁迅全集》，这是作为革命文献发下来给群众轮流自学的。读书预备队排得挺长，只有那上下两册《鲁迅日记（1912—1936）》谁翻了都不愿过目，扔在角落里。也罢，我就在冷而又冷的角落，自学这《鲁迅日记》。

沉沉的两大本，厚厚的千余页。那是多么枯燥、琐碎、繁复、乏味的流水账啊！记得鲁迅自己描述过："我的日记……写的是信札往来、银钱收付……例如，二月二日晴，得 A 信；B 来。三月三日雨，收 C 校薪水×元……尤其是……薪水，收到何年何月的几成儿了，零零星星，总是记不清楚，必须有一笔账，以便检查……"

百无聊赖之际想：也罢，我正好是学数学出身的，就来查查鲁迅的账吧。"中国文化人经济状况"的自选研究课题，原来是这样开始的。

首先注意到鲁迅每年都买很多很多书，一看书名就像翻开菜谱一样：全是很好的书，很贵重的书。这是我最羡慕的。鲁迅爱逛琉璃厂，淘古董字画，爱吃馆子、摆酒席，孝敬老母，资助亲友，晚年经常带全家乘出租车看电影……但那么大的开销，需要多少钱啊？

中国文化人，一向出于清高"耻言钱"，或出于隐私"讳言钱"，然而我在"牛棚"里，没有钱，才懂得钱的重要性。鲁迅 1923 年曾向我们的祖父母一辈人（那时是莘莘学子）做过"娜拉走后怎样"的报告，一针见血挑明——

梦是好的；否则，钱是要紧的。钱这个字很难听，或者要被高尚的君子们所非笑，但我总觉得……钱——高雅地说罢，就是经济，是最要紧的了。自由固不是钱所能买到的，但能够为钱所卖掉……为准备不做傀儡起见，在目下的社会里，经济权就见得最要紧了。（《鲁迅全集》第一卷 161 页）

鲁迅的收入来源

那么鲁迅一生究竟挣了多少钱呢？没有人精确统计过，太费事了！只有像我这样的傻瓜，才干这样的傻事。我庆幸自己"十年浩劫"没有白过，收获之一就是算清了鲁迅二十四年八千多天的收入账。他的钱来自下列四方面：

公务员收入。民国一成立，鲁迅就应蔡元培之召，担任教育部公务员，时间长达十四年多。这是鲁迅在北京时期的正式职业。他的名义收入如下：1912 年 5—7 月，每月津贴六十银洋；8月—9月，每月半俸一百二十五银洋；10月后定薪俸二百二十银洋；1913年2月后薪俸二百四十银洋，12月后仅有九成即二百一十六银洋；1914年8月薪俸增二百八十银洋；1916年3月后增为三百银洋。1924年1月（民国十三年一月）重缮之《社会教育司职员表》载有周树人应得四等三级"年功加俸"三百六十银洋。但是20世纪20年代以后教育部经常拖欠，实发三分之二即平均月付二百银洋左右。

教学收入。"五四"以后鲁迅除了供职教育部以外，还在北京的八所学校兼课，时间长达六年（1920—1926）。1920年8月接受北京大学蔡元培校长聘请，兼任北大国文系讲师，同时又兼任高等师范等校讲师，每周各一小时，讲课费每月共六十大洋左右。其间他去西安讲学一个暑期，得讲课费四百元大洋。1926年8月鲁迅离开北京赴厦门大学，由林语堂推荐专任厦大国学院教授，月薪国币四百元。1927年2月鲁迅在广州中山大学受聘担任文学系主任兼教务主任，月薪国币五百元。

大学院特约撰述员收入。1927年12月到1931年12月，四年又一个月中，由蔡元培推荐，鲁迅受聘为"大学院"特约撰述员，得月薪三百元大洋（1929年1月起《鲁迅日记》中改称为"教育部编译费"，实质上是一回事）。定期支付四十九个月之久，未曾拖欠，共计一万四千七百元大洋，折合黄金四百九十两。

写作、翻译和编辑收入。1907年曾有《人之历史》等论文在东京《河南》杂志发表，稿酬约为千字两元。但是1918年鲁迅在《新青年》上发表文字是义务的，不领稿酬。晚年在上海生活时期，"卖文为生"也就是作为自由职业者，依靠版税、稿酬和编辑费。一开始北新书局每月支付给鲁迅的版税是国币一百元和《奔流》杂志编辑费一百元；他在报刊发表文章的稿酬为千字3～5元，鲁迅每月收入至少五百元，生活比在北京时宽裕得多。但是北新书局经理克扣大笔版税，1929年8月鲁迅找律师与之谈判，维护了自己的著作权，索回两万多元应得版税。到1932年"大学院"津贴撤销以后，版税和稿酬成为鲁迅主要经济来源。

鲁迅一生挣了多少钱

统计结果：1912年春—1926年夏鲁迅在北京期间，共收入银洋四万一千零二十四元一角（内1922年日记残缺，为估计数），月平均二百四十五元；1926年夏—1927年秋鲁迅在厦门和广州期间整一年，共收入教学费国币五千元，月平均四百一十七元；1927年秋—1936年在上海期间共收入国币（法币）七万零一百四十二元四角五分，月平均六百七十四元。

那么，按照实际购买力计算，鲁迅二十四年的收入相当于今天人民币多少钱呢？根据历史资料换算，1912年一块银洋约合今四十元，1927年一元"国币"约合今三十五元，1936年一元法币约合今三十元。

也就是说，鲁迅前期（北京时期）是以公务员职业为主，十四年的收入相当于今一百六十四万元，平均月收入相当于今九万一千三百多元。中间（厦门广州时期）一年专任大学教授，年收入相当于今十七万五千元，平均月收入相当于今一万四千多元。后期（上海时期）完全是自由撰稿人的身份，九年收入相当于今二百一十万元，平均月收入相当于今两万元以上。从公务员到自由撰稿人，他完全依靠自己挣来足够的钱，超越"官"的威势，摆脱"商"的羁绊。值得注意的是，他作为自由撰稿人的年收入，是他作为公务员年收入的两倍多。钱，是他坚持"韧性战斗"的经济基础。然而，他有了那么多的金钱之后，却丝毫不为金钱所动，而始终保持勤俭奋斗的本色。我在"牛棚"里算清了鲁迅一生的经济账目，才睁开眼睛看清：离开了钱的鲁迅，不是完整的鲁迅、更不是真正的鲁迅。

通过一千多页密密麻麻的银钱账目的草算，我解读了鲁迅和钱的纽带。鲁迅一生总收入相当于今三百九十二万以上，成为名副其实的"中间阶层"，即社会中坚，他受之无愧。从"而立之年"以后的二十四年间，平均每年十六万多元、每月九千至两万元的收入，充分保障了他在北京四合院和上海石库门楼房的写作环境。在残酷无情的法西斯文化"围剿"之中，鲁迅能够自食其力、自行其是、自得其乐，坚持了他的自由思考和独立人格。这使他永远成为文化人的榜样。

历史细看

从"诛十族"到"瓜蔓抄"

朱棣夺取皇位后，马上颁布了一个奸臣榜，建文朝廷的六部九卿大臣全部榜上有名。

他举起屠刀，一批批屠杀了那些不愿投降他的人。在这场血腥镇压和大屠杀中，死得最惨烈的当属方孝孺。为了捍卫他的价值观与道德理想，方孝孺付出了"十族"的代价。这是"靖难之役"中最惨绝人寰的一幕。

早在燕王离开北平挥师南下的那一天，道衍和尚就曾跪地向燕王请求："方孝孺学问精深、品行高洁，南京城破之日，他必定不会投降，请殿下不要杀他。杀了他，天下的读书种子就断绝了！"朱棣答应了道衍的请求。

南京陷落时，方孝孺闭门不出，身着丧服，日夜号哭。朱棣召他进宫，他坚决不从。朱棣将他逮捕下狱，轮番派人劝说，其中包括他的学生，可都被他大骂而回。朱棣即位时要草拟诏书，群臣纷纷推荐方孝孺。朱棣召他上殿，披麻戴孝的方孝孺在殿上号啕大哭。朱棣有些动容，离座劝慰他说："先生勿忧，我只是效法周公辅成王而已！"

方孝孺说："成王安在？"

朱棣说："他自焚而死。"

方孝孺说："何不立成王之子？"

朱棣说："国赖长君。"

方孝孺说："何不立成王之弟？"

朱棣语塞，脸色一沉："此乃朕之家事，先生不必操心！"然后命左右递上纸笔，说："诏天下，非先生草不可！"

如果说朱棣此前让方孝孺草诏是钦慕于他的文名，那么此刻就是要逼迫他臣服了。

方孝孺愤而掷笔于地，且哭且骂说："死即死尔，诏不可草！"

朱棣勃然大怒："哪那么容易死！你就不怕灭九族？"

方孝孺厉声喊道："便十族奈我何！"

就是这一声喊，喊出了中国历史上绝无仅有的"十族"之诛，也喊落了方孝孺的家人宗亲连同门生故旧共计 873 颗人头。

十族！历朝历代，最严酷的刑罚莫过于诛"九族"，如今，这一介书生竟敢公然在朝堂上对着自己咆哮，说灭他"十族"又怎么样！那我就成全你！用你十族的鲜血，来成全你的赤胆忠心和高尚情操！用你十族的头颅，来成全你的君臣大义与千古名节！

朱棣命人割开了方孝孺的嘴，一直割到双耳。他不想再听到从这张嘴里吐出的任何一个字。紧接着开始大肆搜捕他的九族、外加"门生故旧"这一旷古未闻的第十族。

不久，这 873 人便被磔杀于市，整个行刑过程持续了七天。同时株连的一千多人被发配充军。大搜捕之前，方孝孺的妻子郑氏和儿子们自缢身亡，两个未成年的女儿投水而死。十族全部清理完后，朱棣才对方孝孺本人下手。

1402 年农历六月二十五日，时年 46 岁的方孝孺被磔杀于聚宝门外（今南京雨花台东麓）。

"十族之诛"在中国历史上已属空前绝后，却仍然不足以展现明成祖朱棣那只铁腕的力量。其后由景清一案所引发的"瓜蔓抄"，才真正把永乐初年的恐怖统治推向了登峰造极之境。

景清是建文朝的御史大夫，朱棣即位后未被清洗，仍任原职。有一天早朝时，朱棣忽然发现他穿上了重大庆典时专用的大红朝服。朱棣觉得那刺目的红色十分诡异，便命人搜身，果然从景清身上搜出一把匕首。朱棣诘问他为何行刺，景清大喊着为故主报仇，并且詈骂不休。朱棣大怒，命人将他牙齿全部打落。景清将一口血水喷上殿，溅满了朱棣的龙袍。朱棣盛怒之下命人剥了他的皮，并将他系于长安门上一寸寸剐下他的肉，最后又敲碎他的骨头。

随后朱棣仍不解恨，便发明出了中国历史上著名的"瓜蔓抄"，即"赤其族，籍其乡，转相攀染，村里为墟"。

"十族之诛"尚有一个明确的打击范围，而"瓜蔓抄"则是撒开了一张无边无际的株连之网。任何人随时随地都有可能被它罩入网中，而且根本不明白自己究竟为何而死。无数人烟稠密的村落一夜之间变成了人迹罕至的废墟，无数欢声笑语的深宅大院一夜之间变成了空荡荒凉的鬼屋……吕毖《明朝小史》记载了大理寺少卿胡闰遭"瓜蔓抄"后的惨况——胡闰全族男女 217 人被诛，"所居之地，在府城西隅硕铺坊，一路无人烟。雨夜闻哀号声，时见光怪。尝有一猿，独哀鸣彻夜。东西皆污池，黄茅白苇。稍夜，人不敢行"。

"瓜蔓抄"发展到最后，除了流于滥杀无辜之外，还助长了政治迫害和告密求官之风。朝野上下，人人为了政绩，为了利益，为了公报私仇，为了种种不可告人的目的，无不争先恐后地进行诬告和陷害……

这场由朱棣亲手掀起的血雨腥风在整个大明帝国整整席卷了十年之久，最终朱棣本人也意识到了它的严重危害，可他频频下诏却屡禁不止……

"黔首"的户口本

我们古代称呼老百姓的有些词是颇有趣的，比如"编户齐民"。

初中学历史，知道有一本《齐民要术》，是北魏贾思勰写的。我还稍稍有些地理知识，知道"齐"是指今天山东一带，可是偶然想到，这贾思勰显然是山东人，而特意写一本指导家乡人民发家致富的书，未免显得太自私，太地方保护主义了。后来才明白，这个"齐民"原来是"编户齐民"中的"齐民"。

编户也就是古代的户口制度，每个老百姓都要登记，只不过是否分城镇户口、农村户口我不知道。户口簿上要写"名数"，也就是姓名和年龄之类。这点可重要了，这样君王要急着找你去当炮灰，临时找资料就方便。像秦昭襄王听到秦兵和赵军在长平相持，兵力不足，马上亲自驰马河东，大"料民"，也就是检查当地政府的户口本，让十六岁以上能扛得动戈的人"悉诣长平"，实行人海战术，一下子就击溃赵国，坑杀四十万降卒，致使赵国很长一段时间内炮灰缺乏，从此一蹶不振。可见户口本的重要。

齐民呢，古人是这样解释的，"齐，等也。无有贵贱，谓之齐民。若今言平民矣。"那时候，金字塔下的老百姓都是平等的，都是身份相同的纳税人。反正我通过这些词汇认识了贾思勰的高风亮节，他并没那么自私，不是吗？

但是除"编户齐民"之外，对老百姓的另一个称呼也是很可爱的，那就是"黔首"，也有叫"苍头"的，不管是"黔"还是"苍"，都是黑的意思。当然我不是说，我们的祖宗是黑人。我猜想是因为老百姓天天在外耕作，在烈日和土气的蒸浴下，自然显现黑亮的肤色。这在当时的户口本上是有反映的，比如居延汉简的两条简文：

东郡田卒清灵里一里大夫聂德，年廿四，长七尺三寸，黑色。

河南郡河南县北中里公乘史存，年卅二，长七尺二寸，黑色。

这俩小子，都是河南人，后一个年龄大一些，所以资历厚，到了平民的最高爵位"公乘"，意思是够享用公车待遇了。前一个身高167厘米，后一个165厘米。最滑稽的是，还注明"黑色"，因为户口簿上有一栏是"色"，就是要求填写肤色。这两个家伙明摆着是"黔首"，平时是上好的耕作工具，战时是上好的炮灰。遥想当年在课堂上读《陌上桑》，读到罗敷自吹自擂，说自己的丈夫"为人洁白皙，廉廉颇有须"这句，哪里知道隐藏有这么丰富的背景呢？

就像我们把家乡称作"桑梓"，书上解释说是古人喜欢在家门口种这两种树，所以用来指代家乡。可是当你知道古人同时认为，桑木和梓木是打制棺材的上好木材，因为这两种木材鬼很畏惧，才会发现这简单的词语中也蕴涵那么浓郁的文化色彩，生和死的准备早在这么不经意中就都做好了。

再如这《陌上桑》里，罗敷闭着眼睛夸自己丈夫"洁白皙"，那自然不在"黔首"之列，可是那调戏她的太守就这么傻？一个非"黔首"的老婆还需要亲自采桑？（当然，那个时代皇后亲自采桑的也有，不过多是装装样子）我要是那太守，就要向罗敷两手一摊："拿户口本来看"——那么一切都真相大白了。

记得以前读本什么书，里面提到治水的大禹也是"黑色"的，那当然是他东奔西跑的缘故。可笑的是孔子的弟子曾点，他的"点"就是黑色的意思，可取表字却硬要叫"皙"。唉！他是多么希望永远逃出那"黔首"的行列啊。

"千古一帝"唐太宗为遮丑，开了帝王干预修史的先河

提起李世民，人们的第一反应就是他是千古一帝，是少有的明君。他勤政爱民，宽容仁慈，知错就改，勇于纳谏，与敢于进谏的大臣魏征共谱了一段君臣佳话。最令后人铭记的是他所说的"水能载舟，亦能覆舟"的名言，他真心真意为天下苍生，一生都为大唐百姓而奋斗。事实如何呢？真实的唐太宗也许不像人们所标榜的那样好，甚至他所做的恶要超出你的想象。

贞观后期，随着功业兴隆，李世民难免骄傲自满，渐渐听不得别人的意见了。贞观十年（636年），魏征发现李世民"渐恶直言"，不听大臣们的劝告，征伐高句丽前后两次，虽然取得了一些胜利，但得不偿失。不但自己受伤，而且因大量造船，引起农民起义，激化了国内矛盾。同样在贞观十年，辽东战役回来后，唐太宗因病开始服用金石丹药。先前他还曾经嘲笑过秦始皇和汉武帝服用丹药，现在自己也陷进去了。

贞观十一年（637年），唐太宗在东都洛阳修飞山宫，放出话说："若不为此，不便我身。"以杜塞谏官之口，这是叫别人提不得意见。贞观十五年（641年）十二月，宰相房玄龄和高士廉，在路上遇见少府少监窦德素，顺便询问宫城北门近来营造什么？李世民知道后大发雷霆之怒，斥责他们不要多管闲事。这种蛮横的态度，说明李世民好大喜功，已经放手大兴土木了，其结果必然加重人民的徭役负担。针对大臣的规劝，李世民竟然为自己辩解说"如果不给百姓找点事做他们就会慢慢变得懒惰起来"，可以说到了强词夺理的地步。

贞观十六年（642年），唐太宗下诏说，太子所用之物其他机关不得限制，结果造成太子的严重浪费现象。

贞观二十一年（647年），唐太宗又得了"风疾"，烦躁怕热，便让人在骊山顶峰修翠微宫，花费甚巨。第二年，派人从中天竺求得方士那罗迩娑婆寐，结果因吃了这种"延年之药"，病情恶化，于贞观二十三年（649年）五月，毒性发作，不治身亡，年仅五十。

李世民犯过的一个"前无古帝"的大错误就是看史官所写的《起居注》。作为专门写皇帝日常生活和言论的著作，按照历史的传统，皇帝是无权干涉《起居注》的，历来皇帝也都没有人看过，以尊重史官的职权和地位。而史官也是公正直书，从不掩饰什么，从不害怕皇帝打击报复。但唐太宗看了自己的《起居注》，这给后来的皇帝开了个坏先例。章太炎在其著作《书唐隐太子后传》中特意评此事："太宗既立，惧于身后名，始以宰相监修国史，故两朝《实录》无信辞。"

此外，李世民还多次制造冤假错案，让一些有功之臣蒙受不白之冤，不少贤能之士遭受无妄之灾。其中影响最大最恶劣的有四次。

首先，赐死盛彦师。盛彦师是名将，他曾剿灭李密、平定王世充。徐圆朗叛乱时，

历史趣谈

李世民有意选派盛彦师为安抚大使，目的是想借助他的威名让徐圆朗束手就擒，达到"不战而屈人之兵"的理想效果。不料盛彦师被徐圆朗活捉。据《旧唐书·盛彦师传》记载，盛彦师被俘后，面对徐圆朗的威逼利诱，始终大义凛然。然而"贼平，彦师竟以罪赐死"。盛彦师立有大功，被俘后也没有投降，但是却被号称仁慈的李世民赐死。

其次，冤杀李君羡。《资治通鉴》记载，贞观初年，"唐三世之后，则女主武王代有天下"的谶语引起了李世民的警惕和对大臣们的猜疑。当他得知李君羡小名叫"五娘子"并有武连郡公、左武卫将军、玄武门守将一系列带有"武"字的封号官职后，便认为李君羡就是谶语中所说的"女主武王"，将其调出京城。不久就有御史弹劾李君羡"与妖人交通谋不轨"，最后连审都不审，李世民就下诏杀掉李君羡。

再次，刑部尚书张亮因"谋反"被杀。张亮为官相州被人传言是"形胜之地，不出数年有王者起"，因为有人发现了"有弓长之君当别都"的图谶，因为他私下里与几个江湖术士谈论了这些敏感话题，因为其老婆喜欢巫术进而干预政事对他产生了负面影响，所以这位凌烟阁功臣就以"谋反"罪，被下诏处斩。

最后，谏臣刘洎时常直言切谏，位至门下省侍中。贞观十九年（645年），李世民一意孤行亲征高句丽，留刘洎辅佐皇太子李治处理朝政。李世民从辽东回来后患了痈肿，刘洎悲伤地对同僚说："皇上病成这个样子，实在是令人担忧啊。"不想这传到李世民那里，李世民怀疑刘洎心怀不轨，遂令刘洎自杀。

此外，李世民在发动玄武门之变时还抢了李元吉的妻子为妃，并且李建成与李元吉两人各有五个儿子也"并坐诛"，当时太宗才28岁，他的十个侄子都十分年幼，可见其残忍至极。

李世民最为人所称道的是他与名臣魏征之间的纳谏之事。名臣魏征直言敢谏，君臣契合，千秋传为佳话。但事实好像也并不如传说中的那样。据《资治通鉴》记载，有一次罢朝后，李世民回到内苑，大发雷霆说，"魏征每廷辱我，会须杀此田舍翁"（魏征经常在朝廷之上折辱我，有朝一日我一定杀了这个乡巴佬）。后经过长孙皇后再三苦劝，说明利害关系，唐太宗方始作罢。从这件事也可以看出，他纳谏的耐心根本有限，听了比较尖锐的意见不仅会发火，还想到了杀人。而且想杀的不是别人，正是与他君臣契合千古传为美谈的老臣魏征。而事实上，唐太宗一直对此怀恨在心。公元643年，魏征病死。之后唐太宗得知魏征曾把自己给皇帝提建议的书稿给当时记录历史的官员褚遂良观看，唐太宗心里很不高兴。先前唐太宗已经同意把衡山公主许配给魏征长子魏叔玉也悔婚，到后来他越想越恼火，竟然亲自砸掉了魏征的墓碑。

由此可见，唐太宗也许在建立唐朝时立下过大功，在后来治理之下也出现了"贞观之治"，但是其过错也是很大的。观其一生功过，只能算是一个有功有过，功大于过的皇帝。

笨法制胜

太平天国失败后，安徽、山东一带捻军四起，严重威胁清王朝统治。朝廷先后派出僧格林沁和曾国藩进行镇压。

僧格林沁在镇压太平天国中，立下过战功。此次以钦差大臣身份，节制调遣直、鲁、豫、鄂、皖五省兵马，倚重骑兵优势和五省提供的兵力，对付组织不严、纪律不整的捻军，简直有点专业对业余的感觉。开始时，僧格林沁接连打了几个胜仗. 随后，捻军发挥他们擅长运动战的优势，往来奔驰，飙狂如风，数次逆袭清军。同治四年（1865 年），捻军佯装失败，狂逃一千余里。僧格林沁率蒙古马队穷追不舍，脱离了大部队，在山东陷入捻军预设的包围圈，全军覆没，僧格林沁也被击毙。

清廷无奈之下，只得调曾国藩来对付捻军。曾国藩认真研究捻军特点，分析僧格林沁失败的原因。他认为，捻军的长处是灵活机动，他们数万精骑，行踪飘忽，神出鬼没，如果像僧格林沁一样四处追击，那就给了捻军可乘之机。唯一的办法是以静制动，以不变应万变，以己之"逸"来待捻军之"劳"。

曾国藩采纳大将刘铭传等人的建议，实施"河防之策"。这一战略的基本思路，就是湘军与地方武装一起，在黄河、运河、沙河、贾鲁河、淮河分兵把守，把捻军围在其中。捻军不习水战，很难突破重兵把守的河道险要。

清军不再追击捻军，捻军马快善跑的特长无从发挥。清军稳扎稳打，步步推进，在整体实力大大强于捻军的情况下，可以牢牢掌握战争主动权。这样取胜时间可能会很长，也打不出轰轰烈烈的漂亮仗，但十分稳妥。

"河防之策"看起来笨了一点，但战略针对性十分明确。实施"河防之策"后不久，清军就消灭捻军张宗禹部六千余人，打了一个大胜仗。不料，由于防线太长，清军各部又协调不力，竟被张宗禹率捻军在贾鲁河一带突破，进入山东。曾国藩由此遭到弹劾，被调离战场，"河防之策"也遭到否定。

李鸿章接任后，开始对"河防之策"不以为然，他甚至讽刺地把河防比作秦始皇的万里长城。李鸿章采取以大兵团寻求决战的方式，企图利用优势兵力，一举击垮捻军。

不料几个月下来，清军屡战屡败，连吃四五个败仗，大将张树珊竟然丧命。李鸿章痛定思痛，重新审视曾国藩的"河防之策"，方才觉得这是遏制捻军的唯一选择。李鸿章坚定信心，在朝野一片"河防不可恃"的反对声中，坚决贯彻"河防之策"，以逸待劳，镇压了捻军。

古来难保是晚节

公元前 208 年 7 月，秦国的丞相李斯与他的儿子被押往咸阳的街市处斩。临刑前，这位曾显赫多年的丞相，回头对儿子伤感地说："我想和你再牵着黄狗，一同出上蔡的东门去打猎追逐狡兔，又怎能办得到呢！"接着父子二人相对痛哭。李斯为自己当初所犯下的政治错误深深懊悔，如果不是他的晚节不保，哪能落得满门抄斩呢？

公元前 210 年，秦始皇外出巡游时，突然得病死去。这时，随行的丞相李斯被中车府令赵高拉了政治漩涡。在赵高的极力诱惑下，也由于贪恋权势，李斯竟参与策划了一起宫廷政治阴谋。他们对外封锁秦始皇的死讯，假传圣旨，逼公子扶苏自尽，立昏庸的胡亥为秦二世。

然而仅过了两年，羽翼丰满的赵高就鼓动秦二世将李斯治罪，下令将他腰斩于咸阳，并"夷三族"。司马迁曾评价说，李斯能辅佐秦始皇，完成统一大业，并位居三公之职，但晚年却阿谀奉承，随意附和，听信赵高的邪说，废掉嫡子扶苏而立庶子胡亥，真是太愚蠢了。

还有一些官员，虽然政治上没有犯什么大错，却因对钱财的贪婪而导致晚节不保。明代嘉靖年间，内阁首辅（宰相）徐阶曾对国家的安定做出了积极贡献。他整顿吏治，招纳贤良，使海瑞、戚继光、张居正等官员得到重用，一时成为众望所归的名相。然而，当徐阶在朝中执政时，他的子弟们倚仗其权势在家乡华亭横行不法。据说徐家在苏淞一带竟侵占占田地24万余亩，引起了巨大的民愤。在朝廷舆论的压力下，徐阶被迫提前退休。

1559年，吴中一带发生饥荒，著名的清官海瑞受命前来赈济灾民。海瑞首先来到当地首富徐阶家，希望他配合朝廷，退还百姓的田地，并遣散一部分家奴。然而，贪财的徐阶却消极抵制，还悄悄向朝中党羽写信，唆使他们弹劾海瑞，结果造成海瑞被罢官。

徐阶的所作所为，不但在老百姓中引起了公愤，也被他的政敌抓住了把柄。不久，在新任首辅高拱的支持下，徐阶的两个儿子一个被判充军，一个被革职为民，他家数万亩田地也被没收充公。当官兵前来带人时，徐阶的儿子们抓住他的衣服号啕大哭，徐阶也只能无可奈何地说："吾方逃死，安能相活？"

更有一些官员，为官的大多时间都享有良好的声誉，但到晚年却由于生活作风问题为世人诟病。

唐代著名大诗人白居易，晚年官运亨通，一直升到了刑部尚书、太子少傅的高位。可惜的是，他却越来越暴露出道德品质方面的一些缺点。据说有一次，两名青年诗人张祜和徐凝去拜谒白居易，并分别写了一首诗让他评点。本来连徐凝都自认远不如张祜，不料白居易却对张祜的诗横加批驳。原来他是嫉妒这位年轻诗人的文采，生怕他超过自己。

晚年的白居易还沉湎于女色。据记载，白居易在晚年曾蓄养了大量家姬，并为了寻求新奇，在10年内就更换了3批。作为大诗人，他的地位无可动摇，但他的晚节却在后世遭到了极大非议。

历史上的寇准为人刚直而敢于言事，由于在抵抗辽国时的功劳，寇准被提升为宰相，受到天下万民景仰。当时民间就流传有"欲得天下好，无如召寇老"的说法。晚年的寇准，在个人生活上追求新潮和时尚，喜好歌舞和酒宴。由于他家中经常举办大型歌舞晚会，寇准下令在其豪宅中到处都点上蜡烛，即使厕所、马厩里也不例外。他家每天都要消耗大量蜡烛，而蜡烛在当时对于老百姓而言还是绝对的奢侈品。每当他家的歌舞晚会结束后，寇准都会慷慨地对演员进行赏赐。为了劝诫，他的一位小妾曾作了一首诗："一曲清歌一束绫，美人犹自意嫌轻。不知织女寒窗下，几度抛梭织得成！"孰料寇准竟不以为然地回应道："将相功名终若何，不堪急景似奔梭。人间万事何须问，且向樽前听艳歌！"

像寇准这样的生活作风注定要成为政敌攻击的对象。结果，朝中另一位大臣王钦若便乘机向皇帝说寇准的坏话，最终，寇准丢掉了宰相一职，被贬到了遥远的雷州担任小官。

双枪兵与双枪将

说历史的书在谈及军阀的时候，双枪兵和双枪将永远是个能逗起兴致的话题。所谓的双枪，就是一支步枪（或者别的什么枪）再加一根烟枪，意指那些抽大烟的军人们的"装备"。

按比例而言，在军阀的队伍里面，双枪将的比例要比双枪兵高。即使在那些士兵没有抽大烟习惯的军队里，军官也不乏瘾君子。生活稍微好一点，就要抽大烟，这是当时的风俗。北京的小富之家，每每鼓励孩子熏一口，说是可以让孩子踏实，不招事儿。那时，人们管鸦片叫芙蓉膏、福寿膏，其社会声誉或许并不像我们今天想象的那么差。

同样，双枪兵的产生，也跟风俗有关。那个时候，西南和西北地区盛产烟土（论品质，西南的烟土优于西北），统治这些地区的大小军阀，为了多收税，鼓励甚至强迫农民种罂粟，而农民为了提高收入，也多半乐于种植。种得多了，又没有人禁，价钱也就降下来了，谁都抽得起，抽大烟就跟现在吸烟卷一样了。在西南和西北地方，实际上社会各界，上下层人士都在抽。多少个文人回忆都提到，到了西南，轿夫和脚夫在路上休息时，首先做的事情是抽烟，饭吃不吃倒在其次。由于鸦片这种东西，一沾就上瘾，跟饭和盐一样，离不开，所以，鸦片的种植，也就成为农民的一种对经济作物的追求，不断地可以生利（当然大头还是让掌权的军阀收去了），维持生计。鄂豫皖的红军到了川北，发现最大的问题是没有兵源可以补充，当地的农民无论贫富，凡是男性个个都是烟鬼。

那个时候，抽大烟实际上是一种文化，跟我们的饮食一样，不仅有"食"的内容及形式的讲究，而且有器皿的追求（烟枪、烟具），还有吸食环境的建设。稍微讲究点的家庭，待客之具，少不了烟枪若干。烟枪的档次，代表着家庭的地位。达官贵人，吃花酒是交际，但真正谈事，必须躲进密室，伴着烟枪来。雏妓学生意，首先不是学唱，而是学如何烧烟。烧烟泡，也是名妓色艺中艺的内容之一。那些将这种毒物输入中国的老外，居然把小脚、辫子和烟枪同列为中国人的象征，反复展出，可恨固然可恨，但扣去源头不论，其实倒也是不可回避的事实。

军人也是人，逃不出食文化和烟文化的习染。漫说士兵，就是那些当日怀着一腔救国之志、留学日本回来的士官生，回国之后，过不了多久也开始喷云吐雾，士兵自然也就拿烟泡当干粮了。那个时候发军饷，经常是半为大洋半为烟土，没有大洋，光是烟土也无不可。士兵也跟抬轿子的苦力一样，不吃饭行，不抽烟不行。仗打败了，交枪可以，交烟枪不行。

按云南军阀龙云的公子（也是龙云的爱将）龙绳武的说法，抽大烟，对部队的战斗力其实影响不大。过足了瘾，打仗特别疯，如果战斗正在进行中，士兵也知道不打完抽不上烟，所以往往会拼命地打。另外一个好处就是，抽烟可以治病，西南地区，烟瘴之地，各种病特多，抽烟人在这方面感觉好得多。

龙公子是法国圣西尔军校的毕业生，可是在大烟问题上，却不按操典说话，其实抽大烟对士兵的战斗力还是有影响的。虽然抽大烟跟吸食（注射）海洛因不一样，但也是吸毒，只不过对身体毒害的过程要慢一些。不错，一般的头痛脑热，瘾君子是不得的，在军队里有了病，同僚们首选的方法是劝你吸烟，不分官兵都是如此。但用鸦片来治病，在当时的条件下，治死的也很多，特别是当患痢疾的时候，用鸦片治，一治一个死。

悬赏烟土五两，固然可以激励士兵冲锋，但定期的烟瘾发作，毕竟是双枪兵的阿基里斯之踵。只要对方了解了行情，在瘾发或者过瘾的时候攻击，部队多半是要崩溃的。红四方面军入川总是打胜仗，跟摸清了川军的烟瘾规律不无关系，这一点，看看徐向前的回忆文章就知道。

所以，随着军阀混战的烈度增加，大家一致的看法还是不抽烟的好。在这个认识前提下，中国军阀军队的双枪兵和双枪将们，总量一直在减少。抗战爆发以后，无论是川军还是滇军，将领们纷纷带头戒烟，要一雪内战之耻，所以，战绩相当不错。与此同时，中国的大烟文化也开始衰败，公共场所，烟具逐渐销声匿迹，虽然抽大烟的人还有，但已经转入地下，不再是一种炫耀了。

道德丰碑下的殉葬品

南宋宝祐四年（1256年）状元文天祥被元王朝杀害前，曾留下一首"衣带铭"："孔曰成仁，孟曰取义，惟其义尽，所以仁至。读圣贤书，所学何事？而今而后，庶几无愧！"这是文天祥的道德自白，也是儒教意识形态下正统读书人的精神写照。儒家赞同杀身成仁，舍生取义，饿死事小，失节事大，身家性命与仁义忠节相比，是不十分值钱的，正所谓"人生自古谁无死，留取丹心照汗青"。芸芸众生逝世了，如烟云消散，不留痕迹；舍生取义的圣贤后裔们，则在身后竖起万人景仰的道德丰碑。

我读史书时，每遇到一座这样的道德丰碑，心头总是油然生起崇敬之情。直至有一天，我发现，这光彩夺目的丰碑不单由烈士的血肉筑成，底下还垫着被烈士拉来殉葬的累累白骨。每念及此，对先贤的道德形象难免就暗生疑窦。比如，南宋末年，文天祥被掳后，陆秀夫与张世杰一道共撑危局。1279年3月，南宋小朝廷与元军在广东崖山海面决战，宋军败，陆秀夫自觉护驾无力，决心以身殉国，乃先驱妻子入海，哭拜幼帝："国事至此，陛下当为国死，德祐皇帝辱已甚，陛下不可再辱。"然后抱起九岁的小皇帝，以匹练束在一起，用黄金玉玺坠腰间，从容投海，完成了舍生取义的最后一个规定动作。对陆秀夫而言，他的死已经成全了自己的千古忠名。如果陆秀夫孤身蹈海，我会对他保持完整的崇敬；可是，想到陆的妻儿，不是死于敌手，也不是为敌所虏，而是被丈夫驱逐投水，还有一个尚不懂世事的9岁小皇帝，也糊里糊涂"当为国死"，成为陆左丞相的道德殉葬品。我心里实在纳闷：为着一个崇高的道德目标，决意殉道的人是不是就可以要求旁人跟他一样舍生取义？舍生固然可取义，杀身固然为成仁，然而，"取义""成

仁"，是不是可以成为舍他人之生、杀他人之身的正当理由？

对于儒教意识形态下的道德志士来说，答案是不言而喻的。孔夫子只说过"己所不欲，勿施于人"，却没有说，己所欲，亦不施于人。既然一个伟大的道德目标可以让自己为之献身，旁人当然也不应该苟且偷生。换句话说，要他们为大义放弃生命，来成全自己的道德追求也是合乎道理的。明初的方孝孺是一位青史留名的德高望重之士。野史相传朱棣夺位成功后，召方孝孺起草登极诏书，方坚拒；再迫之，乃书"燕贼篡位"四字。朱棣大怒道："汝独不顾九族乎？"方答："便十族奈我何？"朱棣果然就诛了方氏十族。旧时株连，最严重的是诛九族，诛十族则自方孝孺始。朱棣的残忍令人发指，方孝孺"威武不能屈"的胆气也的确让人肃然起敬，但他一句"便十族奈我何"，却令我有些不寒而栗。

流氓帝王杀人，仗恃的是暴力，有时还难免自知理亏，要百般掩饰。比如方孝孺死后，天启二年（1622年），朱明皇帝还得录方氏遗嗣，给予祭葬及谥号。道德志士拉殉葬品，依据的是道德律令，于是更显得理直气壮，于心无愧。且看《唐书·忠义传》的一段记载："张巡（唐朝将领）守睢阳城，尹子奇（叛军）攻围既久，城中粮尽，易子而食。巡乃出其妾，对三军杀之，以飨军士，曰：'请公为国家勠力守城，一心无二。巡不能自割肌肤，以啖将士，岂可惜此妇人！'将士皆泣下，不忍食。巡强令食之。城中妇人既尽，以男夫老小继之，所食人口二三万。"这就是历代赞颂的"杀妾飨士"之事。在野蛮战争中，破城之后大肆屠城、杀降卒的事情并不鲜闻，这里体现的是血淋淋的丛林法则，没什么可说的。但张巡杀妇幼以飨军士，与其说是丛林法则下的野蛮行径，不如说是基于精忠报国追求的"道德"抉择。本来道德的形成正是人类告别丛林法则的标志，何以在道德感召下的张巡却做出了比丛林法则更血腥的"屠杀"？为了守住一座城池，为了尽忠朝廷，不惜杀掉两三万老百姓，吃掉两三万老百姓，最后终于博得一个"忠义"之名，写进了《忠义传》。我怎么也想不通，这是哪一门子的"忠义"？

当人们对道德志士竖起的丰碑大加礼赞时，我忍不住为这些丰碑下的道德陪葬品感到戚然和悲愤。历史是不公平的，杀身成仁的志士至少已经"留取丹心照汗青"了，被杀身成仁的殉葬者却连名字也没有留下，至死也不明白何以成了道德志士的陪葬品。没有人追问他们是不是愿意为志士的道德理想献出性命，也没有人在乎他们被驱入茫茫大海、被推出午门斩首、被宰了煮食之时，如何恐惧、惊慌、疼痛、无助、挣扎，历史只记住了道德志士们壮怀激烈的远大抱负、慷慨赴死的崇高气节。

我以前曾写过一篇《受虐的"道德快感"》，点破了某些道德志士的奴性倾向："不负明主""表忠心"之类是志士们的道德本能，即使心迹一时为主子所不明，肉体上付出惨重代价，也在所不惜，甚至更显忠烈，心头道德快感不由油然而生。现在想来，既然有人习惯从"忠君"中体验道德快感，且让其继续体验去，只要不拉住旁人与他一块儿分享这快感就行了。相比之下，对那种为着崇高道德理想而不惜扯上旁人垫背殉葬的道德烈士更需要警惕，最好敬而远之，保不准哪一天他们成就了千秋忠名，在历史上竖了一块道德丰碑；而我们这些无辜的平民百姓却莫名其妙地成了丰碑底下的道德殉葬品。

另一种背叛

晚年袁世凯肯定会因两个人对他的"背叛"而耿耿于怀，这两个人一个是蔡锷，一个是章士钊。

1897年10月，时年十五岁的少年蔡锷成为梁启超的学生。梁在戊戌变法失败后，东渡日本，蔡锷亦萌念赴日求学，但苦于没有经费。蔡锷从"湖南长沙出来只借得两毛钱，到了汉口借亲戚大洋六元"，由汉到京，袁世凯却给他大洋一千元，蔡锷这才如愿到达日本读书，他也因此对袁世凯深怀感激。1912年1月12日，蔡锷在致黎元洪电中称袁有"闳才伟略，实近代伟人……中国有必为共和之时机，而项城（世凯）亦有被举总统之资望，如果大局大定，此事自在意中"。

然而事态发展的结果，令袁、蔡二人都没有想到。蔡没有料到袁竟敢冒天下之大不韪，以帝制自为；袁则没有想到第一个起兵反对他称帝的竟是蔡锷。而更让袁难以容忍的是，蔡居然施计骗过他，从他眼皮底下脱身，最后抵达云南起兵，彻底背叛了他。

应该说，袁世凯对蔡锷还是有所了解和防范的。正是出于"槛虎于柙"的用意，袁于1913年10月4日，将手握兵权的蔡从云南召进京城。而蔡出于"久欲来京与袁总统面商各政要，并与各方人士接洽"的

蔡锷

愿望，坦然赴京。蔡一到京，袁不仅给了蔡一笔钱，还给了他一系列官衔。直到有一天，当他察觉到了袁世凯图谋复辟帝制的险恶用心后，便毅然决然"背叛"了袁。

蔡锷曾对持同一政见的老师梁启超说："眼看着不久便是盈千累万的人颂王莽功德，上劝进表，袁世凯便安然登其大宝，叫世界看着中国人是什么东西呢？"而"我们明知力量有限，未必抗他得过。但为四万万人争人格起见，非拼着命去干这一回不可。"由此可见，蔡锷对袁世凯的"背叛"，是站在"为四万万人争人格"，脱出狭隘的一己私情的高度放眼思考，并付诸行动的。甚至在袁世凯被迫取消帝制后，蔡依然不依不饶，坚决反对袁继续当总统。蔡坦陈自己对袁"多感知爱"，因为袁对他"礼遇良厚"，但在蔡看来，现在是袁首先背叛了他自己宣誓效忠的共和，帝制自为，如果我蔡锷起兵反袁，就是保卫民国，是为国民争人格的正义之举；为了正义，我不能"兼顾私情"。

再说章士钊。1912年秋，由日本回国的章士钊甫抵京城，便由老友杨度引荐，前往会见对章很是赏识的大总统袁世凯。袁对章可谓礼遇优渥，厚爱有加，"欲总长，总

长之；欲公使，公使之。舍，广狭唯择；财计，支用无限"。是的，就个人礼遇而言，袁对章可谓做到了极致。

1913 年 3 月 20 日，那天晚上，章士钊正应邀在大总统家与袁共进晚餐，忽有电报传来：章的湖南同乡、日本留学革命同志、国民党代理理事长宋教仁在上海火车站遭人暗杀。次日，知道宋教仁之死与大总统颇有瓜葛后，章士钊当即弃袁而去——离开京城，前往上海。章到上海后，鼎力促成各方共同讨袁。数月后，南方各省讨袁军兴，讨袁檄文即出自章手。

我们不难发现，不论是蔡锷还是章士钊，"背叛"了袁世凯后，二人遂成为英雄；而留在袁身边的杨度、朱启钤等人，一度皆成了助袁称帝的罪人。很显然，面对的是正义还是非正义，是辨识"背叛"之举是与非的一个分水岭。这是另一种"背叛"，是袁先叛逆"四万万人"在前，才有蔡、章"背叛"袁在后。

其实，这样的故事也可为当下提供一面借鉴的镜子。某些身居要职的大员，身边不乏或由他们一手提拔，或受到过他们优渥礼遇的部下。有些部下就因为和自己的上级有这样的"恩缘"，所以一旦察觉这些领导在走向罪错的邪路时，虽有所意识，并犹豫着自己将作何抉择，但一想到这些领导对自己的"恩缘"，他们就没有勇气抽身离去，做出"背叛"之举，有的还与之同流合污，欺上瞒下。这些部下们真应该从蔡、章的故事中悟到，有一种背叛，其实恰是对自我灵魂和躯体的救赎。

敌人的敌人还是敌人

敌人的敌人是朋友，这是世界历史和国际政治游戏中的一条铁律。但千年以前的东亚大地，尸积如山、血流成河的一场又一场大拼杀，却为这条铁律写下了一个空前的大例外。中国古代的"开国皇帝"中，没有哪位是靠"和平演变"而来的。大宋王朝的赵匡胤也不例外。不论是颠覆北周，还是兼并南方诸国，他指挥的军队气吞山河，所向披靡，始终处于上风。哪晓得随后在剽悍的北方游牧民族面前，同样的宋军却老是挨打受气，老是一溃千里。于是宋王朝老是割地赔款，老是称兄称臣，最后干脆彻底玩完。大宋一朝 319 年的历史，基本上就是一部"边患史""抗战史""吃亏史"。对付的敌人先是辽，接着是西夏，然后是金，最后是蒙元。一个比一个凶险，一个比一个不讲信义。大宋朝的从头至尾，从赵匡胤的"陈桥兵变"到陆秀夫背着皇帝跳南海，和平的日子屈指可数，战火一直没有熄灭。中国古代自秦以后延续了百年以上的几个"大朝代"中，宋可算是最软弱最糊涂最可悲可怜的一个。

当初，在一鼓作气搞定了 10 个小国以后，北宋先后开始了对辽和西夏"收复失地"的战争。战争进行了半个多世纪，到 11 世纪中叶（1044 年）才暂时停息。在这以前和以后，宋王朝都只能屈辱地靠每年送钱送物勉强维持住彼此间极不可靠的和平。"万幸"的是辽并不只欺侮它南边的宋，它对其北边的女真族同样进行着敲骨吸髓的残酷压迫，激起了后者更凶猛的反抗。1115 年，女真人正式建立金国，立即就向辽发动了大规模进攻。远在南方的北宋政权大喜过望，以为"敌人的敌人就是朋友"，憧憬着"全世界受压迫国家联合起来"，乃遵循"远交近攻"的祖传秘方，马上（1117 年）派赵良嗣前往联络，随后又于1120年另派人渡海去与金国订立了更具体的"海上盟约"，约定宋、金双方南北夹击混账透顶的辽国。岂料金军刚刚攻占了辽的首都，俘获了辽的天祚皇帝（1125年），气都没有歇一口，随即就乘胜进攻昨天的"朋友"北宋。愚蠢而懦弱的宋徽宗这才大梦惊醒，后悔莫及，急忙把帝位传给他的儿子宋钦宗（1126年），自己则躲在后面玩起了"离休"的把戏。然而，一切都迟了。仅仅一年以后，"翻脸不认人"的金兵就席卷了淮河以北的广袤土地，开进了繁华富庶的北宋首都开封城。可怜的北宋皇帝徽、钦二宗做了金兵的阶下囚，被押往数千里外的白山黑水之间，终日以泪洗面，数年以后便死在了遥远的异国他乡。12世纪20年代中国土地上的这一幕，留给了世人一个极惨痛的教训：敌人的敌人可能仍然还是敌人，甚至可能是更致命的敌人。这一幕还演出了一个"惊人的重复"：公元975年，当赵匡胤势如破竹地灭掉了软弱的南唐，将南唐后主李煜押送到北方的开封城时，他绝对想象不到，一个半世纪以后，他的后辈也要重走这一完全相同的"囚徒之旅"——何其相似的朝廷，何其相似的命运，一个北宋，一个南唐。赵佶和李煜都是荒于政事的亡国之君，又都是伟大的艺术家。徽宗赵佶最出色的是绘画和空前绝后的瘦金体书法，诗词则一般。因而，他在囚徒生涯中所写的"彻夜西风撼破扉，萧条孤馆一灯微。家山回首三千里，目断山南无雁飞"，虽然也抒发了悲愁困顿，也算是情真意切，简明流畅，但从艺术水平讲，就远远比不上李煜的"问君能有几多愁，恰似一江春水向东流"那样惊天动地的千古传诵了。在中国历史的长河中，庸庸碌碌、行尸走肉般的皇帝多的是。也只有赵、李这样不多的几位才华横溢的末代君主，才能引起我们无尽的叹息。

这是历史的重复。我更相信，这是一种"报应"，是金人帮李煜报了灭国之仇。当千百万大宋的臣民为"亡国"而痛心疾首之时，李煜的后裔们此时此刻却是在暗暗拍手称快吧。

历史在血雨腥风中摇摆着前行。到了13世纪初，先后与北宋、南宋互相砍杀了一百多年的金王朝，此时也面临着自己北边新崛起的蒙古军队的巨大威胁。金的统治者自顾不暇，没有多少余力欺侮他南面的宋王朝了。这真是恶人有恶报。面对这样一个"三国鼎立"的崭新局面，眼光远大的政治家假如冷静地审时度势。深刻吸取百年以前北宋与金联手灭辽后金兵马上挥戈南下的惨痛教训，当然应该采取崭新的对策。然而，沉浸于"山外青山楼外楼，西湖歌舞几时休"的临安城里找不到这样清醒的政治家。即使有那么一两个，也势单力薄，得不到广泛的支持。100年来，"金国"的铁骑对宋朝人民的反复掠夺和野蛮屠杀所激起的巨大仇恨，北宋的亡国和徽、钦二帝被虏所带来的奇耻大辱，使南宋的君臣人民都冷静不下来。眼前的敌人又一次掩盖了远方的敌人。于是，相隔107年，同样的一幕悲剧在同一块土地上重演：1233年，南宋与蒙古约定"夹击金国"。哪想到宋军遵约刚收复了开封、洛阳等地，蒙军就马上前来争夺，一点没有"盟军"的友好姿态，而是毫不留情地把宋军打得弃城而逃，由此拉开了长达40多年的"灭宋之战"的帷幕。

到了这时候，一度被眼前的血海深仇蒙住双眼的南宋上下真不晓得后悔到了什么地步。除了破口大骂滚他妈的敌人的敌人是朋友、滚他妈的远交近攻以夷治夷，还有什么辙可想？本来，在更强大的蒙军面前，南宋即使在感情上无法与"可恶的金国"结为同盟，至少也应该保持中立，在蒙、金之战中坐山观虎斗，叫他们两败俱伤，说不定还可以实现从岳飞到陆游一干人的伟大理想："王师北定中原日。"或者至少也可以继续偏安东南，不至于那么快就沦于比金更残暴的蒙元之手！

从来都讲"当局者迷，旁观者清"。宋当年吃了"金国"的亏，尚可以说是"缺乏经验"，被"迷"住了，就像咱们现在人们经常说的"交学费"。但后来的南宋已经有了一个不短的时间距离，怎么也是一个"旁观者"，却仍然不能总结教训而再次被"迷"？可见"当局者迷"虽然不乏例子，"旁观者昏"也并非不可能。无情的历史惩罚的是老犯同样错误的民族，把蒙元推上了统治者的地位。对狡诈的蒙哥和忽必烈等人而言，"敌人的敌人是朋友"这个口号他们只是口头上叫叫。他们心里想的一直都是"敌人的敌人还是敌人"。

有了这些教训，以后的政治家们对这句口号"半信半疑"的就多了起来。不论是中国的政治家还是外国的。1643年，李自成率军攻占西安以后，与明王朝为敌的大清统治者致信李自成，要求与其结盟，"协谋同力，并取中原"，遭到了李自成的断然拒绝。李自成肯定听说过宋朝亡国的教训。第二次世界大战中，按理说法西斯德国的敌人肯定都是朋友。但是翻看当时的英国首相丘吉尔后来撰写的《第二次世界大战回忆录》，你会发现即使在大英帝国最艰难危险的时候，丘吉尔也始终没有把苏联作为真正的朋友。他对斯大林的任何要求和建议都持怀疑态度，都要留一手。1944年8月，当苏联军队已经打到维斯杜拉河东岸，与波兰首都华沙隔河相望的时候，被德军占领的华沙爆发了人民武装起义。丘吉尔在《回忆录》中指责苏联军队隔岸观火，拒绝援助起义人民，听凭德军将起义残酷镇压下去。苏联方面则反驳说华沙起义是"一小撮罪犯发动（的）华沙冒险事件"，华沙起义领导者是"波兰地方贵族政权的败类们"。说起来波兰和苏联都是"同盟国"，是各自敌人的敌人。但他们之间何曾有一点"朋友"的气味？他们根本就是不共戴天的敌人。

历史的吊诡

1945年8月10日，经过八年艰苦卓绝的浴血抗战，日本终于无条件投降。消息传来，普天同庆。

在抗战期间，以英、美废除对华不平等条约为先导，百余年来列强强加在中国身上的不平等条约基本废除，大部分租界收回，领事裁判权被废除，被日本强占半个世纪的台、澎列岛即将回到祖国的怀抱，中国在联合国任常任理事国，百年积弱的中国一跃成为"五强"之一。这一切，不能不令人欣喜万分，也使国民政府、国民党的威望高涨。抗战胜利，确使国民党得到一笔巨大的政治财富或曰政治资本。然而，就在短短的几个月内，国民党的威望却一落千丈，并就此埋下了失败的祸根。

一切，同对"敌产"的接收不无相关。

日本的失败，使国民党突然面对一笔巨大的财产。

九月，上海成立了"敌伪机关及资产接收委员会"，但十月又成立了"不动产处置委员会"和"敌伪侵占平民工商企业处置委员会"。以后各种有关机构越来越多，如第三集团军、海军总司令部、国防部、经济部、粮食部、上海市政府等都有自己的"办事处"负责接收。各机构后面是不同的利益集团，代表不同集团的利益，各有各的后台，根本无法统一。一些部门将"敌产"贴上封条，另一些部门来后撕下原封条，换上自己的封条。有时竟然架起机枪，武装相向。在许多地方只能靠日、伪军维持秩序，甚至谁只要有一两杆枪，就可以军官之名横行，以搜捕卖国投敌分子为名，抢占房产，强行抓人，"接收"各种财富。敌伪的许多财产其实是掠夺中国公民的私产，理应归还原主，但"接收"者往往找出各种理由拒不归还，甚至将其盗卖。

胜利者的接收，就这样成为贪官污吏的"劫收"。金子、房子、票子、车子、女子（汉奸的妻妾）是"接收大员"巧取豪夺的对象，被人戏称为"五子登科"。

"想中央，盼中央，中央来了更遭殃。"这句民谣，直观生动地说明了民心向背的瞬息之变。既无党内民主更无党外力量的制约，突然面对巨大财富，国民党就无可避免地更加腐败，加速其走向失败的步伐。在"劫收"中民心尽失的国民党，在随后的"大决战"中注定要"在劫难逃"。国民党在抗战胜利后得到的那笔堪称丰厚、至为珍贵的政治资本，就这样被它突然得到的物质财富所吞噬。政治财富与物质财富不是相得益彰，而是后者吞噬前者，真是历史的吊诡。

令人发指的"杀人艺术"

死刑是人类历史的另类文明，动物永远不会对同类创造出花样百出的死刑来。整理世界关于死刑的资料，并不代表作者是个残忍的人，也不代表作者提倡这些死刑。若干年后，死刑也许会消亡，那么关于死刑的学问或许就是人类文化遗产了。

中国是一个文明古国，死刑的历史也一样悠久，在某些时候，死刑逐渐发展成为一门技巧。我想把我了解的一些知识，拿来和大家探讨。有的方面，我参考了法国人马丁·莫内斯蒂的资料，但大多是从中国的书籍上找来的。

斩刑

砍头 砍头是中国最经典的处决方式，甚至可作为死刑的代名词。一下砍掉人最重要的器官，可以叫人当场毙命。既保险，又快捷，还可以把砍下的头示众。正规的叫法是"斩"，严颜被张飞俘虏后说："剁头便剁头。"也是这意思。上古时代，斩的刑具往往是斧。那是因为青铜毕竟比较软，不够锋利，得做成斧，砍下去才有力度。铁器普及后，刀渐渐在斩刑中唱起了主角，不过刀虽然锋利，却也容易卷刃，用起来更需要技巧，一些祖传的刽子手世家也应运而生。所谓技巧，就是要瞄准犯人颈部的颈椎骨空隙，一刀下去，身首分离。如果砍得不准，就不一定能够一下子砍断，砍得半死的犯人挣扎呼号，场面自然显得尴尬，有时围观的人群也会嘲笑刽子手的。有一种传说，清代施用斩刑，要求对官位较高的犯人用钝刀，让其多受痛苦，那是不确切的。

历史上谁最早被砍头，恐怕无法考证了。被砍头的知名历史人物，则不胜枚举。

《聊斋》里讲到一个即将砍头的犯人，听说某刽子手的刀特别锋利，千方百计要由他来执行。一刀下去，人头飞起，在空中还喝彩道："好快刀！"话又说回来，身首分离，没有了呼吸器官，光是一颗人头是没法说话的。蒲松龄的《聊斋》本来专讲狐仙鬼怪故事，做不得数。但真正行刑时，有时因为人的神经还有反应，飞出去的人头把某个看客一口咬住的事也有发生。碰上这种事，那就自认晦气吧。进入清朝之后，男人留了辫子，给行刑带来了方便。那时一般让犯人跪下，一人按住他身体，一人揪着辫子使劲拉，尽可能使犯人的脖子伸长，方便刽子手执行。另外，一名侵华日军士兵回忆说，他们在多次砍头后发现，原来跪着的死囚在被斩下脑袋的一瞬间，两腿会自然伸直，身体向前跳跃。所以他们故意让被杀的人面向河流，好让他们"自己跳下去"。

腰斩斩刑中还有一类，那就是腰斩，切断人的身体而使人丧命。比较起来，腰斩死得慢一些，更痛苦一些。先秦秦汉时，所谓的斩都是专指腰斩，斩首在当时叫作枭首。传说清朝的张廷璐，因科场舞弊被腰斩，临死前蘸着自己的血，在地上写了十三个"惨"字，写到最后，字已难以辨认。因张廷璐写了十三个惨字，腰斩死刑从此被雍正废除。有人说金圣叹也是腰斩的，甚至说那是他腰斩《水浒传》的报应。但金圣叹临刑前又说："杀头，至痛也，而圣叹于无意中得之，岂不快哉？"如果这句话是真的，那么他是给砍头而不是腰斩的。

除了刀、斧可以使用在斩刑中，铡刀也是很顺手的工具，不仅刃利背厚，不易损毁，而且对技术要求比较低。可古代除了宋代包拯那著名的三口铡刀，很少有这样的记载和传闻。想必是铡刀操作起来太简单，又没有人头飞起的轰动效应，在讲究艺术和唯美的古代官员和观众看来，既不过瘾，也难体现杀一儆百的宗旨。

绞刑

绞刑有好几种，有的是吊死，有的是勒死，大多数是用绳索或类似的东西来阻止人的呼吸，让其窒息而死。其中吊死是指把绳圈套在犯人脖子上，让犯人两脚悬空，因身体的重量下坠而导致自己窒息死亡。勒死则不需要让脚悬空，主要是通过外力收紧绳圈，以达到窒息的目的。

中国古代的绞刑，以勒死为多，上吊大多是一种自杀手段。当然赐死也是一种体面一些的死刑，但一般都有自选项目，很多人选择上吊，好听一点叫作"投缳"。中国古代绞刑的正规做法是把犯人跪着绑在一根柱子上，将一根绳套套住颈部，两边各有一名刽子手，把木棍插在绳套里，然后反方向转动，使绳套越来越紧，最后把犯人勒死。

按中国传统，身体发肤，受之父母，必须珍惜，能留一个全尸，也是不幸中的大幸。所以绞刑相对斩刑，不流血，能保持尸体完整，明显是一种优惠待遇。同样是死刑，绞刑的处罚要轻一点。隋炀帝被宇文化及等害死时，说："天子死自有法。"他本来想喝毒酒，一时找不到，就自解练巾，由令狐行达等将他坐着勒死了。此外如前秦的苻坚、金代的完颜亮、明代的桂王等，都是被勒死的，而杨贵妃则是上吊死的。

中国还有一种勒人的办法，是把绳圈套在人脖子上后，背着就跑，跑出一段路，人就死了。北方管这叫"套白狼"，上海一带叫作"背娘舅"，那些是近现代的叫法，但这手法的历史很悠久。南北朝的北齐有个宫廷杀手兼保镖队长，名叫刘桃枝，就是套白狼、背娘舅的行家。

需要补充的是，中国古代有一种刑罚叫立枷，就是让犯人站在一个囚笼里，脖子被枷住，脚可以悬空也可以不悬空。悬空的话可以在一个时辰左右死去，要是脚上拴块石头，死得还更快些。如果脚是着地的，那至少一天内不会死，时间再久，脚无力支撑了，也会死。《老残游记》里曾详细记载过，这也是一种阻止人呼吸以至死亡的办法，可以算绞刑的变种，原理相通，只是工具不同。一些古装片里的囚车，让犯人站在里面，其实这不合押运的要求。当时的囚车是让犯人坐在里面的，当然坐着虽不致命，也很不舒服就是了。

毒药

毒药因为其隐蔽性，经常被用在暗杀或自杀的场合，如果用它来执行死刑，应该说比绞刑更体面也更人道些。在中国古代，一般都是皇帝赐死才能享受这种死法。吕不韦是叫秦始皇逼死的，他就是喝了鸩酒。据说鸩是一种鸟，羽毛有毒，足以致命，所以文言文里下毒常叫作"鸩"。但现在的生物学著作里似乎没见过鸩这种鸟的记载。

除了所谓的鸩，常见的毒药有孔雀胆、鹤顶红等，仿佛这些美丽的鸟儿都有毒，其实砒霜才是古今中外常用的毒药。唐朝的韦皇后派酷吏周利用害死试图推翻武则天的五王，其中袁恕己"素服黄金，利用逼之使饮野葛汁，尽数升不死。不胜毒愤，椊地，爪甲殆尽，乃捶杀之。"古人服黄金用以养生，相当于药石一类。野葛汁虽然令人痛苦万状，一时却又死不了，最后还是用别的方式弄死的，看来不够灵。孔雀胆、鹤顶红都是毒药的名称，并不是实物。

另外见于记载的一种是金属酒，晋惠帝皇后贾南风就是用这种酒害死的，不过这不能算毒药，一种可能这是属于吞金而死。只是这两者有类似之处，姑且也列进去，也有学者说吞金未必能致死，过去的吞金是指水银。如果金屑酒中含有水银的话，那水银倒的确有毒性。

溺刑

溺，说白了是把人抛进水里淹死。一方面这么做简单易行，另一方面许多民族都认为水能洗涤人的罪恶，所以这种刑罚在世界各地都有记载。

例如，北魏胡太后就是被尔朱荣扔进河里淹死的；唐朝末年朱温杀死唐的大臣，也是把他们扔进黄河，还说："你们自命清流，今天我要让你们变成浊流。"蒙古的贵由死后，皇后海迷失执政两年，被蒙哥夺取宝座。蒙哥等人在审讯中，下令剥光海迷失的衣服，海迷失斥责他们说："我的肉体，只有先帝看过，你们算什么东西？"最后海迷失被装在毡袋里，扔进河中。至于清末的珍妃，到现在还留下一口井供人凭吊。还有一个有名的故事，战国时西门豹以满足河伯要求为借口，把谋财害命的巫婆及徒弟扔到河里，其实也是在实行溺刑。

明朝的才子解缙，得罪永乐皇帝后被投入监狱，过了很久，成祖偶然在囚犯名单上看见他的名字，于是随口问了句："解缙还没死啊？"这句也许出于无心的话，给解缙带来杀身之祸，他被倒插在雪堆里而死。这样的死法，介于活埋和溺死之间，因为雪是水的固化物，所以把他算在被处以溺刑的人里面。

后来，上海的黑社会在谋杀时，常采用把受害者绑上石头扔到河里淹死的做法，他们还想出了一个富有诗意的名称：种荷花。

活埋

在中国古代，活埋的文雅名称是"坑"。秦国在长平屠杀四十万赵军的方法是"坑"，秦始皇对付敢于议论朝政的儒生也是"坑"，秦灭亡前夕，楚霸王项羽处置章邯手下二十万降兵又是"坑"。似乎秦王朝的兴起、鼎盛、灭亡，都跟"坑"字有着不解之缘。

活埋，就是把活人埋在土里，厚实的泥土塞住了呼吸系统，使人窒息而死。在今天看来，真是很残酷。但相对统治者，却有它的便利之处。一是可以大批量操作，工序比较简单；二是可以强迫被杀者自己挖坑，反正挖个坑不需要什么特殊的技能。中国本来就是个农业国家，会挖坑的人有的是；三是不像溺刑那样，大规模执行起来有污染环境和泄露真相的顾虑；四是成本绝对低；五是很少有人能够逃脱。

正因如此，在秦始皇以前和以后的漫长岁月里，活埋一直被统治者所采用。从一些商代出土的墓穴里，人们可以看到上百上千的殉葬者尸骨。有的摆放很整齐，估计是杀死后放进去的；有的却极度扭曲，可想而知是被活活扔下去的。北魏拓跋氏兴起时，在参合坡一战后大量活埋后燕战俘，其实他们也都是鲜卑人。

清朝有一种类似活埋的死刑方式，就是把浸湿的桑皮纸蒙住口鼻，以达到窒息的目的。这是很体面的死法，只有皇室人员和高官贵族才有权享受，小老百姓，就等着砍头或者绞死吧。

饿死

人的生存，除了呼吸，最要紧的就是饮食了。所以一旦不吃不喝，或者吃喝得太多，就会死亡。这个道理不言自明，很自然地也就被用在对人生命的剥夺过程之中。

把人活活饿死，最早是在原始社会，人们把失去劳动能力的老人或无力抚养的小孩抛弃在野外。在中国古代，饿死往往也是一种仁慈。例如武则天的女婿薛绍家族参与了反对女皇的密谋，结果全家都被处死。薛绍因为是太平公主丈夫的缘故，被关在牢里活活饿死，得了一个全尸。

被当作刑罚来实施的饿死，常常使用在贵族身上，史书上多有记载。西汉吕后把赵王刘友处死，就是不给他食物，刘友饿得半死不活时还饶有兴致地做了一首诗，最后几句是："吁嗟不可悔兮宁早自裁，为王而饿死兮谁者怜之？吕氏绝理兮托天报仇！"《史记》里称他的死为"幽死"。

汉献帝的伏皇后被曹操派人从宫中拖出来．她披发赤脚，哭着对献帝说："难道不能帮我活命吗？"可怜的汉献帝只能说："我也不知道命在何时！"伏皇后被送到暴室幽死，也是饿死（史书上有不同记载，或言乱棒打死，或言废黜死，这里采用了《后汉书·伏皇后纪》的说法）。

最令人发指的是晋惠帝皇后贾南风，她下令将至少是名义上的婆婆杨太后废为庶人，把杨太后的母亲庞氏从太后身边强行拉去处死，然后把杨太后饿了8天才饿死。因为怕杨太后的亡魂向晋武帝诉冤，把杨太后面向下埋葬，并放了符咒、药物等镇压。好在天道有还，贾南风最后也在关押杨太后的金墉城被毒死。

钝击

任何一种有点分量的钝器打击都可能致死，例如皮鞭、棍棒、铁锤、石头等，甚至还有犯人自身的体重。中国古代一般把用鞭子、棍棒之类将人活活打死的刑法叫作"扑杀"，有时把人高高举起后摔在地上摔死也叫"扑杀"。

皇帝是享有生杀予夺大权的最高统治者，他兴之所至，有时会下令把臣下扑杀。档次高一点的是金瓜击顶，当然结果还是脑袋开花。少数皇帝甚至会亲自动手，赵匡胤曾用柱斧（仪仗用）追打一个大臣，那大臣边逃跑边捡起被打落的牙齿。赵匡胤觉得奇怪，问他为什么要这么做。大臣说："好让史官记录天子殴打臣子的历史时有个凭据。"赵匡胤哈哈大笑，停止了这场君臣追打的闹剧。

从上文的例子看，赵匡胤似乎并没有将手下大臣置之死地的念头，只是一时间草莽英雄的本性发作，而大臣也敢于逃跑并以记入史书相威胁，这件事跟死刑没多大关系。但做大臣的要是碰到另一个草莽英雄朱元璋，那就大不相同了。朱元璋设置了一种刑罚叫"廷杖"，大臣如果触犯了龙颜，皇帝可以当场下令打几十大板，由司礼监监督，锦衣卫执行，不可能逃跑，运气不好就可能命丧朝堂。当然打手会使巧劲，既能噼啪作响而几乎不伤皮毛，也能几下结果人的性命。这时候行刑的人是看司礼监大太监的站姿行事的，如果两个脚尖外张，就是手下留情；如果两个脚尖向内，就是置之死地。

火刑

中国人很少把人用明火烧死，商纣王用的是炮烙，那是一根烧红的巨大铜柱，有人说是把人绑上去，也有人说横着让人在上面走。

项羽比较喜欢烹，就是大锅的水煮或油炸。他曾经想尝尝刘邦老爸的味道，可刘邦还厚了脸皮要分一杯羹，项羽舍不得别人分享，就没把老头下锅。孙权也拿大锅吓唬邓芝，最后也没真下手。可惜能说会道的郦生就没那么幸运，让田横给烹了。武则天比楚霸王慷慨，她曾经烹了一个官员让文武百官都来吃，好多人吃不下去，可也有人为了表忠心，吃得饱饱的。除此而外，董卓曾将俘虏裹上涂了猪油的布用小火烧。太平天国进一步发扬光大，把人倒吊起来再烧，美其名曰"点天灯"。

穿刺

穿刺是个大概念，可以用矛、箭、木桩等好多工具。下文先从矛说起。

矛本身就是致命的武器，在要害部位扎一下就可以结束生命。在当作死刑来执行的过程中，许多刽子手为显示自己技艺高超，常把犯人扔到空中，再用矛挑住，特别是对付小孩。

说到用弓箭把人乱箭射死，人们可能首先联想到杨七郎。杨再兴虽然也是被乱箭射死，但他是在战场上。隋朝杨素的儿子杨玄感起兵反对炀帝，失败后，他的弟弟杨积善，谋士韦福嗣、李密等被押往东都。途中李密灌醉押送者翻墙逃跑，他劝韦福嗣一起逃跑。韦福嗣觉得自己在炀帝那里很得宠，拒绝了。结果他和杨积善等被用车轮套住脖子，所有九品以上官员都要向他们射箭，射得全身像刺猬一样。武则天对投靠突厥的阎知微也采用了同样的刑罚。

中国有木桩刑的一个变种——木驴，那是一具横放的鞍马样的小车，上面突出一根尺把长、寸把粗的木笋。不过在中国，木驴更多的是发挥羞辱的功能，凌迟犯人常骑在木驴上被推上刑场。有时骑木驴是对淫荡女人的惩罚，把人钉死在木驴上的事也有，但很少。

剥皮

中国人骂人的词典里有一句"抽筋剥皮"，是为了表达强烈的愤怒和复仇欲望。有时候，这种可怕的欲望会变成现实。三国时的孙皓就喜欢剥人的面皮，他投降晋朝后，贾充曾问他："听说你在南方挖人眼睛，剥人面皮，这是何等的酷刑啊！"孙皓回答说："臣子犯上弑君，奸回不忠，就实行这等刑罚。"贾充大概被触到了杀害曹髦的痛处，默不作声，面露愧意。而孙皓则神色不改，说不定还有些得意。

剥皮在明朝最为盛行，朱元璋曾下令把贪污的官员剥皮，经过楦制后填上草挂起来，或者铺在椅子上，作为对后任的警示。明成祖夺取皇位后，也对忠于建文帝的官员实施这种刑罚。魏忠贤也用剥皮对付东林党人，忘了是谁对他说："反正我就一张皮。"结果魏忠贤把他剥下皮后用盐腌了一遍，结了一层壳，好再剥第二张皮。这个故事还有别的版本，主角换成了明成祖或严嵩，究竟是谁或许并不重要了。

肢解

肢解的俗称就是大卸八块。古代欧洲常有把犯人的头和手脚剁下拿到各地去示众的事例。秦始皇曾把27个劝阻他囚禁太后的人砍断四肢，扔在阙下。大臣茅焦不知道真是能说会道，还是侥幸遇到大王心情好，才没去凑齐二十八宿。吕后、武则天同秦始皇比，也巾帼不让须眉。另外有拿四匹马或马车分别拴住四肢，驱马把人撕裂的刑罚。这个办法中国也有，那就是车裂，也叫五马分尸。但我对五马分尸的说法有些怀疑，除了四肢，第五匹马应该绑在头部比如脖子处，一勒下来犯人肯定很快断气，那就失去了酷刑的意义。

凌迟

最后，让我们推出压台大戏，完全国粹、艺绝天下的死刑方式——凌迟。虽然外国也有把人一刀刀碎割的做法，但聪明睿智的中国人通过深入研究，逐步将其发展成为一门独特的艺术。

凌迟是从辽代开始正式写进法律的，在此之前，唐朝就屡有剐刑的记录。周利用害死敬晖，安禄山害死颜杲卿，都是剐。所谓剐，就是把人身上的肉一小片一小片割下来。《宋史·刑法志》上说，凌迟是"先断其肢体，乃绝其亢"。亢是指咽喉。这样看来，宋朝的凌迟是一种肢解刑，而不是脔割。

虽然是肢解，也同上文说到的不同。作为凌迟的肢解可以从脚指头、手指头开始，一点点地割掉。比如《水浒传》里梁山好汉李逵凌迟黄文炳，就是这种方式。至于杨雄割自己偷和尚的老婆，先割舌头，"一刀从心窝割到小肚子下，取出心肝五脏，挂在松树上，又将这妇人七事件分开了"。这也是凌迟的一种。杨雄是刽子手出身，所以操刀很老练，对付老婆居然也下得了手。

凌迟发展到明朝，终于达到了登峰造极的水平。人们发现一片片剐割皮肉，比连筋带骨地肢解更省力，时间也更久。大太监刘瑾被剐，按例该剐3357刀，每十刀一歇一喝。第一天割357刀，暂时结束时给他喝点粥维持生命，总共剐了三天。后来郑曼被剐，闻宣读圣旨，应剐3600刀，可见刀数并不绝对固定，但这两例都在3000刀以上。如果刽子手技艺不高，可能犯人老早就死去了，或者犯人家属给刽子手一些好处，刽子手也会让他死得痛快些。清代散文家方苞就记录过刽子手索要贿赂的事情。

凌迟一般从胸部开始，依次为上臂、大腿，再到身体各部位。有的直接用小刀剐割，有的把一张渔网紧紧蒙在犯人身上。用刀削割突出的皮肉。最精巧的凌迟技艺是用小钩子把皮肉钩起来，每次割指甲大小的一片。有些讲究的刽子手，行刑时有徒弟端着一个托盘，一把小刀和一个钩子组成一副专用工具。每副刀钩对应胸、腹、背、腰、臂、大腿、小腿等不同部位，比外科医生动手术还要复杂。明嘉靖时，有一群宫女想勒死皇帝未遂，这当然是弥天大罪，结果就全部凌迟处死了。皇后趁嘉靖昏迷不醒，趁机把一名宠妃也送上了凌迟的刑场。嘉靖苏醒后心中痛恨不已，两年后皇后在一场火灾中神秘死亡。

清朝又把凌迟叫作"寸磔"，但似乎没有行刑数天的记载。大概他们觉得时间太长，监刑官、刽子手、士兵、观众一直守在那里实在太累，同时也不安全，所以倾向于一天内解决问题。到1905年，清政府从法律上废止了凌迟、戮尸、枭首等刑罚，但实际上还有实施。

文明古国的凌迟固然精妙绝伦，礼仪之邦的教化更是入骨三分。纪晓岚在《阅微草堂笔记》里记录了这样一个故事：明末战乱饥荒，公然屠宰买卖人肉。一个客人在饭店午餐，看到一名少妇赤身裸体，被绑在案板上瑟瑟发抖，于是动了恻隐之心，愿意出双倍的价钱把那少妇赎出来。松绑穿衣时，客人有意无意地触到了她的乳房，少妇正色道："你救我的命，我终身做牛做马都情愿，但做奴婢可以，决不做你的小老婆！我就是因为不肯事二夫，才被卖到这里，你怎么可以来轻薄我？"说着，她解下衣服，仍裸体躺在案板上，闭着眼等待宰割。屠夫见就要到手的赎身钱又没了，恨得要命，活生生地从她腿上割肉。那少妇哀号而已，终无悔意。

王勃才高八斗，但为德不卒秘密杀人

王勃是唐朝有名的诗人，与同时代的骆宾王、卢照邻、杨炯并称为"初唐四杰"。《旧唐书》记载说王勃"六岁能属文，构思无滞，词情英迈，与兄才藻相类"，非常有才华。他在中国诗歌文化中的地位也是非常高的。然而他却在27岁时便英年早逝，令时人与后人叹息不已。在很多人的印象中，王勃是一个优秀的诗人，但很少有人知道，他还是个杀人犯！

王勃出身名门望族，为隋代大儒王通之孙，其父也在朝为官。他自幼受到了很好的教育，所以年纪轻轻便才华出众。杨炯在《王勃集序》中说："九岁读颜氏《汉书》，撰《指瑕》十卷。十岁包综六经，成乎期月，悬然天得，自符音训。时师百年之学，旬日兼之，昔人千载之机，立谈可见。居难则易，在塞则通；于术无所滞，于辞无所瑕。"少年王勃就很有名气，父亲的朋友杜易简将他和另外两个兄弟合称"三株树"。

664年仲秋，右相刘祥道出巡到关内。有一天，他收到了一份书信，上面是对当时时政的看法，分析得十分到位。刘祥道随即召见了这个上书人，发现对方竟然是一个只有十五岁的孩子，此人就是王勃，刘祥道十分惊讶，称赞王勃为"神童"，并上书举荐。666年，王勃被任命为朝散郎，他所写的文章也得到了高宗皇帝的赏识。高宗的儿子沛王邀请王勃到王府任修撰。沛王喜欢斗鸡，经常和其他兄弟比赛。有一次沛王和英王斗鸡，斗得十分精彩，王勃也在一边观看，看得兴起就兴致勃勃地写了一篇《檄英王鸡》来讨伐英王的鸡，沛王觉得非常高兴。但是英王看了却很不高兴，一场斗鸡游戏不欢而散。高宗得知此事，认为王勃在挑拨王子兄弟间的关系，就下令将王勃赶出沛王府。少年得志的王勃第一次遇到打击，心情异常沉重，他在一篇文章中宣泄心中的牢骚说："天地不仁，造化无力，授仆以幽忧孤愤之性，禀仆以耿介不平之气。顿忘山岳，坎坷于唐尧之朝；傲想烟霞，憔悴于圣明之代。"669年5月，王勃一气之下离开了长安，与杨炯等人结伴而行，到蜀地去游览。

673年，在友人凌季友的帮助下，王勃谋得了虢州参军之职。担任虢州参军不久，发生了一件非常不好的事情。有一个名叫曹达的官奴犯了罪，可能会被处死，王勃心生不忍，就私自把他藏到了自己的府内，但是后来他又害怕此事泄露，就私下把曹达杀了。虽然王勃当时做得天衣无缝，但是这件事情最后还是败露了，王勃被判以死刑。幸好遇到了大赦，他才得以被免一死，但是官职却被免了。而且他的父亲也因此事受到连坐，从雍州参军被贬为交趾县（今越南境内）任县令。虽然第二年朝廷就恢复了王勃的原职，但王勃心灰意冷，决定专心学医写文，不再为官，并决定先去交趾县去看望被自己牵连的父亲。

675年的春天，王勃从老家龙门启程，经过洛阳、扬州、江宁，到了洪州。在洪州正赶上都督新修滕王阁落成，重阳之日在滕王阁大宴宾客，王勃应邀参加，留下了那篇流传千古的文章和那首千秋流芳的诗歌《（滕王阁诗）并序》，然后继续南行，11月初到达岭南都督府所在地海南，在海南待到第二年秋天时，由广州渡海赴交趾县，但是不幸溺水而亡，年仅27岁。史书记载说他是因落水惊悸而死，那么应该是从水中被救出来了，然后才因惊吓和伤风而死。但也有另外的说法，一种说法是王勃被淹死在海中，而且被海水冲走了。还有另一种说法是，王勃是自己投入海中自杀的。但是无论何种原因，王勃死于水中是无疑的。

王勃虽然是有名的诗人，人们对他的早逝非常惋惜，但是同时也不能忘记，他也曾经杀过人，而且是亲手杀的人。这是他人生中永远不可能抹去的，也是后人不能忽视的一个污点。

美人计的成本和风险

美人计和性贿赂不是一回事

沉鱼落雁，闭月羞花，中国古代最著名的四大美女都与政治、军事的大历史有关，而且其中至少有两位因为被用来施美人计而名播天下。无论是戏剧还是实际的战争中，美人计都专指用美女去迷惑敌人以扭转对自己不利局面的计谋。它有些像和亲，但又与之本质不同。像王昭君那样被送到番邦和亲，基本上可以理解为变相的性贿赂。贿赂之所以存在有一个前提，那就是贿赂者的预期获益将大于付出，多半还是远远超过付出，否则有谁愿意行贿？就以和亲为例，四大美人中的王昭君，本是宫中一位多年没有得到汉帝临幸的宫女，汉元帝欲用以为和亲，只不过是把一笔长期闲置着的资产盘活了。把这样的姑娘嫁到番邦换取和平，怎么看都是一笔蛮上算的投资。元杂剧《汉宫秋》里，汉元帝一见王昭君明艳动人的模样，突然觉得这桩和亲生意的"投入产出比"有些问题，心中的算盘立马噼里啪啦响起，痛感这次他亏大发啦！居然送出去这样一位绝色女子！

美人计不是这样。施行美人计的男主人公们不会有汉元帝这种伤痛——既然以美人设计，不用绝色美女，怎能顺利达成目标？西施就这样被送到吴宫去了，并且因此成为无数诗词和戏剧作品咏唱的对象。西施被送到吴宫去做什么？她完全是被当作一位纯粹的美女，当作纯粹肉体的存在，作为性消费的对象送给好色的吴王夫差的。送一位美女给别人就能叫作"美人计"吗？我们在有名的007系列电影里见多了各种各样的"美人计"，以詹姆斯·邦德为代表的英国情报系统英雄们经常要面对他们的敌国——多半是苏联——派出的美女，这些美女身怀绝技，除了惯用美色诱人以外还精通十八般武艺，邦德在与她们调情时还需要时时防备美女们暗使出各式阴招置他于死地。真正的美人计不是这样的，西施不是这样的。西施只是一个弱女子，除了美色一无所长——且慢，这样说有点不准确，在《浣纱记》里，梁辰鱼笔下的勾践看到西施时，有点激动，他说："寡人亲令夫人教演歌舞，即欲献之吴王。看她蛾眉不肯让人，狐媚必能惑主。虽为女流之辈，实有男子之谋。"所以，西施还在越王宫里学会了轻歌曼舞，但歌舞只不过为了给西施的美貌增添内涵，用今人的说法，是要对这位乡村美女强化艺术教育，赋予她的身体以更饱满的文化质地。勾践挑选美女，首先要迎合吴国君臣的喜好。在戏里，吴王见到西施十分欢喜，他麾下的奸臣伯嚭就连忙感慨万千地为越王做说客，他说："我伯嚭见了妇人万千，从不曾见这样娉娉袅娜的。范大夫，你们都是好人。若像我做伯嚭的，留在本国受用，怎肯送与别人。"

这位美人到吴宫去要做的，既不是扰乱后宫，更不是行刺吴王，她的任务只有一件，那就是让吴王尽量享受她的身体——她的美色以及歌喉舞姿。在这背后隐含着一种耐人寻味的社会学理念，就像斯巴达人要经受严酷的训练一样，古今中外的人们对人性有同样的理解，以为只有吃尽苦头才有可能成就伟大的事业，日子过舒坦了，人们就一定会放弃远大的理想，在这里，以消费主义为标志的身体叙事被设定为宏大叙事的天敌。

西施只做一个本本分分的美女，就把吴国给灭了

西施戏和另一出以美人计著称的戏剧作品《进骊姬》不一样。二十四回的秦腔《进骊姬》演绎的是，骊戎国主大败于晋国公子重耳，于是送美貌的女儿骊姬以请和，秦腔剧本里的道白把这叫作"进美和国"。骊姬说她"泪汪汪离了宫院内，不由叫人好凄惨"。晋献公殿上一见这位绝色美女马上为之倾倒，纳她为妃，果然对送美人的骊隆表态，"你妹妹坐了孤家的晋龙宫院，每日侍奉孤家。你我两家割袍换带，永不能动起干戈"。

自从骊姬进宫，晋国再无宁日，重耳被逐，国母遭囚，晋献公自己后来也命丧骊姬之手，一个原本很强盛的晋国被折腾得七颠八倒。晋国之患，不仅仅在于晋献公好色，更重要的是骊姬从中有意耍奸使坏，陷害忠良。西施不是这样。

西施是美人，但西施不是一般的美人。说她不一般，是因为在美人计里的她，不必有骊姬那样的心计，当然，也不像其他美人计的女主角，比如妲己，还有貂蝉。

泉州傀儡戏至今存有完整的剧本《武王伐纣》，长达四十出，可以连续演出15小时。纣王得妲己，大喜，"一见娇媚，胜似仙女落凡世。玉骨冰肌，且含秋水一池。幸得今妲相随侍，朕心乜欢喜。"有了妲己，商纣王治国就乱了方寸，"九重至尊位临，国政多端无心整，受仙宫里无限情。夜继日，且遣兴，花前月下弄金钟"。纣王是因妲己而亡了国，但妲己是纣王属下侯伯苏护的女儿，被商纣如横征暴敛般强行索要来的，无论最后迷了纣王的那位妲己是原装正版的还是如小说戏剧所言是九尾狐狸幻化而成，迷上妲己，都是商纣王自己的问题，妲己可不是苏护使美人计送入宫廷的，假如纣王不昏庸，何至于此？

至于貂蝉，那当然是最为典型的美人计的工具。京剧有名剧《凤仪亭》，也有干脆称《吕布与貂蝉》的。戏里貂蝉有段南梆子很能表现她的心机："领群芳卖风流筵前立定，似嫦娥离月府降下凡尘。两旁里陪衬着佳人红粉，故意儿争献媚眉眼传情。似蝴蝶穿花丛飞翔隐隐，又好似莲池出水的蜻蜓。弄花枝指翠袖筵前舞定……"貂蝉是东汉司徒王允府上的歌女，颇有忧国忧民之心，王允为挽汉室颓势，说动貂蝉定下连环美人计，先将貂蝉许配给英雄吕布，再将她献给认吕布为义子的权奸董卓，这段唱就是貂蝉引诱董卓上钩的手段。吕布误以为董卓恶意霸占了他看中的美人，心怀不满；董卓府中，凤仪亭上，貂蝉假意向吕布哭诉。惹得吕布大怒，终于出手杀了董卓，遂了王允的心愿。《凤仪亭》之所以成为一出名剧，是由于其中俗称"吕布戏貂蝉"的表演很是一个卖点。但是假如我们推敲一下前因后果，就不难明白，这哪里是什么吕布戏貂蝉，分明是貂蝉在戏吕布呢，舞台上的演出也不会放过展现貂蝉万种风情的机会，吕布对她的调戏与她对吕布的勾引真叫珠联璧合，貂蝉可一点都不像是在遭受吕布的性骚扰。吕布英雄末路的《白门楼》一出，他最终兵败落入曹操手中，见到貂蝉，开口就是大骂，"见貂蝉不由我心中冒火，骂一声无耻妇胆大贼婆。你本是老王允许配与我，为什么暗地里又嫁董卓。自那日打从那凤仪亭过，你那里使眼色暗送秋波。我为你丁建阳被我刺过，我为你二次里又杀董卓。实指望你那里真心待我，又谁知你竟是里应外合。恨不得用铁锁将尔的头打破……"可惜此时觉悟已经晚矣，吕布盖世英

雄，似乎从头到尾都被美女貂蝉玩弄于股掌之中。

如此看来，只要有西施、妲己、貂蝉这样的美女，要灭人家的国是很容易的。美人计的成本是如此之低，只要君王舍得美女，几乎是无往而不利。但是，在所有美人计里，我们还需要考虑这其中的另一个主角，那就是中计的人。假如换个角度，从吴王夫差的立场看这桩美人计，他将会如何评价西施？在梁辰鱼的《浣纱记》里，吴王夫差对西施确实是一往情深的，直到夫差已经因宠爱西施而走到亡国边缘时也仍然如此。这里还有一个重要的细节，那就是夫差北征伐齐得胜，正要与晋、鲁会会盟称霸，而他的基业吴国却被越兵乘机攻破，探子飞马来报，述说国都沦丧太子身亡的消息，夫差想到的却是西施："佳人日夜住其中，多娇怯，怕边烽。兵戎难道也曾骚动？"所以，这桩美人计的要义在于，夫差必须如此深情且真诚地爱上西施，然而西施却不能被他感动。

西施没有用什么阴谋诡计，没有挑拨离间，甚至都没有争风吃醋，她只是做一位本分的美女，就这样轻轻松松简简单单地就把别人好端端的一国给灭了。

在所有被看成祸国之祟的美女里，无论妲己、杨玉环还是貂蝉，只有西施不需要任何的手段，她在不经意之间就做到了越国让她做的一切。说她是美女中的美女，这可以算佐证。

孙权的美人计在关键的一环掉了链子

戏是戏，人是人。戏可以不顾及西施的心情和难处，但如果要在现实人生中把这计谋坐实了，困难不知道要比戏剧多多少倍。现实地看，无论是越王勾践还是西施，这桩计谋最大的困难就在于既要让吴王夫差对美人入迷，千娇百媚地向吴王投怀送抱，同时她的心里还必须想着自己的越国，想着情郎范大夫，更重要的是她的故国之思绝不能让吴王察觉半分。没有人考虑过做一个西施这样的美人是多么高难度的差使，她每天都在用她的高超表演赢得对方的情爱，内心却不能动丝毫真情；假戏不能真做，始终需要保持感情的分际。

一个普普通通的山村女子，哪怕她貌如天仙心比石坚，在几年里被一位君王喜欢着宠爱着，她会不会也有弄假成真的一瞬间？换句话说，假如西施哪怕是因那么一两件大事小事，有那么一天两天，猛然心里一动，想着夫差对她真好，那样，美人计是不是就要破产？于是我们才明白为什么妲己被说成是狐狸的化身，原来平凡的女子，要担当美人计里的主角，实在不是件容易的事，吴国既破，西施归国，她却也不无惆怅，"回首姑苏，欢娱未终，树梢留得残红。国恩虽报尚飘蓬，犹恐相逢是梦中。青山路，绕故宫，不堪清漏往时同。浮去尽，世事空，错教人恨五更风。"假如西施这段唱词被安在越王破吴之前，恐怕历史就应该重写了。

戏剧里的美人计，就真有这样结局的，那就是同样有名的《龙凤呈祥》。

《龙凤呈祥》把《三国演义》里刘备东吴招亲的故事敷衍成一部大戏，分别由《甘露寺》《美人计》《回荆州》三出连缀而成。刘备向孙权借荆州，有借无还，周瑜为孙权设计，假意说要将她妹妹——吴国郡主孙尚香许配刘备，想借机把刘备诓到东吴，用这美人计将他羁押在东吴，逼他就范。

这桩美人计与越王勾践所设的美人计最为关键的区别，在于孙权不是将一位籍籍无名的民间女子作为钓饵，而是将自己金枝玉叶的妹妹用作工具，他就没有想到自己的母亲不情愿。吴太后得到消息后召来孙权，劈头一顿臭骂，在太后看来，江山固然重要，女儿的前程和名节同样重要。她勃然大怒，斥责孙权："既为荆州把怨构，你就该与周郎善敌良谋。将胞妹定巧计世间少有，岂不怕骂名儿万古传流？"而且更绝的是太后听从了乔国丈的劝说，索性要求在甘露寺面相刘备。孙权急坏了，"倘若相上，岂不弄假成真！"孙权想在席间做些手脚，未能得逞，太后见了刘备，很是满意，"龙眉凤目帝王体，两耳垂肩手过膝。回头来叫声乔太尉，哀家言来听端的：冰人月老就是你，选择良辰记佳期。"

更绝的是，这美人计在最关键的一环掉了链子，那位孙权本来只想用来做鱼饵的妹妹，本就高不成低不就地几乎要成大龄"剩女"，这回有机会嫁给一位皇帝贵胄，且是一位眼见得会有点前程的好主儿，恨不得那鱼儿反将她一口吞下，对这桩从天而降的美姻缘竟是求之不得地心甘情愿。

这一方孙尚香既然是心甘情愿，另一方刘备更是受之泰然，两夫妻一个说是"千里遥途来配凤"，一个说是"且喜佳期得乘龙"。洞房花烛，哪里还有那煞风景的阴谋诡计在背后？

眼见得这美人计被太后与郡主弄假成真，周瑜索性将错就错，将美人计向下延伸，"命人盖起新府，每日弹唱歌舞，那刘备贪受酒色，不回荆州，岂不老死东吴？"就是这个主意。

至于最后的结局，无论是看戏的观众还是《三国演义》的读者，想必都不陌生。我们都知道"三国戏"的套路，在诸葛亮面前，东吴的种种计策都是要破产的，美人计当然也不例外。即使刘备情愿中这美人计，还有诸葛亮等一干想建功立业的文官武将在后面盯着呢。假如刘备自己真像商纣王和吴王夫差那样老死在温柔乡里，这帮光脚兄弟怎么办呀？哪怕他想让美人误国，那至少也得先和下属们一道，给自己弄上一个可以误的国才是，就为了这个未来的国，刘备回归荆州，郡主毅然同行，想要沿途拦截的周瑜，处处被诸葛亮抢得先机，弄得一个灰头土脸，他那似乎十分精巧的计谋，全是弄巧成拙。

孙权和周瑜的美人计留给观众的只是笑柄，这好像是中国传统戏剧里各种各样的美人计里罕见的失算的例子。但我们还要看到，在《龙凤呈祥》里，孙尚香让他的哥哥孙权和都督周瑜"赔了夫人又折兵"，并不完全是由于诸葛亮棋高一着的机智；假如吴王夫差有英俊的詹姆斯·邦德十分之一的本领，用007的路子对付送上门来的美人，既将美人收归帐中，又顺利地达成他的任务，或如同民间流传的当代笑话里那位操山东方言的英雄那样，"老虎凳，不招；辣椒水，不招；最后敌人使美人计，俺就将计就计，还是没招"，那勾践和范蠡岂不是也要像周瑜同样吐血身亡？

孙尚香是幸福的，当她为了自己一生的幸福，毅然决然地把自己从美人计里的钓饵变成一位找到了如意郎君的真正的新娘时，她有更好的理由可以自我安慰，除了国太的旨意，还有刘备皇室正统的身份，以及孙刘两家结盟的政治利益为她颇有叛国背兄之嫌的选择背书；但《浣纱记》和众多以西施为主角的戏剧作品里，都没有西施们伸展自我的空间，她们的身体仅仅是用来迷惑敌人的，因而，她们可以获得最大限度的身体享乐，每天都沉溺于男欢女爱，却不能有自由意志和情感诉求。

美人计成本虽小，风险实大。三十六计讲，它可能是智慧含量最小的计谋，因而也可能是最易于破产的计谋。而优秀的艺术总是有能力在不经意之间让我们体会到人生的真相。西施功成身退，重新回到情郎怀抱，范蠡携西施泛舟归隐："功成不受上将军，一艇归来笠泽云。载去西施岂无意，恐留倾国更迷君。"如此"我不入地狱谁入地狱"未免矫情。另一面，西施心里却满是迷茫，"双眉颦处恨匆匆，转眼兴亡一瞬中。若泛扁舟湖上去，不宜重过馆娃宫。"她为什么不愿意路过曾经生活多年的旧地？假如重睹夫差为她建造的华屋，她的身体记忆会不会被重新唤醒，她会不会回忆起自己的青春岁月和吴王夫差对她的深情，会不会为那样的日子一去不再而生出几丝遗憾？

"高贵"的无知

唐太宗的文治武功，在皇帝中是名列前茅的，可是他对太子的教育并不成功。其中的道理他悟得很清楚，可就是无法产生积极的效果，恰恰相反，事物的轨迹总是朝他最不愿意看到的方向发展。

他先立的太子是李承乾。为了太子的健康成长，太宗可谓煞费苦心——他为儿子挑选了最优秀的老师——于志宁、杜正伦、孔颖达、张玄素等，都是一时俊彦。贞观七年，太宗对于志宁、杜正伦说："你们辅导太子，应经常给他讲些老百姓的真实生活状况。太子生于深宫，不曾闻见百姓的疾苦。而且国君是国家安危的关键，更不能骄矜放纵。"他责令两个老师若遇到不正当的事情，要严肃恳切地劝谏太子，使他从中受益。

贞观十年，太宗对房玄龄说："我历观前代创业的国君，他们都生长在民间，所以深知民间的真实情况，很少会败亡。到了即位的守成之君，他们生而富贵，不知疾苦，所以很容易导致败亡。我从小就经历过各种磨难，对天下事知道得很清楚，还担心有考虑不到的地方。像我的这些皇子，生于深宫，见识不远，哪里会明白这些道理？我每次吃饭，就想到种地的艰难；每次穿衣，就想到纺织的辛苦。皇子们什么时候能学得像我一样呢？"

"生于深宫之中，长于妇人之手"，这句话被唐太宗屡次提及，可以说他看到了问题的症结所在。可是太子不能重返民间，爷爷辈、父辈打天下时的艰辛对他来说已经有些隔膜。加之他喜声色和畋猎，生活奢靡，老师的话被当作耳旁风，竟至于干出很多荒唐的事来。结果后来他被废为平民，在流放地黔州死去。

接下来，太宗册立晋王李治为太子。贞观十八年，太宗对身边的大臣们说："我没有工夫顾及太子的教育，但最近自从改立太子之后，每遇到一件事，总要向他讲一番道理。见他将要吃饭，问他：'你知道吃饭的道理吗？'他回答说：'不知道。'我就跟他讲：'种庄稼很艰难，花费了农民很大气力。国家政策不违背农时，才能有饭吃。'见他骑马，就问他：'你知道骑马的道理吗？'他回答说：'不知道。'我就对他讲：'马是替人干苦活，出劳力的，要让它按时休息，不要竭尽它的力气，这样才能常有马骑。'见他乘船，就问他：'你知道乘船的道理吗？'他回答说：'不知道。'我就对他讲：'船可以比作国君，水可以比作百姓。水能载舟，也能覆舟。你将来要做国君，对这个道理怎能不感到畏惧呢？'见他在一棵弯树下休息，就又问他：'你知道这棵弯树的道理吗？'他回答说：'不知道。'我就对他讲：'这棵树虽然弯曲，但用绳墨校正，就可加工成笔直的木材。作为国君，即使道德不高，只要多接纳规谏，也能变得圣明。'"

这段话中，太宗问了四个问题，李治回答了四个"不知道"，是真不知道还是故意装糊涂？我看前者的成分居多。正是这个优柔寡断的李治最终把大唐江山拱手送给了悍妻武则天。

那个听说百姓没有饭吃，就问大臣"何不食肉糜"的晋惠帝，那个"隔江犹唱后庭花"的陈后主，那个"问君能有几多愁"的李煜，都可以说是吃了"生于深宫之中，长于妇人之手"的亏。

春秋时期的曹刿曾经说过："肉食者鄙。"其实，贫富贵贱的两极在任何时代都是有隔膜的。贫贱者无法想象富贵人的生活，他所能幻想的富贵就是天天有大油饼吃；而富贵人也永远无法了解贫贱者的疾苦，他们会把老百姓天天吃粗粮称之为吃绿色食品，称之为无比的幸福，这就是两极的隔膜。其中"高贵"的无知更可怕，更让人寒心，因为他们站在潮头，是时代的引领者。舵手尚且无知，凭谁问：船往何方？

董其昌书画独步天下，为祸乡里也无人能比

明代大书画家董其昌写的画论很好，他的绘画理论著作《画禅室随笔》也有很高的价值。董其昌字与画都很好，超逸出尘潇散如不食人间烟火，乾隆皇帝对他评价甚高。在国画界他的影响也是很大很深远的。在中国人的观念里一直是文（字、画）如其人，画品好人品也会好。但事实往往并非如此。董其昌的字画独步天下，但是他的人品却臭名远扬。

董其昌出生在一个只有 20 亩贫瘠之田的小户人家，生活并不富裕。像几乎所有的读书人一样，他以仕进为人生目标，却屡屡名落孙山，一度以教书谋生。万历十七年（1589 年），34 岁的他终于考中进士，入翰林院。供职后，董其昌继续研究他的书画艺术。这个时候的他还是一个很谦虚谨慎的人，对其他人也十分的恭敬。当时翰林院学士田一儁去世，因为他两袖清风十分清廉，死后都无钱发丧，董其昌便自告奋勇，护送老师田一儁的灵柩到他老家福建大田县。这一举动，让人们都很敬佩他。另外，董其昌还一度担任皇长子朱常洛的讲官，教他学习诗书礼仪。但他不善于处理朝中复杂的人事关系，没过多久便称病，告老还乡。回到了老家松江后，当地的一些地方官和财主等喜欢附庸风雅之徒就经常来巴结讨好他，又加上他的字画的确出色，当时人曾评："其昌山水树石，烟云流润，神气具足，而出以儒雅之笔。风流蕴藉，为本朝第一。"所以在当时名闻朝野，皆奉为墨宝，珍藏唯恐不及。"尺素短札，流布人间，争购宝之"。

回乡之后，更有许多附庸风雅的官僚豪绅和腰缠万贯的商人纷至沓来，请他写字、

作画、鉴赏文物，润笔、赞礼都相当可观。社会地位的提高和财富的空前增加，使得董其昌完全蜕变，迅速变成名震江南的艺术家兼官僚大地主。但是他成为大地主并不全是靠自己字画所赚取的钱财购买，而是做了很多鱼肉乡里的非法之事。

董其昌是一个非常贪婪的人。他对钱财的贪好到了无所不用其极的地步，他强行霸占了家乡人的很多田产，到最后成为拥有良田万顷、游船百艘、华屋数百间的松江地区势压一方的首富。他还养了陈明、施心旭等一群恶痞，平时包揽诉讼、放债霸产、诱奸民女，地方人士忍气吞声，只因他曾在朝廷任官，后台很硬。

此外，董其昌骄奢淫逸，有多房妻妾，为学房中术，招纳了很多术士，简直到了变态的地步，甚至一度强抢民女。1615 年秋天，董其昌 61 岁，决定大举操办生日，他的一个名叫陆绍芳的朋友备了一份厚礼派家里的使女叫绿英的给他送去，谁知道董其昌对送来的礼物不感兴趣，倒是对送礼的人感兴趣了，强行将其扣压并建了一个阁楼"藏娇"，名为"护珠阁"。陆绍芳气得咬牙切齿，可是却拿董其昌这个下野的高官一点办法也没有。使女绿英个性非常强，坚决不从，后来还寻找机会从"护珠阁"里逃了出去。随后到陆绍芳的家里。董其昌儿子董祖常便带领二百家丁，跑到泖口陆家烧他家的房子抢他家的东西，把这个叫绿英的使女又抢回去了。后来当地老百姓看不惯了，自发组织起来到董其昌家去烧他的屋子，这时天下了一场大雨把火给浇灭了，但董家大院和护珠阁还是被烧毁。董其昌先是逃到柳庄，后来又跑到归安沈家，才保住了一条性命。

松江民众早已对董其昌一众的恶行大有意见，事情发生后，当即有人编出故事来表达愤怒之情，题目叫《黑白传》，因为董其昌号思白，另一个主角人物是陆绍芳，源于陆本人面黑身长。故事的第一回标题是："白公子夜打陆家庄，黑秀才大闹龙门里"。书里面把董氏父子鱼肉乡里的兽行淫状写了出来。董家有个家奴陈明在外面，刚好听到有个叫钱二的说书人正在说唱这本《黑白传》，当下就把钱二给抓回了董府，严刑拷打，逼问钱二是谁教他这么说的。钱二受刑不过，只能屈打成招，随口就说是生员范昶提供的。董其昌气急败坏，命人把范昶给抓来，羞辱了一番。范昶回家后越想越憋气，最后气急攻心病死了，范昶的母亲悲愤不已，带着范昶的媳妇和三个丫鬟上董府评理，要讨个公道，没想到董其昌父子更是恶毒，把范母推进了水沟，范妻和三个丫鬟惨遭强暴，还被脱衣示众。

董其昌的过分行为引起民愤，上万名愤怒的民众在一些读书人的领导下把董府围住。董家找来两百多名打手相助，两方大打出手，场面混乱。董府被纵火，雕梁画栋连同书画篆刻收藏品全都付之一炬。

董其昌不仅不害怕，反而恶人先告状。他认为靠自己的关系和势力可以摆得平，"斯时董宦少知悔祸，出罪己之言，犹可及止，反去告状学院，告状抚台，要摆布范氏一门，至此无不怒发上指，激动合郡不平之心"。

结果官府还真的包庇了他，捉拿了若干参与此事的当地地痞流氓定罪，草草结案。但是董其昌不肯就此罢休，认定背后必有士人唆使，乃是当地秀才们造谣中伤，丑化董老爷的名声，并鼓动、组织无知小民抄抢董家。于是又上告。因为董其昌在官场中结识的人众多，最后在苏州、常州、镇江三府会审下作出对他极为有利的判决：除将直接参加烧抢董家的一干流氓定为死罪论斩外，松江府华亭县儒学生员，有五人受到杖惩并革去功名，另有五人受杖惩并降级，三人受杖惩。而对董其昌的行为作了必要开脱，一点儿也没有给予惩罚。

之后，董其昌又奉诏回朝廷任职，职位更高，先后担任了湖广提学副使和福建副使，还曾经一度被任命为河南参政，职位是从三品，但他并没有出任，而是整天沉浸在翰墨当中，继续作恶不已。1625 年，70 高龄的董其昌被任命为南京礼部尚书。有了这个政治头衔后，他立刻回家继续寄情笔墨，没有人敢再找他麻烦。1631 年，他被召回京任礼部尚书兼翰林院学士，更是如日中天。1633 年，董其昌上疏请求退休，崇祯皇帝则特诏赐其为太子太保，从一品的荣誉头衔，荣归故里。1636 年，董其昌死去，年 81 岁。

搞臭自己

人生名利场上，多半是高者沽名，卑者逐利。所谓富贵人之所欲，贫贱人之所恶，如此而已。

只是，富贵了，有时会出现贫贱时永远也遭遇不到的难堪事。想去向自己脸上泼粪，坏坏自己从前的声望，就是其中一件。

这得先用一个 2000 多年前身怀经国纬邦之才的富贵者作例。

说的是西汉初年的相国萧何。

萧何是刘邦的重要功臣，对刘邦忠心耿耿。如果没有萧何，大汉王朝的建立，可能还是个未知数。刘邦自己也说，他之所以得到天下，就在于文用了萧何，武用了韩信等人。但是，对这些为刘家天下立下赫赫功勋的人，刘邦都不放心。有一年，刘邦在外镇压反叛的黥布，多次派遣使者回朝追问萧何在做什么事。这时的萧何，身为相国，还一如既往，在地方上安抚百姓，为刘邦筹备战争物资，并不知自己早已身处险境。此时，有位家客向他发出了警告。家客说："相国不久就要灭族了啊！位为相国，功劳第一，可复加哉？您初入关中，得到百姓之心，有十余年了，百姓全爱戴您、拥护您。皇上多次派人来问您，怕的就是您在关中造反。您为什么不多买田地，贱买百姓的货物，低价赊来，以此自汗呢？只有这样，皇上才会放心呀。"

家客一针见血，令萧何茅塞顿开，于是"相国从其计，上乃大悦"。

再接前言，刘邦以有萧何而傲，但是，刘邦也只是高兴一瞬间，他对萧何仍是放不下心来。打败黥布后回军关中，好多从前爱戴萧何的老百姓，拦在道上向刘邦告萧何的状，说他贱价强买民田民宅数目多多。刘邦听了很是高兴，并不处理，只是让萧何自己向百姓道个歉罢了。

汉高祖怕的就是这位丞相在人民心目中威望太高。因为他担心的是他的皇位。他宁愿他的官员们全都是贪财爱色之人，永远没有大志，只爱金钱美女。看到人民成群结队向他告萧何之状时，他才放下心来。

和萧何躲祸成功做对比的代表人物是韩信和彭越。这二人可谓汉王朝的两大功臣，但是，都因为功高震主，不懂得避祸而先后被杀。韩信被刘邦手下捆上车时，还愤愤大呼："果如人言，狡兔死，走狗烹；飞鸟尽，良弓藏；敌国破，谋臣亡。天下已定，我固当烹。"到了这个时候，心中的不满还敢完全表露出来，被杀也就很自然了。

此后，不少朝代的高官，都要从这三人的生活历程中吸取经验教训。

自汗，也称自秽，恶心一点说，向自己脸上泼粪，臭臭自己的脸，坏坏自己的声望，搞臭自己。要做到这点，就要做坏事，贪钱、贪色，嗜酒、嗜肉；鱼肉百姓、欺男霸女。注意：自汗是中国古代各朝（或许世界他国也是如此）有才华的高官们的"专利"。中下层的官员，如用这种法术，是极易身首异处的。

大凡做了高官的人，如果聪明一点，都要表现出一副"胸无大志"的形象，除自汗外，甚至还想尽一切可想出的办法，以避免帝王猜忌之祸，虽然这些高官有时却不可能完全躲过帝王的猜忌之祸。

隋朝时有个名臣叫高颖，当他刚做仆射时，其母告诫他："你富贵已极，剩下的事情，只有斫头一件了，一定要谨慎啊！"高颖因此常恐祸变。等被除名为民后，"欢然无恨色，以为得免于祸"。可是，他高兴得太早了。欲加之罪，何患无辞？其最后还是被皇帝找个罪名杀掉了。

帝制政权专制的本质是独裁。独裁政治，总是不断地弱化着帝王与其官员们之间的信任度。

中国古代的政治是地道的独裁政治，在帝王与臣子这一对关系体中，帝王一般总是处于主动地位，而臣子多处于被动地位。因此，臣子面对帝王的猜忌，不能不做出防卫措施，以应对由于帝王猜忌而带来的种种不利后果。自汗，就是其中的一项重要应对措施。

避祸手段有多种，为什么高级官员较多使用自汗来躲祸呢？这是因为，像隐退，不合人们为官入世心理，只有极少数人可做到；请求外地做官，要得到皇帝或其他权臣允许方可出京；舍亲（杀掉亲人中的一人或数人），一般人难做到；愚子（不让子女多读书做官），不合人情；武装反抗，代价太高。因此。比较之下，自汗优点最大。一方面，既可以继续做官；另一方面，又可避除帝王猜忌之祸。因此古代不少的国家重臣，在功成名就之后，都要学习保身之道中的"自汗术"。

人祸猛于虎

历史上，老虎伤人的记载从未间断，甚至有"虎灾连年"之说。百兽之王竟如此遭人痛恨，于是《水浒传》一举塑造了打虎英雄武松的光辉形象。可是，老虎为何走出深山，噬人害命？回首往事，虎患终究是人祸所致。某种程度上，人类种恶因，得恶果。

披上虎皮，曾经的美妇化虎回归山林

人与虎的感情很复杂，有敬有爱，也有恨。民间有老虎知恩图报与人亲密无间的故事，也有伤人掠畜的记载。在唐代，诗仙李白有朝避猛虎、夕避长蛇之句，说的是

四川。情节生动的记载还有张籍所作诗《猛虎行》：

> 南山北山树冥冥，猛虎白日绕村行。
> 向晚一身当道食，山中麋鹿尽无声。
> 年年养子在深谷，雌雄上下不相逐。
> 谷中近窟有山村，长向村家取黄犊。
> 五陵年少不敢射，空来林下看行迹。

这首诗描绘了我国秦岭地区猛虎掠夺百姓牲畜的情状。唐玄宗曾委派专人到淮南开办学习班，传授捕虎方法，只因当时"大虫杀人，村野百姓，颇废生业，行路之人，常遭死失"，后果很严重，玄宗很着急。遂令地方州县长官学习捕虎方法，组织百姓"同除其害"。此事记载在《全唐文·命李全确往淮南授捕虎法诏》里，涉及地区大致为鄂东淮南一带。因"慈母手中线，游子身上衣"一诗闻名天下的孟郊，曾到湖北郢州旅游，作诗《京山行》，有"后路起夜色，前山闻虎声"之句，可见当地野虎颇多。

为保乡里平安，当时百姓多结伴打虎。安徽滁州百姓因怕虎食人而"设机阱滥捕"，一个"滥"字，既点出老虎数量之多，也显出人对虎的惧怕之深。

然而，虽有以上野虎伤人以及百姓捕虎事件，总体来讲，唐代人与动物之间的关系还是比较和谐的。明代《襄阳府志》记载有一则故事，讲的就是人虎和谐生活：唐开元年间，有一崔姓考生进京赶考，途中借宿襄阳城南卧佛寺，巧遇一虎脱皮化为美妇，遂将虎皮匿藏，使美妇不得已与他成家，并随其宦游各地。多年后，一家重游襄阳，虎皮被崔夫人偶然发现，披上虎皮，曾经的美妇竟又化虎回归山林。

虎妻终归离崔生而去，虽是故事，却反映了人类到底没能与动物和平共处。历史从来不是幸福的舞台，人类在追求自己幸福的道路上，牺牲了太多本该是同伴的生灵。

不知道要多少年才能长成的大树，顷刻间一头栽倒在圣旨下

唐代以后，随着森林的破坏，大量野生动物开始离开森林，袭扰人类。特别是宋代，冶铁、制瓷等手工业的兴盛耗费了大量木材，据估计，每座铁炉的年耗林量达三百多亩森林，烧制陶器、瓷器130斤就要耗费木柴百斤。金与南宋交战时，因气候变冷，河南省的林木生长极慢，森林植被每况愈下。而与之毗邻的山东省，森林破坏更为严重，很多地方只剩下光秃秃的岩石。沈括在《梦溪笔谈》中说，"今齐鲁间松林尽矣，渐至太行、京西、江南，松山太半皆童矣！"到清朝康熙末年，山东森林覆盖率仅为1.3%，全国排名倒数第一。

明朝的木材消耗量十分惊人，一方面是因为明代相关史料较多，使我们可以看到关于大量砍伐森林的详细记述。另一方面也必须承认，明代的确是大兴土木的一朝，在几百年中消耗了大量的森林资源。据《明史·食货》记载，"采木之役自成祖缮治北京宫殿始。"朱棣为修建紫禁城花费了不少心思，在他的支持下，举国大肆砍树，并源源不断地运到北京。现在北京城内西单稍北的大木仓胡同，就是沿用当时贮存木材的仓库之名。北京东郊则有"皇木场"，后改称"黄木场"，也是当年贮存巨木的地方。

在明代中后期，随着宫殿、皇陵及王府官邸等工程次第兴建，对森林的砍伐规模

日渐扩大。明宪宗以后，京城风俗日渐奢靡，不仅官府，就连百姓之家亦争建宅院，没完没了的实木装修导致木材价格大涨，市场交易极其火爆。那些敏锐地捕捉到市场需求的商人开始大批贩运木材，不法奸商则做起了权钱交易，买通官方不予干预。某些官员的亲属更不甘心肥水外流，也参与到采伐贩卖木材的队伍当中，史载"规利之徒，官员之家，专贩筏木"。仗着有人撑腰，他们"往往雇觅彼处军民，纠众入山，将应禁树木任意割伐"，然后贩运到京城，"一年之间，岂止百十余万"。

明武宗在位时，接连派侍郎刘丙等到各地伐木。地方官员闻风而动，为讨好皇帝邀功请赏，都使足了力气，目标全对准了一等一的大树，"十四年，有永顺宣慰司进大木五百余，有围丈四尺、长数丈者"，不知道要多少年才能长成的大树，就这样顷刻间一头栽倒在圣旨下。

一例例往事，由人的血泪凝成，也是动物的悲哀

类似记载，连篇累牍。在枯燥的历史资料中，我们只能见到这一行行文字、一列列数目，但闭上眼睛想开来，那该是多少森林的化身啊。森林惨遭破坏，在当时就已经引发了大量的动物伤人事件。

北宋时期已虎患频发，有史料记载，广东韶州翁源县多虎，当时知州教民捕之，可见已有专门的捕虎手段在民间流行。《水浒传》对捕虎有不少细节描写，多在山东地界。武松三拳两脚打死景阳冈多害人命的大虫；李逵怒闯沂岭虎穴，杀死四只吃掉母亲的老虎；解珍、解宝两兄弟，收了知府的捕虎文状，拿了钢叉去捉山上大虫。小说中几位绿林好汉的绰号与虎也有相当关联，如锦毛虎、矮脚虎、插翅虎、母大虫、病大虫。笔者认为，他们的绰号含"虎"，既有勇猛好斗的意思，也有为害社会的隐喻。

南宋以后虎患更为严重，诗人陆游的《捕虎行》有"山村牧童遭虎噬，血肉俱尽余双鬐。家人行哭觅遗骨，道路闻之俱掩涕"之语。随着流民的增多，他们占据山岭、开垦山林，动物的"家园"遭到无休止地破坏，老虎等大型动物开始出山寻找食物，由此与人频繁接触，伤害在所难免，有的老虎非常凶猛，甚至"啖人略不遗毛发"。

明宪宗成化二十一年（1485年）九月二十四日，天还没有完全亮，家住杭州湖墅城巷北的脚夫谢四，赶早出门，未承想迎面遇到斑斓猛虎一只，万幸的是仅被抓伤左肩。这只老虎似乎是个势利眼，它抛下谢四，轻车熟路地径直闯入知州凌煜的家，一头扎入客厅，盘踞在那大声吼叫。那大嗓门一张，让人心肝乱颤。周围邻居吓得都紧闭房门，缩在家里大气都不敢出一声。幸亏读书人头脑灵活，凌煜一家急中生智，齐心协力把后墙凿破，才得以逃脱。随后紧急召集当地猎户二十余人，各持利刃将房屋包围。猎人偷偷摸上房顶，揭开房瓦，突然倾倒石灰。老虎哪里防备到这一手突袭，眼前登时漆黑一片。猎人趁机一拥而入，抄起尖利的长枪，远距离将其刺死。这则故事记载于康熙《钱塘县志》，后被收入光绪二十四年《杭州府志》八十四卷内。

明清两代虎灾非常多，有记载称"虎灾连年，群虎遍扰"。一例例往事，由人的血泪凝成，也是动物的悲哀。虎患终究是人祸所致，人类在地球的足迹越来越密，动物却日渐稀少，这是我们共同的不幸。人类应以史为鉴，爱护一切生命共同的家园。

荒谬的帝王

"甲申以后山河尽，留得江南几句诗。"如果不是他们做皇帝，明朝的命运将会怎样？

明朝皇帝一向以"在其位不谋其政"著称，尤其自明代中叶以后，比着懒惰，比着胡闹，比着癫狂。如果从现代心理学和精神病学的角度，我们可以发现"疑似"的多动症患者、抑郁症患者、因药物依赖导致的人格障碍、回避型性格障碍、偏执型性格障碍等等。作为个人，他们都有可悲可喜之处，可惜，他们都是皇帝。

正德皇帝朱厚照：官迷

君临天下的皇帝还嫌自己的官不够大，并因在位期间没仗打而苦恼，所以他自称"总督军务威武大将军总兵官"，又加封自己为"镇国公"。他喜欢烟火，有一次玩大了烧了好些宫殿，他哈哈一笑："好一棚大烟火也！"他从宫里玩到宫外，唯一的贡献是把"游龙戏凤"之类的传说提供给了戏曲、民间故事乃至今天的电影《天下无双》。这个漠视一切道德规范的叛逆皇帝的确是文艺作品的好角色，可作为政治人物只能落个"荒唐"的评价。

嘉靖皇帝朱厚熜：术士

他在位45年，有一个始终不变的追求，就是"长生不老"。在道士的指导下，他全力以赴地修炼"仙丹"，导致慢性中毒，晚年时情绪极不稳定，记忆力严重衰退，彻夜失眠，大臣得想办法哄他，比如他睡觉时在他身边放个桃子，说是仙桃。有时候，他会用扶乩来决定国家大事。他信任的严嵩后来成了小说、戏曲里最著名的奸臣之一，痛骂他的海瑞则成了清官的代表。

隆庆皇帝朱载重：木瓜

他在位六年，以智力迟钝、笨嘴拙舌著称，不过这可能倒成了他对濒临崩溃的大明王朝最大的贡献。不管是因为无能，还是因为不愿意，他的态度避免了皇家和朝臣的纷争，也使得有能力的大臣得以放手管理国家——显然比正德和嘉靖管得要好。

万历皇帝朱翊钧：财迷

他是个心理学的样板。他不满十岁即位，天资聪颖，受过严格教育，本是一位被寄予厚望的皇帝。不过，他大权独揽后，对曾经畏之如严父的张居正进行了彻底清算。他富有天下，偏偏最爱对他没什么用的钱，搜刮之烈骇人听闻。他为了册封自己最爱的女人为贵妃、最爱的儿子为太子和朝臣进行了漫长的斗争，结果以失败告终。他满心厌倦，三十余年不踏出皇宫一步，连首辅都难得见他一面。大臣上奏章责备他骂他，他也懒得理会。他在位48年，政权中枢大半处于停顿状态。他死后，背负着后代史家一个沉重的责备：明朝实际上亡在他手里。

天启皇帝朱由校：木匠

很难说这位皇帝是不是个出色的设计师，因为见不到他的作品。不过他热衷于木工活，整天在宫里锯啊、刨啊，却是真的。朝政嘛，自然有他信赖的魏忠贤打理，情感上，可以依赖把他养大的客氏乳娘。他的奇怪之处在于，一个像魏忠贤这样的太监，居然可以被称为"九千岁"，可以建生祠，还配享孔子，他都不觉得有什么奇怪。

崇祯皇帝朱由检：杀手

他的勤于朝政、他的惨死，甚至他的不好女色都为他博得了后世的同情。不过，金庸先生提供的一组数据不容忽略：这位皇帝在位17年，换了50个大学士、14个兵部尚书，他杀掉或逼迫自杀的督师或总督有11人，包括活剐袁崇焕，他还杀死巡抚11人，逼死1人。从这方面看，这位末代皇帝继承了自朱元璋建立明朝以来对大臣一以贯之的严酷态度。

皇帝，是制度的核心环节。不过，他的作用并非戏曲或小说演绎得那样，点头摇头之间，就决定了国家的兴亡。真正致命的，不是皇帝的荒谬或懒惰，而是一个千疮百孔、矛盾重重、缺乏更新和再生能力的制度。但幸运的是，一个朝代的覆亡，并不意味着文明的断绝。充满戏剧性的改朝换代，并非中华文明的全部历史。

皇帝是不能要挟的

众所周知，朱元璋称帝后诛杀了大量功臣宿将。这中间，廖永忠不是一个特别引人注意的人物，因为他的功勋既不能和宰相李善长比，其殒命又不如蓝玉一案株连那么深广。可是从这样一个人物的命运中，未必不能读出一些很有意思的蕴涵。

廖永忠是朱元璋的水师统帅，朱元璋和最大劲敌陈友谅于鄱阳湖上做生死决战，廖永忠立有殊功，朱元璋称赞他"忘躯拒敌，可谓奇男子"。这个"奇男子"，在朱元璋霸业将成的时候，一手制造了史籍上有名的"小明王被弑疑案"。

小明王，就是在元末最初拉起造反大旗的韩山童的儿子韩林儿。韩山童死后，红巾军的一帮将领们诡称韩林儿系宋宗室的后裔，拥其在亳州称帝，建国号曰"宋"，又称小明王。

在韩宋政权里，虽然照例是谁有兵权谁做主，但小明王系宋宗室后裔的名声到底在外传播已久，在人们不满蒙元异族统治的情况下，颇具凝聚人心的妙用，所以，各大军头还是愿意拥戴他的。而且成本小得出奇，只要养着他，让他好吃好喝，自己该干什么又不受他限制，岂非一石多鸟？

然而"此一时彼一时也"，等到朱元璋已消灭几大劲敌，霸业可期的时候，小明王的存在除了让人感觉麻烦，其价值显然已趋近于零。廖永忠奉命迎接小明王到南京，船走到江苏一个叫瓜步的地方，船翻了，小明王"沉于江"。小明王之死，是否出于朱元璋授意，《明史》闪烁其词。朱元璋即帝位后的第八年，廖永忠被赐死，《明史》又说，原因在于朱元璋对廖永忠当初私弑小明王不满。

读史真是一件好玩的事儿。对中国历史稍有了解的人就都明白，除非朱元璋准备把即将到手的帝位让给小明王，否则小明王不明不白地从这个世界上消失，是迟早的事，可笑修史者还拿一些子虚乌有的东西来忽悠我们。

小明王死的时候还十分年轻。史籍没有为这个年轻人留下清晰的面貌，我们不知道，当初被人捧上至尊之位，接受那些豪强的参拜，他曾经有过怎样的表示我们更不知道，他在坐享无边荣华富贵的时候，究竟想了些什么，有没有一点忧惧？乱世之中，做人做到小明王这份儿上，天天吃喝玩乐，以他名义发出的"圣旨"到处传布，似乎是太幸运了，然而不幸的是，从这个年轻人被当作宋宗室后裔抬出之日起，他就注定要为短暂而虚假的风光付出生命的代价。

当然，朱元璋对杀死小明王的廖永忠不满未必全是假的，然而正如一位论者所说："永忠之死，乃由沉舟之功自挟，非以沉舟之罪见诛。"廖永忠摸准了朱皇帝的心思，替他办理了一件棘手的事，而自己把"不义""弑主"的恶名背起来，本来是很好的，可如果你以此为邀功的条件，就太不对主子的脾胃了，皇帝岂是你能够随便要挟的吗？

文人不要乱撒娇

那年孟浩然作为一名社会闲散人员，跑到王维的办公室聊天，不料撞上皇帝来视察，情急之下躲到了椅子下面。又没练过缩骨功或者东洋忍术，当然藏不住啦。皇帝问：这是谁呀？王维只好硬着头皮回答说：是孟浩然。

原来是著名的大诗人，把你的诗给我念一些吧。皇帝很高兴，因为唐朝时候从皇帝到平民，大家都很热爱文学与音乐。孟浩然就从椅子下面钻出来，发髻上粘着点灰尘，把自己得意的诗作一首首念将起来。他有没打结巴我们不清楚，但心情可知是比较激动的。毕竟这一年老孟四十出头了，已是第三次出山跑官。

人们常说初恋的对象往往不是结婚的那个。作为历史上著名的隐者，老孟也不是一开始就想隐的。那时候当官又叫"兼济天下"，为了争取一个能"兼济天下"的名额，老孟其实也不懈奋斗过，这次就是离成功最近的一次。

念到"不才明主弃，多病故人疏"这句，皇帝喊"CUT（中文'停'的意思）！"

孟浩然

大家偷眼一看，哎呀，皇上脸色很难看，"卿不求仕，朕未尝弃卿，奈何诬我？"意思是说你自己不想当官，我又没说不要你，干吗把账推到我头上？说完皇帝就拂袖而去了。

在唐朝，诗人们想当官并不难，比如王维，打扮得漂漂亮亮，跑到公主面前念了几句诗，弹了一曲琵琶，就被公主推荐给皇帝哥哥了。李白也在四十多岁时好歹混了个翰林院供奉的闲差事，可是老孟就终于办不成。

不是诗不好，孟浩然的诗史称"超然独妙"，初入京华，宴席上随便两句"微云淡河汉，疏雨滴梧桐"，就把满座诗人都震住了；更不是运气差，有机会跑到皇帝面前献诗的能有几个？

问题就出在古代文人有个"隐与仕"的概念，穷则独善其身，达则兼济天下，实际上就是在当官与不当官中间找心理平衡。有牢骚，跑去归隐——那时候名山大川又不收门票。

大家都干这种事，偏偏孟浩然面对皇帝太紧张，一失口把牢骚话也说出来了，最后只得去当真的隐士。

后来有个柳永，没考中进士，就跑到妓院里搂着姑娘，说"且把浮名换了低酌浅唱"，嚷嚷而已，试还是要继续考的。后来果然考上了，皇帝一看名单里有柳永这厮，咦，你不是搞文学泡 MM 浮名的不要嘛，又跑来做什么？大笔一挥，"且去填词"，柳永只好眼睁睁看着煮熟的鸭子又飞了。

女孩子谈恋爱时在意对方又爱面子，就会撒娇赌气、使小性子，比如林妹妹。文人也来这套，就很容易偷鸡不着蚀把米。问题是撒娇乃中国文人之天性，连文武双全的辛弃疾都写过"千金纵买相如赋，脉脉此情谁诉"的怨妇诗。

所以娇不是不能撒，而是要撒得恰到好处，撒出美感，才会成效非凡。比如谢安，一边派头十足地游山玩水，一边任朝廷千呼万唤就是不理。直到大家急了，把谢安同志当官的问题，提升到关系天下百姓生存的高度，他才踱了出来。这和一呼即到的应召女郎肯定卖不出好价钱，是同等道理。

老孟不懂这道理还乱说话，当然就吃亏了。这件事还有个教训就是，写文章的人不要乱写，否则每句话都可能作为呈堂证供，有一天让你泪流满面。

状元的命运

中国科举史上，曾经涌现了数以百万计的举人和十多万名进士，而作为这个庞大知识分子群体之巅峰的"状元"郎，则是屈指可数。据考证，自唐高祖武德五年（622年）的第一位科举状元孙伏伽开始，到清光绪三十年（1904 年）最后一位状元刘春霖止，在这 1283 年间，可考的榜数为 745 榜，共产生了 592 名状元（一说 504 人），加上其他短命政权选考的状元以及各代的武状元，中国历史上总计可考的文武状元为 777 人。

中国古代社会，"官本位"思想相当浓厚，从庶民百姓到达官显贵，无一不坚定地认为："书中自有颜如玉，书中自有千钟粟，书中自有黄金屋。"读书的直接功利目的就是入仕。自孔老夫子起，"学而优则仕"成了亘古不变的知识分子的奋斗之路。那时，生产力水平十分低下，科学技术极不发达，还不可能出现一大批以科学研究为终生事业的专家。因而，苦读寒窗数十年，为的就是金榜题名，为的就是以文入仕，为的就是跻身宦臣，光宗耀祖。状元及第，不但是天下读书人的毕生追求，而且在百姓心目中也具有"天上一轮才捧出，人间万姓仰头看"的巨大殊荣。一旦殿试第一，马上就由吏部考试任其官位，或翰林院修撰，或著作郎、秘书郎，或掌修国史，或做天子侍讲，从此也就步入了凶险难卜的仕途，开始了宦海沉浮荣辱的漫漫人生。他们中的相当一部分人，老其一生，终于登上了显赫的高位。如唐代，姓名可考的状元 147人，事迹可考者 29 人，其中就有 5 位宰相、8 位尚书一级的官员（含次官）。而清代，

114 名状元中，官位累至一品尚书层次的达 20 人之多。可以说，在官场努力升职，成为状元这一群体实现人生价值的至上追求。

一介书生，考取状元实在不易。全国无数读书人，经过乡试、省试，最后到殿试夺魁，竞争之激烈可想而知。宋代大文豪苏洵就曾发过"莫道登科易，老夫如登天"的感慨。特别到了清代，考到白发满头仍然是个"童生"的不乏其人。四五十岁中进士，人们并不觉得他年龄有多大，"太宗皇帝真长策，赚得英雄尽白头"，就是这一历史文化现象的生动写照。如宋代共产生了 118 个状元，据《中国状元全传》载，其中生卒年可考者 51 人，其中 20 岁—30 岁中状元者 37 人，占 72.5%，最小的 18 岁，50岁以上中状元者 2 人。清代共有状元 114 人，生卒年可考者 54 人，其中 20 岁—30 岁中状元者 19 人。占 35%，最小的 21 岁。50 岁以上中状元者 5 人，最大的 62 岁。状元之路绝不易于巴蜀之道。

唐代，进士科考试主要是三场，其后各代基本沿用下来。一场是贴经，用现代的话说就是填空。主考官从诸子经书中选取一行，然后把其中的三个字帖盖住，让考生读出被贴的字是哪几个，其用意不过是考考生的背功，测试一下考生对经书的熟练程度。第二场考诗赋，每个考生作诗一首、赋一首，这一场极为重要。如唐开元二年（714 年）赋试的试题叫《旗赋》，且规定必须以"风日云野，军国清肃"八字为韵。当朝状元李昂写了一篇 27 句 327 个字的赋，全文洋洋洒洒，文辞雄劲，用韵准确，在录取的 27 名进士中，名列第一。第三场考试策，就时务出个题目，让考生回答自己的见解，目的是想看看考生对治国方略的独到见解，以为国家选择治国平天下的英才。这三场考试都实行淘汰制，每场皆定去留。只要一场考不好，状元梦随之破灭。宋仁宗后，又对科考进行了修改，按策、赋、贴经、墨义的次序，让参试者并试四场，综合平衡后再定夺。考生考完后，由"读卷大臣"排出前十名，呈送皇上，最终由皇上根据个人评判圈定谁为"第一甲第一名"。所以说，能中状元者大多都是当朝才子。他们天资聪慧，勤奋好学，或有良好的文化修养，或有独特的天赋异质，往往具有众人称颂的绝代才华。如明代状元杨慎，"幼警敏，十一岁能诗，十二岁拟作《古战场文》《过秦论》"，十三岁诗名满京华，被诗坛领袖李东阳收为高足，十九岁中举人，二十四岁中状元，成为明代四川唯一的状元郎。

在这七百多位状元郎中，也不乏平庸之辈。为数不少的人高中状元后，一事无成。他们性格怪僻，饮酒成癖，穷困潦倒，暮年凄惨。唐代昭宗光化二年（899 年）状元卢文焕，穷苦之极，连顿酒也喝不起，可谓够可怜的了。还有许多状元，为官一任，了无政绩，终生平平。更有甚者，投降叛军，诬陷谄媚，被史书称为"奸邪小人"。如投降金兵、助纣为虐的北宋状元莫俦。此等状元，无以入史，难留清名，可称状元中的不肖败类。

在状元科考中，有时也并非全凭真才实学，有的人就是靠走关系或是偶然原因高中状元的。唐代就有"许愿状元"牛锡庶、"自荐状元"尹枢、"相扑状元"王嗣宗等，从其绰号即可见其为人。状元裴思谦则更为恶劣，唐文宗开成二年（837 年），礼部侍郎高锴知贡举，主持科举考试。他标榜公正，宣言杜绝请托。裴思谦凭与赫赫有名的大宦官左神策军中尉仇士良的关系，要求高锴让他当状元。当时，文宗皇帝是个傀儡，仇士良权倾朝野，裴思谦怀揣仇士良的信，公然对高锴说："裴秀才非状元不放。"高锴沉思良久，自知无力相抗，不然马上就会大祸临头，只好无可奈何地把裴思谦录为状元。天下动乱，皇权旁落之时，貌似公正的科考常常难脱权宦重臣的掣肘，成为宫廷政治的玩偶，这不能不说是科考状元的悲哀。

历代状元中，大多出身名门望族。他们从小就处在优裕的家庭环境，既有重臣之后，又有名士之家。有的甚至是父子状元、祖孙状元、宰相子、尚书婿。父辈的荣耀和辉煌的地位为他们登上科考的顶峰奠定了坚实的基础。许多人就是靠名臣的举荐和培养，顺利圆了状元梦。但是，也有相当一部分状元出身寒门。他们全凭自己的才智成为一国学子之冠。特别是宋太祖，为了革除唐代权贵操纵科举、营私舞弊的沉疴，在科举中加强对权贵子弟的监督限制，有意选拔了一批平民子弟科举及第。如宋太宗太平兴国二年（977年）的状元吕蒙正，幼小时就被父亲赶出家门，随母流落龙门山，栖居山间石窟中。元代杂剧名家关汉卿的《吕蒙正风雪破窑记》，便是以吕蒙正的贫寒生活为素材创作的戏剧。孤贫寒酸的吕蒙正，依靠自己的天赋才智和刻苦学习，31岁大魁天下，42岁位居宰相。成为两朝辅弼，万众景仰。各朝历代，都有像吕蒙正这样的状元郎。他们成为庶民百姓通过科举之路出人头地的幸运骄子。

科举考试是封建统治者为国家选拔官吏的一条重要途径。当年，唐太宗李世民看见新科进士从考场中鱼贯而出时，高兴地说："天下英雄尽入吾彀中矣！"一千多年来，科举制度选拔了一大批优秀的有真才实学的治国安邦人才，构成了统治集团从中央到地方官僚队伍的中坚支柱。但随之而来的则是一种历史奇观：状元们以文得名，而在文学艺术上有较高成就者了无几人，很少有人步入大家之列。他们身为状元，诗赋词文，无所不通，往往都有诗书传世，有的甚至著作等身。然而，其中的绝大多数人自高中之后，从此潜心仕途，无意文字，热衷于官场得意，专注于富贵得失，已经无心无力对文学艺术加以执着探索。700多位状元中，除杨慎、柳公权等几位获得较高的成就外，大多数人都文绩平平，难传千秋。状元难入大家之列，而大家又很难高中状元。唐宋两代265名状元中，苏轼等八大家，李白、杜甫等大诗人，无一人摘取状元挂冠。这一极为独特的历史文化现象，至今仍是困惑人们的古代文化之谜。

圣旨原来也有假

在古代，皇帝的圣旨不仅有许多是官样文章，是官场例行的公文，而且还有不少是假的。这种假圣旨，既有形式上的，也有内容上的；既有别人伪造和冒充的，也有皇帝本人授意或有意为之的，表现形式可谓多种多样，五花八门。

模仿笔迹，乱写批示

梁师成，字守道，开封人，起初只不过是一个不为人知的内侍省书艺局的小宦官，后来专门负责出外传宣皇帝诏旨，才逐渐被宋徽宗所宠信，当上了武阶官最高的太尉，宣和四年（1122年）又获开府仪同三司"使相"。梁师成这个宦官因为稍知诗书，略懂文法，加之为人机灵乖巧，取得了皇帝的信任和好感，让他代行文书，参与朝政。发展到后来，不但"御书号令皆出其手"，取代了翰林学士和中书舍人的作用，而且他还挑选了很多擅长书法的小吏模仿宋徽宗的笔迹，伪造宋徽宗的"御书"，也就是"御笔手诏"。然后掺进别的公文一道下达。因为这些"御书"同皇帝笔迹一模一样，受文单位自然不清楚它们是假的，于是同皇帝的圣旨一样贯彻执行，梁师成祸乱朝政到了如此地步，真是触目惊心。假如宋朝不盛行所谓的"御笔手诏"，皇帝不带头用白条子封官和处理政务，梁师成也就不可能如此胡来。

模仿皇帝笔迹签发文件和写批示，其始作俑者当然不是梁师成，而是早有其人。如《南史》的《恩幸传》就记述了20多位"恩幸"（皇帝宠爱的人），这些"恩幸"官位不高，却"势倾天下"。如在南齐得到三朝皇帝宠信的纪僧真。早在齐武帝之父齐高帝萧道成为南朝刘宋政权的中领军时，就在府内任主簿（秘书）。萧道成对他十分信任，让他模仿自己的笔迹在文书通告上签名，久而久之，纪僧真的字体和萧道成的一模一样。从此凡是需要萧道成签发和批复的文书统由纪僧真代理。由于纪僧真模仿的字迹可以假乱真，所以萧道成看了也笑着说："连我也分辨不出来了。"

假中有假，以假治假

假圣旨在形式和字迹上使人真伪莫辨，而真圣旨呢？它们的内容能保证都是真实的吗？未必。其实有许多真圣旨的内容也是真真假假，甚至假中有假。

安史之乱后，唐朝的藩镇割据从河北、山东发展到全国各地，造成藩镇林立相望的局面。唐宪宗李纯即位后，唐朝的藩镇割据局面虽然基本结束，暂时实现了全国的统一，但藩镇拥有财富和重兵的情况并没有多少改变，有好些藩镇的节度使只是表面上尊奉朝廷，暗地里还是我行我素，根本不把朝廷放在眼里。幽州的朱克融就是如此。

唐敬宗宝历二年（826年），朝廷派遣宦官出使幽州，赐予节度使朱克融春衣。朱克融非但不领情，反而指责朝廷所赐春衣质地粗劣，并把送春衣的宦官给扣留起来。朝廷无奈，只好另派宦官带着新的衣物去幽州进行慰问。而朱克融视朝廷的退让为软弱可欺，竟得寸进尺，打报告给朝廷说本镇将士今年春衣不足，请朝廷补给"30万端匹，以备一岁所费，不然则三军不安"。在报告中，朱克融还提出：他打算率领兵马和工匠5000人帮助朝廷修建东都洛阳的宫阙。

唐敬宗生怕朱克融发兵叛乱，为了息事宁人，打算再派一位有威望的大臣前往幽州安抚，同时把被扣押的宦官救回来。宰相裴度不同意，说只要下一道诏书就完全能够解决问题。他说："朱克融对朝廷极为无礼，必将自取灭亡，这就像猛兽一样，可以在森林中咆哮踉跄，却必然不敢离开自己的窝巢。所以我建议陛下不要派人去幽州安抚，也不要索还宦官，等10天以后，再考虑给朱克融下一道诏书，说：'朕听说宦官到幽州后，行踪去留稍有差失，等他回京后朕自当有所处理。'至于朱克融提出要带兵帮助朝廷修建洛阳的宫阙，其实完全是一句假话，目的是恫吓朝廷。如果陛下想直接挫败他的奸谋，就应该在诏书中假意答应他的奏请，说：'助修洛阳宫阙的兵马和工匠应当迅速派来，朕已命令沿途各地安排接待。'朱克融接到这道诏书后，肯定会惊慌失措，大乱方寸。"唐敬宗听后十分高兴，欣然采纳了裴度的意见。朝廷最后按裴度的意思起草的这道诏书假中有假，以假治假，既义正词严又晓之以理。朱克融因摸不清朝廷的底细，果然不轻举妄动。过不多久，幽州发生兵变，将士杀死朱克融和他的儿子。多行不义必自毙，一切皆如裴度所料。

捏造事实，欲盖弥彰

古代皇帝发布圣旨，真真假假，应付过关，虽然可笑，却能让人同情；而他们为了某种不可告人的目的，完全捏造事实，欺骗人民，这就非常可气甚至可恶了。这种现象在古代还非常普遍。开皇二十年（600 年）隋文帝发布的一道圣旨，就是这方面的代表作之一。

史万岁是隋朝大将。隋朝第一名臣、宰相高颖等人曾称赞他"雄略过人，每行兵用师之处，未尝不身先士卒。尤善抚御，将士乐为致力，虽古名将未能过也"。然而，就是这样一位对隋朝的边防巩固有过重大贡献的名将，却在开皇二十年出击突厥建立了殊功后被冤杀。全国老百姓都为他的死感到冤枉和痛惜。

更令人发指的是，隋文帝冤杀史万岁后，为了开脱责任，为错杀功臣寻找根据和理由，以证明自己一贯正确永远正确，竟然错上加错地起草了一份诏令，向天下公布史万岁的所谓罪状。

这份冠冕堂皇的诏令，总共写了史万岁两条罪状：一是开皇十七年（597 年）平定南宁州时"多受金银，违敕令住"；二是此次出击突厥后"怀诈邀功"。然而全天下的人都清楚，南宁州的问题早已解决。这一点，连本诏令也是承认的，否则怎么会"舍过念功，恕其性命，年月未久，即复本官"？既然如此，还提此陈年旧账干什么？而此次出击突厥后的"怀诈邀功"根本就不是这么回事，真实情况是"有功未酬"！因此，这两条所谓的罪状没有一条站得住脚！如果不发布这份诏令，那么隋文帝还只是犯有错杀大臣之过。而此诏令一公布，全天下的人反而认清了他原来还是一个伪君子，更感到史万岁的死是一个大冤案，更为史万岁的死感到悲痛和惋惜！因此，起草并颁布此诏令，是此地无银三百两，欲盖弥彰，错上加错！

丐首

乞丐文化集中体现了底层民众穷极无聊的生活真相；也是社会中各种庸俗取向、消极态度、懒惰哲学、流氓意识、隐士作风、痞子行径等行为类型与思想意识的集中展现。

丐帮的首领通常称为丐头或丐首。丐帮因地而异，种类繁多，丐头的名称也五花八门。京城丐帮称其首领为"黄杆子""蓝杆子"；华北地区的丐帮"穷家门"，其首领则称"当家"，其中小头目又叫"篓子头"；东北地区"大筐"的首领名为"落子头"。此外，还有"团头""甲头""头牌""掌门""花子头"等，名目繁多，不一而足。丐头是丐帮中地位最尊显的人物，他们的行为、生活既带有乞丐亚文化类型的某些特征，又与普通乞丐有明显的区别，他们的行为取向、生活方式更多的是接近主流文化的。分析丐首的行为与生活，有助于我们进一步考察乞丐文化的多层面、多样化表现。

富埒王侯的生活

丐帮是一种自发的社会群体，其首领的产生也有其独特方式。早期丐帮的首领究竟是如何产生的，今天已难详知。清末民初的丐首，据学者的研究，其产生方式不外以下三种：

其一，乞丐们自己选拔推举。这类丐首大多是身强力壮、智力过人的强人，或者是流氓恶棍、行事蛮横无理者，他们以财力、声威、恶势力震慑众丐，从而为众丐所服膺，被推为丐首。

其二，破落的世家子弟。有些达官显宦、巨商富贾其兴家时显赫一时，其后子弟一代不如一代，终至家道败落。有些破落的世家子弟有纨绔之气而身无长技，最后也不得不沦落为乞丐者流。由于他们很有些吃喝嫖赌外加烧大烟的本领，又多少有点文化，使他们顺理成章地成为乞丐群中的"精英"分子，甚至丐中"豪杰"。乞丐乐得利用其势力，拥戴这些"精英"执掌丐帮权柄。

其三，世袭者。在官办丐帮中，丐头多是世袭者。如乞丐处之"团头"，养济院之"院长""甲头老板"等，多系前任丐头的儿孙或由其指定的继承人。这种丐头往往一半是乞丐身份，一半是官府身份，拥有更大的权利。

作为丐帮的头领，丐头虽然也脱不了乞丐的身份，但是，他们实际的经济地位和政治地位却远非普通人所能比，更不用说乞丐了。他们有妻有妾，生活富足，虽名为丐首而富于平民。他们个人生活阔绰，常有朝歌弦舞之乐，每逢年节以及个人寿庆婚吊，其举事用度之排场，不仅超过普通民众，而且可与富户商贾比肩。例如广州丐帮——关帝厅人马的丐首陈起凤就是这样的。陈起凤的个人生活，在当时的社会可以说是相当豪阔。他住在华林寺的一间精舍里，有几房妻妾，分住在附近的民房。他经常穿着纱绸衫裤，佩上金表金链，衣襟挂上许多古玉，手执长烟筒，招摇过市。有时要登门向人道贺时，则另有长袍马褂，俨然阔商富户。当冬天到来的时候，陈起凤嗜食狗肉，经常率其门人大吃香肉（在广州，狗肉一名香肉），食必尽一大肥犬，并邀当地众"贤达"而有同嗜者大醉而归。

无赖魁首、宗法家长

丐头的这种富比公侯的个人生活，得益于其在丐帮中的特权地位，源自其对丐帮之众多成员的压榨与盘剥。乞丐是一群赤贫无靠的人，但丐头的位置却是大有油水可赚。丐头统辖一群乞丐，他本人一般不必亲自沿街行乞。其个人收入除了照例向帮内众丐收取定额之外，更主要的是向势力范围内的店家、铺主、住户分摊年节例钱。就像一方的里甲保长一样，挨户抽税，以换得其"照顾"，即可免去众丐上门滋扰。当然，他们一般只挑选店家，尤其是那些生意红火的店家，预先说好价钱，照单收付。平常百姓人家一般不抽，任由丐徒散乞零讨，只是逢到哪家婚丧庆吊之事，丐头便出面讨喜钱。丐头一旦收款，便在这家门口贴上一张纸揭，或挂上一根皮鞭或杆子或旱烟管之类信物，上书"贵府喜事众兄弟不得骚扰"之类字样，名曰"罩门"。有了罩门，就像有了特赦证书一般。帮内乞丐见了罩门，如小鬼见了"姜太公在此百无禁忌"一般，便须退避三舍。不过，如果店家事主不懂规矩，或不愿花钱，到时定有众多乞丐前来搅扰。他们也不动粗，只是挤在门前，有碍观瞻，甚至恶言相戏，让你生意难做，喜事不喜，你就是报官，官府也拿他们没办法。

通常，丐头一年只出门乞讨三次，一是端午节，一是中秋节，一是年关。当丐头大驾光临时，身边带三四个喽啰，仿佛是此地的里正保长一般。

丐头权势很大。例如某大户人家办喜事，不管是结婚或祝寿，一定要把丐头请去坐上席，求他关照。丐头或西装革履，或长袍马褂，到了东家先把马鞭挂在大门外。花子们来了，一见门外挂有马鞭，知道头头在里面，不敢撒野猖狂。东家给多少算多少，不给就走。若是东家没请丐头，或是得罪了他，他便把众乞丐召来，进行一番布置，按照各班组，分拨轮流到办喜事的人家去搅闹，什么不吉利唱什么，给钱也不走。因为丐头打了保票："一天的饭钱花销由我拿，闹出事来我担着！"

东家一看事情不妙，赶紧拜托"劳头忙的"前去找丐头说情。这"劳头忙的"与丐头往往有关系，或许是结拜兄弟，或许是洪门袍哥、青帮同参。有时"劳头忙的"有意不请丐头来，事先做好了圈套，到时就派人来捣蛋，闹得东家无可奈何，"劳头忙的"再出面说和。丐头价码要得很高，经过几番周折，基本谈好了，还是要把丐头请到厅堂，待如上宾。东家承诺派人把款送到丐头指定的地点。这笔钱"劳头忙的"拿三成，参加的乞丐拿三成或二成，丐头拿四成或五成。这种敲诈生意，在丐帮内叫作"吃大头"或"吃肥羊"。

丐头深知乞丐的庸劣习性与无赖行径，也深知民间对此等庸劣无赖作风的痛恶与无奈。于是，他就以调停之名行敲诈勒索之实，从中渔利。由此发展出所谓"包鞭""贴葫芦"等例讨名目。众丐按例上门索钱，丐首坐收其利。

例如，黑龙江双城乞丐处的团头就是这样在事主与众丐间居中调停，当地每逢婚丧嫁娶以及寿庆之典，都有乞丐处的"杆子"（鞭子）挂在大门两旁，可以避免众丐拥到门前讨要，事完之后按天数计算，付与团头"弹压"报酬费。若同一天办婚丧事有数家时，团头得的赏赐就很可观了。尤其逢丧主做"点主"时，须用乞丐做执使，团头所得赏赐就更多了。这个收入全都进入团头私囊，众丐是没有份的。

泉州丐帮的丐头有一专利，俗呼"褙火照"，即用4×3寸的绿纸印就"水德星君"像，神像两旁分别印"姓宋名无忌，火光速入地"的字样。往人家门口两边各贴一张，每年年底贴一次，贴后向户主要钱（火照费），每家多者给一角，贫者三分亦收，不太苛求，因其可以积少成多也。除此之外，泉州丐帮帮主还有一笔大宗收入——"贴葫芦单"。此单乃一张木版印的小纸条，上印一个小葫芦，内写"兹领到贵府钱千百十文，前去分散五院流丐，不敢一人到此来扰，立此为据"。到了民国初年，外地丐首向本地丐首看齐，每逢红、白喜事及年关亦皆贴葫芦单而索款。

当时，泉州城中人口众多，婚丧喜庆，都是乞食求讨的好机会。倘不请帮主，则散丐一个接着一个来乞讨，主人势将难于应付，故宁愿花较大的一笔钱，以免门庭塞满难堪的乞丐，大碍观瞻。此外每逢四日，帮主来贴一次葫芦单，索款颇低，每户只一角左右而已。但是挨家挨户地贴，收入也不少。正月须过初五才可行乞，这段日子由帮主负责众丐的饭食，否则人家可以扭打。至于每逢普度、重普或其他小节日前后，则令所属诸丐，略分地域，挨户求乞，但以不过分扰民为度，人家亦无甚怨言。寿庆之家如不通过丐帮帮主，擅自许愿，发放乞丐银两者，常惹上许多麻烦。

可见，丐首实则是最大的痞棍和敲诈犯。

广州丐帮——关帝厅人马也有类似的情形，名之为"例捐"，也由丐头陈起凤出面处置。

过去广州民家对于凶喜二事的喜钱（例捐），懂事的人家，会在事先送到关帝厅的乞头处去，领回一张上书"附城花子陈起凤"的条子，贴在门口，以避免乞丐的滋扰。至于送给例捐的数量，富贵人家大约四五元，中等的约两三元，贫苦的一元数角就可以了。如果不懂事，等到乞头亲自来到门上恭喜时，那就糟了。他会认为事主"唔俾面"（不赏脸的意思），就会乘机勒索，若不能如愿以偿，就一声号令纠集群丐，在门面吵闹不休，这时你就是叫警察来干涉也难以解围了。

根据关帝厅的惯例，这笔喜钱是分作五份的，丐头占一份，群丐占三份，其余一份就归当时那个段警。乞丐们领了喜钱之后，就每天来替你打扫门前。在此期间如有外人敢来滋扰，他们就会代你赶跑，保证无事故发生，一直到你办完了事为止。

关于丐头的权杖——"杆子"或"鞭子"，有种种传说。据称，京师丐头所用之杆子是朱元璋所遗。当年朱元璋未起事时，曾经困顿落魄，沦为乞丐者流。某次遇到两个乞丐，幸得他俩施以衣食，朱元璋才免于饿死。后来朱元璋登上帝位，不忘二丐救命之恩，特意诏示天下，寻访二丐，居然被他找到了，召入皇宫，欲加官晋爵。不料二丐闲云野鹤惯了，谢绝为官，决意乞讨终身。朱元璋也不强求，特赐二人各持一根一尺长的木棒，棒上缠布，垂有穗，一色黄，一色蓝，赐名曰"杆"。从此，这二丐仗着这根木棒，讨遍天下无人阻碍。演变至后来，便成为丐首权威之象征。有些杆子不便携带，就以一根极粗极长的旱烟管代行其权威。

乞首的权杖除杆子外，还有鞭子。

这条非同寻常的鞭子也有一则传说。据称当年唐明皇被奸臣迫害，化装逃出宫殿，流浪江湖，落入讨要的乞丐群落，交下了不少丐帮朋友，成了乞丐们的崇拜者，当上了丐头。不久，他的皇帝身份显露，众乞丐跪拜真龙天子，发誓要为龙头大哥报仇。唐明皇说："有朝一日，重登宝殿，定要把所有奸臣坏人杀掉，让咱们穷哥儿们扬眉吐气！"丐帮兄弟们问："到那时您还能认识我们这帮穷哥儿们吗？"唐明皇为了不忘曾共患难的乞丐，用皮条编制了一根圆桶龙形的黑皮鞭，起名叫"龙鞭"。然后把"龙鞭"挂在墙上，双膝下跪发誓道："这把鞭子上打官，下打臣，亦打丐帮变心人。我登基后若变心，你们任何人都可用这把鞭子打我，打死勿论。"唐明皇留下这根龙鞭，并被敬奉为丐帮始祖。千百年沿袭下来，乞丐们见了鞭子又敬又怕。丐头手中的皮鞭，既是其权力的信物，又是惩治乞丐的刑具。帮中乞丐有人犯了帮规，轻者驱逐出帮，重者打死勿论。

"杆子""鞭子"的传说当然不足信，那不过是用皇帝的"天威"来强化、神化丐首权威的政治伎俩，这是封建君主专制政治的惯用伎俩，丐帮也东施效颦，借来强化自身。今天看来颇觉可笑，在封建君主专制的政治文化中，此种伎俩却是行之有效的。

丐头是一种权威型人物，在丐帮内部拥有绝对的权威，在处置帮内众丐之间的冲突，处理帮内越轨或其他违规行为方面也具有最终裁决权。他们以"杆子"或"鞭子"为权力凭据，依此对帮内众成员实施权威型统治。比如帮内甲丐与乙丐争夺地盘不可了断，"起诉"上来，"杆子"受理之后居中调停，一经决定，不得违反，否则将受到"杆子"的惩处。再如，遇到人家有喜庆大事，丐头便代表全体乞丐前往收取捐额。至于帮内成员有生病的，丐头也负责指派手下买药服侍，直至病愈为止。如有死亡，也须出面集资埋葬……可以看出，丐帮内部管理自有其固有程序，俨然是个地下王国。

唐代人的衣食住行

每逢到国外的 Chinatown（唐人街或中国城）去购物，不管是纽约、华盛顿，还是波士顿、多伦多，都能生出无限的感慨：怎么这么脏？我不知道外国人怎样看我们中国人，但就我自己看着那些个街道和商店，心就兀自先虚了下来。接下来，就会自问：原因出在哪里？我们的祖先是否也这样？老实说，我没有答案。

最近偶读写于晚唐时期的一本书，叫作《中国印度见闻录》（穆根来、汶江、黄倬汉译，中华书局 2001 年版），是阿拉伯人根据旅居中国的阿拉伯商人的亲见亲闻记录而成，据说史料价值非常高。里面对唐代国人的衣食住行有不少有趣的记录，是正史不载或不屑记载的。因为有宗教的原因，阿拉伯商人的观察未免偏颇，但看起来误会的地方不多，今抄录如下：

关于如厕方面的："中国人不讲卫生，便后不用水洗，而是用中国造的纸擦。""无论印度人还是中国人，在不洁净时都是不做大净的。中国人解过大便以后，只用纸擦一下；印度人每天只在午饭前洗一次，然后才去拿食物。"所谓"做大净"，即是全身洗浴。与此相对应的是所谓"小净"，就是洗浴下身。

又说："中国人习惯站着小便，一般老百姓是这样，王侯、将军、高官、显宦们也是这样，不同的是他们使用了一根涂了油漆的木管。这木管约莫一肘之长，两端有孔，上面那个孔稍大一些，用来套住阴茎。要小便时，两脚站着，把木管的小端伸出身外，就可以把尿撒在管子里了。中国人认为，这样小便于身体有益。据他们说，凡膀胱疼痛，或撒尿时感到胀痛的结石病症，往往是因为坐着小便引起的，所以只有站着小便，膀胱里的尿才能完全排出来。"这段记录最奇怪。为什么要把木管套在阴茎上，管子通向哪里，都不清楚。这种风俗好像也没有其他佐证，但看起来并非为卫生准备，而属于医疗保健的范畴。

关于饮食方面的："中国人吃死牲畜，还有其他类似拜火教的习惯。""中国人和印度人屠宰牲畜时，不是割其喉让血流出，而是击其头至死。"所谓死牲畜，原来是指先击其头而置其于死地的牲畜，并非腐肉。

关于个人卫生方面的："印度人使用牙枝，他们如不用牙枝刷牙和不洗脸，是不吃饭的。中国人没有这一习惯。"虽然在唐代的敦煌壁画里我们已经看见过刷牙的图像，但中国人保持口腔卫生的通常做法是漱口，有所谓"漱口茶"。普通人的刷牙只是近代同西方交往之后才有的。

关于住房方面的："中国人房屋的墙壁是木头的。印度人盖房用石头、石灰、砖头和泥土。在中国有时也用这些东西盖房。""中国城市是用木材和藤条建造房屋，这种藤条可以编制用具，正如我们（阿拉伯）用破开的芦苇编造东西一样。房屋建成以后，还要涂上灰泥和油料。这种用蓖麻子榨成的油剂，一涂到墙上，就像乳汁一样，闪着洁白而晶莹的光泽，实在令人叹服。"（法文本译者认为"藤条"当是竹子之误）

关于丧葬方面的："中国死了人，要到第二年忌日才安葬。人们把死者装入棺材，尸体上面堆生石灰，以吸收尸内水分，如此保存一年。如果是国王，则尸体放入沉香液和樟脑里。亲人要哭三年，不哭的人不分男女都要挨打。边打边问他：'难道对死者你不悲痛吗？'死者被埋入坟墓，其墓葬和阿拉伯人的坟墓相似，但继续为死者供奉食物，并声称死者是可以吃喝的。事实上，人们把食物放在死者旁边，到了夜里或第二天早晨，食物便不见了，故称是死者吃了。只要尸体停在家里，就哭声不断。为了死者，有的甚至不惜倾家荡产。过去，当埋葬国王时，往往是把他生前的用具、衣服和腰带（他们的腰带是很贵重的）一起埋掉，现在这一习惯已经取消，因为坟墓常常被挖，坟中什物都被盗走。"如果把死者的棺材放在家中一年，无论如何都于健康无益。

关于服装方面的："中国居民无论贵贱，无论冬夏，都穿丝绸。""女人的头发露在外面，几个梳子同时插在头上，有时一个女人头上，可多达二十个象牙或别种材料做的梳子。男人头上戴着一种和我们的帽子相似的头巾。"

整体看来，阿拉伯商人对中国的观感颇好："中国更美丽，更令人神往。印度大部分地区没有城市，而在中国人那里则到处是城墙围绕的城市。""中国人比印度人更为健康。在中国疾病较少，中国人看上去较为健壮，很少看到一个盲人或者独目失明的人，也很少看到一个残疾人。而在印度，这一类的人则是屡见不鲜的。""在印度，很多地区是荒无人烟的，而在中国，所有土地均被耕种，全国人口密集。""中国人比印度人好看得多，在衣着和所使用的牲畜方面更像阿拉伯人。中国人的礼服很像阿拉伯人衣着。他们穿长袍，系腰带，而印度人不分男女，一律披两块布当衣服，另戴金手镯和首饰做装饰。"

唐代的中国真的是非常整洁卫生吗？本书没有回答。读过这书，似乎真的是向往多于厌恶。不过，书中也写到黄巢暴动的时候，"强者一旦制服弱者，便侵占领地，捣毁一切，连平民百姓也都杀尽吃光"。还说："这种（吃人肉的）事情，是中国风俗所允许的，而且市集上就公开卖着人肉。"这又让人感到恶心和悲哀。

白居易说工资

洪迈的《容斋随笔》认为唐代官员的工资其实不高，白居易的收入，应该说是微薄的。很显然，如今的什么粮补、菜补、独生子女费，或者国家特殊津贴，或者哪家文学杂志的高额稿酬，都不可能有的。但就这点工资，诗人还是很满足的，还有点感恩戴德，不过要写进诗里，大概有点难度，因为工资总离不开数字，这还不仅仅是化腐朽为神奇的事情了。

但是，白乐天是大手笔，把这些一一都写了出来，真不简单。

为校书郎时，也许是个科级干部吧！"幸逢太平代，天子好文儒……小才难大用，典校在秘书……俸钱万六千，月给亦有余……遂使少年心，日日常晏如。"

不久，升左拾遗，工资增加了一倍，"月惭谏纸两千张，岁愧俸钱三十万"。这两千张谏纸，纯系诗人为了三十万俸钱的对仗而虚拟的了。

为苏州刺史时，地县级干部，又是江南头等富庶地方，好像油水更充足一点了。"十万户州尤觉贵，二千石禄敢言贫"。

随后，白居易调进中央政权机关，为太子宾客，分司洛阳时，工资已是他参加工作时的十倍。"俸钱八九万，给受无虚月"。接着，升为太子少傅，工资达到他一生的最高程度，而且工作还相当清闲自在。"月俸百千官二品，朝廷雇我做闲人"。

一直到了晚年，退居林下，回到洛阳履道里他的大宅子颐养天年，还能领到百分之五十的养老金，"寿及七十五，俸占五十千"。也就很不错了。

从二十几岁参加工作时的月薪万六千，到七十五岁吃劳保时的五十千，看来唐代的通货膨胀情况，还说得过去。从苏轼羡慕白居易的诗"我似乐天君记取，华颠赏遍洛阳春"可以看出，即使如洪迈所称的清贫，诗人仍拥有这样的兴致和乐趣，使一生颠沛流离的苏东坡向往不已。这证明诗人的工资收入相当可观，才能过上优越的生活。

那时，他在洛阳龙门一带，经常请客聚会，野游踏青，笙歌弦诵，赏花吟月，晚景是很惬意的。苏轼还写过一首诗，提到了"我甚似乐天，但无素与蛮"，他认为自己与白居易同样很浪漫，但没有白公在洛阳家中拥有一个小歌舞班的条件。这素与蛮，一位善舞，一位能歌，都是相当漂亮的年轻女子。诗人能供养得起这样具有艺术才能的女侍以娱悦晚年，可让苏东坡着实羡慕。

洪迈说白居易一生清贫，是以自己的标准衡量的。洪迈的父亲为洪皓，礼部尚书，大哥洪适，尚书仆射兼枢密使；二哥洪遵，中书舍人，官至资政殿学士。一门皆为官宰，大富大贵的官宦人家，自然会在《容斋随笔》里说白居易的生活清贫了。其实，诗人行将下世时，还不能说薄有资财，他曾在诗中交代："先卖南坊十亩园，次卖东郭五顷田。然后兼卖所居宅，仿佛获缗二三千。"

看他拥有的这一份房地产和府中供奉的小歌舞团，别说中国诗人望尘莫及，外国诗人怕也是做梦都想不到的。苏轼为北宋人，洪迈为南宋人，按说，东坡先生的话似乎更可信些。孰是孰非，也就不去管它了。但白居易，一不假清高，不耻谈钱；二敢在作品中，为他人之不为。这两点，值得称道。

中国古代飞天梦：明朝万户被称为"世界航天第一人"

中华民族在人类发展史上曾创造过灿烂的古代文明。中国最早发明的古代火箭，便是现代火箭的雏形。随着神舟七号载人航天飞行的圆满成功，中华民族漫步太空的梦想终于实现了，标志着中国成为世界上第三个独立掌握空间出舱关键技术的国家。

1957 年 12 月 24 日，一辆从莫斯科出发的专列抵达北京。车上除 102 名苏联火箭技术人员外，还有一份苏联"还给"中国的厚礼——两发 P-1 近程地地导弹。据史书记载，火箭故乡中国的康熙皇帝曾送给俄国沙皇两箱古代火箭；200 年后，苏联又将两枚现代火箭送给了中国……

回望中国人的飞天路，从上古神话传说的女娲补天、嫦娥奔月到 600 多年前人类第一个尝试飞天梦想的明朝士大夫万户，再到新中国建立后中国人又七度飞天，七度凯旋，时间标注着中国腾飞的足迹，书写着中国航天科技的自豪、中华民族的荣耀。每一次壮丽腾飞，托起的都是中华民族的飞天梦想……

织梦者：中国古代对太空的向往

中国自古以来就不断地对宇宙进行研究：一方面用科学方法测量天体运行，制成历法；另一方面因为无法知道天空的奥秘，许多反映这种思想的神话故事，如女娲补天、嫦娥奔月、牛郎织女等，一直流传下来，成为人们喜闻乐道的民间传说。

太空的奥秘，在古代是无从窥探的。但人们不断地产生许多玄想、提出许多疑问。古代的思想家庄子写了一篇《逍遥游》，他描绘太空是"天之苍苍其正色邪？其远而无所至极邪？其视下也，亦若是则已矣"。他知道天是"其远而无所至极"，所以他玄想有一条大鱼（鲲）变为大鸟（鹏），"背若泰山，翼若垂天之云"，可以高飞九万里，"绝云气，负青天"，而抵达"天池"。

这虽然是寓言，正是他对太空的想象。文学家屈原曾说："登九天兮抚彗星"（《大司命》），"援北斗兮酌桂浆"（《少司命》）。最突出的是他所写的《天问》，对于宇宙提出了一系列的问题，他说："斡维焉系，天极焉加？九天之际，安放安属？天何所沓，十二焉分？日月安属，列星安陈？自明及晦，所行几里？……何阖而晦，何开而明？……"

他对于日月星辰的安排、岁时昼夜的运转、天体各星座和地球的关系，都提出很具体的疑问。这些疑问，正是人们的疑问，他自己不能解答，当时别人也不能解答，因此他只能把遨游太空作为幻想，作为梦游。他说："昔余梦登天兮，魂中道而无杭"，"欲释阶而登天兮，犹有曩之态也"（《九章》），又说："载营魄而登霞兮，掩浮云而上征"（《远游》），说明他对太空的向往。

本来，最早的《易经》就说"天险不可升"；汉朝人赵君卿作《周髀算经》以圆规率测天的时候，也引周公的话："夫天不可阶而升也。"古诗人曾说"难于上青天"，俗话常说"比登天还难"。自古以来，对于天、对于宇宙，虽然想知道它，但无法知道。在文学家的笔下常常把它写成神话，描绘成"太虚幻境"。

古代人民虽然不能了解天体的情况，但在这个愿望之下，把它构成许多故事或传说。这些神话性的故事，尽管内容不同，而向往窥探宇宙奥秘的愿望，却是一样。古籍中这类记载很多。如晋朝王嘉的《拾遗记》说："尧登位三十年，有巨槎浮于西海，槎上有光，夜明昼灭，海人望其光乍大乍小，若星月之出入。槎常浮绕四海，十二年一周天，周而复始，名曰贯月槎，亦谓挂星槎。"

这便是乘槎泛天河故事的起始，也可以说这是古代对于宇宙飞船的想象。又晋人张华《博物志》和宗懔《荆梦岁时记》分别记载天河中有牛郎织女，指的是银河系中的牵牛星和织女星，后来演化成为小说，编成戏剧。很显然，这是把天文学上的知识，演变成为民间故事。唐人牛峤的《灵怪集》叙述太原人郭翰遇织女，织女告诉他天上的情形："人间观之，只见是星，其中自有宫室居处，群仙皆游观焉。"一年后织女与郭翰分离，郭翰寄以诗曰："人世将天上，由来不可期。"

这是牛郎织女神话故事的发展。虽然是神话，而织女说的"人间观之，只见是星"，已说明古人的想象力。因为无从知道星球上的事物，所以只能以人间的一切来想象。幻想总是美妙的，旧时代的实际生活总是痛苦的，于是人们又把太空作为天府，认为是神仙世界，寄托了种种幻想。

古人虽然不能了解太空的情形，又经常看见"天陨石"的现象，有些人就担心有天塌地陷的危险，即古语所说的"杞人忧天"。唐段成式《酉阳杂俎》记王秀才在嵩山遇一工人，对他说"月势如丸，其影则日烁其间也，常有八万三千户修之"。这虽然是一段神话，也说明了古人的天文知识，即日球和月球的关系：肯定月球比日球小，月球的光亮是由日球而来，都值得注意，是带有科学性的神话。

虽然古人不能深切地认识宇宙，但远在公元2世纪的汉朝，张衡就创造了"浑天仪"和"候风地动仪"，这是最早的测天仪器。自从这位杰出的天文历数家制造出测天仪器以后，人们便进一步认识了天体，初步了解了星际的运行。以后又出了许多天文家历数家，对天文历象做出了伟大的贡献。

实践者：明朝人勇敢的航天壮举

航天是中国人古已有之的梦想，只是苦于没有交通工具，数百年间这个梦想一直停靠在无数人的心里无法出海。明朝时，情况大为改变，当时国内的兵器工业取得了重大进步，尤其是"火箭"技术的提高，使一个名叫万户的人最终将这个千百年的梦想付诸行动，成为世界航天史上的第一人。

明朝火箭技术领先世界　南宋之后的元朝时期，统治者醉心于帝国广阔的领土和巨大的财富，对火箭的技术几乎没有做出任何贡献。直到朱元璋揭竿而起，驱逐元朝，火箭原地踏步的情况才大有改善。经过数代人的研究，明朝的火箭在发射形式上大为丰富，总的来说包括以下三类：

一、简单架式发射，待发的火箭为1至5枚，如神机箭（3发）、龙架箭（单发）。

二、筒式发射，小型的待发箭同样为1至5枚，如小竹筒箭（单发）、单飞神火箭（单发）、五虎出穴箭（5发）等；大型的为并列筒式，待发箭有数十枚，如"平旷步战随地滚"，有7个箭筒并列排开，两端有轮，火力强大。

三、箱式发射，可以一次射出20至100枚火箭，用于对付密集阵形的敌人。发射箱为木结构，以一次性齐射为主，内部有前后两块带孔挡板，用于确定火箭在箱中的位置，平时用盖子盖上防潮，战时打开盖子点燃引线就可发射，火力猛又易于储藏，因此逐渐成了主要的火箭发射方式。主要品种有一窝蜂（32发）、群鹰逐兔箭（25发）、长蛇破敌箭（30发）、百虎齐奔箭（100发）、四十九矢飞廉箭（49发）。

无论是射程还是杀伤力，明朝的火箭技术都是世界领先的。当时的神火飞鸦、火龙出水和飞空击贼震天雷炮三种新产品独具匠心。宋朝火箭的战斗部是铁制的箭镞，杀伤力小，功能单一；神火飞鸦和飞空击贼震天雷炮的战斗部为爆炸型，并且加入铁片瓷片等破片来加大对人员的杀伤效果。火龙出水的战斗部则是纵火燃烧型的，在海战中可以焚毁敌舰。其次是推进用的火箭，以并列的火箭来增加推力。火龙出水更是采用了两级火箭，射程极远，在对抗日援朝作战中曾经大显其威，让丰臣秀吉的倭兵们吃尽了苦头。

万户：世界航天第一人　美国火箭学家赫伯特·S.基姆（Herbert S. Zim）在1945年出版的《火箭和喷气发动机》（Rockets and jets）一书中提道："约当14世纪之末，有一位中国的官吏叫万户，他在一把座椅的背后，装上47枚当时可能买到的最大火箭。他把自己捆绑在椅子的前边，两只手各拿一个大风筝。然后叫他的仆人同时点燃47枚大火箭，其目的是想借火箭向前推动的力量，加上风筝上升的力量飞向前方。"

万户生于明朝初年，原本是个富家子弟，和大名鼎鼎的明熹宗朱由校一样从小酷爱木工。所不同的是他喜欢钻研，进行技术改良或是发明创造，而朱由校则是纯粹地做好木匠。万户为了让自己的天赋产生最大的价值，毅然放弃科考，参军入伍走上了保家卫国的第一线。这段时间，他用自己的双手改造了一系列武器，刀、枪、箭、炮无所不包。当时明朝政府还和逃到北方的元朝残余势力常有大规模交火。他的这些发明让明军屡获战功，大将班背因此十分欣赏他，把他调到兵器局上班，专心武器研发。事实上，班背也是个兵器爱好者，他的兴趣重点在当时的火箭技术改良上，梦想能制造出一飞冲天的"飞鸟"。闲暇之余，班背就与万户一起讨论。有了大靠山，万户的前途似乎一片光明。然而，班背是个十分正直的人，舌头不会打弯，心眼也不会打弯，从来都是一根直肠子。没过多久，他就因得罪了右中郎李广太，被炒了鱿鱼不算，还被关在拒马河上游的深山中。

看到好友受难，万户心神难安，想尽办法要营救。恰好这时燕王朱棣正广泛笼络人才，能工巧匠来者不拒。李广太看准了朱棣这棵大树，竭力巴结，并推荐了精通尖端兵器技术的万户。但是他知道万户和班背的关系，所以多次威逼利诱。万户为了帮好友早日脱离苦海，就答应了他。人算不如天算，拒马河靠近明朝边境，是蒙古骑兵经常遛马的地方。没等万户人到，班背就死在了蒙古骑兵的刀下。遇难前，他让随从把自己毕生的研究成果——《火箭书》带了出去，交到万户手上，希望他完成自己的飞天梦想。

握着《火箭书》，万户立誓要造出"飞鸟"，从此开始了漫长的钻研。其实，火箭这种技术早在弓箭诞生不久就已经有了，原本的含义是纵火之箭。通常作战时，士兵在箭头缠上甘草等易燃物品，点燃后射向敌人，达到大力度杀伤对方和焚烧粮草的效果。这种技术使用了很多年，在隋唐时期出现火药的基础上，又进行了重大改良。即把易燃物换成火药，产生的效果就不仅仅是燃烧，还有更大威力的爆炸，这种火箭的名字叫作"弓射石榴箭"。实际上，"弓射石榴箭"的动力基本还是来自人的双臂，射程有限，无法达到理想的杀伤效果。这种情形在南宋时发生了改变。当时在与蒙古骑兵的长期对决中，为了有效地在远距离之外消灭对方的机动兵力，让骑兵的优势无法发挥，能工巧匠们开始用火药气体取代人的双臂，推进火箭发射。最初的时候，弓箭手们利用绑在箭杆上的火药筒喷出火药气体来增加射程。不过这是一项高难度工作，人的力量、弓的张力和射角都必须达到完美的配合，才能产生最理想的效果。为了解决这一技术难题，聪明的祖先逐渐设计成完全依靠火药气体推进的发射形式，这就是最原始的单级火箭。

万户经过多年的研究，逐渐从军中广泛使用的火箭中得到了灵感，设计出一种前所未有的"飞龙"火箭，射程可以达到1000米。理想终于完成，该是实现梦想的时候了，正如钱学森教授所说"将人送上蓝天，去亲眼观察高空的景象"。虽然是在600多年前，虽然是百分之百的送死，但是万户还是迈出了人类走向太空的第一步。当时没有宇宙飞船，他就用椅子代替，椅子后面捆绑了47支"飞龙"火箭，借助火箭向前推进的力量，太空似乎不再遥远。难能可贵的是，他还想到了着陆问题，手里准备了两个大风筝，这样就可以平稳地降落。这几乎是当时所能用到、所能想到的最先进的优势组合了。

起飞那天，万户坐在飞天椅上，平静地吩咐仆人举起火把。他的梦想，班背的梦想，无数古人的梦想，那一刻在他的口中化作两个坚定的字——点火！随着一阵阵轰响声，火箭喷出一股股火焰，"飞龙"火箭把万户推向半空。正当地面观看的人群欢呼的时候，第二排火箭自行点燃了，一声巨响，万户连同"飞天椅"一起坠落在万家山……

万户就这样走了，他牺牲在自己梦想的征途中。为了纪念这位伟大的人类航天先行者，在20世纪70年代的一次国际天文联合会上，众人将月球上一座环形山命名为"万户"，将万户的名字永远写在了他梦想触及的地方，以纪念"第一个试图利用火箭做飞行的人"。

作为兵器的古代火箭，在宋、元、明代有过几百年的辉煌历史。以古代火箭为基础，在随后的历史发展中，随着科学技术的进步，人类一步步将飞天的梦想变成了现实。

曹雪芹写吃

《红楼梦》第八回，贾宝玉在薛姨妈处便饭。

这位少爷提出来，要求吃鸭舌头。他"因夸前日在那府里珍大嫂子的好鹅掌、鸭信，薛姨妈听了，忙也把自己糟的取了些来与他尝。宝玉笑道，'这个须得就酒才好。'"

鸭信，即鸭舌，煮熟，用香糟卤汁浸泡，入味后，便是一道美味冷盘。

吃的时候，喝两口绍兴花雕，而且是加过温的，那就更是香醇佳肴了。看来，富贵公子贾宝玉，不仅仅是一个无事忙，还是一个很懂得欣赏美味且会吃善吃的美食家。其实，不是贾宝玉懂，而是写《红楼梦》的曹雪芹懂。

那是一位写吃的文学大师，我想他写吃写得好，因为他确实会吃。当代作家已经不大写吃，我想很可能太忙于其他了，顾不上吃，因而也就不甚会吃，不善写吃，真是遗憾。

以动物的舌为菜肴，例如北京小饭馆的"卤口条"，例如广东路边档的"烧腊猪"，都属于大快朵颐、淋漓酣畅的享受。虽然，吃惯大众食品的那张嘴，吃贵族阶层的美味佳肴，应该不会有障碍，但是，让吃过"酒糟鸭信"，颇讲究精致吃食的贾宝玉，要他在前门外的小胡同口的某家小饭铺，坐在油脂麻花的桌子板凳上，夹一大筷子"卤口条"塞满嘴，喝那种又辣又呛又上头的二锅头，我想他会敬谢不敏的。肯定大摇其脑袋，对他的随从小厮茗烟说：你把马牵过来，咱们还是回府里去吧！

什么人吃什么，不吃什么，也许没有绝对的界限，但什么阶层吃什么，不吃什么，还是有一定的规矩章法可循。

第十九回，贾宝玉被他的小厮茗烟带着，偷偷地跑到袭人的家里去玩。"花自芳母子两个恐怕宝玉冷，又让他上炕，又忙另摆果子，又忙倒好茶。袭人笑道：'你们不用白忙，我自然知道，不敢乱给他东西吃的。'"这位贵族公子，和他贴身丫鬟袭人那平民百姓家的饮食好恶的标准，反映了中国饮食文化上，两个不同消费层次的区别所在。

曹雪芹接着这样写："彼时他母兄已是忙着齐齐整整的摆上了一桌子果品来，袭人见总无可吃之物，因笑道：'既来了，没有空回去的理，好歹尝一点儿，也是来我家一趟。'说着，捻了几个松瓤，吹去细皮，用手帕托着给他。"把吹去细皮的松瓤，放在手帕上的这个细节，挺传神，挺雅致，将贵族和平民在饮食文化上，那种能感觉得出来，却很难条理化、具体化的差别传达出来，着墨不多，表现充分，寥寥数笔，印象深刻。老北京有句谚语，说得有点刻薄，然而却是一种历史，一种沿革，一种很具沧桑感的总结："三代做官，才知穿衣吃饭。"或稍雅致一点的："三代为宦，方知穿衣吃饭。"

我不禁想起前些年在江南一座古城，一家老字号菜馆，一次"红楼宴"的经历。

说实在的，我非常佩服曹雪芹，特别是他在精神方面的坚强、坚定、坚忍，是令我感到惭愧地。假如我又穷又饿，只有一碗薄粥、一块咸菜的情况下，是绝对写不来，也写不出，更没勇气去写《红楼梦》中那形形色色的吃，我没有那份经受得住自虐的定力。经过三年灾荒的我，知道饿极了，真能使一个人的道德为之沦丧，很难做到曹雪芹的"三坚"。

那天，当我入席，还未举杯拿筷，光看到那陈设，那杯盘。那酒具，那些已经放置在转盘上的看盘和冷碟，我就忍不住对一位现在早已故去的文学前辈讲：某某老，我在想，一个饥肠辘辘、饿得前心贴后背的作家，要他在自己的作品中，写这一桌珍馐佳肴，他的嘴里，会是什么滋味？他的肚中，会是什么动静？他那大脑下丘部的饥饿反射神经，会是什么反应？恐怕那准是一件不仅十分痛苦，而且还是相当折磨的事情吧？

前辈对我莞尔一笑：所以，你成不了曹雪芹。

我承认我没出息，宁可下辈子也成不了曹雪芹的角色，总得先解决肚子问题为上。

一个作家，穷，而且饿，还要在作品里一字一句写这些勾起馋虫的美味，这种回味中的精神会餐，其实是物质上，更是精神上对生命的双重磨耗，曹雪芹自然也就只有提前死亡的结局了。

因此，他几乎没有写完这部书，大年三十晚上，就"泪尽而逝"。

我很羡慕现在那些同行，将"食色性也"的次序颠倒了一下，成了"色食性也"，集中精力写"色"，而不写"食"。因之，当代作家的笔下，很少有人像曹雪芹那样专注地写吃了。很多同行，下力气写性行为，写性动作，不遗余力，将中国裤裆文学推向一个新高度。我好像感觉到他们对天盟誓过的，一定要超过写《金瓶梅》的兰陵笑笑生，不达目的，死不瞑目。如今，如果在他们的作品里，到了第8页。或者到了第10页，男女主人公居然还没有上床的话，这位作家，很可能就是性无能或者性冷淡的患者了。

所以，我总觉得，当代文人把曹雪芹写吃的传统丢了，不能不说是一件既愧对前人，更抱憾后人的事情。《三国演义》里，曹操、刘备、孙权，还有在甘露寺招亲的吴夫人，怎么吃，吃什么，罗贯中给我们留下的，是空白。身在曹营心在汉的关云长，三日一小宴，五日一大宴地被款待着，都宴些什么东西，也就只有鬼知道了。《水浒传》里，除了"大碗喝酒，大块吃肉"这个响亮而且空洞的口号，除了花和尚鲁智深怀里那条狗腿，除了孙二娘黑店里的人肉馒头，除了武大郎先生挑上街卖的炊饼，那些打家劫舍的江湖义士，那些替天行道的草莽英雄，一日三餐，都把什么食物塞进胃里去，施耐庵自己都说不出来。作为读者的我们，又能知道些什么呢？

施先生和罗先生，这两位文学前辈在这个领域的失语，是我绝不敢恭维的。

从眼前这一桌绝非杜撰的"红楼宴"，我们充分体会到大师曹雪芹的艺术功力，他在这部不朽之作中，几乎提供了有关美食的全部细节。包括原料、加工制作过程，以及形状、颜色、品位等事项。古往今来，几乎所有的中国作家，都无法做到他笔下如此详尽完善的程度。否则，那位穿着古装的服务小姐，也就无法头头是道地给在座的食客讲解"胭脂鹅脯""姥姥鸽蛋""茄鲞"的来历和特点了。

由此，我也联想到作家能够写出什么，写成什么，和他成长的环境有着莫大的关系。不是我们写不出，不是我们不会写。说出这个结论，是要请读者原谅的：一个没有三代为官，从只吃过炸酱面、面糊糊的田间地头，从只吃过猪头肉、羊杂碎的市井胡同，走出来的文学先生或文学女士，要他们来写满汉全席，写山珍海味，那是很困难的。

出身于贵族之家的曹雪芹，与施耐庵、罗贯中这样来自士绅阶层的文人，在饮食文化层次上，存在着巨大差异。而且曹雪芹从南京吃到北京，这两处都是中国精致美食的发源地。但是，施耐庵的家乡江苏兴化，除了咸鸭蛋外，罗贯中的家乡山西太原，除了刀削面外，便乏善可陈了。何况，曹雪芹所写的"吃"，都是他吃过的，而罗、施二位大师，所写的那些"吃"，不但没吃过，甚至没见过，没听说过。无米之炊，巧妇难为，道理就全在这里了。

那次"红楼宴"上，在座陪同的地方上的头头脑脑，一再征询那位前辈，对推出这样的旅游饮食项目，有些什么评价？对那位显然读过《红楼梦》的服务员小姐的讲解，有些什么看法时，某某老呵呵一笑，不做正面答复地支应过去。

不过，对打成右派、经过劳改的我来说，还是很过瘾的一次口福享受。

事后，我问他：为什么不表态？没想到老人家语出惊人："如果曹雪芹就吃这种样子的，色香味毫无特点的所谓美食，他还能成为那个不朽的文学大师吗？"

这位前辈是见过大世面的，我相信他的评价。

然后，他突发奇想地问我：你觉得一个作家最要紧的自身素质是什么？我还没有想好如何回答，他先把答案讲了出来：一个是感觉，一个是想象，感觉要细微得不能再细微，想象要丰富得不能再丰富。就这桌"红楼宴"，能给我什么感觉，能使我有什么想象啊！

他这一说，我对曹雪芹更加肃然起敬了。

史事新说

夜郎：被世人误解两千年的古国

夜郎立国共三四百年，是汉代西南夷中较大的一个部族，或称南夷。西汉成帝时，夜郎与南方小国发生争斗，不服从朝廷调解。汉廷新上任的牂牁（今贵州省大部分及广西、云南部分地区）郡守陈立深入夜郎腹地，斩杀名叫兴的夜郎末代国王，平定了其臣属及附属部落的叛乱。从此之后，夜郎不再见于史籍。那么在历史上存在了300多年的夜郎古国到哪里去了呢？

寻找"自大"的夜郎国

夜郎国的故事首见于司马迁的《史记》。汉武帝开发西南夷后，为寻找通往身毒（今印度）的通道，于公元前122年派遣使者到达位于今云南境内的滇国，再无法西进。逗留期间，滇王问汉使："汉孰与我大？"后来汉使返长安时经过夜郎，夜郎国君也提出了同样的问题。这段故事渐渐地便演变成家喻户晓的成语——夜郎自大。

其实夜郎国君提出"汉孰与我大"并非妄自尊大，也不是向汉王朝叫板。夜郎是僻处大山的小国，其位置就在今天的云、贵、湘一带。这一地区，即便是今天，交通也多受限制，两千多年前更是山隔水阻。偶有山外客来，他们急于打听山外世界，想知道汉朝是个什么样的国家，也是人之常情。不过，也多亏了"夜郎自大"这个贬义性的成语，使夜郎国这个原本不为人知的小国留在了史册上，留在了人们的印象中。

在《史记》的记载中，夜郎国有精兵10万，兴建起了城市。考古发掘也证实，夜郎国的主要所在地贵州，当时确有较发达的农耕文化，最直接的证据就是在贵州威宁中水大河湾发现了碳化的稻谷堆积层。在贵州赫章县的可乐地区，还发现了一大批战国至西汉时期的土坑墓，葬式非常奇特，是把铜釜或铁釜套在死者的头上和脚上，或将釜置于死者的脚下，被称为"套头葬"。这样的葬式此前在世界范围内都未发现，可见是神秘、古老的夜郎文化。墓葬中出土的饕餮纹无胡铜戈、青铜箭镞、一字格曲刃铜剑、铜柄铁剑、心形纹铜钺、蛇头茎首铜剑、牛头形铜带钩和鲵鱼形铜带钩，也显

然都不是中原或巴蜀器物，应该是夜郎文化的遗存。

一直以来，人们从未发现过夜郎国的蛛丝马迹。连记载于神话传说中的古蜀国都找到了曾经存在的证据，而记载于《史记》中的夜郎国却"犹抱琵琶半遮面"，让人摸不到头绪。有人甚至认为，夜郎国可能是一个虚幻的世界，一个空中楼阁，是道听途说的产物。现在，贵州一带的考古发现告诉世人，夜郎国是真实存在的。古夜郎的地域与今天的贵州并不完全重合，它包括贵州的大部分与滇东及桂西北，还可能包括湖南的一部分，而贵州则是夜郎的腹心地带。西汉以前，夜郎国几乎无文献可考。直到《史记·西南夷传》略述夜郎国的历史后，人们才知道在西南边陲有一个夜郎国。

对于夜郎国的考古发掘，有一个奇怪的现象出现在人们眼前。从发掘成果来看，夜郎国的国都好像到处都是，除了贵州的沅陵、广顺、茅口、安顺、镇宁、关岭、贞丰、桐梓、贵阳、石阡、黄平、铜仁以外，还有云南的宣威、沾益、曲靖，以及湖南的麻阳等地方。这些地方都发现有相关文物，而且大多数地方的民间都有关于夜郎国的传说，证明该地曾是夜郎古都。有人因此认为，夜郎国时期战争频繁，疆域不断变动，其国都也不可能长久地固定于一地，应该是不断变迁、经常变化的。

夜郎国从何时开始存在，无从查证，只能根据现有的证据大致推断，而其灭亡的时间，则被认为是在汉成帝河平年间（公元前28年—公元前25年）。这一时期，夜郎王兴胁迫周边22个小国反叛汉王朝，被汉臣陈立所杀，夜郎也随之被灭。

夜郎古国的四重面纱

自从旅游业在中国兴起，文化旅游越来越吸引人们的目光，作为一个古老文明的国度，作为中华民族灿烂文化的组成部分，夜郎国的人文价值开始逐渐被世人看重。一段时间以来，湖南、云南、贵州、四川等地都在争抢"夜郎"的归属权。那么，夜郎国究竟在哪儿呢？

为了寻找夜郎古国，考古人的足迹遍及湖南、四川、贵州和云南。由于在史书中找不到更多的线索，他们希望通过考古发掘让夜郎古国重新复活。经过近半个世纪的研究，满腔热情的考古学家们难以面对尴尬的现实：夜郎古国神秘的面纱刚刚揭开一角，探寻之路却已山重水复。对夜郎古国苦苦追寻的人们虽然已经找到了夜郎国确实存在的证据，但遗憾的是，至今仍没有人能见到夜郎的"庐山真面目"。时至今日，夜郎古国至少还存在四大谜：

第一个谜，古夜郎的疆域和都城在哪里。作为一个国家，不论它是大是小，不论它存在过多久，都应该有一个自己的统治范围，存在政治、经济和文化的中心。要确定其疆域，首先要确定其都城——也就是政治中心的所在。现在，贵州、云南、广西和湖南的一些地方都认为自己那里是夜郎国的都城。这些说法都能引经据典，并非子虚乌有。那么，到底哪一个才是真正的夜郎国都呢？

第二个谜，谁是夜郎国的统治民族，或者谁是夜郎国人口最多的民族。目前对于这个谜有四种答案：有人说夜郎国的统治民族或者人口最多的民族是苗族，有人说是彝族，有人说是布依族，还有人说是仡佬族。为证明本民族是夜郎古国的先民，这四个民族都成立了民族学会，但还没有任何一个找到能够一锤定音的证据。

第三个谜，夜郎国所处的社会阶段是什么样的。夜郎国是原始社会末期阶段，还是奴隶社会早期阶段，或是奴隶社会与封建社会的过渡阶段，又或是封建社会早期阶段？如果能知道夜郎国所处的社会阶段，对确定夜郎国的历史地位、追寻夜郎国的起源无疑具有重要意义。

第四个谜，夜郎国究竟存在了多长时间。夜郎国灭亡的事件在史书中有明确记载，但它建于何时，却没有记载。较为普遍的看法是，夜郎国存在了 300 年左右。但是这种说法没有实际证据，也没能获得学界的统一认可。

这四个谜虽然至今没有被解开，但也不是完全没有线索。贵州赫章可乐西南夷墓葬群的考古发掘，就为解密夜郎文化提供了重要帮助。司马迁在《史记·西南夷传》中说，西南夷建立的政权有数十个，其中夜郎国是最大的。西南夷在历史上泛指云贵高原与川西的古老民族，夜郎文化就是西南古老民族文化的代表。

自从可乐地区农民因农事活动发现第一批出土文物以来，考古工作者先后在可乐地区进行了数次发掘，共发掘古墓近 400 座，出土文物 2000 多件，其中，战国、西汉、东汉时代的文物都有大量出现。出土的石、陶、玉、青铜、铁、玛瑙等不同质地的农具、生活用品、战斗兵器、装饰品及农耕画像砖、乐工图画像砖等大量文物，充分反映了战国至秦汉时期独特的夜郎民族文化，以及秦汉时期的汉文化与夜郎民族文化相融合的特点。

可乐，在彝文古籍中叫作"柯洛侔姆"，是"中央大城"的意思。这很可能意味着这里就是夜郎国的国都。"柯洛侔姆"在汉文史书中记作"柯乐"，后来就演变成了"可乐"。现在，在可乐地区居住的少数民族中，彝族人最多。当地人也说，彝族是最先进入可乐的人。如果可乐真的是夜郎国的国都，那么彝族人很可能就是当初的夜郎国人。

夜郎国在可乐地区建造城市时，已发展到鼎盛时期。众多同时代的城市遗址表明，夜郎王为了扩展地域，很可能曾携带家眷，率领兵卒，先后在今天的云南、四川、贵州等地区多处建立城池。这也许就是许多地方都被认为是夜郎国都的原因。

结合史书记载以及考古发掘的成果来看，夜郎国主要分布在贵州已成为不争的事实。但可乐西南夷墓群只能说明可乐当时是一个重要的城市，非常繁荣。如果仅凭名字就说它是夜郎国的国都，理由还不够充分。

夜郎国的四大谜题，并未真正解开，神秘的夜郎古国仍需要我们继续探寻。

活在彝族历史中的古夜郎

在古代中原王朝编纂的史书中，对少数民族以及其他附属国的记载历来非常简略，对夜郎国尤其如此。那些只言片语的记载，让人根本理不清夜郎国起源的头绪。

就在人们挖地三尺地搜寻时，有人突然在彝族的文献资料中找到了线索。彝族是一个古老的民族，有自己的风俗和文字。他们的历史记载，甚至比中原的更连贯，保存得更好。而且在他们的文献中，竟然有非常详细的关于夜郎国的记载。

根据彝族的史料可知，夜郎之名是以国君夜郎的名字命名的，分为武米、洛举、撒骂、金竹四个历史时期。武米历史时期又分为夜郎、采默、多同、兴和苏阿纳四个历史阶段。夜郎时期，夜郎国只是一个较强大的奴隶制君主国。从国王采默即位开始，以夜郎为首，四周的小国建立起了联盟，并与周朝建立了联系。

夜郎奴隶制联盟有浓厚的军事性。为了共同的和各自的利益，各联盟国在夜郎国的指挥下作战；战事结束或夜郎国实力衰减时，一些盟国就可能脱离出去，各自为政。当时那里的战争非常频繁，其中有关夜郎的战争最多。比如撒骂时期，夜郎曾经非常强大，但频繁的战争消耗了这个王朝的实力，它统治下的句町部的幕帕汝合磨部逐渐强大起来，其首领金竹于是掌握了夜郎的军政大权，成为夜郎盟主，建立金竹夜郎。金竹夜郎统治时期是夜郎国有史以来最强盛的时期，也可能是夜郎国向封建社会过渡的时期。可惜的是，金竹夜郎的最后一代国王兴不明智地惹怒了汉王朝，引来了国破家亡的大祸。

夜郎王印与活人坟

在中国的考古学中，印玺绝对是一项重要内容。奴隶社会以及封建社会，印玺一直是权力的象征，找到一枚古老的印玺，很可能就可以确定一个传说中的势力。

按《史记》的记载，公元前135年，汉武帝派大将王恢率军降服东越，之后派唐蒙劝告邻近的南越归附。唐蒙在南越吃到一种名为枸酱的美食，回到首都长安后，他从巴蜀商人那里了解到，枸酱是巴蜀的特产，是经夜郎国的牂柯江运到南越的。巴蜀商人的解释提醒了唐蒙，他建议朝廷顺牂柯江出奇兵，制伏南越。汉武帝采纳了他的建议，任命他为中郎将，率精兵千人进入夜郎。唐蒙到夜郎后，赐给夜郎王多同许多宝贝，恩威并用，约定让汉朝在夜郎设置管辖机构。后来，南越开始对抗汉朝，被汉军消灭。夜郎王本来依赖南越，此时便立即入朝称臣，被汉朝正式封王，并与滇王同时得到汉朝赏赐的王印。

从《史记》的记载可以看出，夜郎国应该有一枚中原王朝赐予的印玺。但人们对《史记》的这个记载并不完全相信，因为夜郎国的印玺从未在历史上出现过。

1956年冬天，云南考古人员在滇池东岸的晋宁石寨山进行考古发掘。有人开玩笑地说："如果能出现一颗滇王印就好了，石寨山的名气一下子就会大起来。"这本是戏言，哪知道几天后，人们果然清理出一枚金印，上面刻着四个典型的汉篆阴字——"滇王之印"。金印完整无损，印背上雕刻着一条大蛇，两眼熠熠放光。学者们考证后认定，这就是汉武帝颁赐给滇王的金印。

滇王印的发现，证明了司马迁在《史记》中记载"汉武帝赐印给夜郎王与滇王"的事是真实可靠的。滇王印的发现，标志着古代滇国正式复活。那么，夜郎王印又在何处呢？

夜郎王印应该是每朝君王之间代代相传。夜郎灭亡前，这枚重要的印玺应该在夜郎王手中。公元前27年，汉朝太守陈立诱杀了夜郎王，夜郎王的岳父翁指、儿子邪务兴兵复仇。不知道什么原因，他们率领的大军叛变了，叛军拿着翁指的首级投降了汉朝。夜郎国从此灭亡，夜郎王印的下落便成了千古之谜。夜郎王是被杀的，他的夜郎王印很可能在之后被汉朝收回。如果是这样，要找到夜郎王印就成了极其困难的事。

但也有人认为，夜郎王是被陈立引诱出来杀掉的，很可能没有随身携带印玺。后来，翁指被叛军杀掉，但夜郎王的儿子邪务的下落，我们却没有见到相关的历史记载。那么，这颗印就很可能被邪务继承，在兵败后被带走了。

上述说法中，任何一种如果符合史实，就意味着夜郎王金印的下落将很难被找到。

俗话说，东方不亮西方亮。就在夜郎王金印被找到的可能性越来越小的时候，夜郎王青铜印离奇地出现在人们眼前——贵州镇宁的一位杨姓苗族老人称：他们这一支系的苗族是夜郎王的后裔，他手上有一枚夜郎王自制的大印！经过专家仔细确认，这枚青铜印确实是汉朝时期的重要文物。不过此印是用青铜制造，明显不是汉朝赐予的金印，很可能是夜郎王在获得朝廷赐印前自制的印玺。

那么，发现青铜印的镇宁真的是夜郎王族最后栖息的土地吗？

在镇宁，有一个叫蒙正的村落。"蒙正"，在当地语言里是"遗留下来"的意思。这里的人每年都要举行一次祭祖活动，而祭祀的对象却只是山坡上一些残破的小石洞。这些小石洞有一个古怪的名字，叫作"活人坟"。当地人说，那里不是埋葬死人的，而是埋葬活人的，他们的祖先就是当年埋在活人坟里的人，后来从坟里跑出来，繁衍出现了后代。

如此奇特的事件到底是怎么发生的？

有学者解释，活人坟与夜郎国有关。夜郎国被汉朝灭亡后，首领带着夜郎国的军队逃到现在的蒙正村一带避难。经过200多年的时间，这些夜郎国后裔使自己的部落又繁盛起来，逐渐发展壮大。大约到了三国时期，蜀国统治了包括蒙正在内的巴蜀以及贵州。当时，夜郎国遗留下来的后裔已经强盛。他们兴起复国的想法，发动了战争。结果，夜郎后裔大败，被蜀国俘虏了2000多人。蜀国为防止夜郎人再次造反，命夜郎王族迁往汉中。

陕西汉中距离贵州镇宁2000多里，道路崎岖，距离遥远。夜郎人中的老弱病残显然不可能在这样的迁徙中活下来。所以，族长让无法进行长途跋涉的人留了下来，决定让他们安息在蒙正，修建了活人坟。

也可能，所谓的活人坟是夜郎人想出来的计策。他们修了活人坟，留下气孔和食物，安排一部分人躲在里边掩人耳目，等蜀国军队撤军后再出来。活人坟中的人躲藏了几天后，悄悄走了出来，重新开始自己的生活，也就有了现在的蒙正村居民。

这个解释，也正好能说明为什么夜郎王青铜印会在杨姓老人的家族中秘密地流传到今天。

"另类"奇才：东方朔那些事儿

汉武帝一朝人才济济：卫青开疆扩土，霍去病克敌制胜，汲黯心忧社稷，张汤严刑峻法……唯有一人难以定义：他满腹经纶却没有几句治国安邦之言，他放浪形骸却又疾恶如仇；皇上对他百依百顺，群臣眼中他又无足轻重。他是谁？是旷世奇才还是跳梁小丑？是喜剧之王还是悲情智圣？

这位匪夷所思的人物就是东方朔。当时社会，没有人能够理解他，现代价值多元，倒是有一个词差可比拟：另类。"另类"这词儿好。首先，它没有褒贬。我们要讲的是

东方朔如何与众不同，为什么与众不同；至于他这样对不对，好不好，要不要模仿，就见仁见智了。其次，就字面看，"另类"就是"别一类"，既然"别一类"，我们就要跳出各种古典的或现代的条条框框去看他。

东方朔到底有什么本事将"另类"进行到底？

功名俸禄一担挑

求职

汉武帝喜欢"海选"。大家记不记得那个开通西域的张骞？他就是借一次"海选"当上全权大使的。"海选"，就是"不设门槛地选人才"；"海吹"自然就是"不着边际地吹大牛"。

汉武帝即位之后，于建元元年（公元前140年）下诏，要求各地广泛推举贤良方正之士。这次"海选"活动，四方士上疏言得失者以千数，盛况空前。而且一旦选中，待以不次之位，不拘辈分授予官职，待遇优厚。

东方朔

果然，"海选"中汉武帝淘到两个宝贝。

第一个宝贝就是董仲舒。董仲舒是公羊派《春秋》的大师，他的《天人三策》以儒家学说为基础，引入阴阳五行理论，建成"天人合一"的"大一统"思想体系；他才华横溢，思维缜密，提出一系列治国方略。因此，董仲舒的入选是中规中矩，武帝对他是相见恨晚。

第二个宝贝就是东方朔。这次"海选"只比文章，不比才艺，文章不是东方朔的最强项，但他依然能够在数以千计的谋位者中脱颖而出。

他凭什么令当朝天子"一见倾心"？东方朔的办法是"海吹"。

且看东方朔怎么吹的吧——

草民东方朔，爹妈早逝，由哥嫂养大。12岁读书，三个冬天读的文史已经够用。15岁学击剑，16岁学《诗》《书》，读了22万字。19岁学兵法，也读了22万字。如今我已22岁，身高九尺三寸（2米多）。眼睛亮得像珍珠，牙齿像贝壳一样整齐洁白，兼有孟贲（古代卫国勇士）之勇，庆忌（先秦以敏捷著称的人）之敏捷，鲍叔（齐国大夫，与管仲分财，自取其少者）之廉洁，尾生（先秦人名，与女友约于桥下，友人不至，河水上涨，尾生坚守不离，被淹死）之诚信。我是文武兼备，才貌双全，够得上做天子的大臣吧！

东方朔这番个人简历，实在是先声夺人，让汉武帝一下子记住"东方朔"这三个字，并且大加赞叹。

如果说董仲舒的《天人三策》是一剂大补丸，利胆养心；东方朔的这篇文章就是一瓶辣椒酱，开胃醒脑。东方先生的"另类"自不待言：一是不谈治国，二是自我标榜。从头到尾，没有一句经纬之论。

但是，汉武帝愣是被东方朔深深吸引，视之为奇才。不过，汉武帝非常有分寸——毕竟这只是"高自称誉"的小打小闹，没有提出任何治国之道。比起董仲舒，东方朔当然不在同一个重量级上。汉武帝对董仲舒是连发三策，而对东方朔只给了一个待诏"公车"（就是在"公车署"这个衙门里等待皇上的诏令，实际上就是一个下级顾问）的待遇。比起同年级的董仲舒、公孙弘，东方朔地位低、待遇差，平常也难得一见汉武帝。

东方朔这第一次亮相，的确让人大跌眼镜。武帝一朝，言辞放肆的不止东方朔一人，汲黯也常常令武帝哭笑不得。但汲黯因为不会说话，才出言不逊；而东方朔这番"海吹"，引经据典，铺陈比喻，还基本在理，如果不是"王婆卖瓜"，也称得上一篇美文。他这是有意给集中阅卷、审美疲劳的汉武帝制造一次感官冲击。东方朔的"另类"透着一股诡诈之气。

提职

东方朔不是一个中规中矩的读书人，他的身上不仅充满诡诈之气，而且还有一股诙谐之风。

东方朔刚刚待诏"公车"时非常兴奋。可是，时间一长，东方朔就犯嘀咕了。眼看董仲舒、公孙弘官居显赫，东方朔还是一个小小的"公车"待诏，无权无势，不过是个摆设，说晾就晾起来了。怎么办？自找死路，不成。东方朔不管三七二十一，没有人提拔自己，就自己提拔自己！

东方朔思来想去，找来为皇帝喂马的侏儒，声色俱厉地对他们说："皇上说你们耕田没有力气，当官不能治理百姓，打仗又不勇敢，一点儿用处也没有，还白白消耗国家的粮食；准备把你们这些白吃白喝的人通通杀掉！"

侏儒们吓得号啕大哭，求他出手相救。东方朔想了一想，说："假如皇上路过这里，你们就跪下来求饶，或许会有点作用。"

过了一会儿，汉武帝从这儿路过，侏儒们齐刷刷、黑压压跪了一大片，哭哭啼啼，高呼"皇上饶命"。汉武帝莫名其妙。侏儒们说："东方朔说皇上要把我们这些人全杀了！"汉武帝一听，知道是东方朔捣鬼，便质问他："你把侏儒们吓得半死，到底为什么？"

东方朔理直气壮地说："那些侏儒们不过三尺，俸禄却是一袋米和二百四十钱。我身高九尺三寸，俸禄也是一袋米和二百四十钱。他们吃得肚皮都要撑破，我却饿得前胸贴后背。如果陛下觉得我的口才还有用，就先让我吃饱饭。如果觉得我没用，请立即罢免，也好为长安节约点米。"汉武帝一听，乐不可支，立即让东方朔从"公车"待诏转到金马门待诏，这样，东方朔收入提高了，和武帝接触的机会也明显多了。

检讨

有一年伏日（三伏天的祭祀日），汉武帝下诏赏赐诸大臣鲜肉。大臣们早早来到宫中，一直等到太阳偏西，主持分肉的官员也不来。大家伙儿都在苦等。东方朔可没有那么好的涵养，拔出刀来就割肉。一边割一边说："不好意思了，今天热浪袭人，我先走一步！"说着，把一大块肉揣在怀里，大摇大摆地走了。在场大臣目瞪口呆，眼睁睁看东方朔将肉席卷而去。

第二天上朝，主持分肉的官员将东方朔擅自割肉一事上奏给汉武帝。汉武帝便问："你为什么不等分肉官员来，就自己切下肉跑了？"东方朔立即脱下帽子请罪。汉武帝佯装生气，板着脸说："先生起来吧，当众做个自我批评，朕就不治罪了。"东方朔一听，张口就来："东方朔啊东方朔啊，不等皇上分赏，你擅自拿走赐物，真是无礼至极！拔剑割肉，多么壮观！只切了一小块，多么廉洁！一点不吃，全部带给老婆，真是爱妻模范。"

东方朔话音未落，汉武帝已经笑弯了腰。汉武帝又赏了东方朔一石酒和一百斤肉，让他回家送给太太。

浪得知识换财富

东方朔奉旨顾问的故事首载于《史记·滑稽列传》中褚少孙的补传。原来，《史记》自流传以后，一直有人为其作补，其中，最有名的是褚少孙的补传。

汉武帝

据《史记》褚少孙补传记载：有一天，长安的建章宫跑出来一个怪物，外形很像麋鹿。消息传到宫中，惊动了汉武帝，他想知道这个"不速之客"来自何方，缘何而来？武帝想起了东方朔，立即传旨叫东方先生来长长见识。

东方朔看过之后，胸有成竹地说："我知道它是什么东西，但是，您一定要赐我美酒、佳肴，让我饱餐一顿后才说。"汉武帝立即同意。东方朔喝完酒，吃完饭，并没有马上回答，又对汉武帝说："有一块地方，有公田、鱼塘、蒲苇，加起来好几顷，请陛下把这块地方赏给我，我就回答您的问题。"东方朔得寸进尺，汉武帝急火攻心，无可奈何，只好马上传旨："可以赏给你。"东方朔酒足饭饱，又得了皇上赏赐，半生有靠，这才不紧不慢地说："这个东西叫'驺牙'。它满嘴的牙齿完全相同，排列得又像驺骑一样整齐，所以叫作'驺牙'。如果远方有人前来归降大汉，'驺牙'就会提前出现。"

一年多后，匈奴浑邪王果然带领十万之众前来归降，汉武帝再次重赏东方朔。

东方朔的确聪明过人，但比他聪明、优秀的也有很多。比较于朝廷百官诚惶诚恐，为博龙颜一悦，公孙弘曲意逢迎，张汤机关用尽，实在是提着脑袋在皇上身边过日子。为什么一个东方朔可以如此嚣张而得喜爱呢？

一句话，东方朔最大的"另类"就是敢要。

既然已经戴着油滑不恭的帽子，东方朔更加无所顾忌，及时行乐。这位"爱妻模范"的婚姻观也惊世骇俗。

乐得避世在朝堂

婚姻

《史记·滑稽列传》记载："取少妇于长安中，好女，率取妇一岁所者即弃去，更取妇。所赐钱财尽索之于女子。"

东方朔娶妻有三条铁律：一是专娶京城长安的女人，二是专娶小美女（好女、少妇），三是一年一换。皇上赏给他的钱财，他全都用来打发旧美女，迎娶新美女。

群臣看不惯他这一套，都说东方朔是"狂人"。汉武帝说，假如东方朔没有这些毛病，谁能赶上他？

其实，封建社会的男人即使妻妾成群，旁人也不能说一句不是。厌倦了可以放在家里养着，没必要离婚。东方朔不同，他偏要放爱一条生路，看来这个"情场浪子"还是懂得怜香惜玉的。

遭嫉

一天，汉武帝在宫里玩，他把一只壁虎放在盆下让大臣们猜是何物，大臣们都猜不出来。东方朔说："说它是龙吧，它没有角；说它是蛇吧，却有脚；能在墙壁上爬，这不是壁虎，就是蜥蜴。"皇上说："猜得好。"赏了他十匹绢帛。接着让他再猜其他东西，结果东方朔是连连猜中，得了一大堆赏赐。

武帝另一个宠臣郭舍人不服气，大喊大叫："东方朔是蒙对的，不算猜中。我找个东西让他猜，他如果猜中了我情愿挨一百大板；他猜不中请皇上赏我绢帛。"郭舍人在树上找了一片长有菌芝的树叶让东方朔猜，东方朔应声而答。汉武帝马上令人打郭舍人一百大板，郭舍人吃了哑巴亏。

东方朔见郭舍人挨打，只管袖手旁观，冷嘲热讽。郭舍人还不服气，又出了个谜语，东方朔又猜了出来。众人慨叹。

这次猜谜之后，众大臣对东方朔无不佩服得五体投地，汉武帝也十分高兴，提拔东方朔任常侍郎。

东方朔从进入仕途，到与汉武帝相处，他始终"另类"，留给人无尽的钦佩与感叹。原因其实就在于他的赤子情怀，他的天真的狂妄。他从未把朝堂看得很神圣，他也不是怀着敬畏之心在朝堂上供职，人生求一"乐"字，他用调侃赢得了与汉武帝的和谐相处，也留下了美名。

光武帝刘秀蒙受"不白之冤"

在中华历史上的众多帝王之中，有一位文治武功、相貌人品堪称近乎完美的皇帝，他就是东汉"光武中兴"的缔造者——光武帝刘秀。

然而，几百年来，几出老百姓耳熟能详的经典京戏的流传，使民间的光武帝形象蒙受着"不白之冤"。这其中最有名的有两出。

其一为《上天台》：刘秀宠爱郭妃，身为国丈的郭太师仗势欺人，于是开国元勋铫期的儿子铫刚打死国丈。刘秀念铫氏父子有功于国，从轻发落，将铫刚发配湖广，留铫期继续在朝为官。郭妃为了给老爹报仇，设计把刘秀灌醉，刘秀醉酒后听信郭妃谗言，错斩了铫期。

另一为《打金砖》（一名《蓝逼宫》，又名《二十八宿归天》）：铫刚打死郭太师后，铫期绑子上殿请罪，刘秀酒醉，传旨立即将铫期满门抄斩，文武百官都上殿保本，也被一并杀害。开国功臣马武手持金砖闯入后宫，威胁要拍死刘秀，刘秀被迫应允赦免铫期，但为时已晚，马武用金砖击顶自杀身亡。刘秀酒醒之后，愧疚难当，加上阴魂现身索命，一命呜呼。

以上两剧，尽管剧中主要人物都是历史上的真实人物，但戏中所演故事和人物性格，均与史实严重不符。

戏中"宠爱郭妃"，并非事实。刘秀一辈子只有三个女人：阴丽华、郭圣通和"无宠"的许美人。而他一生只爱一个女人——阴丽华。刘秀长期征战，身边没有一个女人，初见阴丽华，他发出"娶妻当得阴丽华"的感叹。公元23年，刘秀终于达成多年夙愿，娶阴丽华为妻，这时刘秀已经28岁了。之后，迫于政治原因才娶了郭圣通。刘秀称帝后，要立阴丽华为皇后，阴丽华坚决推辞："困厄之情不可忘，而况郭贵人已经生子。"他不得已立郭圣通为皇后。此后，刘秀每次出征都把阴丽华带在身边，尽可能地减少自己心爱女人受到皇后轻慢的机会。最终，刘秀废除郭圣通，立已经40岁的阴丽华为皇后。公元56年，刘秀死；公元65年，阴丽华死，合葬在刘秀陵寝。

史书称刘秀为"中兴明主"，《后汉书》赞其"明慎政体，总揽权纲，量时度力，举无过事"。刘秀与君臣的关系也相当和谐，他对功臣从不猜疑。冯异掌握重兵，专守关中，独当半壁江山，有人上奏章说他"专制关中，斩长安令，威权至重，百姓归心，号为'咸阳王'"，冯异惶惧，上书谢罪。光武帝诏报说："将军之于国家，义为君臣，恩犹父子，何嫌何疑，而有惧意？"大将朱鲔曾为更始帝刘玄坚守洛阳，对抗过刘秀的军队，而且参与过谋杀刘縯（刘秀的哥哥）的活动，光武帝派人说降："举大事者不计小怨，鲔今若降，官爵可保。"朱鲔降后，光武帝拜鲔为平狄将军，封为侯爵，传封累世。

刘秀这样文韬武略、感情专一的明君，为什么被后世的戏剧家加上贪恋酒色、滥杀功臣的罪名呢？这要从有关光武帝的几出戏的取材来谈。《上天台》《打金砖》等戏，取材于《东汉演义传》，此书系明朝万历年间学者谢诏所作。朱元璋杀戮功臣，招致很多士人不满，但法禁森严，人们敢怒而不敢言。明朝中叶以后，法禁稍弛，一些人采用移花接木的手法，以前朝皇帝为主人公，编成小说，借以讽喻现实。这样既可避开文网罗织，又发泄了胸中块垒。扭曲刘秀的几出京戏，则是根据演义故事，加上作者的发挥编造出来的。

诸葛亮自荐失败，自编自演"三顾茅庐"

"毛遂自荐"的最早版本

《三国志》与《三国演义》所写的"三顾茅庐"，可谓是诸葛亮决定出山的关键一节。说刘备刘玄德太看重诸葛亮的才华了，一而再，再而三，不管是吃了闭门羹，还是被小书童奚落，更不顾风雪寒天，执意要见诸葛亮，不请出诸葛亮决不罢休。不过在比这两本书更早的史家著作之中，却有一种截然不同的说法，叫作"毛遂自荐"说。

据《魏略》之中记载：曹操统一中国北方以后，荆州成为众矢之的，直接面临曹操、孙权两方面的军事威胁，荆州牧刘表则缺乏应对之策。被曹操赶出中原地区的刘备此时驻扎在樊城，引起了诸葛亮的关注。

这时的诸葛亮在隆中闷了快10年了，学成了一身本事，"八阵图"也大功告成，眼看自己已经是奔30岁的人了，是该施展自己本事的时候了。在老师和朋友的建议下，诸葛亮决定亲赴樊城会会刘备。

诸葛亮见到刘备的时候，刘备正在会客。刘备见诸葛亮非常年轻，又素不相识，也没把诸葛亮放在眼里，将他晾在一边。等到会客结束，只剩下诸葛亮一人的时候，刘备还是不理不睬。正好有人送来了一支牦牛尾，刘备只顾自己用牦牛尾编织饰物。诸葛亮见此情景，不禁正色而言道："我以为将军必定胸怀大志，想不到原来却只知道编织而已。"这才把刘备的注意力集中到自己的身上。经过一番交谈，刘备发现眼前的年轻人的确与众不同，是一位难得的人才，便把诸葛亮留为己用。这就是最早的"毛遂自荐"的版本。

司马徽与诸葛亮的对话

《魏略》一书与后来西晋司马彪的著作《九州春秋》中均提到了与这个大致内容差不多的故事。

这里，我们来完全复原一下毛遂自荐——

当时，诸葛亮的老师司马徽分析天下大势：如今曹操挟天子以令诸侯，已经平定了中原，势必要将荆州作为他的下一个进攻目标。而江东孙权，这几年养精蓄锐，兵强马壮，也虎视眈眈将目光转移到了荆襄八郡。可以说，荆州直接面临曹操、孙权这两方面的威胁。荆州牧刘表缺乏应对之策，荆州的战事一触即发，荆州的安定局面就要结束了。

司马徽说，刘玄德这时来到荆州，肯定是有所图谋。刘玄德与刘景升都是大汉贵胄，刘玄德眼下没有立身之地，他是指望刘景升给他一个安身之处，同时，也在观时待变。

诸葛亮问："刘备与刘表相比，论才学是在刘表之上，还是旗鼓相当？"

司马徽笑道："刘表当年也曾是洛阳'八俊'才子，才学当在刘备之上，如今又是八郡之主，权势更不是刘备可同日而语的。然而刘表不习军事，完全依靠蔡氏家族支撑荆州局面，其子刘琮又劣，势必一事无成，恐一朝众散，并受其祸。"

"那刘备呢？"诸葛亮催促老师讲下去。

"刘备这个人，看似平庸，无什么才学，据说成名之前不过是织席贩履之人，然而天下英雄无不对其刮目相看。刘备天生就有一种作为领袖的气质，他这个没有什么本事的人，就是能够让有本领的人心悦诚服，甘心情愿听从他的调遣，受他的驱使，为他而去拼命。就说他手下的几员战将，比如关羽、张飞，皆有万夫不当之勇，可谓盖世英豪，对刘备忠心耿耿，言听计从。"

"刘备身边有这样的英雄辅佐，应该能够成就一番伟业，可这些年来，刘备纵横天下，东奔西杀，何以没有多大成就，成为一方霸主呢？"

"这正是问题的关键所在，就是他身边没有能够给他出奇谋划良策之人，为他调度使用将领之干才。刘备本身的学识和能力如果让他直接指挥三军，调度千军万马，即使不是一无是处，至少也不是他之所长。但他善于相人，且善于用人，有用人不疑，疑人不用的气度。如果你愿意辅佐刘备，或许能够得到一个施展你平生所学的机会，一个指挥千军万马，创造千秋伟业的机会，你何不去试一试呢？"

诸葛亮对刘备这个人虽然有所耳闻，却从没有引起注意。毕竟没有机会接触，也不知道这人有多么大的潜质。诸葛亮便想去实地见一见这个人，他还是相信"眼见为实，耳听为虚"的古训。就像刘表吧，公众的口碑不错，却让自己感到并不适合自己，并不是能够依靠的人。他要看一看刘备对他这个青年人的态度，要看一看刘备是不是真如人们所讲的具有领袖的气质，还是徒有虚名，打着皇叔招牌的江湖骗子。

司马徽说："你若打算见一见刘玄德，那么事不宜迟。据我所知，刘备现在驻扎在樊城。军队行踪扑朔迷离，今天在樊城，明日说不准拔寨转移了。"

诸葛亮对老师说："我今晚就奔樊城。"

被晾在一边的诸葛亮

刘备有个习惯，不论是在哪里驻扎，总要拜访一下当地名流，安抚当地商贾百姓，接待各路人士来访。如今在樊城刚刚安民已毕，不免鞍马劳顿，身体有些疲乏。本想到寝室休息片刻，不想又有客人来访，便又强打精神，出面接待。这位客人祖籍为河北涿州，以贩卖牲畜为营生，经常来往于凉州与中原乃至塞外，自称与刘备同乡。

刘备久别家乡，很想了解家乡的一些情况。两人谈兴正浓时，忽报有客人来访，刘备随口说道："一个不少，两个不多，凡是来访的客人尽请到客房来吧！"说罢，站起来，走进房门迎接客人。

来客是位年轻人，身材高大，彬彬有礼，进门就是深深一长揖。刘备连忙执手回礼，对来客上下打量，此人身高八尺有余，浓眉亮眼，鼻直口端，仪表堂堂，看上去虽然显得老成，却也超不过 30 岁年纪，但就是想不起此人姓甚名谁……不禁问道："恕刘备眼拙，阁下与刘备在何处有过交往？""在下与将军素昧平生，今日乃初次来访，不速之客，还望恕冒昧唐突。""哦，请稍坐片刻，我房中还有客人……"诸葛亮连忙表示："不急不急，我可在这里等候。"

刘备朝诸葛亮点点头，心想：这个年轻人找我能有什么事情？该不是想见一见刘备是不是双耳垂肩，两手过膝的模样吧？这几日，已经有不少无聊之人跑来一睹刘备的容颜。想到这里，他便不再说什么，转身回到里面房中，与涿州老乡继续攀谈起来。

心不在焉的刘备

诸葛亮对刘备的第一印象不错，为人谦和，却又不失皇叔风度。既然已经有客人在堂上，要等候一下也在情理之中，诸葛亮毫无怨言，坐在客堂的一隅，默想着将如何与刘备交谈。

刘备对一个青年的唐突来访，虽然不大介意，但对来人却也不很重视，他猜想，这个年轻人，看其谨言慎行的样子，该不是有什么事情有求于我吧？要不然则是想来我的账下谋个差使干干。

涿州的老乡看看天色不早，便起身告辞，刘备也不挽留，送至大门之外。转身回到房中，随手拿起来客送与他的凉州牦牛尾摆弄起来。老乡的到来让他回想起在家乡的日子，不由得将手中的牛尾像编苇席一样编织起来，全然忘记了客堂里还在等待的年轻人。

被冷落的诸葛亮见此情景，不禁言道："我以为将军是一位胸怀大志之人，没想到却是只知道编织。"说罢，起身告辞。刘备这才意识到慢待了这位年轻的客人，连忙放下手中的牦牛尾起身挽留，询问诸葛亮找他是不是有什么事情。

"我是为荆州的安危而来。"刘备闻言，心说好大的口气，口中却说："哦，那你为什么不去找荆州牧刘景升？我不过是荆州牧手下的一个将士。"诸葛亮此时已经放弃了来时所准备的一番言论，随口应付一句："我原是想与将军谈治军理国的方略，现在已经不想谈什么了。"

失败的毛遂自荐

刘备暗想，现在的年轻人目空一切，志大才疏，小小年纪居然要与我谈什么治军方略，真有点不知天高地厚，但转念一想，萍水相逢，人家既然来了，也是看得起你，总不能不与之聊上几句吧？

为了表现自己的雍容大度，刘备劝诸葛亮坐下，心想："我不妨考一考他，让他知道什么是治军理国方略。"于是，以对待朋友的态度对诸葛亮说："刘备以为治国治军也没有什么，不过是两条，一是以德安民，教化百姓；一是依法执政，刑罚昭示。你认为我说的对不对？"

诸葛亮有备而来，不假思索，随口回答："将军说得不错，只是二者不能孤立运用。大凡治国者纯德治，不能使社会秩序井然，纯用刑不教，而谓之虐；只有儒法合一，先礼后兵，教之以德，严之以刑，才能上下有节，左右有序。"

诸葛亮见刘备在听，就继续讲道："明君治其纲纪，政治当有先后，先理纲，后理纪，先理令，后理罚，先理身，后理人。是以理纲则纪张，理令则罚行。"

刘备听到此处，便有了一些兴趣，心说：这小伙子肚子里还有点货色，看来是有备而来。就继续发问："你认为为政之道主要应当做些什么？"诸葛亮回答："我认为，为政之道务于多闻，是以听察，采纳众下之言，谋及术士，则为物当其目，众音佐其耳；大凡人君以多见为智，多闻为神……怨声不闻，则枉者不得伸，进善不纳，则忠者不得信，邪者容其奸……"

诸葛亮虽然回答刘备的问话，但他从刘备的眼色里看出刘备有点心不在焉，因而将话头停住了。他已经不打算在这里多耽搁，即起身告辞。刘备这时觉得，这个年轻人还真有一点才学，便有挽留之意，正犹豫间，看诸葛亮去意已定，也就作罢。

故事讲到这，毛遂自荐的说法看来是真实的，只不过诸葛亮这次的毛遂自荐是失败的。

三人会谈

诸葛亮亲自到刘备驻兵处探营，毛遂自荐失败了。但在历史上，这只是诸葛亮和刘备建立关系的开始。他们之间关系进一步的发展，得益于诸葛亮的老师、岳父的共同施谋。

诸葛亮见到岳父黄承彦，讲述了自己在樊城的遭遇，不由长叹一声："一个人若想出人头地，不是自己就能够左右的呀！不知道天下有多少人空有满腹经纶，而无施展机遇。"黄承彦望着诸葛亮，说道："好啊，刚刚遇到这么一点挫折就心灰意冷了吗？依我所见，这不过是唱大戏前的一个小小的序曲而已。"黄承彦点拨道："凡事预则立，不预则废。人的才学本领就是为了有机会施展而准备的，但在机会没来时，要耐得住寂寞才好。"诸葛亮点头，说："孔子曰：天下有道则现，无道则隐。如果生不逢时，等不到明君，那就继续在隆中当山野村夫，也是不错的选择。"黄承彦点头，喝了一口茶，接着说道："不过，机会也不完全是等来的，有时还要争取，还可以想办法让机遇来找你。"翁婿二人正在谈论，家人来报，有客人来访。诸葛亮说："肯定是水镜先生，且让我到大门迎接。"话音未落，司马徽已经进了大堂，一边走一边说："也不是外人，不必那么多的礼数。"转身又对孔明说："樊城一行，我料不大顺心，对吗？"诸葛亮点头。

司马徽说："这个怨为师的欠考虑。既然有了一个目标，那么要想实现，就必须认真筹划一番，如果不假思索，贸然而动，自然是欲速则不达。""学生自认学业不精，蒂未落，只怨瓜还未熟；渠虽修成，水未到，尚缺引水之道。"

"好啊，我却以为瓜已熟，为何蒂不落？尚欠一阵风，风到瓜自落。"黄承彦捻须说道。"那么渠已修成，何谓引水之道乎？"司马徽问。"今日水不是已经来了吗？水镜水镜，无水何以成镜？"这时，黄丑丫笑吟吟地走入大堂，对父亲说："酒已经烫热，宴席已经备好，您快与司马老师畅饮，请水镜先生酒后吐真言！"

游历山川

酒席宴上，司马徽道："徐庶徐元直前些日子找我要主意，我告诉他，即使隐姓埋名也要显山露水。他原打算北上洛阳从军，投靠曹孟德。我对他讲，你现在的身份如果投军，不过当个士卒，什么时候混出模样来？倒不如去投刘玄德，打击曹军，让曹孟德吃你几次苦头，对你刮目相看，你的名声远播，自然就会有个好前程。"

诸葛亮马上悟道："您是让徐庶先行，为我探探刘玄宝德到底是不是可以辅佐之主？"司马徽不置可否，说道："总之，要先看一看刘玄德的人品究竟如何？"黄承彦点头说道：“好啊，毛遂自荐总不如名士推荐。”

诸葛亮说：“我看刘玄德还没有意识到身边无人。他大约还认为自己身边有文臣，有武将，人才济济，完全可以依靠现在他身边的人马驰骋天下，创建伟业的。所以我还是想继续留在隆中，钻研战法，完善八阵图。”

司马徽连连摇头，说：“前日，我与庞德公谈起你的学业，觉得你现在最急需的事情，是游历山川，徜徉山水之间。特别是西川五十四州，你还没有游历，对那里的风土人情，你也只是在前人的著述中略知一二。依我所见，你应当亲身体验一番，纸上谈兵容易，也容易误事。地形地貌与人为所画图形毕竟还有区别，误差也是不少的。所以真正的将才，务必要亲自查勘地形地势的。”

诸葛亮遵照老师司马徽的教导，开始有目的地游历山川江河。哪处可伏兵，何方易守难攻。他都一一记录在案，并找到一张西川五十四州的地图。他按图索骥，将所观地形地势的心得也都在图上有所标示。更为重要的一点是，他在游历山川的同时，访贤拜友，扩大了自己的资讯网络，获取了不少信息资源。

推荐诸葛亮

此时，司马徽与黄承彦等人已经开始全方位研究刘玄德，对刘玄德的相貌、行踪、爱好、特点，以及身边随行人员的情况，逐一分析，安排对策。对于刘玄德本身的优缺点和生活习惯更可谓了如指掌，以致水镜山庄的书童对刘玄德都耳熟能详，一见到刘备马上就能够认出。

司马徽在水镜山庄不露痕迹地推荐了诸葛亮。他对刘备说：“伏龙凤雏，二者得一可安天下。”但是，他并没有说破“伏龙”就是诸葛亮，原因很简单，司马徽知道刘备对诸葛亮有过一面的交往，他担心刘备对诸葛亮最初的印象会影响他下一步的安排。

司马徽不愧是老谋深算，为了弟子的前程煞费苦心，在刘备面前推荐了“伏龙”还不算完，当天晚上，他又招来徐庶徐元直，安排徐元直隐姓埋名到刘备驻扎的樊城应聘。

刘玄德以为徐庶就是“伏龙”，随即拜徐庶为军师。这徐庶，一出手就将曹操军队打得落花流水，一败涂地。于是曹操设计，诓徐元直进许都。徐庶明知是套，却偏偏要往里钻。在去许都的路上，他对有知遇之恩的刘玄德推荐了胜过自己多少倍的诸葛亮。

此时，刘玄德还纳闷哪，水镜先生讲匡扶天下的人杰是伏龙和凤雏，二者得一可安天下，怎么没有听说这个诸葛亮是那么大的角儿啊？当徐庶说诸葛亮就是“伏龙”时，这才让刘备恍然大悟。

徐庶告诉刘备，“伏龙”不可屈致，使君可亲往之。刘备为了得到帮助自己得天下的大才，也豁出去了，一次登门不行，就两次，两次不行就三次，哪一位架得住一而再，再而三的上门请求呢？

史上最经典剧本

刘备这一手固然奏效了，其实还是在司马徽与黄承彦的筹划之中。当刘备还没有动身去隆中时，司马徽担心刘备还在犹豫，又亲自登门找到刘备，强调诸葛亮那是"兴周八百年的姜子牙、旺汉四百年的张子房"啊。就这一句，催得刘备赶紧备马，请求诸葛亮出山！

"刘备已经决定要聘请诸葛亮了。"司马徽将情报迅速传达给了黄承彦。黄承彦又一次来到卧龙岗，告诉诸葛亮："机会来了，就看你能不能把握住。"诸葛亮问："莫不是刘玄德要来登门拜访？"黄承彦问："你怎么猜到的？"

"前几天，徐元直从我这里走的。""你如何打算？""正在思考，没有想到这么快。""为师的，已经为你设计好了一场'三顾茅庐'的大戏。""这场戏大约就是以隆中卧龙岗作为场景吧？"诸葛亮猜不透岳父大人是如何筹划的。"那您安排我干什么呢？"

"你没有见小孩做游戏所唱的吗？一网不捞鱼，二网不捞鱼，三网捞个小尾巴鱼……哈哈！你不妨先躲起来，找一个没人打扰的地方去做作业。题目叫'隆中如何作对'，副标题是：'为刘备指条明路'。前面的三出戏你就别管了，自然有人唱的。"黄承彦不慌不忙地说出了自己的计划。

第一出戏，请隆中的乡邻和在稻田里的帮工出演。你平时不是教他们吟诗作对吗？就让他们待贵客来到隆中时，在稻田里即席吟诵，让来客看一看，隆中的农夫都是这么大的学问，可想而知伏龙该有多大的道行。

第二出戏，昨日崔州平、孟公威回家探亲，到我家来问候，我就请他们二位也帮一下忙，友情客串，与刘玄德见个面，谈上一席话，看一看伏龙的同窗好友的才学，从而为伏龙出场做一个陪衬。诸葛均要负责穿针引线，书童也要有几句台词，来客时也好应付一下。

第三出戏，老夫我也客串一把，为你做一个陪衬吧。刘玄德既然来到隆中，就不能让他空手而归，还没有见到伏龙，就感到不虚此行，就感到大有斩获，也让他更加迫切地想见到伏龙。

诸葛亮脸上觉得挂不住了，有点难为情地说："我看大可不必兴师动众吧？水镜先生已经把我介绍给了刘豫州，还有徐庶，他把自己比喻为寒鸦、驽马，把我孔明说成是麒麟和凤凰，简直是把我放在火上烤，让我脸上发烧。"

"这件事你就听老夫的安排吧！别的你不要管，认真做好你的作业就行了。"

要说黄老先生运筹帷幄，一而再，再而三，策划了一幕刘玄德"三顾茅庐"的千古绝唱，目的是为诸葛亮亮相烘托场面。

至于"三顾茅庐"的演出效果如何，三顾茅庐之后诸葛亮的表现如何，罗贯中先生在《三国演义》中已经表述得淋漓尽致，无须赘述了。

三国毁于关羽

《三国演义》我读过两遍。上初中时读过第一遍。最近，为配合看《三国演义》电视剧，我看了第二遍。读第一遍时，书中人物只给我留下了漫画式印象。书中只有两种人：好人和坏人，忠臣与奸臣。关羽是好人与忠臣的完美典型，而曹操则是坏人和奸贼的集中代表。黑白分明的幼稚，抵挡不住岁月的磨砺。这次再读《三国演义》，对这两个人的印象差不多完全颠倒了过来。

且不说曹操，只说关羽。关羽过五关斩六将给人的快感，远远不能抵补大意失荆州给人的痛感。由于降曹，桃园兄弟之义令人生疑；而由于辱吴，他成了孙刘联盟的一个分裂因素，则可以肯定。

有人说，诸葛亮最怕的人不是曹操，不是司马懿，而是关羽，这很耐人寻味。诸葛亮怕关羽什么？是怕他身在汉营心在曹？证据不足。他虽在华容道放走了曹操，但据此认为他通敌，恐怕不妥。是怕他武艺不精，不能在两军阵前斩将夺旗？也不是。他在百万军中取上将首级，如探囊取物。是怕他轻举妄动，不堪军国大任？还不是。不能谋而后动，并不是他的主要缺点。到底怕他什么？怕他成事不足，败事有余。怕他使自己的《隆中对》毁于一旦。怕他终究会变成一块暗礁，撞沉联吴抗曹的联合舰队。而联吴抗曹，则是诸葛亮三国鼎立的根本大计。此计不成，蜀国难保，诸葛孔明的殷殷心血将付诸东流。

说到底，是怕他搞不好与东吴的关系。荆州与东吴接壤，又是一块借而未还的有争议的地方。作为这个地方的守臣，最难处理的是保住荆州与维护孙刘联盟这二者之间的关系。上策是既不伤害吴蜀联盟，又长借荆州不还。这正是诸葛亮处理这个难题的一贯方针。

但诸葛亮害怕关羽不能贯彻这个方针。他深知关羽其人，识小义而未必明大义，尽小忠而可能害大忠，逞小勇而未必能奋大勇。

关羽看重桃园之义，却淡泊天下大义。否则，他不会再三阻挠刘备三顾茅庐，也不会刁难诸葛亮初行军令。他只知道诸葛避见乃兄，使三兄弟失了面子，不知道乃兄如果见不到诸葛，会失去争夺天下的机会，会在瓜分国土的军事竞赛中被淘汰出局。

马超不懂规矩，口称玄德，而不称陛下。关羽和张飞都很恼怒。但两人要出的招数却不相同。关羽要处死马超，张飞则要做个样子给马超看。第二天上朝，马超不见关张两人在班，正自纳闷，一抬头，看见二公正站在蜀帝身后，垂手而立，甚是恭敬。马超深自惭愧，从此对玄德再不敢失礼。可见，张飞识大体而关羽执小义。张飞比关公更懂得：得人和，是刘备与曹操、孙权分庭抗礼的最大资本。如果因失礼而失人，刘备就会失去这个资本。况且蜀国偏居一隅，人才凋零，得失一员身经百战的虎将，关系军国大计。

关羽降曹，曹操善待于他，此"义"（其实是计）不忘，故有华容放曹，遗祸国家之举。联吴抗曹，对关羽来说，似乎是联疏（吴）抗亲（曹），此"义"（国家大义）不记，故有拒亲辱吴、丧盟失地之举。

这正是诸葛亮最怕的。

怕关公守荆州，荆州与孙刘联盟不可兼得，却可能俱失。既如此，换个人守荆州行不行？不行。荆州重地，非至亲之人，非文武双全之臣不能守。刘备至亲之人唯关张，关张之中，文武兼备是关公。在刘备看来，非关公不能守荆州；而在诸葛亮看来，关公最不能守荆州。但疏不间亲，此话怎好对刘备直说？

为了让关公心悦诚服地执行他亲手制订的联吴抗曹之基本路线，诸葛亮可谓煞费苦心。他智算华容，阳算曹操，阴算关公。他料定关公的曹操情结不解，不能真心联吴抗曹。所以，故意给关公一个放走曹操的机会，同时又要他立下军令状。

其目的有四：一是杀杀他的傲气，赢了他的脑袋，又还给他，是要折服他的心；二是抓抓他的把柄，提醒他注意，他的历史并不清白，正因为这个原因，才不让他执行重要军事任务，如果放走曹操，则又有了现行问题；三是解除他的曹操情结，放曹操一条生路，足以报答曹操所给他的一切，此后抗曹不会背不义的名声；四是晓以大义，让他体会守小义（报曹）而损大义（误国）的真实后果。

尽管诸葛费尽心机，但关公有他自己的行为逻辑。逻辑的结果是腹背受敌：腹受国家之敌曹军，背受自己制造的敌人吴军。结局是丧师失地，败走麦城，穷途末路，军没身死。这就造成了刘备的大不幸，逼着他面对自己一生最困难的选择：要顾孙刘联盟的大局，就不能为关羽报仇。不报仇，结义誓言（不能同日生，但愿同日死）便不能遵守，便会失去自己的立身之本——人和；要报仇，就要伤害自己的立国之本——孙刘联盟。也许比较好的选择是做做样子的报仇。

刘备一生，也是个好演员，而且是个相当本色的演员，其主要演技是哭。痛哭了几场，便决定为义弟报仇。也许开始是演戏，但开场的精彩误了他。连胜过几战之后，真的进入了角色，以为甩掉军师这根拐杖，也能顺水推舟地灭了吴国。结果自然是自误误国。

有了诸葛，才有联吴抗曹；有了孙刘联盟，才有赤壁之胜，才有吴国转危为安蜀国从无到有，才有三国鼎立之势。

因为关公，才有荆州之失：有荆州之失义弟之死，才有蜀国伤筋动骨大流血，从此一蹶不振，卒为司马氏所灭。

有诸葛，才有三国，所以说三国成于诸葛；因关公，盟友相攻，蜀国败亡，所以说三国毁于关羽。

三国之成，成于两弱相加攻一强；三国之败，败于两弱相减养一强。

联吴抗曹，就是加一（吴）减一（曹）的战略，这是正确的加减法。诸葛与鲁肃正确地使用这种方法，使国家从无到有转危为安。周瑜与关羽不懂这种方法，以一（己方）减二（敌方），都没有好结果。

这是我第一次想到加减法，想到它在国家战略上的运用。

王莽祸乱汉室，也并非一无是处

王莽一直是中国历史上争议极大的一个人，对于他的评价向来褒贬不一，之所以出现如此情况，正如日本学者宫崎市定所指出的："关于王莽这个人物，在今日仍有许多难以理解的地方，因为有关王莽的史料都只是后汉时代所写下来的。"以研究中国历史闻名美国的美国学者毕汉斯也指出："由于缺乏材料，世人只知道王莽之治的主要概况，这就是他的政策引起很多争论和误解的原因。"那么王莽到底是什么样的一个人呢？他的功与过能否相抵呢？

在中国历史上，王莽的评价普遍不高，一般都认为他只是一个"伪君子"，篡汉的千古罪人，《汉书》把王莽列为"逆臣"一类，后世大都受后汉史学家影响对其评价极低，尤其是他作为"逆臣贼子"杀汉平帝而立两岁刘婴为帝，最终取而代之。

王莽是汉元帝皇后王政君之侄。王政君以太皇太后的身份独揽朝政后，封王莽为大司马，委政于王莽。王莽野心膨胀，毒死平帝，改立两岁的刘婴为帝，自称"摄皇帝"。居摄三年（8年），王莽终于废掉了刘婴，自己当上了真皇帝，改国号为"新"，从而取代了刘氏王朝。

王莽登基之后面临的是早已激化的各种矛盾，为改变现状，他决定进行大力改革，史称"王莽新政"。王莽进行了多方面的改革，主要的有以下几个方面：

其一，实行王田制。王莽于9年实行王田制，目的在于制止土地兼并。他将土地一律改为国有，并下诏说："秦朝无道，厚赋税以自供奉，罢民力以穷私欲，坏圣制，废井田，是以兼并起，强者规田以千数，弱者无立锥之居。使父子夫妇终年耕耘，所得不足以自存。"他认为只有恢复古代的井田制，把土地都改为国有，才能禁止土地买卖和兼并。在井田制上实行"什一而税"，民众的负担自然就会减轻。

其二，实行奴婢"私属"制。为了禁止社会上买卖奴婢的现象，王莽在颁布"王田"令的同时，并将奴婢更名为"私属"，禁止自由买卖。他认为买卖奴婢和任意杀害奴婢、贩卖人妻子为奴婢，都是"逆天心，悖人伦"，违背了"天地之性人为贵"的本意，必须严加禁止。

其三，推行"五均""六莞"政策。汉代的商业发展，使富商大贾势力急剧膨胀，"上争王者之利，下锢齐民之业"。造成国家财政极度匮乏，农民深受商贾盘剥。为此，王莽采取了"五均""六莞"等经济政策，对工商业实行统一管制。

其四，改革币制。进入西汉后期，自汉昭帝以来币制混乱，官铸五铢钱的重量不断减轻，竟出现了0.5克的小五铢钱，引起了货币贬值和物价飞涨。通货膨胀给国家带来了政局动荡、经济萧条等严重后果。出于挽救社会危机的现实需要，迫使王莽不得不频繁进行币制改革。王莽一共进行了四次币制改革。

但是王莽的几项改革最终却都失败了。抑制土地兼并触犯了官僚、地主、商人的切身利益而遭到强烈的抵制和反对，致使王田制难以推行。王莽想从大地主手中夺回土地，无异于虎口拔牙，最终不得不宣布废止。王莽想用禁止奴婢买卖的方式来杜绝私奴婢的来源，若干年后必然使私奴婢绝迹，以解决农业劳动人手不足的问题。但是禁止买卖奴婢的政策与"王田制"一样难以执行。"五均""六莞"的总目的是为了节制不法商人对农民的盘剥，制止高利贷的猖獗活动，以解决日益激化的各种社会矛盾。当然，也不排除增加国家财政收入的意图。但是却对合法商业行为造成了极大的伤害。尽管王莽四次改革币制，但最终却是失败的。他的币制改革犯了以下几个严重的错误：一是变动过于频繁，二是对旧币处理失当，三是币制本身存在严重缺陷，四是只知求助于政治权力而不尊重货币经济规律。他以为货币价值可以由统治者随意规定，似乎依靠特权就可以使一切货币问题迎刃而解，这种只从货币流通着眼而忽视货币自身价值的币制改革，只能以失败而告终。

王莽改革的初衷是好的，但是结果却完全失败了。最后，在农民起义和西汉宗室旧臣的联合反抗下，王莽在穷途末路中已经无力回天。地皇四年（公元23年），农民起义军攻进长安，王莽被杀，"新"莽政权覆灭。

因此王莽便成为人们心中的乱臣贼子，无一是处，那到底应该如何评论他呢？

"篡汉"之说，其实难于成立。王莽取代的西汉，从成、哀、平帝以来，早已腐败朽烂，以至皇帝不成其为皇帝，朝廷不成其为朝廷，更加民怨沸腾，国力日衰，必将完结。改朝换代由来如此，所以不能说王莽的"新"是"篡汉"，是逆臣。王莽掌权达三四十年，按班固前汉书所论："始起外戚，折节力行，以要名誉。宗族称孝，师友归仁。及其居位辅政，成、哀之际，勤劳国家，直道而行，动见称述。岂所谓'在家必闻，在国必闻'，'色取仁而行违'者邪？"实在也是下了大功夫的。在此期间，即使说王莽大奸大邪，确也曾赢得了许多人的敬重：例如"宗族称孝，师友归仁"。在此期间，他所作所为，有一些也并非坏事：例如"勤劳国家，直道而行"。直到正式对汉取而代之，他的手段，究其实质，与历代大臣取代前朝没有什么区别。

那为什么人们对王莽的评价却很低呢？主要的原因在于他对治理国家、造福民众方面几乎一窍不通，一筹莫展，在短时间即告失败，使朝政更加混乱，所以便被人贬低，自然谤议更多。

北齐开国帝高洋虽然荒淫残暴，但也曾多有善政

提起北齐开国皇帝高洋，人们可能不熟悉，但是提到电视剧《少林寺》中王刚饰演的残暴皇帝，但凡看过此剧的，对他一定有很深的印象。他的凶残可以说是历史上数一数二的，令人不寒而栗。他的荒淫也几乎无人能比。所以说，他给人们留下的印象是一个残暴无度，荒淫至极的皇帝。但是就是这样一个皇帝却又是北齐开国皇帝，能创建一个朝代的人肯定也有一定的过人之处。他又有什么可值得称赞的呢？

北魏权臣高欢有一次想考察一下孩子们的胆识，就把孩子们叫到一起，拿出一团乱丝，让他们想法把它清理好。看着乱糟糟的丝团，多数孩子呆立一旁不知所措。年仅几岁的次子高洋拔出宝剑，将乱丝一斩为二，朗声对其父说："治理乱世就像治理这乱丝一样，必须勇敢果断。"高欢大为高兴转身对大臣薛俶说："唯独这孩子将来会超过我们。"成年后的高洋果然不负父望，不仅继承了父业，而且称帝建立了北齐王朝。

549年，高洋兄长，年仅29岁的大丞相高澄被他的奴隶刺死，由于事出仓促，朝中一片混乱。21岁的高洋挺身而出说："几个不法之徒叛乱，大将军受害，算不了什么大事，大家不必惊慌。"为稳定朝政，高洋雷厉风行。一方面亲自指挥卫队，搜捕刺客；另一方面亲理朝政，结果朝中政事军事在他治理下，井然有序。

随着朝政的日渐稳定，高洋萌生取东魏傀偏皇帝而代之的想法。他的心腹高德政、徐之才、宋景业等都大力支持他尽早登基，但更多的人持反对意见。高洋曾征求他的母亲娄氏的意见。娄氏不仅坚决反对，还挖苦他说："你父亲像龙，哥哥像虎，他们都不敢妄自篡位，你算什么人物？竟敢仿效舜禹禅位？"长史杜弼也反对说："西魏是我们棘手的敌人，您一旦'禅位'称帝，西魏很可能挟天子率军东向，到那时您如何处

理?"支持者徐之才对杜弼的话却嗤之以鼻:"宇文泰东征西讨,目的还不是自己想当皇帝,所以不必对他有什么担心。"这坚定了高洋称帝的决心。武定八年(550年)五月,高洋一到东魏首都邺城后,就派司空潘乐、侍中张亮、黄门侍郎赵彦深等人去见孝静帝,要他遵循天意,仿效尧舜,禅位给自己。然后由杨愔把早已拟好的禅位制书递上去,孝静帝无权,非常无奈,但也只好含泪签名让位,被赶出皇宫。高洋遂登基称帝,年号天保,国号为齐,史称北齐。

同年十一月,西魏权臣宇文泰得知高洋称帝之后,立即亲率大军东进,想试探这位年仅二十几岁的皇帝是否像老对手高欢一样勇猛善战。他率领西魏大军一直挺进到建州(今山西绛县东南)。高洋见西魏来犯,也想趁机显示自己的实力和才能,便纠合六州鲜卑举行了一次大规模的军事演习,漫山遍野,刀枪林立,鼓声喧天。宇文泰见此情景不由感叹万分:"高欢并没有死啊!"说罢急忙传令班师。宇文泰觉得自己力量不如北齐,所以就一直偃兵息武,不敢轻易东向。在高洋当政时期,东西方之间基本趋于平安无事。高洋在稳定西魏之后,便发动了多次攻打南梁的战争,但是后来认识到自己实力确实难以制服南梁,因而此后再也没有发生过类似的战争。

当时在北齐北边的契丹等少数民族不时南下,企图夺取中凉地区。553年,高洋下令兵分两路进攻契丹,目的在于完全征服契丹。这两路大军一路是大将韩轨率领,他所率领的四千精骑往东切断契丹的退路;另一路由高洋亲自带队,率领五千大军直接扑向契丹的主力。那时,高洋正值壮年,他骁勇善战,整日袒露上身,风尘仆仆,有时日夜间行三百里也不知疲倦。契丹地带粮食稀少,高洋军队每天就以畜肉、生水充饥。两军交战时,高洋一马当先,操起一杆长矛冲向敌军,所向披靡。高洋手下的士兵看到统帅身先士卒,立刻来了精神,个个以一当十,喊着震耳欲聋的口号冲杀过来。结果可想而知,契丹惨败在高洋军下,十万多人被俘虏,数十万头牲畜被掠夺。最后,契丹只得向北齐投降,自己甘愿俯首为臣,并且每年向朝廷大量供奉财物。从此,南北之间又恢复了往日的和平。

高洋建立的北齐帝国是一个空前强盛的王朝。他在位初年,留心政务,削减州郡,整顿吏治,训练军队,加强兵防,使北齐在很短的时间内强盛起来。他执法非常严格,同等对待皇亲国戚与平民百姓。有一次邺城大旱,百姓无粮可吃,高洋命皇后李氏的弟弟李长林开国库赈济灾民,但因李长林克扣赈灾粮食,饿死了很多百姓。高洋得知后,下令将李长林斩首示众,后经许多大臣们求情,才留他一命,削职为民。从此再有灾荒,没一个人敢克扣赈灾粮食。

高洋改革了官制,削去州、郡建制,使全国官吏一下子就减少了几万人,贪污腐化现象大大减少,极大地减轻了农民的负担。为防止北方少数民族的进攻,高洋还加固了长城。每到农闲季节就调民工修长城,对边疆的稳固起了很大的作用。

在文治上,他虽然是少数民族,但是却十分重用汉臣,为北齐建立起一套完整制度,他还组织魏收等人编写魏书并且非常重视文化。在当时的邺下,能文善诗的人达上千人,产生了温子升等邺下三杰。在他统治后期重点打压了鲜卑族的旧派门阀,除去了北魏元氏贵族,还除去了一切威胁到北齐政权稳定的人。当然他为此大开杀戒,所以广受后人诟病。但是他这样做是有其上述原因的，并且他给了汉人以掌权的机会，为他们清除障碍，而且他也从未像北魏太武帝一样对汉人大开杀戒。

在他统治的后期，虽然自己过于昏庸残暴，但是他的治下却比较清明，至少要比当时的西魏与南朝强很多。但是因为过于荒淫腐化的生活，高洋于559年去世，年仅31岁，谥号为文宣皇帝。而正是因为他奠定了多方面的较好基础，北齐的统治才在他以及继位者同样的残暴之下持续了28年。

童贯虽有专权乱政之嫌，但军功不能一笔抹杀

童贯应该可以说是赵高之外最有名气的宦官了，而且也像赵高一样手握过重权。而他的命运也有点像赵高，被人杀死。在人们的印象中，宦官十个有九个坏，另一个好的便是郑和，尤其是手中有权力的。事实并非如此，童贯这个大宦官也许有过错，但功劳也是有的！

童贯进宫时差不多已经20岁，之前有过私塾教育经历，不仅通文墨，还懂得经文。他进宫之后，拜在同乡前辈太监李宪门下。李宪是神宗朝的著名太监，曾经在西北边境上担任监军多年，很有战功。而童贯也就跟随李宪在前线从事军事工作，并且曾经十次深入西北，在军事上很有历练，所以是有一定的军事才能的。

童贯

童贯的外貌也与其他宦官不同，据《宋史》描述：他"颐下生须十数"，也就是说他虽然是宦官，但是却长着十几根胡子。"状魁梧，伟观视"，意思是说童贯不但英俊，而且很魁梧，看上去还很伟岸，是一个"长身丽人"，并且"皮骨劲如铁"，双目炯炯有神，面色黢黑，一眼望去，阳刚之气十足，不像是阉割后的宦官。外貌对人的第一印象很重要，所以童贯入宫之后便很受众人赏识，后妃、宫女以及其他宦官都对他十分友好。再加上童贯为人出手相当慷慨大方，所以那些后宫嫔妃、宦官、宫女，以及能够接近皇室的道士、天子身边的近臣都在皇帝面前不断提起他，夸奖他。这样皇帝耳边经常可以听到关于他的好话。但是神宗皇帝对他并没有多大的兴趣，所以童贯进宫二十余年，始终没有出人头地。直到后来宋徽宗当了皇帝之后，才开始重视他，重用他。徽宗入继大宝时，童贯年四十八岁，正是人生经验、阅历、精力臻于巅峰之际。

徽宗以内廷供奉官的名义，派他到杭州设明金局收罗古玩字画，第一次为他打开了上升的通道。一般说来，内廷供奉官大体相当于皇宫的采购供应处长，并不是一个多高的职位，却是一个很有油水的肥差。但是童贯并没有满足于捞取好处，而是利用了这次机会讨得徽宗的欢心，他在贬职杭州的朋友蔡京的帮助下，搜罗了大量的财货

珍宝，徽宗大为高兴，不仅更加赞赏童贯，而且还重新起用了蔡京。

蔡京还京后，为报答童贯，极力推荐他担任军事要职。崇宁二年（1103 年）二月，徽宗打算征讨西北的羌族，收复青唐一带，从而开疆扩土，以显国威。蔡京竭力举荐童贯，说他曾经十次出使陕右，非常熟悉五路事宜及将士们的能力，如若前去，定能旗开得胜，马到成功。徽宗听信蔡京所言，便任命童贯为监军。

童贯领命而行，在西北军事重地熙州与主帅王厚、副帅高永年调集十万人马，准备开赴西北。但不巧的是，行军至湟川时，汴梁城内的太乙宫失火，宋徽宗十分迷信，以为宫中失火是上天垂兆应免动刀戈，于是火速传下一道手谕给童贯，阻止他出兵西战。童贯看罢手谕马上折起来塞到靴筒里。王厚问："不知陛下何故降旨？"童贯若无其事地说："没有什么，只是陛下敦促我等速取成功罢了。"

结果这一仗把羌人打得大败。捷报传到京城，徽宗欣喜异常，非但没有怪罪童贯隐匿诏令，反而封他为入内皇城使、果州刺史，继续西征，攻打青唐。童贯的军事才能再次得到了发挥，宋军很快占领了惶城、宗哥城、都州、廓州、洮州等地，还招降了羌人首领臧征扑哥。宋徽宗很是高兴，对他更加刮目相看，晋封他为校检司空、奉宁军节度使，之后让童贯掌管枢密院，加封太傅、径国公，人称"媪相"。童贯在以后的二十年里，一直执掌北宋王朝的兵权。

童贯在对西夏的作战取得了前所未有的胜利之后，西夏派人求和。童贯便想攻打辽国，要求亲自出使辽国打探虚实。1111 年，徽宗派郑允中为贺辽生辰使，童贯为副。童贯以宦官使辽，辽天祚帝大为不齿，指着他大笑说"南朝乏才如此！"童贯十分生气，听取手下马植联金灭辽之策向徽宗提出攻打辽国。徽宗求功心切，没有与金联合，单独派军进攻辽国，想要收复燕云之地。当时，辽国天祚帝被金兵打跑，燕王耶律淳在燕京称帝不久后死去。正值混乱之时，徽宗命童贯、蔡攸出兵，辽涿州知州郭药师相继归降宋朝，打开了通向燕京之路，宋军一度攻入燕京城，与辽军展开肉搏战，但因后援未至，被迫撤退。虽然没有打败辽国，但是也取得了一定的军事胜利。

但是此时崛起的金国却决定与北宋为敌。1123 年春，金太祖责问为什么北宋违背了当初宋金两国联合攻辽的合约，并背弃前约坚持只将当初议定的后晋石敬瑭割给辽朝的燕京地区归宋，不同意将营州、平州、滦州还给宋朝，宋方毫无办法。几经交涉，金国才答应将后晋割给辽朝的燕京及其附近六州之地归还宋朝，但是宋朝要在除每年把给辽的岁币如数转给金外，每年再加一百万贯的"代税钱"。

宣和七年（1125 年），童贯因收复全燕之功而被封为广阳郡王，统率大军重镇边疆，驻扎大原。当时，金已灭辽，大举兴兵南侵。童贯见大势已去，由大原遁归汴梁，且不听钦宗令他留守汴京的命令，而随徽宗南巡。于是，大学士陈东等上书劾蔡京、童贯等六人为误国六贼。童贯的主要罪名是"结怨辽金，创开边隙"。徽宗禅位之后，钦宗称帝根本不把童贯放在眼里，所以他开始失势。1126 年，童贯被一连三贬，后被张澄奉诏杀死，把头带到开封，朝廷下令把他的罪状贴在脑袋上游街示众。

由童贯的生平可以看出，他虽然曾经权力很大，甚至执掌过军权，但是并没有做什么擅权之事，最多也只是与蔡京等人勾结而已。而且他立的战功是巨大的。童贯如果真是专权的话，不可能说被贬职就被贬职，说被杀就被杀。他最多只是一个权力很大的宦官，但是总体来说又没有作过大恶，并且是立有大功的人。

宋高宗偏安东南是真，但昏庸无能不实

北宋灭亡后，宋徽宗第九子康王赵构逃到南京称帝，是为宋高宗。高宗皇帝做得最广为人知的事情便是杀害了抗金名将岳飞，也正是因为他下令杀害了岳飞，所以人们对他的印象也只是一个昏庸无能、不思收复故国、偏安于东南一隅的小朝廷皇帝。事实上真是如此吗？宋真宗活了81岁难道就只做了一件青史留骂名的坏事吗？

宋高宗从建炎元年（1127年）一直到绍兴八年（1138年）的十余年间，一直因为躲避金军而辗转在东南沿海各地。期间他否定了张浚"权都建康，渐图恢复"的建议，南逃至临安（今杭州市）定都。东京留守宗泽想要渡黄河北上抗金，力劝高宗回汴京坐镇，但是宋高宗却置之不理，沉迷于偏安一隅，致使老臣含恨而死。

逃到临安后，为形势所逼，宋高宗任用岳飞、韩世忠等主战派抗金，同时又以主和派的秦桧为宰相，对金以求和为主，一味地屈膝妥协。1140年，金军大举入侵，宋军抗金取得多次胜利，岳飞军队收复西京（洛阳），前锋直抵朱仙镇，离汴京仅45里时，宋高宗却要对金议和，召韩世忠、张俊、岳飞入朝，明升官职，实解兵权，还撤销了专为对金作战而设置的三个宣抚司。不久，更将岳飞杀害，以割地、纳贡、称臣的屈辱条件，与金朝订立了"绍兴和议"。之后，宋金之间20年间未动刀兵，而高宗则因为杀忠臣议和而成为人们眼中的昏君，一无是处。事实上，高宗绝非昏庸无能之辈。当徽宗和钦宗双双被金人掳走之后，年仅20岁的康王赵构继承大统时，身边只有亲兵仅一千余人，然而他通过各种方法，迅速召集了大批忠于朝廷的人员防守住了淮河、长江，同时建立了南宋的根基。

宋高宗自青年时代起便甘苦备尝，自身始终保持着简朴的品德。他不热衷女色，餐食简便，每餐仅有面饼、馒头和煎肉，虽然定都在杭州，却时常回忆起当年南迁时的艰难岁月。他从不喜好奢侈品，北宋亡国之后，有人把当年宫中的几斗珍珠送还朝廷，结果都被宋高宗投入了河中，而正是因为他的以身作则，北宋末年时的荒淫朝风从此销匿，而南宋百余年的基业也就此慢慢奠定起来。

宋高宗即位之后对法制的建设十分重视，他当政时提出了"立法贵在中制"的法律思想，认为法律过重或过轻都无法取得应有的效果，只有符合常情才能行得通。宋高宗认为："为法不可过有轻重，惟是可以必行，则人不敢犯。太重则决不能行，太轻则不足禁奸。"为了秉公执法，他还常常阅读司法奏折到半夜，反复斟酌，因此也要求司法部门对工作同样认真不懈怠，"朕在宫中，每天下奏案至，莫不熟阅再三，求其生路，有至夜分。卿可以此意戒刑寺官，凡于治狱，切当留心，勿草草。"

人们对宋高宗评价过低主要是因为他杀了岳飞，然后与金国达成了和议。在杀害岳飞这一点上，宋高宗的确是历史的罪人，但"绍兴议和"跟北宋真宗时的"澶渊之盟"有几分相似之处。

北宋末年时，社会已经衰退。虽然经范仲淹、王安石的改革，但是宋朝的社会情

况并没有根本改变，土地兼并严重，农民起义时有发生。而就在金入侵宋时，南方还发生了钟相、杨幺起义。如果赵构刚坐稳江山便不和金人讲和，主张收复山河，那必然要进行大规模的战争。在土地兼并严重，贫富不均悬殊的南宋初年，一意主战必然会造成劳民伤财的结果，百姓生活不安定，极有可能引发大规模的农民起义，如此一来，南宋就会出现内外交困的情况，金人也会趁机南下，宋连半壁江山也难以保全。而"绍兴议和"则换来了南宋 156 年半壁河山的和平，所付出的代价是每年向金朝贡白银 25 万两，绢 25 万匹。当时南宋的财政收入一年便有 8000 万贯，即使 2 贯折银一两，25 万两白银和 25 万匹绢也占不到南宋政府财政收入的 1%。花钱买和平，这对南宋的子民是有益无害的。

虽然很多人对赵构的评价很低，但是元人修的《宋史》却对他的评价比较客观，把赵构与刘秀等历代中兴之主相提并论，认为他是中兴守成的明君。因为他奠定了南宋 156 年的基业，保存了宋太祖的江山，开创了南宋经济发达的局面。

金主完颜亮固然残暴荒淫，但雄才大略也非常人能比

提起完颜亮，很多人都不熟悉，只能从名字上猜测出他是金国人，但是知道他的却都认为他是一个情欲如海、贪淫无道的异族皇帝。这要归功于明朝冯梦龙的小说《醒世恒言》的宣扬。历史上真实的完颜亮是否真的除了贪淫无道之外就再无是处？事实并非如此。

完颜亮是完颜宗干的次子。完颜宗干在金国初期曾经担任过许多非常重要的军政要职，为金国的建立立下了很多功劳，是金国初创时的重要政治家。但因他并非嫡出，所以辅佐侄子完颜亶治理国家。完颜宗干不想当皇帝，但是其次子完颜亮却一直想取而代之，因为他觉得自己比堂兄更有才能，所以一直在等待时机。

1149 年 11 月 7 日，皇帝完颜亶将皇后裴满杀死，十天后又派人杀死了德妃乌古论氏、夹谷氏、张氏等三位皇妃，震惊金国朝野。不久，完颜亶派人杀死了另一位皇妃裴满氏，这次杀戮行动惊动了完颜亮，促使他提前发动了血腥的宫廷政变。完颜亮在得到其他大臣的拥护之后，联络皇兄的护卫十人长仆散忽土、徒单阿里出虎和寝殿小底、权近侍局长大兴国等人做内应，密约于 12 月 9 日起事。政变成功，皇帝完颜亶、都元帅宗贤、太保宗敏在一夜之间全部杀掉。12 月 11 日，完颜亮正式就任金国的第四任皇帝，并改元天德，大赦天下。

俗话说："新官上任三把火"，完颜亮当政之后的第一件事就是进行大刀阔斧的改革。他的一系列改革措施十分有效，对确立金朝的封建统治和历史发展有着举足轻重的促进作用。登上皇位后，完颜亮胸怀大志，他企图消灭宋朝、一统天下，并把这个想法作为自己的首要执政目标。为了将这一抱负变为现实，他勤读史书，并用历代贤明君主来激励自己。他勤于政事，讲究效率，经常阅示奏章到深夜。完颜亮总是告诫手下的官吏说："为官要忠于职守，要无惮权贵。"在他的改革下，朝野上下一改过去的混乱，呈现出生机勃勃、井然有序的局面。为了让国力增强，完颜亮进行了接受先进文化的改革措施。他首先从政治制度下手，下令废除行台尚书省，使政令统一于朝

廷，加强了中央集权统治。之后，他又废除权力极大的都元帅府，仿汉制设立枢密院，任命枢密使、枢密副使主管军事。这样一来，久握兵权的将领们全部在政府的控制之下。到 1156 年，完颜亮又下令废除中书、门下两省，只设立一个主管朝廷政务的尚书省。经此改革，尚书省成为皇帝直接控制下的政权机构，全部完成了对中央官制的全面改革。

在法律制度方面他也进行了很多重大改革。完颜亮废除脊杖刑，增设"徒刑五种，自五年至一年，皆使之杂做，满者释之"，并首创登闻检院制度，规定"凡事理不当者，许诣登闻检院投状，院类奏览讫，付御史台理问"。他还设立提刑司，直接过问地方政府的法制和大案、要案的处理。

为了培养适应新形势的官员，完颜亮大力改革科举制度，废除了太宗、熙宗时的南北选和儒学的"经义科"。各地一律只考辞赋，统一了科举制度。又"置国子监"，增殿试之制，亲自过问选官大事，有时甚至亲自为考生命题、阅卷。

通过这一系列改革，完颜亮牢固地建立起一整套强有力的封建中央集权制度，为女真族逐渐完成封建化奠定了稳固的基础。他统治时期，吏治较为清明，贤官良吏辈出。世宗朝的很多名将贤相，大都是在他当政时提拔起来的。

1153 年 3 月，完颜亮力主迁都燕京，改燕京为中都。金朝统治中心由女真故地迁到中原，大大有利于封建制改革的巩固和发展。

为了巩固统治，完颜亮努力从政治、经济、文化和思想意识上消除民族间的对立和隔阂。他即位之初，即"诏河南民，衣冠许从其便"，以缓和汉人对"剃发易服"的不满。他反对夷夏之分，努力争取汉人地主士大夫的支持。他大批任用汉、契丹和渤海人做官，从而在金朝中央组成了一个多民族的最高统治集团。此外他还在农业方面进行了许多利在当时，功在后代的改革。

完颜亮执政十二年，锐意改革，在金朝历史上做出了很多突出乃至划时代的大事，可以说他建立了巨大的历史功绩。

1158 年，完颜亮营建南京（今河南开封）宫室，征调各路军兵，准备南侵灭宋，统一中国。1161 年 6 月，他亲自督大军渡淮河，出庐州（今合肥），命工部尚书苏保衡率水师由海道直趋临安，直攻南宋都城。但是没想到就在 10 月，东京留守完颜雍发动叛变，在辽阳称帝，并改元大定，废完颜亮。完颜亮在后院起火的情况下继续南进。大将苏保衡所领的水师行至胶西陈家岛时，遭到宋将李宝水师的突然袭击，几乎全军覆没。11 月，完颜亮所率大军在采石矶希图渡过长江，为宋将虞允文击败。他率兵退至扬州，计划从瓜洲（今扬州南）渡江。不料，军中发生叛变，完颜亮被浙西兵马都统制完颜元宜等砍伤，最后用绳子勒死，并以大氅裹尸而焚，卒年四十。

完颜亮夺得皇位之后，的确表现出贪嗜女色的淫乱本色，他曾口出狂言，要"天下绝色而妻之"。据史书记载，"海陵王常令教坊番值禁中，每幸妇人，必使乐工奏乐，撤除所有帐幔，吩咐左右大声说些淫词浪语。如果幸女不遂，就令元妃用手帮忙。有时，让嫔妃们裸体列坐，他恣意淫乱，让大家共观。有时让两个妇人仿效他的样子，作淫乐状，以博天颜一笑。每当座中有嫔妃，海陵王必定任意投掷一件东西在地上，让近侍们看地上之物，不许看裸体的嫔妃，违者立即斩杀。"东京留守完颜雍之所以叛变的一大原因就是完颜亮强抢他的妻子，结果她不从，被逼至死。但是并不能因此就抹杀了他的所有历史功绩。他虽然不得善终，但是对金国却是产生了巨大的影响，也是有很大的历史功绩的。

贾似道误国致宋亡，但也曾为南宋立过大功

贾似道是南宋末年的权臣，在人们的印象中他是个奸臣，正是因为他的祸乱朝政，才使南宋迅速走向了灭亡。无论在当时，还是后代，人们对他的评价都很低。贾似道的确是做过误国的事情，但是他也不是一无是处的权臣。相反，他还是有一定的历史功绩的。

通常情况下，人们认为贾似道当宰相是因为裙带关系，他的姐姐是理宗的妃子。但是贾妃很早就死去了，贾似道之所以当政，是因为他有一定的才能。1238 年，25 岁的贾似道金榜题名，一举考中进士，随即被擢升为太常丞、军器监。然而，少年得志的他却经常与一些歌妓泛舟在西湖之上，终日沉迷于饮酒赋诗中，彻夜不归为常事。某天夜里，理宗皇帝登高眺望，只见西湖上灯火通明，一番歌舞升平的景象。理宗皇帝叹了口气，对侍从说："此必似道也。"次日，侍从调查的结果果然如此。皇帝得知这一事实后，大为光火，下令让京兆尹史岩之对贾似道进行批评教育。史岩之奉皇命与贾似道进行交谈，觉得他虽贪恋与歌妓饮酒取乐，但才思敏捷，是不可多得的人才，故回奏皇帝曰："似道虽有少年习气，然其材可大用也！"史岩所言不差，就在同一年，朝廷让他出任澧州（今湖南澧县）知州。1241 年 4 月，贾似道升任太府少卿、湖广总领，在任上他对湖广财政进行了大力整顿，成功解决了辖区内货币贬值和物价飞涨的问题，获得了天子和朝廷的嘉奖。

淳祐五年（1245 年）到宝祐二年（1254 年）的十年间，贾似道作为军政大员在"沿江""京湖"和"两淮"等地区一直干得有声有色。贾似道发动军民开荒、屯田、修筑城防，不仅解决了驻地军队的粮饷和修筑城防的费用问题，而且还在一定程度上支援了周边地区，可以说对帝国的边防和军备事务做出了不小的贡献。为此理宗皇帝特意下诏对贾似道进行表彰："乘边给饷，服勤八稔，凡备御修筑之费，自为调度，稍有余蓄，殊可加奖！"宝祐四年（1256 年），贾似道被擢升为参知政事；宝祐五年（1257 年）又被加知枢密院事，从此成为南宋重要官员。

1259 年，蒙古兵分三路大举攻宋，蒙古大汗蒙哥率兵亲攻四川，其弟忽必烈进攻鄂州，另一路由云南入广西进攻湖南。8 月 11 日，蒙古大汗蒙哥猝死于四川钓鱼山的围攻中。忽必烈不听大臣北还请求，执意于 9 月 23 日指挥大军渡过长江，围攻荆湘重镇鄂州（今武汉），南宋朝廷大为震惊。朝中的两位宰相吴潜和丁大全惊慌失措，拿不出一点儿办法来，时任两淮宣抚大使的贾似道主动要求应敌。理宗大为高兴，让他临危受命。贾似道还是有一定的军事才能的，他屯兵于汉阳，牵制围鄂的蒙古军队，后又改道屯黄州，堵住了蒙古人去临安之路。蒙古军依恃其强大的战斗力，连攻半个多月，鄂州城却纹丝不动。忽必烈见久攻不克，便改变战略，命部将挖掘地道。可这一

招早在贾似道的意料之中。他下令士兵修筑木栅栏，一夜之间就筑起了一座"夹城"。蒙古军从地道潜入城中，却成了瓮中之鳖，全部被宋军歼灭。忽必烈得知之后，仰天长叹："吾安得如似道者用之！"

10月19日，宋理宗在军中便拜似道为右丞相，令其坚守黄州，并指挥前线所有军队。战役持续到11月，鄂州守军伤亡过万，但是蒙古军久攻不下。忽必烈大怒："彼守城者只一士人贾制置，汝十万众不能胜，杀人数月不能拔，汝辈之罪也！"战争持续到1260年1月中旬，忽必烈被堵在鄂黄之间的3个月后，仍进展无望，同时后方传来政局不稳的消息，不得不乃撤军，宋朝此次的威胁就此解除。理宗皇帝以贾似道有再造之功，封他为少傅，从此总揽国政。

贾似道执掌宰相大权后立即着手做了三件事。首先整顿朝纲，罢黜了一大批恃宠擅权、贪赃枉法的宦官和外戚。其次，下手清除军队中的异己势力，如高达、向士璧、曹世雄等人。毋庸讳言，贾似道这么做是在自毁长城。因为这些将领虽然有自恃勇武、轻视文官的毛病，而且在鄂州之战中不服从贾似道的节制，但关键时刻还需依靠他们来保卫江山，贾似道却将他们铲除殆尽。第三件事是推行"公田法"，将被官僚地主阶层大量兼并的田地以低成本收归国有。此举势必严重侵害权势阶层的利益，所以后来一经推行便遭到强烈的反对和普遍的责难。贾似道之所以会进行这项改革，是因为其时南宋帝国的经济和财政问题极其严重，几乎濒临崩溃。但此举既遭到权势阶层的极力反对和阻挠，又为其种下了杀身之祸根。

1264年10月，理宗驾崩，皇太子赵禥即位为宋度宗。度宗即位马上擢升贾似道为太师，封魏国公，对他异常尊崇。贾似道却恃功傲慢，在主持完理宗葬礼后便挂冠而去，并授意心腹吕文德向朝廷谎报军情，声称蒙古军队正在猛攻下沱。朝廷震恐，谢太后和年轻的天子更是吓得六神无主，慌忙下诏让贾似道回朝主持大局。贾似道心满意足地回到临安。咸淳三年（1267年）二月，贾似道再次提出告老还乡，皇帝赶紧让大臣和近侍宦官一天四五次传旨挽留，并且赏赐不断，下诏加封贾似道为"平章军国重事"，允许他在西湖葛岭豪宅决断政事，不必上朝。同年末，蒙古大军南下，进抵南宋江汉防线的军事重镇襄阳，襄阳战拉开序幕。此时的贾似道开始斗起了蟋蟀，并称"此军国重事邪"。咸淳九年（1273年）正月，襄阳陷落，统帅吕文焕投降，并在入朝晋见忽必烈的时候主动献上了攻宋之策，自请为先锋。同年仅34岁的度宗去世，贾似道拥立年仅三岁的嘉国公赵㬎即位，太后谢氏临朝听政，三个月后，南宋江汉防线全部沦陷，临安的门户洞开，宋亡在即。

1275年2月，贾似道率十三万精兵与元军决战，刚交战便失利，结果大败，贾似道躲在李庭芝重兵驻守的扬州。朝野纷纷上疏异口同声地要求太后将贾似道诛杀。谢太后留其性命，贬谪到偏远的岭南，押送他的官员郑虎臣擅自在漳州将其杀死，不久，南宋灭亡。

综观贾似道的一生，前期的确立下了很大的功劳，但是后期的确是误国误民。可以说前期如果没有他，南宋可能早就灭亡了，而后期南宋之所以灭亡，却又是因为他掌权所误。因此著名历史学家虞云国这样评价他："贾似道入朝主政前，尚有作为。其后，专擅朝政达十七年。主政之初，虽有改革弊政的举措，但既夹带私货，也不得要领，难挽狂澜于既倒；其后更是'专功而怙势，忌才而好名'，刚愎自用，排除异己，怠忽朝政，纵情享乐，置国家命运于不顾，在导致南宋土崩瓦解的同时，也使自己身败名裂。"

崇祯帝虽然是亡国之君，但也曾勤政爱民

一般来说，人们认为亡国之君都不是什么好皇帝，比如秦二世、隋炀帝、后主刘禅以及宋徽宗、宋钦宗，尤其是在皇帝素质普遍不高的明朝，亡国之君崇祯帝在人们眼里更不是一个有什么作为的好皇帝。有人更是认为他刚愎自用，嗜杀成性，一有不顺心就杀大臣，杀掉袁崇焕是"自毁长城"，更因此认为他亡国是因为自己的昏庸。但事实上并非如此，崇祯帝不仅不是一个一无是处的皇帝，反而有很多可取之处。

崇祯帝在煤山上吊之前说过两句著名的话："请（贼）勿伤我百姓一人""朕非亡国之君，汝等皆亡国之臣"。很多人认为前者是崇祯帝虚伪的表现，后者则是他为自己开脱。崇祯固然不是圣人，但他绝对是一个好人，甚至是一个好皇帝。但因长期受到清代官方妖魔化记述以及过分美化李自成起义的影响而对他的评价失之偏颇，甚至这两句话都被人故意曲解。崇祯皇帝对自己接手下来的江山有着强烈的历史责任感："祖宗栉风沐雨之天下，一朝失之，将何面目见于地下？"即便清人修的《明史》中也说他"在位十有七年，不迩声色，忧勤惕厉，殚心治理"。

明朝开国皇帝朱元璋定下了每日上朝的祖制，后来隆庆、万历皇帝改成了每逢三、六、九上朝的规定。万历皇帝更是创造了 20 年不上朝的先例，但是崇祯称帝后，立刻恢复了祖制，十几年如一日的天天上朝，确如自己所言："朕自御极以来，夙夜焦劳。"可以说，他是明朝皇帝中最繁忙、最勤劳、最忧苦的一位。

不仅勤政，而且廉政。登基伊始，崇祯帝就首先从自己做起，毅然宣布停止专供宫内使用的苏杭绸缎织造活动，并让太监从苏州购置棉花纺车送进宫内教宫女纺布以供宫中使用。他自己也常常穿着多次洗过的衣服，而且为了耐穿，袜子都缝上了布底。崇祯十三年（1640 年）七月始，他更是开始穿布衣，吃素食。

一些历史学家对崇祯评价很低有一个重要的原因就是崇祯帝贪财，宁可亡国也不把归自己用的内帑拿出来毁家纾难。但事实上崇祯末期内帑里早就没有什么银子，已经是穷的一干二净。据刘尚友《定思小计》中的记载："（崇祯十七年）二月中，贼势愈急，而昌平兵忽变，京城戒严，亟遣官以重饷抚之，始戢，然居庸已不可守矣。……然国计实窘极，户部合算海内应解京银两岁二千万，现在到部者仅二百万，朝廷至括内库金帛悉准俸银给发武士，其困乏可知。故援师之征，望其即赴，又若畏其即赴，诚虑夫饷之不足供也。上抚髀无策，欲以空名感动天下，故唐、黄、吴、左诸镇，封四伯爵以劳之，又封刘镇继之。"这段史料记载把崇祯皇帝因缺钱而面临的窘境描述得十分透彻。李自成眼看要进逼京师，国家穷到拿不出钱来给守卫京师附近地区的军队发军饷，直接导致昌平兵变。

《晚明史》中也有如下一则记载："思宗严厉地责问吴襄：'三千人何以抵挡百万

之众?'吴襄则说:'这三千人并非一般士兵……因而能得死力。'思宗问:'需饷多少?'吴襄回答:'百万。'思宗说:'内库只存银七万两,搜集一切金银杂物补凑,也不过二三十万两。'"调吴三桂勤王之议,终于因为经费没有着落而暂时作罢。这则记载和上面刘尚友《定思小计》中的记载共同说明崇祯帝手中以及国库中都已经没有钱财可用。其实只要想一想,如果有私房钱可用,崇祯绝对会拿出来的,如果不拿出来,明朝亡了,他的命都保不住,留下钱财何用?而且如果贪财,不是白痴的崇祯帝难道不明白打败叛军之后再征收税费能得到更多钱财的道理吗?

崇祯帝不仅勤政、廉政,而且还是一个勇于做自我批评的皇帝,他每次施政出现重大失误之后,国家每次出现重大危机之后,差不多都要下"罪己诏"。在历代皇帝中,崇祯帝是下"罪己诏"最多的一个。然而即便他做了如此多的努力,明朝还是亡国了,他还是成了殉国的亡国之君。

那么他为什么还成为亡国之君呢?事实上,明朝早在崇祯帝即位之前就已名存实亡了。正如《明史》所言,也是史学界普遍认可的说法是:"明之亡实亡于神宗"。而历史却把崇祯推到了明末的风口浪尖之上。崇祯虽然算得上是一个好皇帝,然而,却只能成为亡国之君。他也有责任,但责任并不像其他亡国之君那样重大。

世无巨贪和珅,难有《红楼梦》传世

和珅是中国历史上最有名的大贪官。据说他被抄家之后,全国的物价都降了不少,当时流行语说是"和珅跌倒,嘉庆吃饱"。可见他贪污的钱财之多。在人们的眼中,和珅就是一个恃宠弄权,只会敛财的贪官。他从来没做过一点儿好事,除了逢迎拍马之外没有什么能耐。事实果真如此吗?起码和珅做过一件值得称道的事!

几年前,风靡一时的电视连续剧《铁嘴铜牙纪晓岚》中有过关于和珅查抄《红楼梦》的描述。电视剧中说福安康偶然得到《红楼梦》手稿,密送和珅。和珅为了扳倒正在为出版《红楼梦》四处奔走的纪晓岚,便无中生有地密谋设计了《红楼梦》反书案,并得到乾隆皇帝的支持,朝廷将《红楼梦》列为禁书。纪晓岚虽被打入天牢,但他没有屈服,而是利用自己的聪明智慧,几经波折,终于取得了皇太后的支持,结果使《红楼梦》的手稿重见天日,这部古典文学巨著得以出版。

事实却正好相反,电视剧的编剧,枉顾历史史实,把和珅的功劳扣到纪晓岚头上不说,还给和珅扣了一个屎盆子。历史上真实的和珅在少年时期刻苦好学,考入咸安宫官学,是八旗子弟中的佼佼者。和珅是精通满、汉、藏、维吾尔四种语言,很受乾隆十分赏识,写诗也很有水平,袁枚曾评价他说:"少小闻诗礼,通侯即冠军,弯弓朱雁落,健笔李摩云"。入仕后,掌管国家内政几达三十年,是理财能手,处理政务十分拿手。同时,他还是一位开明人士,尊重知识分子,礼贤下士,同时,和珅也是《四库全书》的"正总裁"。而正是在此时,他将《红楼梦》一书变成了非禁书。甚至可以说,没有和珅,《红楼梦》的完成、出版和传播,甚至能否流传至今,成为中国文学史上的一朵奇葩都很难说。

《红楼梦》(当时还叫《石头记》)在当时是禁书,喜好此书的人只能暗地里传抄，只有少数书商为牟利而甘冒下狱之险刊行。然而就是如此，这本书的名声也非常巨大，几乎达官贵人，无所不知。和珅作为一个有一定才情的达官自然更是久闻其名。

乾隆四十五年（1780 年），和珅党羽苏凌阿花费巨资买到了《石头记》的原抄本，秘密珍藏于家中。和珅听说之后，立刻从苏凌阿那里讨要到手，读完之后倾心折服，极力赞叹曹雪芹的文笔，认为这是天下第一的小说。他想，如果能够让其刊行天下肯定是文坛上的一个盛事。只是该书少了后四十回。于是，和珅得知当时的著名文人高鹗与他的朋友程伟元为此书作续篇，便找来一读，认为续篇过于绝望悲凉，便让高鹗重新安排一个较为圆满的结局，同时对前八十回中厌世的文字也做了一些修改，并更名为《红楼梦》。和珅看过新稿后，非常满意，但还不敢直接呈送乾隆，便想出了一个招数。他先是在家将书背诵一节，然后去宫中讲给太后听，每次只为太后说一段《红楼梦》里的故事，太后越听越喜欢，便让和珅把书拿来读。和珅只好为难地说，这书是禁书，不能拿出来。太后就告诉了乾隆皇帝。乾隆至孝，就让和珅把书呈上御览。书呈上之后，不仅太后喜欢，乾隆也非常喜爱，手不释卷，一气读完，赞不绝口。和珅于是请求乾隆解除对《红楼梦》的禁令，刊行天下，乾隆允诺，由当时全国最好的出版机构——武英殿刊刻。从此，《红楼梦》一书风靡全国。

天才诗人白居易的生活秘闻

白居易，唐代诗人，字乐天，号香山居士、醉吟先生，祖籍太原，于唐代宗大历七年（772 年）正月二十生于河南新郑县东郭宅，武宗会昌六年（846 年）八月卒于洛阳，享年 75 岁。晚年官至太子少傅，谥号"文"，世称白傅、白文公，是我国文学史上相当重要的诗人。

白居易在他那个时代就是偶像级人物，他的文字的影响力不仅在文化圈子里流传，同时也风靡娱乐界。他的《长恨歌》《琵琶行》等流传之广，即使到今天大概都不比《双节棍》差。

同时，也有很多人对白居易的一些作为很不以为然。

少年得名，被人当作偶像追捧

在众多名家当中，白居易大概属于天才那一类。

他出生不过六七个月的时候，家里人指着"之"和"无"两个字逗他玩。他竟然就此记住，以后每次有人问还不会说话的白居易这两个字，他都能准确指出来。这样的天才儿童要是放在 20 世纪末，没准就读上那些著名高校的少年神童班了。

难得的是，白居易没有像那些高校神童班的孩子们那样流星一现，他五六岁就学作诗，9 岁就熟悉了声韵——这个人天生就是吃文字饭的。而且白居易读书很用功，以至于口舌生疮、手肘长茧，这样，他 16 岁的时候已经写出了"春风吹又生"这样的佳句。

白居易初到长安拜见前辈寻求提携，闻名赫赫的顾况素来目下无尘，就跟白居易摆起了老资格，说："京城米价很贵，想要居住在这里大概不太容易。"等看了"春风吹又生"之后，马上改口说："以你这样的才华，在京城肯定能混得很好。"想来当时的首都只是米价高，房价还不怎么吓人，否则任春风怎么吹，也吹不出广厦华堂。

后来白居易诗名日盛，在全国的学校、旅舍、码头、妓馆这些公共场所，男女老少都在吟诵白居易的诗歌。

当时有个军官想招个歌伎，有个歌伎为了自抬身价，就说自己能够背诵白学士的《长恨歌》。果然这招奏效，这名歌伎的身价真的被抬起来了。白居易对此多少有点得意，在给朋友的信上特意炫耀了一下。

唐朝流行文身，社会上也不完全把文身和不良青年画等号。一位狂热的超级"白迷"，从脖子往下浑身三十多处文上了白居易的诗句，经常洋洋自得地在街头袒胸露臂，放声高唱。

政坛失意，与歌伎同病相怜

文学上的成就固然值得自负，但那不是白居易心目中的目标，建功立业才是永恒的主题。白居易生活在唐朝的衰落时期，面对军阀割据、政局动荡的混乱局势，白居易积极向皇帝进言，希望能够得到采用。

这个时期的白居易是坦荡刚直、勇于任事的，但无论什么时代，这样的人总是显得很不"懂事"，他管闲事甚至管到了皇帝的后宫。时值大旱，白居易居然斗胆请求皇帝遣散一部分宫女，一则缩减开销，二则减少社会上的痴男怨女。结果谁都能料到，他这分明是去找骂。

壮年气盛、直言无忌的白居易并没有实现他的目标，反倒给自己招惹了不少强大的敌人。事实上，他那过于急切直率的作风，让亲自提拔他的皇帝都受不了，有时皇帝老子话还没说完，白居易就直愣愣地顶嘴："陛下错了。"皇帝当场变了脸色，事后对人说："这小子是我提拔的，居然敢这样，多半是不想混了。"

虽然皇帝没有马上拿白居易怎么样，但祸根已经埋下。后来宰相被刺杀，白居易第一个建议追捕主谋，政敌们趁机指摘他越权，照例再加上些谣言，就把他贬为江州司马。白居易的第一个政治高峰结束了。

江州司马白居易虽然失意，在著名的《琵琶行》中，和偶然相遇的长安歌伎大起同病相怜之叹，但他还在等待机会，他仍旧怀着希望。

再次回到京城，一开始，白居易行事的风格依然不改，为了坚持立场，甚至不惜和多年好友元稹翻脸。然而政治集团之间激烈的倾轧斗争终于让他渐渐"懂事"了，白居易从忧虑到失望，再到逃离。他承认自己的失败，为了躲避政治旋涡，甘心外放，做地方官去了。

个人的意愿在庞大的命运车轮前显得实在太渺小，只有少数人一生都是斗士，白居易不是那种政治需求特别强烈、个人意志特别坚定的人，诗人早年的理想已经在现实中渐渐消磨。

老来享乐，几多荒唐几多愁

白居易也有老的那一天。

到那个时候，他开始享受生活了。

他人是老了，却开始蓄养大量家姬，还亲自指点她们学习乐舞。拜他的诗歌流传之赐，白居易的家姬非常有名，其中最有名的是小蛮和樊素，"素口蛮腰"这个香艳的说法，就来自于白居易。

不仅如此，白居易似乎还很喜新厌旧，他10年内换了3批家姬，只是因为过了几年就觉得原来的家姬老了不中看，而这个时候他自己已经67岁了。

当然，不能用现代的标准去生硬地评判一千多年前的古人，在那个时代，白居易的行为不论在法律上还是道德上，都没有什么不妥。不过，以白居易当时的年龄，怎么说也不够自重。当青春不再时，人往往会遇到精神上的危机，白居易在这个时刻再一次显示出了自己意志上薄弱的一面。

一场大病之后，白居易大约也感觉到了自己来日无多，虽然恋恋不舍，还是把他最钟爱的小蛮和樊素都遣散了，算是为她们的前途做了一点打算。当初吟唱出"江州司马青衫湿"的那个悲天悯人的白居易，此刻多少又有点回魂了。

然而白居易对待女性的态度一直被质疑，后来就有了他逼死朋友侍妾的传闻。关盼盼是白居易好友的妾室，好友死后，关盼盼独居10年没有再嫁。白居易听说后，写诗一首送给关盼盼，大意是感慨好友一死，好友当年在关盼盼身上的心思全白费了。本来人死万事空，这种感叹可说是很正常。但也可以理解为谴责关盼盼不够意思，没有以死殉夫。关盼盼看了这首诗，不久绝食而死。

这段公案后来就成了白居易的罪状。不过在漫长的时间流逝中，传说的可信度不免要打个折扣。白居易虽然晚年沉迷于声色，但也不至于非把别人的老婆逼死，他好歹没那么糊涂吧。

没有人是完人，白居易当然也不是。他会退缩，会消沉，但他自有掩盖不了的光彩，我们记住他，最终还是因为他的诗篇。

豆腐渣战舰坏事——忽必烈两次出征日本失败

日本广泛流传着这样的传奇故事："神风"在元朝时期曾两度施威摧毁蒙古入侵者的船舰，将日本从危难之中解救出来。此后数百年中，日本人一直对"神风"顶礼膜拜，兴起了大规模拜神的活动。然而，最新的科学发现却否定了这个传奇故事。近期发表在英国《新科学家》周刊的一项考古新发现指出：拙劣的造船工艺和船体设计是导致蒙古舰队葬身大海的主要原因。

公元1274年，忽必烈第一次远征日本，遇上台风，日本人称是"神风"救了他们。

历史记载，至元十一年（1274年），元世祖忽必烈命凤州经略使忻都、高丽军民总管洪茶立，以900艘战船，1.5万名士兵，远征日本。元军在战争开始阶段取得了很多辉煌战果。

井上靖这样记载：元军于"公元1274年10月初，占领了对马、壹岐两岛，继而侵入肥前松浦郡……使日军处于不利，不得不暂时退却到大宰府附近。元军虽然赶走了日军，但不在陆地宿营，夜间仍回船舰。当元军回到船舰后，恰遇当夜有暴风雨，元舰沉没两百余只，所余元军撤退，日本才免于难。"

台风乍起之时，当时由于不熟悉地形，元军停泊在博多湾口的舰队一片混乱，不是互相碰撞而倾翻，就是被大浪打沉。午夜后，台风渐停，但暴雨又降，加上漆黑一片，落海的兵卒根本无法相救。忻都怕日军乘机来袭，下令冒雨撤军回国。此役，元军死亡兵卒达 1.35 万人。日本史书则称之为"文水之役"。

第二天即 10 月 22 日早，日军在大宰府水城列阵，但不见元军进攻，派出侦察人员始知博多海面已无元军船只，元军撤退了。日本朝野对突如其来的台风赶走元军十分惊喜，在全国范围内展开了大规模拜神活动，称为"神风"。

至元十八年（1281 年），忽必烈第二次东征日本，两个月之后，又是一场巨大的台风让元军惨败。

当时，忽必烈"以日本杀使臣为由，结集南宋新附军 10 万人组成一支大军远征日本。兵分两路，洪茶丘、忻都率蒙古、高丽、汉军 4 万，从高丽渡海；阿塔海、范文虎、李庭率新附军乘海船 900 艘，从庆元、定海起航"。高丽国王为元朝"提供了 1 万军队，1500 名水手，900 只船和大批粮食"。然而，日本守军已有前次抗击蒙古的经验，他们在箱崎、今津等处沿岸构筑防御工事，并以精锐部队开进志贺岛，与东征元军进行激烈战斗。

元军因内部高丽、汉、蒙古统帅之间的矛盾而不能协调作战。这样，"蒙古军在毫无荫蔽的前提下，每前进一步都要付出沉重的代价。双方对峙达两个月之久，蒙古军队没有看到胜利的希望。两个月之后，一场巨大的台风袭击了库树海岸，蒙古军再次企图撤入海上，但他们的努力是徒劳的"。

"在此次台风袭击下，蒙古东路军损失 1/3，江南军损失一半，一些靠近海岸的士兵被日本人屠杀或溺死。"汉文史料也记载，由于元军战船"缚舰为城"，因而在"波如山"的台风袭击下"震撼击撞，舟坏且尽。军士号呼溺死海中如麻"。蒙古人第二次东征日本又以惨败而告终。

美国考古学家对打捞上来的元军战舰残骸进行了仔细研究，发现元军战舰粗制滥造，质量低劣。

虽然，在古代文献中确实能够找到关于那两场日本沿海台风的记载，然而根据现存证据，研究人员并无法判断出那场风暴的具体强度，以及风暴与元军舰队的沉没究竟有多大关系。美国得克萨斯州农业机械大学的考古学家兰德尔·佐佐木对 1981 年从高岛附近海底打捞上来的 700 多块元军战舰残骸进行了仔细研究和分析。

佐佐木表示："很多元军战舰龙骨上的铆钉过于密集，甚至有时在同一个地方有五六个铆钉。这说明，这些肋材在造船时曾反复使用，而且很多龙骨本身质量就很低劣。"

据汉文史料记载，至元十一年（1274 年）正月，忽必烈命令高丽王造舰 900 艘，其中大舰可载千石或四千石者 300 艘，由金方庆负责建造；拔都鲁轻疾舟（快速舰）300 艘，汲水小船 300 艘，由洪茶丘负责建造。并规定于正月十五日动工，限期完成。

六月，900 艘军舰完工。

当时，造船业发达的中国江南及沿海地区尚未被忽必烈完全征服，部分地区仍在南宋军队的控制之下。所以，忽必烈不得不将造船的任务交给技术较为落后的高丽人。一方面，高丽对于造船很反感，认为元朝出兵日本肯定会要求高丽参战，这必将给高丽人带来沉重的负担。另一方面，让造船技术落后的高丽在如此短的时间内完成如此艰巨的任务实属难事。高丽人只得在匆忙间敷衍了事，这些舰船的质量也就可想而知了。

至元十八年（1281 年），元军的大多数战舰都是平底河船，采用了当时较为流行的水密隔舱设计，而此种战舰的结构并不适于航海作战。所谓水密隔舱，就是用隔舱板把船舱分成互不相通的一个一个舱区，舱数一般为 8 或 13 个。它大约发明于唐代，宋以后被普遍采用。虽然该结构便于船上分舱，有利于元军在航海途中进行军需品的管理和装卸，但是舱板结构取代了加设肋骨的工艺，简化了主体结构，削弱了船舶整体的横向强度。佐佐木指出："迄今为止，我们还没有在高岛附近海域发现 V 字形远洋船的龙骨，我们可以想象那种为内河航运而设计的船遭遇海中大风浪时将会出现何种混乱的情形。"

佐佐木还发现：战舰残骸的碎片没有一块超过 3 米，大多数碎片都在 10 厘米到 1 米之间。他据此推测，元军战船可能采用了类似新安古船的一种"鱼鳞式"船壳结构形式。其船壳板之间不是平接，而是搭接的。这种结构在巨浪的拍击之下容易碎裂。佐佐木表示，对沉船遗址的现有研究只是冰山一角，他希望能够借助声呐和雷达，得以更深入地了解当时元军的造船技艺，进而破解沉船真相。

还有研究认为，除了舰队拖后腿之外，元军的后勤和装备也比不上日本人。

若论吃苦耐劳，当时的蒙古战士无人可敌，必要时他们可以靠吃生马肉、喝马血维持生命。蒙古战士作战时机动性第一，一般只带很少的给养，军队的给养主要通过掠夺战争地区的平民解决。可是在这两次战争中蒙古人偏偏无法发挥自己的特长，他们一直未能突入内地居民区，自不可能有平民供他们掠夺。

此外，日本人的武器也优于元军。当时日本的冶炼和刀具制作技术世界一流，日本战刀的性能只有北印度和西亚出产的大马士革钢刀可以媲美。古代最优良的钢按性能排列依次为：大马士革钢（铸造花纹钢）、日本钢（暗光花纹钢）、马来钢（焊接花纹钢）。中国最好的钢（镔铁）其实也是一种焊接花纹钢，不过性能没有马来钢那样出色。日本除了具有好钢之外，其战刀的优良性能还来自其独特的后期淬火工艺。日本刀制造成本低廉，使得普通民众都可拥有一把好刀，而元军使用的质量较差的镔铁刀，很多大刀在对砍时刀刃卷曲。

在两次战争中的八年间隙期间，日本人似乎还改进了他们的弓箭。第二次入侵时，元军发现日本人使用的弓箭的射程和穿透力都有很大的提高，已与蒙古强弓不相上下。从保留至今的图画看，日本人的长弓与当时最先进的英格兰长弓有几分相似，长约 1.5 米。由于日本人本来就很矮小，画面上的日本弓箭手看上去就好像比他们所持的弓还短。

九票之差和两个错误

历史的细节总是让人扼腕：如果英国议会里多五个人投票反对战争，鸦片战争就不会爆发了。但实际上这是一个误区。

因为从林则徐的错误当中我们可以看出，鸦片战争无论何时爆发，大清朝总还是要输的，晚打其实不如早打。早打早清醒。

禁烟任务的完成，只是整个事件的小小开始；而林则徐在这个胜利中所犯的一些错误，直接导致了最终战争的爆发。林则徐的第一个错误，就是接受了义律表示愿意交出鸦片的禀帖。这一点似乎有些难以理解，但是应当考虑到义律的身份是英国驻华商务总督，接受了他的禀帖，就使得事件的性质发生了变化：本来是中国官方针对普通外国人的反走私的司法行动，这样一来变成了中英两国官员代表各自国家的官方正式交涉。这就使得战争变为可能。

而义律之所以劝告英国商人将鸦片交出，由他一并交给林则徐，并不是打算就此遵守清朝的法令，而正是打算通过把鸦片的性质变成英国政府的财产，以此为借口鼓吹对清朝发动战争。在他被林则徐困于商馆区内的时候，他就写信给英国外交大臣巴麦尊，要求政府立即对中国采取军事行动。巴麦尊是当时英国政府里著名的鹰派，对外关系方面一贯采用强硬政策，义律的建议正合他的心意。加上国内鸦片商人集团和棉纺业商人集团都大力支持对华用兵，巴麦尊于是就在内阁提议派出远征军。英国内阁遂于 1839 年 10 月决定派出舰队前往中国。随即"日不落"帝国的军舰和士兵，从 1839 年 10 月起，源源不断地从英国本土、南非和印度，向中国南海洋面进发。

然而英国内阁虽然已经开始派兵，但是战争这样的大事在英国的政治体制下还是需要议会来作最终决定的。尤其是当时的西方人对中国还怀有一种普遍的敬畏之心：毕竟是曾经取得过无比辉煌和荣耀的大帝国，盛唐的万千气象和横扫欧亚大陆的蒙古铁骑余威犹在，英国人对于自己能不能对这样一个大国战而胜之，还不是十分确定。1840 年 4 月 7 日，英国议院就对华战争军费案和广东鸦片商人赔偿案开始辩论，经过三天的激烈争论，以 271 票对 262 票的九票微弱多数，通过了内阁的提议。已经在中国南海洋面上集结待命的大英帝国舰队，等的就是这个决定。而同一时期大清最高决策者道光帝对战争的认识是怎样的呢？其实早在 1838 年 7 月，就曾有过英国军舰开到广东虎门之事。当时的英国驻印度海军司令马他仑应义律之邀，并奉伦敦方面的命令，率领两艘军舰来华，意图炫耀武力，支持鸦片贸易，并支持义律对中英两国平等交往的要求。

这个举动的含义其实是十分清楚的，即英国方面为了鸦片贸易是可以不惜动用战争手段的。但可惜的是大清朝上下——从广东的地方官员到道光帝——由于完全不具备近代外交知识，没有人明白这个信号的真实含义，根本无动于衷。在林则徐赴广东之前，对于战争可以说毫无准备。等林则徐到了广东，不多久道光帝就得到消息：林则徐收缴鸦片两万多箱！道光帝龙颜大悦，给林则徐加官晋爵，大大地封赏了一番。正好当时的两江总督出缺，道光帝就任命林则徐为两江总督，准备派他去督办盐、漕、河三务。这三件事可历来是中国的大事，派林则徐去办这三件事，说明了道光帝对林则徐的重视，而两江总督在地方官当中是仅次于直隶总督的位子，把林则徐由湖广总督调为两江总督，实际上也就是升了林则徐的官。在道光帝看来，鸦片一事林则徐自然很快就能彻底解决，不久即可到两江总督的位子上赴任。

林则徐的第二个错误，就是他在给道光帝的奏折中得出结论，"彼万不敢以侵凌他国之术窥伺中华"，只不过是"私约夷埠一二兵船，未奉国主调遣，擅自粤洋游弋，虚张声势"。这个结论是如何做出的呢？林则徐到了广东，与英国人打过一些交道之后，还是了解了不少情报的。从史料上看，当时林则徐至少雇了四名翻译为他翻译英文书报，林本人也很重视这些情报，把情报整理成册，以供随时阅读参考。在对西方世界了解极其模糊的大清，作为一名天朝的封疆大吏、钦差大臣，能做到这些已是十分难能可贵的了。

然而可惜的是，即使是了解情报最多、最详细的林则徐，对于即将爆发的战争也是完全没有预料到的；相反，他从他了解的情况中倒得出了英国人不敢开战，只是虚张声势，企图进行军事讹诈的结论。首先，林则徐从情报中已经大概了解了英国的地理位置、国家大小、军队和舰船数量等情况，但是林则徐没有亲眼见识过英军强大的近代军事力量，仅从这些字面数字的比较上，很容易就得出了英国远远比不上大清朝强大的结论。这也是可以理解的。而且在他看来英国距离大清达六万里之远，如果英国人劳师远征，主客之势，众寡之数实在过于悬殊。其次，从情报中林则徐了解到英国是以贸易为立国之本的，对华茶叶贸易利益尤大。因此他又认为，即使断绝了英国鸦片贸易的利益，仅仅为了正当的贸易能够继续进行，英国也要慎重考虑，不会轻易开启战端。对于这一点应当注意的是，林则徐得出的这个结论是建立在他认为英国开战必败的基础上的，他并没有想到如果英国获得了战争胜利，正当生意和鸦片生意都将获得巨大利益。

在他看来，天朝在战争中会失败是不可想象的。再次，他注意到了情报中介绍的一些英国人士反对鸦片贸易的声音，并且对英国女王要求商人们遵守中国法律的规定格外重视，甚至在给道光帝的奏折中都有所谈及。据此他认为，鸦片贸易不过是一些不法商人勾结英国驻印度等地的地方官员所做的非法勾当，并非英国的官方意思。最后，他还分析过在华的英国鸦片商人的背景，认为这些人都是一些散商，并无影响政府决策的能力。他还提醒道光帝说，义律此人常年在华，对大清的局势颇为了解，算得上是个中国通，他听说有"边衅"之论，就借此讹诈，希望道光帝不要上当。在给其密友广东巡抚怡良的信中，林甚至对义律的强硬态度表示出无法理解，认为"然替义律设想，总无出路，不知因何尚不回头"？这就是在电影中忧国忧民一脸正气的林则徐！然而他已经是在当时的大清朝对英国最了解的一个人了！就在这样毫无准备的情况下，大清朝遭遇了鸦片战争。

逼慈禧向全世界宣战的一份假情报

1900 年 6 月 21 日，农历五月廿五，当时中国的实际统治者慈禧太后做了一件空前绝后的大事——向全世界宣战。这是一件令史学界匪夷所思的事情，因为40年前，英法联军攻入北京的时候，慈禧太后的丈夫咸丰皇帝就是被洋鬼子们逼着一路小跑到了热河承德避暑山庄，然后一命呜呼的。记忆犹新的慈禧不会不记得洋人的厉害，更不会忘记仅仅发生在5年前的甲午惨败。难道年逾花甲的她真的疯了，或是老年痴呆？

作为一个已统驭中国40年的老太婆，慈禧当然没疯，也没痴呆，而且从她后来的一系列行为来看，当时她老人家的脑子还灵光着呢。那么到底是什么原因促使她做出这个不计后果的疯狂举动的呢？据唐德刚先生在《晚清七十年》里的说法，慈禧的忽然发飙，是因为一封假情报所引起的。

那这是怎样的一封假情报呢？事情还得从她最信任的荣禄说起。在5月20日这天的深夜，一个黑影急匆匆地敲开荣禄家的大门，荣禄起来一看，原来是自己的心腹江苏粮道罗嘉杰的儿子，奉父亲之命星夜赶来告密。

罗公子带来一个坏消息，说各国公使已经联合决定，"勒令皇太后归政"。荣禄听后大惊失色，手足无措——他很清楚自己在戊戌政变里所发挥的作用，如果十一国勒令皇太后归政，光绪帝复出，自己就是十个脑袋，也得搬家了！

这可真是个难熬的夜晚啊！荣大人彷徨终夜，天刚蒙蒙亮，就紧急入宫禀告老太后。这一下，轮到老太后魂飞魄散了！慈禧太后是知道洋人厉害的，当年她的丈夫咸丰帝可不就是给洋人逼死的？现在老太后终于明白，洋人不肯朝贺大阿哥的原因，原来是要逼她归政，拥光绪帝复出！如今一切都明白了，老太后最担心的这个可能，想不到如今竟然要成为事实。

老太后老泪纵横，悲愤交集。洋人这是在要她的老命！如今的一条路，只能是和洋人拼了！要毁灭就大家一起去死吧！在自尽之前，老太婆哪里还管得了什么大清江山和亿万黎民百姓！

在翌晨的御前会议上，老太后泣不成声，语无伦次。当她把这个消息公布后，全场惊愕。据说端王以下的亲贵20余人，竟相拥哭成一片！激动之余，这些北京的当权派们发誓要效忠皇太后，不惜一切和洋人拼了。慈禧太后也说，既然战亦亡，不战亦亡，"等亡也，一战而亡不犹愈乎？"（《中国近代史资料丛刊义和团》第一册，第48~49页）

这样，第二次御前会议，居然变成了"战前总动员"，于是乎，京师九门大开，义和团大批进京，日夜不绝。

回头想想，慈禧太后好歹也从政近40年，何至于这次如此冲动呢？美国历史学家摩尔斯（费正清的老师）也说，"太后一向做事是留有余地的，但只有这次她这个政治家却只剩下女人家了。"也许，迫其归政，是打中了她—也是一切独裁者的要害了。

各位，我们就要问问了，这个弄得宫中鸡飞狗跳的假情报是哪里来的呢？后来查此来源，原来是在上海英商所办的英文报纸《北华捷报》（North ChinaDairy News）上发表的一篇社论，主张慈禧归政光绪，后来此文又转载在《字林西报》上。可能是在此文刊登前，被报社华裔职工获悉，辗转被粮道罗嘉杰所悉，结果被添油加醋当成情报给汇报了。

历史往往是无数的偶然性构成的，一念之差，生灵涂炭，夫庸何言？也许有人要问了，既然打算和洋人拼命，那进攻使馆又为何屡攻不下？

事实上，老太后虽然一时被愤怒冲昏了头脑，但还是留有余地的。下令进攻使馆，也许只是想胁迫各国公使撤回归政要求。何况，即使把洋公使给拼掉，到时候她也可以"将在外，君命有所不受"的借口推托，把责任往诸将身上一推——后来证明她就是这么干的。但问题是，各国公使们哪里知道有什么要求归政的要求，在清兵的进攻之下，他们也只能选择抵抗待援了！

身为国防军的头头，荣禄也不是傻瓜，万一到时把使馆夷为平地，杀死公使，洋人要是追究起来，那可不是好玩的。于是乎，从一开始他就装病，把袁世凯的武卫右军调开，上面逼得紧了，就让董福祥的甘军去拼命打。在广州观战的李鸿章听说后，哈哈大笑，告诉外面的媒体朋友说，"使馆无恙，大家尽管放心！"原来，以董福祥土匪军的能力，是不可能攻下使馆的。理由很简单，董福祥的军队没有西洋大炮，有的都是些土制大炮，只听炮声轰轰响，却不见弹下来！

到后来，八国联军攻入北京，再到后来，仗打完了，慈禧也乐了，因为她非但没有被当作挑起战争的罪魁祸首被洋人惩办，反而继续做中国的最高统治者。一份捕风捉影的假情报，带给慈禧的只是流亡的日子，但带给中国人民的却是深重的苦难。

李鸿章所谓卖国的背后

迟来的现代化

自清廷入主中原以来，为维持其对汉民族的绝对统治，满蒙贵族对新的军事技术及火器一直采取完全排斥的态度，顽固保持他们的骑射传统及其建立于其上的军事优势。诚然，对于隔离于工业化进程之外的大清国及远东诸邦，这种政策对内部的管制确实十分有效。在鸦片战争以前，清政府的主要威胁均来自境外而不是中原地区的汉族势力。鸦片战争以后，火器的威力确实令清朝统治者感到恐惧和威胁，他们有学习西方技术的动机，但在"宁给友邦，不与家奴"的统治规则下，这种热情却又十分保留。防内仍然是清廷的首要目标。

因此，在1840年到1870年之间的30年，中国的现代化没有什么进展，但期间发生的一场大乱却给中国的现代化提供了机会。太平天国运动，在给人民造成巨大灾难的同时，却也做了一件好事：它摧毁了清廷的国家军事主力——以骑射为本的八旗军队。最后，消灭太平天国的使命是由曾国藩率领的湘军和李鸿章率领的淮军来完成。这两支军队的特点是：由汉人指挥且由汉人组成，不受满蒙大员节制；配备现代火器基本由步兵构成。这完全违背了清朝的祖制，同时也开创了一个新时代：掌握了军权的汉族官员在一定程度上也就掌握了清朝的政权，淮军后来成了清廷的国家军队，但军队的将领却都是李鸿章的亲信，李鸿章当时的分量有多重就可想而知了。

而李鸿章也不像后来历史上描述的那样，除了热心于卖国之外，没有做什么好事。李鸿章建矿山、搞航运、设工厂、办电报、修铁路、开银行，忙得不亦乐乎。可以想象一下，大江南北，长城内外，后面拖个大辫子的中国员工在做现代化的事，情景肯定比卓别林的"摩登时代"要搞笑，但不可否认的是，李氏这一折腾，当年的一个小渔村上海却成了远东的第一大城市。当然，李氏感到骄傲和腰杆儿硬的是他苦心经营的北洋水师——清帝国海军主力，号称全球实力第三的舰队。然而，木秀于林，风必摧之。表面风光的李鸿章，却遭遇来自各方的暗算。尽管一向滑头的李氏一再向朝廷表示忠心，但手掌清廷海陆两支大军的李氏却无论如何不能让其主子——满蒙贵族们放心（结合以后的历史，可以想象，李氏要造反，肯定要比孙文容易多了），他们不时地给李氏使绊子，其他的汉族官员出于不同的动机，也经常给他下菜（翁同龢、张之洞、张佩纶可以算是三个代表），这虽然影响李氏的改革开放事业，但对于财大根粗的李氏来说，不是致命的。

李鸿章

蕞尔小国的巨大威胁

正当洋务运动达到当时的高潮，洋务运动带来的新技术、新物质开始在中国抛头露面之时，普通的中国人可以通过洋货感受西方世界的物质文明，同时进一步感受西方精神文明之时（以本人的小人之心揣测，满清贵族或许是最不愿意看到李鸿章的事业成功，因为李的成功之日，可能就是这些贵族失去特权的开始，汉民族的高度文明使汉族人在接受其他高度文明要比这些贵族来得快，一旦汉民族受到新文明的培育，必然会焕发出汉民族的民族精神，这种精神一定会导致满蒙贵族的特权丧失。从甲午战争备战的不足、应战的匆忙、督战的严厉等过程看，不能排除满清贵族利用日本人搞倒李鸿章的可能，借刀杀人是中国传统的军事计谋，之前之后都有人干过。看看后来的伪满洲国，这种推测似乎能站得住脚），在这个历史的关键时刻，在中华土地上孕育的现代化长子，胚胎刚刚成型就受到外部的致命一击。而这一致命的一击，就来自李氏一向并不看重的蕞尔小国——日本，它不仅破坏了李鸿章等人的洋务事业，而且还使李氏身败名裂，至今不得翻身。

日本的洋务运动大致和中国同时起步，日本也有一个李氏一样的人物——伊藤博文（伊氏似乎一直以李氏为师），但不同的是，伊氏有一个年轻有为的君主——明治天皇，而不像李氏成日周旋于妇人孺子之间。日本孤悬于海外，在大航海时代之前，这是一个避祸好去处。事实上，日本正由于这种特殊的地理环境而逃过很多大陆地区的劫难，蒙古军队征伐最大的失败就是在日本海峡。然而，鸦片战争不仅打开了中国的国门，同时也打开了日本的国门，使日本人第一次感觉到海岛也不是安全的。日本人开始了明治维新。面对清帝国这样的一个巨人，一旦一个浅浅的海湾不能阻挡往来时，日本的安全屏障也就突然消失。当大清帝国正在奔向海洋时，日本对这个近邻突然产生有史以来的第一次恐惧。对于雄心勃勃的明治天皇及伊滕来说，恐惧产生的不是妥协和退缩。不像大陆，岛国实际上也是无处可退，而是积极地去赌一把。当时日本国内反对战争的民意也不小，不像中国国内，除当事者李氏不希望战争外，似乎举国上下都热切希望来一场战争，一洗鸦片战争的耻辱。

日本兵分两路，一路以朝鲜为突破口，攻击中国的陆军（当然也是李氏的淮军）；一路以日本海军为主在黄海水域试图寻机与北洋水师决战。结果两场战役，均是日本获胜。接下来就是和谈，令人不解的是，日本竟指名让败军之帅的李鸿章担当议和全权大臣。日方解释说只有李氏才能有担当，今天仍有不少国人相信日本人这一理由，事实是割地赔款这样的事，没有最高当局首肯，李氏能做这个主吗？既然不是李氏做主，换哪一个大臣不都是一样吗？清政府有那么多王公大臣，身份地位都在李氏之上，完全犯不着让一个败军之将来和谈，况且，以日本人的个性，他们是完全瞧不起手下败将的，怎么这次完全改了性，可疑啊！可疑！过去，我一直不理解，现在我终于想明白了，日本不仅有重大的军事图谋，而且还有重大的政治图谋，那就是倒李（满蒙贵族可能是帮凶）！日本人是想让李氏担当丧师失地之责，使其身败名裂，从而进一步瓦解李氏一手经营的洋务运动，这或许是日本的最终目标。

逆转的历史车轮

事实上，"马关条约"签订之后，李氏成了清政府的替罪羊，被夺职革爵，一直待罪于北京的贤良寺，长期远离政治中枢，随着李氏的失势，李氏等人苦心经营的洋务运动也就悄悄落幕了。回首这段帝国往事，我们可以从一些历史轨迹上，来印证本人的观点。自甲午战争之后，以荣禄为首的满蒙贵族进入了帝国中枢，清政府的现代化进程似乎就停止了，甚至出现倒退和反动。修好的铁路被拆，矿山被封，传教士被驱逐，进而排斥洋人和洋物，最终爆发了义和团这样波及直隶、山东、山西等地的严重排外事件。这种倒退使清帝国再次遭受毁灭性的打击，从此一蹶不振，最终垮台。可以这样说，甲午战争，不仅使中国第一次现代化运动破灭，也促使一个朝代的灭亡。

甲午兵败是因为开枪不瞄准

近代中国的士兵接受了洋枪队的全部装备，也接受了洋操的训练，连英语的口令都听得惯熟，唯独对于瞄准射击，不甚了了。1920年直皖大战，动用20多万兵力，打下来，也就伤亡200余人，真正战死的也就几十人。

瞄准射击是步兵进入火器时代的基本要领，可是这个要领，中国人掌握起来，很是费了些工夫。引进洋枪洋炮是中国现代化的起点，在这个问题上，国人一直都相当热心而且积极，即使最保守的人士，对此也只发出过几声不满的嘟囔，然后就没了下文。闹义和团的时候，我们的大师兄二师兄们，尽管宣称自家可以刀枪不入，但见了洋枪洋炮，也喜欢得不得了。不过，国人，包括那些职业的士兵，对于洋枪洋炮的使用，却一直都不见得高明。19世纪60年代，一个英国军官来访问中国，在他的眼里，淮军士兵放枪的姿势很有些奇怪。他们朝前放枪，可眼睛却看着另一边。装子弹的时候，姿势更是危险，径直用探条捣火药（那时还是燧发的前装枪），自己的身体正对着探条。

过了30余年，洋枪已经从前装变成更现代的后膛枪，而且中国军队也大体上跟上了技术进步的步伐，用后膛枪武装了起来。可是，士兵们的枪法，却进步得有限。义和团运动中，攻打外国使馆的主力，其实是董福祥的正规军，装备很是不错。从现存的一些老照片看，董军士兵大抵手持后膛枪，而且身上横披斜戴，挂满了子弹。可是，据一位当时在使馆的外国记者回忆，在战斗进行期间，天空中经常弹飞如雨，却很少能伤到人。由此看来，1万多名董军加上数万义和团，几个月打不下哪怕一个使馆，完全是可以理解的了。董福祥的军队如此，别的中国军队也差不多。庚子前五年，中日甲午之战，北洋海军的表现大家都骂，其实人家毕竟还打了一个多少像点样的仗。而陆军则每仗必败北，从平壤一直退到山海关，经营多年的旅顺海军基地守不了半个月，丢弃的武器像山一样。威海的海军基地周围，门户洞开，随便日本人在哪里登陆。当时日本军人对中国士兵的评价是，每仗大家争先恐后地放枪，一发接一发，等到子弹打完了，也就是中国军队该撤退的时候了。当年放枪不瞄准的毛病，并没有多大的改观。

进入民国，中国士兵脑袋后面的辫子剪了，服装基本上跟德国普鲁士军人差不多了，建制也是军师旅团营连排了，可不瞄准拼命放枪的喜好却依然故我。张勋复辟，段祺瑞马厂誓师，说是要再造共和。讨逆军里有冯玉祥第十六混成旅、曹锟的第三师、李长泰的第八师，都是北洋军的劲旅，对手张勋只有五千辫子兵。英国《泰晤士报》记者、北京政府顾问莫里循目睹了这场战争，他写道："我从前住过的房子附近，战火最为炽热。那天没有一只飞鸟能够安全越过北京上空，因为所有的枪几乎都是朝天发射的。攻击的目标是张勋的公馆，位于皇城内运河的旁边，同我的旧居恰好在一条火线上。射击约自清晨五时开始，一直持续到中午，然后逐渐减弱，断断续续闹到下午三时。我的房子后面那条胡同里，大队士兵层层排列，用机关枪向张勋公馆方面发射成百万发子弹。两地距离约一百五十码，可是中间隔着一道高三十英尺、厚六英尺的皇宫城墙。一发子弹也没有打着城墙。受害者只是两英里以外无辜的过路人。"最后，这位顾问刻毒地向中国政府建议，说他同意一个美国作家的看法，建议中国军队恢复使用弓箭，这样可以少浪费不少钱，而且还能对叛乱者造成真正的威胁。

中国军队，自开始现代化以来，所要对付的对手，基本上是些拿着冷兵器的叛乱者。双方碰了面，只要一通洋枪猛轰，差不多就可以将对方击溃。可是碰上也使用洋枪洋炮的对手，这套战法就不灵了。问题在于，屡次吃过亏之后，战法并没有多少改善，轮到自己打内战，双方装备处在同样等级，仗也这么打。讨逆之役，双方耗费上千万发弹药，死伤不过几十人。四川军阀开始混战的时候，居然有闲人出来观战，像看戏一样。不过，打着打着，大家逐渐认真起来，终于，枪法有人讲究了，毕竟不像清朝那会儿，对手净是些大刀长矛。洋枪洋炮对着放，成者王侯，甜头不少，所以，在竞争之下，技术自然飞升。到了蒋介石登台的时候，他居然编了本步兵操典之类的东西，重点讲士兵如何使用步枪，从心态、姿势到枪法，尤其强调瞄准射击。

从士兵的枪法来看，中国的现代化真是个漫长的过程，非得自己跟自己人打够了，才能有点模样。

杨乃武与小白菜案的背后

杨乃武与小白菜案是清末著名的一桩奇案，发生在我的家乡杭州府治下的余杭县。原本是一桩普通的刑事案件，但因为有了慈禧的亲自干预，而变得非同一般起来。现在想来，这个案件还真的非同一般。

我们先把这个案件交代一下，再来看它背后的文章。

杨乃武是浙江余杭人，同治癸酉（1873 年）科的举人；"小白菜"本名毕秀姑，因为长得面貌白净秀气，身材轻盈苗条，又喜欢穿绿色的衣裳，系白色的围裙，故而被轻浮之人称做"小白菜"。

就在杨乃武中举的前一年，18 岁的毕秀姑嫁给了余杭仓前镇附近的葛品连。葛品连是一名豆腐坊的伙计，当时的人对于这桩婚姻不免有一种鲜花插在牛粪上的遗憾。婚后不久，葛品连带着妻子租住到了杨乃武家的一间房子里。因为葛品连常常在豆腐作坊宿夜，毕秀姑又常请杨乃武教她识字、读书，外间遂流传开二人的闲言碎语。久而久之，葛品连也怀疑毕秀姑与杨乃武有奸情。于是，葛带着妻子次年就搬出了杨家，在县城另外找房子租住。同治十二年（1873 年），就在杨乃武中举不久后，葛品连突然暴病身亡。其时适值天气较热，停尸到第二天的晚上，葛品连的尸体口鼻内有淡淡的血水流出。按照中国人的习惯思维，口鼻流血必是中毒身亡，《水浒传》里的武松就此证明了兄长武大是被人谋杀的，葛品连的家人见状也大呼小叫起来。

余杭知县刘锡彤的儿子刘子翰曾经强奸过毕秀姑，毕秀姑虽然忍气吞声但此后总是躲避着他，这让觊觎毕秀姑美色、总想占为己有的刘衙内好不郁闷。此刻，他趁机兴风作浪，唆使葛品连的母亲葛喻氏去告官，称葛品连系被人毒死。在当时的仵作，也就是今天的验尸官沈祥草率验尸后，刘锡彤断定葛品连之死系毕秀姑下毒所致，于是对毕秀姑严刑逼供。可怜一朵娇柔的小白菜哪里受得住大刑伺候，屈打成招，伪供自己与杨乃武有奸情，合谋毒杀葛品连。

当杨乃武被传到余杭县衙大堂时，他还沉浸在中举的喜悦之中，丝毫没有想到飞来横祸。按照清朝尊重读书人的旧制，秀才、举人出庭应诉应该享受看座的待遇，并且不能施加刑讯。但刘锡彤一则在儿子的挑唆下，二则已经拿到了小白菜的单方供词，哪里还管这许多规矩。照样对杨举人严刑审讯。杨乃武可不比小白菜，知道事情的厉害，严词否认，但刘知县却仍以杨、毕通奸谋杀亲夫案上报杭州府。杭州知府陈鲁下令将一干人犯押解至杭州，仍旧对杨酷刑逼供，一连几堂，杨乃武被迫诬供自己曾将砒霜交给小白菜，嘱其杀夫。陈知府拿到供词以为万事大吉，遂上报浙江省。浙江省的最高长官浙江巡抚杨昌濬据此上报刑部。

在此期间，杨乃武的姐姐杨菊贞、妻子詹彩凤到处奔走营救。她们到省里喊冤告状，但杨巡抚不予理会，于是两个女人又二次上京告状。光绪元年（1875 年），京城的言官给事中边宝泉奏请将此案提交刑部仔细审讯。浙江籍的京官夏同善、汪树棠、张家骧等以及大学士兼光绪帝的老师翁同龢都主张重新审理。浙江地方士绅 30 多人也联名上票帖给都察院，认为此案不仅关系杨、毕两条人命，且关系到浙江读书人的面子。一个举人如果都不能依法保护自己，那浙江士人的斯文何在？多方的吁请居然惊动了垂帘听政的慈禧，她阅读了案宗后下令交刑部彻底根查。刑部得了懿旨岂敢怠慢，立即命浙江巡抚将全案人犯解京。

经刑部与都察院、大理寺三法司会审，并重新开棺验尸，终于确定葛品连系因病暴亡，杨乃武与小白菜并未合谋下毒。冤案平反，杨乃武从此心灰意冷，出狱后以种桑养蚕为业；毕秀姑则割断红尘情愫，削发为尼，法名慧定。杨昌濬以下各审办官吏累计牵连 300 余人，均受到处分。这一历时两年多的奇案，后来被编成戏曲，在民间广为传播。

有一天，我在《清史稿》里读到杨昌濬的传记，突然发现了慈禧为什么对这么一桩刑事案件如此关注的原因。说到底，这桩刑事案件的背后其实还是一桩政治案件。

先来看看杨昌濬的来历。

杨昌濬

杨昌濬，字石泉，湖南湘乡人，湘军将领出身，因战功做到浙江巡抚。洪秀全太平军起来的时候，杨昌濬跟从湘军早期领袖之一的罗泽南办团练起家。同治元年，又跟从左宗棠入浙与太平军作战，大败太平军李世贤部，屡立战功。同治九年，在曾国藩、左宗棠等人的保荐下升任浙江巡抚，成为地方大员。

我们有理由相信，如果杨昌濬不是湘军将领出身的巡抚，慈禧恐怕还未必对杨乃武案有如此的关心。因为同治、光绪年间，"长毛"既已平定，而在战争中迅速壮大的湘军势力，已经严重改变了清朝传统的权力结构，出现了"尾大不掉"的局面。早在咸丰八年（1858 年），湘军将领胡林翼就当上了湖北巡抚，成为湘军中第一个地方大吏。两年后，曾国藩当上了两江总督并节制江南军务，他随即又保荐了湘系将领李续宜、沈葆桢、左宗棠、李鸿章分别担任安徽、江西、浙江、江苏四省巡抚，这四省巡抚又保荐自己的部下充任布政使、按察使。当时的朝廷为了让他们全力对付洪秀全，请无不准。到同治三年（1864 年），在全国 8 名总督中，已有 3 名是湘系出身，他们是两江总督曾国藩、直隶总督刘长佑、闽浙总督左宗棠，此外四川总督骆秉章和两广总督毛鸿宾也与湘军关系密切；在全国 15 名巡抚中有 7 名出自湘军或与湘军渊源颇深，至于担任府道一级的官员中湘军将领就更多了。

这是慈禧不得不担忧的。

这不仅是对祖制的破坏，更有威胁到满族统治的潜在危险。按照清初制度，多以汉军旗人出任督抚。汉军旗人是较早与满族合作的汉人，清廷对他们比较放心，而且由他们出任督抚也可以缓解满汉矛盾。到了乾隆朝时，满人统治既已稳固，于是一概任用满人为督抚，以维护统治民族的特殊地位。嘉庆、道光两朝基本沿袭乾隆朝制度。

但这一切到了咸丰朝太平天国起事后，都发生了变化。由于汉族官员的作用无可替代，督抚重职也只得向汉人开放了。开放是开放了，但放心仍旧是不放心的。咸丰四年春，曾国藩率领刚刚练成的湘军一战攻克武昌，这是清政府对太平军作战以来最大的一次胜利。捷报传到北京，咸丰帝喜形于色，对军机大臣们说："不意曾国藩一书生，乃能建此奇功。"满族的首席军机大臣就从旁提醒说："曾国藩以侍郎在籍，犹匹夫耳。匹夫居闾里，一呼蹶起，从之者万人，恐非国家福也。"咸丰听后，"默然变色久之"，立即收回了任命曾国藩为湖北巡抚的成命，只赏了他一个兵部侍郎衔。

应该说满族统治者对汉人掌权实在是出于被动，并且一向有所防范的。事实上，湘军将领也曾有过不臣的念头，太平天国刚刚被平定后，朝廷下诏要曾国藩和湘军将领从速办理军费报销，曾国荃、彭玉麟、左宗棠、鲍超等人为此极为不满，在玄武湖开会，秘密活动要拥戴曾国藩出面，反抗清廷。彭玉麟更是直露地手写12个字给曾国藩："东南半壁无主，老师岂有意乎？"但由于曾国藩以道统为任，抱定"终身委曲为官"的宗旨，才没有酿成激变。

慈禧当政后，面对一大批因军功得官的湘系将领，如何处置委实是一道难题。要想像汉高祖、明太祖那般"烹走狗"，此时的清朝实在已经没有了这样的实力，弄不好还会物极必反。借杨乃武、小白菜这样一个刑事案件不露山不显水地削除湘军势力，正是一个好机会，而且浙江也正好是湘系力量相对集中的省份。于是杨昌濬等浙江300多名官吏终于尝到了苦头，巡抚被免职，知府、知县入狱的入狱，削官的削官，甚至有人不堪忍受巨大的心理压力，自杀了事。

作为湘军的领袖，如履薄冰的曾国藩也看到了朝廷的态度，他连忙配合着以"湘军作战年久，暮气已深"为理由奏请裁湘军归乡里。他也不得不自削党羽了。

慈禧的政治手腕终于使她顺利地排除了军人政治对传统文官政治的冲占，而她的继任者就没有这么大本事了，于是袁世凯终于得势。

当然，杨乃武、小白菜们是不会想到这么多的。

名人趣说

"风险投资家" 吕不韦

公元前265年，秦昭王和他的大将白起吸引住了六国恐慌的目光，人们惴惴不安——谁会第一个被秦灭亡？当时没有人注意到，一个对秦统一中国至关重要的人，这时刚刚来到赵国邯郸的街头。他既非商鞅那样的改革家，也不是白起这样的常胜将军，他只是一个商人。他叫吕不韦。

潦倒的人质

吕不韦在赵国遇到了一个对他一生影响深远的人：秦昭王的孙子异人。

只怕连秦昭王自己都快忘了还有个叫异人的孙子。他的太子安国君，替他生了20多个孙子，异人不是长孙，生母夏姬也不是太子宠妃。继承君位的事，怎么也轮不到异人。去赵国做人质的事，倒有他的份。吕不韦来到邯郸，遇到的正是潦倒的人质异人。

身为商人，吕不韦却对政局一向关心。吕不韦非常清楚：哪里的资源和利润最丰厚？政坛。什么样的投资最容易升值？人弃我取。吕不韦一眼就看中了异人。他回家和父亲商量："耕田能获几倍的利？"

父亲答："十倍的利。"

吕不韦又问："经营珠玉能赢几倍的利？"

"百倍的利。"

吕不韦再问："帮助立一国之主，能赢几倍的利？"

"无数的利。"

既然有这么大的利可图，吕不韦决心放手一搏。于是，他专程拜访异人，游说道："我能光大您的门庭。"异人不以为然："你姑且先光大自己的门庭，再来光大我的门庭吧！"吕不韦说："您不懂啊，我的门庭要等待您的门庭光大了才能光大。"一场双赢的交易就此在两人之间展开——吕不韦辅助异人成为秦国国君，异人则承诺和吕不韦分享秦国土地。

让异人答应这场交易并不难，难在怎么让异人成为秦国合法的继承者。吕不韦把筹码押在一个女人身上——华阳夫人。

年轻貌美的华阳夫人，深受异人父亲、太子安国君的宠爱，已经被立为正夫人。一旦太子登基，她便是秦国王后。然而，华阳夫人无子，对未来的担忧成了她最大的心病。

聪明的商人和好大夫一样，都擅长对症下药。吕不韦自掏腰包，拿出500金，搜罗了珍奇玩物，来到咸阳，找到了华阳夫人的姐姐，以异人的名义进献珠宝。华阳夫人的姐姐便劝说妹妹："我听说用美色来侍奉别人的，一旦色衰，宠爱也就随之减少。现在你正受宠，不如趁早在太子的儿子中找到一个有才能而孝顺的人，立为继承人。丈夫死后，就不会失势了。否则，一旦容貌衰老，你想和太子说上一句话，都很难了。"

见华阳夫人有些动心，姐姐又继续劝道："公子异人排行居中，按次序是不能被立为继承人的，他的生母又不受宠爱，所以他才会主动依附于你，况且他有贤能，你若提拔他为继承人，一定安享尊荣。"

这一席话正中华阳夫人的下怀。不久，远在邯郸的异人改名子楚，被立为秦国继承人。

说不清的儿子

大手笔的生意正在顺利进行，吕不韦却遇到了麻烦：子楚在一次宴会上，看上了他的爱妾赵姬。给，还是不给？

最初，吕不韦十分生气。但是，他很快意识到，他已经为辅佐子楚献出了大量家财，现在正是等待盈利的关键时刻，不给，岂不浪费了前期投资？于是，赵姬改嫁子楚。有意思的是，据说赵姬改嫁时已经有孕在身，而这个孩子，整整怀胎 12 个月后才出生。

谁也说不清，这是谁的儿子。谁也不知道，给子楚一个"现成的儿子"，是不是吕不韦设计好的投资之一。但可以肯定的是，正是这一笔投资，决定了吕不韦的终局——因为这个儿子，不是普通人，正是未来的始皇帝嬴政。

嬴政出生仅仅两年，秦昭王就发起了声势浩大的"邯郸之围"，希望一战剿灭赵国。赵国大怒，打算杀掉人质子楚。吕不韦连忙又拿出 600 金，买通了邯郸城的守军，把子楚送到秦军大营中。而逃不出去的赵姬和小嬴政，吕不韦也早有准备。赵姬出身于赵国的富贵家庭，有了这层身份，母子二人在赵国躲藏，并不是难事。

过了 6 年，秦昭王去世，安国君即位。吕不韦的好运开始降临——安国君才当了 3 天秦王，就一命呜呼，子楚成为国君，即秦庄襄王。庄襄王当然懂得"吕不韦"这 3 个字对他一生的意义，他兑现诺言，任命吕不韦为丞相，封为文信侯，河南洛阳十万户成为吕不韦的食邑。

但庄襄王的命运仅仅比父亲好一点而已，他在即位 3 年后也去世了。12 岁的嬴政登上了王位。吕不韦的大笔投资进入了收益期——年幼的嬴政尊重他，称他为"仲父"。

对于吕不韦来说，自己的儿子成为秦国的国王，他是应该高兴，还是忧愁？这局棋，他其实一直没有算清楚。

嬴政即位后，吕不韦和太后赵姬又恢复了早期的关系。私通太后，显然是危险的。为了自己脱身，吕不韦又下了一着棋。他找到了一个名叫嫪毐的门客，冒充宦官，献给太后。而太后竟也照单全收，和嫪毐鱼得水，还躲到别处生下两个儿子，吕不韦很得意：他的相国之位可以保住了。

但事与愿违。9 年后，太后和嫪毐东窗事发，这让已经成年的嬴政颜面扫地。嬴政把嫪毐家三族人全部杀死，又杀了太后所生的两个儿子，把太后迁到雍地居住。第二年，他又免去了吕不韦的相国职务。

后来，嬴政为了表示孝道，特地把太后迎接回咸阳，但对于吕不韦，嬴政谈不上应尽的孝道。他把吕不韦赶出京城，驱往河南的封地。

12 年相国

吕不韦预想自己可能会老死在河南封地，一生的波澜即将成为往事。

从公元前 249 年庄襄王即位，到秦王嬴政十年即公元前 238 年被罢相，吕不韦作为相国把持秦国朝政 12 年之久，在政治、经济、军事、文化等各方面都颇有建树。吕不韦入秦之初，4 年之间，秦国连丧三王，国内政局混乱，叛乱迭起，蝗灾瘟疫不断，外部还有强敌趁机猛烈进攻。面对内忧外患，吕不韦充分调动全国的物力，顺利渡过严重的自然灾害，平定了各地的叛乱，稳定了国内的政局；又有效地组织人力，击退外敌的入侵。在吕不韦居相位期间，秦国取得的土地至少有 15 个郡以上，占统一后全国总郡数近 1/2，为秦国统一打下了很好的基础。

在文治方面，吕不韦招来文人学士，写成了一部《吕氏春秋》，共有八览、六论、十二纪，20 多万字。书刻好后，他命人将书立于咸阳城门，上面悬挂着 1000 金的赏金：谁能增删一字，就可取走千金。《吕氏春秋》这部历史巨著，为即将诞生的封建大一统王朝，在政治理论上做好了充分的准备。

机关算尽

迁居洛阳后，吕不韦也并未赋闲，凡有事，大臣们就过来请教吕不韦，门庭若市的吕不韦让秦王嬴政对他很不放心。此外，秦王嬴政更担心的是自己身世的秘密，几乎人人都知道他是吕不韦的亲生儿子。很难说到底是担心吕不韦功高震主，还是为了表明自己与吕不韦没有血缘关系，或者两方面的原因都存在，秦王嬴政向洛阳发布了一纸命令，要他立刻举家移民到蜀地。

到这时候，吕不韦终于明白自己寿终正寝的想法无法实现了。

在秦王嬴政的书信前，吕不韦喝下毒酒自杀——这最后的结局，无论如何不在吕不韦的算计之内，他决不会想到，从他开始把风险投资投到秦国继承人身上时，他自己也成为这个庞大项目中的一粒棋子。随着这个项目的一步步推进，他的命运已经完全不掌握在自己手中了。

吕不韦作为一名由商人跃上政治舞台的政治家，他对秦统一事业的贡献是巨大的，他可以称得上是中国古代一位杰出的政治家、思想家。同时，我们今天更要承认，他也是一位杰出的"风险投资家"。

悲剧英雄——霸王项羽

项羽，名籍（公元前 231～202 年），字羽，祖籍下相（今江苏宿迁市）。项羽是历史上著名的悲剧英雄。他自恃武勇，"欲以力征经营天下"，弃关中而返楚，放逐义帝而自立，五年之间，竟被刘邦打败，最后落得一个霸王别姬，自刎乌江的下场。但是，项羽的叱咤英姿，磊落胸怀，却永存人间。

公元前 210 年冬，秦始皇出游天下，来到浙江。这次秦始皇出游，目的是镇压东南的所谓天子气，威仪整肃，十分壮观。当时年仅二十二岁的项羽也挤在人群中观看。他看到威势显赫的秦始皇，情不自禁地说："那秦始皇没什么了不起，我可取而代之。"站在他身旁的叔父项梁，连忙用手捂住他的嘴，小声呵斥说："休得胡说，这是要灭族的。"项梁嘴里这么说，心里却很高兴。他更加看重这个年少英伟的侄儿。原来，项梁早有反秦的计划。他和项羽曾经杀人，一起逃到吴中（今江苏苏州市）。吴中有大徭役或丧事，常常请项梁主办。

项梁就借机暗中用兵法教练吴中子弟，召养死士，培养军事骨干。项梁是楚名将项燕之子，项羽是项燕的孙子。项燕是在保卫楚国的战争中被秦将王翦杀死的。楚国灭亡后，贵族后裔被迁入关中。项梁叔侄为了替家国报仇，所以杀人逃避吴中的。他们叔侄逃来吴中客居，对这一带却是很熟悉，因此地方官吏及豪绅热情地保护了他们。项羽身高八尺余（今天相当于一米九左右），他身高体壮，臂粗腰圆，声如洪钟，力能扛鼎。加上年少气盛，性格粗犷，才气无双，吴中子弟都很怕他，而又亲近他。项羽直爽，好侠任武，笼络了许多同龄青年。他们受项羽影响，都爱弄枪使棒，习尚武勇。项梁起兵时整编了这样的青年有八千人，称江东子弟。这八千江东子弟，以后成了项羽南战北战的精锐。

项羽幼年时，项梁教他认字写字，他没有耐心。项梁教他学击剑，项羽热了三天又冷了下来。项羽学文不成，习武不就，项梁大怒，把他狠狠地训斥一番。项羽却不慌不忙地回答说："学习读书写字，只不过会记姓名；学习击剑，只有匹夫之勇，我要学习兵法，指挥千军万马。"这一席豪迈之言，使项梁大为惊奇，于是悉心教导项羽学习兵法。可是项羽生性粗犷，略知其意，又不肯竟学。他只对行兵布阵很感兴趣，而对战略战术不求甚解。项羽的这一粗犷性格和他兵法没学到家，也是他后来兵败自杀成为悲剧英雄的原因之一。

公元前 209 年 7 月，陈胜、吴广揭竿而起，向暴秦发难，天下云集响应。九月，项梁和项羽也在吴中起事，杀了会稽太守殷通。项梁自任会稽郡守和将军，任用项羽为副将，分派"吴中豪杰"为军吏，分头攻下会稽各县，整编队伍，有精兵八千人。

这年 12 月，陈胜兵败而死。广陵人召平领兵在广陵（今江苏扬州东北）作战，他急中生智，打着陈胜王的名义，拜项梁为楚国的上柱国，催促项梁率兵北上，西击秦军。项梁安定了江东，也想借机名正言顺率军渡江，于是委项羽为先锋。这时大江南北，黄河内外，到处是起义军。这时北上的项梁军队，没有遇上秦军的抵抗，沿途却吸收了多支起义队伍。项梁渡淮，进驻下邳，已收编了六七万人。东阳陈婴，以及吕臣、黥布、蒲将军等都前来归附。当时山东境内有一支势力较大的农民军，统帅叫秦嘉，他拥立了楚后裔景驹为楚王，独树一帜，不听陈胜王的号令，也阻挡项梁北上。秦嘉驻军彭城。项梁命项羽等击败了秦嘉，杀了景驹，进军薛城。项梁会议诸将，立了楚怀王之孙熊心为楚王。这时，沛公刘邦也率军来归附。项梁十分欣赏刘邦，他命项羽与刘邦结拜为兄弟，两人并肩作战，突进中原。项梁将楚都定在盱眙城，自号武信君。这时楚军已发展到十余万人。

此后，项羽和刘邦的联军为项梁打先锋。公元前 208 年六月项梁立熊心为楚怀王，八月进兵东阿（今山东阳谷东北），大败秦军主力章邯。接着项梁领兵分兵追击，把章邯包围于定陶。项羽、刘邦的联军，西追秦军，攻克城阳（今山东鄄城东南）。接着又在濮阳以东大败秦军。项羽乘胜突入河南，转攻雍丘（今河南杞县），斩杀了李斯之子李由。李由为秦三川守，镇守军事重镇洛阳，李由带重兵东援章邯，被项羽斩杀。这是反秦义军诛杀的最高秦军统帅，从此项羽威名大振。

正当各支楚军节节胜利之时，由于项梁轻敌，秦将章邯在定陶经过休整和补充后，偷袭项梁军营，获得大胜，项梁军全军覆没，项梁被杀。这是反秦起义军继陈胜死后的又一次大的挫折。河南的反秦战争再次转入低潮。章邯随后移师河北，围攻赵国。在这转折关头，楚怀王熊心进驻彭城，召诸将举行会议，重新部署反秦战略。彭城会议决定集中楚兵，分为两路击秦。一路以宋义为将军率主力北上渡河救赵，项羽为裨将，范增为末将，黥布等皆受宋义节制。另一路，由沛公刘邦率领从河南西进，从武关迂回攻击秦都咸阳，乘虚进兵。项羽报仇心切，要求与沛公刘邦西征，楚怀王不许，他认为项羽"剽悍猾贼，所过无不残灭"，正好利用了这一特点以暴制暴，命项羽随宋义北上救赵，与秦军主力决战。楚怀王与诸将约，"谁先入关，谁做关中王"。明显地，这是让刘邦做关中王，项羽与楚怀王从此有了矛盾。

公元前207年10月，宋义率领楚军北上，他畏惧秦军，不敢渡河，把军队屯驻在安阳（今山东曹县东），滞留四十六日不进。当时天寒大雨，士卒又冷又饿。项羽主张立即进军河北，既解赵国之围，又求粮于河北，宋义不听，项羽一怒之下诛杀了宋义，夺取了兵权。项羽有了军权，声威显赫。他大义凛然地向全军宣称："宋义与齐国密谋造反，不北上救赵，我奉楚怀王的手令诛杀了他，现在立即渡河救赵，到那里去吃饱饭。"全军欢呼，众将军说："项家将军原本就是我们的首领，楚怀王也是项家将军拥立的。现在项家将军杀了叛将，完全应该。"于是众将拥举项羽为主帅，大军立即前进救赵。项羽挥师渡河，前进到了漳河南岸，与围困赵国的秦军隔岸相峙。这时秦军气盛，兵精粮足。包围巨鹿城的是秦将王离率领的驻守长城的精锐，秦军有二十余万。章邯所部也有二十余万，保护粮道，为王离军的后援。在战场上的秦军有五十余万。诸侯救赵的各路大军，在巨鹿外围扎下十几座营盘，每支军也有数万人，包括项羽的楚军，有四十余万。但诸侯之军互不统属，都不敢单独与秦军作战，大家都作壁上观，秦军也不侵犯诸侯之军，只集中全力攻打巨鹿城。秦军的战略是，只要攻下巨鹿，各支诸侯军将不攻自破。

巨鹿告急，赵国守将张耳派人出城督促城外的赵军与秦军作战。城外赵军为陈余率领着数万之众。陈余认为，赵军独进，好比以肉投饿虎，必将覆没。他分拨五千人试攻，一接触秦军，立刻被吞没。在这千钧一发之际，项羽没有被秦军的声威势大所吓倒。他首先派出勇将黥布率领两万人渡过漳河，占领滩头阵地。接着项羽亲率十几万楚军全军渡河，背水为战。项羽下令凿破渡船，打碎炊具，烧掉营帐，每个战士只带三天干粮，表示了勇往直前，义无反顾的决心。这就是千古流传的破釜沉舟的故事。这一仗恰似后来韩信破赵的井陉之战，背水为阵，把全军置之死地而后生。十几万楚军，同仇敌忾，要杀出一条求生的血路，只有打败秦军，才能死中求活。因此，楚军斗志高昂，战士无不以一当十，奋勇杀敌，喊声震天动地。项羽在渡河的当天就发起了九次攻击，九战九胜。项羽直接打击的是攻城的王离军，留下章邯不打，属于各个击破秦军。结果楚军大胜，俘虏了秦军主帅王离，杀死了秦军副将苏角，秦军另一副将涉间自杀，王离军全军瓦解。章邯只得率领他本部二十余秦军向河南安阳方向后退，一面又派长史司马欣回秦都告急。

巨鹿大捷，全歼秦军精锐王离率领的长城军。各路诸侯的军队四十余万合兵一处，项羽的英勇善战赢得了盟主的地位。这时，项羽以四十余万大军，追击秦将章邯二十余万残兵，在军事上已处于绝对优势。巨鹿大捷奠定了灭秦的基础，但章邯是久经战阵的宿将，他率领的二十余万秦军，也是不可忽视的力量。尽管项羽不停顿地发动进攻，但都没有取得决定性的胜利。巨鹿大捷后，章邯率领的秦军仍坚守在河北，在安阳殷墟一带与项羽相持了七个月。司马欣回咸阳请救兵，没有得到一兵一卒的援助，还风闻赵高即将发动政变，并要诛杀章邯以推卸失败的责任。章邯见秦朝大势已去，要是战胜了，那功高不为赵高所容，如果战败了便要上断头台，于是在司马欣的劝说下，他向项羽投降。公元前206年7月，章邯在殷墟纣王亡国的地方投降了项羽。项羽答应，在灭秦以后，封章邯、司马欣、董翳为王。殷墟之盟，可说是反秦战争中的一次古代和平解放。

项羽接受章邯投降后，率领大军渡过黄河，然后西进，直指咸阳。诸侯之兵，在秦朝许多曾为刑徒，痛恨秦人已极，一路上虐待秦朝的降卒，使二十余万秦朝降卒人心浮动，流露不满情绪。项羽怕入关后秦卒反叛，就在新安坑杀了二十余万秦降卒，制造了血腥的杀降惨案。早在北上渡江之初，项羽进兵河南，久攻襄城，攻下襄城后对所俘的军卒均坑杀了。所以司马迁评论说："虐戾灭秦，自项氏。"项羽在反秦斗争中的这种复仇主义，虽是痛快一时，却大失人心，这是导致他成为悲剧英雄最重要的原因。

与之相反，刘邦却处处讲究策略，优待俘虏，收买人心。他入关后，封藏府库，除秦苛法，并约法三章，维护社会秩序。刘邦还展开宣传，说楚怀王有约："谁先入关谁做关中王。"于是，秦人大喜，"唯恐沛公不为秦王"。秦人争相犒赏刘邦的军对。刘邦见秦人归附，怕项羽来争关中，就派兵将函谷关把守起来。

公元前206年12月，项羽攻破函谷关，进驻鸿门。当时刘邦驻军坝上。刘、项两军相距四十里。项羽下令，全军戒备，连夜造饭，立即进攻刘邦军。刘邦军十万，没有打过大仗；项羽军四十万，是从血战中滚过来的，若两军决战，刘邦将会全军覆没。刘邦探知消息，连忙与谋士张良商议对策。张良与项羽叔父项伯是老朋友，张良救过项伯的命。此时项伯夜访张良，泄露军机，劝张良逃走。张良却趁机邀项伯见刘邦，促成两人结为兄弟和儿女亲家。就这样，项伯成了刘邦耳目和楚军内奸。项伯要刘邦明早到项羽军中谢罪，他则连夜赶回，花言巧语劝项羽设宴款待刘邦。项伯对项羽说："若不是沛公打下关中，大王怎能不费力气就入关呢？现在人家立了大功，你还去攻打他，这是不义的。明早刘邦来拜会大王，不如借机设宴款待，两家和好如初。"项羽答应了，这就是历史上有名的鸿门宴。

第二天清早，刘邦果然来到鸿门向项羽赔罪。刘邦在宴会席上十分谦虚，坐在下首，情意恳切地对项羽说："我和将军同心协力灭了秦朝，将军在河北作战，我在河南作战。没料到我先进了关中，今天能在这里见到将军，实在是万幸。不知是哪个小人拨弄是非，挑动将军与我不和。我派兵守函谷关，是防止别人入关，恰恰是迎接将军，所以把大军驻守在函谷关。"心直口快、性情爽朗的项羽，被刘邦一顿迷魂汤，灌得心花怒放。他对刘邦说："你的左司马曹无伤派人来报告，说你要做关中王。不然，我哪能进攻你呢。"范增暗示项羽杀刘邦，项羽不理睬。范增叫来项庄舞剑，意在刺杀沛公刘邦，却又被项伯用身体挡护住了。刘邦赴会鸿门宴，有惊无险。他利用项羽缺乏政治经验，虎口脱身，避免了在不利形势下与项羽决战，保存了实力。刘邦走后，范增十分遗憾而又颓伤地说："今天放走了刘邦，日后我们都要成为他的俘虏。"

鸿门宴后，项羽进兵咸阳。他杀了秦降王子婴，火烧秦宫室，三月不绝。有人劝他建都咸阳称帝，项羽却说："富贵不还乡，好比夜里穿绣花衣，没人知晓。"项羽放弃了称帝的机会，自称西楚霸王，而大封十八诸侯王。他放过了刘邦，却掉过头来与楚怀王算账。项羽想做关中王，报命楚怀王，楚怀王回报"如约"。于是项羽攻破关中，而不做关中王。表面上他履行了誓约，其实错过机会，倒行逆施。因此韩信称他为妇人之仁。即在小事情上讲信义，大事情上糊涂，又听不进逆耳的忠言。假如项羽在鸿门宴杀了刘邦，并了汉军，登基当皇帝，谁敢不服呢。

项羽分封十八王，序列如下：一汉中王刘邦，二雍王章邯，三塞王司马欣，四翟王董翳，五西魏王魏豹，六河南王申阳，七韩王韩成，八殷王司马，九代王赵歇，十常山王张耳，十一九江王黥布，十二衡山王吴芮，十三临江王共敖，十四辽东王韩广，十五燕王臧荼，十六胶东王田，十七齐王田都，十八济北王田安。项羽自称西楚霸王，建都彭城。他尊楚怀王为义帝，后借故又把它流放到长沙郡郴县。雍王、塞王、翟王三分关中，项羽把三个秦的降将封王，目的是拒塞刘邦。

公元前 206 年。汉元年四月诸侯分散，各自归国。项羽认为分王诸将，从此高枕无忧了，殊不知他犯了开历史倒车的极大错误。封国林立，必然要发生兼并战争，加上项羽主观独断，封王不公，他还没有回到彭城，山东齐境就乱了套。齐王只是一个傀偶，军政权力掌握在田荣手中。田荣已据有齐境，因他没出兵援救项梁的定陶之战，项羽怀恨，用大封三齐王的办法来分裂齐国，架空田荣，当然这是行不通的。项羽又不封陈余、彭越，这两人都在河北、河南中原地区拥有实力。于是田荣、陈余、彭越三人联合起来发难。在公元前 206 年六月竖起了反叛项羽的大旗。项羽东征田荣，八月刘邦还定三秦，楚汉战争正式爆发。

这时田荣竖起反叛项羽的大旗，自称齐王。项羽大怒，率兵征讨。城阳一战，项羽打败田荣。田荣走保平原，平原士民杀了田荣，战争基本结束。可是残虐的项羽，又激起齐民造反，他大肆烧杀掳掠，激起了齐地人民的反抗。田荣弟田横趁机收拾民心，立田荣之子田广为齐王以对抗项羽。这时刘邦已还定三秦。刘邦积极准备出关。他让张良写了一信麻痹项羽。信中说，刘邦只是要做关中王，并不反叛项羽，而齐王才是楚国的死对头。项羽真的上了当，留在齐地镇压齐民。刘邦趁机出关，为义帝发丧，数落项羽罪责，号召天下诸侯共击项羽。刘邦派出使者联络诸侯，又以将军印赐彭越，令他在梁地造反，在楚国心脏地区开花。刘邦强大的政治攻势，迎得了诸侯归心，纷纷派兵讨伐项羽。连项羽的心腹将九江王黥布也不服从项羽调遣，坐山观虎斗。公元前 205 年二月，刘邦率诸侯联军 56 万攻破楚都彭城，项羽此时还陷在齐地。刘邦以为天下已定，收取楚宫室美人宝藏，每日摆酒宴会。项羽闻听都城已破，赶忙从齐地回救。项羽精选三万骑兵，日夜兼程，绕在彭城之西，从萧县发动出其不易的进攻，由西往东向彭城推进。刘邦占领彭城以后，把大军布防在彭城以东，阻挡项羽回救。汉军意想不到项羽用轻骑兵从西边的空虚之处杀来。在彭城东面用重兵布防的汉兵未见一兵一卒楚军，而后方彭城已乱了套，汉军被项羽打败了。在混乱中，汉兵不知楚军虚实，又正值大风沙，迎面不见人，一场混战，汉兵自相残杀，十几万人被推压在睢水中，睢水都为之不流。项羽用三万精兵，打败刘邦的五十六万大军，获得了彭城大捷。这一以少胜多的战绩其实是范增的杰作。胜利把项羽的军事生涯推向了顶峰。

项羽乘彭城大捷,追击刘邦。刘邦的杰出战将韩信,在荥阳东南京索地区打了一场漂亮的阻击战,挫败了楚军,汉军这才凭借豫西山地在荥阳、成皋一线固守,楚汉两军都陷入胶着状态。刘邦在败逃中于下邑(今江苏砀山县东)召开军事会议,制定了持久战略。正面战场由刘邦亲自坐镇,在成皋地区阻击项羽,并把项羽吸引在坚城之下,使他欲攻不克,欲罢不能。刘邦用张良之计起用三大勇将,对项羽进行战略包围。

其一,用韩信为将,开辟北方战场,扫平河北,进入山东,迂回包围楚国。其二,用彭越在楚国后方打游击,断粮道。其三,派说客人淮南说降九江王,断项羽左臂,牵制项羽兵力,减轻正面战场的压力。刘邦策略一步步实现,项羽果然受阻成皋。

楚汉相持在成皋,汉兵众而弱,楚兵少而精。范增替项羽规划了破汉战略。集中兵力突破成皋防线,攻占洛阳,直指关中。只要楚兵打到洛阳,关中告急,刘邦的包围战略就将崩溃。彭城大捷后,诸侯又倒向项羽。

韩信平定河北需要时日。黥布降汉,威胁项羽侧翼,亟须巩固。项羽派勇将龙且打败淮南,稳固了侧翼。公元前204年四至9月,楚汉两军发生激战。项羽贯彻范增战略,于4月猛攻荥阳,汉王刘邦突围遁走,差点被楚军活捉。楚军攻破荥阳,杀汉将纪信,随后又攻破成皋。刘邦调虎离山,南下宛叶,吸引项羽南追,然后回军又夺回成皋。6月,楚军再破成皋,刘邦逃出至河北,夺了韩信之军,驻屯修武。然后命彭越、刘贾深入楚后方,攻下外黄、睢阳等十七城。项羽回救,刘邦率河北之军渡河收复了成皋、荥阳。项羽回军,楚汉再度相持于荥阳东广武山上。9月韩信向山东进军,10月破齐历下军,11月,韩信又打败楚龙且救齐大军,稳定了齐境,完成了对楚国的战略包围。

项羽眼看就要打破汉军的成皋防线,却为何两度中了刘邦的调虎离山之计,功败垂成呢?原来在成皋吃紧之时,刘邦采用了陈平的离间计,制造流言,说范增、钟离有功不得侯,要投归汉王。项羽派使者到汉军营中,刘邦摆下丰盛的宴席款待。还未开宴,却故作惊讶,说这是款待范增使者的,而又重新摆出了粗劣食物款待楚使。项羽信用的人是诸项的子侄和妻兄弟,但他们都是庸才,识不透刘邦反间计。项羽不察,误听亲信之言,怀疑起范增、钟离。范增一气之下离开了项羽,钟离昧也被削弱了兵权。项羽身边既无谋臣,又无良将,只凭个人的血气之勇,刚愎自用,连连上当,作战便转胜为败。

公元前202年11月,项羽又一次中了刘邦的缓兵之计,签订和约,以鸿沟为界中分天下。彭越、韩信都在项羽境内。当刘、项相持广武期间,韩信、彭越都按兵不动,坐山观虎斗了。项羽引兵东归,刘邦派使者告韩信、彭越,许诺灭了项羽,把项羽的地盘分给他们为王,还装模作样地画了地图。于是韩、彭在刘邦调遣下四面逼拢,合围项羽,项羽引兵东归,尚有十万之众,但缺少粮饷,又值十二月盛寒,已经是一支十分疲困的军队了。但是,项羽由于在灭秦战争和彭城大捷中建的声威,尚能得士众心。所以在撤退中还在固陵地方打了一个大胜仗。但这时的项羽已是一支孤军,刘邦、韩信、彭越、黥布以及降汉的楚国大司马周殷，从四面八方围了上来。公元前202年12月，项羽率领的十万兵被汉将韩信指挥的三十余大军团团围困在了垓下（今安徽灵璧县东）。

项羽为了突破包围，在垓下发起了一次突围战。项羽亲率精兵向汉军猛攻。韩信诈败，拉长战线，然后用骑兵从两翼截击夹攻楚军，分段围歼，打败了项羽的突围战。项羽被困，"兵少粮尽"。夜间，汉军四面大唱楚歌，迷惑项羽。项羽惊恐不解地说："难道汉军把楚国都占领了吗？为何汉军中有这么多人唱楚歌？"其实这是韩信用的攻心战，用思乡曲来瓦解楚军斗志。连项羽也中了计。面对这将倾的大厦，项羽心烦意乱，一个劲地喝闷酒，焦虑不安地思考，为什么西楚霸王百战百胜会落到这般田地，他喝够了酒，让人牵来陪他南征北战驰骋疆场使敌人胆寒的乌骓马，对着爱妾虞姬，慷慨悲歌起来：

　　力拔山兮气盖世，

　　时不利兮骓不逝。

　　骓不逝兮可奈何，

　　虞兮虞兮奈若何！

项羽一遍又一遍地唱着，禁不住落下泪来。左右的人也一个个泣不成声，抬不起头来。夜深了，项羽决定丢下大军，率领壮士暗中突围，退回江东，图谋东山再起。他跨上乌骓马，率领八百多名壮士冲了出去。次日清晨，汉军得知项羽突围，立即命勇将灌婴率领五千骑兵追击。项羽渡过淮河，只乘下一百余骑。项羽人马迷路，向一耕田老人问路，这位老者故意指错路，让项羽陷在大泽中，被汉兵追了上来。

项羽冲出包围，来到乌江边（今安徽和县东北四十里长江北岸之乌江浦），身边只剩下了二十八骑。前有大江，后有追兵，黑压压地围了上来。英雄到了末路，但是项羽仍不服输。他对部下说："我起兵八年，身经七十余战，从没打过败仗，所以才称霸天下。今天走投无路，是天亡我，不是我不会打仗。不信，我再打一场痛快战给你们看。我要斩将、夺旗，并为你们解围。"说罢，项羽把二十八骑分为四队，面向四方，准备四面冲击。

他对部队约定了冲出以后的集合地点。一切准备停当，汉军也包围了上来。项羽一声大喊，犹如惊雷一样，汉军纷纷倒退，有的奔跑了好几里远。项羽纵马杀入重围，斩了一名汉将，杀死汉兵一百多。在约定地点清点人数，只损失了两人。这时乌江亭长摇来一只渡船，要把项羽载过江去。乌江亭长安慰项羽说："江东虽小，仍有方圆数千里，几十万老百姓，足可称王。"提起江东，项羽无限感慨。他对亭长说："我带领江东八千子弟北上打天下，现在无一人生还，即使江东父老怜惜我，我项羽哪有脸面见江东父老。难得你有一片好心，我把这匹乌骓马送给你吧！这匹战马伴我闯南走北，所向无敌，一日可行千里，我实在不忍心杀它，你好好看待它。"说完，这位叱咤风云的灭秦英雄，在江边拔剑自刎了。这时的项羽年仅三十一岁。

副手中的高手

萧何、张良、韩信，被称为"汉初三杰"。三人在创建汉室江山的过程中，立下了盖世功勋。令人感慨不已的是，他们三人的命运大不相同，韩信被杀，张良退隐，只有萧何做了刘邦的副手，与刘邦和平共处几十年，虽然也有过一些波折，总算有始有终，终老天年。

翻遍二十五史，一同打江山的副手大多是白忙活，最后不但没有好处，就连性命也难保。萧何能够当刘邦的副手，在官场上风光几十年，不能不说他是一个当副手的高手。

萧何是一个人才，用现在的话说，是司法专家、民政专家、后勤专家。刘邦当平民、当无赖的时候，人家萧何已经在沛县当小吏，在政绩考核中，曾名列榜首，说明他是一个很有水平、很能干的官。但萧何没有官架子，看得起平民刘邦，把他当朋友看待。这时，刘邦常常巴结人家萧何。萧何为人忠厚，待人诚恳，处处帮助刘邦，对他日后起家起到了不可低估的作用。后来，刘邦起兵造反，想到萧何，让他当县丞，这是萧何当副手的开始。

萧何是文官，负责处理财税、安抚百姓、颁布政令、为军队供应粮草等后勤工作，做得极为出色。在多次战役中，当刘邦处在最危急的时刻，多亏萧何前来支援，才使刘邦化险为夷。特别是夺取秦都咸阳后，众将都在争抢金银财宝，只有萧何保护了秦朝的文书档案、律令图书等，所以刘邦才能对全国的军事要塞、地形地貌、人口多少、经济现状了如指掌。

打下江山，萧何在评功中获得了第一名，为此，刘邦恩赐他上朝时可穿鞋带剑，不必遵循常礼。可是，萧何处处遵守礼仪，他知道，皇上可以让你放肆，那是对你的恩赐，你铭记在心就是。你要真的放肆，就是对皇上的大不敬，那是要倒霉的。所以，他把分寸掌握得极为得体，没有因为细节问题为自己惹是生非。这是萧何的明智之处。

萧何能够平安地当刘邦的副手，最重要的不是他能干，而是性格温顺，凡事听命于刘邦，有好事全让给刘邦，能够委曲求全。

所以，刘邦平定天下后，对萧何网开一面。《史记》上记载，萧何做事好请示，无论是制定法令制度，还是建宗庙、社稷、宫室、县邑，总是尽快向刘邦报告，得到同意后，他才开始实施，从不自作主张。看上去好像是没有主见，其实，这是最为高明的主见。

刘邦是个大老粗，痞子出身，对治国之道一窍不通，萧何想怎么办，他一般都会同意。萧何凡事等刘邦同意才办，这样，效率可能低一些，但确实保险。他的这一做法使刘邦极为高兴，最后，论功行赏时，把功劳的第一名给了萧何。

在刘邦看来，这个副手既能干，又没有野心，是靠得住的，所以，刘邦破例没有铲除萧何，君臣得以相安无事几十年。

萧何老谋深算，懂得克制自己就是保护自己。他和吕后一同诛杀了韩信，又得到封赏，被拜为相国，刘邦还给他配备五百名士卒的卫队。萧何知道，表面上这是对他的赏赐，实际上刘邦已经产生了怀疑，自己得到的好处太多，刘邦觉得很不舒服。

他深知月满则亏、水满则溢的道理。于是，他果断地把全部的家产捐出来当军费。这样一来，刘邦自然十分高兴，没有任何推辞，就收下了。

可见，萧何的家产早就让刘邦惦记上了。如果萧何不主动交出来，说不定哪一天刘邦就找一个借口，抄了萧何的家。那样，大家就得撕破脸皮，肯定不会愉快。

然而，萧何再老练，也有想不到的地方。萧何的思路是全心全意为刘邦效忠，做到尽心尽力，安抚好百姓，忠于职守。可这样一来，他会深得民心，得到更多百姓的爱戴，更让皇帝害怕和担心。

此时，一个门客警告萧何："你离灭族不远了，这样孜孜不倦地做事，老百姓越来越爱戴你。皇帝多次派人询问你在干什么，其实，是害怕你占有关中地区啊。你为什么不多买一些田地，用低价赊借，败坏自己的名声呢？只有这样做，皇帝才安心。"萧何听从了门客的建议。为此，刘邦大为高兴。想想看，萧何如果不这样做，就凭刘邦心狠手辣、极爱猜疑的性格，能放过萧何吗？

萧何的一生，大部分时间是给刘邦做副手，没有大起大落，但过得十分辛苦。他忍辱负重，任劳任怨，克勤克俭，安抚天下，用心之良苦，鲜有与之比肩者。他用尽一生心思，总算"找准了位置"，在危机四伏的封建社会官场中，成为一个幸运者。

卫青的另一面

一个贫贱的人一旦际遇改变平步青云，他将会怎样看待那段贫贱的历史？在富贵了之后，怎样对待那些像自己先前那般的贫贱之人？中国人往往以此态度来评判一个人是否"忘本"。虽说我们的传统道德观总是谆谆教导并且要求我们不要"忘本"，然而，综观历史，却是忘本的人多，不忘本的人毕竟少。

司马迁的《史记·田叔列传》后面附了一段以"褚先生曰"开头的文字，是刘宋时期的博士褚少孙注疏、评点《史记》的。褚先生讲的是有关卫青与田仁、任安两个人的故事。

卫青这个人大名鼎鼎，乃西汉抗击匈奴的名将、武帝一朝权倾朝野的大将军。可是这位大将军发迹前的出身并不光彩：他的父亲郑季以一个小吏的身份在平阳侯曹寿家里行走服侍，与曹家的女婢卫媪私通，生下了卫青。卫媪此前已经有了卫长君、卫子夫一对子女。因为是私生子，卫青后来到郑家生活时，郑季家人都看不起他，不待他当作家庭的正式成员，整日让他像个僮仆一样地牧羊。

后来，卫青的同母异父姐姐卫子夫被选进宫去并且得到了汉武帝的宠幸。汉武帝当年青梅竹马、曾经还发誓要"金屋藏娇"的陈皇后大吃其醋，陈皇后之母就派人去抓了卫青来，想处死卫青替女儿间接地出口气，多亏卫青的朋友公孙敖纠集了一班人马将卫青抢了回来。这件事被汉武帝知道了，卫青运气也真好，因祸得福，汉武帝一不做二不休，索性将他召到宫中，任命他做了太中大夫。靠着裙带关系，放羊娃摇身一变成了朝廷大臣，真所谓野百合也有春天。

卫青的运气还不止这些。后来，匈奴犯边，武帝拜卫青为车骑将军，与李广、公孙敖等分别带兵出击。这一仗众皆无功，唯独卫青斩敌七百人，武帝龙颜大悦，当即将这个舅佬封了侯。

我们不得不承认，卫青除了运气好外，在军事方面也果然是个天才。他前后七击匈奴，每战皆胜，共斩获敌首级五万余，为大汉皇朝开辟了大片疆土。

卫青不仅功高盖世，而且平生行事几乎无可挑剔。一般来说，有本事的将领常常心高气傲，自以为是，有时甚至连皇帝国君都不买账，比如孙武子连国君的小美人儿都敢杀，比如周亚夫在细柳营里连皇帝来视察都要他下车步行，更有人口口声声"将在外，君命有所不受"。殊不知，这些正是皇帝最不愿意看到、最不愿意听到的。而卫青则不然，恭恭敬敬，规规矩矩，为人处世很有分寸。有一次引兵出征，属下将领苏建尽丧其兵，只身逃回。众人建议卫青斩苏建以明军威。卫青却说，"我以皇亲的身份当上大将军，已经够威了；但我如果把此事交给天子裁决，向天下宣示人臣不可以专权，不是更好吗？"于是他令人将苏建押回京去交武帝处理。

大臣汲黯为人正直，同时也以固执而闻名，他对卫青不是很客气。有人劝汲黯说，卫青圣眷正隆，你应该主动向他示好。汲黯却歪了头道："以他大将军那样的身份，如果主动对我再客气一点，再礼贤下士一点，难道不更使人敬重吗？"卫青得知后，一点不怪罪汲黯的傲慢，反而真的对汲黯更加敬重了。

所以，当时朝野上下对这位外戚大将军都是交口称赞的。卢敦基先生评价卫青时说："如果一定要说他还有错误，就是他一生几乎不犯错误；说他还可挑剔，就是他平日太无可挑剔。"

如此说来，卫青这个人不是近乎圣人了？然而，在这位近圣的大将军与任安、田仁的故事当中，我们还是看到了他的另一面。

再来说说任安和田仁吧。

任安这个名字想必熟悉文史的朋友也不会陌生，太史公司马迁曾作《报任安书》，这封著名的信就是写给他的。他后来做到过益州刺史、北军使者护军等职；而田仁则是文景之时鲁相田叔的儿子，所以褚少孙将这则故事录于《田叔列传》之后。

田仁的父亲田叔曾担任过分封诸侯国鲁国的国相，看起来是一位两袖清风的清官，因为他死后，他的儿子田仁很贫穷。田叔不但是一位清官，也是一位颇有政绩的好官，所以鲁地的百姓自愿拿出百金来要为田叔立祠祭祀，然而田仁却拒绝了众人的好意，他说"不以百金伤先人名"。就这样，田仁为谋生计，投身到已做了大将军的卫青府里做了一名"舍人"，也即是清客之类的。当时，任安也在卫将军府里做舍人，这两个人都很有才华、很有抱负，又同样家境贫寒，所以"同心相爱"，十分要好。

诸位都知道，这卫青少时出身也十分贫贱，后来靠他姐姐卫子夫被武帝看上了，才飞黄腾达。然而根据褚先生的故事，卫青发达了后却有些"忘本"。

首先是卫将军府里的人都很势利，看不起穷人。田仁、任安因为没钱孝敬将军府的家监，那位家监就刁难他们，叫他们去养马。田仁感慨道："不知人哉家监也！"倒是任安更具批判意识，当即就接口道："将军尚不知人，何乃家监也！"他的责备是有道理的，如果卫青很礼贤下士，那么他的家监也不敢以富贵欺人。

后来，皇帝有诏，募卫青府上的舍人到朝廷做郎官，"将军取舍人中富给者，令具鞍马绛衣玉具剑，欲入奏之。"少府赵禹来拜访卫青，卫青就叫出这班准备推荐给朝廷的富贵子弟来见过赵禹，赵禹与他们分别交谈，十多个人中竟无一人有智略才华的。赵禹只好委婉地对卫青表示不满。卫青叫出将军府的百余名舍人让赵禹挑，赵禹挑来挑去，唯独青睐田仁、任安，"独此二人可耳，余无可用者。"那么卫青又是什么态度呢？《史记》真是千古良史，绝不以卫青的泼天富贵和骄人功绩而为他文过饰非："卫将军见此两人贫，意不平，赵禹去，谓两人曰：'各自具鞍马新绛衣。'两人对曰：'家贫无用具也。'"卫青当即怒道："你们两家自己贫穷，跟我什么相干？为什么说这样的话，好像是我害了你们似的！"最后，卫青不得已，还是将田仁、任安的名字报了上去。

在这里，卫青已是一副富贵骄人的嘴脸了。他再也想不起自己当年是怎么样的了。反而是富贵人家出身的人容易同情穷人家出身的人，因为他自己从未过过苦日子，看到人家生活得穷苦倒有一种天然的怜悯心；而先贫后富者之所以看不起穷人，是因为当年的穷苦生活将他的心也磨硬了，他也许是这么想的，我能够由贫而富，你们为什么不行？说明你们就是不行！活该！

幸亏田仁、任安后来被汉武帝召见，应答颇称帝意，汉武帝当即封了两人的官，使得这两人从此扬名天下。我们由此故事也看到了一代名将卫青的另一面。而唯其这样，他也更像个"人"了。不要相信什么圣人，人总是有缺点的。

东方朔：汉朝的撒娇派教主

东方朔保持了很多项个人纪录：

他是第一个以东方为姓的人。据说东方朔的父亲姓张，在他出世前就死了，母亲生下他3天后也去世了。因为他出生之时，东方刚亮，所以就被兄嫂命名为东方朔。因此，他是东方姓氏的第一人。

大隐隐于朝，这是后人经常挂在嘴边的一句话，但真正对这话拥有完整知识产权的也是东方朔。当时他和别人辩论，一不留神就说出了这句流传千古的经典名言。后人对这句话推崇备至，尤其是那些腆颜拿着俸禄，却又标榜自己拥有高尚情怀的人。后人甚至还将这句话延伸为："大隐隐于朝，中隐隐于市，小隐隐于野。"

"谪仙"这个名字最早也属于他，只是李白后来居上，将这个名字独占了。

....

东方朔是以一种特别个性的方式让皇帝记住的。

他本来是齐地人，酷爱读书，为了有更大的发展，就兴冲冲地来到了首都长安。到了长安之后才知道，长安人才济济，想博个出人头地还须恶搞才行。于是，他决定直接给皇帝上书。当时汉武帝提倡读书人通过上书的方式来表现自我，所以给皇帝上书算不上多有创意的举动。东方朔的伟大之处就在于只给皇帝写了一封信就让皇帝彻底记住了。他采用的方式我们今天才明白过来，那就是恶搞。

东方朔刚到长安时，到公车府那里上书给皇帝，这封信那可是写得汪洋恣肆，轰轰烈烈，他一口气用了 3000 个木简才把这封信写完。3000 个木简是个什么概念？就是公车府的两个年轻人刚刚好抬得起来。

于是，武帝在宫内开始阅读东方朔的上书，一连读了两个月才读完。我们不知道这封需要两个月才能读完的信水平如何，反正读完了信之后，汉武帝就下令任命东方朔为郎官，让他经常在皇上身边侍奉。东方朔这人很机智，经常让汉武帝高兴得傻笑不已。他最著名的段子是对下面两个词语的"考证"。

在去甘泉宫的路上，汉武帝看到了一个红色的虫子，头目牙齿耳鼻都有，随从都不知道它是什么东西。武帝就让东方朔来辨认。东方朔回答："这虫名叫'怪哉'。从前秦朝时拘系无辜，平民百姓都愁怨不已，仰首叹息道：'怪哉！怪哉！'百姓的叹息感动了上天，上天愤怒了，就生出了这种虫子，名叫'怪哉'。此地必定是秦朝的监狱所在地。"武帝就叫人查对地图，果然。武帝又问："那怎么除去这种虫子呢？"东方朔回答："凡是忧愁得酒就解，故以酒浸这种虫子，它就会消亡。"武帝叫人把虫放在酒中，一会儿，虫子果然糜散了。

汉武帝曾到上林苑游玩，看到了一棵好树，问东方朔这是什么树。东方朔回答："这树名善哉。"汉武帝暗地里叫人识别了这棵树。几年后汉武帝又问东方朔这是什么树，可这次东方朔却回答："这树名瞿所。"汉武帝立即说："东方朔欺骗我好久了。树名前后不同，这是何故？"东方朔说："大的叫马，小的叫驹；大的叫鸡，小的叫雏；大的叫牛，小的叫犊；人小时候叫儿，长大后就叫老。这棵树过去叫它善哉，现在叫它瞿所。长少死生，万物败成，岂有定数？"

东方朔习惯于以自己奇怪的行为方式给大家惊喜。由于汉武帝时常下诏赐他御前用饭，饭后，他便把剩下的肉全都揣在怀里带走，把衣服都弄脏了。皇上屡次赐给他绸绢，他都是肩挑手提地拿走。然后，他就用这些赐来的钱财绸绢，娶长安城中年轻漂亮的少女为妻。然而，他又是一个喜新厌旧的人，娶来的美女他最多保持一年的兴趣和"性"趣，之后就再娶，因此，他的钱财和精力都用在了物色小美女、迎娶大美女、抛弃老美女的工作上，弄得同僚们半是嘲弄半是嫉妒地称呼他为"疯子"。他却反唇相讥："笨蛋，你们没有明白我这样的人是在朝廷里隐居吗？"

他喜欢撒娇，尤其是在汉武帝的背后向汉武帝撒娇。有一天，东方朔又在为自己的满腹才华自吹自擂，公开扬言在大汉王朝，学问的前三名一定是东方、东方、东方！同僚一起发难："你如果说苏秦、张仪水平高我们承认，因为他们偶然遇到了大国的君主，便能混个卿相。至于您，我们却不敢恭维，因为我们已经清清楚楚地看到您在朝廷里奋斗了数十年，官衔不过是个侍郎，这难道没有您自己的原因吗？"东方朔的回答堪称经典："不要乱说什么张仪、苏秦的往事，时代不同了，高低都一样。周朝十分衰败，诸侯王得到士人的帮助就能强大，失掉士人的帮助只能自取灭亡，所以士人可以身居高位，子孙长享荣华。那显然是非正常年代的非正常事件。在如今正常的年代，贤与不贤，凭什么来辨别呢？古书上常说：'天下无害灾，虽有圣人，无所施其才；上下和同，虽有贤者，无所立功。'我做小官本来是极平常的事情，你们有什么不理解的呢？"

这段话说得滴水不漏，既打击了他人，又抬高了自己，同时还拍了朝廷的马屁。

这娇撒得绝对空前绝后，依仗自己的智力，东方朔成了隐居在朝廷中的撒娇派教主，弄得汉武帝一天不见东方，就会觉得哪里不舒服。面前无人撒娇岂不是空有江山？于是汉武帝也不时地给东方朔提供表演的舞台。

一天，建章宫后阁的双重栏杆中，有一只动物跑了出来，它的形状像麋鹿。消息传到宫中，汉武帝亲自到那里观看，问身边群臣中熟悉事物而又通晓经学的人，没有一个人知道它是什么动物。汉武帝就兴奋地下诏叫东方朔过来。

东方朔果然不负众望，马上开始撒娇："博学如我，怎会不知道这个东西的名字，但只有让我吃好喝好之后，我才愿意说出来。"吃饱喝足之后，东方朔又开始撒娇："我知道某处有公田、鱼池和苇塘好几顷，只有陛下将这块公田赏赐给我，我才愿意说出来。"得到汉武帝肯定的答复后，东方朔突然大叫道："恭喜皇上，恭喜皇上！我认得这种动物叫驺牙。它的出现，预示着不久的将来必然有人过来归降！"过了不长不短的一年多，匈奴浑邪王"果然"带人来归降汉朝。东方朔料事真如神！

因为料事如神，东方朔再次得到了赏赐，这些赏赐又够他娶几个美女的了。

到了晚年。东方朔临终时，规劝汉武帝说："《诗经》上说'飞来飞去的苍蝇，落在篱笆上面。慈祥善良的君子，不要听信谗言'。'谗言没有止境，四方邻国不得安宁'。希望陛下远离巧言谄媚的人，斥退他们的谗言。"汉武帝说："如今回过头来看东方朔，仅仅是善于言谈吗？"对此感到惊奇。过了不久，东方朔果然病死了。古书上说："鸟到临死时，它的叫声特别悲哀；人到临终时，它的言语非常善良。"说的就是这个意思吧。

东方朔是当之无愧的杰出人才，在专制的年代里，他学会了如何调节个人与社会的紧张关系，学会了如何最大限度地用知识换取物质利益，并学会了用这些东西去换取其他方面的享受。因此，他看透了做官的虚妄，看透了金钱的虚妄，看透了知识的虚妄，看透了人生的虚妄，于是，他利用虚妄的知识，换取虚妄的官职，换取虚妄的金钱，再用金钱换取实实在在的肉体享受，以此度过虚妄的人生。

知识就是力量，这话难道是骗我们的吗？

天下谁人识君

命运最是神奇，最是奈何不得。早年，杨忠帮助宇文氏建立了北周政权，立下赫赫战功，儿子杨坚却夺了宇文氏的帝位，即隋文帝。若干年后，杨坚的儿子杨广又在第三次巡游江南时被宇文化及活活勒死。历史在这里转了个弯，谁也不欠谁的了。

细细想来，隋炀帝杨广不是一般的冤屈。他只下了三次江南，就被后世多少代多少人说成骄奢淫逸，祸国殃民；而七下江南的乾隆皇帝却是风流倜傥的楷模，留下无数逸闻故事娱乐民间，更是影视作品的大热门，且屡演屡赢，屡赢屡演。当初，秦始皇和杨广都担着骂名，不惜一切地给后人留下了一样举世闻名的礼物。秦始皇留下了万里长城，杨广留下了京杭大运河。万里长城至今只有观赏作用，京杭大运河却一直在纵贯南北漕运，一刻也没停止过它繁忙的运输功能。人们上得岸来却口无遮拦、不遗余力地痛骂杨广，似乎不骂几句，就忠奸不辨。对于失败的皇帝，世人没有给予应有的理性认知，历史的公正常常是被道德或伪道德的标准埋葬了。

杨广开凿运河，是在修建洛阳的同一年。他先后开凿疏浚了四条主要河渠，南北连通，蜿蜒五千多里，成为水运大动脉，不仅加强了隋王朝对南方的军事与政治统治，而且使南方上好的棉丝和稻粟能够顺利地到达洛阳和长安，南北文化也得到很好的交流。不仅如此，大运河还对以后中国的历史产生了深远影响。以后的元朝、明朝和清朝之所以建都北京，从经济上来看，不能不说和大运河的物资供应有关系。那么从历史的角度来看，杨广则是具有远见卓识的战略家，是千古功臣。

在杨广的众多罪状当中，最严重的一条要数他的弑父杀兄。他本是二皇子，与宝座无缘，可是他心狠手辣地把病中的父亲和哥哥杀死。踏着血腥之路坐上了梦寐以求的皇帝宝座。其实这并不比李世民更过分，他们的事迹大同小异，只是人们给了李世民太多的理解和支持，因为他是成功的皇帝。

李世民与杨广相同的罪状被人轻描淡写一笔略过，杨广与李世民相同的盖世武功也被神经兮兮的史学家有意遮掩。原因是他虽有过人的文武才能，但是太纨绔，太喜欢虚荣和寻欢作乐，连父亲宠幸的宣华夫人陈氏也敢调戏，摸了两把屁股，又香了一下，可谓胆大妄为。这也怨不得杨广，隋朝毕竟在宋朝之前，没有经过朱熹的严规肃矩，孔子的纲常之道也鞭长莫及，怎会有那么多的拘束？也因此才有了后来李治宠幸父皇的武才人、李隆基抢来儿媳杨玉环受用。唐朝这两位皇帝可不仅仅是调戏，都是真刀真枪玩了命了，直到送了江山，下了宝座。这在当时不足为奇。相比之下，杨广的罪是很轻的，却被数罪并罚判了死刑。

回头再说杨广的奢靡。杨广虽然三下江南，也只是把当时只有六七米宽的瘦西湖作为自己的专用水道。到了唐朝，扬州人把瘦西湖开凿成护城河，为扬州历史上最辉煌的时刻显足气派。而到了清朝乾隆年间，扬州的阿谀盐商给皇帝献上了一份大礼，把护城河扩展成几十米宽的瘦西湖。"两堤花柳全依水，一路楼台直到山"，奢靡到了极限。于是清诗人汪沆有诗云：

垂杨不断接残芜，雁齿虹桥俨画图。

也是销金一锅子，故应唤作瘦西湖。

作为一个失败皇帝，杨广不仅不得好死，死后还被人折腾了好几次，先是埋在宫内，后改殡于扬州吴公台下。620年，唐高祖李渊以帝王礼遇把杨广葬在扬州西北7公里处的雷塘，墓地年久荒芜。1983年后才陆续修葺，周围林木葱郁，游人方纷至沓来。

李渊是隋文帝杨坚的外甥，和隋炀帝杨广是两姨表兄弟，并在杨广在位时做过刺史、太守和大将军。隋末农民起义军此起彼伏，共有200多支队伍。李渊领兵一一击败起义军，实力大增，索性推翻隋朝，自己坐了天下。从公从私，他都不得不厚葬表哥杨广。从公说，他抢了人家的江山，还不得给人家几亩葬身之地？从私说，血毕竟浓于水吧。

文字捕快沈括

在以立德、立言、立功为"三不朽"的传统中国，产生伟大科学家很难。不过宋代却出现了一位百科全书式的科学家，他是地理学家、物理学家、数学家、化学家、医学家、天文学家，还是水利专家、兵器专家、军事家，写下了科学经典《梦溪笔谈》。他就是现代人熟知的沈括。

然而，在诸多伟大称誉之外，沈括还是一个检举揭发的"高手"，非常"小人"地干过文字狱的勾当。沈括的理性求实精神，到了政治生活中却消失了。他政治嗅觉异常灵敏，善于在别人的诗文中嗅出异味，捕风捉影，"上纲上线"。沈括检举揭发的对象，是中国文学的巅峰人物——苏轼。南宋初王铚《元祐补录》记载了沈括的这一丑事。

沈括生于1031年，大苏轼五岁，却晚他六年中进士。中国科学与人文的两位大师很有缘分，在"皇家图书馆"做过同事。1065年，苏轼进入史馆，而沈括在前一年调入昭文馆工作。北宋沿唐制，以史馆、昭文馆、集贤院为三馆，通名崇文院。

短暂的同事经历后，苏轼于1066年父丧后回乡两年多，等他再返回东京，就与沈括走上了不同的政治道路。1069年（宋神宗熙宁二年），王安石被任命做宰相，进行了激进的改革。沈括受到王安石的信任和器重，担任过管理全国财政的最高长官三司使等许多重要官职。苏轼也赞成改革，却是温和的"改革派"，与改革总设计师王安石意见相左，他与"保守党"领袖司马光一起，组成著名的反对派。

由于获得了皇上的信任，王安石的改革自是无人能挡。1071年，作为反对派代表，苏轼下放到了杭州担任"二把手"的通判一职。当时，他已成了最著名的青年作家，连皇上的奶奶都是他的"粉丝"。其间，沈括作为"中央督察"，到杭州检查浙江农田水利建设。临行前，宋神宗告诉沈括："苏轼通判杭州，卿其善遇之。"

到了杭州，虽然政见不同，诗人苏轼还是把沈括当老同事、好朋友。年长的沈括表面上也该相当和善吧，"与轼论旧"，把苏轼的新作抄录了一通。但回到首都，他立即用附笺的方式，把认为是诽谤的诗句一一加以详细的"注释"，"发现""发明"这些诗句如何居心叵测，反对"改革"，讽刺皇上，等等，然后交给了最高领袖。

不久，苏轼因为在诗文中"愚弄朝廷""无君臣之义"而入狱，险些丧命。例如苏轼歌咏桧树的两句："根到九泉无曲处，世间唯有蛰龙知"——"皇帝如飞龙在天，苏轼却要向九泉之下寻蛰龙，不臣莫过于此！"这就是文字狱历史上著名的"乌台诗案"，牵连苏轼三十多位亲友，涉及他一百多首诗词。

当然，沈括不是苏轼入狱的主谋，主谋是王安石手下的李定、舒亶、何正臣、李宜等四人。但他是始作俑者，"乌台诗案"正是以沈括上呈的那些"发现"为基础的，"其后李定、舒亶论轼诗置狱，实本于括。"

沈括为何要陷害苏轼呢？按照余秋雨的说法，"这大概与皇帝在沈括面前说过苏东坡的好话有关，沈括心中产生了一种默默的对比，不想让苏东坡的文化地位高于自己。另一种可能是他深知王安石与苏东坡政见不同，他投注投到了王安石一边。"

嫉妒一般只在差距不大的人中发生。按照沈括在当时的文名，与苏轼22岁中进士，令文坛领袖欧阳修称"当避其一头地"。根本没有可比基础，"嫉妒说"根据不足。"政见不同说"也不尽是，政治观点不同，人们还是可以君子式地互相争论，未必就要置人于死地。

笔者理解，沈括的政治选择确实决定了他与苏轼的对立，但是，他陷害苏轼却是由于道德操守不够，进入政治旋涡后，随波逐流、耳濡目染的结果。很不幸，王安石改革大旗一挥，从者却多为李定、舒亶、何正臣、李宜等不讲"费厄泼赖"精神的投机政客，也是官场大酱缸中无所不为的高手。他们对不同政见者不择手段；但是，风向转的时候，对于自己的战友也同样残酷。

九百多年前王安石领导的改革，想一举改天换地，挽救宋朝。只可惜，这剂革命的药太猛，还把沈括这样的人裹挟进去，制造了文字狱的恶劣案例。而后，这样的恶的智慧和传统到了明清两朝被发扬光大。做过和尚的朱元璋对诸如僧、光、亮、秃之类的词语很是忌讳，常州府学训导蒋镇作《正旦贺表》中有"睿性生智"一句，因"生"与"僧"同，被斩。到了清朝，一句"清风不识字，何故乱翻书"，诗人丢了性命。

中国皇权专制在北宋毕竟还算宽松，如果在明清，苏轼早就没命了。结果，苏轼在监狱中被关押一百三十天，被下放到湖北黄冈。在那里，历经囹圄、死里逃生的苏轼蝉蜕蛹脱茧，写出了中国文学史上不朽作品——赤壁三咏，即《念奴娇·赤壁怀古》《前赤壁赋》《后赤壁赋》。沈括很幸运，他也算这些伟大作品的间接的"助产士"。

王安石变法：帮了腐败的忙

公元 1067 年，是一个对后世产生了重要影响的年份。这一年农历正月，36 岁的宋英宗病逝，20 岁的皇太子赵顼当了皇帝，是为宋神宗。这时，北宋王朝已过去 108 年，算是步入中年，而新皇帝血气方刚，总是想做些事情的。

于是，便有了著名的"熙宁变法"。

宋神宗的变法，倒也不是自寻烦恼，无事生非。当时，宋朝已经顺顺当当地延续了上百年。和平安定的时间长了，人口大幅度增长，开支也大幅度增长。一是军队越来越庞大，二是官场越来越臃肿，三是宗教越来越兴盛，这些都要增加费用，财政岂能不成问题？

与此相反，行政效率则越来越低，国家的活力也越来越小。因为承平日久，忧患全无，朝野上下，慵懒疲软，得过且过，不思进取。

宋神宗显然不愿意看到这种暮气沉沉的局面。他多次对臣僚说"天下弊事至多，不可不革"，又说"国之要者，理财为先，人才为本"。问题是，到哪里去找既敢于改革又善于理财的人呢？

他想到了王安石。

王安石也是一个志向非凡的人。

他曾给仁宗皇帝上过万言书，可交上去以后就没有了下文。王安石明白，改革时机未到。于是，他一次次谢绝了朝廷的任命，继续在地方官任上韬光养晦，并种他的"试验田"。在王安石看来，做什么官并不要紧，要紧的是能不能做事。如果在朝廷做大官而不能做事，那就宁肯在地方上做一个能做事的小官。

王安石"起堤堰，决陂塘，为水陆之利"，实实在在地为民办事。更重要的是，他还"贷谷与民，出息以偿，俾新陈相易，邑人便之"。这其实就是他后来变法的预演了。这样一来，当王安石官至宰相，改革变法时机成熟时，王安石就有了足够的思想、理论和实践准备。

就说免役法，它是针对差役法的改革。差役，其实就是义务劳动。这是税收（钱粮）以外的征收，本意可能是为了弥补低税制的不足，也可能是考虑到民众出不起那么多钱粮，便以其劳力代之。但这样一来，为了保证国家机器的运转，老百姓就不但要出钱（赋税），还要出力（徭役），实在是不堪重负。事实上宋代的力役，种类也实在太多。麻烦在于，"役有轻重劳逸之不齐，人有贫富强弱之不一"，因此，有钱有势的缙绅人家服轻役或不服役，沉重的负担全部落在孤苦无告的贫民身上。

王安石的办法是改"派役"为"雇役"，即民众将其应服之役折合成"免役钱"交给官府，由官府雇人服役。这样做有三个好处：第一，农民出钱不出力，不耽误生产；第二，所有人一律出钱（原来不服役的官户、寺观出一半，叫"助役钱"），比较公道；第三，社会上的闲散无业人员找到了差事。

但宋神宗和王安石都没有想到，这次改革，不但阻力重重，而且一败涂地。在变法期间，甚至发生了东明县农民一千多人集体"进京上访"，在王安石住宅前闹事的事情。王安石最后背着扰民和聚敛的恶名走向惨败。

那么，变法的结局为什么会是这样？

原来，王安石是一个动机至上主义者。在他看来，只要有一个好的动机，并坚持不懈，就一定会有一个好的效果。因此，面对朝中大臣一次又一次的诘难，王安石咬紧牙关不松口："天变不足畏，人言不足恤，祖宗不足法。"王安石甚至扬言："当世人不知我，后世人当谢我。"有此信念，在他看来，即便民众的利益受到一些损失，那也只是改革的成本。

而最重要的原因，是王安石怎么也想不到他搞的改革帮了腐败的忙！

比如青苗法。其实，青苗法应该是新法中最能兼顾国家和民众利益的一种了。一年当中，农民最苦的是春天。那时，秋粮已经吃完，夏粮尚未收获，正所谓"青黄不接"。于是那些有钱有粮的富户人家，就在这个时候借钱借粮给农民，约定夏粮秋粮成熟后，加息偿还。利息当然是很高的，是一种高利贷。还钱还粮也一般不成问题，因为有地里的青苗作担保，是一种"抵押贷款"。当然，如果遇到自然灾害，颗粒无收，农民就只好卖地了。

而青苗法，就是由国家替代富户来发放这种"抵押贷款"，即在每年青黄不接时，由官府向农民贷款，秋后再连本带息一并归还。所定的利息，自然较富户为低。这样做的好处，是既可免除农民所受的高利贷盘剥，也能增加国家的财政收入。

然而实际操作下来的结果却极其可怕。

首先利息并不低。王安石定的标准，是年息二分，即贷款一万，借期一年，利息二千。这其实已经很高了，而各地还要加码。地方上的具体做法是，春季发放一次贷款，半年后就收回，取利二分。秋季又发放一次贷款，半年后又收回，再取利二分。结果，贷款一万，借期一年，利息四千。原本应该充分考虑农民利益的低息贷款，变成了一种官府垄断的高利贷。而且，由于执行不一，有些地方利息还要高。

利息高不说，手续还麻烦。过去，农民向富户贷款，双方讲好价钱即可成交。后来向官府贷款，先要申请，后要审批。道道手续，都要给胥吏衙役交"好处费"。每过一道程序，就被贪官污吏敲诈勒索从中盘剥一回。

更可怕的是，为了推行新政，王安石给全国各地都下达了贷款指标，规定各州各县每年必须贷出多少。这样一来，地方官就更是硬性摊派了。当然，层层摊派的同时，还照例有层层加码。于是，不但贫下中农，就连富裕中农和富农、地主，也得"奉旨贷款"。

结果，老百姓增加了负担，地方官增加了收入。

市易法也一样。熙宁五年（1072 年），一个名叫魏继宗的平民上书说，京师百货所居，市无常价，富户奸商便趁机进行控制，牟取暴利，吃亏的自然是老百姓。因此他建议设置"常平市易司"来管理市场，物价低时增价收购，物价高时减价出售，这就是市易法的起因。具体办法，是由朝廷设立"市易司"，控制商业贸易。这个办法，是动用国家力量来平抑物价。当然"市易司"也不是专做亏本生意，也是要赢利的，只不过并不牟取暴利而已。比方说富户奸商一文钱买进二文钱卖出，"市易司"则一文钱买进一文半卖出。赢利虽不算多，也能充盈国库。

但这样一来，所谓"市易司"就变成了一家最大的"国营企业"，而且是"垄断企业"了。

我们现在知道，政府部门办企业会是一个什么样的结果。何况王安石的办法还不是政府部门办企业，而是由政府直接做生意，结果自然只能是为腐败大开方便之门。

事实上所谓"市易司"，后来就变成了最大的投机倒把商。他们的任务，原本是购买滞销商品，但实际上却专门抢购紧俏物资。因为只有这样，他们才能完成朝廷下达的利润指标，也才能从中渔利，中饱私囊。

所以，不要以为贪官污吏害怕改革。他们不害怕改革，也不害怕不改革，只害怕什么事情都不做。相反，只要朝廷有动作，他们就有办法。比方说，朝廷要征兵，他们就收征兵费；要办学，他们就收办学费；要剿匪，他们就收剿匪费。反正只要上面一声令下，他们就趁机雁过拔毛。

改革帮了腐败的忙，这恐怕是王安石所始料未及的。

岳飞与狄青

"塞上长城空自许，镜中衰鬓已先斑"，陆游的这两句诗道尽了无数志士仁人的隐痛，他们有惊天动地之能，抱定国安邦之志，又恰逢边疆不靖国家动荡，正是所谓"沧海横流方显英雄本色"之大好时机也，可是，这些人却仿佛明珠暗投一般，时时受到压制，很难才尽其用。究竟是什么制约了他们？首先容易想到的是奸臣当道、上司颟顸。这当然是不错的，一个拥有更高权力而又品行才干俱劣的人处处掣肘，你是有力也没处使的，古人说"世未有权奸在内，而大将立功于外者"，讲的就是这个道理。岳飞不幸碰上秦桧，甚至还招来了杀身之祸，更乃众人皆知的显例。

然而，平心而论，岳飞所以壮志难酬，遇上秦桧，还只能说是原因之一，我们还

不能因此就下判断，以为仅仅是在上者的个人品行好坏，就足以决定岳飞们是否会有作为。不妨举一个相反的例子。北宋名将狄青的名字，因为央视播放了《大英雄狄青》的动画片，已家喻户晓。历史上的狄青，抗击西夏屡建奇功，被认为是和南宋岳飞并称的宋代两大名将。狄青似乎比岳飞走运多了，他碰上的不是秦桧这样的权奸，而是韩琦、欧阳修这样被称颂为一代名臣的人。然而其结局却和岳飞同样不幸：正因为狄青功业太著威望太高，韩琦、欧阳修等一般文臣要抑制他，终于说动皇帝将狄青放逐，一代名将竟抑郁而终！

必须说明，韩琦、欧阳修个人品行绝非秦桧一流，而是传统意义上的君子也，他们抑制狄青在很大程度上也并非出于私心。像欧阳修，还曾经专门写奏章对皇帝称赞狄青，然而仍是欧阳修，在狄青积功地位越来越高的时候，又表示了很深的疑虑，说："武臣掌国枢密，而得军情，此岂国家之福？"

岳飞们在奸相秦桧手下抑郁不得志，这也许尚可说主要是人事的原因；狄青在君子韩琦、欧阳修那里也受到了猜忌，未尽其才，这就不能仍说是人事的原因了，而应该归结到制度层面。因为制度立于人事之上，是决定性的。探究宋朝制度之源，则要推论到开国皇帝赵匡胤那里，他鉴于五代军人专权割据的纷乱局面，更由于自己本来就是因掌兵权而被部下拥戴当了皇帝，生怕被人效仿，所以其根本制度就是重文抑武，这一点正如钱穆先生在《国史大纲》里所分析，优待士大夫，永远让文人压在武人的头上，不让军人掌握政权，这是宋王室历世相传而不弃的一个家训。正是在皇室的大力推动和利益诱导下，蔑视武人成为宋朝社会的一大特征。在宋代的正史、野史中，我们几乎看不到军人被百姓尊重的场景，《水浒》中一个泼皮牛二居然敢在大街上寻军官杨志的开心，看似小说家言，何尝不是写实？由于骨子里蔑视军人，所以宋朝还有给士兵脸上刺金印以防其逃跑的虐政，于是我们在《水浒》中常常听到那个诅咒的声音："贼配军！"这也是有史实为证的：狄青已经升到高级将领的位置，但就因为他脸上也有金印，在一次宴会上，一个妓女也敢公然取笑，向他这般劝酒："奉斑儿一盏。"猜忌、抑制武人的制度，不尊重军人的社会氛围，再加上如秦桧之流的上司，在这三点的作用下，岳飞们还能有什么更好的命运呢？一切的一切，只有等到蒙元的铁蹄踏破金瓯时，宋遗民们去做深沉的喟叹了。

朱元璋屠杀开国功臣

因为朱元璋所创功业的巨大与辉煌，又因其屠杀开国功臣的恶名，所以朱元璋一直是中国古代最受争议的历史人物之一。

历史冤枉了朱元璋吗？

应该说，朱元璋固然是雄才大略、人中之龙，但他一个人本事再大，也绝无法独力创造出这样巨大的功业的；还应该说，大明朝的事业也和许多其他的事业一样，绝非是某一个人单枪匹马所能缔造的，而是朱元璋和他的文臣武将、左膀右臂们齐心合力、共同打造的。

如此，朱元璋如果真是如书中所写的那样在成功之后大肆屠杀功臣的话——自《明史》修成以后至今，人们大多都相信这样的说法，即朱元璋的开国大臣中只有汤和、沐英、耿炳文等极少数人没有死于朱元璋的屠杀——那朱元璋几百年来所遭受后人的批评、斥责乃至批判就一点儿也不委屈。

朱元璋果真杀功臣如草芥吗？我看未必——我总觉得真实的朱元璋恐怕未必是这样一个过河拆桥、心黑手辣的人。如果我们仔细分析，就不难发现朱元璋其实是个很知道感恩图报的人，尽管他的所谓屠杀，也不排除存在有若干冤枉情形的可能。

朱元璋本是个知道感恩的人

在我看来，朱元璋显然是个知道感恩的人。为什么这样说呢？我姑且在这里举几个例子。

马皇后这个人，应该说是朱元璋能够发迹的关键人物。那么，朱元璋在得了天下后又是怎样对待她的呢？是利用完了就随手扔掉？还是一如既往恩爱有加、敬重有加？事实很清楚，当了皇帝的朱元璋虽然和所有的皇帝一样，后宫的美女要多少就可以有多少，但他并没有肆意淫荡，而是专心国务、较为节制。花丛之中，朱元璋始终以贤德的马秀英为皇后，不但不离不弃，而且一辈子都敬重有加，甚至很多时候是言听计从。由此可见，朱元璋还真是个"信仰""患难之交见真情"的人。

朱元璋的少年玩伴汤和，除与各主要开国功臣一样立有卓著军功外，还拥有他人都无法攀比的一项功劳。当年朱元璋之所以参加了郭子兴的红巾军，就是他汤和写信力邀的结果。

如此说来，汤和就可谓是朱元璋加入"革命组织"的介绍人了。那么，在明朝开国后所谓的血雨腥风中，对朱元璋的整个人生来说都可谓起了关键作用的汤和，命运又是怎样呢？汤和戎马一生，南征北战达三十多年，军功叠垒间，也曾先后被封为中山侯与信国公，可谓功高位尊。都说朱元璋杀开国功臣无数，可汤和这样关键性的"革命引路人"毕竟是安然无恙（汤和自己也做得很好，随着地位、权势的上升，他选择及时地解甲归田，而且愈益恭慎），由此也略见朱元璋心性之一斑。

郭子兴就更不用说，毫无疑问是朱元璋的第一贵人。朱元璋参加郭子兴的农民军后，正是因为得到他的赏识才得以被一步步提拔上来，郭还把养女嫁给朱元璋以朱为自己的左膀右臂。郭子兴虽因误信谗言曾对朱元璋起过疑心，但朱元璋却并没有因此就恩将仇报，而是在内讧中想方设法亲涉险境把郭子兴救了出来。郭子兴病逝后，朱元璋也并没有与郭的儿子等抢班夺权，而是协同作战。只是才能更高的朱元璋本来就掌握着骨干部队——该部队基本上是以郭子兴处境困窘时朱元璋回乡招募来的七百多人为基础，通过招降、扩编逐步发展壮大起来的军队。而明朝开国后，朱元璋也没忘了追封郭子兴为滁阳三等。

通过以上事例，可见朱元璋内在品格的基本面是经得起推敲的，他绝不是那种内心卑鄙的小人。仅仅在这一层面上，也有足够的理由促使我们来研究朱元璋到底是不是个杀功臣如草芥的暴君。

是朱元璋冤还是他的功臣们冤？

出自社会最底层的朱元璋，年轻时为避饥荒曾近于行乞般流浪三年（也就是被苦难彻底磨砺和摔打了整整三轮的寒冬酷暑），之后不久，朱元璋以和尚之身参加红巾军，在经过了17年残酷战阵生涯的狂暴洗礼后，竟奇迹般地成就为创造一个崭新时代的开国皇帝——朱元璋可谓中国历史上最具传奇色彩的极少数皇帝之一。

24岁时赤手空拳参加农民军，40岁时登大宝坐拥天下，整个发迹的过程一共只花了朱元璋17年时间。1398年，朱元璋以71岁高龄驾崩于任上，掰着指头数数，他总共当了31年的皇帝。在历代统一九州的开国皇帝中，朱元璋是在大位时间最长的一位。朱元璋一生征战不息而能长寿（71岁在古代当然算得上是高寿），这应当归功于他有一个好身体（或许是流浪时磨炼出来的）。而朱元璋的长寿，又使这位杰出的古代军事家能够把自己漫长的后半生投入到治理国家的伟大事业当中，从而成为一个政绩也很卓著的皇帝。

可是很遗憾，有一个声音说：朱元璋太残暴了！竟然屠杀了这么多功臣宿将！这样的人怎么能配得上"伟大"二字?! 并且，这个声音在明亡清兴以后越来越强，越来越大，朱元璋的名声也越来越坏。

那么，我们不妨了解了解，与朱元璋并肩战斗一起打天下的好汉都有谁呢？徐达、常遇春、刘伯温、李善长、李文忠、邓愈、朱文正、汤和、朱亮祖、胡大海、周德兴、廖永忠、傅有德、冯国用、冯胜、沐英、蓝玉……真可谓人才济济、群英荟萃！

可惜这些开国功臣大多结局不好，许多都被朱元璋找借口给杀了。甚至包括徐达、刘伯温这样的大功臣在内，民间也传说是死于朱元璋之手。

果真如此吗？我看未必。因为清代修《明史》猫腻多多，包括《大明英烈传》这样的历史小说也被大肆篡改了，还有那所谓的"火烧庆功楼"的故事，大抵也系清的捏造。

黎民百姓谁不憎恨暴君？文臣武将谁不憎恨屠杀功臣的君主？清朝统治者太清楚这一点了，为了让天下所有的汉人都忘怀明朝乃至厌恶明朝，大清的皇帝乃下定决心要把朱元璋这个千古罕见的牛人打造成千古罕见的暴君。显然，要实现这个目的并不难，清朝的统治者们只需把朱元璋屠杀人数的数字改大一些就可以了，只需把一些贪官污吏的死划拉到无过受死的功臣里就行了，只要指使人编造一些所谓的民间传说就行了。

于是乎，被蒙蔽了的清朝的顺民们大多都因为朱元璋很残暴之类的宣传而发自内心地弃明服清了。看起来，清朝统治者的目的差不多达到了。当然，也并非所有的人都能被蒙蔽住的，否则，反清复明的斗争怎么会长久地贯穿于有清一代乃至从未停息呢？

而在朱元璋这一方面，堪称中国历史上最注重民生、最痛恨贪官污吏的这么一位严厉而伟大的皇帝，则很可能就此成了这一阴谋的残酷献祭和牺牲，乃至被改写成了中国历史上最残暴的一个皇帝。我想，这种可能性是完全存在的。

朱元璋到底残暴不残暴？明初各主要开国功臣之死到底冤不冤？为了解答这样的

质问，我们似乎有必要在事实层面上就此做些探究，乃至做些相应的推理和评判。

徐达到底是病死的还是吃蒸鹅死的？

先说徐达之死。民间传说徐达晚年身患背疽，而朱元璋赐了一只蒸鹅给他吃，徐达吃后，没几天就死了。这样的徐达之死，我以为是不可信的。首先，这是野史传说，本就不足为信。其次，长背疽的人吃蒸鹅就一定会死吗？我不懂中医，但我们为什么不可以请一位中医高手来解答这个问题？我相信，我们的中医会用科学来否定这一说法的。再次，有关徐达之死的另一说法——徐达因长年征战，奔波劳顿以致积劳成疾，于1384年54岁时病逝于南京。史书记载说：徐达死时，朱元璋伤心欲绝，辍朝祭奠深致哀悼，并列徐达为开国武将中之第一功臣，誉之为"万里长城"，不知怎么的，也许是因为徐达的中正和谦谨，也许是因为朱元璋的基本品格值得信赖，我总以为这后一种说法应该更为可信，而且动徐达如动国家之基础，朱元璋还不至于这么糊涂。

刘伯温究竟是不是胡惟庸害死的？

关于刘伯温之死，史书记载说：刘伯温病重后，因为接受了胡惟庸派来的医生的治疗，然后就死了。而人们通常都怀疑刘伯温其实是死于朱元璋之手。但我以为，他其实就是死于胡惟庸的暗算——当时担任宰相的胡惟庸嫉恨刘伯温，因此指使人向朱元璋进谗言陷害刘伯温，朱元璋自然很生气，乃夺了刘伯温的爵位。在胡惟庸势力的压制下，心情郁闷的刘伯温终于病了。然后就发生了胡惟庸派医生来为之看病然后刘伯温病逝的事，这一年是1375年。

刘伯温雕像

在我看来，即使朱元璋日后真是想大杀功臣以固皇权，当时的他也是绝没有杀死刘伯温的想法的，一来那时刚建国七年，身体很健康的朱元璋就算想杀功臣也不用这么早就动手；二来年纪比朱元璋大17岁的高级军师刘伯温在朝中也远没有淮西集团势力大，对朱元璋远构不成威胁；第三，我以为朱元璋当时也只是想在以李善长、胡惟庸为首的淮西集团和以刘伯温为首的浙东集团之间搞权力平衡而已。

朱元璋在李善长退休之后曾经邀请刘伯温出任丞相，可刘伯温一再地谢绝了——也许他不想介入到朝廷派系斗争的旋涡中去，也许他忌惮于功高震主，早就抱定了功成身退的主意。朱元璋也知道刘伯温的心思，也就不好再勉强，他转而向刘伯温咨询包括胡惟庸在内的丞相人选。刘伯温的回答是，这几个人都不成。

但朱元璋最终还是任用胡惟庸担任了丞相——他似乎另有他的谋划。可让朱元璋

万万没有想到的是，胡惟庸竟然胆大妄为地害死了刘伯温（也有一种可能就是刘伯温确实是死于疾病）。总之，我以为刘伯温这样的在朝廷中处于相对弱势的开国功臣绝非为朱元璋所杀。

"蓝玉党案"：蓝玉该不该杀？

蓝玉，开平王常遇春内弟，初期在常遇春帐下听令，有勇有谋，屡立军功，在明初众多的开国功臣中属于后起之秀。洪武十四年朱元璋命傅友德领军三十万征讨云南，蓝玉被命为二把手，沐英为三把手，结果大胜，蓝玉得以封侯。洪武二十一年（1388年），朱元璋命蓝玉为大将军统兵十五万讨伐蒙古，蓝玉率军直打到捕鱼儿海（今贝加尔湖），大败蒙古军队，蒙古人从此陷入内乱。蓝玉以此被封凉国公。

蓝玉军功确实很大，但他却居功自傲、骄横跋扈，问题多多，如侵占民田，蓄养庄奴假子达数千人之多，北征时侵占了许多战利品如珍宝之类。此外，蓝玉还对太子朱标表达了对朱棣的担心，结果得罪了朱棣。朱棣后来在朱元璋面前说蓝玉的坏话，使得朱元璋对蓝玉很是不满。后来锦衣卫又报告说蓝玉企图谋反……

蓝玉到底该不该杀？即使不算所谓的谋反这一条罪，按法律严格追究起蓝玉的各种违法行为来，想必他也是离死罪不远了。但蓝玉毕竟是军功赫赫的大将，杀之对明朝实在是个较大的损失。这就要看朱元璋做什么样的抉择了。结果呢，朱元璋的决定是杀之。

这个案件是否冤枉了？杀人是否真的杀得太多了？历来也是众说纷纭。我个人的看法是倾向于认为总体上并不算冤枉。

封建社会的弊端所在

朱元璋想永葆自家的江山，想建设一个法制厉行的美好社会，他不能允许自己开创的国家混乱污秽，他想规避掉自己死后天下复又大乱的任何一点风险，所以他屡出铁腕重拳——他有错吗？按他的理念和思路来说，他没有错。

而各大功臣呢？都是血火里冲杀出来的好汉，吃过苦，挥过汗，流过血，坐了江山后想过得舒服一点，享受一点，所以不免放纵一些、恣肆一些——这虽然可以理解，但前提是遵纪守法，严格要求自己。

可因为帝王永固江山的防范意识，难免会有若干有过或无过的功臣死得可能比较冤……那么，后人又该怎么评说这一切？

其实，这类问题说到底，症结势必还是要归结到制度问题上来。封建社会的制度弊端在封建社会恐怕是任何帝王也解决不了的，人类唯有不断地迈进更文明、更民主、更开明的社会形态，才能从根子上来克服这些弊病吧。

总之，综上所述，我以为朱元璋没有原则、随心所欲地屠杀功臣的说法在总体上是很值得深入探讨和质疑的，乃至也是有可能完全可以推翻或部分推翻的。

王阳明被人遗忘

有一件事，我曾经疑惑不解。

王阳明死后数百年，影响巨大、世人敬仰，一直是后人推崇备至的伟大历史人物。从清代中兴名臣曾国藩，到维新派主要人物梁启超、国学大师胡适，再到早年的共产党领导人陈独秀，以及毛泽东，对王阳明先生，都是十分敬佩的。

比如，梁启超先生便著有《王阳明知行合一之教》，陈独秀也写下《王阳明先生训蒙大意的解释》一文。著名教育学家陶行知因受"知行合一"学说影响，毅然改名陶行知。郭沫若先生，也是王阳明的崇拜者，著有《伟大的精神生活者王阳明》和《王阳明礼赞》等文。另据王元化先生的说法，早年毛泽东的很多思想本来是跟王阳明比较接近的。他年轻时曾服膺王阳明，这或许同他早年师从杨昌济先生有关。"求是"的思想，原本典出王阳明。

可是，1949年新中国成立以后，王阳明的光环，却消失得无影无踪了。这或许就是现在的年轻人，不知王守仁为何人、王阳明有何思想的原因之一。

王阳明从天上摔到地上。原因何在？

其一，王阳明思想的唯心主义色彩。

王阳明自创阳明学派。建国之后，阳明学说被界定为主观唯心主义的学说。这就注定了该学说最终被无情批判。

所谓的唯心主义问题，一直是半个世纪来批判王阳明的主要理论依据。过去，我们一直以所谓的阶级分析观点，按照两条路线斗争的立场，以唯心和唯物的标准，划分历史上的人物和思想。这种方式，其实是简单化的做法。凡是唯物的都是好的，凡是唯心的都是坏的。因此，像王阳明这样的大思想家，尽管他在历史上影响很大，却也一巴掌被打倒了。

我对哲学，虽说存有敬畏之心，然而向来没有兴趣。王阳明的"心学"思想，我至今也没有弄明白是怎么回事。但是，他在《传习录》中的一些话，我是读过的，深受启发。比如，"人生大病，只是一傲字。为子而傲必不孝，为臣而傲必不忠，为父而傲必不慈，为友而傲必不信"，"谦者众善之基，傲者众恶之魁"，"破山中贼易，破心中贼难"，"心明便是天理"，等等，都是做人的大道理。又何错之有呢？可悲的是，在那些年代，我们的头脑里，缺少独立精神和自由思想。诚如王元化先生所说："你在认识真理以前，首先要解决'爱什么，恨什么，拥护什么，反对什么'的问题，以达到'凡是敌人赞成的，我们必须反对；凡是敌人反对的，我们必须赞成'。但是这样一来，你所认识的真理，已经带有既定意图的浓厚色彩了。"历史总是对文化人（尤其是文化巨人）开玩笑，一种残酷的政治玩笑。只是这种玩笑的代价实在太大了。

其二，王阳明曾经镇压农民运动。因此，王阳明一直被认为是"刽子手"。

读《王守仁传》，我们可以发现，王阳明极具军事才能，除了平息宁王叛乱之外，他的军事斗争的对象都是造反的农民或者边民。新中国成立以来，我们的历史评价之中，也有一条简单的划分原则。凡是"农民革命"，都是好的，凡是镇压农民革命的，都是坏的。这显然也是一个误区。它过分拔高了农民战争在历史上的地位和作用，当然也影响了一批历史人物的正确评价。包括后来的曾国藩。有专家说，这是历史研究的荒谬，同时也造成了荒谬历史的产儿。此言极是。于是，我们看到，当年李自成、张献忠、洪秀全也杀人如麻，但他们是农民革命，其罪过也一笔勾销了。但是，王阳明杀人（战争总要死人），却被记下深深的一笔。

其实，据史料记载，王阳明在处理农民暴动问题的时候，还是十分注重策略的。尽量不杀或者少杀，并努力解决善后问题，乃是他的一贯主张。比如，他解决广西少数民族之乱，便未曾动一兵一卒，也没有杀过一人。这一点，亦是无可争辩的。人的功绩，是存乎民众之中的。我们可以去打听历史，王阳明的口碑，历来是不错的。

其三，蒋介石大力推崇王阳明。

我们知道，蒋介石一直被定性为"人民公敌"。这个人，居然一生推崇王阳明。因此，王阳明也就注定没有好的名声了。这也符合"敌人拥护的我们就要反对"的基本价值判断。

蒋先生原名瑞元，学名志清，字介石，后改名中正。蒋介石改名，是否与王阳明有关，不太清楚。但是，蒋介石一生崇拜王阳明，却是历史之事实。说起来，蒋介石的家乡奉化，与王阳明先生的家乡，只有一山之隔，即四明山。今天，我们从奉化驱车去余姚，即可从四明山翻山而过，两小时车程而已。

近年来，《蒋介石日记》解密，学者纷纷关注。从蒋介石日记看，他大约在20世纪30年代始，已非常推崇王阳明先生，尤其是对王阳明先生的"知行合一"的思想，深为敬佩，并提出了他自己的"力学"主张。1949年，蒋介石兵败逃往台湾，不知何故，他对王阳明的研究愈发痴迷。有一件事，流传甚广。是说他改台北草山为阳明山的故事。比较可信的版本，乃是蒋介石当年侍卫赵秉钰先生的回忆。蒋介石原先住高雄寿山，不久转到台北草山，住草山宾馆。据说，蒋介石初上草山之时，曾问身边人，此山叫什么山，身边人说叫草山，蒋介石当即不悦。其实，他是很喜欢草山的，因为这个地方，很像他的家乡奉化。他唯一不满的是草山这个名字。"草山"，似有"落草为寇"之嫌。于是，他决定将草山改名阳明山，并亲书"阳明山"三个大字。

蒋介石不仅自己研究王阳明哲学思想，还叮嘱两个人要多看王阳明的书。一个人是软禁多年的张学良。蒋介石的书信之中，曾要求张学良多多研读王阳明的哲学思想，多看他的书。这一点，张学良先生后来亦有所论及。张学良先生毕其后半生，始终都在研究王阳明，他的研究成果、心得笔记，以及对中国历史，尤其是《明史》的研究和野史之类的搜集，颇为丰富。这些弥足珍贵的财产，张学良后来都捐给了台湾东海大学的图书馆。另一个人，就是蒋经国。

如此等等，王阳明被人批判、然后被人遗忘，也是合乎逻辑的事情了。

我小的时候，是读过《古文观止》的。其中，收有王守仁先生的3篇文章。这就是《尊经阁记》《象祠记》《瘗旅文》。特别是千古名篇《瘗旅文》，充满激情，一气呵成，如泣如诉，感人至深。撇开其他不说，单说王阳明先生去给那位素不相识的客死他乡的胥吏收尸（"念其暴骨无主，将二童子持畚、锸往瘗之"），亦足见其慈悲为怀之心。他是一个好人，似乎是不容争辩的。

王阳明一生"立德、立言、立功"，他将其视为不朽之境界。他显然是做到了。

光绪的坏脾气与国事

光绪二十年（1894 年）七月，一封来自异国的电报，如同崩在皮肤上的一粒火星，烧灼得已经松懈多年的清帝国政治神经猛一下收缩起来。这一年年初，大清属国朝鲜发生了内乱，请求中国出兵帮助平乱。日本人也借机出兵朝鲜，挑衅中国的宗主权。

听到这个消息，温文尔雅的皇帝拍了桌子。一个小小的日本，怎敢如此猖狂？

气愤的同时，皇帝又感到强烈的兴奋。振兴大清的机会终于来了！这简直是天赐良机。没有比战争更能振作一个民族的精神，而如果要进行战争，也没有比日本更合适的对手。如果打败了日本，那就是道光末期以来，中国对外战争中的第一场胜利。另外，如果他能抓住这个机会，在战争中充分展现自己的才干，自然会在朝野树立起巨大的威信，促使太后进一步放权。那么，他就有机会刷新政治，带领大清走上自己设计的自强之路。

并不是所有的人都像皇帝那么乐观，比如北洋海陆军最高统帅李鸿章和他的部下们。

对国际事务颇有了解的李鸿章十分清楚日本这个小国 20 年来的发展变化。从军事实力上说，日本绝不居下风。特别是在成功的政治改革之后，日本的国家效率、战争动员能力等综合国力已经远远超过中国。基于这种判断，李鸿章提出了"避战求和"的建议，他建议皇帝主动从朝鲜撤军。如果避过此战，中国就可以获得一个战略机遇期。在实力充足之后，再与日本交锋不迟。

后来的事实证明，如果这一建议得以采纳，那么日本挑战中国的时间表就会被大大延后。

然而，对于这个建议，皇帝认为简直荒唐可笑。皇帝毫不留情地批驳了李鸿章。皇帝说，主动撤军，有失"大清"的体面，必不可行。他指示李鸿章抓紧一切时间，整军备战。

战争是一个放大器，它可以清晰地全面展示一个人的素质。

在亲政后的第一个重大决定中，光绪皇帝暴露了他知识储备的严重不足。精读过《孙子兵法》和《圣武记》并不证明皇帝就懂军事，特别是近代军事。虽然已亲政 5年，然而他对国际事务，特别是对近在咫尺的这个邻居，仍然是惊人的无知。对于一个近代国家的领袖，这无疑是致命的缺陷。

果不其然，战争过程与他的想象大相径庭。

清军与日军第一次交锋于朝鲜成欢驿，即遭惨败。及至 9 月平壤之战，朝廷寄予厚望的李鸿章嫡系精兵又一次全面溃败。此后不到半个月，清军全部被赶过鸭绿江，日本不费吹灰之力就占领了全朝鲜。

皇帝大为震怒，他认为这无疑是李鸿章指挥不力的结果。1894 年 10 月，日本军队突破由三万中国重兵把守的鸭绿江，排闼直入，兵锋直指沈阳。把守鸭绿江的是以敢战闻名的悍将宋庆，他的部下也是中国军队中装备最好、最精锐的部分，中国军人在鸭绿江防卫战中的表现也堪称勇敢顽强，然而在日军的强大火力面前仍然不堪一击。

直到这时，皇帝才发现，问题不是清军不"敢于胜利"，而是中国的军事实力和日本根本不在同一水平线上。

圣旨雪片一样从京师飞来，每一道都口气急迫。慌了神的皇帝要求将领们竭尽全力把日本人就地截住，不得让他们前进一步。皇帝不知道，他这样指挥，正是犯了兵法的大忌。

日军侵入中国境内的那一刻，李鸿章就明白这场局部战争已经演变成一场决定国家生死存亡的命运之战。他给皇帝上了道长长的奏折，提出了"打持久战"的战略主张。他说，形势很明显，敌强我弱，日军利用速战速决，我军利用"持久拖延"。日本的国力无法支持它打一场漫长的战争，如果中国能以空间换时间，不争一城一地之得失，把日本拖住，就能把日本人拖垮。相反，如果我们急于争锋，那么就会在阵地战中迅速消耗自己的力量。

应该说，李鸿章是中国历史上"持久战"概念的首创者，这堪称对中国军事史的一个重大贡献。

然而皇帝却根本听不进李鸿章的建议，甚至连那道奏折他都没有读完。他没有这个耐心。日军在中国境内越深入，皇帝就越惊惶。战前下的所有决心这时都不翼而飞，他所有的心思，都放在如何把日军阻止住。他一日不停地把各地最优秀的军队调上前线。在他的不断催促下，中国最精锐的部队不断被送上前线，不断被日军吞噬，这正中日本人的下怀。

中日战争中，光绪皇帝表现出了晚清统治者少有的血性。在战争中，年轻皇帝的性情急躁，缺乏耐心暴露无遗。他的急脾气实在不适合指挥战争。

还是在少年时期，翁同龢就已经发现皇帝脾气之暴烈非同一般。仅仅从光绪九年（1883年）二月到六月不到半年间，《翁同龢日记》中记载了一个12岁的小皇帝六次大发脾气：二月十五日，小皇帝不知道什么原因，在后殿大发脾气，竟然"拍表上玻璃"，被碎玻璃扎得鲜血淋漓，"手尽血也"。动不动就摔东西，甚至有自残举动，对于一个12岁的孩子来讲，绝非寻常。翁同龢感觉到这个孩子的脾气十分不祥，在日记中写下了"圣性如此，令人恐惧"的担忧。

事实上，畸形的成长环境中，光绪的人格始终没有完全发育起来。在成年之后，皇帝仍然表现出幼儿一样的缺乏耐心、固执己见，每有所需就立即要求满足，缺乏等待延后满足的能力。

《宫女谈往录》中老宫女描述道："他性情急躁，喜怒无常，他手下的太监都不敢亲近他。他常常夜间不睡，半夜三更起来批阅奏折，遇到不顺心的事，就自己拍桌子，骂混账。"

这场战争与后来那场著名的改革之所以失败，与皇帝性格中的这种缺陷很难说毫无关系。

"护国"名妓赛金花的波澜人生

中国有两个"宝贝"：慈禧与赛金花。一个在朝，一个在野；一个卖国，一个卖

身；一个可恨，一个可怜。

——刘半农

赛金花（1872—1936年），闺名赵灵飞，乳名赵彩云（一说姓郑），安徽黟县人。幼年被卖到苏州"花船"上为妓，改名傅（富）彩云。她一生三嫁。第一次是1887年嫁给前科状元洪钧为妾；第二次是嫁给沪宁铁路稽查曹瑞忠做妾；第三次是1918年与参议员、江西民政长魏斯炅正式结婚。她因此改回闺名赵灵飞，晚年自称魏赵灵飞。庚子之后，因虐待幼妓致死而入狱，遣返苏州原籍，后重返上海。晚年生活穷困潦倒，1936年病逝于北京。

从妓女到"状元夫人"

自从有了照相术以后，历史便少了几分浪漫的想象，文字的描述也开始大幅度缩水，少了几分诗意的张扬。当历史更接近真实的时候，我们反而有了几分失落和寡然。譬如说晚清名妓赛金花，她有着"公使夫人""东方第一美女""第一位出入欧洲上流社会的中国公关小姐""最后一位裹着小脚的具有明星气质的交际花"等能激起我们丰富联想的称号。但是，当你看过现存的一些老照片后，你会发现不过尔尔。

除却当时照相术不发达，可能部分失真外，更重要的原因也许在于每个时代有每个时代的审美标准和流行偏好。当年，写《赛金花本事》的商鸿逵先生曾在回忆赛金花像的文章里写道："我见着她的时候，已是花甲之岁，望之犹如四十许人。记得刘半农先生向余上沅（戏剧家）说，看这个女子当是清末时期的标准美人。"就是这样一个无法用现代审美眼光来衡量的美人，有着不一般的坎坷人生和传奇经历。

光绪十三年（1887年），前科状元洪钧回苏州守孝，与赛金花初见，为其美色倾倒，随即纳为三姨太。赛金花嫁给洪钧，于是便又有"状元夫人"的美称。赛金花嫁给洪状元时大概也就十几岁，而状元公洪钧已五十开外，两人年纪相差极大。光绪十三年（1887年），清廷派洪钧出使俄、德、澳、荷四国，可以携带夫人同往。由于洪钧的大夫人年龄太大，加上思想守旧，不愿意随其出国，于是年轻貌美的赛金花便以"公使夫人"的身份随洪出使。后在柏林居住数年，并到过圣彼得堡、日内瓦等地，见过不少世面。

光绪十八年（1892年），洪钧任期满，奉命回国，不久病逝。也许太过年轻，赛金花刚满20岁，又受了西洋文化的影响，所以她不愿从此独守空房，为一个死去的男人守节；也许早已料到洪家容不下她这个当过妓女的小妾，迟早会将她扫地出门，因此就在"扶柩南归"的时候，赛金花携带细软跑到上海去了。在那里，年轻的"状元夫人"挂起"赵梦鸾""赵梦兰"的牌子，重操妓女旧业。据说在云屏绣箔间，特意悬挂一帧洪钧的照片，使得走马王孙与她相依相偎之际，可一睹状元的丰仪，从而生出些别样的情调来。

不久，赛金花对上海失去兴趣，又于光绪二十四年（1898年）夏天移住天津，再次亮出"状元夫人"的招牌，一时车马盈门，生意极其红火，可谓红极津沽一带。那时，26岁的她已经升为鸨母级别，有了自己的妓院。她以自己的名气招募了一批漂亮的女子，在江岔胡同组成了有南方韵味的"金花班"，"赛金花"的名号也就是从这时

开始叫响。

"护国娘娘"和赛二爷

赛金花的人生传奇，在八国联军入侵北京之后达到一个高峰。后世传说有多种版本，大致意思是说她曾以使节夫人的身份去过柏林，懂得一些德语，还与一名年轻的陆军尉官瓦德西发生过一段浪漫的故事。后来八国联军统帅便是她的老相好瓦德西，她正是利用这层特殊的关系，吹了许多枕边风，不仅制止了联军的大屠杀，而且保护了皇宫，使之没有被焚毁。甚至在议和过程中，连李鸿章都束手无策时，也是由她出面，成功劝说了克林德夫人（克林德是义和团运动时的德国驻北京公使，在运动中被杀）接受了立碑道歉的条件。这个"妓女救国"的故事，虽然老套，但大多数人都信以为真，民间甚至把她尊称为"护国娘娘"。对于这件事情，赛金花向来持暧昧态度，不承认也不否认。后来在老年潦倒不堪时，为了求得生计、迎合时人口味，编了不少假话、瞎话，而且前后矛盾，实在不足为信。

其实，时任联军统帅的瓦德西官至陆军上将，还是德皇威廉的侍卫长，当时已年近古稀。即使假定是10年前在德国和赛金花相识，也是近60岁的年纪，以这样的年纪判断，不可能还是一个"年轻的陆军尉官"。因此，以上种种说法很是靠不住。另外，以赛金花的文化素养判断，可能她也只是粗通几句德语罢了。曾亲历"八国联军祸乱"的同文馆学生齐如山回忆说，那时赛金花想和德国人做生意，还要找齐如山帮忙，而齐如山的德语"仅能对付弄懂而已"，可见赛金花的德语实在是"稀松得很"。齐如山也直言赛金花与德国军人的确有点来往，但都是中下级军官，连上尉都很难搭讪上。因为上尉已算很大的官，"言行上便需稍微慎重"。以此推断，结交联军最高统帅瓦德西更是不可能的事。而另一位亲历祸乱的丁士源在所著《梅楞章京笔记》中说赛金花只是在远处望见过瓦德西一眼。

当初，北京被占领以后，八国联军统帅瓦德西曾特许士兵公开抢劫3天，然后各国对北京实行分区占领，着手恢复秩序。颇有讽刺意味的是，北京最早恢复的商业活动，竟然是娼业。而赛金花当时就住在京城著名娼寮集中地八大胡同之一的石头胡同。而石头胡同又恰归德军管辖。也就是说，她是有机会和德国军官接触的，当然，也可能里头有一个同姓瓦德西的尉级军官。

30年后的一个秋天，她应邀去"世界学院"接受德国记者采访，当问及她与瓦德西将军的关系时，她只是含混地搪塞过去。而问她在八国联军进驻北京时做了哪些事情时，她举的两个例子也不太可信。她说，有一次，联军把北京很多老百姓赶到一个大寺院里，准备了许多砖头、瓦块，叫老百姓用砖头去打佛像。凡是打了的老百姓站在一边，不肯打的站另一边。她听到此事后，急忙赶到现场。经了解，原来联军想用这个办法判断谁是义和团成员。他们认为凡是不肯打佛像的都是义和团的人，准备一律处死。于是，她就给他们解释，说这个庙是关帝庙，里面供的是关老爷，不是佛像，关帝最讲义气，老百姓对他十分崇敬钦佩，怎能用砖头去打呢？不打又怎能就是义和团成员呢？经过她的这番质问和解释后，联军就把这一批老百姓放走了。靠她那"稀松得很"的德语，也不知是如何解释清楚的。

另一件事，是说联军与清廷"议和"时，长时间达不成协议，主要矛盾就是德国要求恢复和赔偿克林德名誉，并且条件十分苛刻。后来是她出面与德方交涉，说服了克林德夫人。她的原话是这样的："'你们外国替一个为国牺牲的人作纪念都是造一石碑，或铸一铜像；我们中国最光荣的办法却是树立一个牌坊。您在中国许多年，没有看见过那些为忠孝节义的人立牌坊吗？那都能够万古流芳、千载不朽的！我们给贵国公使立一个更大的，把一生的事迹和这次遇难的情形，用皇上的名义全刻在上面，这就算是皇上给他赔了罪。'经我这样七说八说，她才点头答应了。这时我心里欢喜极了，这也算我替国家办了一件小事。听说条约里的头一项就是这事哩！"

不管如何，赛金花懂得些外文，又曾是清朝的公使夫人，由她出面去劝说另一个公使夫人，也算合理。国难当头之际，那些迂腐的权贵也需要这样一个女人进行非正式的"外交斡旋"。依她的口述，她认识的清末当权人物很多，如载勋（庄王）、奕劻（庆王）、李鸿章、立山、荫昌、孙家鼐等。"赛二爷"的称呼，据说就是立山戏弄出来的。而那座克林德纪念碑就建在今北京东单大街，第一次世界大战结束后被迁移到中山公园。据说在拆迁克林德牌坊的仪式上，辜鸿铭曾对赛金花说："你做过一些义举，于社会有功，上苍总会有眼的。"

没有可靠的史料佐证赛金花的说法，历史的真相依然离我们遥远。不过，我们情愿相信她曾有过类似的善举；她也可能见过瓦德西，和德军做过生意；劝过联军不要随意杀戮……但绝没有她后来描述的那么传奇和夸张。不过，许多文人倒是相信她曾起过莫大的作用。苏曼殊《焚剑记》里记述："庚子之役，（赛金花）与联军元帅瓦德斯（西）办外交，琉璃厂之国粹，赖以保存……能保护住这个文物地区，不使它遭受捣毁破坏，也应算她做了一桩好事。"林语堂的《京华烟云》里也有这样的话："北京总算得救，免除了大规模的杀戮抢劫，秩序逐渐在恢复中，这都有赖于赛金花。"

倒是鲁迅先生在《这也是生活》里冷冷地说了一句："义和团时代，和德国统帅睡了一段时间的赛金花，也早已被封为九天护国娘娘了。"这话给我们当头棒喝的警醒。如此津津乐道于妓女舍身救国的故事，是不是说明我们这个民族男人的某种心理情结？

最后的"魏赵灵飞"

庚子年的风光之后，赛金花可谓是厄运连连。先是在辛丑年（1901年）因为殴杀一名妓女而被监禁，虽托人打通关节，终因人命关天，被遣送回原籍。回到家乡的赛金花，还是扮演起鸨母的角色，继续她的卖笑生涯。后来，赛金花又回到上海，先给沪宁铁路稽查曹瑞忠做妾，但不久老公便暴病身死，她再度为娼。1918年，她与时任民国政府参议员的魏斯炅结婚。过了三年幸福、平静的生活后，再次孀居。

13年后，当商鸿逵为编写《赛金花本事》而采访她时，年过花甲的赛金花"最爱谈嫁魏事"，而且"每谈起"，就要"刺刺不休"。为她作传的商先生很厌烦她这样，以为她"嫁魏后之一切生活，已极为平凡，无何足以传述矣"！当时，商还是个学生，很年轻，不懂得这个经历过大起大落的女人，最羡慕、最需要的恰是这"极为平凡"的生活。而那位写《赛金花故事编年》的瑜寿，同样不懂。他讥讽地写道："赛氏晚年，特别珍视他们（赛金花）与魏斯炅所照的结婚像，悬在房中，逢人指点。在这张照片中，魏着大礼服，胖得像一口猪，赛氏披纱，（着）绣花服，面色苍老。"在这位瑜先生内心深处，这样一个风尘女子丝毫激不起他一点同情心和怜悯心。赛金花晚年只称自己是魏赵灵飞，不再自称是那个独占花魁的"状元夫人"，也不是名满京城的"赛金花"。她只愿归于平淡，安静地守着一个男人曾给予的名分和幸福，在回忆中打发余生。

然而，世人感兴趣的还是她前半生做妓女的传奇。大家要听的只是色情的故事，把玩的只是臆想的传奇，没有人懂得尊重她，更谈不上真正了解她。但有一个人是例外，他就是商鸿逵的老师：刘半农教授。他不同于那些一心从她那里猎奇换钱、沽名钓誉的人。他对她多有同情，写书动笔之前就确定了一个原则，以她本人做叙述人，尽量忠实于她本人的回忆。那时，有许多人反对他给妓女写传，认为有失学者尊严。后来刘半农急病暴卒，但在胡适先生的支持下，《赛金花本事》还是得以写成问世。在刘半农的丧礼上，赛金花献上了一副由别人代笔的挽联："君是帝旁星宿，下扫浊世秕糠，又腾身骑龙云汉；依惭江上琵琶，还惹后人挥泪，谨拱手司马文章。"以此表达她的敬重和哀悼。

赛金花的晚年，生活相当凄凉。她和一名叫顾妈的老仆在居仁里一处平房内闭门寡居，靠着典当和借债度日。当时，有一位叫陈毂的记者过去采访，看到的情况是："时天已甚冷，无钱加煤，炉火不温，赛拥败絮，呼冷不已。顾妈伴赛，同居此室凡十五年，赛有卧榻，顾妈则对榻睡于一极狭极狭之春凳上，十五年如一日。此时却唯有与赛同卧偎抱以取暖。"那时，赛金花虽然已是江西民政厅魏斯耿的妻子，她连一个月八角的房租都付不起，当时的报纸以《八角大洋难倒庚子勋臣赛二爷》为题做了详细的报道。

民国二十五年（1936年）的冬天，赛金花终于油尽灯灭，病逝于居仁里16号的家里，时年64岁。她死后，经社会各界捐助，得以落葬于陶然亭锦秋墩南坡上。她的墓表，原拟请金松林撰写，可金深以为耻，说"赛之淫荡，余不屑污笔墨"，"我有我之身份，不能为老妓诔墓"，断然拒绝。那时，倒是有许多人愿意给这名奇女子写墓表，但后被一个叫潘毓桂的争得。他是个汉奸，1939年上任后不久，便特意为赛金花写了一篇志文，文中恭维她在庚子年间的作为"媲美于汉之'明妃和戎'"，"其功当时不可知，而后世有知者"。这明显是借人喻己，为自己的汉奸行径辩护。

不知被人利用了一辈子的魏赵灵飞，若在天有灵，对此会有何感想？对于这样一个离我们并不遥远的奇女子，不知该是赞还是叹。因为离我们太近，所以史料丰富，演绎也非常丰富。然而，那些史料的记载，依然多是猎奇的产物；那些生动的演绎，也是毫无新奇之处。骂她也好，赞她也好，说到底还是在重复着一种变味的文人情结。难道每逢国难当头之际，我们能指望的就只是以身报国的女人吗？

美人地理

归园·赛金花故居：在安徽省黟县建有赛金花故居，建筑的设计都有其历史依据，除了围墙是新的，内部一砖一瓦、一切构件和设置都按原样布置。除了依据原貌恢复旧的赛金花故居外，还修复了赛氏祖居：归园。

陶然亭·赛金花墓：赛金花去世后，被葬在北京陶然亭香冢和鹦鹉冢之间。墓为大理石砌成，墓前立有高1.8米的花岗岩巨碑。1952年，北京市人民政府修整陶然亭时，将赛金花坟墓和墓碑一并迁走，后在"文革"中遭破坏，现存墓碑，陈放于慈悲庵石刻陈列室内。

李鸿章的傲慢

大清对外交往史上，出现过一个特别傲慢的人，这个人就是李鸿章。

大清官员在对待外夷方面，态度随着大清武力的一败再败而逐渐发生改变，大致的规律是前倨后恭。而李鸿章却变化不大，总的来讲，是一直坚持"倨"着。李鸿章当然有倨的资本。他是大清历史上第一个在外交舞台上与"鬼"周旋的人——大清第一个外交家。李鸿章近1米8的个头，堂堂的仪表，站到外夷前面，一点儿也不逊色。李鸿章的外交生涯让西方人知道了大清国有一个"相貌堂堂"且"矜持、自信和傲慢"的李中堂。他的才情，他在"鬼"面前的不卑不亢甚至略显傲慢的大员风范，居然引起了诸多欧美人士的好感。"鬼眼"之下，李鸿章甚至有半神半仙的气质——濮兰德的《李鸿章》里，记载了74岁的李鸿章在一个英国人眼里的形象："我从议院出来时，突然与李鸿章打了个照面，他正被人领入听取辩论。他像是来自另外一个世界的身材奇高、容貌仁慈的异乡人。他的蓝色长袍光彩夺目，步伐坚定举止端庄，向他看到的每个人投以感激优雅的微笑。从容貌来看，这一代或上一代人都会认为李鸿章难以接近，这不是因为他给你巨大成就或人格力量的深刻印象，而是他的神采给人以威严的感觉，像是某种半神半人，自信超然，然而又文雅和对苦苦挣扎的芸芸众生的优越感。"

虽然李鸿章的倨也表现在对内方面，但他的倨更多地表现在对外，也就是对待外夷方面，这一切很有意思。广为流传但未得查证的一个版本是，1896年6月27日，李鸿章在德国拜访"铁血宰相"俾斯麦。乍见面时，两个人着实互相客气了一番，可是当俾斯麦说出"我闻有称阁下为'东方俾斯麦'者"时，我们的李鸿章当即脱口而出："噫！我只听说过有位'西方李鸿章'，可是阁下吗？"果然出口不凡。

有关李鸿章倨傲的版本特别多，虽然有些是野史兼小说家言，不能算作信史，但我觉得这些事情发生在李鸿章的身上，也算是合情合理。特别是他与小日本的较量，其中的细节描写最有意思，且姑妄录之于下。

故事一：1870年，日本使臣柳原前光带着日本外务府的文书，拜见李鸿章，要求两国通商，订立条约。李鸿章认为日本是蕞尔小国，与我通商，是求我们来了，为了显示"礼仪之邦"，大国风范，当然要同意。奈何总理衙门不同意，指示：只许通商不许签约。李鸿章认为不是什么事，赞同签字。1871年，日本大藏伊达宗城与柳原前光又来了，说：贵国已同意我们通商。我们这次来，是要建立一个友好条约。

李曰：就来两人？是不是太无礼了？

日人曰：李中堂大人，大清国人口众多，大大的；我们日本是大清国的孩子，小小的。我们来这里，是小孩找大人，来的人不应该太多的。

李大笑：小小的。同时伸出小拇指对着他们。

谈判的时候，李鸿章看帖子很细，发现其中一条：日本国可运输货物到中国内地，也可到中国内地购买货物。

李在两个"可"前各加一个字——"不"！

故事二：1874年，日本觊觎台湾，清日战争一触即发。台湾的清兵超过日军三倍，但统帅沈葆桢认为大清没有铁甲舰，恐不是日本对手。侵台日兵人数本就少，又染上了疫病，日本陆军中将西乡从道也有些怯战。双方都怯的结果，便是李鸿章与柳原前光坐到了谈判桌上。李吸着自己的水烟袋，对坐在自己面前的柳原视而不见。中国第一外交家吐烟圈的水平超过了好多小流氓，在鬼子们的面前，他当然不放过任何显示自己吐烟圈水平的机会——可怜的柳原前光被呛得一阵儿咳嗽。还没有咳嗽完，李鸿章一口痰吐了出来，命中率真高，不偏不倚，正好落到了柳原前光的脚上。李的侍卫们实在憋不住，竟有笑出声儿的。柳原前光受不了了，说：大臣阁下……尚未说完，李鸿章的漱口水又全喷出来了，落到了柳原的裤腿上。柳原急了，站起来，"八格牙鲁"冲口而出，两个侍卫把他摁下去。

李鸿章这才懒洋洋地开口：干什么来了？

柳原说了好多，中心意思是：不打了，给俩钱。

李：呸！要钱没有，要打奉陪。送客！

上面两个故事，自然也是野史小说家言。类似的故事还有，虽没有如此极端，但李鸿章的傲慢架子还是有的，不是埋头喝汤目中无人，就是大吐烟圈不理人家。一是天朝本身就傲慢，二是李鸿章本人也有傲慢的资格，三是小日本在明朝时长期为我贡属国。小日本这时候想在中国争得与西方列强一样的"最惠国待遇"，咱对它的评价是：想得美！综上所述，日本使者在谈判桌上受些闲气也是正常的。

受过李鸿章之气的，还有日本名臣伊藤博文，这个倒是真的。据梁启超的《李鸿章传》记载，中法战争之时，"朝鲜京城又有袭击日本使馆之事，盖华兵韩兵皆预有谋焉。朝鲜之为藩属、为自主，久已抗议于中日两国间。纠葛未定，日本乘我多事之际，派员来津交涉。乃方到而法人和局已就，李鸿章本有一种自大之气，今见虎狼之法，尚且帖耳就范，蕞尔日本，其何能为？故于伊藤之来也，傲然以临之。彼伊藤于张邵议和之时，私语伍廷芳，谓前在天津见李中堂之尊严，至今思之犹悸"。一句话，李鸿章的傲慢居然吓得堂堂的伊藤心有余悸，也不知中堂大人是否向人家鞋上吐痰来着，但是能把人家吓着，估计动作不小……可是时移世易，三十年河东，三十年河西，仅仅是10年之后，李鸿章比伊藤还要不堪，亲自跑到日本求和去了，不知一直傲慢的天朝老臣意下如何？只听见梁启超一句动情之语——"为忍气吞声之言，旁观犹为酸心"。

当然酸心，不只是为大清，更多的是为李鸿章。谈判桌上，伊藤博文耍的就是二百五："为免彼此争论，空耗时日，唯有同意与不同意两句话。"也就是说，老头儿只有点头yes摇头no的权利。后来就连这点头与摇头都有些难了，老头儿回住处的路上，被日本一愤青小山丰太郎一枪击中左目。当日本外务大臣陆奥宗光前来看望时，老头儿在病床上眯着未受伤的一只眼乞求对方：能不能快点开始谈判？

老头儿的傲慢于此荡然无存。

可能正因为这一点，一年之后的李鸿章在见到俾斯麦时才会不耻下问："欲中国之复兴，请问何之善？""然则为政府言，请问何以图治？"没想到俾斯麦给了老头儿一个德国特色的回答："首在得君专，得君既专，何事而不可为？"德国刚刚统一于铁腕之下，当然需要强有力的政府。可是中国的老太后还不够专吗？难能可贵的是，那么专的老太后，始终对李鸿章充满了信任。能在老太后手下得以善终，已经够幸运了。

历史也给了李鸿章一扇精彩的窗户，这窗户就是他晚年的游历欧美。可是傲慢的老头只发现了欧美的器物之美，他发现不了器物之后的东西。所以，他搞了半辈子的洋务，用杨小凯先生的术语来讲，失败的根源还在于"后发劣势"。

李鸿章旅游到英国，对英国的一架缝纫机都能着迷，并不惜重金，给老太后购回一台。我觉得他忽略了最不应该忽略的一件东西——他在代表西方民主制度的议院旁听了议员们的辩论，觉得那是一窝蜂似的吵架，说："无甚可观。"

毕竟是大清的栋梁，老先生骨子里还是傲慢的。

心不在焉的革命者

从起义那天起，洪秀全就没把心思放在用兵打仗上。事实上，从传教那天起，他就一直远离最艰苦的最前线，与普通教众保持距离，以制造神秘感，神化自己。

刚刚进入广西传教之时，困难重重，事业开展得很不顺利，生活条件也非常艰苦。洪秀全不堪忍受，借故扔下冯云山，回广东老家继续当他的私塾老师去了。三年之后，当他得知冯云山没有离开广西，而是继续在那里传教，并且已经发展了三千多名教徒，大喜过望，立刻整好行囊，奔广西而来。到了广西，他不听冯云山韬光养晦的劝告，执意大干一场，捣毁了当地百姓崇信的甘王庙，引起官府注意。官府逮捕了冯云山，洪秀全吓得失魂落魄，借口回广东找两广总督营救冯云山，又跑回广东老家待了一年半。等冯云山被别人营救出来，风头已经过去，他才又回到广西。

从创教之初，他就一直很少参与繁杂艰苦的具体事务，而是沉醉于制定规矩，讲究排场，编造神话，神化自己。所有政务，先是委之冯云山，后是委之杨秀清。他既没有操作具体事务的才能，也没有那种耐心和毅力。

作为一个从社会底层走来的落魄书生，洪秀全在革命过程中最关心的就是划分等级，明确身份，显示自己至高无上的权力。做这些事，他可以说是迫不及待，心醉神迷，完全不管军情紧急不紧急，形势允许不允许。号称平等的太平天国社会里，等级制比任何社会都严，天王的威严神圣不可侵犯。

进了天王府的洪秀全故技重演，高居垂拱，与外界隔离，数年不出天王府一步。他主要在忙两件事。第一件就是管理老婆。关于他的妻妾数量，有说88个，有说99个，还有说一百多个的。不管具体是多少，总之数量巨大，管理起来有一定难度。洪秀全一律废去她们的名字，给她们编了号，诸如第16妻，第32妻之类，以便于管理。他花费大量精力，写了近五百首"天父诗"，教导这些妻子怎么为自己服务。

第二件事就是研究神学，篡改《圣经》。

大凡英雄人物，都有一种迷信情结。因为，时势造英雄，英雄人物必然得益于机缘巧合，有时候运气好得不能再好，没法解释，只好归之于天。洪秀全起兵以来，两年时间，居然多次大难不死，打下了南京，到了"小天堂"，从一个人人看不起的落魄书生，居然成了"左脚踏银""右脚踏金"的"太平天子"，他不能不把这一切归之于"天意"，归之于"命运"。当局势越来越恶化，天京人心无主时，李秀成和他之间，曾有过一次著名的谈话。

李秀成问："清军围困，天京眼看守不住了，怎么办？"

洪秀全说："朕承上帝圣旨、天兄耶稣圣旨下凡，作天下万国独一真主，何惧之有？不用尔奏，政事不用尔理。尔欲外去，欲在京，任由尔。朕铁桶江山，尔不扶，有人扶！"

李秀成问："天京城内兵微将少，怎么办？"

洪秀全答："尔说无兵，朕的天兵多于水，何惧曾妖者乎？尔怕死，便是会死，政事不与尔干。"

李秀成问："城内已经没有粮草，饿死了很多人，怎么办？"

洪秀全答："全城俱食甜露，可以养生。"

所谓甜露，就是野草煮水充饥。

李秀成说："这种东西吃不得！"

洪秀全说："取来做好，朕先食之！"

不久之后，洪秀全就因为吃这种"甜露"，很快得病。李秀成在自述中说："此人之病，不食药方，任病任好。"天王之病因食甜露而起，又不肯吃药因此而死。

其实，最后食甜露而死，应该被看成一种自杀的方式。虽然表面上振振有词，但内心深处，洪秀全并没有完全昏聩，他已经知道，一死不可避免。与其死于清军之手，不如体面地病死。至于死后洪水滔天，由他去吧！

正眼瞧一下"洪武爷"

明代开国之君朱元璋的诸多传奇在民间广为流传。比如洪武爷骑白马的故事，是说元帝夜梦有神人相告，将来夺取他的江山的是明日一个路过某城门、骑着尾巴缠有红布的白马，且打着绿色华盖的人。帝遂诏告四方，令全国的守城官见到这样的人一律诛杀。一天过去了，各处均报没有见到皇帝说的那种人，只有某城告说黄昏之时，有一个裆下夹了一根尾部系一条红线的白色麻秸秆、头顶一片荷叶的顽童跑过城门。帝立即命令捕杀这个小孩，但遍寻不着。

小时候，在那些传奇故事的影响下，朱元璋在我的心中是个神奇的人物。后来从小说、演义里知道了他虽然善于用人，富于谋略，但暴戾残忍，滥杀无辜，尤其是他对功臣的残杀，更让人不齿。从那以后，我对朱元璋就再也没有好感。

再后来，因为详细读了明代的一些史料和书籍，知道朱元璋并不完全像小说演义里描述的那样凶神恶煞，也有可以令人称道的地方。比如，从攻城夺地的战乱起，他就开始注意加强"法制建设"了。元顺帝至正十八年（1358 年），朱元璋占领婺州（今浙江金华一带），由于缺粮，他发布了"禁酒令"，没想手下将领胡大海的儿子胡三舍却首先犯令，朱元璋下令将其处死。当时，胡大海正统兵在越地（今绍兴）征战，有人劝说不要杀，以免胡大海变心，而朱元璋却说"宁可使大海叛我，不可使我法不行"，随即亲手杀了人犯（《明史·胡大海传》）。如果说手刃胡大海之子纯属"杀鸡儆猴"、笼络人心的作秀之举的话，那么后来他以七十岁高龄将自己的女婿欧阳伦赐死，则表明他的确是"执法不避亲"。欧阳伦身为驸马都尉，却屡犯私运茶叶的禁令，其家奴周保更是气焰嚣张，路过关卡的时候不但不接受检查，还辱骂甚至殴打执法的官员。朱元璋得知此事后，非常生气，当即赐欧阳伦死，家奴周保也被"绳之以法"。（《明史·公主传》）由此两例，朱元璋"违法必究"的严厉可见一斑。

最能让人刮目相看的是朱元璋对农民的态度。贫民出身的朱元璋十分理解农民的艰难，他曾经对大臣们说过：四民之中，农民最劳最苦。春天，鸡一叫他们就得起床，赶牛下田耕种。插下秧苗后，要除草施肥，在火热的太阳下面晒得汗流浃背，劳碌得不成样子。庄稼好不容易收割了，但交完公粮纳完税之后，所剩的就不多了。万一碰上水旱虫蝗之类的灾荒，一家人只能干着急，毫无办法。而国家的赋税全是农民出的。因此必须让农民安居乐业，这样才有可能使国家富强。这一段对"农民问题"的论述，即使放在今天，仍有现实意义。其实，早在夺取江山之前，朱元璋就以农民从军造成农业生产凋敝为由，开始着手"农业问题"了，他任用营田使，专门主抓农事。这种举措，别说张士诚、陈友谅之流，就连元朝政府都没有重视过。由此看来，他取得天下也是顺理成章的事情了。

因为生于农村，又经历过贫苦生活，所以朱元璋深知物力艰难，一生都奉行节俭，车舆服用诸物该用金饰的，均用铜代替。有一次，潞州的地方官进贡人参，朱元璋说，采集人参十分艰难，岂不劳民，命以后不必进贡。他不光自己带头节俭，同时也要求下属不得奢侈。一日退朝，朱元璋看见两个太监穿着靴子走在雨中，因之责怪他们说："靴子虽然不起眼，但都是出自民力，人们造它的时候，费时费力，你们为何不知爱惜呢？真是暴珍天物！"命人杖他们以示警示（余继登《典故纪闻》）。他死的时候也没有忘记节约，在遗诏里强调在办理他的丧事的时候"丧祭仪物，勿用金玉"。作为一名开国君主、封建帝王，能做到这一点确实难能可贵。仅此一点，对于今天我们所极力倡导的建设节约型社会而言，又何尝没有借鉴意义呢？

重读海瑞

海瑞可比比干，但我却不是纣王

提起明代，不得不说说大名鼎鼎的海瑞。

海瑞，《明史》有传。"字汝贤，琼山人。""生平为学，以刚为主，因自号刚峰，天下称刚峰先生。"生于明武宗正德九年（1514 年），明神宗万历十五年（1587 年）卒于任上。

海瑞出生于一个没落的地主阶级家庭，祖父是举人，做过知县。父亲是廪生，不大念书也不事生产，在海瑞4岁时就去世了。孤儿寡母靠着祖上留下的十多亩田地，相依为命地过活。海瑞之母28岁死了丈夫，但终生未改嫁，一心一意抚育孤儿。在海瑞没有投师就读以前，海母对他口授经书，待海瑞长大，又尽心为他寻觅严厉通达的先生。

明嘉靖三十二年（1553年），海瑞出任南平教谕，从此走上仕途。在明代，教谕是县一级的学政官员，工作清闲，收入微薄，大多数人都在混日子，但是海瑞却认认真真地做起了他的教谕。他严格遵守礼制的规定，制定了《教约》，要求学生严格奉行。

嘉靖三十七年（1558年），海瑞升任浙江省严州府淳安县知县。淳安为三省往来之孔道，交通发达，但山多地少，地方穷苦。地主兼并土地，逃避差税，再加上应付过境官员所需的食物、马匹和船轿挑夫等一干费用，弄得"小民不胜，憔悴日甚"。上任伊始，海瑞就进行了大刀阔斧的改革，不但革除了种种弊政，还进行清丈均徭，根据实有土地面

海瑞

积，重新规定赋役，减轻了农民的负担。由于在淳安知县任上政绩突出，海瑞一度被调升嘉兴府通判，但因曾经拿办总督胡宗宪的公子，并挡了巡盐御史鄢懋卿的驾，终被排挤。嘉靖四十一年（1562年），改调兴国知县。嘉靖四十三年，海瑞在颇为欣赏他的老上司朱衡的推荐下，出任户部云南司主事，做了京官。不久，命运安排他遇见了生命中最重要的一个人——明世宗嘉靖皇帝。

当时的嘉靖皇帝已御宇40多年，拒绝上朝也已经有20余年，他的主要兴趣在于向神仙祈祷和觅取道家的长生秘方。海瑞经过慎重考虑（包括安排自己的后事，如托养老母、购买棺材等），于嘉靖四十四年（1565年）慨然上《治安疏》，即闻名天下的《直言天下第一事疏》。海瑞的奏疏将矛头直指嘉靖本人。海瑞批评皇帝迷信道教，妄想长生，"二十余年不视朝，纲纪弛矣"。甚至连皇帝的私生活也没放过："二王不相见，人以为薄于父子"，"乐西苑而不返宫，人以为薄于夫妇"。而且还批评嘉靖自以为是，拒绝批评，弄得君道不正，臣职不明，吏贪将弱，民不聊生。海瑞告诉皇帝，老百姓们是这样解释他的年号的："嘉靖者，言家家皆净而无财用也。"并告诫皇帝"天下之人不直陛下久矣"！

嘉靖皇帝读罢奏疏，狠摔于地，异常震怒。宦官黄锦却说，此人"素有痴名"，早已置备棺木，与家人诀别，且遣散了仆人，所以他是不会逃跑的。嘉靖听罢，拾起奏折又读了一遍，也许是自觉海瑞说中了要害，长叹道，海瑞可比比干，但我却不是纣

王呀。

嘉靖皇帝将奏章留中不发，把海瑞下了诏狱，但是并没有下令如何处置。忽然有一天，狱中设酒肴相待，海瑞以为这是临死前的最后一餐，神色不变，饮食如常。但是提牢主事告诉他，皇帝业已驾崩，新君不日即位，海大人您离出狱的日子不远啦。不料海瑞听罢，痛哭失声，号哭之余，将食物全部呕吐了出来。虽然他对嘉靖的作为有所不满，但这并不代表不爱他的君主。"爱之深，责之切"呀。

"律法治国"的苍凉

1567年明穆宗隆庆皇帝即位，立即释放海瑞并官复原职。不久之后，他又获得了升迁。但从海瑞出狱后的安置来看，似乎颇让文渊阁大学士和吏部尚书们伤脑筋。此时，海瑞的声望如日中天，但是他极端廉洁和诚实的个性确实给同事们带来了困扰。海瑞对这种不需要负实际责任的升迁并不满意。

隆庆三年（1569年），海瑞升任右佥都御史，钦差总督粮道巡抚应天十府，开始了他的另一段人生传奇。上任伊始，海瑞制定并公布《督抚条约》。该条约是为了规范政府官吏的行政行为而采取的措施，目的在于禁止奢靡、杜绝贪贿、提高行政效率、防止骚扰百姓。从应天转驻苏州后，海瑞针对所发现的新问题，另行制定《续行条约》。两部地方条例一脉相承，其规定严明细密，具体而微，易于操作施行，具有实际意义。

这一年，江南遭受严重水灾，粮价陡涨，民不聊生。海瑞果断地采取了"以工代赈"的办法，在救灾赈济的同时治理水患。海瑞招募大量灾民开浚吴淞江，并亲自巡视督工。由于参加治水有饭吃，而且工程搞好可以解决水患，变害为利，所以灾民热情高涨，进度很快，不到一个月就完工了。之后，海瑞又把常熟的白茆河也疏浚了，彻底治理了当地水患。

海瑞明白，农民困苦的根本原因并不在于水灾，是大量的土地兼并导致了"天下之大，无小民立锥之地"的局面，最重要也是最困难的工作就是地主退田，清丈均徭，推行一条鞭法。从接受小民要求退田的申请开始，海瑞走上了江南土地改革的艰难道路。

江南是当时中国最为富庶的地区，乡官富豪势力庞大，各种关系盘根错节，牵一发而动全身。他们联手朝廷中的在职官员，甚至走太监的门路，群起攻之，交章弹劾，说海瑞"卵翼小民""鱼肉缙绅"。内外夹攻之下，海瑞终于结束了8个月的巡抚生涯，解职归乡。

海瑞去职两年之后，明神宗万历皇帝登基，张居正出任首辅。张居正死后遭到清算，朝廷中的人事又发生了一次大地震。张居正生前认为海瑞轻率冒进。海瑞虽不反对张居正，但却为张居正所不喜，因而得以在反张风潮中东山复起。万历十三年（1585年），72岁高龄的海瑞结束长达15年的清苦闲居生活，被召为南京都察院右佥都御史，赴任途中接到新的任命，改为南京吏部右侍郎。

再度出山的海瑞，言行一如既往。万历十五年（1587年），海瑞卒于任上，"赠太子太保，谥忠介"。他的灵柩启程还乡那天，南京城里万人空巷，商者罢市，农者辍耕，大众夹道送殡，哭奠者百里不绝。

金圣叹：从"问题学生"到"问题人士"

金圣叹（1608~1661年），名采，字若采，明亡后改名人瑞，字圣叹。一说本姓张，名喟。江苏吴县人。清初文学家、文学批评家。金圣叹幼年生活优裕，后父母早逝，家道中落。他富有正义感，痛恨贪官污吏；为人狂放不羁，能文善诗，但绝意仕进，以读书著述为乐。金圣叹博览群籍，好谈《易》，亦好讲佛，常以佛诠释儒、道，论文喜附会禅理。他评点古书甚多，批注的小说极富学术价值，被后人视为珍品并广为流传。可没想到这个大名鼎鼎的金圣叹先生曾经也是一个"问题学生"……

从小看大，三岁看老，真是不错的，"问题人士"金圣叹之所以一直是"问题人士"，是因为他从小就是一个"问题少年"，读书时是个"问题学生"，没有教育过来，此后，"狗改不了吃屎啦"。

顽皮——挑战老师的智慧

打小的时候就别说了，刚出娘胎，谁都制造过一大堆麻烦事。读书三年知礼仪，父母把孩子往学校里一塞，忠孝礼义信，天天把孔老夫子的话"学而时习之"放在嘴边，是头牛也教育过来了。又加上老师那舞起来呼呼响的戒尺一敲桌子，谁都老实了。但"问题学生"就不同，怎么教育都是问题成堆，要不怎么叫作"问题学生"呢。金圣叹读书不认真，老师在场不在场都一个样——顽皮呗。不是东张西望，就是交头接耳，还与同学传字条，好在那时没女孩儿上学，不然，不知会闹出什么乱子来。当然，金圣叹脑瓜子还是灵活的，不是"双差生"，在校表现差，但成绩还是好的，是"单差生"。

金圣叹读书时最大的问题是不"代圣人立言"，还经常与老师抬杠，有时甚至挑战老师的智慧，与老师过不去。比方说吧，那次老师出了一个带点儿"科幻"味道的作文，题目是"如此则动心否乎？"老师的意思是，人到中年万事休，老师恰好到了40岁，他就想叫学生"代老师立言"。老师说，如果你到了40岁，设想碰到某个场景，你还是否动心？

作文的这当口，金圣叹还是小小少年，要设想40岁的情景，对于少年来讲，当然有点儿科幻，但对金圣叹来说，这事就不算什么啦，他就写啦："空山穷谷之中，黄金万两；露白葭苍之外，有美一人。试问夫子动心否？曰："动动动。"他这作文的意思是，在野外，空旷无一人，看到地上掉了万两黄金，谁不"拾金就昧"？在芦苇荡里，站着一个漂亮姑娘，四周无人，谁不大唱"大姑娘美，大姑娘浪"，一把抱着"大姑娘走进青纱帐"。好家伙，金圣叹一连写了39个"动"，这是什么思想意识？文学水平再高，思想不对，打"零"分。老师给金圣叹吃了个大鸭蛋，金圣叹不服，还去找老师理论：老师，您的"材料作文"说的是"四十不动心"，我完全符合题旨，思想也是正确的。老师差点抽戒尺了，金圣叹说：我是三十九"动"，到了四十就不动啦。老师一个一个地数啊数，确实只有39个"动"字，差点儿背气。

"高考"——"白卷英雄"

最要命的是"高考"。如果要考证"白卷英雄"的祖师爷是谁，那一定是金圣叹。这家伙参加"全国统考"，作文题目是"孟子将朝王"，他怎么做的？在试卷的四角各写了一个"吁"就交卷了，还不是白卷？老师敲了他几脑壳，问他这是什么态度？他说我作文啊。老师你看：孟子是圣人，谁都知道的，哪用得着我说？朝王有梁惠王、有齐宣王，都是朝王，亦不必做，要做的是一个"将"字。舞台演戏，王将视朝，先有四太监，左右立而发"吁"声，我在卷子四角各书了"吁"字，不是把"将"这个意思表达出来了吗？我的文章出万古之新，独步众生，应该给我高分。

老师一听，气晕了：还给你高分啊，你蔑视科举，该当何罪？你小子运气好，千古以来，你这种情况是第一回出现，法律还来不及制定律条，而且考虑你是学生，·学生以教育为主，要不会将你定死罪了。

好发怪论——"问题人士"

金圣叹不好好读书，科举高考又是这样交白卷，在神圣的科举上搞恶作剧，这"问题学生"就这样落榜了，从此"流入社会"，成了"问题人士"。这"问题人士"第一桩罪是不在"体制内"生活。本来呢，要你参加科举，国家制定这个根本制度，就是要把你引进套子里来，要你规规矩矩过体制生活的。金圣叹天生反骨，像孙悟空一样"跳出三界外，不在五行中"，这是最大的"问题"所在。

第二桩呢，你不过体制生活你就不过吧，你别搞破坏，别来添乱子。但金圣叹既然是"问题人士"，自然就常出"问题"。偷鸡摸狗，倒也算了；甚至偷香窃玉，也可算了；这金圣叹啊，怎么说呢，经常弄杂文，好发奇谈怪论，扰乱人民思想。比方说，仇富心理特别强，看到城中巨富死了，拍掌大笑："晨起，闻城中第一有心计富人死了，不亦快哉。"比方说宋江被招安，改邪归正，重新回到"体制内"生活。这是体制制定者们最高兴的，但金圣叹不准。他把《水浒》宋江招安一节全砍掉了，金圣叹本来呢，也是把宋江当皇朝敌人的，但他不准宋江浪子回头，只让宋江们造反到底。金圣叹的本来意思是，对宋江这号人不能给"出路"，只能给"死路"。这也说明，金圣叹是"人民"，最多是皇朝的"问题人士"，不是皇朝的"敌人"。但他的思想不与皇朝保持一致，这不是煽动乱臣贼子死心塌地造反吗？金圣叹的热脸就这样贴到冷屁股上了。

清朝有大制度，不准聚众讲学，金圣叹却经常在其住所经堂中，设高座，招高徒，发自以为高的谬论，这不存心"制造问题"吗？佛是忌讳狗肉的，他说是好佛，天天谈佛经。但每谈，一边厢打坐谈佛，一边厢大嗍狗脚："如遇酒人，则曼卿轰饮；遇诗人，则摩诘沉吟；遇剑客，则猿公舞跃；遇棋客，则鸠摩布算；遇道士，则鹤气横天；遇释子，则莲花绕座；遇辩士，则珠玉生风；遇静人，则木讷终日；遇老人，则为之婆娑；遇孩赤，则啼笑宛然。"总之是坐没坐相，站没站相，没个人样。他的好朋友王斫山看到他穷，有心扶他的贫，借他3000两银子，说利息不要，本钱还我。他三五天把本钱花了个精光，跑到王斫山那里，说："银子在你家，徒增你守财奴的名声，我给你花掉了，替你长名。"他以为是"政府扶贫"，钱是人家个人的啊，可是碰上这个"烂豆子"，有什么办法，王矿山笑笑算了。这粒铜豌豆啊，大错误不犯，小问题不断，真是个问题。但是，那富人死了，是天杀的，又不是他杀的；他不准宋江招安，他又没造反；皇朝有心要办他，却一时还真拿他"切不烂煮不熟"。

狗咬耗子——出大问题啦

金圣叹终于出大问题啦，我皇皇清朝"不亦快哉"。顺治十七年底，酷吏任维初担任吴县县令，他上任啊，看到这里的老百姓几乎都犯了罪，根子上的罪是：犯了"穷困"罪。大家都富了，你们都还这么穷，讨打。把柄上的罪是：犯了"抗税罪"。租也不交，税也不交，这怎么得了？任县长于是"严格执法"，拿他们一个一个暴打一顿，打得他们鲜血淋漓震天哀号，乱世出重典，要下重手才让他们长点儿记性。

这事本来跟金圣叹没关系。但他就是狗咬耗子，多管闲事。这点儿，是"问题人士"尤其是金圣叹这类"问题人士"的本质特征。金圣叹这类"问题人士"，专挖制度墙脚，专代被牧者与牧民者过不去，这就非同小可。

金圣叹为此伙同吴县那些"问题人士"搞"集体上访"，说任县长不但"对民暴政"，而且贪贿，监守自盗，曾经偷卖公粮一千石。访了好多回，看上访没有成效，"问题人士"金圣叹们就打算来个更有影响力的。恰好这时顺治驾崩，举国默哀。金圣叹们先约好大伙儿到孔庙里造声势，搞一个"集体哭泣"；然后浩浩荡荡找巡抚大人朱国治去"集体请愿"，请求驱逐县长。鞭民的事是"朱巡抚"下的令；卖粮的事"朱巡抚"吃了大头，这怎么了得？搞到老子头上来了？罪是现成的，这不是有组织有预谋的造反吗？朱不管三七二十一，给金圣叹他们定以"震惊先帝、聚众倡乱、情同谋反"之罪上报朝廷。朝廷于是大怒，下了批示："杀无赦！"

超然世外—刑场教子

刚逾知天命之年的金圣叹，虽然即将告别相伴一生心爱的笔砚，可他泰然自若，临刑不惧，昂然地向监斩官索酒酣然畅饮，边酌边说："割头，痛事也；饮酒，快事也；割头而先饮酒，痛快痛快！"

心爱的儿子风风火火、呼天抢地地赶到了刑场，与慈父诀别。爱子泪流满面，痛不欲生。

他看到儿子哭得泪人似的，劝慰道："别哭了，告诉我今天是什么日子？"儿子哽咽着说："八月十五日，中秋。"听到"中秋"二字，金圣叹突然仰天大笑，高兴地说："有了！有了……"

此时他超然世外，神驰遐想。舞文弄墨了大半生的金圣叹，到此即将告别人世的临危之时，仍惦念着一段未了的文字缘——原来，3年前，刚刚批点完了《水浒传》《西厢记》的金圣叹，走进报国寺信步小憩。一天夜里，已批书成癖的他，躺在床上辗转反侧，到了半夜仍毫无睡意。于是就披衣秉烛去见寺内方丈，想借佛经予以批点。鹤发童颜、长须飘飘的老方丈得知其来意后，慢条斯理地说道："我有一条件在先，我出一上联，你如能对出下联，我即刻取出佛经让你批点，否则恕老僧不开面了。"当时正值半夜子时，忽听外面"笃笃"几声梆子响，老方丈灵机一动，脱口咏出"半夜二更半"。可金圣叹冥思苦想，绞尽脑汁，怎么也对不出下联来，只得抱憾而归，佛经自然没能到手。

今天，他在断头台上，看到城内张灯结彩，百姓欢度中秋。他突发奇想，灵感闪现，大呼一声："中秋八月中。"并要儿子马上去寺院告诉老方丈，他对上了下联。

刑场上，刽子手磨刀霍霍，手执寒光闪闪的鬼头刀，令人毛骨悚然，不寒而栗。眼看行刑时刻即到，儿子望着即将永别的慈父，更加悲戚，泪如泉涌。金圣叹虽心中难过，可他从容不迫，文思更如泉涌。为了安抚儿子，他泰然自若地说道："哭有何用，来，我出个对联你来对，上联是'莲子心中苦'。"儿子跪在地上哭得气咽喉干肝胆欲裂，悲恸欲绝，哪有心思对对联。他稍加思索，说："起来吧，别哭了，我替你对下联。下联可对'梨儿腹内酸'。"

旁听者黯然神伤，不禁为之动容。上联的"莲"与"怜"谐音，意为他看到儿子悲戚恸哭之状深感可怜；下联的"梨"与"离"谐音，意即离别儿子心中酸楚难忍。这一副绝对，可谓对仗严谨，字字珠玑，出神入化，动人心魄。

"死"时"死"际——又弄出问题

就在皇朝准备从肉体"彻底解决""问题人士"金圣叹的时刻，这家伙仍死不悔改，死到临头了，还要弄些问题来。具体来说，就是"死"时"死"际，他还要戏弄官员们。"上路"的路上，他写了一封家书给儿子："字与大儿看，酸菜与黄豆同吃，大有胡桃滋味，此法一传，我无遗憾矣。"你看看，死到临头还这么吊儿郎当，这么油嘴滑舌，这么满不在乎，这一点就足可证明他是一个"有问题的人士"。

跟金圣叹一块儿被正法的有十多个人，这么一排人站在那里，挨个挨刀子，真吓死人。你想啊，一刀抢下去，那血喷得丈把高，那黑乎乎血糊糊的头在地上滚，谁都吓得不敢死了。看到人家头被砍，想到自己被砍头，那惨状谁敢看啊？于是金圣叹就向"刽子手"招手："来来来，我这里有二百两，我事事都喜欢争第一的，你先砍我头，让我第一个到阎王那里报到，我这二百两就给你。"刽子手忙不迭地问："真的吗真的吗？咱们一言为定。"

"不骗你不骗你，我要死了的人还骗你干吗？"于是，刽子手首先就从金圣叹头上"开刀"。刀起头落，看到那头往地上滚，刽子手赶紧去扳开手掌——空空如也，哪里有什么金子银子？刽子手气得要死，给他又补了一刀："你以为我们个个都是贪官啊？"刽子手向上级汇报说："金圣叹死尤侮人。"

就这样，这位"问题人士"，一代才华横溢的饱学之士、文坛巨星过早地陨落了。

作为纵欲狂的纪晓岚

整个有清一代，纪晓岚可以算是在文化方面屈指可数的几位代表性人物之一。综括他的一生，除了在做官方面表现不凡，一直做到了协办大学士的职位之外，在文化方面他最大的成就就是在乾隆皇帝的授命下，领导编纂了当时最具有想象力的《四库全书》，并著有一部以谈鬼怪故事为主的《阅微草堂笔记》。

当然，以上这些都是大家耳熟能详的，大家未必知道的则是纪晓岚超乎寻常的"纵欲"。

纪晓岚的"纵欲"主要表现在"食"和"色"两个方面。就"食"的一面说，他的癖好是只吃猪肉，不吃米、面，而且食量奇佳，动辄每顿吃掉上十盘猪肉。相对于"食"的一面，纪晓岚在"色"字上面的表现，更是强烈得令人瞠目，以至于让人联想到他是不是得了性欲亢进的疾病。

关于纪晓岚在这两个方面的特异表现，清人的一些笔记野史中多有记载，这里随手援引几条，以为证明。

小横香室主人在《清朝野史大观》卷三中说："公（指纪晓岚）平生不食谷面或偶尔食之，米则未曾上口也。饮时只猪肉十盘，熬茶一壶耳。"

采蘅之的《虫鸣漫录》卷二说："纪文达公自言乃野怪转身，以肉为饭，无粒米入口。日御数女，五鼓如朝一次，归寓一次，午间一次，薄暮一次，临卧一次，不可缺者。此外乘兴而幸者，亦往往而有。"

昭梿在《啸亭杂录》卷十中也说："（公）今年已八十，犹好色不衰，日食肉数十斤，终日不啖一谷，真奇人也。"

孙静庵的《栖霞阁野乘》更是讲述了一个关于纪晓岚好色的精彩故事："河间纪文达公，为一代巨儒。幼时能子夜中见物，盖其禀赋有独绝常人者。一日不御女，则肤欲裂，筋欲抽。尝以编辑《四库全书》，值宿内庭，数日未御女，两睛暴赤，颧红如火。纯庙偶见之，大惊，询问何疾，公以实对。上大笑，遂命宫女二名伴宿。编辑既竟，返宅休沐，上即以二宫女赐之。文达欣然，辄以此夸人，谓为'奉旨纳妾'云。"

堂堂的一代文宗，竟然好色好到了近似于"色情狂"的病态程度，甚至在皇帝面前也不加掩饰，这一现象到底是精神现象，还是单纯的生理现象？似有进一步解剖的必要。

在这个问题上，我以为前人的野史笔记都把它归之于单纯的生理现象，说他是"奇人"，具有这个方面的特异功能云云，这是被表面现象给蒙蔽了的"只见树木，不见泰山"的泛泛之谈。我个人认为，作为一位才情冠绝一时的大知识分子，纪晓岚的"好肉"与"好色"，不能只简单地当成一种纯粹的个人生理现象，更多地应被理解为是一种精神现象，必须到纪晓岚的精神世界深处寻找原因，这才能切中肯綮，找到这种现象的最合理的解释。

而要揭开这个现象的谜底，我以为首要一点必须从纪晓岚在文化方面所取得几项成就的真实"含金量"说起。

纪晓岚为世人瞩目的文化成绩主要有两项：一是奉旨领导编纂了一部百科全书式的巨型图书——《四库全书》；二是在晚年写了一部"追录旧闻，姑以消遣岁月"的随笔杂记《阅微草堂笔记》。

关于《四库全书》，今人文怀沙老先生曾将其评价为是一部阉割中国古代文化的集大成之作（大意）。实际上，这也并非是很新鲜的思想。美国著名汉学家费正清在其名著《美国与中国》（世界知识出版社2003年2月版）中，对于《四库全书》早就提出了相似的观点，并一针见血地指出：

通过这项庞大工程，清廷实际上进行了一次文字清查（文学上的"宗教裁判"）工作，其目的之一是取缔一切非议外来统治者的著作。编纂人在搜求珍本和全整文本以编入这一大文库时，也就能够查出那些应予取缔或销毁的一切异端著作。他们出善价收集珍本，甚至挨家挨户搜寻。该禁的图书是研究军事或边务的著作以及有反夷狄之说的评议，而主要是那些颂扬明朝的作品……正如L. C. 古德里奇所论证的，这是最大规模的思想统治。

别人且不管，我个人对于以上这些论点，是非常赞成的，也曾经专门著文《<四库全书>的B面》（见《四川文学》2006年6月）表达了相同的观点。所以，纪晓岚秉承皇帝的谕旨所从事的这项事业，你可以说它是一项前无古人的伟大事业，也可以说它是"阉割"中国传统文化的一项工程。

至于《阅微草堂笔记》，虽然煌煌24卷，但是仔细阅读过它的人都会发现，这部明显受了蒲松龄的《聊斋志异》影响的笔记体杂记，除了语言文采斐然、行文亦庄亦谐、故事引人入胜等几个优点外，倘就内容和思想性而言，无非是在重复一些"因果报应"的老调，根本没有一点自己独特的观点和见解，实在是贫乏虚脱得可以。

值得注意的一点是，纪晓岚本人对这部消遣之作，也并不看好，他曾经写诗这样评价自己的《阅微草堂笔记》：

平生心力坐消磨，纸上云烟过眼多。

拟筑书仓今老矣，只应说鬼似东坡。

前因后果验无差，琐记搜罗鬼一车。

传语洛闽门弟子，稗官原不入儒家。

倘若像以上的分析这样，那么，综括而言，纪晓岚在文化方面的成绩其实是乏善可陈的。诚然，他拥有一腔绝世的才情和强健的体魄，在一个正常的时代里，本应该留下能够代表自己真正水平的著述，传之后世，但事实却是除了代满族皇帝编辑了一部阉割中国文化的大书，写了一部没有什么思想价值的《阅微草堂笔记》之外，实在没有留下真正让人瞩目的东西来，这不能不说是一大遗憾。

那么，才情冠绝一时的大才子纪晓岚为什么却懒于著述呢？应当说，对于这一点，不光是现在的我们看到了，就是当时的知识界中也多有注意到这一问题的。清人陈康祺在他写的《郎潜纪闻二笔》卷六中，就专门研究了这一问题，并引用了纪晓岚自己对于这个问题的解释。

在该书"纪文达不轻著书之原因"一节中有这样的概括："纪文达平生未尝著书，闲为人作序记碑表之属，亦随即弃掷，未尝存稿。或以为言，公曰：'吾自校理秘书，综观古今著述，知作者固已大备。后之人竭其心思才力，要不出古人之范围，其自谓过之者，皆不知量之甚者也。'"

不过，这样的一种解释实在经不起推敲。纪晓岚的确是读书甚多，但是古人读书比纪晓岚多的应当大有人在，别的不说，单说在他之前的顾炎武、黄宗羲、王夫之等人，恐怕哪个读的书也不能说比他老人家少吧，但为什么这些人就没有因此而封笔呢？

再者，如果按照纪晓岚的这个逻辑，不是大家今后都不要再努力著述了吗？"名山事业"岂不是要到此为止了吗？以纪晓岚的睿智，他完全应当知道，古人并没有包圆所有的真理，也不可能包圆所有的真理。一个时代的人有一个时代人的独特感悟，这些感悟是不会完全重复的。

所以，纪晓岚自己所说的不愿意著述的原因完全是站不住脚的搪塞之词，他之所以没有尽心著述，写出真正的大书来，明显是另有隐衷。联系到当时政治气候和文化界的现状，这个原因其实也很简单，这就是：高压的文化政策，频繁兴起的文字狱，已经使纪晓岚的思想受到了严重的冲击，并迫使他接受了精神上的"阉割"，从此不敢写任何有价值的东西。

清初的文字狱是相当严酷的，而这些文字狱中的相当一部分，恰恰就发生在乾隆皇帝授意纪晓岚编纂《四库全书》的同时。根据统计，整个乾隆年间一共兴起文字狱100多起，而在编纂《四库全书》期间，则发动了48起，几乎占到了总数的一半。纪晓岚帮着乾隆"阉割"中国的古书，最清楚满族皇帝真正的心思。一方面眼见着许多著作因为有政治问题而被禁毁或者篡改；另一方面，耳闻目睹当代许多文人因言惹祸，或者丢掉官职，或者全家被株连的遭遇，他不能不对文字工作的危险性产生足够的恐惧。因此，智商甚高的纪晓岚也只能选择"鸵鸟政策"以自保，从此以后选择谨慎为文之一途，或者干脆就什么也不敢写了。

从另一方面分析，乾隆皇帝之所以选择一个汉族的大知识分子来领衔编纂《四库全书》，其中固然有满族当中尽皆"绿林大学"毕业，"修文"则实在拿不出手的现实，但其内心也不能排除通过编纂《四库全书》，让这个汉族的大知识分子接受一次形象的"再教育"的"小九九"。当然，不论他是不是深谋远虑到了这一层，结果却是明明白白地放在那里的，这就是以纪晓岚为代表的汉族最优秀的脑袋，通过编纂《四库全书》这项工程，一方面秉承主子的意思，极力对古人的著作进行了全面的"阉割"；另一方面，在"阉割"古人的过程中，自己也被有意无意地集体实施了"精神阉割"手术。这些汉族的知识精英从此只能够像纪晓岚一样，把超人的才情施之于说点笑话、对个对联和挖苦个同僚的范畴，断然是不会再像其不远的前辈黄宗羲、顾炎武等人一样，胸怀"为天地立心，为生民立命，为往圣继绝学，为万世开太平"的壮志，进行独立思考的著述事业了。

但纪晓岚毕竟不是平常的"池中之物"，他的绝世的聪明才智和旺盛的创造欲望被压抑后，必然会寻求一种新的发泄渠道，这就是心理学上讲的"易情效应"。纪晓岚和魏晋时期在司马氏强权统治下的许多被压抑了的先辈知识分子一样，在日常生活中寻到的一个发泄渠道就是：食和性。

而且，正像笔者在前面所论述过的，征诸历史，像纪晓岚一样被实施了"精神阉割"的文人，通常其肉体上的欲望往往是超乎常规的发达；而与之相反的是，那些像司马迁一样被"阉割了肉体"的知识分子，则刚好在精神上呈现旺盛的创造力量。这两者其实是相辅相成的一对孪生兄弟，它们同时印证了这样一条生物学法则：身体的某一方面被压抑，在另一方面就会出奇地发达起来。

我们看到的纪晓岚正是这样的一个典型。

他在被清朝的统治者"阉割"了精神和思想上的创造性，变成了一个"精神上的太监"之后，便迅速地滑向了肉体上的纵欲和狂欢，竟然"年已八十，犹好色不衰"，试图用这种肉体上的狂欢，来发泄过剩的"力比多"，借以消磨豪情，转移自己内心的压抑和痛苦。

应当说，把一个优秀的知识分子改造成这样的一副德性，无疑是乾隆皇帝最大的成功，因为乾隆皇帝心里最清楚，纪晓岚再好色好吃，大不了也就是牺牲自己的几个宫女和国库里的一点银子。一个沦落到整天只知道"御女"和"食肉"的人，对统治者是一点威胁也没有的。从本质上说，这样的人和那些宫中的太监并没有什么不同，都是些只会跟在皇帝的屁股后面高呼"万岁万岁万万岁"的角色。因此，当纪晓岚当面说出自己喜欢女人时，乾隆皇帝不但不加以责怪，反而大度地派出了自己的两名宫女去满足纪晓岚的欲望。

从分析纪晓岚式"纵欲狂"的病因，我们大约可以得出这样的一个结论：中国自古以来实际上存在着两种"宫刑"，一种是直接割掉男人生理上的生殖器，使之变成生理意义上的"太监"；另一种则是剥夺男人独立、自由的思想能力，使之变成精神意义上的"太监"。前一种做法只能让"大丈夫"变成肉体上的中性人，却仍然阻挡不住像司马迁这样的自由意志强健者，因此还不算太阴毒，也并不算彻底。而这后一种精神层面上的"阉割"，则只会造就肢体强健的奴才和愚民，不但更具隐蔽性，而且更其彻底和行之有效。

和珅是一头圈养的兽

开国之君打仗，守成之君打猎，恐怕是皇帝们最爱玩的两种游戏。打仗不是人人都玩得起，而打猎却个个都可玩，所以几乎每个皇上都喜欢玩几把。兵荒马乱时节。都去人食人了。顾不上吃野兽，所以野兽放肆生息繁衍，极好打猎却没人去打，人都打不清，哪有机会去打猎？到了煌煌盛世呢，不好意思人食人了，因此爱上了山珍海味那一口，把天上飞的、海里游的、地上爬的都吃光了，哪来野兽？没有野兽，可是皇上又要享受捕猎的快感，怎么办呢？那就养些家兽吧，养得肥肥的胖胖的，然后放出来，直待皇帝盘马弓刀，亲射虎。

譬如乾隆皇帝，就养了和珅这头家兽，供其儿子嘉庆玩上一把。

大家都知道，乾隆皇帝是历史上"少见的明君"，据说是非常"英明干练"的。大家也都知道，和珅是历史上最大的贪官，据说贪起来是非常"明目张胆"的。和珅为乾隆朝第一权臣，骄横跋扈，天下皆知，岂以高宗之英明老练，而反不觉其奸。和珅建的是高堂大厦，穿的是绫罗绸缎，家里堆的是金，砌的是银，"衣服、车马，皆有逾制之处。"乾隆那双碌碌"龙眼"看不到吗？

地球人都知道了谁说乾隆不知道？乾隆什么都知道，只是没谁知道乾隆！"吾与汝有宿缘，故能如是，后之人将不容汝也。"这话是相当诡异的，一是说，放心吧，有我在，我会养肥你的；二是说，我死后，你恐怕得为我家做点贡献，作点牺牲。什么"牺牲"？猪牛马的"牺牲"嘛。

这里看来，乾隆是特地安排和珅作其崽正式"登基"的"祭礼"的，要不，以和珅之聪明与正受宠的良机，还不赶快叫乾隆颁布一条"保护老臣"的法律？和珅听了乾隆那话，没有生命的危机感吗？不会未雨绸缪吗？没用的！这是乾隆的安排，是乾隆特地给崽留下做打猎用的"猎物"的。乾隆心里是这么计算的：你贪吧，贪吧，反正你也吃不完，得留在那里，国门朕都是锁着的，围猎场的篱笆朕扎得铁紧。和珅这么贪，确实是在挖乾隆家的家产，乾隆知道。这家产给和珅，还是给崽？英明的乾隆皇帝对这事情绝对是不糊涂的，绝对是分得清的，但是，先放在和珅家里与放在国库里几乎没有两样，随时可以把它弄到国库里来嘛。乾隆养和珅，就是替崽养肥猪。果然，"和珅跌倒，嘉庆吃饱"。把和珅那财产从和珅家里再搬到国库里，好家伙，可用20年啦。乾隆给嘉庆的物质遗产真是够丰厚的啊。

和珅仅是乾隆给嘉庆的物质遗产吗？非也，更是政治遗产。据说，如果没有天敌，老虎也会退化成猫。也真是，看历代开国之君，都猛如恶虎，而到了末代之帝，几乎都如病猫。聪明的老皇上培养接班人，就是这样，要培养一些家兽，放到围猎场去，供崽试刀试锋试胆量试身手。嘉庆没有经历过战争的历练，也没有官场的"残酷斗争"，能不能看守住江山？人家乾隆是"打猎世家"出身，深深懂得打猎能够培养"战斗力"，他更深深地懂得，放纵真正的野兽，那是相当难对付的，也是相当危险的。但培养个把家兽供接班人"练练手脚"，以防真正的"野兽"来袭，是安全的，也是十分必要的。这样，乾隆就养了和珅这头家兽。这样我们也就不难理解，为什么乾隆刚死，尸骨未寒，嘉庆马上就下手了。乾隆一命呜呼，嘉庆第二天就给和珅办了，而且给办了个妥帖。乾隆死了，这是"举国悲痛"的"国葬"啊！放下老爸的丧事不办，先拿办老爸最爱的宠臣，这岂不是打老爸的"热耳巴子"吗？岂不是大不孝吗？合理的解释是：乾隆在要死的时节，给崽做了一个"政治交代"：崽啊，我送个政治礼物给你吧，爹给你养了一头大肥猪，一只大老虎，趁这机会给猎杀了吧。这样，你就不愧是咱们猎手的后代。所以嘉庆把"国葬"放一边，先办"国事"。

历史上的大腐败分子，在位时大腐大败，那是活得异常快活潇洒，过得异常招摇无忌，而最后被"反腐败"给反了，其中有一个"规律性"的东西在起作用，那就是家天下"交班之际"，比如宋之蔡京，在宋徽宗那里养肥，被宋钦宗宰杀；比如清之鳌拜，在顺治那里圈养，被康熙围猎。有人说，皇帝崽杀皇帝爸的功臣大臣，这是一朝天子一朝人使然，上一朝天子与下一朝天子不是外人，都是一家人，干吗这么过不去？当然，在权力面前，有可能爹不认崽，崽也不认爹，但是更多的是爹为崽着想的，家天下要一世二世乃至万世而为君啊。皇帝爹把贪官养大，是给皇帝崽留下一份政治遗产，由皇帝崽来处置，其实啊，就是开国之君打仗，守成之君打猎。

可惜农民出身的朱元璋不太懂，最聪明的朱元璋犯了一件最蠢的事情，就是他在位时节，把贪官都杀尽了，他想，杀尽了贪官，子子孙孙可以高枕无忧睡大觉了，结果呢，其子孙没什么可试刀，就真的睡大觉去了。

"泥菩萨"黎元洪的另一面

1913 年 12 月 11 日，在武汉就任中华民国副总统兼参谋总长的黎元洪不情愿地登上了北去的专列来到了北京。一代枭雄袁世凯以当初接待孙中山的最高礼仪接待了这位武昌首义的功臣和副总统。就黎元洪来说，也不想进京之初就和袁世凯的关系搞得很僵，于是宾主把酒言欢，极尽欢愉。这道政治风景，给了那个时代的人们不少希望。有谁不希望自己国家的一二把手精诚团结？所以当时就有不少报纸把二人的会晤比喻为巴拿马运河开通，太平洋和大西洋忽然聚合的奇观。然而，宴会结束，他竟被送至瀛台下榻。黎元洪到此心中雪亮：他已成为慈禧手中的光绪。

袁世凯为顺利称帝，对黎元洪极尽拉拢之能事，他甚至让自己的儿子给黎家当了女婿，但黎元洪不为所动。当袁世凯为称帝之事亲自去瀛台拜访他时，他义正词严地对袁世凯说道："辛亥革命为推翻帝制、建立共和，死者何止千万。如今大总统回头再做皇帝，如何对得起这些先烈？"弄得宾主不欢而散。在袁世凯控制的参政院会议上，他对帝制党的论调反唇相讥，为此他多次遭到帝制党喝倒彩和漫骂。他不堪忍受，坚决要求辞去副总统和参谋总长的职务。当时，副总统的薪金加参政院的补贴每月 5 万元。民国初年的 1 元，约等于现在的 100 元。也就是说，黎元洪当时的工资是一个天文数字，他完全可以装聋作哑。然而，黎元洪不要这一切，他要的是"共和"的理想和独立的人格。他在湖北时，有人就预料袁世凯将来要称帝，劝他加入反袁阵线。黎元洪不愿国家重燃战火，就对这些人说："目前国情，以统一及安定民生为主。若全国统一、国会告成，顶城如有野心，变更国体，即为违反约法，为国民公敌，不啻自掘坟墓。我当追随国人之后，誓死反对。即使我毁家灭身，继起者也必大有人在，中华民国断不至于灭亡。"

1915 年 12 月 13 日，袁世凯正式接受百官朝贺，就任皇帝，改元"洪宪"。两天后，他发布的第一道敕令就是册封黎元洪为"武义亲王"，以表彰他武昌首义、恢复华夏汉土之功。黎元洪这时的地位仍是一人之下，万人之上。这对黎元洪来说是一个极大的考验。他召集智囊前来商量对策。有人劝他明哲保身接受王位，也有人坚决反对。黎元洪最后做出决定说："我意已定，宁死不受。"随后国务卿陆徵祥来黎府祝贺，黎元洪当面表示不接受爵位后，拂袖入内。袁世凯不久又派裁缝来量做亲王制服，黎元洪下了逐客令。袁世凯以为黎元洪最终会接受，于是在 12 月 19 日再次颁布敕令，并命令九门提督江朝宗来黎府宣封。黎元洪这次干脆见也不见江朝宗。江朝宗只好耍赖，长跪高呼："请王爷受封！"黎元洪大怒，从房间疾步而出，指着江朝宗的鼻子大骂："江朝宗，你怎么这么不要脸，快快给我滚出去！"但江朝宗仍然长跪不起，捧诏高呼："请王爷受封！"黎元洪于是命令左右将其架出。袁世凯闻讯，仍不死心，又派长子袁克定和其他人前往黎府送礼，均被拒收。当帝制的积极拥护者和策划者梁士诒前来道贺时，黎元洪指着客厅中的一根石柱对梁士诒说："你们如果再逼我，我就撞死给你们看！"由于黎元洪众所周知的反对帝制的鲜明态度，护国将军蔡锷出京前特地秘密拜访了黎元洪，并请黎元洪静候佳音。当蔡将军打响了反帝制第一枪后，黎元洪击节赞赏道："松坡不愧英雄本色！"

黎元洪在武昌起义的最初三天半的时间内，的确与革命党人采取了不合作的态度。但这是一个一旦认定理想和目标就百折不回的人。在他年轻的时候，绝大多数读书人仍把科举进第作为人生最高理想的时候，他义无反顾地报考了当时的天津水师学堂，一心要"效命疆场，为国捐躯"。1894年的甲午海战，五品二管轮黎元洪和十几名海军战士凿船自沉，誓死报国。黎元洪不会游泳，穿了一件救生衣，与风浪搏斗了几个小时才游到岸边。他虽然没有出国留过学。仅仅受张之洞派遣到日本考察过3次，但他刻苦好学，明了世界大势，坚信共和、民主是拯救国家于危难中的最好政体。他虽然是一个温柔敦厚之人，素有"泥菩萨"之称，但遇到原则问题绝不退让。也是这一认识，使他能够在非常时期坚持自己的观点，把个人利益置之脑后。

毛泽东眼中的三国人物

毛泽东对《三国演义》情有独钟。从1906年13岁起始读《三国演义》，到1976年9月逝世前还以赞赏的口吻谈论曹操自学成才，毛泽东评读三国历史整整70年。他读三国历史持续的时间之长、评三国历史涉及的范围之广，均为世所罕见。仅就三国人物而言，经毛泽东仔细评点的就多达30人。

曹操

毛泽东年轻时就对曹操十分推崇。1918年8月，他路过河南，特地与罗章龙、陈绍休三人到许昌瞻仰魏都旧墟，凭吊曹操。

1952年11月1日，毛泽东视察河南安阳，参观殷墟。他对随行人员说：漳河，就是曹操练水兵的地方。曹操也是个了不起的人物。这里属于古邺。邺城始建于春秋齐桓公时。战国时属魏国，西门为邺令。西汉时邺城是魏郡治所，东汉末年是冀州牧袁绍驻地。曹操破袁绍后，于公元204年进邺建都，此后史称邺都为魏都。东汉建安十八年（公元213年）曹操被封为魏公，后为魏王，掌握中央一切军政大权，邺都成为朝臣聚集，发布政令的中央政权所在地，直到220年曹丕代汉。虽建都洛刚，但仍称邺都为"北都"，七庙不废，直到265年司马炎灭魏建晋，故魏前后在邺建都62年。曹操在这一带实行屯田制，使百姓丰衣足食，积蓄力量，逐渐统一北方，为后来晋统一全国打下了基础。

1954年夏天，毛泽东在北戴河与保健医生也谈到曹操。针对徐涛说曹操是个"白脸奸臣"的话，毛泽东发表了一番评论：曹操统一中国北方，创立魏国。那时黄河流域是全国的中心地区。他改革了东汉的许多恶政，抑制豪强，发展生产，实行屯田制，还督促开荒，推行法治，提倡节俭，使遭受大破坏的社会开始稳定、恢复和发展。这些难道不该肯定？难道不是了不起？这个案要翻。

1958 年 8 月中旬，中共中央在北戴河召开政治局扩大会议。毛泽东召集各大协作区主任开会，他在会上说：干部参加劳动，有人说搞两个月，搞一个月总是可以的。我们与劳动者在一起，是有好处的。我们感情会起变化，影响几千万干部子弟。曹操骂汉献帝"生于深宫之中，长于妇人之手"是有道理的。毛泽东以这则故事来告诫领导干部不要脱离群众，可谓恰到好处。

毛泽东甚至注意到了曹操的养生之道。他曾经对保健医生说：曹操多年军旅生涯不会很安逸，可在 1700 多年前，医疗条件也不会怎么好，他懂得自己掌握命运，活了 65 岁，该算是会养生的长寿老人了。你们搞医疗的应该学学，不要使人养尊处优，只想吃好、穿好，不想工作还行？更不能小病大养。保健不是保命，不要搞什么补养药品，我是从来不信这些的。主要是乐观、心情开朗、锻炼身体。又说：曹操讲"盈缩之期，不独在天。养怡之福，可得永年"；陆游讲"死去元知万事空"，这都是唯物的。

当然，毛泽东对曹操并非全盘肯定。他认为曹操的主要缺点有二：一是有时也优柔寡断。1966 年 3 月，毛泽东在杭州的一次谈话中说：曹操打过张鲁以后，应该打四川。刘晔、司马懿建议他打。刘晔是个大军师，很能看出问题，说刘备刚到四川，立足未稳。曹操不肯去，隔了几个星期，后悔了。二是不能严于律己。毛泽东曾经批评过曹操执法。《三国志》中的《武帝纪》说曹操"其令诸将出征，败军者抵罪，失利者免官爵"，毛泽东则在眉批中写下"赤壁之败，将抵何人之罪"一语，批评曹操对人严而责己宽。

郭嘉

1959 年，伴随着"大跃进"狂澜，国家政治、经济生活中出现了一系列问题。这年春天，毛泽东一度潜心研读《三国志》，试图从中获取历史经验。他结合实际工作中出现的一些问题评点三国人物，谈得比较多的就是曹操的谋士郭嘉。

3 月 2 日，毛泽东在郑州召开的政治局扩大会议上，详细介绍了郭嘉，几乎把《郭嘉传》里描写郭嘉为曹操谋划的史实都复述了一遍。他说：三国时，曹操一个有名的谋士叫郭嘉，27 岁到曹操那里当参谋，38 岁就死了。赤壁之战时，曹操想他，说这个人在，不会使我处于这种困难境地。许多好主意就是他出的。比如，打不打吕布，当时议论纷纷。那时袁绍占领整个河北和豫北，就是郑州以北，曹操在许昌，吕布在徐州。郭嘉建议先打吕布。有人说，打吕布，袁绍插下来怎么办？郭嘉说，袁绍这个人多端寡要，见事迟，得计迟，不要怕，袁绍一定不会打许昌。于是曹操就去打吕布，把吕布搞倒了。如果不先打吕布，如果吕布跟袁绍联合起来同时攻击，曹操就危险了。郭嘉这个计策很成功。然后又去打袁绍。袁绍渡了黄河，在郑州与洛阳之间曹操打胜了。接着引出是不是去打袁绍的两个儿子袁谭、袁尚的问题。郭嘉说不要打，我们回师，装作打刘表，把军队摆到许昌、信阳之间，他们一定要乱。果然，曹操的军队一挪动，几个月，两兄弟就打起来了。袁尚把哥哥包围在山东平原（德州），哥哥眼看要亡党、亡国、亡头，就派了一个代表叫辛毗的，跑到曹操这里来求救。曹操去救，乘势夺取了安阳，消灭了袁尚的部队，袁尚本人跑到辽东去了，然后再去消灭了袁谭。

毛泽东为什么在这种时候大谈郭嘉呢？他明确指出：现在我是借郭嘉的事来说人民公社的党委书记以及县委书记、地委书记，要告诉他们，不要多端寡要、多谋寡断。谋要多，但是不要寡断，要能够当机立断。端可以多，但是要拿住要点。

同年7月11日晚，毛泽东在庐山与周小舟、周惠、李锐谈话时，说到1958年经济计划被搞乱了，紧接着说：国乱思良将，家贫念贤妻，这是《三国志·郭嘉传》上的话。曹操在赤壁之战吃了大败仗，于是想念郭嘉。

其实，《郭嘉传》中并没有这句话，是毛泽东记错了。不过由此可以推想毛泽东当时的心态。郭嘉是曹操身边的重要谋士，被曹操称为"奇佐"。有郭嘉在，曹操就不会犯错误。经济计划之所以乱了，是因为没让陈云这样的"奇佐"管经济，所以他又想起陈云来了。

司马懿

在《三国演义》中，司马懿被描写成为一个城府极深、屠杀和禁闭曹氏宗室的奸臣。据历史记载，东晋明帝司马绍听说司马懿是靠虚伪、欺诈才得以成功的，惭愧地以手掩面，为自己有这样的先辈而深感羞耻。可见，在正统文化当中，司马懿是一个与诸葛亮鞠躬尽瘁的忠臣形象截然相反的反面人物。但随着人生阅历和革命经验的积累，毛泽东逐渐改变了对司马懿的看法，认为他有智谋，善分析，是一个了不起的人物。

1947年5月，毛泽东撤出延安转战陕北。一天，接到陈赓、王新亭自晋南战场发来的捷报，称歼敌50000，解放县城25座。他走在山坡上，情不自禁地唱起了几段《空城计》："我正在城楼观山景，耳听得城外乱纷纷；旌旗招展空翻影，原来是司马发来的兵。我也曾差人去打听，打听得司马领兵就往西行……"周恩来听了说："主席，我们面前的'司马'现在可不是往西行呦！"毛泽东止住了唱，风趣地说："刘戡？他不配当司马懿！"任弼时在一旁说："我们面前的司马懿是胡宗南、蒋介石。"毛泽东说："蒋介石和胡宗南都不是我们的对手，我们面前没有司马懿，只有司马师呦！"毛泽东所说的司马师是司马懿的长子，虽有权术，但刚愎自用，不及其父。所以毛泽东后来在与周恩来布置淮海战役战略战术时，又以司马师为例指出："不识时务嘛！他杜聿明和邱清泉、李弥，哪是刘伯承和陈毅、粟裕的对手？这次是司马师碰在了姜维手上，被困在铁笼里了！"胡宗南、蒋介石都比不上司马懿，可见毛泽东对司马懿的评价是相当高的。

1958年11月1日，毛泽东在赴郑州途中，在专列上召开了一个座谈会。他问河南温县县委书记李树林："温县是司马懿的故乡，现在他那个练兵洞还在不在？"李树林回答："还在，基本上完好。"毛泽东接着就说："他出身士族，多谋略，善权变，为魏国重臣。"

当然，毛泽东也认为司马懿有明显的性格缺陷，那就是"怀疑心重"。"空城计"的故事，能启迪人具体运用战略战术。

刘备

毛泽东曾多次谈论刘备，其褒贬十分中肯。

他对刘备的赞赏，主要集中于刘备善于用人，善于团结各方人士。同年7月，毛泽东在上海干部会议上说：刘备得了孔明，说是"如鱼得水"，确有其事，不仅小说上那么写，历史上也那么写，也像鱼跟水的关系一样。群众就是孔明，领导者就是刘备，一个领导，一个被领导。他多次强调刘备善于用人，有很强的组织能力。据薄一波回忆，毛泽东在与他谈及《三国演义》时曾经说过："看这本书，不但要看战争，看外交，而且要看组织。你们北方人刘备、关羽、张飞、赵云、诸葛亮，组织了一个班子南下，到了四川，同'地方干部'一起建立了一个很好的根据地。"

1959年3月2日，毛泽东在郑州召开的中央政治局扩大会议上，谈起了翦伯赞在《光明日报》发表的有关评论赤壁之战的文章。他说：翦伯赞在《光明日报》上写了一篇论赤壁之战的文章。他说，刘备这个英雄，跟曹操同等水平，是厉害的。但是事情出来了，不能一眼看出就抓到，慢一点。刘备的长处是善于用人，所以能得到像诸葛亮那样颇有才智、品学兼优的智士辅佐。

毛泽东认为，刘备的缺点表现在两个方面：

一是好感情用事，这是刘备的最大缺点。1949年3月24日，毛泽东由西柏坡至北平，路经刘备家乡河北涿州时，对警卫员们说：《三国演义》中的刘备就是在涿州同关羽和张飞结拜成异姓兄弟的，这里就是书中说的"桃园三结义"的地方。刘备的野心大……但他志大才疏学识浅，好感情用事，在许多问题上用感情代替了政策。因为想报二弟关羽被东吴杀害之仇，置江山社稷于不顾，不听诸葛亮等谋臣的劝阻，贸然负气出兵，结果被东吴打得大败而归，自己无颜再回成都见诸葛亮和文武百官，死在临近湖北的四川省东部奉节县东的白帝城。二是这个人不能区分主次矛盾，因此导致了失败。1941年初皖南事变后，毛泽东借用刘备的例子。指出对于各部分的国民党人，应当采取不同的政策。毛泽东说：三国时期，荆州失守，蜀军进攻东吴，被东吴将领陆逊火烧连营700里，打得大败，其原因就在于刘备没有区分与处理好主要矛盾与次要矛盾的关系，在谋略中没有抓住主要矛盾。诸葛亮在《隆中对》中所确定的战略方针是"东联孙吴，北拒曹操"，曹刘是主要矛盾，孙刘是次要矛盾。孙刘的矛盾是统一战线内部的矛盾。所以当孙权数次讨荆州时，诸葛亮总是一再推诿软磨，而不硬抗，直到最后才让出荆州的部分地方。刘备不了解这一点，派了根本不执行"以联吴为根本、争夺荆州要有理有节"方针的关羽去驻守荆州。

诸葛亮

在三国人物当中，诸葛亮是毛泽东谈得较多的一位，大概也是毛泽东最为推崇的人物之一。早在湖南第一师范求学期间，毛泽东在《讲堂录》里就说诸葛亮是"办事之人"，他多次提倡人们要学诸葛亮的"鞠躬尽瘁，死而后已"的精神。他自己曾经表示：我也要鞠躬尽瘁，死而后已呢！毛泽东十分重视诸葛亮的宣传鼓动技巧。1930年夏天，毛泽东在红四军干部会议上做报告。讲到宣传鼓动工作时，他介绍了三国时黄忠大败夏侯渊的故事，说我们要学习诸葛亮善于做宣传鼓动工作。

毛泽东经常向干部和群众说诸葛亮的故事，教育他们重视学习文化和历史。毛泽东还对诸葛亮的聪明才智大加赞赏。1962年2月，他在和南京炮兵工程技术学院院长孔从洲谈日益进步的科学技术时，又谈了诸葛亮的兵器改革，说：由于射箭误差大，于是又有了弩机，经诸葛亮改进，一次可连发10支箭，准确性提高了。诸葛亮征孟获时使用了这种先进武器。可是孟获也有办法，他的3000藤甲军就使诸葛武侯的弩机失去了作用。诸葛亮经过调查研究，发现藤甲是用油浸过的，于是一把火把藤甲军给烧了。

毛泽东还十分看重诸葛亮制定的和戎政策，认为这在封建时代是难能可贵的。他说：诸葛亮会处理民族关系，他的民族政策比较好，获得了少数民族的拥护。在毛泽东看来，诸葛亮最宝贵的就是处理民族关系的艺术。他对诸葛亮的"七擒七纵"非常赞赏，并把它视为处理民族矛盾的一个好方法。当然，在毛泽东眼中，诸葛亮也并非完人。他曾经就错用马谡一事，对诸葛亮做过批评。1959年7月，毛泽东在读苏洵《权书·项籍》中有关评说诸葛亮"弃荆州而就西蜀，吾知其无能为也"一条时，写下了精彩的批语：其始误于《隆中对》，千里之遥而二分兵力，其终则关羽、刘备、诸葛三分兵力，安得不败。历来史家大都赞誉诸葛亮在《隆中对》中提出的战略思路，但毛泽东的评价却独树一帜，且言之成理，可谓卓见非凡。

赵云

毛泽东颇为赞赏赵云，特别是他的为人和胆识。

1944年10月1日，延安《解放日报》发表了《新四军的胜利出击和中国的救国事业》的社论，其中有这么一段话：华中的伪军，呼新四军为"四老爷"，比之为赵子龙，他们常常对着自己的枪说"枪啊，我是替四老爷保存的"。这段话中"比之为赵子龙"几个字，就是毛泽东亲自添加上去的。这里所说的子龙，是赵云的字。

毛泽东还曾经把自己十分喜爱的将领杨成武比作赵云。1967年7月，毛泽东准备离京视察大江南北，特别提出要由代总参谋长杨成武随行。他向中央文革小组的秀才们说：非子龙不可行也。长征中，夺泸定桥、过草地，我都讲过还得杨成武，只靠宣言不行。赵云忠心耿耿，曾经长期出任刘备的侍卫长。

张飞

优点值得赞赏。

一是张飞"粗中有细"。1934年，毛泽东对来中央苏区开会的红军将领王震谈起《三国志》的作者陈寿评论关羽、张飞处理人际关系的优劣处：羽善待卒伍而骄于士大夫；飞爱敬君子而不惜小人。他以此勉励王震：取两人之长，去两人之短。毛泽东在中共八大二次会议上说：要看到自己的缺点。十个指头九个好，一个指头有问题。华者花也，不要只开花不结果矣；不要粗而不细，要学张飞"粗中有细"。

二是张飞"有高度的原则性"。毛泽东非常喜欢看京剧《古城会》之类的张飞戏。据赵超构回忆，1944年6月，他们访问延安时，曾经陪同毛泽东看《古城会》。当剧中张飞自称"我老张是何等聪明之人"，露出那副得意神情时，毛泽东笑了起来。1949年12月，毛泽东又谈到了《古城会》说：当时在古城的张飞看见从敌人营垒回来的关羽，对他提出种种疑问，是张飞有警惕性的表现，是完全正确的。但关羽一旦斩了蔡阳，用行动表示了与敌人划清界限，张飞便开门迎接关羽，又兄弟团结共同对敌。

三是张飞勇猛善战。毛泽东喜欢把自己手下勇猛善战的将领比作张飞，以表示对他们的赞许。

关羽

关羽是毛泽东十分关注的三国人物之一。在人生的不同阶段，他对关羽的评价有微妙的变化。1917年夏天，毛泽东徒步游学旅行，在前往安化县城途中，看到路边亭柱子上有一副赞颂关羽的楹联：刘为兄张为弟，兄弟们分君分臣，异姓结成亲骨肉；吴之仇魏之恨，仇恨中有忠有义，单刀匹马汉江山。他把这副对联抄录在自己的日记里。在青年毛泽东的心目中，关羽的形象无疑是高大的。

随着革命经历的日益丰富，毛泽东对关羽的认识和评价也逐渐全面、深刻。1927年11月，毛泽东来到井冈山茅坪，寻找走散了的张子清所部三营（后来在湖南桂东县和朱德部会合）。当时有人怀疑张部有可能投降敌人。毛泽东说：不会的，三国时代的关云长，曾与刘备失去联系。曹操为了收用关云长这员大将，费了多少心机！可是，一旦得到刘备的消息，关云长便毅然离开拥有雄兵百万的曹操，过五关斩六将，终于回到兵微将寡的刘备身边，成为千古美谈。张子清是我们党的干部，就比不上古人关云长？这说明毛泽东对关羽是肯定的。但与此同时，毛泽东谈关羽更多的是他的缺点与不足。

1932年初，毛泽东在与程子华谈话时说：关羽的弱点是自负凌人，以致发展到上当受骗，大意失荆州。1949年，在解决绥远问题期间，毛泽东曾经对薄一波等人讲过：《三国演义》中的关云长，大体上是不懂统一战线的，这个人并不高明，对待盟军搞关门主义。新中国成立后，毛泽东经常以关羽"走麦城"为例，提醒中共干部特别是高级干部要谦虚，不要骄傲。

到了晚年，毛泽东对关羽基本上持否定态度。他有一个判断，认为关羽的形象是统治阶级吹出来的。1974年12月，毛泽东在湖南长沙对周恩来说：世界上的事，说起来难，做出来并不难。现在四书五经也批了，孔夫子是文圣打倒了，关云长是武圣也打倒了。

毛泽东对关羽的研究十分深入。他所讲述的关羽不姓关的故事，甚至连一些专家学者也未注意到。1954年，毛泽东漫步在杭州九溪十八涧，给陪同的浙江省公安厅厅长王芳讲起了关羽不姓关的故事。他说：关公是指关为姓。关公自小很讲义气，一次为朋友打抱不平，在家乡杀了人。他知道杀人是要吃官司的，便立即逃了出来，打算出潼关，以甩掉官府的追捕。他日夜兼程，来到潼关时，还不到五更天，关门紧闭。好不容易熬到开关了，却又犯了愁。那时，官府有一项规定，凡过关的人都要进行登记。这可怎么办？千万不能报出真实姓名啊。眼看就轮到他了。他心急如焚地望着这高大森严的关门，忽然来了灵感，在关门前，我何不就说自己姓关呢。这就是指关为姓的由来。

孙权

与曹操、刘备相比，毛泽东对孙权评论不多。但从他蜻蜓点水的议论中，可以看出孙权在他的心目中也是人杰。毛泽东曾经在《讲堂录》中写道：才不胜今人，不足以为才；学不胜古人，不足以为学。天下无所谓才，有能雄时者，无对手也。以言对手，则孟德、仲谋、诸葛而已。

从 1953 年到 1958 年，毛泽东多次在讲话中借用孙权重用周瑜的例子，来说明选拔干部不能论资排辈，要注重能力，注重水平，要敢于放手使用新人。这实际上是对孙权善于使用人才的充分肯定。

孙权雕像

毛泽东几次提到孙权自己年纪轻轻就当家了。1965 年 1 月，他在一次谈话中说：看起来还是青年行。群英会上的英雄，大多是二三十岁的人，诸葛亮当时才 27 岁，孙策初干事时，不到 20 岁，孙权更小。孙权生于东汉光和五年，他接哥哥孙策班时才 18 岁。

毛泽东对孙权年少而大有作为颇为赞赏。民间都说赤壁之战的胜利是由于诸葛亮"借东风"，毛泽东则认为：天下事有真必有假，虚夸者古亦有之。赤壁之战，曹操号称 83 万人马，其实只有二三十万，又不熟水性，败在孙权手下，不单是因为孔明"借东风"。

1970 年 4 月，毛泽东在中央政治局会议上第三次提出不当国家主席，也不再设国家主席，并以三国故事为例说：孙权劝曹操当皇帝，曹操说，孙权是要把他放在炉火上烤。我劝你们不要把我当曹操，你们也不要做孙权。

周瑜

周瑜是三国时期一位著名的青年将领，文武兼备、风流倜傥。33 岁时担任吴军统帅，火攻曹营，取得赤壁大捷，一举奠定三国鼎立的基础。在他短暂的一生中，为东吴政权建立了丰功伟绩。建国后，百废待举，特别是人才极其缺乏。毛泽东在 20 世纪五六十年代突出强调要提拔青年干部。因此，多次提到三国时具有超人才干的周瑜。

毛泽东在一次谈话中以三国故事为例说：现在必须提拔青年干部。赤壁之战，群英会，诸葛亮那时 27 岁，孙权也是 27 岁，孙策起事时只有十七八岁，周瑜死时不过 36 岁，鲁肃 40 岁，曹操 53 岁。事实上，青年人打败了老年人，长江后浪推前浪，世上新人赶旧人。在此，毛泽东是把周瑜作为青年干部的典型加以肯定的。

风月传奇

西施与范蠡

与杨贵妃、王昭君、貂蝉并列为中国四大美女的西施，早在先秦就已经声名昭著。许多著述对她的美貌赞不绝口，可见不是个虚构的传说人物。但西施与吴越争霸战争的关系，实在是疑窦丛生，充满了难以捉摸的玄机。

西施与范蠡的隐秘爱情

当年吴国大兵侵入，即将灭绝越国时，越王勾践感到了深深的绝望，他本打算杀死妻子，焚毁财宝，然后用兵器自杀成仁。据官方的《史记·越王勾践世家》记载，大夫文种劝阻了他的自毁之举，并且劝告说："吴国的太宰伯嚭贪婪成性，不妨诱之以利。"勾践看见一线政治生机，便备下美女和大量珍宝，派文种带去交结伯嚭，结果吴王在伯嚭的劝说下收兵回国，给了越国休养生息、卷土重来的契机。司马迁的著述虽然提到了美女，却无姓无名，跟范蠡和夫差也没有直接关联。《越绝书》沿袭史记的说法，也认为献美是文种所为，但却明确指出了被献者的姓名："越乃饰美女西施、郑旦，使大夫种献之于吴王。"

而东汉民间史学家赵晔的《吴越春秋》，其观点则与此截然不同，它暗示越国的相国范蠡才是该事件的主谋。他下令让两位村姑穿上罗缎锦衣，学习优雅步态和歌舞技巧，以期把她们改造成合乎宫廷礼仪的贵妇。但它也刻意疏漏了一个重大细节：在此期间曾经发生过一段危险的插曲，那就是主持训练的范蠡本人，不仅偷偷爱上西施，而且违反朝纲，擅自与之私通，两人双双坠入情网，差点酿成惊天大祸。

范蠡雕像

范蠡先是在"土城"和"都巷"两处宫台开设训练课程，对西施和郑旦进行"素质教育"，继而奉命把她们送往吴国。为了延宕日期，范蠡借口要对她们做进一步培训，大胆放慢了行程。据说从会稽到苏州，短短两三百里的路途，美女护送队竟然走了整整三年，却始终没有到达目的地。《汉唐地理书钞》所辑《吴地记》甚至揭露说。他们在路上还生了个儿子，到达现今嘉兴南部一百里处时，这个婴儿刚满周岁，能够开口说话，于是路边的亭子被当地民众叫作"语儿亭"，以见证这个秘密爱情的结晶。

范蠡与西施的私情无疑是在极度机密的情况下展开的。一旦走漏风声，他们将同时面临来自吴越两个方面的杀身之祸。在这段长达三年的浪漫时光里，范蠡的焦虑想必在与日俱增。他必须承受一个无法规避的事实——把心爱的女人献给仇敌夫差。他在最后期限的逼近中感到了绞索的抽紧。他的无奈和愁苦隐藏在历史的深处，仿佛在为这场雪耻复国的游戏增加价值筹码。

范蠡和西施的爱情终于走到了尽头。三年之后，在吴国的都城，范蠡隐忍着巨大的痛楚，心如刀割、面带微笑地把西施和郑旦一起交给夫差，美人西施心中也一样充满了生离死别的哀伤。她是一件美丽而轻盈的礼物，被国际外交阴谋和间谍战推到了前台。她的悲惨命运，从与范蠡相遇的那刻就已经注定。

夫差不顾伍子胥的警告和反对，狂喜地接受了这两个来自越国的尤物，并且发出了心满意足的赞扬：越国进献这样的美女，是勾践对吴国尽忠的表现（《吴越春秋·勾践阴谋外传》）。他开始尽其可能地宠幸她们，表现出对女色的狂热爱好。所有这一切都没有出乎越国领导人的意料。当然，吴国最后被越国所灭，美人计并不是唯一主要的因素。

西施的生死之谜

吴国被灭之后，西施重新回到范蠡身边，两人一起泛舟五湖而去。这个以喜剧告终的传说，比较符合中国民众的心愿，因此成为蔓延最广的传说，飘浮在优美的历史风景之中。

西施的真切下落，应当与范蠡有密切关系。反观他的踪迹，倒是相当清晰，没有多少可怀疑的地方。《史记·越王勾践世家》记载，范蠡认为勾践的为人，可与之同赴患难，却无法共享安乐，因此向勾践辞职，在遭拒之后便收拾细软悄然逃走，乘舟浮海前往齐国领地，同时更改姓名，自称"鸱夷子皮"，在齐国海边开垦耕地，艰苦创业，父子俩治下大宗产业，没有多少时间，就积贮了数十万银两。接着，他又拒绝齐国人的高官厚禄，散尽家财，随身携带少量珍稀宝物，悠闲自在地离去，在一个叫作"陶"的地方定居下来，自号"陶朱公"，过上了闲云野鹤的生活。但司马迁的叙述，只字未提包括西施在内的任何女人。人们只能假定西施就隐藏在他身后，成了他的空气和呼吸。

勾践后悔未能及时下手，放走了相国范蠡，便立即下令捕杀大夫文种，以免夜长梦多，由此彻底剪除了越国的两大功臣。而另一方面，他又在远郊封了一块名叫"苦竹城"的狭长土地，赐给流亡者范蠡的儿子，借此向世人摆出"公正无私"的姿态。勾践的伪善和心机，远在吴王夫差之上。

然而，随着疑古风气的蔓延，"西施被杀说"近年来变得甚嚣尘上。一些学者援引《吴越春秋》的记载"吴亡后，越浮西施于江，令随鸱夷以终"，来证明西施的悲剧下场。这里的"鸱夷",指的是一种皮革制成的袋子。整句话的意思是,吴国灭亡后,越王把西施投入江里,让她随着装她的皮囊一起漂浮着消失。西施在吴亡后被自己的祖国所杀,乃是民间史学家的基本判断。

西施被杀害的情形,与伍子胥之死有着惊人的相似。《吴越春秋·夫差内传》记载说,吴王夫差赐死伍子胥之后,又"取子胥尸,盛以鸱夷之器,投之于江中。"所以民间给伍子胥起了一个"鸱夷子"的别名,借此暗示他的悲剧性归宿。

我们不知道范蠡此时所持的立场。我们只能假定他满腹隐衷而无法言说,无力为西施公开抗辩,更不敢动用权力展开营救,只好眼睁睁看着越国女英雄、自己的秘密情人惨遭杀害。有人认为范蠡之所以自号"鸱夷子皮",乃是为了纪念壮烈蒙难的西施,的确是一种合乎情理的推断,而"子皮"很可能就是西施的真正本名,"皮囊里的子皮"这个名字,隐含着范蠡的无限伤痛和恨憾。在逃出勾践的势力范围之后,他才有了公开悼念西施的凛然勇气。

在西施被杀的铁幕后面

尽管西施被杀已经成为世人的共识,但对杀她的原因,却很少有人问津。而这才是本文需要探查的真正核心。

《越绝卷第十二》记载,早在范蠡进献西施和郑旦的时刻,伍子胥就向吴王发出严厉警告,说万万不能接受这样的礼物,这两个女人就是危及社稷的妖女,与妹喜、妲己和褒姒一脉相承,必定会给国家带来严重危害。而好色的夫差对此置若罔闻。

许多年后,越王反攻获胜,在余杭山逮捕了吴王及其部属,不无讽刺地当面数落夫差的三大过失,说他不该放越国一条生路,更不该杀害伍子胥,并听信"谗谀之徒"的鬼话,说完便赐宝剑给夫差,逼迫其在十天后刎颈自裁。耐人寻味的是,为了向世人表明自己憎恨一切"谗谀之徒",勾践下令杀掉了曾经为他立下汗马功劳的伯嚭。基于同样的逻辑,我们可以这样推断,勾践秉承伍子胥的观点,认为西施是亡国妖姬,所以尽管她功勋卓著,仍须坚决执行死刑,彻底终结其生命,以免越国步了吴国的后尘。

这无疑是杀害西施的最冠冕堂皇的理由。但勾践之所以大开杀戒,还有一个更为隐秘的原因,那就是他可能已经得到范蠡与西施私通的情报,并且为此妒恨交集。西施之死是勾践向其旧部的一次血腥挑衅:虽然你已经逃走,但我可以轻易地杀掉你的女人!

与西施同时代的墨子,为此在《墨子·亲士》一文里发出了深切的感慨:"西施之沈,其美也。"意思是说,西施之所以被淹死,只是因为她的美丽啊。墨子言犹未尽,在"美"的感叹背后隐藏着某种深长的意味。是的,这个为国捐躯的美人,第一次捐出了美艳的情色,第二次捐出了美艳的生命。她是男权专制主义的最美丽的祭品。

作为一位沉鱼落雁般的美人,西施生前是国家的工具和玩物,而后又被人以国家利益的名义处死,但死亡消解了一切道德难题。她在死后成了众口皆碑的人物。她的容貌掩盖了幕后的政治阴谋。在关于西施的叙事中,既没有关于她的悲剧,也没有关于她的喜剧。她的生命被世人抽空，成了一个纯粹的符号，高悬于中国大众美学的潮流之上，仿佛是一面超越了所有意识形态的旗帜。

西施的"战友"郑旦，其下场或许更为可悲，除了一个似是而非的名字，没有留下任何可资查询的档案。我们只知道她跟西施一起被发现、训练和改造，并一起被送进姑苏台，成为越王的间谍和吴王的宠妃。她一直低调地生活在西施的阴影里。在这场波澜起伏的政治戏剧中，她扮演了一个卑微的配角，用以衬托西施的悲壮与伟大，但她的结局却可能跟西施完全一样。尽管功勋卓著，却无法摆脱死亡的命运。她在西施叙事里的作用，应当跟小青在白蛇传里的作用相似，却比小青更加微小和卑贱。

中国第一美人及其女伴的传奇，就此拉上了沉重的帷幕。

丞相陈平前程从"富婆"开始

说起陈平，无外乎两件事：英俊加聪明。说起他的外貌，短短一篇《陈丞相世家》，提到他英俊的就不下五次。要是这样，应该是奉行"出名要趁早"不甘寂寞的主儿。他的出身倒是平凡，但很快就遇上了贵人。

陈平之婚：建立良好的经济基础

陈平的成功也是以计谋取胜的。他的一切辉煌都和他早年的婚姻有关。

陈平年轻时有四个特点闻名于十里八乡。四个特点中有两个是缺点：一是陈平家庭困难；二是陈平好逸恶劳。还有两个是优点：一是陈平的美貌天下无双；二是陈平酷爱读书。这四点结合在一起，就导致了严重的后果，使得陈平类似于一个社会的多余人。到他该恋爱结婚之时，这个问题显得更为严重：富有的人家没有谁肯把女儿嫁给他，娶穷人家的媳妇陈平又感到羞耻。

时光飞逝，陈平已经到了等不起的年龄。就在这时，一个富婆引起了陈平的注意。富婆姓张，家里甚有资财。张富婆是个传奇人物，因为在陈平注意到她之前，她已经结了五次婚，五次婚姻同一个结果，那就是，谁做了富婆的丈夫谁就要死去。因此，富婆在当地成了一个克夫的象征，已经没有人再敢打富婆的主意了。陈平却不为所动，铁了心想娶她。听说美男陈平对自己很有想法，富婆当然心跳如鼓，特意委托爷爷对陈平进行考察。

经过初步磋商，考察的地点定在了一个要办丧事的人家，富婆认为一个人的公关能力可以在这里表现出来，如果能处理好丧事，那么这个人一定可以处理好生存的事情。

富婆的爷爷作为全权考察特使出现了。陈平以丧事的帮忙者身份出现，为了让特使考察得充分一些，陈平干得很卖力，一直忙到很晚才离开。陈平的风度举止让特使过目不忘，在那些庸庸碌碌的人群中，陈平鹤立鸡群，卓尔不凡。

接下来就该实地考察陈平的房产了。还是富婆的爷爷全权代理。他偷偷来到陈平靠近外城城墙的偏僻小巷子里的家，陈平家徒四壁，绳床瓦牖，令特使大失所望。但是，特使的伟大之处在于，他特别注重细节。他在陈平家的门前发现了很多车辙，由于车辙太多，以至于陈平家门口的空地上都快变成小广场了。特使是个有心人，他善于通过表象看到事物的本质。他想，一贫如洗的陈平，家门口居然有这么多车辙，只能说明一个问题，那就是陈平朋友众多，因此陈平一定是个交友广泛、志向非凡的有为青年，这是典型的潜力股啊。回家之后，他就成了陈平的坚实拥趸。结果可想而知，富婆很快就和陈平开始约会了。

娶了富婆之后，陈平很快就过上了好日子，从困顿一下子变为小康，也可以不时地吃点西餐喝点洋酒了。

富在深山有远亲，有了良好的经济基础，陈平的交友更是越来越广泛，人气指数当然也是迅速飙升，成为当地响当当的名人。更为令人称颂的是，陈平没有重蹈富婆前五任丈夫的覆辙，反而越活越滋润。

慢慢地，陈平走出了故乡，走向了全国。

陈平之功：献奇计所向披靡

陈平，这样一个有头有脸的帅哥自然是不靠力气吃饭的。他傍上富婆，就像随便得到的一颗过河的棋子。他要的成功不是那点银子可以满足的，自从苦读那天开始就学会了用脑子。

他从来都是作为智囊出现的：在楚汉对峙时期，他根据项羽为人猜忌的弱点，施用反间计。

他带了很多黄金在楚军中四处煽风点火，在众将中扬言钟离昧等人作为项王的将领，功劳很多，但始终不能划地封王，他们打算跟汉王联合起来，消灭项王，瓜分楚国的土地，各自为王。项羽果然中计，对自己的手下狐疑起来，不再信任钟离昧等人。陈平见到自己的离间达到了初步效果，后续手法马上跟进。

中了招的项羽为了弄清真相就派使者到汉军那里打探情况，陈平的计策更是滴水不漏。陈平是这样愚弄项羽的使者的：先是备下丰盛的酒宴，命人端进，刘邦也做出了准备热情招待的样子。见到项羽的使者后，刘邦故作吃惊地说："我本来还以为你们是范增先生派来的呢，没想到你们居然是项羽的使者。既是项羽的使者，那就对不起了，你们不配享用这么好的饭菜！"刘邦说到做到，立马让手下人将酒肴撤走，直接换上了粗劣的下等饭菜。项羽的使者回去以后，将自己在汉营中的遭遇作了如实的汇报，头脑简单的项羽果然更进一步地怀疑起了亚父范增。范增想急速攻下荥阳，击溃刘邦，项羽就是不肯听从。范增闻知项王居然连自己都怀疑，气不打一处来，他恼怒地对项羽说："在我看来，胜负的大局已定，我要告老还乡了，以后的事情您就好自为之吧！"满怀悲愤的范增涕泪交流，告别了项羽，独自踏上了归途，没走多远，失望加伤心的他就因背上的毒疮发作而客死他乡。

无疑，范增是令人同情的，但这也在另外一个侧面显示出了陈平的技高一筹。一个计谋居然让对方阵营的重要谋士受到伤害！其实，从范增决意离开项羽之时，项羽失败的命运就已经注定。而改写项羽命运的人就是陈平。

陈平之计：化解白登之围

陈平另一个为后人所津津乐道的成功案例是献美女图化解白登之围。

汉朝新建，刘邦将主要精力用于安抚国内，无暇他顾。于是匈奴就乘机南下，长驱直入，直接威胁到了帝国的生存。危急关头，刘邦御驾亲征，统率三十万大军抗敌。然而出师不利，当刘邦向北行进到平城（今山西大同市东北）之东的白登山时，他已被冒顿单于的四十万精锐骑兵团团围困。

面对巨大的危机，陈平想到了化解之道。

陈平了解到冒顿单于对新得的阏氏十分宠爱，已经达到了如胶似漆，朝夕不离的程度。陈平决计在阏氏身上打开缺口。主意既定，陈平派遣使臣乘月黑风高下山。使者来到匈奴的军营之外，花重金托人向阏氏表达敬仰之意，让阏氏的虚荣心得到了巨大满足，她破例召见汉使。

汉使向阏氏献上了数不清的金银珠宝，说这是大汉皇帝特意送给她的，阏氏心花怒放，体会到了作为匈奴第一夫人的妙处。之后，汉使又郑重地献上一幅图画，说这是大汉皇帝特意献给冒顿单于的，请阏氏一定转达。阏氏打开图画，只见画上绘着一个绝色美女，忙问："这幅美人图是干什么用的？"汉使很有表演天赋，他看似虔诚地答道："我们的皇上被单于包围，非常愿意罢兵言和。之所以送您重金，就是想通过您的渠道向单于求情，可是我们的皇上又怕单于不肯答应，因此，准备把我国第一美人献给单于。因为这个美人现在不在军中，所以先把她的画像呈上。"刚刚体会到作为匈奴第一夫人好处的阏氏此时感受到了来自图画上那个美女的莫名威胁，她面露愠怒。汉使察言观色，继续滔滔不绝："说句良心话，汉帝也不愿意把自己的美女拱手送人，从另外一个角度来说，这个美人来到之后，说不定也会夺了单于对您的宠爱。可是事出无奈，汉帝也只好如此。然而，如果您能解了我们的围，那我们当然也就用不着把美人献给单于了，如果真能这样，我们还愿意再多付些金银。这样，我们岂不双赢？"

就这样，陈平的"统战"手段打动了阏氏，一幅虚拟美女图就让阏氏不知不觉地站在了汉军的一边，成了汉军的宣传员。单于最亲近的阏氏对单于展开了攻心战，并最终影响到了单于的决策，让单于下达了撤军的指令。陈平因功先后受封为户牖侯和曲逆侯。

如此看来，陈平这样一个聪明的人，他的人生就从娶富婆那刻起彻底发生了变化。那天十里八村的一场热闹的嫁娶注定了他脱离了穷人的圈子，攀上了上流，在政治这条路上是长风当歌，越走越远了……

探秘女皇"后宫"：武则天情感生活

作为中国历史上唯一的女皇帝，武则天一向饱受争议。她，君临天下，威仪万方，杀戮、告密、酷吏曾是那个王朝的标志；她，聪颖多情，雍容典雅，爱人、情人、男宠曾是她一生的难忘。有人说她篡唐代周，信用酷吏，淫乱后宫，罪不可赦；有人说她统御有术，政治开明，国势强大，四边安靖，功在千秋。

而对权力的执着欲望贯穿了武则天的一生。她先是肆意诛杀李唐宗亲，接着又用严刑峻法，排除异己，到后来几废几立儿皇帝，其目的都是为了维护她唯我独尊的权力需要。这在夫权至上的封建社会，其"牝鸡司晨"早已触犯了几千年的戒条，而其一系列的"维权"成了后人诟病与抨击的焦点。

对情感的饥渴欲望则是贯穿武则天复杂人生的彩色链条。她先是太宗的才人，后又与太子暗生情愫，踏着感业寺青灯古卷的跳板，一跃成为新皇帝的宠妃、皇后。能得到父子两代帝王的临幸与怜爱，折射出了她的心智机巧及妩媚可人。丈夫的去世并不能关闭她情感的闸门，她的天生霸气与欲望横流让她的后半生春色满园。无论是风采卓然的御医，还是天生膂力的薛和尚，再有那貌赛潘安的张氏兄弟，都成了她心灵慰藉的甘饴。正是这种对情感生活的无休止索取，为她的有为政绩抹上了一缕不伦不雅的乌云。与史上其他帝王不同的是，武则天不仅是仅有的一位女性皇帝，也是私密隐情被"曝光"最详细、最大胆的皇帝。

寂寞岁月：十二年中未获太宗一丝恩露

作为一个女人，武则天也需要男女之情，这个需要她却永不满足。武则天十四岁入宫的时候，被唐太宗赐名为"媚"，千娇百媚，含苞待放，情窦初开，渴望皇帝的宠爱，可在太宗身边十多年，她仅是个"才人"，与一个侍女的作用差不多。武则天作为太宗的才人，在宫中度过了整整十二个年头，她从一个初涉世事的少女逐渐走上了成熟。不过这一时期，她并没有能得到太宗的宠遇。唐太宗比她大二十七岁，她和唐太宗并没什么感情，武则天既没有为太宗生养子嗣，自己也没有得到升迁。深宫生活的寂寞，使武则天慢慢品味到宫廷生活的方方面面，这对于一个不甘于现状的人来说，倒成了一种受用不尽的财富。然而，当她还未来得及为自己前途作打算的时候，便同其他未生养子女的宫人们一起被剃度落发，进了感业寺。削发后的武则天忍受着寺内各种清规戒律的制约，但是，她坚信这样的日子不会很长，她把感业寺当成了蛰伏之地。

从情人到高宗的皇后

武则天等待着、期望着、准备着。历史的机遇，使太宗的儿子李治成了她的选择。高宗李治好色多情、体弱多病，优柔寡断，对她又一往深情。李治为太子时，因为来宫内侍奉病榻上的父皇太宗，有机会见到了比他年长4岁的武则天。李治被武则天的美貌与多情的目光所吸引，也为她的聪明才智而心动，他们一见便不由自主地私下往来。

武则天入寺为尼，李治对她也是一直未能忘怀，然而新君即位之始，他并没有多少机会去见她。永徽元年（650年），太宗周年忌日时，李治以行香祈福为名去了感业寺，在那里见到了已经落发近一年的武则天。武则天乍见高宗，不由得泪如雨下，一

年中尼庵的清苦寂寞实在难以忍受，她向高宗皇帝诉说心中的思念，高宗李治也同样感慨万分。但是，身为帝王的李治还没有合适的理由把武则天接出寺外，只得仍旧让她在感业寺中暂住。

高宗与武则天暗中通情的事，早就传到了宫中。中宫王皇后没有向皇帝撒泼使野，而是怂恿高宗把武则天纳入宫中。原来，此时王皇后正与萧淑妃争宠而闹得不可开交，她为了讨好高宗，不惜借召武则天入宫之举来博取高宗欢心。王皇后的建议自然深合高宗本意，武则天不久即被征召入宫，由感业寺尼成了正二品的昭仪。

武则天重回宫中后，极力讨好王皇后，对皇后是卑躬屈顺，恭恭敬敬。为此，王皇后也时常在高宗面前夸奖她。这样一来，高宗越发觉得武则天的可爱。高宗在武则天这里得到了无比的欢愉，而且他发现与武则天之间有很多的共同语言。渐渐地，随着宫闱斗争的扩大，武则天已不再满足于做一个昭仪，她的目的是要入主中宫，取代王皇后。

不久，武则天生了一个女儿。她利用王皇后按礼制规定探视新生婴儿之机，亲手闷死了自己的女儿，然后嫁祸王皇后。对此飞来横祸，王皇后纵是浑身是嘴，也无法说清了。不久，武则天又诬告王皇后与她的母亲行厌胜之术，诅咒自己，更让高宗大为恼火，联系到小女儿的死，他下定决心要废王皇后而改立武则天。

永徽六年（655年）十月，高宗下诏废王皇后册立武则天。武则天终于以她的美貌与才智，如愿以偿地入主中宫。不久，她就将已打入冷宫的王皇后和萧淑妃害死。对于那些反对立她为后的大臣，也同样大动干戈，进行了报复。武则天的晚年：一批男宠走进她的生活

在武则天统治时期，有两个话题最让后人诟病，一个是酷吏政治，另一个就是男宠。任用酷吏使武则天迅速稳定了统治，但随着政局的稳定，酷吏也慢慢退出了历史舞台。而又有一批新的势力兴起了，那就是男宠。

武则天的晚年：一批男宠慢慢走进她的生活

薛怀义，原名冯小宝，鄂（今陕西省零县）人，闯荡江湖（贩卖药材），练就了健壮的身体，粗犷中不失几分英俊，而且又能说会道。后来被武则天的干女儿千金公主家的侍女看中了，做了侍女的情人。这个侍女常把冯小宝引到公主府去相会，后来被公主发现了。公主很生气，想从重发落一下，可是她一看小宝生得伟岸、一表人才，马上派人把他召到宫中，亲自为他沐浴更衣，留待数日，把他包装成礼物，献给了寡居多年正寂寞上火的武则天。小宝刚过三十，侍寝有术，深得则天的宠爱。为了能让冯小宝合乎情理地往来后宫，武则天接受公主计策，把冯小宝变为僧人，将洛阳的白马寺修饰一下，让他出任住持，并让他学习佛教经典，既掩饰身份，又可陶冶性情，培养参政的能力。又将他改名为怀义，赐给薛姓，让太平公主的驸马都尉薛绍以叔父之礼相待。

武则天的家族有些特殊性，可能有长寿基因。武则天活了八十一岁，她妈妈杨氏活了九十二岁。周围的人都不觉得武则天有多老，说她们家可能有长寿基因。另外，

可能与社会风气和她家庭生活影响有关。她这个家族，可能在性生活方面比较开放，她的妈妈杨氏在她八十多岁的时候，就喜欢上了她的外孙子，而她姐姐韩国夫人，后来和唐高宗也好了，而且韩国夫人的女儿魏国夫人也跟唐高宗好，所以武则天最后把魏国夫人也给毒死了。

武则天的女儿太平公主，也是跟很多人好，从这两方面说，武则天在六十一岁的时候有男宠并不是不可思议的。武则天虽然非常胆大自信，但是她终究不敢像男皇帝那样，公开的设许多嫔妃。她为了掩人耳目，还是把薛怀义作为一个僧人，让他进宫帮她搞建筑，以这个名义让他到宫中来。

薛怀义不满足于专任侍寝，他对任何事都有过人的聪明。垂拱四年（688 年），薛怀义受命督建明堂和天堂，耗资巨万，建筑物雄伟华美，令人瞠目。薛怀义因功被擢升为正三品左武卫大将军，封梁国公。他还多次担任大总管，统率军队，远征突厥。他利用当时流行的对弥勒佛的信仰，和僧法明等僧人编写了《大云经》四卷，献给武则天，称武则天是弥勒佛下生，应当取代唐朝成为天子。从而为武则天提供了对抗儒家男尊女卑理论的思想武器，更助她名正言顺地登上皇位。薛怀义凭借皇帝的宠爱，为所欲为，不但不把朝廷官员放在眼里，还公私不分。武

武则天

则天大概宠了薛怀义十年左右，后来御医沈南璆成为武则天的第二大男宠，薛怀义受到冷淡，这使他妒火难忍，一把火烧掉了自己督造的耗资巨万、象征天子身份的明堂。大臣们纷纷要求严惩薛怀义，武则天不加追究；但薛怀义却日益骄横，终于被武则天指使人将其暗杀。

薛怀义死后，已过中年的沈南璆温和有加，却身心虚弱，满足不了武则天的要求。七十多岁的武则天又陷入了寂寥烦闷之中，喜怒无常，脾气暴躁，动不动就责骂侍女。

还是女儿理解母亲的心事。太平公主便将美貌少年张昌宗带给武则天。张昌宗聪明伶俐，通晓音律，当场献上一曲，然后相拥入内室。侍寝一宿，武则天非常满意，当夜封张昌宗为飞旗将军。半月后，张昌宗向武后透露他有一个亲哥哥张易之，善制春药，服之使人返老还童，侍寝更有经验。武则天把张易之召来，试之，果然满意。张易之干练精悍，才貌双全，弟弟张昌宗生得迷人。后来，张易之被封为"恒国公"，在王宫里号称五郎；张宗昌被封为"邺国公"，在王宫里号称六郎。

于是，万岁通天二年（697 年），武则天七十三岁的时候，又有了第三大男宠：张易之和张昌宗兄弟。从此，二人同入宫中侍奉武氏，俨若王侯，每天随武皇早朝，待

女皇听政完毕，就在后宫陪侍女皇。

在武则天女皇近似溺爱的宠幸下，这对美少年的势力迅速膨胀。朝中的当权者武承嗣、武三思、武懿宗、宗楚客、宗晋卿等人，争先恐后献媚二张。张易之、张昌宗兄弟，是定州义丰（今河北安国）人，其祖父辈的张行成在贞观末当过宰相，也算得上名门出身，世家子弟，宰相之后，被称为面如莲花的张昌宗是太平公主推荐给武则天的，张昌宗又引进其兄张易之，因此二人先被任为中郎将和少卿，此后屡屡加官。这两兄弟年少，长得很白，武则天也不敢把他们公开弄到宫中，就让他们到宫里头写书。她宠了张易之和张昌宗八年，最后这两个人一直陪她到死，陪她到退位。

武则天晚年，很得益于男宠张易之、张昌宗兄弟的悉心侍奉，她很感谢张家兄弟的奉献，授予其高官，委以国政，成为她晚年最亲信的人。因武氏年事已高，政事多委易之兄弟，二人权倾朝中，连武则天的侄儿武承嗣、武三思等人都争着为二人执鞭牵马。后来却因为恃宠逞威，到了神龙元年（705年）武则天病重，大臣崔玄、张柬之等起羽林兵迎中宗李显复位，发动复辟唐朝的政变，他们两兄弟都被杀死在"迎仙院"了。

武则天的第四大男宠是天下美少年和大臣。鉴于历代皇帝有三宫六院，武则天也想仿效。据《旧唐书》记载："天后令选美少年为左右供奉。"有名的就有柳良宾、侯祥、僧惠范等多人。

武则天享乐特权制度化：设立颇似"后宫"的控鹤府

绝对的权力造就绝对的享受，皇帝从来都是最贪婪地享受者。他们不仅拥有世间最好的财物，同时也拥有世间最极品的后宫佳丽。作为中国历史上空前绝后的女皇武则天自然也不例外，她对男人的享受几乎到了登峰造极的地步。

圣历二年（699年），武则天有意使自己的特权制度化，让男女在相互压迫上处于她认为的平等的地位，她在这方面的一大杰作就是设立了一个颇似"后宫"的控鹤府，由张易之做长官，里面任职的官员大多是女皇的男宠及轻薄文人。这一机构为武则天集聚男璧，以娱晚年的宫制之一。这一府内的官员，除了曲宴供奉之外，另一重要职能是向女皇提供"男性温存"。"每因宴集，则令嘲戏公卿以为笑乐"。内殿设宴，则由张氏兄弟和诸武侍坐，陪女皇玩榕蒲戏或说笑话，老人家高兴了，便赐给众人赏物。试想这一场面：武则天置身于比大观园更为富丽堂皇的庭院内，周围云集着无数献媚者（大多数是男性），他们按女皇的心愿大肆嘲弄另一群男人（朝廷的大臣们），又接受女皇的评头品足。为了武则天的开怀大笑，他们不仅要奉承女皇本人，还要大肆吹捧她的男宠，说张昌宗仙姿潇洒，是周灵王太子王子晋的后身，一升仙太子的转世，等等。如此多的男人拜倒在她的脚下，屈辱地接受她的调笑和玩弄，并心甘情愿地充当奴才，作为女人，她以一花独放的形式提高了女性的声望。不过，这所有的一切，对她来说，都不是自觉的。由此可见，作为一个女皇帝，武则天拥有比历史上众多的男性皇帝毫不逊色的后宫大军。

张易之白哲貌美，兼善音律歌词。初以门荫迁为尚乘奉御。他能够受宠，全仗他的弟弟张昌宗大力推荐。而张昌宗最初是太平公主发现的，太平当时喜不自胜，不愿自秘，献于武则天。张易之在满足武则天的基本欲望的同时，也充分发挥了医药学家和美容专家的特长。他最擅长的技能之一就是炼制春药，武则天经过长期服用，不仅皮肤恢复弹性，许多白发变回黑色，而且在六十九岁时，又生了一颗智慧齿。在七十六岁时，也许是张易之真的回春有术，武则天脱落已久的两眉又重新生出。除了为中国古代的医药学和美容研究做贡献，张易之与他兄弟张昌宗、张昌仪三人还都是"美食家"。据唐代张《朝野金载》："张易之为控鹤监，弟昌宗为秘书监，昌仪为洛阳令，竟为豪侈。易之为大铁笼，置鹅鸭于其内，当中取起炭火，铜盆贮五味汁，鹅鸭绕火走，渴即饮汁，火炙痛即回，表里皆熟，毛落尽，肉赤烘烘乃死。昌宗活栏驴于小室内，起炭火，置五味汁如前法。昌仪取铁橛钉入地，缚狗四足于橛上，放鹰鹞活按其肉食，肉尽而狗未死，号叫酸楚，不复可听。易之曾过昌仪，忆马肠，取从骑破胁取肠，良久乃死。"唐代武则天的男宠张易之、张昌宗兄弟都是虐食的热衷者。兄弟俩互相比赛，看谁在虐食上更有创意。张易之的发明是在铁笼内放置多只鹅鸭，铁笼周围烧上一盆盆火炭，铁笼内一个铜盆煮着滚开的五香调料汁，鹅鸭受不了炭火的煎熬，就在铁笼里乱窜，渴了就喝滚烫的五味汁。就这样，外面火烤，里面汁烫，不用多长时间，整只鹅鸭就被烤熟，羽毛脱尽，热腾腾，香喷喷，端上桌来，大家群起食之。张昌宗则把鹅鸭换成小驴：他将驴子拴在小屋里，四周摆满火炭，铜盆内盛满滚烫的调料汁，小驴外烤内烫，直至活驴内外烤熟，这时，食客拿个碟子，爱食哪个部位，就自己动手割而食之。有一天，张昌宗来看望哥哥，说起马肠好吃，张易之随即从马厩牵过一匹马来，用快刀在马肚上切开口子，伸手入马肚掏出马肠割下煎炒而食，那马疼得大嚎，过了好长时间才死，哥俩却直说马肠果然好吃。

但想不到，张易之还是个颇有孝心之人，不仅为其母建造豪宅，陈设豪奢之至，而且还十分关心其生理健康，把英俊不亚于他的凤阁侍郎李迥秀介绍给其母作情人。而据野史所言，其母丑陋不堪且有口臭，李迥秀自然不胜其苦，于是终日饮酒无度，据张《朝野金载》："张易之为母阿臧造七宝帐，金银、珠玉、宝贝之类罔不毕萃，旷古以来，未曾闻见。铺象牙床，织犀角簟，罽貂之褥，蛮虮之氈，汾晋之龙须、河中之凤翮以为席。阿臧与凤阁侍郎李迥秀通，逼之也。同饮以碗盏一双，取其常相逐。迥秀畏其盛，嫌其老，乃荒饮无度，昏醉是常，频唤不觉。出为衡州刺史。易之败，阿臧入官，迥秀被坐，降为卫州长史。"

诗仙李白身边的女人

一个人对待婚姻的态度也可以反映出他的思想、追求，甚至性格特点。

李白的婚姻情况到底如何？他结过婚吗？结过几次婚？他的妻子是谁？夫妻关系怎么样？生了几个孩子？孩子的情况如何？这都是我们了解李白思想性格的重要方面。

可惜，关于这方面的记载实在太少，除了李白诗歌，见诸文字的很少。还好，李白有个追星族，一位叫魏颢的人写的《李翰林集序》中有记载。魏颢又名魏万，曾到处追踪李白几个月，相遇后李白就赞他前途无量，说他将来必得大名，还对他说，你得大名后你大发后，不要忘了我和我的儿子。后来此人果然中进士。他在为李白编的集子中有这样一段话：

白始娶于许，生一女，一男曰明月奴，女既嫁而卒，又合于刘，刘诀，次合于鲁一妇人，生子曰颇黎。终娶于宗。

魏万是李白同时代人，李白又托他编集子，对李白的了解应该比其他人更真实，他的这段话是关于李白婚姻和子女权威性的记录。

从这段记录中，我们获得许多重要信息：李白结过四次婚，两次是正式的，用一个"娶"字，两次是一般的同居，用一个"合"字。

不过魏万的话也有误导，从他的话中，我们只看到李白是"娶"了老婆，而事实并非如此。李白的两次正式婚姻都不是"娶"，而是"赘"，"入赘"。

魏万故意避讳了这个"赘"字，笼统地说"娶"，这是因为敬重李白之故，为尊者讳。可是，李白在自己的文章中却不避讳，大大方方地说自己是入赘，他在给安州裴长史的信中，说："许相公家见招，妻以孙女，便憩迹于此，至日移三霜焉。"他用的是"见招"两字，"见招"就是"入赘"。这个招字说得很明白，说明李白对"见招"没有什么心理障碍，不以为羞耻。

那么，李白为什么会不在乎做招女婿，而且大大方方地讲出来呢？

这与他的观念有关，在他看来，这没什么了不起，这又与他的出身和文化背景有关，李白从小生活在胡人中，对中原文化中这样的习俗没有切身的感受。在男女婚姻关系上，李白是很开放很现代很平等的，而且，李白从偏远的四川来到中原地区，举目无亲，要升迁、发达，在李白看来只要有机会让他一展才华，实现他的济苍生安社稷的理想，招女婿又有什么关系。有时，李白也是很灵活，很庸俗的。

李白与许氏是开元十五年（公元727年）在安陆成亲的，成亲以后，李白过了一段相对稳定的生活，就是他自己所说的"酒隐安陆，蹉跎十年"，也就是共同生活了十多年。这十多年中，他基本上生活在湖北安陆，虽然绝大部分时间仍在"名山游"，但还算是"常回家看看"的。

许家小姐倒是一个有才有貌、有很高文化修养的大家闺秀。不愧为相门之女，婚后有好多关于他们夫妻的故事。据宋长白的《柳亭诗话》记载，有一次李白写了一首《长相思》给夫人看，最后一句诗是："不信妾断肠，归来看取明镜前。"这位相门小姐看了微微一笑，说你听读过武后的诗吗？我背给你听："不信比来常下泪，开箱看取石榴裙"，李白听了好没面子，本来想在夫人面前炫耀一下自己的才华，现在反被看出自己模仿的痕迹。可见这位相门之女非同寻常，由此也可见，他们的夫妇关系，还是颇恩爱的。

他与许氏生了一女一男。女的叫平阳，出嫁后不久便死了。男的叫明月奴，郭沫若在《李白与杜甫》中认为，这个名字怪，不像男孩名，应该是平阳的小名，于是认为这句话有漏字，应该是："娶于许，生一女，一男，女曰明月奴。"这是主观臆断的，解释不通就说漏字。其实，要知道西域人取名与汉人不同，李白是"华侨"，受西域文化影响，取名自然不同。明月奴意思是像月亮一样明亮的小家伙（奴是昵称），明月奴，名伯禽，他姐姐叫平阳，平阳是汉武帝姐姐的名，嫁后寡，后嫁大将军卫青，能歌善舞。李白也不在乎她是个寡妇，同样用这个名。他只是希望自己的孩子，长得像平阳公主那么漂亮，能歌善舞。这也与中原汉人不同。对寡妇名字也不忌。他小儿子名字颇黎也是怪怪的，其实就是"玻璃"，就是要孩子像水晶那么明亮，从起名也可知李白受西域影响之大。

许夫人大概死于开元二十八年（740年），当时李白四十岁，还正在南阳游玩。

李白最后一任妻子宗氏，是前宰相宗楚客的孙女，这个女子大约是李白五十岁左右结合的，也跟了李白好多年，后来跟李白上庐山。李白入狱流放时，她还与家人极力营救。李白被赦后，可能又见过一面，后来李白又想去参加李光弼的军队，从此再没见面。

另外，李白的两个妾，那个姓刘的女人，据说是不守妇道，"不贤"，把李白给蹬了。因为李白长年不回家，就说你再不回家，就与你李白离异。

李白很气愤，写了一首《雪谗诗赠友人》斥骂这个女人，说：

"彼妇人之猖狂，不如鹊之疆疆；彼妇人之淫昏，不如鹊之奔奔，坦荡君子，无悦簧言。"

这样斥骂自己妻子的诗，大概在我国诗坛上，也是独一无二的。

然而，作为丈夫，李白自己也说过，他不是一个好丈夫，他自己说：

"三百六十日，日日醉如泥，嫁与李白妇，何如太常妻。"（《赠内》）

嫁给这个没钱又整年整年不见人影的李白，已经很委屈了，还要挨这样的毒骂，这实在不公平了。

不过，李白有时似乎也会换位思考，对她的行为也有所理解，他想象她"落花寂寂入青苔"，生活很寂寞，难怪她有怨言。

他用"去妇"的口吻写了《去妇吟》，为这位大胆离去的人妇的行为辩护：

"古来有弃妇，弃妇有归处，今日妾辞君，辞君遣何去？本家零落尽，恸哭来时路……幽闺多怨思，盛色无十年，相思若循环，枕席生流泉……及此见君归，君归妾已老，物情恶衰贱，新宠方妍好……岁华逐霜霰，贱妾何能久……余身欲何寄，谁肯相牵攀……"

他站在女方的立场说话：你不回家，我也有权利走。从这里倒也可以看出李白有男女关系较为平等的观念。看到女方也应该有自己的生理与感情需求，不是一味指责谩骂。

更令人感动的是，李白还进行自我反省，他在诗的最后写道：

"忆昔初嫁君，小姑方倚床，今日妾辞君，小姑如妾长，回头语小姑，莫嫁如兄夫。"

他站在对方的立场上，模拟去妇的口吻对小姑说："今后你嫁人，可千万不要嫁给像你哥哥那样的人啊。"

如果说那位挨骂的"去妇"还有个姓氏。我们还知道她姓刘，那么，李白在山东的那位妾，就连一个姓都不知道了。这位"鲁一妇人"，为李白生了一个儿子。就是颇黎（玻璃），取其纯净闪亮之意。又有个小名叫天然，希望他自由自在地成长。李白给自己的孩子取名，就像他的诗句，是很有个性的。可惜。李白不久就又远走高飞。与家人天各一方，一门散百草，从此再也没有相见。颇黎（玻璃）的命运，也成了一个永久的谜。

陆游终生牵挂的女人

陆游（1125～1210年），字务观，号放翁。他一生主张驱逐金人，收复失地。其爱国主义思想情感在他的诗篇里熠熠生辉。一谈起陆游的爱国诗篇，我们会不由自主地想起"夜阑卧听风吹雨，铁马冰河入梦来"的豪情壮志；我们会清晰地记得"死去原知万事空，但悲不见九州同。王师北定中原日，家祭无忘告乃翁"的殷殷期望。

其实，陆游不仅有铮铮的爱国誓言，他的万般柔情也同样感天地泣鬼神。他用自己的亲身经历，给后世演绎了一段凄婉动人、感人肺腑的爱情故事：那就是他终生牵挂着一位女人——唐琬。

两小无猜　比翼双飞

陆游的父亲陆宰做临安知府，为人刚正。陆母是北宋名臣唐介的孙女，出身于名门。陆氏在当时是一个显赫的家族。陆游从小就生活在父母严格的要求和殷切的期望之下。

唐琬是陆游的母舅唐诚的女儿，字蕙仙，自幼文静秀美，聪慧而才华横溢。二人青梅竹马，情意相投。花前月下，笑语盈盈；吟诗作赋，互相唱答。风华正茂的陆游与唐琬常借诗词表达对彼此的倾慕和对未来的憧憬。他们宛如一对翩跹于花丛中的彩蝶，翩飞于无忧无虑的蓝天之下，眉宇间洋溢着快乐与幸福。两个纯真的少年相伴

陆游

着度过了一段纯洁无瑕的美好时光。

花开花落间，时间已悄悄地流逝。随着年龄的增长，陆游从一个懵懂少年变成一个风流倜傥的青年；唐琬也从一个天真少女变成一个亭亭玉立的姑娘。两家父母和众亲朋，看在眼中乐在心头，都认为他们是天设的一对，地造的一双。于是，在一个春和景明、阳光灿烂的日子里，陆家就以一只精美别致的家传凤钗作信物，订下了唐家这门亲上加亲的婚事。宋高宗绍兴十四年（1145年），陆游二十岁，唐琬十七岁，这对青梅竹马、两小无猜的表兄妹在"钟鼓乐之"中结为伉俪，一对有情人终成眷属。

山盟虽在锦书难托

新婚宴尔的陆游沉醉于温柔乡里，"两耳不闻窗外事"，把应试功课早已抛置于九霄云外。陆游的母亲一向对儿子要求严格，希望他刻苦攻读，通过应试来光耀门楣。但是，陆游与唐琬的缠绵，深深地刺痛了陆母——如此下去岂不断送了儿子的前程。于是，她要陆游休了妻子唐琬。陆游回天无力，只好忍痛与唐琬分离。目送着自己心爱的女人走出家门，陆游的心好痛；虽然希望表妹能有一个好的归宿，但看到唐琬真的走进赵家，走进别人的怀抱时，陆游的心彻底地碎了。

陆游曾一度消沉，随后，渐渐地从悲愤、无奈中苏醒过来，但得到的却是会试失利（成绩因高于秦桧的孙子而遭罢黜）的结果。是年三月五日，心情沮丧的陆游到越州山阴城南禹迹寺旁的沈园游玩。陆游正徘徊在沈园的溪桥之上，与唐琬不期而遇。四目相望，惊讶之余，泪眼蒙眬。陆游看着憔悴而黯然的表妹和站在她身旁的夫婿赵士程，万般滋味不禁涌上心头。

陆游目送着表妹走到一处凉亭下，看着她与夫婿把盏的情景，惆怅万般。唐琬征得丈夫的同意派人送来一些酒菜，以示关怀。陆游感伤至极，在沈园斑驳的粉墙之上奋笔写下《钗头凤》这一哀怨千古的爱情悲歌：

红酥手，黄縢酒，满城春色宫墙柳；东风恶，欢情薄，一怀愁绪，几年离索，错、错、错。

春如旧，人空瘦，泪痕红浥鲛绡透；桃花落，闲池阁，山盟虽在，锦书难托，莫、莫、莫。

独倚斜栏 随风逝去

唐琬走出陆府后，在宽厚重情的赵士程的同情与谅解下，饱受到创伤的心灵已渐渐愈合。三月五日与陆游的不期而遇，无疑将唐琬已经冰封的心灵又重新打开。

第二年春天，唐琬怀着一种莫名的感觉，不由自主地又来到沈园，徘徊在曲径回廊之间，踱步于溪桥之上，多想再回到从前。忽然瞥见粉墙之上陆游的题词，唐琬孤零零地站在那里，反复吟诵，想起往日二人耳鬓厮磨、诗词唱和的情景，不由得心潮起伏，泪流满面。提笔和词一首《钗头凤·世情薄》：

世情恶，人情薄，雨送黄昏花易落；晓风干，泪痕残，欲笺心事，独倚斜栏，难、难、难。

人成个，已非昨，病魂常似秋千索；角声寒，夜阑珊，怕人询问，咽泪装欢，瞒、瞒、瞒。

知心的人已经分离，现在已非昨日，我的伤感就像秋千绳子晃来荡去。角声悠悠让我心寒，长夜寂寞难以安眠。生怕别人寻问，只好咽下眼泪装出一副笑脸。我的苦衷，我的思念，只能隐藏在心中，只能隐瞒！

追忆似水的往昔，叹惜无奈的世事，感情的烈火煎熬着唐琬，使她日渐憔悴，郁闷成病。以后不久，唐琬在秋意萧瑟的季节就像一片落叶悄悄随风逝去，愁怨而死，只留下一阕多情的《钗头凤·世情薄》，令后人为之唏嘘叹息。

凭吊遗踪　难舍沈园

秦桧死后，朝中重新召用陆游，陆游奉命出任宁德县主簿，远远离开了故乡山阴。随后，北上抗金，又转川蜀任职。四十年后的一天，陆游重游沈园，看到当年题《钗头凤》的半面墙壁已残损不堪。园中景色依然，但已物是人非，面对着荒草丛生略显破旧的沈园，他不禁泪落沾襟，六十七岁的陆游再次题诗以托情怀。诗中小序曰："禹迹寺南有沈氏小园，四十年前尝题小阕壁间，偶复一到，而园主已三易其主，读之怅然。"

枫叶初丹桷叶黄，河阳愁鬓怯新霜。
林亭感旧空回首，泉路凭谁说断肠？
坏壁醉题尘漠漠，断云幽梦事茫茫。
年来妄念消除尽，回向禅龛一炷香。

春去春又来，花开花又落。七十五岁的陆游第三次来到了沈园，久久徘徊在与唐琬第一次相逢的那座小桥上，迟迟不肯离去。于是又题下两首《沈园怀旧》诗：

其一
梦断香消四十年，沈园柳老不飞绵。
此身行作稽山土，犹吊遗踪一泫然。

其二
城上斜阳画角哀，沈园无复旧池台。
伤心桥下春渡绿，疑是惊鸿照影来。

对唐琬的一往情深和无限思念，致使陆游在八十一岁老态龙钟、步履难移之际，仍时刻不忘与唐琬的情感，时时不忘与唐琬最后一次相见的沈园。陆游又写下了两首《十二月二日梦游沈氏园亭》诗：

其一
路近城南已怕行，沈家园里更伤情。
香穿客袖梅花在，绿蘸寺桥春水生。

其二
南城小陌又逢春，只见梅花不见人。
玉骨久成泉下土，墨痕犹锁壁间尘。

一年之后，八十二岁的陆游又作《城南》诗一首：

城南亭榭锁闲坊，孤鹤归来只自伤。

尘渍苔侵数行墨，尔来谁为指颓墙。

陆游八十五岁春日的一天，忽然感觉到身心爽适、轻快无比。原准备上山采药，因为体力不支就折往沈园。经过一番整理，景物大致恢复旧貌，陆游满怀深情地写下了最后一首沈园情诗：

沈家园里花如锦，半是当年识放翁。

也信美人终作土，不堪幽梦太匆匆。

这是一种深挚无告、令人窒息的爱情，听者伤心，闻者垂泪。六十年的情感与思念，六十年的无奈与愧疚，始终让陆游牵挂的美人已随沈园的落花作古于土下，只可叹幽梦太匆匆。作此诗后不久，陆游就在一生的牵挂与追恋中溘然长逝了。

十大美女的最后归宿

苏妲己——毁社稷终成刀下鬼

苏妲己，生活在商朝后期，生年不详。

商王朝有个属国叫有苏（今河南武陟东），因地小人稀，物产也不丰富，进献纣王的贡赋总有欠缺。纣王认为有苏国故意反商，就派兵去征伐。有苏国无力抵抗，又深知纣王喜欢美女，就从族人中挑出一个叫妲己的美女献给纣王，纣王得了美女，才撤兵免贡。

苏妲己入宫后受到纣王宠爱，纣王整日与她淫乐，过着花天酒地的生活。为了夺得王后宝座，她设计陷害了姜王后，姜王后不服，妲己又怂恿纣王挖掉了姜王后的一只眼睛，并施以酷刑，姜王后被折磨致死，妲己被立为正宫。

比干是个正直的大臣，妲己又设下毒计，让纣王杀了比干。还有一个叫黄飞虎的武将，功高盖世，也是个忠臣，妲己视之为眼中钉肉中刺，设计害死了黄飞虎的夫人贾氏，惹恼了黄飞虎，黄飞虎反出朝歌，投奔西歧去了。

公元前1046年，纣王众叛亲离，周武王在姜子牙的辅助下，攻城略地，兵临朝歌城下，纣王在绝望中自焚而死。妲己被俘，斩首示众，一代妖姬命丧刀下。

褒姒——美人一笑倾社稷

褒姒，出生农家，幼时父母双亡，被一卖桑弓之人收养，后又转到村民姒大家中，得以长大。姒大夫妻给她取名为褒姒。

当时，周幽王无道，不理朝政，朝中很多人进谏，幽王不听。幽王的王后是申国国君申侯的女儿，申后生子叫宜臼，立为太子。申侯作为幽王的岳父，多次到宫中劝谏，幽王根本不听，申侯一气之下，回到自己的属地申国去了。褒国国君褒珦也入朝进谏，却被幽王关进大牢。公元前780年，褒珦的儿子褒洪德为了救父出狱，将褒姒从姒大家中买回，送给了幽王。由于褒姒美若天仙，受到幽王宠爱，不久为幽王生下

一子，取名伯服，幽王爱如掌上明珠。入宫的第六年，22岁的褒姒在宫廷斗争中取得胜利，终于成了幽王的王后，儿子伯服被立为太子。但是，褒姒天生不爱笑，这使得幽王十分烦恼。为了博得美人的一笑，幽王绞尽了脑汁，终于上演了"烽火戏诸侯"的闹剧，给后人留下了笑柄。

幽王无故废了原来的太子和申后，褒姒还是不放心，便鼓动幽王杀了太子，以绝后患。幽王对褒姒的话言听计从，于是下旨到申国，命令申侯亲手杀掉自己的外孙。申侯哪里能下得了手，遂写了劝谏书，派人送到镐京。幽王见了劝谏书，大怒，下令削了申侯的爵位，并发兵讨伐申国。

申侯得到密信，立即从西戎国借了15000精兵，自己也率领本国兵马，出其不意，杀奔镐京。幽王措手不及，镐京被攻破，幽王被杀，褒姒被戎主掳去。戎主盘踞北方，不断侵扰周朝，后来诸侯联合抗戎，戎主仓皇出逃，褒姒来不及随行，自知无颜再见周朝诸侯，遂自缢而死。

西施——浩渺烟波哭香魂

西施，原名施夷光，东周敬王十六年（前503年）出生于浙江诸暨苎萝村，天生丽质。时越国称臣于吴国，越王勾践卧薪尝胆，谋复国。在国难当头之际，西施忍辱负重，以身许国，与郑旦一起由越王勾践献给吴王夫差，成为吴王最宠爱的妃子，把吴王迷惑得众叛亲离，无心于国事，为勾践的东山再起起了掩护作用。

公元前482年6月，越王勾践亲统大军直捣吴国都城姑苏，吴王夫差不得不向越国求和。4年后，越国再次伐吴，夫差兵败自杀，吴国灭亡。范蠡欲接西施归隐江湖，以乐余年。西施被骗回越国后，方知吴王夫差已死，西施大哭，对范蠡说："妾舍身入吴，是因报国仇、雪国耻，今国仇虽报，国耻虽雪，而我受吴王厚恩却已无从报答，将以何面对吴王呢？况且从一而终，乃是女子之义。虽蒙相国厚爱，妾身有何面目立于天地之间！当追吴王于地下，以报其生前之恩情，也让后世知道我亡吴，乃是报国家之耻辱，并非忘恩负义。"说罢，举袂蒙面，投江而死，亡年仅25岁。

卓文君——白头吟空闺诉哀怨

卓文君，西汉临邛（今四川邛崃）人，大约生活在公元前2世纪，正是大汉帝国蒸蒸日上的时候。她是卓王孙之女，貌美有才气，善鼓琴。家中富贵。可叹的是17岁年纪轻轻，便在娘家守寡。许多名流向她求婚，她却看中了穷书生司马相如。司马相如能弹琴作诗，卓文君从中领会到他的才华和情感，一心相爱。司马相如家里一无所有，卓文君随他私奔后，就开了个酒铺，亲自当掌柜，文君当垆卖酒，相如则作打杂，不怕人讥笑。后卓王孙碍于面子，接济二人，从此二人生活富足。后来司马相如终于成名天下，被举荐做官，久居京城，赏尽风尘美女，加上官场得意，竟然产生了弃妻纳妾之意。曾经患难与共、情深意笃的日子此刻早已忘却，哪里还记得千里之外还有一位日夜思念丈夫的妻子。文君独守空房，日复一日年复一年地过着寂寞的生活，于是作了一首《白头吟》，倾诉自己的哀怨。司马相如读了这首诗后，良心发现，终于打消了纳妾的念头。

汉武帝元狩六年（前117年），司马相如病逝，留下了卓文君苦度光阴。至于她死于何年，历史上也没有记载，无从考证。但是，她与司马相如的婚姻成为世俗之上的爱情佳话。

王昭君——雁落塞北空遗恨

王昭君，名嫱，昭君是她入宫后改的字。大约出生于公元前1世纪初的南郡秭归（今湖北秭归县），年少即成为当地第一美人，汉元帝建昭元年（前38年）被选入宫中。

汉元帝后宫佳丽三千，不可能一一临幸，他的办法是让画工毛延寿把后宫的美人画成像，他从中挑选自己喜欢的前来侍寝。所以，那些美人们为了能得到元帝的宠幸，纷纷给毛延寿送礼，希望把自己画得美些。王昭君生性耿直，不愿意给毛延寿行贿，毛延寿便故意在她的右眼角和左眉之上画了黑痣，因而5年之内未能见元帝一面。后来，元帝与匈奴"和亲"，宫里的美人都不愿意嫁到匈奴去，唯独王昭君自告奋勇，愿意"和亲"。临行前，元帝召见昭君，却发现昭君原来是个绝顶的大美人，有心反悔，但已经来不及了，只好眼睁睁地看着昭君远去。据说元帝因此愁绪无聊，恹恹成疾，不久就驾崩了，他的儿子刘骜即位，号成帝。

昭君嫁给了匈奴的单于呼韩邪，第一次结束了汉匈两族间的敌对状态，开创了两族团结合作的新局面。3年后，呼韩邪病死，他的大儿子雕陶莫皋继位，号为"复株累单于"。昭君上书成帝要求归汉，成帝不允，并敕令昭君"从胡俗"。这样，昭君只得遵照匈奴的习俗，下嫁复株累单于，并生了两个女儿。

昭君为民族团结做出了贡献，后来病死在匈奴。至于她死于何年何月，历史上没有记载。她的业绩深深刻在了汉匈两族人民心中。

赵飞燕——美颜狼心枉断肠

赵飞燕，出生年月不详，出生地无考，出生于社会最底层的官奴，生活在西汉末年。少年时与妹妹赵合德在长安宫里做婢女，后又被打发到阳阿公主府，演歌习舞，舞似燕行，技艺超群，在长安城里声名鹊起，阳阿公主赐名为"飞燕"。后被成帝秘密带入宫中，受到宠爱。成帝听说赵飞燕的妹妹赵合德更加漂亮，便把赵合德也召入宫中，从此与赵氏姐妹花朝夕缱绻，日夜快活。

为了夺取皇后宝座，赵飞燕设计陷害了许皇后。成帝欲立飞燕为后，遭到谏议大夫刘辅的极力反对。成帝大怒，将刘辅贬为鬼薪（苦工），册立赵飞燕为皇后，赵合德为昭仪。为了给成帝生下龙子，赵飞燕红杏出墙，给成帝戴了绿帽子，但始终未能怀孕。几年过后，赵飞燕生不出龙子，但也决不希望其他人生出龙子。后来，一个姓曹的宫女生了龙子，狠毒的赵飞燕又将其母子杀害。许美人生了龙子，赵飞燕又怂恿赵合德在成帝面前猛吹"枕边风"，迫使成帝杀害了许美人母子。成帝死后，赵飞燕苟且偷生，依附新皇哀帝，与太皇太后王政君争斗。哀帝死后，王莽掌握了大权，赵飞燕

终于成了孤家寡人，不久被贬为庶人。赵飞燕难以接受这样的现实，于是在夜间上吊自杀，年37岁。

貂蝉——红颜命薄遁空门

貂蝉，任姓，小字红昌，出生在并州郡九原县（今山西忻州）木耳村，15岁被选入宫中，执掌朝臣戴的貂蝉冠（汉代侍从官员的帽饰），从此更名为貂蝉。汉末宫廷风云骤起，貂蝉出宫避难，被司徒王允收为义女。不久董卓专权，王允利用董、吕好色，遂使貂蝉施"连环计"，终于促使吕布杀了董卓，立下功勋。之后，貂蝉为吕布之妾。白门楼吕布殒命，曹操重演"连环计"于桃园兄弟，遂把貂蝉赐予关羽。关羽不受，亲自送貂蝉到附近的静慈庵当了尼姑。曹操得知后派4员大将抓捕貂蝉，貂蝉不从，毅然自刎身亡。

张丽华——青溪桥畔断幽魂

张丽华，生年不详，本为出身低微的平民女，天资聪敏，容色端丽，发长7尺，光彩照人。10岁时入东宫，成为孔贵嫔的侍女，后被陈后主看中，纳为妃。在宫中，张丽华深知民间的疾苦，并常常率先反映给皇帝，深得人们的好感。

南朝陈代末代皇帝陈后主（陈叔宝），终日荒于酒色，不恤政事。他最宠爱的妃子就是张丽华（张贵妃）。公元589年，隋兵攻占都城建康皇宫台城时，陈后主慌忙拉着张贵妃和孔贵嫔，3人一起躲进华林园（皇家园林）景阳宫旁的景阳井（位于今鸡鸣寺后东侧）中。后被隋兵发现，将他们3人从井中吊上来时，粉面黛目的张贵妃吓得涕泪俱下，胭脂沾满了石井栏，故民间称这口井为"胭脂井"，又名辱井。

当时，陈后主、孔贵嫔被隋兵放回宫中，而张丽华则被斩杀于夫子庙淮青桥畔。绝代佳人，就此香消玉殒。

杨贵妃——马嵬兵变命归阴

杨玉环，祖籍蒲州永乐（今山西永济），于唐开元七年（719年）六月一日出生于蜀郡（四川成都）。10岁时，父亲亡，后寄养在洛阳的三叔家，有超群的姿色。

开元二十三年（735年）七月，杨玉环结识唐玄宗的女儿咸宜公主和公主的胞弟寿王李瑁，当年十二月被纳为寿王妃，成为唐玄宗的儿媳妇。

开元二十八年（740年）十月，杨玉环被唐玄宗占为己有，但一直没有明确的身份，直到5年以后，27岁的她才被册封为贵妃，受到唐玄宗的恩宠。天宝五年（746年）和天宝九年，杨贵妃因与其他女人争宠，两次被玄宗逐出皇宫，但很快又被召回，两人的感情更加深厚。

杨贵妃本无政治野心，但杨氏外戚势力的崛起与她受宠有很大关系。她的哥哥杨国忠搞阴谋诡计，与李林甫明争暗斗，杨贵妃就受到了牵连。"安史之乱"爆发后，潼关失守，长安眼看难保，唐玄宗率王子大臣及杨贵妃南逃，准备到蜀地去。当队伍到达马嵬时，突然发生兵变，杨国忠被杀。手下人逼迫唐玄宗杀死杨贵妃，唐玄宗无奈，只得赐杨贵妃自尽。

年仅 38 岁的杨贵妃在享尽荣华富贵之后，自缢于马嵬驿佛堂前的一棵梨树上，一抔黄土掩埋了绝代佳人的遗体。

香妃——沙枣香溢紫禁城

香妃于雍正十二年（1734 年）九月出生于新疆的回部，她的父亲艾力和卓是叶尔羌第二十九世回王。她自幼喜爱沙枣花，总爱在沙枣树下玩耍，久而久之，她的身上就熏染了一股清馨的沙枣花香，再加上她那奇异的体香，深得回部人民的爱戴。

乾隆二十五年（1760 年）四月，香妃正式被迎纳进宫，封为和贵人，受到乾隆的宠爱。3 年后升为容嫔，又过两年晋升为容妃，因她身上特有的香味，故又称她为"香妃"。由于生活习性的不同，香妃对故乡常怀思念之情，常常闷闷不乐。乾隆知道后，特地在皇城外建了一座气势不小的"回回城"，在皇宫里建了一座回回式的楼房，乾隆赐名为"宝月楼"，以慰香妃的思乡之情。

乾隆三十一年（1766 年）正月，香妃随乾隆南巡江南；三十六年（1771 年）陪乾隆游泰山、曲阜；四十三年（1778 年）出游盛京，饱览了祖国的大好河山，享尽了荣华富贵。她人品俱佳，在皇宫生活了 28 年，为维护民族团结和国家统一做出了一定贡献。

自乾隆五十年（1785 年）起，香妃身体欠佳，五十二年（1787 年）一病不起，五十三年（1788 年）四月十九日病逝，年 55 岁。

宛转娥眉马前死

甄妃

如果要在美女群落中找出一个最是语焉不详的女人，人们很可能会选中甄妃。曹操与两个儿子曹丕、曹植，在文学史上被称为"三曹"，三人俱是如雷贯耳式的人物。父子三人同追甄妃，足见甄妃在那个动乱时世里是个很了不起的女人了。

《世说新语》中载：大祖（曹操）下邺，文帝（曹丕）先入袁尚府，有妇人被发垢面垂涕，立绍妻刘后。文帝问之，刘答："是熙妻。"使人揽发，以巾拭面，姿貌绝伦。既过，刘谓甄曰："不复死矣！"遂见纳。

从曹丕在袁尚府内"使人揽发，以巾拭面"的一连串行动可以看出，他很有可能就是直奔着甄妃而来的，找到了甄妃，目的既达，他也就不再胡乱杀人了。据传，就在甄妃被曹丕带走之后，随后赶到袁尚府第的曹操叹息了一声："我就是为这个女人才打这场仗的啊！"他的这句话令后人揣摸不透，文韬武略的曹操，究竟是为了讨个儿媳还是为给自己纳一宠妾，这才大动干戈的呢？甄妃小曹操 29 岁，可比曹丕还大 3 岁哩。做父亲的爱此小妾，为子的又不嫌其长，可见这个女人是极具魅力的。好在曹操非等闲辈，他襟怀云水，没有像董卓与义子吕布那样，为夺一个女人而彼此翻脸，掷戟相拼。再者，吕布只是个临时认下的政治干儿，曹丕可是个真材实料的亲儿子。

甄妃之美丽，连小曹丕 5 岁的弟弟曹植也极欲染指。对于到手的尤物，曹丕可没有其父那么大度。他又很清楚，兄弟之间，谁能将父亲的王位最后弄到手里，甄妃最后就是谁的（曹操有一度曾想立曹植为太子）。兄弟二人斗法斗智，最后是曹丕夺得了继承人的地位。王位到了兄长手里，弟弟还敢觊觎这个"嫂嫂"吗？"美的事物是永恒的喜悦"（英人济慈语），爱情的力量（包括单相思）可使人将生死置之度外，曹植其人，更是如此。

帝王们都是暴珍天物的高手。在皇室内，他们能将女性之腰玩细，谓之柳腰；将其双足玩小，称曰金莲。宫内从无"离婚"一说，却又常见一个"废"字，不高兴了就让女报废，幽囚、赐死，仅是不同的报废方式。曹丕将甄妃用了数年之后，"遣使赐死"（《三国志》），"赐死"的因由，我们不得而知。我们只知道美是灼目而短暂的，越是美丽的女人，越易于招致残忍、悲惨的结局。在这个女人香消玉殒之后，曹丕却别出心裁，将其用过的枕套赐予郁悒终日的曹植。那个生时为曹丕所拥有的女人，曹丕竟用她死亡之后留于枕上的余温、夜间的香泽去"慰藉"曹植那颗破碎、落寞的灵魂，这不是恩赐，而是残酷地向一个尚在流血的伤口上撒盐。由此可以推知，曹植对甄妃日日夜夜的希冀与追慕，曹丕是了然于胸的（甄妃之死，也可能从这里埋下了伏线）。香魂已灭而赠其枕衾，从精神领地上，等于是赠予了一杯用甄妃血泪拌和着的毒酒，这远不限于是一种无情而剧烈的精神侮弄……

甄妃，这曹植美学冥想之唯一对象。绝望地向往着、思念着甄妃的曹植是太痛苦了，美在向往她的人的心里，比在那拥有她的人的眼里，会闪动更加动人的光芒。曹植很可能是面对着斯枕斯衾，才写下了一篇《洛神赋》。此赋流传一千七百余年，在中国文坛上属于久传不衰的名篇。赋中的洛神是神还是人？若是人，会是甄妃其人吗？后世之人论说纷纭。

张丽华

一千四百年前，江南陈朝的张丽华是名满天下的美女。她发长七尺，漆黑泛亮，坐在楼上的窗口梳妆时，宫中的人们远远望见，像是看见了出没于云天之上的仙女一般。

隋文帝杨坚当政时，他的儿子晋王杨广，率领贺若弼、韩擒虎的部队打进了南京城，扫平了陈朝。陈朝的皇帝陈叔宝（陈后主），企图躲过这一劫，藏进了鸡鸣寺下的一眼枯井里。躲难之际，什么也没带，只领了两个美丽的女人——孔贵妃和张贵妃。在陈后主心目中，江山可以丢，什么都可以不要，但这两个美女不能不要，如能侥幸躲过这一劫，自己还有艳福可享。在帝王眼里，不要江山要美人，因为人间艳福是所有欢愉中顶级的享受。

晋王杨广作为风流太子，此时是攻打南京的前线军事总指挥。从枯井里抓到了这三个人，杨广极为兴奋，尤其兴奋的是这三个俘虏中有个丽压江南的张丽华，此时此地，他有足够的权力将这个女人据为己有。可杨广万万没有想到，就在他忙于军务而暂且疏忽的当儿，他麾下的大将高颎悄悄地带一彪人马将张丽华押到青溪河边，一刀砍下了她那颗美丽的头颅。正是：

月夜悄然刀与兵，密领军符心地明。

蜚吟青溪河畔水，揉碎梨花不闻声。

杨广大怒，质问高颎，高颎却拿出了杨坚预先下给自己的密旨，平静地回答：圣上有旨，命我对张丽华斩立决，臣不敢有违圣命。看到高颎手里所捧的圣旨，杨广差点给气昏了。

知子莫如父，杨坚早就知道儿子风流成性，也知道杨广攻取南京，必将张丽华据为己有。殷商亡于妲己，周朝毁于褒姒，吴国陷于西施，他岂能让大隋王朝葬送在这个张丽华手里？女色祸水，在那时已成定论。让高颎以神出鬼没的突然袭击方式，收拾了这股未来的祸水，正显示出杨坚深谋远虑、防患于未然的缜密韬略。杨坚不具备曹操的襟怀和气度。曹操也喜爱甄妃，儿子捷足先登之后，就大度地让儿子占有了这个女人。因为在"祸水"二字上认识有别，曹与杨便襟度有异。

从枯井里提上来的三个俘虏，按说陈叔宝是头号战犯，为什么不杀这个陈叔宝呢？因为陈叔宝已构不成对隋王朝的丝毫威胁。为什么也不杀同是贵妃的孔贵妃呢？显然是孔贵妃没有张丽华生长得美丽，谁让她张丽华发长七尺、丽压江南呢？她的被杀，纯粹因为她是个绝代佳人的缘故。

历史上的绝代佳人，是可以优先获取最奢华的生活享受的。张丽华之美，在南朝政坛上也为自己带来过巨大的享受与欢愉。陈后主原有沈皇后，娴静端庄，聪敏而有才华，只因后入宫的张丽华受到宠爱，沈皇后渐被冷落，在陈后主打算废掉沈皇后而立张丽华时，沈皇后只好去天静寺出家为尼。张丽华正要当上皇后，杨广的大军攻占了南京，这位未来的皇后只好躲进枯井，从枯井里提上来，就掉了脑袋。张丽华所得到的超乎寻常的欢愉，仿佛是用她生命中所有幸福一层层地折叠起来而进行了一次性消耗，消耗得剧烈而短暂，欢愉过后，其生命也就到了尽头。

女性固然是应当长得好的，但又不宜在容貌上太过出类拔萃。兰含香而遭焚，蚌怀珠而致剖。绝代、绝色、绝美，越是美丽，越易于人头落地，绝对的美丽只能迅速地将自己送上绝路与绝境。对于进入封建政坛而人见人爱的美女，用雨后彩虹来比喻她们炫目而短暂的生命，概括她们的一生，也还是恰切的。

古代四大美男之死

潘安无疑是美男中的佼佼者，人们也常用"貌似潘安"来夸赞一个男人的美貌。那么他又美到什么程度呢？史书上直接说潘安长得漂亮的就 3 个字——"美姿仪"。《世说新语》中记载，潘安每次出去游玩的时候，总有大批少女追着他，那绝对就是个追星的架势。追着潘安的一批批少女又是给他献花，又是给他献果。潘安每次回家的时候，都能够满载而归，这也就成了"掷果盈车"这个典故的由来。

潘安早年不被重用，后期投靠了贾南风和他的侄子贾谧为首的贾氏集团。贾南风想废掉太子，潘安不幸搅入了这场阴谋之中。一次太子喝醉了酒，潘安就被安排写了一篇祭神的文章，并让太子抄写。太子早已醉得神志不清，依葫芦画瓢地写了一通。

潘安拿到太子写的文章以后，再勾勒几笔，把它变成了一篇谋逆的文章，导致太子被废，太子的生母被处死。虽然这次奸计得逞，潘安终也不得善果。八王之乱后，赵王司马伦夺权成功，他立刻抓了潘安，并判了他一个灭三族。

北朝时期的兰陵王也是给后世留下无限遐想的美男之一。他有着成为传奇所需要的一切必要条件，比如神秘的出身，比如骁勇善战，比如他那充满血腥和杀戮的家族，又比如盛年时的含冤而死。

史书上说他的美貌不是历来崇尚的力量之美，而是非常女性化的美。这样征战沙场，自是怕别人瞧不起他。所以戴上个面目狰狞的面具（或说以铁甲遮面），就能起到不战而胜的目的。

潘安雕像

兰陵王貌美、勇猛、爱兵如子、私生活严谨，近乎完美，但就是这样一个绝世美男居然落了个冤死的结局。一次，皇帝召见兰陵王。皇帝关切地对他说，你作战的时候太勇猛，往往深入敌阵，很危险。兰陵王一时口误回答说，这是我的家事。听了这话皇帝就睡不着觉了，你和我还想分家不成？这不是要篡位夺权吗？一般人说错这话倒也未必会怎么样，但兰陵王是战将又有地位，皇帝是怎么也不能放过他的。于是皇帝就赐了毒酒送到他家。

卫玠大概是四大美男中死得最搞笑的一位。他是魏晋时期人士，长得极美，美如珠玉，粉丝多得可以组建一个正规师，这不是吹牛。有一次他外出，就被"粉丝"们包围了，"观者如堵墙"。卫玠可能当场就晕过去了，回到家后不久就死了，这就是典故"看杀卫玠"的由来。这场由美丽导致的悲剧真是让人叹为观止。

而宋玉可以说是4位中命运最好的。在《登徒子好色赋》中记载，登徒子跟楚王汇报说宋玉是个美男子，他能说会道，但是生性好色，所以千万不要让宋玉跑到后宫。听了这话，宋玉自要反击。他跑去跟楚王说，天下的美女莫过于楚国，楚国的美女又莫过于我的家乡，家乡的美女又莫过于我隔壁的一个邻居——东邻之女。

就是这样一个绝代佳人趴在墙上，看了我3年，我也毫不动心，我难道也算得上是好色之徒吗？相反登徒子不是个好东西。登徒子家有丑妻，他老婆一头乱发，两耳畸形，嘴唇外翻，又满身是疥疮。登徒子却很喜欢她，跟她一连生了5个孩子。你看只要是个女人，登徒子就会喜欢，所以他比我更好色。

被他这样一忽悠，楚王竟然给说晕了，判定登徒子是个好色之人。这一判竟然使登徒子从此以后就背上了好色的骂名，成了后世色狼的代名词。

宋玉并非徒有其表，他同样有着卓越的文学才能，在文坛有着宗师级的地位。他的代表作《九辩》在中国文学史上可以和屈原的《离骚》相媲美，堪称楚辞中的双璧。但宋玉这个人实际上不是做官的料，不合时宜，所以最后还是离开了朝廷，重归乡野，带着满腔的遗憾走完了人生。

中国古人的处女嗜好

在中国历史上，和愈演愈烈的贞操观念相联系的就是男子的处女嗜好。一方面，男子以占有女子的处女身作为一大乐事；另一方面，在男人们看来，女子失去童贞，不论是什么原因，都是永远跳进黄河洗不清的破烂货，永世不得翻身。而检验是否处女的方法，又是极不科学的初夜性交是否"落红"。

是处女，就值钱

中国的古人常以花蕊来形容女阴，例如《佛说秘密相经》中就以"莲花部"来代表女性生殖器；与处女性交叫"开苞"，猛烈的性交动作叫"直捣花心"，处女膜破了而流血叫"落英缤纷"，等等。古代卖淫业十分发达，妓女当然一般不是处女，可是嫖处女妓，为她"开苞"，可是件大事，嫖客要花十倍以至几十倍的代价。至于非处女，那当然没有处女"值钱"了，娶了非处女，要遭人耻笑。有这么一个故事：有个寡妇再嫁，有人就送上一副喜联："花径昔曾缘客扫，蓬门今始为君开。"这是把女阴形容为"花径"，这条小路过去已有人"扫"过了，现在换个人再"扫"一下吧，实在是极尽揶揄之能事。

古代男子之所以产生这种处女嗜好的偏执心理，主要还是出自私有财产观念。如果妻子婚前已非处女，那么就很难保证她所生的子女是出自丈夫的血统，也很难保证丈夫的财产不落入"野种"之手。同时，妻子既然是丈夫的私有财产，那么丈夫就要保证自己有"首次使用权"，如果是吃了"剩菜"，用了"旧货"，那会十分损害男子的自尊心。

处女嗜好之所以产生的另一个原因是，中国的古人对于"童身"特别迷信，认为和童男、童女性交能驻颜养生。六朝时的性学古籍《玉房秘诀》中说："夫男子欲得大益者……当御童女。"古典小说《封神榜》中曾提到使用"万点梅花帐"（处女初次性交处女膜破裂热血染账上）可以大破鬼神之敌，这也说明处女之宝贵神奇。

在许多朝代，宫廷都要选美，由各州府选拔少女送往宫廷。选美有许多条件，例如年龄、身高、健康、容貌、身体发育程度以及种族等，但最重要的一个条件是必须是处女。如果把非处女送进宫去，那可是大罪，因为是非处女，进入宫廷时也可能有孕，如受皇帝"宠幸"，生下的"野种"变成"龙种"，那就使皇家血脉混乱了。

在中华性文化博物馆中展出了一个瓷印，上有"守珍印"几个字，是宋代州府选美送往宫廷时，证明某个女子是处女的凭证。把这个印蘸上朱砂，盖在女子臀部，不易脱落，这就算"产品合格"证明了。

初夜性交见"落红"

在古代民间，常以初夜性交是否"见红"来检验新娘是否处女。丈夫在和新娘第一次性交后，要以染上血的手帕以示亲友，表明所娶的是"黄花闺女""原装货"，于是大家一片欢呼。

这种状况，在古代一些文人所写的狎词和反映社会风尚的性小说中多有表露。例如清末的一首俗曲五更调《闹新房》里，从一更众人闹新房，二更新人入罗帏，写到三更的"海棠枝上试新红"之后，新郎就喜滋滋地"验红"了："三更里明月来相照，奴好似狂风吹折嫩柳腰。郎爱风流不顾奴年少，忍痛含羞随他来颠倒。弄出一点红，滴在白绫标，不怕羞丑拿到灯前照。新郎见了喜红，心中多欢悦，说奴是黄花女，喜笑在眉梢。"

这种"见红"的手绢，不但新郎要看，有时连外头的宾客和男方的家长都要赞叹不已地传看这块血迹斑斑、代表新娘贞洁的手绢。如果新娘不"落红"，而外面又围着一大堆等着见红的人，那场面的确十分尴尬，后果十分严重。例如《醒世姻缘传》中就有这样一段情节，有个叫魏三封的人娶程大姐为妻，初夜不见红，就对她毒打拷问，然后押送她回娘家：开了街门，只见程大姐蓬头燥脑，穿着一条红裤，穿了一件青布衫，带上系了那块鸡冠血染的白绢，反绑了手。魏三封自己拿了根棍子，一步一下，打送到她门前，把她陪的两个柜，一张抽头桌，一个衣架、盆架之类，几件粗细衣裳，都堆放在大门口，魏三封在门前跳着，百般刁难地毒骂。

当程大姐的母亲孙氏出来与魏三封吵闹，被魏三封拳打脚踢时，看热闹的人把他们拉开，还纷纷指责挨打的孙氏说：

你原不该把闺女这么等的。她庙里猪头——是有主的，你不流水的认不是，还挺着脖子合人理哩！这魏大哥是正头香主，指望着娶过媳妇去侍奉婆婆，生儿种女，当家理纪，不知那等的指望。乃至见了这门破茬，但得已，肯送了来吗？你还长三丈，阔八尺，照着他！

书中描写孙氏和程大姐生活作风都不好，但即使如此，魏三封也不应该那样残忍地折磨她，羞辱她，这十足反映出封建时代的男子极端自私的贞操观。当时，魏三封的所作所为不但不受人们的责备，反而得到大家的同情和赞赏，可见那时这种观念已经"深入人心"。

用初夜性交检验"落红"的办法来看是否处女，这是极不科学的。因为处女膜薄的女子可能因运动、劳作而使处女膜破裂。清代《虫鸣漫录》记载了这么一件事：有个老翁见到几个小姑娘在田间玩耍，其中有个小姑娘坐在锄柄上，下身流血了，流于锄柄。老翁在她们离去后就把这个锄柄保存了起来。过了五六年这小姑娘出嫁了，初夜不见红，被疑为不贞，将被赶出家门，老翁持锄柄为证，才洗清了她的冤屈。这个女子实在是太幸运了。

女子失身只有死

中国古代还有一种"烈女"，就是丈夫死了，妻子自杀殉夫，或是因反抗强暴自杀，都属此列。

明代开封有个农家女单三姐，年仅14岁，貌美。单家近邻有一恶少，贪她的美色，趁她的父母下田干活时来强奸她。她极力反抗，到无路可走时，就紧紧抓住中衣不放。恶少死命掰她的手，怎么掰也掰不开，一怒之下，用刀杀了她。父母回来发现后，对她进行了检验，在确认她未失身后，才提请官府旌表她为烈女。如果她死前已被强奸，那就一钱不值了，不仅失去了做烈女的资格，连全家都不光彩。

清代康熙年间有个叫蓝鼎元的文人，写了一本《女学》，流传很广。其中写道：

妇道从一而终，岂以存亡改节？夫死不嫁，固其常也。不幸而遭强暴之变，唯有余荣焉。若畏死贪生，至于失节，则名虽为人，实与禽兽无异矣！

他说的话实在"透彻"，很可以代表封建统治者对于女子贞节的态度。

在中国，封建的贞操观至今余毒未尽。在 20 世纪 80 年代的上海，有个女工下夜班回家时被歹徒强奸了，她回家后向丈夫哭诉，本来是希望得到一些同情和帮助，但是想不到丈夫打了她两个耳光，骂她"不要脸"，于是这个可怜的女子只能跳河自杀了。时至今日，在社会上"处女膜修补术"仍甚为流行，这实在是自欺欺人。我们应该坚决反对封建的贞操观。当然，否定封建的贞操观并不意味人们在性方面可以乱来，还是要提倡性行为的严肃性和责任心，而且男女都一样。

古时男人们在青楼里都在干些什么

今天所说的青楼指的是妓院，其实古代高级的妓院才叫"青楼"。青楼原本指的是富贵人家豪华精致的青砖青瓦的楼房，后来，由于贵族之家的许多姬妾、家妓大多住于这些楼房之内，到了唐代的时候，就逐渐成了烟花之地的专称。大诗人杜牧的名句"十年一觉扬州梦，赢得青楼薄幸名"里面的青楼指的就是妓院。

其实，古时的青楼并不是我们平常以为的那样俗丽庸华，只不过是一栋楼房、几个房间而已。实际上，大多数的青楼是一个大的庭院的总称，里面的建筑一般都是比较讲究的，门前一般有杨、柳等树木，窗前一般也少不了流水之景，至于院子里的花卉、水池等也是必不可少的，姑娘们的雅阁内，陈设也不寒碜，琴棋书画、笔墨纸砚是必须要有的，其他的如摆设的古董瓷器，床前的屏风等也都是很精致的。

古代青楼里的女子不乏极品，而极品的大多是艺伎，卖艺不卖身，她们大多数才貌双全。像苏小小、鱼玄机、严蕊、李香君等都是非同一般的女子。她们跳舞唱曲、吟诗诵词也是极为风雅的事情。

一般来说，要见青楼里面的头牌或红牌姑娘，并不是很容易的事情，也并不是有钱就能如愿的。这些花魁之类的青楼女子，一旦成名之后，背后大多都有权势富贵人物作为靠山，即使客人们见了这些女子，大多也是客客气气的，所以一般的色鬼饿狼也是不敢动手动脚的。

古时青楼女子也并非全然都是无情的，也产生了一些可歌可泣的情爱故事，历史上如唐代的崔微、段东美，宋代的刘苏哥、陶顺儿等人都为了爱情身死。所幸，他们的恋人也都是深情之人。不过，尽管如此，青楼里面的女子和进入青楼里面的男子大多都是不容易动真感情的。

男人们进了青楼到底在干什么呢？由于青楼是比较高级的妓院，普通的人一般也进不来，客人的素养或者社会地位一般都很高，主要以文人士大夫、富商、江湖豪客为主，尤其以文人居多。他们中间有的人游戏人生、笑傲江湖，有的寄情于红粉知己，享受温香软玉。不过也不是每个上青楼的男子就会和那里面的女子们发生性关系，其实里面的许多人不过去坐一坐、喝几杯清茶、吃几块点心、听几首小曲，有的还下下棋、吟吟诗、喝点小酒，然后就离开了。

男子为何要去上青楼？首先，有的男子的家庭生活不是很温馨、浪漫。古时的女子大多信奉"女子无才便是德"，再加上大多不是自由恋爱，有感情的夫妻不多。还有古时的贤妻良母要端庄，做事不能不合体统，也就没什么风情可言了，而最好的夫妻关系是相敬如宾。"宾者"哪还有亲密感、浪漫感可言？青楼里面的女子就不一样了，相对而言，哪个更有诱惑力可想而知了。更何况有的妻子从来就没有和丈夫沟通的欲望和想法。

其次，有的男子上青楼是由于事业的关系。功名不成时，来青楼逃避现实，醉生梦死，获得一份或虚情或真意的安慰；功成名就时，则是为了来青楼寻求享乐和刺激，或者寻求一两个红粉知己，得到身心放松。有的男子上青楼，则是为了交际应酬，朋友聚会，或商人谈论合作事宜，进行信息的交流和交换。当然还有一类男子本来就花心好色，他们来青楼的目的就不言自明了。

虽然如今"青楼"这个词已经成了历史名词，它所有的风花雪月都成了昨日尘烟，但是，关于爱情的忠贞、家庭的和谐、知己的贴心，这些话题永远不会结束。

皇帝婚前的性生活

中国古代宫中男子的结婚年龄一般不超过 18 岁，大多数是在 13 岁至 17 岁之间。可是几乎所有的皇帝、小皇帝、太子在正式结婚之前都已临御过女人，有着比较丰富的性经验，有的甚至已经生儿育女。西晋的痴愚皇帝晋惠帝司马衷，在做太子的时候，13 岁时结婚。在司马衷结婚之前，他的父亲晋武帝司马炎派后宫才人谢玖前往东宫，以身教导太子，使太子知道男女房帏之事。谢玖离开太子的东宫时，已经怀孕。谢玖后来在别宫生下一个儿子。几年以后，太子司马衷在父母宫中见到一个孩子，晋武帝告诉他，这是他的儿子，他大为奇怪。同样，北魏文成帝拓跋濬 17 岁结婚，但他 13 岁时刚步入青春期，便已临幸宫女，14 岁就做了父亲。

清代宫中明文规定，皇帝在大婚之前，先由宫中精选 8 名年龄稍长、品貌端正的宫女供皇帝临御。这 8 名宫女都有名分，从此成为宫中有身份的女子，每月有固定例银，不再像其他的一般宫女从事劳役。因此，这份差使也一直为宫女们所企盼，希望借此脱离苦海，一步登天。这 8 名宫女的名分一般是冠以四个宫中女官的职务，即司仪、司门、司寝、司账。清代宫中的这种规定，目的是使皇帝在婚前对于男女房事取得一些经验，以便在和皇后的性生活中不致窘迫慌乱，能够从容不迫。

皇帝在婚前和哪些女人发生性关系？这在中国的历代宫廷中，并没有规定，也无法规定，完全看皇帝个人的兴致。对于青春年少的小皇帝来说，性的问题是令他紧张的，还处于被开导而无禁忌的状态。这种状态下很容易被挑逗或产生冲动，也就很容易和身边的女子发生性关系。太子住在东宫，行冠礼以后，便被视为成年。没有皇帝的诏命，太子从此不许随意出入后宫，以防和后宫嫔妃发生瓜葛。太子在东宫中则没有顾忌，可以随心所欲，可以任意猥亵任何一个侍女，也可以和她们中的任何一个发生性关系。

从可能性上说，谁是让小皇帝或太子获得性体验的第一个女人？这个女人是不是会成为皇后或嫔妃？这实在难以确切回答，只能说，宫中没有名分的女人，谁都可能成为皇帝的第一个女人，被临幸以后也一般都有相应的名号。但总体上说，最可能成为小皇帝或太子的第一个女人是他们身边的宫女，有些时候则是他们的乳母。宫女和乳母在宫中都是女仆，是没有名分的一类。宫女如果被临幸和得宠，则会取得名分，从而改变其卑贱低下的地位。乳母能自由出入宫禁，即便被临幸，但其乳母的名分永远不会改变，也无法改变。人们无法接受当年乳养皇帝长大的乳母能成为皇帝的嫔妃，更不能接受其成为母仪天下的皇后。

从心理上说，唯我独尊的皇帝对于他的第一个女人感情浅淡，不会持久，也不眷恋。这个女人令皇帝羞涩，会使皇帝想起初次性生活的紧张和怯弱。皇帝在她面前永远不会轻松，因而自然而然地会避开她，转向其他的美女。

明神宗朱翊钧是明穆宗的第三个儿子。5岁时朱翊钧即被立为太子，10岁时即皇帝位。17岁那年，朱翊钧有一次路过慈宁宫，看见了宫女王氏，一时春心荡漾，不能自制，便临幸了她。王氏从此却有了身孕。这样重大的事情，随驾的太监当然有记录，日簿也有案可查，但冲动以后的朱翊钧却并不喜欢王氏，不再临幸她，也不记挂。此事被慈圣太后得知，抱孙子心切的太后出头照顾王氏，王氏在宫中顺利地生下了一个儿子。有一次，太后兴冲冲地告诉神宗，讲述了这件事，但神宗对此反应淡漠，装作没有听见。神宗既然冷淡，王氏册封嫔妃当然无望，王氏所生的儿子同样遭到无辜的冷落。但历史上，皇帝和他的第一个女人也有例外，如明宪宗朱见深和宫女万氏。万氏4岁时进入皇宫，成为一名宫女，最初在英宗的母亲孙太后宫中服侍。英宗是宪宗朱见深的父亲。万氏进入青春期以后，日益娇艳秀美，加上她聪明伶俐，善于察言观色，侍候太后体贴入微，所以极得孙太后的宠爱，成了孙太后的心腹和不离左右的"小答应"。宪宗朱见深是英宗的长子，生于正统十二年（1447年）。两年后，英宗在土木堡被俘，太后命将朱见深立为皇太子。代宗朱祁钰即位，在景泰三年（1452年），废朱见深为沂王。英宗复位以后，又被立为皇太子，这年，朱见深18岁。

8年以后，英宗死去，朱见深即皇帝位，为明宪宗。早在宪宗做太子时，太后就派心腹宫女万氏去服侍太子。万氏比太子大18岁。太子就在这个和乳母年龄相仿的宫女万氏的照顾下一天天长大，逐渐长成一个英俊少年。聪明绝顶的万氏不知在何时何地用何种手段勾引了少年太子，两人发生了性关系，太子从此不能自拔。太子依恋着万氏，离不开万氏，万氏成了他生命的寄托。年轻的朱见深对于万氏除了感情和性欲的需要以外，还有驯服和敬畏。朱见深18岁即位，万氏已经36岁。青春正盛的朱见深却依旧宠爱已是中年妇人的万氏。赐给她名号，以至做到了贵妃。万贵妃恃宠而骄，横行宫中。她在后宫颐指气使，以残酷的手段使其他受孕的女子堕胎。宫中人人都惧怕她。老年以后的万贵妃，宪宗对她依旧宠爱不衰。万贵妃在58岁时，一次怒打宫女，因身体肥胖，一口气闭过去，从此再没醒来。宪宗闻讯后肝肠寸断，喟然长叹：万贵妃去了，我还能活多久？没过几个月，宪宗便在郁闷愁苦中随万贵妃而去，终年40岁。

同是明代的皇帝，为什么王氏和万氏命运如此不同？两人姿色相当，宫女的身份也一样，从情理上推测，可能在于皇帝在性生活上的感觉，是快乐还是恐惧抑或是痛苦。王氏完全是被动的，她自己都少不更事，恐惧、紧张自不待言，更不用说能够让神宗轻松。万氏则不同，她看着宪宗长大，对他的一切了如指掌。万氏又大宪宗18岁，相当于他的母亲。万氏的成熟风韵、从容不迫及长期培养的依恋和感情，自然会使宪宗在性的体验中感到轻松自如，畅快无比。因此，王氏和她的儿子受到了冷落，而万氏没有子嗣却照旧宠冠后宫，封为贵妃。

万氏只是相当于宪宗的乳母，但是，历史上也有过真正的乳母和皇帝发生性关系的史事，这便是明熹宗天启皇帝和他的乳母客氏。从史料上看，乳母客氏和天启皇帝有过性关系。客氏在明代的宫中是以淫乱驰名的，她怎会放过年轻的皇帝？她和天启的关系，不同于一般乳母和养子的关系，从如下史料和分析中可以看出客氏和天启关系的不同寻常，可以断定是客氏最先勾引了弱冠的天启皇帝，直到天启皇帝23岁时死去，两人一直关系暧昧。

首先，客氏乳养天启，将他一天天养大。一般来说，皇帝在宫中长大以后，乳母的职责已经尽到了，皇帝不再需要与乳母朝夕相处，但客氏却不同。史称其每日清晨进入天启寝宫的乾清宫暖阁，侍候天启，每至午夜以后方才回返自己的宫室咸安宫。如果说是乳母照顾皇帝，没有这个必要，也是多此一举。皇帝已经长大，宫中侍仆成群，还需要一个乳母干什么？如果说客氏是出于慈爱，像母亲一样，每天得看护着年轻的皇帝，守着他，心里才安宁，那么这又和下一个事实相矛盾——客氏后来和魏忠贤私通。有一天，她和魏忠贤在太液池欢饮，两情缱绻，柔情似水，不远处，上树捕鸟的天启这时忽然跌落，衣裳破裂，面部出血。客氏却无动于衷，依旧和情郎魏忠贤嬉谈笑谑。客氏在此时不管是乳母还是自诩为慈母，都是玩忽职守，显然客氏都不是。

其次，客氏美艳妖冶，在天启面前从来不以乳母自居，而是一个渴求受宠的活脱脱的女人。史称客氏四十多岁时，面色依旧如二八丽人，而且打扮入时，其美艳和衣饰，和她的年龄、身份极不相称。但客氏的美色和妖冶是有目共睹的，连年轻的宫女、嫔妃们也无法企及，一个个只能瞠目结舌。据说，客氏为了保持美艳，使青春永驻，平时总是以年轻宫女的唾液梳理头发，以保持头发的乌黑光润。秀发如云无疑平添风韵，更具女性的妩媚多情。这样的一个女子在皇帝面前展示风骚，朝夕侍从左右，已经不是乳母的身份。

再次，作为天启的乳母，客氏争风吃醋，竟先后害死了几个曾被天启临幸过的嫔妃。其中最可怜的是张裕妃，被天启临幸后怀孕，临产时客氏下令断绝张裕妃的一切饮食，也不派人前去接生。结果，在一个狂风暴雨之夜，张裕妃饥渴难忍，拖着沉重的身体，匍匐着爬到屋檐下接雨水止渴，最后哭喊着在饥寒交迫中死去。除张裕妃以外，还有三位皇子、两位皇女，均因客氏的加害，不幸夭折。至于皇帝临幸过或刚刚怀孕的宫女被客氏残害的有多少，恐怕不在少数。这和历代后宫中后妃争宠残杀有什么不同？如果客氏仅仅是皇帝的乳母，她完全可以借皇帝的光，称霸乡里，家族腾达，却没有必要搅乱后宫，对皇帝的后妃美人们恨之害之。

最后，客氏和魏朝、魏忠贤关系密切。客氏是一位性欲很强的女人。魏朝、魏忠贤是两位宦官首领，他们可能在入宫之前，净身做得不够彻底，在床上还能对付一阵。客氏知道以后，先和宦官首领魏朝私通。后来，客氏得知魏忠贤血气旺盛，性功能强于魏朝，客氏便毫不犹豫地投向魏忠贤。客氏的这一感情转移，并不是悄悄进行，而是明目张胆，在宫中闹得满城风雨。客氏如此求欢于刑余之人的宦官，对于青春年少又很眷恋自己的皇帝，她怎会无动于衷？而且，史称客氏常将称为龙卵的动物阳具之类烹制后献给天启，为其大补阳气。滋补的目的，当然应该是自己受用，而岂会是让天启多临御几个嫔妃美人？多生儿女？再又夺之杀之？这些都是说不通的。只有在天启和客氏有了两性关系，才能说得清这一切。尽管如此，客氏还是没能像万贵妃那般幸运，有了名号，进入皇帝正式的嫔妃行列。

历代皇朝选妃内幕

在漫长的中国封建社会中，后妃是一个特殊的群体。每当人们说起皇后，总会想到那是女中之王，有着享受不尽的荣华富贵；每当说起后妃宫人，人们又会想到花容月貌、妖艳媚丽、锦衣玉食、轻歌曼舞……在一般人心目中，后妃似乎是一群天之骄女，生活在神话般的世界，一切都显得那样美好、浪漫和圣洁。然而后妃们的生活，由于长期被高大的宫墙所阻隔，被深厚的帷幕所遮挡，人们知道的甚少。事实真的像人们所想象的那样吗？回答是否定的。

本文仅从历代选妃及宫廷韵事这些侧面，试图推倒高大的宫墙，撩起深厚的帷幕，作挂一漏万的简述，揭示出封建社会君主专制下的后妃宫女们悲欢离合的命运，透过选妃制度和宫廷韵事的侧面，展现她们受迫害、受奴役、受欺凌、受侮辱的际遇，从而更深刻地认识她们所生活的那个时代、那个社会、那个制度。

周代的后妃制度

在封建时代，帝王在后宫的妻妾有多少，人们往往是用"三宫，六院、七十二妃"或"后宫佳丽三千"来形容，那么，一个皇帝，他的妻妾数目究竟有多少？

《礼记》里记载周朝的后妃制度是："古者天子后立六宫，三夫人，九嫔，二十七侍妇，八十一御妻。"意思是，天子有6宫娘娘、3位夫人、9位嫔妃、27位侍妇、81位妻子，加起来就有126个各种级别、各种名称的老婆。这是古代帝王后宫有文字记载可查的最早的"后妃制度"。细细品味，还真吓人一跳，在那样的时代，人口稀少，而一个天子就可拥有126个妻妾，可见统治者的荒淫贪婪。有了所谓规定，天子们自然是乐在其中，并将这种不合理的东西一代代传下去。多少女子的美貌、才华、青春成了统治者淫欲的牺牲品！

先秦帝王嫔妃的来源

先秦帝王的嫔妃，有不同的来源，有的是诸侯或是大臣的女儿，由他们的父亲献给帝王；有的是帝王们直接抢劫来的；还有的则是恩威并施，在以礼相求的同时加以武力威胁夺取的。

纣时西伯昌、九侯、鄂侯是纣任用辅助天子掌握军政大权的三公。九侯将自己美丽的女儿送给了纣。九侯的女儿不喜淫乱，结果被纣杀掉。纣还将九侯剁成肉酱以示惩罚。也有的嫔妃是帝王以双重手段才获得的，像中国历史上很有名的妹喜，她以歌舞闻名天下，桀想要得到她，一方面派说客前往提亲；一方面又伐有施求妹喜。最后有施没办法，只好送妹喜艳妆出城。抢劫也是帝王获得嫔妃的一个来源，特别是国家之间兵戎相见时，失败一国的公主及一般少女很容易被对方虏获，成为对方宫中的收藏物，有的得到帝王宠幸，便晋封为嫔妃。不过，大多数是沦为宫婢。

汉代的选妃制度

宫廷要选民间之"良家女"，是汉代的法律制度。筭，古"算"字。《汉仪注》："八月初为筭赋，故曰筭人。"即每年的8月初，朝廷为向天下征收捐税、租赋，便开始结算赋税。出入中核算赋税之官，称为"筭人"。朝廷向民间征收美女，也属于征收赋税，是每年都要进行的。每年8月是征收"良家女"的时候，此时朝廷派中大夫、掖庭丞、相工三种官员，去洛阳周围的乡间，"阅视"年龄在13岁至20岁之间的"姿色端丽""合法相"的女子，载回后宫。

在派下去征收"良家女"的官员中，"相工"之官，应多加注意。从周代起，帝王的婚姻一般由"禖"人决定，禖是一种典仪官，在古代祭祀中，为帝王向天地、鬼神、宗庙献祭，其作用叫"荐"，是联系沟通人与鬼神的人。"禖"，也写为"谋"，筹划、计算的意思，相当于"算人"这种官。"谋"与"禖"成为同一个字，则是"介绍""中介"的意思，是"襟"的延伸。"相工"顾名思义，是看相貌的人。关于相貌，其中有一套专门的学问；帝王妻妾的相貌，有理论可依，这套理论，称为"法相"。所以范晔《后汉书·后纪序》中称"阅视良家童女，姿色端丽，合法相者"。相工，必须是阉人，即宦官。凡是被看中的，就将其用车运到后宫，后宫再进一步筛选，方能决定能否陪伴皇帝。

东汉皇帝刘志要娶梁莹（其哥哥梁翼是刘志的大将军）为后，那时梁莹仅仅15岁。刘志即派遣一宫廷女官名叫吴姁的去对梁莹进行身体检查。其框框条条之多、规格之严，毫不亚于当今的遴选太空飞行员。这女官吴姁先检查梁莹的走姿，结果发现其举止优美，婀娜多姿。吴姁接着摘下她的两只耳环，散开她的发丝，查其有无脱落。继而检查其秘密部分，命其裸体，但见她皮肤滑腻，有如凝脂，冰清玉洁，如芙蓉出水，证明皮肤良好。再查其乳房隆起，发育良好趋于成熟，表面发育正常。肚脐优美，能容下半寸珍珠。之后，吴姁对她的腋窝与脚底都检查了，结果令人满意，梁莹才成了刘志的皇后。

皇后只有一个，享受的待遇当然是至高无上的。自汉武帝刘彻、汉元帝刘奭起，不再像其先辈刘邦、刘恒那么土里土气了，他们知道以女色取乐，并且越多越好。以后，汉后宫的宫妃数目成倍地增长，远远超过3000。这么庞大的后宫妻妾，自然需要相应的管理，于是，严密而分明的等级制度应运而生。

从《汉书·外戚传》中可以看出其称谓之繁杂，等级之森严："汉兴，因秦之称号，帝母称皇太后，祖母称太皇太后，妾皆称夫人。又有美人、良子、八子、七子、长使、少使之号焉。至武帝制婕妤、女圣娥、俗华、充依，各有爵位，而元帝加昭仪之号，凡十四等云，昭仪位视丞相，爵比诸侯王。汉成帝就曾封赵飞燕的妹妹合德为昭仪。婕妤视上卿，比列侯。汉成帝时最先封大司马车骑将军许嘉之女许氏为皇后，一次偶然的机会，发现当时尚为嫔妃的赵飞燕不一般，于是把她带回宫中，封为婕妤，后废许皇后立赵飞燕为皇后。女圣娥视中二千石，比关内侯。俗华视真二千石，比大上造。美人视二千石，比少上造。八子视千石，比中更。充依视千石，比左更。七子视八百石，比右庶长。良人视八百石，比左庶长。长使视六百石，比五大夫。少使视四百石，上家人子、中家人子视有秩斗食云。"自此，历朝君主都以此为模式，根据自己的好恶增减修订。

汉代后宫妃嫔众多，在管理上增加了难度，不过此时却发明了前所未有的防闲淫逸的"守宫"。这守宫即在帝王的后宫中，有一种爬行动物，其"守护"的作用非常大，因而美其名曰"守宫"。

其实，"守宫"是一种虫子。这种虫子在后宫有专人饲养，饲养这种虫子的人叫"术家"，以养这种虫子之技而谋生。由于后宫佳丽三千，皇帝临幸的终归只是少数，那样的话，就有很多妻妾只能是"寂寞梧桐锁深秋"。为了对付那些成群的妻妾，防止她们与别人私通（防闲淫逸），"守宫"便应运而生。"守宫"如何守帝王后妃们的"贞洁"呢？首先，饲养者把虫子盛养在"拨盂"之中，并喂它们矾砂，过7天或14天后，再把虫子们"捣治万杵"，捣成细末。女人用此粉末点身，它就会终身不褪色，如果女人与别人发生性关系，则红点褪去。由于这种特殊的效用，"守宫"专用于守卫宫禁，效劳于帝王，防闲淫逸，保持帝王种性的纯正和后妃们的贞洁。其实，"守宫"就是现在人人皆知的爬行动物蜥蜴。以当今的科学发展观看，这蜥蜴的功能实属夸大其词，诈人耳目。

西晋武帝择嫔妃

西晋武帝司马炎的年号是"泰始"，当时司马炎刚刚建立起西晋政权。他登上帝位后，马上着手"博选"后宫佳丽。公元273年，为了切实做到"博选"，他先下了一条命令：挑选卿以下文武官员的女儿到后宫，若有把女子藏起来的就处以"目无君主"的罪名，直至死罪。在他还没有挑选完宫女之前，禁止老百姓结婚嫁娶，以便把所有适龄女人留着供他先行选择。第二年，又下令良家女和下级军官及小官吏的女儿5000多人，进宫供他挑选，骇人听闻，朝野愤懑，几乎导致人们揭竿而反。为了择嫔妃，晋武帝还派宦者驾着车，带着随从驰经各个州郡，物色美女。宦官们选来良家女后，再由皇后亲自挑选。这皇后便是当时大名鼎鼎的杨皇后。这样一来，晋武帝司马炎的后宫顿时爆满。史称："时，帝多内宠，平吴之后，复纳魏元帝及吴末帝孙皓的宫人数千，自此，掖庭殆将万人……"由于嫔妃多，每天不知择谁侍寝才好，于是就发明了以羊拉御车，羊车在哪个妃子的门前停下，他就与哪个妃子饮酒作乐，并睡于该妃子之室。宫人为求宠幸，有的就取竹叶擦地，有的用盐汁洒地……以使皇帝的羊车停下。

晋武帝司马炎的杨皇后为何要为她的丈夫选择嫔妃呢？原来，这位杨皇后与所有的女人一样有着同样的缺点——妒忌。有一次，来自州郡的良家女们聚集在洛阳，排着长长的队伍，杨皇后亲自督选，只留下那些长得白净的，而真正姿容美丽者全部放弃。当时有一位朝臣名叫卞藩，他的女儿卞氏长得非常漂亮，司马炎看上了她。司马炎用扇子掩着自己的嘴，私下里对杨皇后说："此卞氏绝佳！"杨皇后却反驳说："她父亲卞藩乃出身于豪门贵族。他的女儿怎能甘心做一个小小的嫔妃呢？"听了这话，司马炎深知皇后妒意，只好放弃了此事。

唐代选宫女出花招

唐高宗开元年间，天下太平，财丰粮富，达到了唐朝鼎盛时期。与此同时，高宗开始腐化堕落起来。为了充实后宫，高宗便秘密下令：挑选天下好看的女子纳入后宫，并给她们取名为"花鸟使"。这些绝色女子，被迫入宫后，便成了被奴役的宫婢。由于每年都要从民间采选民女入宫，开元、天宝年间宫女人数急剧增加。长安大内、大明、兴庆三宫，皇子10宅院，皇孙百孙院，东都洛阳大内、上阳两宫，累计大约有4万个宫女。由于当时经济发达，思想活跃，因之后宫制度不是十分严谨，有的妃子竟出身于青楼，这在后来的朝代是绝无仅有的，这是唐代第一个与众不同的花招。又据《新唐书·宦者传》记载：在开元、天宝年间，大约有宫嫔4万人。唐高宗为太子挑选妃子，曾下令百官各自"举言十岁以来的嫡女及妹、侄、孙女"，专"求汝，郑间衣冠子女为新妇"。就这样，许多良家少女相继被选入宫中，大部分成为宫女，只有少数人才会幸运地成为嫔妃。

由于后宫嫔妃众多，帝王淫乐的花样也在翻新。宝历年间唐敬宗李湛特制了一种纸箭，用纸制作箭头，纸箭头里面裹着麝香或龙涎香之类的香粉末。李湛在宫中需淫乐的时候，就把嫔妃们叫来，让她们站在一定的距离之外，他则用这种纸箭射她们，被射中的宫女或嫔妃，身上就会有香粉末沾上，因而浑身散发出浓烈的香味，但不会有任何疼痛感。当时这种纸箭被宫中人称为"风流箭"，宫嫔们都希望自己能被纸箭射中，只有被射中了，才能得到君主的宠幸，才有出头之日。因而她们当中流传有这样的顺口溜："风流箭，中的人人愿。"李湛常用这种怪招来寻乐，然后临幸那些宫女。

元代后妃体制和称谓

中国自古以来是多民族的国家，历代帝王的民族也不尽相同，因而在后妃设立的体制和称谓上亦有异同。

元代最高统治者为蒙古族，所以依蒙古民族的特殊性把皇后称为"可敦"，并保留了"斡耳朵"宫账制。"斡耳朵"意为宫殿营帐，每个"斡耳朵"设有皇后一人，下有若干嫔妃。所以皇帝同时可以有一个、两个甚至若干个皇后。忽必烈在大都城内修筑宫阙，既设立四个"斡耳朵"，同时有四个皇后。各"斡耳朵"都有自己的封邑，元朝每年还以"岁赐"的名义，给各"斡耳朵"的继承者以大批财富。成吉思汗长子术赤的儿子拔都是当时蒙古除皇帝外最有权势的人。他有 26 个妻子，每个妻子拥有一座巨大的帐幕，并配置有其他的小帐幕，放在大帐幕的后面，供奴仆居住。每一个大帐幕，还配备有足足 200 辆骆驼拉的车子（用来装贵重物品和寝具）。在安置帐幕时，拔都的正妻的帐幕放在最西边，其他的妻子的帐幕按各自的地位依次排好，这样，拔都的第二十六个妻子的帐幕放在最东边，一个妻子同另一个妻子的帐幕间距离为一掷石之远。所以，这个富有蒙古贵族的妻妾帐幕群看起来就像一座庞大的市镇。

明代皇妃选用程序

明代挑选宫女皆奉钦命而行。洪武十四年（1381 年）皇帝下令从苏、松、嘉、湖等地及浙、赣二省选民间 13 岁以上、19 岁以下的女子以备后宫。明朝天启元年，熹宗将举行大婚，先期选天下淑女年 13 至 16 者，有司聘以银币，其父母送之，以正月集京师，集者 5000 人。皇帝分遣内监挑选美女，每百人以齿序立，内监循视之，说：某稍长，某稍短，某稍肥，某稍瘠，皆扶出，遣回 1000 人。明日，诸女分立如前，内监谛视耳、目、口、鼻、发、肤、领、肩、背，有一不合格者去之，遣回 1000 人。又使通籍、姓、年岁，听其声之稍雄、稍窳、稍浊、稍吃者去之，去者 1000 人。明日，内监各执量器，量女子之手足，随后，复使周行数十步，有点像现在的选美选模特一样，目的在于以观其丰度，去其腕稍短、趾稍巨者，举止稍轻躁者，遣回又 1000 人，留者仅 1000 人，皆召入宫，备宫人之选。分遣宫娥之老者引至密室，探其乳，嗅其腋，扪其肌理，因此入选者仅 300 人。在宫一月，熟察其性情言论耳评汇其人之刚柔愚智贤否，入选者只 50 人得封妃嫔。其余的只能沦为宫婢或仆役。

清代后宫制度及选妃程序

清朝统治者比较了历史上后宫制度优劣，依照满族习俗制定了清代后宫制度。清初宫闱之中没有位号，仅是循用俗称"福晋"即元代"可敦"的转音。清顺治十五年后宫方立位号。据《清史稿·后妃传》载："康熙以后，典制大备。皇后居中宫，皇贵妃一人，贵妃二人，妃四人，嫔妃六人，贵人、常在、答应无定数，分居东西十二宫。"从以上简述可以看出，后起的称谓品级是迥然不同的，可见，到康熙年间，后宫典制才趋于完善。

清入关后时兴选秀女，其制很严，做后妃的要求更高。秀女一般从满蒙八旗中遴选，少数从汉族中挑选。咸丰时选过几个汉族小脚秀女，叫牡丹春、杏花春、武林春和海棠春，人称四春娘娘。满蒙人年龄在 13～16 岁，身体健康无残疾的旗籍女子，均须参加阅选。女 13 岁曰"及岁"，超过 16 岁曰"逾岁"，逾岁者一般不参选。适龄女因故未参选，则要求在下届参选，否则 20 余岁尚不准出嫁，违者将遭到严惩。私结姻者由该旗都统参查治罪。如果是残疾的，则须层层上报户部，经皇帝允许后方可免选。户部掌管阅选大权，由他通告各旗具备清册，准备入选。阅选地点一般在紫禁城御花园举行。引看之日，秀女排列入园，由专人目测阅选，

其方式与明代天启年选美大同小异。入选秀女除了备选补充皇妃外，还要赐给一些旁近宗室。凡获得皇帝赐予封号的人，至死不得出宫另嫁。选为皇后者则应通过大婚礼，由大清门、午门入宫，至坤宁宫完婚。

后宫妃嫔与殉葬

人类进入阶级社会之后，出现了用活人殉葬的残酷制度。远在商朝，用奴隶殉葬和祭祀的做法就十分盛行，而且规模越来越大，手段越来越残忍。到了秦朝，秦始皇死后，秦二世胡亥下令宫中没有生育的宫女全部殉葬，加上造陵墓的工匠，殉葬者数以万计。

随着人们的反抗和社会进步，自汉武帝至元朝，这一残酷制度基本被废除了。可是到了明朝，朱元璋又将这野蛮的做法重新恢复起来，并作为一种制度在明朝沿袭。

1395 年，朱元璋的次子朱樉死后，朱元璋下令王妃殉葬。从此，重开了殉葬制度。到朱元璋死时，被迫殉葬的妃嫔有 38 人。明成祖朱棣死时，殉葬的妃嫔也有 30 多个。

据史料记载，明朝的殉葬制度规定很明细，哪些妃嫔应殉葬，哪些可以不殉葬，都有明文规定。凡被册封为贵妃等高等名号的，生过儿子并且儿子被封藩的，可以不殉葬，娘家原有功勋的也可"恩免"。其余的皆殉葬。

殉葬时，先将殉葬的妃嫔带到一个房间，让她们吃饭，吃过饭后，将她们引入大堂。大堂之上，放有许多小床，让这些殉葬的妃嫔分立其上，将头纳入床上的绳扣之中，然后去床，使其吊死，最后送入墓中。

明成祖死时，他的一位朝鲜妃子也被指定殉葬，这位朝鲜妃子临被吊死前呼唤着她朝鲜乳娘的名字，其凄惨之状令监刑的太监也潜然泪下。

明朝这一残忍的殉葬制度，直到 1465 年明英宗死时，才得以废除。明英宗死前下遗诏："用活人殉葬，我不忍心去做，这件事应从我这里废止。"至此，这一制度才最终废止，画上令人心酸的句号。如果从商朝（约公元前 17 世纪）到明英宗（1465年），在这 3000 多年的历史长河中，即使除去汉武帝（公元前 140 年）至元朝（1368年）这段时间约 1400 年，在中国古代最少有 1600 年实行了人殉陪葬制度。试想，在这 1600 多年中，有多少宫中妃嫔是"红颜未老恩先断，斜倚熏笼坐到明"，"山宫一闭无开日，未死此身不令出"，又有多少人遭遇惨无人道的殉葬。因此，后宫里的妃嫔们只能是青春年华耗费，光阴虚度，只能发出悲叹，更不用说什么花容月貌、锦衣玉食、轻歌曼舞了。有诗为证：

花落深宫莺亦悲，上阳宫女断肠时。

帝城不禁东流水，红叶题诗寄予谁。

女子穿开裆裤的汉朝后宫

汉灵帝（156—189）刘宏，东汉皇帝，公元 168 年即位。在其统治期间，党锢之祸兴起，宦官把持大权，公开标价卖官，肆意大兴土木，百姓难以为生。中平元年（184 年），爆发了声势浩大的黄巾起义。

汉灵帝刘宏的"灵"在谥法中解释为，"乱而不损曰灵"，汉灵帝确实是个极度追求淫欲的皇帝。

灵帝继位之后立宋氏为皇后。宋皇后是扶风平陵人，因为她性情平和，缺乏女人味而得不到灵帝的好感。但是又处在正宫的风口浪尖上，后宫里受到宠爱的嫔妃都交相诋毁她。中常侍王甫枉杀勃海王刘悝及他的王妃宋氏，宋氏是宋皇后的姑母，王甫怕宋皇后迁怒于自己，就与太中大夫程阿诬陷宋皇后在宫廷里挟巫蛊诅咒皇帝。灵帝正愁没有废去皇后的借口，于是在光和元年收回她的玺绶，宋皇后不久忧虑而死。

接着宋皇后的父亲以及兄弟全部被杀，宫中众常侍及大小黄门在省署的人都暗中可怜宋皇后。有一天灵帝梦见已故的桓帝对他说："宋皇后有什么罪过？你听信任用奸邪的大臣和婆姬使宋皇后绝命。以前勃海王刘悝，既然已经自贬了，但还是被你杀死。现在宋皇后和刘悝都到天帝那儿去告你。天帝极为气愤，你的罪过太大，很难赦免！"灵帝被惊醒了，梦中情景却依然历历在目，他将这件事说给羽林左监许永，问他这是什么征兆。许永就趁机把宋后和渤海王无辜之状说给他听，并且请求改葬以使冤魂得到安宁，灵帝终究没有听从许永的话。不过梦是心境的外显，可见在内心的深处他多少也有一些愧疚。

灵帝十分好淫，他在后宫里随时随地看中了哪个女子长得美艳，就拉到床上交欢。汉朝的宫廷女子与后世不同的是都穿着开裆裤，听起来好像不可思议。而且开裆裤里面什么也不穿，为的就是让皇帝临幸起来方便，连衣服都不用脱。明朝末年的张献忠让姬妾不穿下衣在室内晃荡，更是青出于蓝而胜于蓝，当然这是后话了。

灵帝与众多的姬妾在西园裸体游玩，为了盛夏避暑，他盖了个"裸游馆"，让人采来绿色的苔藓并将它覆盖在台阶上面，引来渠水绕着各个门槛，环流过整个裸游馆。他选择玉色肌肤、身体轻盈的歌女执篙划船，摇漾在渠水中。在盛夏酷暑，他命人将船沉没在水中，观看落在水中的裸体宫娥们玉一般华美的肌肤，然后再演奏"招商七言"的歌曲用以招来凉气。渠水中所植的莲花荷大如盖，高一丈有余，荷叶夜舒昼卷，一茎有四莲丛生，名叫"夜舒荷"。又因为这种莲荷在月亮出来后叶子才舒展开，又叫它"望舒荷"。

灵帝与美女在裸游馆的凉殿里裸体饮酒，一喝就是一夜。他感叹说："假如一万年都如此，就是天上的神仙了。"灵帝整夜饮酒直到醉得不省人事，天亮了还不知道。宫廷的内侍把一个大蜡烛扔在殿下，才把灵帝从梦中惊醒。灵帝又让宫内的内监学鸡叫，在裸游馆北侧修建了一座鸡鸣堂，里面放养许多只鸡。灵帝每当连夜饮宴纵欲醉了以后，往往到天亮时还在醉梦中醒不过来。这时候内监们便争相学鸡叫，以假乱真来唤醒灵帝。灵帝的"裸游馆"后来被董卓纵火烧了。到曹魏咸熙年间，当年内侍为了唤醒醉酒沉睡的灵帝而扔蜡烛的地方，深夜里还有闪闪的光亮，人们说那是神光，于是就在那里盖了个祠，名叫"余光祠"。

宫女年纪在14岁以上18岁以下都浓妆艳抹，脱下衣服与他一同裸浴。西域进献了茵墀香，灵帝命人煮成汤让宫女沐浴，把沐浴完的漂着脂粉的水倒在河渠里，人称"流香渠"。

灵帝在后宫中设列市肆，让宫中的婢女嫔妃打扮成买东西的客人，而他自己装成是卖货物的商人，玩得不亦乐乎。肆中的货物都是搜刮来的珍奇异宝，被贪心的宫女嫔妃们陆续偷窃而去，甚至她们为了你偷的多我偷的少而暗地里争斗不休，灵帝却一点也不知道。他白昼与宫女们贸易，夜里就抱着她们恣意地淫乐寻欢。据《古今情海》引用《文海披沙》的记载，灵帝甚至在西园里弄狗与宫女进行交配。

宋皇后被废之后过了两年，灵帝耽于淫乐还没有打算再册立皇后。朝臣上表请求他赶紧确立中宫，因为这是国家的一个象征。灵帝便册立了贵人何氏为皇后。何皇后的出身很微贱，她是一个杀猪屠夫的女儿。但何氏的容貌美艳无比，她身高七尺一寸，肌肤如雪，亭亭玉立。灵帝一见到何氏就喜欢上了她。于是她夜夜独占灵帝，后宫又多了许多灯下打发寂寞光阴的女子。几度春风之后，何皇后怀孕生下了皇子刘辩。

何皇后的兄长何进被封为侍中，她已故的父亲何真被追封为车骑将军。何后性情刚刻多忌，正位中宫之后，时刻提防其他的嫔妃夺宠，宫里的嫔妃都很害怕她。赵国人王氏是前五官中郎将王苞的孙女，她在后宫里的姿色比何后还略胜一筹，而且能诗擅画，谈吐优雅，举止端庄。灵帝对她极为宠爱，颠鸾倒凤后不久王氏怀了孕，被晋封为美人。在汉朝宫廷妃嫔制度里美人比贵人要低一等。

何皇后将王氏恨入骨髓，私下里时刻图谋加以陷害。王美人生性聪敏，她早知道妒忌心强烈的何后不会容她，所以在进谒何后的时候用帛束住腰部，不让何后看出她怀了孕。只是腹中的胎儿一天比一天大，王美人朝夕辗转不安，便买了堕胎药喝下去。因为一旦生下儿子，可能母子都保不住性命，但是多次服用堕胎药并不见效，她想也许是天意如此，便不再喝堕胎药，听天由命了。十月怀胎后生下一个男婴，灵帝十分高兴，给婴儿取名为刘协，这就是后来的汉献帝。

生下了孩子，王美人要服药调理，何后密遣心腹内侍用鸩毒代替药物，毒死了王美人。灵帝听到王美人忽然去世的消息，急忙前去探视。他一看王美人四肢青黑，就知道是中毒而死，不禁流下了泪。不久追查到是何后下的毒，灵帝顿时愤怒难遏，打算将何后废去。胆大包天的何后这才感到害怕了，她急忙花钱贿赂曹节、张让等阉宦为她说情，灵帝一生最相信宦官，于是何后大事化小，小事化了。

虽然放过了何后，但灵帝对她从此心生顾忌，他将王美人所生的儿子刘协寄居在永乐宫让董太后抚养。由于董太后的精心呵护，刘协才没有遭到何后的暗算。灵帝怀念王美人不已，因而撰写了《追德赋》与《令仪颂》两篇辞赋纪念她，辞赋里的字句缠绵悱恻，如泣如诉。常言说失去的才是最好的，也仅此而已。

汉灵帝时阉宦流毒于天下，各地爆发了黄巾起义，汉朝的江山已经朝不保夕了。灵帝此时也显得无精打采，热衷的淫欲好像逊色了不少。传说郁林郡中有一个珊瑚市，是海客买卖珊瑚的地方。市中有数枝珊瑚呈碧绿色，一株有几十枝丫，枝间满是叶子。大的高五六尺，最小的也有一尺多。西汉元封二年（公元前109年）郁林郡进献了一个"珊瑚妇人"，皇帝命人植于殿前，宫里戏称为女珊瑚。这株女珊瑚一直枝叶繁茂，到了灵帝时却忽然枯死，世人都认为是汉室将衰的预兆。

中平六年（189年），灵帝去世，14岁的皇子刘辩即位，尊何后为皇太后。何太后临朝称制。何后的兄长大将军何进想诛杀宦官，反而被宦官所害，并州牧董卓带兵入洛阳，诛杀了宫廷里全部的宦官，废少帝刘辩为弘农王而立王美人生的刘协为皇帝。不久何后与她的母亲舞阳君也被董卓逼迫而死。这时的汉朝实质上已经灭亡，汉献帝刘协成了一个不能左右自己命运的傀儡。一个群雄并起的三国时代拉开了帷幕。

山阴公主：淫乱的血统

"龙生龙，凤生凤，老鼠的儿子会打洞。"这句土得掉渣儿的俗话，一屁股坐到了血统论那边。其实，血统的确埋伏着性格，性格便注定了某种命运。人，也讲究种儿。倘若品种低劣，退化迅疾，恐怕老天爷亲自下手，也调教不过来。

柏杨先生在《中国人史纲》里写道："南宋（指刘宋）帝国短短60年的寿命中，共有9任皇帝，其中6任皇帝都是暴君……历史上，只有这个政权拥有这么多暴君，恰恰占全部君主的2/3。"活在那个水深火热的年代，真是一场灾难。

刘宋的开国皇帝刘裕可是个苦孩子。他刚一落地，母亲就死了，父亲又抛弃了他。虽说刘裕自称是汉高祖的后裔，可惜这贵族虚名，根本就帮不了穷光蛋。5世纪之前，刘裕砍柴、打鱼、当小工，赌瘾上来还出去耍几把。外人每提这个叫"寄奴"（刘裕小名）的家伙就撇嘴，孰料，周身毛病、劣迹斑斑，并不妨碍枭雄开疆破土、建功立业。

江南三月，莺飞草长，5世纪第一缕微风，和着淡淡的花香，轻轻吹到了刘裕的前额上。30多岁，他仗剑从军，昔日那双编草鞋、掷色子的好闲游手，即将要去收拾东晋这副烂摊子。

究竟是人弄历史，还是历史弄人？所谓成败功过，简直就像变魔术。曾几何时，破衣烂衫的"刘寄奴"还在"斜阳草树、寻常巷陌"之间瞎串游；等到大幕重开，他已脱胎换骨，坐强了，坐大了，"金戈铁马，气吞万里如虎"。公元420年，刘裕一脚踢开了气数已尽的司马氏政权，威风凛凛地坐到绣龙墩上。冕旒冠，遮不住他鬓边缕缕白发，此时，刘裕整整58岁，成功来得确实太晚了。

沈约在《宋书》里动情地称赞刘裕"清简寡欲，严整有法度，未尝视珠玉舆马之饰，后庭无纨纨丝竹之音"，万万没想到，刘家后人，谁也不肯继承祖上的英雄气概和艰苦朴素的门风，反倒个个荒淫贪暴、穷奢极欲，连汤带水地遗传了其破落户的无赖本性。

南北朝全是这副德行：江山来得太突然，后辈玩得太疯狂。从创业到败家，一眨眼就过去了。刘裕的子孙，哪有几个好玩意儿？包括山阴公主在内，一群眉清目秀的衣冠禽兽，把江南三千里搅得乌烟瘴气。

杀男人，玩女人

山阴公主的底细，《宋书》笔笔在案："孝武文穆王皇后，讳宪嫄，琅邪临沂人。元嘉二十年，拜武陵王妃。生废帝、豫章王子尚、山阴公主楚玉、临淮康哀公主楚佩、皇女楚琇、康乐公主修明。"

山阴公主，名叫刘楚玉。父亲，孝武皇帝刘骏；母亲，文穆皇后王宪嫄。两个儿子、4位姑娘，并没有给这个帝王之家带来天伦之乐。不但未享天伦，刘骏竟然开创了一个极其无耻的先例——乱伦。这种丢人现眼的事儿，既遭儿女唾弃，也令后人玩火。正应了《周易》那两句判词——"积善之家，必有余庆；积不善之家，必有余殃。"前人缺德造孽，后辈都跟着吃瓜落儿。

刘宋国都，风传这样一首歌谣："遥望建康城，小江逆流萦。前见子杀父，后见弟杀兄。"老百姓已开始对刘裕身后的朝廷指指点点了。皇室成员杀红了眼，第三位皇帝刘义隆被太子刘劭杀了；刘劭篡位刚3个月，又被亲弟弟刘骏砍了脑袋。阴森森的刀头还滴着鲜血，24岁的刘骏，便迫不及待地露出他禽兽加浑蛋的嘴脸。这个精力旺盛、胡思乱想的年轻人就爱两件事：第一，杀男人—干掉他腻味的所有亲眷和臣下；第二，玩女人——跟他相中的任何女性（包括骨肉至亲）睡觉。

其实，刘骏也不是一块香饽饽，否则太子尊位就落不到别人头上。既然老爹不待见，他就没靠山。能与其掏心掏肺的人，也只有同样不得宠的母亲——路惠男。这位出身建康（今南京）的江南美女非常护犊子，她可以深闺寂寞、独守空房，唯有刘骏是她漫漫长夜里一点渔火、一盏灯光。她对儿子无原则的疼爱、偏袒，几乎到了纵容、包庇的地步，即便刘骏伤天害理猪狗不如，她也舍不得站出来叫停。

歌德曾说："永恒的女性引领男人上升。"在他眼里，女人似乎成了社会前进的动力。话说得别致，却仅言中了一半，因为如果男人追随女性太紧。也可能寸步难移，老死在温柔乡里。刘骏春秋鼎盛，身体倍儿棒，万千美女便成为他日夜欢愉的玩具。不仅那些从民间征集的女孩子遭殃，就连朝廷命妇、皇室宗族都逃不出他的手掌心。

荆州刺史刘义宣是刘骏的亲叔叔，他的4个女儿自幼养在皇宫里。小姐妹长到青春花季，个个儿杏眼桃腮、妖媚靓丽。刘骏一闻到女儿香就骨酥肉麻，他才不管什么至亲骨肉、人伦大道呢，居然把姐儿4个召上龙榻，一起睡了。《资治通鉴》里明确记载，公元454年，"帝淫义宣诸女"。刘义宣恼羞成怒，随即挑头儿造反，结果，斗不过朝廷，自己连同16个儿子全被诛杀。

铲除了这颗眼中钉，刘骏更加肆无忌惮，他干脆把4位漂亮妹妹拽到人前——封为嫔妃。据说，四姐妹中，年庚第二的楚江郡主最美。这姑娘天生丽质，美到了勾魂摄魄、令人不可思议的程度。她"善宠专房"，替刘骏生下一名男婴——刘子鸾。可惜，红颜薄命，还没过几天好日子，她就死了。尽管死者哀荣无限，皇帝却像丢了魂一样大哭大闹。

刘骏的龌龊勾当，很招天下人瞧不起，就连他的亲儿子都跟着啐唾沫。刘子业登基后，曾指着父亲的画像奚落道："此渠大好色，不择尊卑。"随后，还叫人给画像补了一大酒糟鼻子。

像楚江郡主这么"幸运"的，毕竟是凤毛麟角。刘骏对身边的绝色女子，哪里有什么情义？说白了，都是他赤裸裸的玩物。路太后居住的显阳殿，已经变成了皇帝公开的妓院。跨进这道门槛的女人，只要稍有姿色，谁都休想全身而退。路太后能怎么样？她不想管，也管不了，索性睁一只眼、闭一只眼吧。更何况，她老人家在"床笫秘戏"方面，绝非旁观者，也不清白。街头巷尾都快把后宫绯闻编成活报剧了。

后宫苍蝇乱飞，民间谣言四起。老百姓居然把当今皇帝和太后之间"乱伦"的丑事，传得有鼻子有眼。可怜，这娘儿俩被死死地绑在一起，在人们的舌尖上滚来滚去……

放荡的卧室

宫门深似海，皇室这种偷鸡摸狗的恶心事，哪个亲眼瞧见过？漫说帝王宫寝，就连山阴公主的闺房密室都讳莫如深，莫非君主男盗女娼，还得向朝臣打报告吗？既然谁也无法监控皇家卧室，那么，值得打问号的还有历代史官最直接的资料来源——《起居注》。那些芜杂的文字，详细记录着皇帝的行动坐卧走、吃喝拉撒睡……横竖都是"二手货"，很难断言哪一段绝对真，哪一节肯定假。大概刘宋极不光彩的"母子乱伦案"，能在正史中留下一笔，也属绝无仅有。

南北朝的史家各怀心事，你说你的，我写我的。"乱伦案"共两个版本：一是曾历仕宋、齐、梁三朝的沈约，著《宋书》；二是先后任职于北魏、东魏、北齐三代的魏收，执笔《魏书》。一件事，两支笔，读来却大异其趣。

《宋书·后妃列传》说得相当含糊，"上于闺房之内，礼敬甚寡，有所御幸，或留止太后房内。故民间喧然，咸有丑声。宫掖事秘，莫能辨也"。看来，刘骏恣肆放荡、纵欲乱伦确有其事，他竟敢在母亲房里玩女人。至于皇帝跟谁玩、怎么玩，恐怕只有天知道。尽管"丑声"在外，"民间喧然"，史官也不能查到水落石出，姑且存疑备考吧。沈约先生打哑语，或是真糊涂，或是为尊者讳？想必遮羞的意图更大一些。

魏收可不在乎沈约的"尊者"，他没做过刘宋的官，犯不着替人"隐恶"。《魏书》径直切开亮着，再埋汰、再牙碜也无所谓。其中一处说："骏淫乱无度，烝其母路氏，秽污之声，布于欧越。"另一处又补了几句："四年，猎于乌江之傍口，又游湖县之满山，并与母同行，宣淫肆意。"言之凿凿，几与《宋书》暗合。

奥地利医生弗洛伊德曾把古希腊神话"杀父娶母"的典故归纳为"恋母情结"，据说很多人的恋母心态，直到成年都不会消失。但弗洛伊德怪诞的"精神分析"，并不能替刘骏这种"母子乱伦"提供行为依据和道德庇护。替刘宋改换门风的，正是这个"破旧立新"的畜生。刘骏曾对刘裕年轻时用过的葛布灯笼和麻线浮尘嗤之以鼻，还当着群臣贬低祖父道："他无非是个庄稼汉，能把这些玩意儿混到手，已经相当过分了！"

464 年夏天，刘骏躺在玉烛殿里。他无限依恋地望了望成群的美人，死了。他当了 11 年皇帝，造了 11 年罪孽。即便 35 岁闭眼，活得也未免太长了。挽联应该倒过来写："公生天下哭，公死天下歌。"有这样下流的亲爹，儿女还能高尚到哪里去？

江南人刚刚松了一口气，建康城又坐下了刘骏的长子——刘子业。别看他年方 16，却比他老子还嚣张。陪伴新君同登历史舞台的，还有他的亲姐姐——山阴公主刘楚玉。

少年也疯狂

刘骏死了，刘子业来了。可怜锦绣江南，被这个傲慢乖戾、兽性大发的少年，拖进了一口大酱缸里。他的欲望毫无节制，像一场瘟疫，铺天盖地地蔓延。

早有人偷窥到刘宋的灾难了。登基大典，当着文武百官的面，新皇帝居然一点儿难过的表情都没有——亲爹尸骨未寒，再不情愿，也得装装样子啊。刘子业偏不，他大模大样地取过了皇帝的玺绶、冠冕，不客气，也不感动。这副没教养的嘴脸，令朝中的有识之士，暗自捏了一把汗。

想想也是，一个孩子，从小在仇杀、虐待、纵欲、乱伦的小圈子里耳濡目染，他的内心怎能阳光明媚、风和日丽呢？连亲人之间都扣帽子、下套子、脱裤子、动刀子，跟外人相处，更是无所不用其极。无限的权力，可引诱常人变态，也能唆使坏蛋披挂祸国殃民的盔甲。刘子业刚穿上龙袍，便进入了禽兽的野性状态。他登基一年，就被叔叔宰了，史称"前废帝"。虽说日子不长，但他却做尽了坏事。沈约在《宋书》里评论道："若夫武王数殷纣之衅，不能挂其万一。霍光书昌邑之过，未足举其毫厘……其得亡，亦为幸矣。" 17 岁被杀，都算便宜他了。由此可见，人们对刘子业的仇恨是多么强烈。

刘子业没有刘骏的文采，他的长项就是整人、杀人。

头一根肉中刺——刘子鸾。当初父亲在日，这个小兄弟竟然"子以母贵"，比刘子业更受宠。如今，老爹死了，新账旧账一起算吧。刘子业登基第一件事，就是刨坟掘墓，挫骨扬灰。刘子鸾的母亲不是生前得宠吗？入土也不叫你消停！挖出来，抛尸荒野。还把老爹为这个女人修建的新安寺拆毁，和尚、尼姑一块儿杀掉。刘子鸾，名曰王爵，还不是案板上一条任人宰割的死鱼？皇帝的杀手一到，他必须引颈就戮。临终，刘子鸾仰天长叹："只希望下辈子，别再托生于帝王之家了！"

同辈遭殃，长辈也未能幸免。刘子业的两位亲叔叔，一个肥，一个胖，竟被活活地关进笼子里，饿极了，就趴在地上吃几口残羹剩饭。皇帝还送他们一个侮辱性的外号——猪王。哪天皇帝想杀人了，便把这群叔叔抓起来，随时准备开刀。上至皇亲贵胄，下至荜户蓬门，江南笼罩在一片白色恐怖之下。《宋书》描述这段人人自危、战战兢兢的日子，"帝凶悖日甚，诛杀相继，内外百司，不保首领"。

《魏书·列传》的记载更血腥："子业召其南平王铄妃江氏偶诸左右，江不从。子业曰：'若不从，当杀汝三子。'江犹不从，乃鞭一百，杀其子敬猷等。"威逼南平王的妃子和贴身侍卫交配，不听话就打屁股，甚至杀害人家无辜的儿子。他常在宫里举办这种"色情派对"，嫔妃、公主和朝廷命妇被迫赤身裸体，被那些侍从猥亵、蹂躏……

刘子业的母亲王宪嫄深知儿子是个忤逆不孝的畜生，可她也无能为力。王太后沉疴在床，刘子业也不肯去看一眼，愣说："病人房里闹鬼，太吓人了，我可不去那种倒霉地方！"这番话气得王太后破口大骂："快拎把刀来，剖开我肚子看看！为什么我生了这么个狗杂种啊……"王宪嫄被活活气死了，享年 38 岁。

对王宪嫄来说，死亡是最大的解脱，两眼一闭万事清静。她怎能预料，自己喂大的儿子、奶大的姑娘，早就做了亘古罕见的丑事。

姐弟秽行

刘宋的建康城，肉欲横流，纸醉金迷。与此同时，欧洲的古罗马帝国，也笼罩在一片回光返照之中。如果说刘宋宫廷里的骄奢淫逸最招人憎恶，那么古罗马则是从里到外、自上而下的酒色财气。号称"永恒之城"的罗马，到处是大理石雕刻的豪华厕所，可容纳 2000 多人的公共浴场，已彻底沦为民众集体淫乱的第二妓院。每年四五月份的所谓"花节"，等于变相的"妓女庆典"。近一个月时间里，20 万妓女花枝招展地拥上街头，为了招揽生意，她们还为陌生男性提供免费的"维纳斯服务"……生活在公元前后的历史学家李维，早就痛恨地指责这些不争气的同胞"重视财富，鄙视品德"。

任何社会，一旦出现精神层面大面积的溃疡，物欲崇拜无孔不入，甚至连最起码的荣辱观和进取心都死了，那么，这个时代的人，也就退化为可怜的"生物之群"。大理石筑成的古罗马，被甜腻的"淫风"吹得摇摇欲坠；花团锦簇的建康皇城，也沉醉在毁灭性的狂欢里。

刘宋先后出过两名"废帝"，前废帝就是刘子业，他不舍昼夜地狂欢着，唯恐荣华富贵转瞬即逝。山阴公主刘楚玉和其亲兄弟臭味相投，他俩做伴儿，玩得鸡飞狗跳、天怒人怨……

为什么要在刘楚玉登场前，翻开她家的陈芝麻烂谷子呢？还是那句话，种瓜得瓜，种豆得豆。刘宋家族的先天血统与后天教育，成就了刘楚玉这个"美丽的怪胎"：她比荒淫的色狼脸皮更厚，比残暴的君主手腕更毒。山阴公主徒具少女俊美的形骸，她和刘子业一样，只能发育成口吐人言的"双足兽"。南北朝史家措辞尖刻地编派她——"淫恣过度""肆情淫纵"，这样看来，她和短命弟弟一同被杀，也不算冤枉。

姐姐对弟弟还不熟悉吗？刘子业和刘骏完全出自一套模具，他们冷酷嗜杀，六亲不认；他们贪淫好色，不惜乱伦。《魏书》把这些丑事全抖了出来，"子业淫其姑，称为谢氏，为贵嫔、夫人，加以殊礼"。所谓谢氏，就是刘义隆的第十个女儿，被封为新蔡公主，她已下嫁抚军谘议参军何迈——这可是刘子业的亲姑姑。为了能够长期霸占，与谢氏做永久夫妻，刘子业绞尽了脑汁，最终采取了移花接木的办法：首先，"空设丧事"，谎称新蔡公主死了；然后，又将姑姑隐姓瞒名，"称为谢氏"，"而实纳之"；走漏风声之后，他索性将"情敌"何迈给杀了。

刘楚玉揪着弟弟通奸乱伦的小尾巴，非但不耐心规劝，还脱光、插足、蹚浑水。有种说法，刘子业和刘楚玉同床共枕，刘楚玉还给弟弟"拉皮条"。《魏书》披露了这桩"姐弟恋"，"时其姊山阴主大见爱狎"。寥寥一笔就说清了。

现在看来，刘子业十六七岁，还算未成年人呢。姐姐再大，也不过 20 左右吧。可是，年少不能为弥天大罪埋单。小皇帝为霸占亲姑姑而导演的"活出殡"，足见其是疯狂，而不是呆傻。他也懂得"乱伦"很丑，所以才躲躲闪闪，偷偷摸摸。姐弟俩都具备最起码的心智判断力，最后还是冒天下之大不韪，嘻嘻哈哈地滚进了一个被窝里……

我要帅哥

亲人兼情人，姐姐兼老婆。手里攥着一团乱麻，难为这个十几岁的疯子。说实话，刘子业还挺照顾山阴公主，"晋爵会稽郡长公主，秩同郡王侯，汤沐邑二千户，给鼓吹一部，加班剑二十人。帝每出，与朝臣常共陪辇"。获取如此优厚的待遇，刘楚玉并不满足，她竟然朝皇帝伸手，振振有词地索要男人。当然，要来男人绝不是为结婚生育过日子，无非是蓄养一群漂亮小伙儿当玩物。

阿Q可以在土谷祠里想女人，倘若上街吆喝跟娘们儿睡觉，便要挨嘴巴。背经叛道的事儿，往往是能做不能说，尤其在大庭广众之下，要盖上一块遮羞布。刘楚玉才不管外界怎么戳她的脊梁骨，照样忽闪着美丽的大眼睛，和弟弟谈论自己赤裸裸的企图："妾与陛下，虽男女有殊，俱托体先帝。陛下六宫万数，而妾唯驸马一人。事不均平，一何至此！"

话里话外，委屈嗔怨——男人，凭啥三妻四妾？女人，为何从一而终？咱们爹娘都一样，待遇竟这般不同……挑明了吧！弟弟要美女，姐姐要帅哥。

男性掌权，女人便是一种财富；女人当家，男性则成为一种资源。大周女皇武则天床前的"面首"，俄国女沙皇叶卡捷琳娜身边走马灯似的"男宠"，足以证明权力至高无上的女性，除了文治武功以外，同样渴望异性的抚慰。当然，刘楚玉不能跟上述女性同日而语。后人评说，刘楚玉此举有"女权意识"，意在追求男女平等。想想，未免高抬了她。要男人，还不是贪图一己之私！刘楚玉头脑里，根本就没有政治，她最上心的，除了玩，还是玩。

这回好，Playgirl碰上了Playboy！刘子业最待见此类别出心裁的"花花事儿"。虽说其他男人不敢和自己"争床"，但是，拗不过姐姐的口味，既然她喜欢，不妨就做个顺水人情。刘子业对这个肌肤相亲的女人，表现出了匪夷所思的宽宏大量。《宋书》说："帝乃为主置面首左右三十人。"首，指头脸英俊；面，指五官周正。面首，尽是百里挑一的漂亮小伙儿。皇帝一声令下，30个帅哥，齐刷刷地跪在了公主床前……

南北朝著名的《子夜歌》，既有羞答答的暗示，也有火辣辣的表白。其中一段唱道："寒鸟依高枝，枯林鸣悲风。为欢憔悴尽，哪得好颜容？"当时的女子，无论品性怎样，都愿意追随真心爱慕的男人，求一夕之欢。尽管刘楚玉生性放荡，却也是血肉之躯。剔除自身的"动物性"，依然情有独钟。她所垂青的人，是吏部一名郎官——褚渊。

褚渊俊美、飘逸，跟那30名临时征召的面首可不是一个档次。刘楚玉对他倾慕已久，这便多了几缕柔情、几丝真意。为了让褚渊死心塌地地跟自己，山阴公主不愿像弟弟那样粗暴，女人的天性使她选择了"感情"手段。显然，刘楚玉是把褚渊当成了"人"；而不是一件东西。这次，皇帝陛下亲自撮合，公主开价不高，甚至有"倒贴"的意思。她"请自侍十日"——想来可怜，如果不喜欢，刘楚玉能低三下四地伺候一个对自己并不百依百顺的男人吗？

君命难违，褚渊不得不捏着鼻子答应下来。可是，谁愿意穿新鞋踩狗屎啊？山阴公主，顶风都臭八百里，沾上这种女人，得恶心一辈子。《宋书·前废帝本纪》和《豫章王传》都写到了诸渊痛苦的"十日谈"。前者道："渊侍主十日，备见逼迫，誓死不回，遂得免。"后者说："（褚渊）以死自固，楚玉不能制也。"不管怎么说，褚渊还是活着回来了——这就饱含了山阴公主的深情厚谊。情是情，性是性，这个女人分得毫不含糊。可惜，金枝玉叶未必赶得上民间女子，这个帅哥只希望能和心上人朝夕厮守，粗茶淡饭地过一生。

那个风度翩翩的男人拂袖而去，刘楚玉远远地望着他冷漠的背影。眼里有泪吗？心底有伤吗？深夜想起这个爱过的人，还能入眠吗？

南朝屋檐下，月照无眠。是谁轻轻叹了一声，子夜吴歌便如烟如缕地飘了起来……

中国历史上最淫荡残暴的帝王

北齐开国君主文宣帝高洋在称帝前任京畿大都督，掌管外朝大政，但是他假装愚钝憨直，连他的妻子被他哥哥齐王高澄多次调戏他也假装不知道，无论国事家事，他都睁一只眼闭一只眼，只要相安无事。可是，当高澄因为专横跋扈被杀死后，他忽然变得办事井井有条，一清二楚，推行新法，把一个晋阳城管理得市井繁荣，井然有序。

东魏帝元善见看他办事认真，不怕苦累，便封他为大丞相，都督全国的军队，还承袭了他哥哥的爵位，当上了齐王。可他哪里知道高洋早有当皇帝的野心，经过密谋策划，终于逼东魏帝元善见禅位，自立为帝，国号齐，历史上称为北齐。

当了皇帝的高洋，嗜酒成性，变得昏乱妄为，脾气暴躁，甚至泯灭人性，大发兽性。有时喝到酣畅时，他自己就起身擂鼓，然后跳舞，直跳得筋疲力尽。有时他脱光了衣服，乱叫乱闹。有时他披头散发，穿上胡服，到街上挥刀舞剑。有时又随意乱走，到大臣或勋戚家乱闹一通，搅得人人胆战心惊。三伏天，他赤身裸体躺在地上晒太阳；三九天，他在风雪中光着身子跑来跑去。他不但自己发狂，还让随从们也仿效他，弄得随从们苦不堪言。

高洋极爱喝酒，常发酒疯，酒劲上来，往往人性泯灭，兽性大发。一次，他斥退左右，疯狂地撕扯他父亲的小妾尔朱氏的衣带，企图强奸尔朱氏。尔朱氏不从，双手紧紧护住身体，哀求他千万不要乱伦。高洋假意应允，却用刀捅进尔朱氏的下体，在尔朱氏死前痛苦的挣扎中获得快感。又有一次，他竟残暴荒淫得失去人性，将自家宗室的全部女人聚于宫中，要她们脱光衣服，然后叫他的宠臣去跟这些女人群交乱淫。高洋瞪着血红的眼睛狂笑不止。

对待自己的亲生母亲，高洋同样丧失人性。有一次，母亲劝说他不要荒淫，他却勃然大怒。他扬言，如果母亲敢再管他的事，就把她嫁给胡人，让胡人去糟害她。当时胡人有个风俗，一个女人嫁给哥哥，哥哥死后，弟弟有权娶嫂为妻。胡人粗鲁残忍，尤其喜欢中原女人，如果一个胡人得到一个汉人女子，弟兄几个会日夜奸淫，其后果是可想而知的。

高洋对母后都敢如此，其后妃的遭遇就更加悲惨了。

高洋有个宠妃姓薛，早先与清河王高岳相好，后被高洋看中，强行将她迎入宫中。薛氏的媚惑之术，令高洋感到新鲜、刺激，他那三千宫娥顿时变得索然无味。薛氏极受宠幸，被封为薛嫔。薛嫔有个姐姐，长相也很妖艳，高洋干脆将她也弄进宫来。高洋与薛氏姐妹，有时一连数日不离床榻。两姐妹则极尽风流，博取高洋的欢欣。她们自以为得计，便恳请皇帝封她们的父亲为司德公。高洋知道，薛氏姐妹的父亲是个卖唱的人，地位卑贱，不配当官。后来他又探知薛嫔依旧与高岳藕断丝连，不禁大怒。便令人当着他的面，将薛嫔的姐姐活活锯成八块，接着又砍掉薛嫔的头，将她的尸体乱刀剁碎；又把两姐妹的血掺进酒里，让大臣共饮。他还叫乐师剔去薛嫔大腿的筋肉，用白森森的腿骨做成乐器。在每次杀人后的酒宴上，让乐师用薛嫔腿骨做成的乐器弹奏"佳人再难得"的曲子，以示对薛嫔的"怀念"。

仆射崔进是三朝重臣，曾经是高洋父亲高欢的心腹。他死了之后，高洋前往吊唁。崔进的小妾李氏见皇上驾临，连忙跪地"接驾"。李氏只有十七八岁，是个既年轻又十分漂亮的妇人，正值丧夫之时，穿着一身缟素，更显得唇红齿白，不施脂粉，现出天生的肤如凝脂，增添几分凄艳的姿色。高洋见到李氏，又禁不住心旌飘摇，想来个雨打梨花。他不顾身在灵堂之上，当着治丧者的面，一把抱住李氏，尽行挑逗猥亵之事。李氏有重孝在身，对高洋的兽行深恶痛绝，坚决不从。高洋干脆强行撕开李氏的衣服，面对李氏诱人的躯体，他双眼通红，伸出两手要去抚摸李氏的酥胸。李氏惊呼着逃进人群。高洋恼羞成怒，令人搬来一把椅子，高坐其上，审问李氏道："这么说，你很想念故去的丈夫喽？""回陛下，"李氏颤抖着声音说，"谁不想念自己的丈夫啊！俗话说'一日夫妻百日恩'……"未等李氏说完。高洋就接过她的话头说："那好，你这样忠贞，我很佩服。现在我命令你做我的使者，前往阴曹地府，去探望一下你的丈夫，看看我的崔爱卿是否平安！"言毕，还未等李氏醒过神来，高洋就叫人杀死李氏，并亲手割下她的头，扔进阴沟，说是"送她去阴间"。

又有王氏姐妹，姐姐已嫁给崔修，妹妹被高洋封为王嫔。高洋有个丑恶癖好，特别喜欢淫人妻女。他多次借故去崔修家，一边挑逗他的妻子，一边直截了当地对崔修说出自己的要求。崔修竟然毫无怨言，一切照办，后被高洋提拔为尚书郎。

段昭仪是段昭之妹，地位仅次于皇后。高洋与段昭仪成婚之日，段昭的妻子元氏按风俗闹洞房，玩笑开得过大了一点。高洋不顾自己大喜的日子，竟在婚宴上对段昭说："你给我听着，我非杀了你老婆不可！"段昭仪从中劝解，高洋不予理睬，吓得元氏只好逃到高洋生母韦太后家中，直到高洋死后才敢露面。这时，她因过度惊恐，神经已经失常了。

高洋的女人，只有一个没有受到他的欺侮，那就是皇后李氏。李氏是汉人，才色俱美，高洋为太原公时娶她为妻，当上皇帝后立她为皇后。高洋对众多妃嫔虽喜怒无常，厌烦了就杀掉，但对李氏却以礼相待。至于对李氏的母亲和姐姐，他就另眼相看了。一次酒后，高洋闯进岳母家中，见岳母一副养尊处优的样子，发起无明之火。他从随从手里拿过弓箭，一箭射中岳母的脸，并对流血如注的岳母说："我打过母后，还没有打过你，这不公平，我还要打你一顿才好。"于是又命令手下抽了岳母一百鞭子才罢休。

李皇后的姐姐是魏安乐王元昂的妻子，长得香艳迷人。高洋早就对她垂涎欲滴，于是故技重演，借口到元昂家饮酒，酒后装疯，同李皇后之姐调情。他故意把酒洒在自己身上，让李姐为他擦拭，趁机在李姐身上摸摸捏捏。他甚至将酒吐在裆处，要李姐清理。正当李姐把手伸过去，擦也不是，不擦也不是时，高洋突然一把把李姐抱住。元昂和李姐拒不受辱，面呈不快之色，高洋虽欲火中烧，却无从下手。

为了得到李姐，高洋想将她纳入宫中当三昭仪，但又怕她留恋丈夫，便心生一计，找个借口，召元昂进宫，用乱箭射死。李姐设置灵堂，祭奠元昂。高洋假装前往祭祀，欲火攻心的高洋就在元昂灵前把李姐奸污了。朝廷命官吓得从此不敢蓄美纳艳，有了美女也只送往宫中。

一天早晨，住在北齐皇宫附近的一户李姓居民，起床后忽然发现屋檐下有一群蓬头垢面、赤身露体的男人。他赶忙向官府做了报告。地方官带着兵役赶来捉拿这帮人时，看见其中一人正在奸污李氏的女儿。小女呼天抢地地哀号着，施暴者却哈哈大笑，连地方官到了面前都视若不见。地方官不禁大怒，心想这畜生竟在光天化日之下强奸幼女，正要喝令拿下。谁知"拿"字还未出口，这地方官已吓得屁滚尿流，慌忙俯伏在地，口称"死罪"。原来那个奸淫幼女的人，正是当今皇帝高洋。

到了三十岁，高洋已经不能吃饭了，每天只靠几碗酒度日，最后终于死在昏醉之中。历史上，像高洋这样的淫迷狂皇帝，还是少有的。曾有人说，高洋是因为酒醉才乱性，应该说，他是借酒装疯，酒后暴露了他荒淫、残暴的本性。

乐于为妓的胡太后

"当后何如当妓乐"，此话出自南北朝时期北齐的胡太后之口，相信会让很多人喷饭。但俗话说人各有志，职业不分高低贵贱，人家胡太后当然有乐于为娼的自由。香港电影《性工作者十日谈》中，有这样一个妓女，名为"Happy"，她对自己的要求就是做一名快乐的妓女，热爱性工作者这份职业，只是难免有点逼迫自己苦中寻乐的辛酸。但胡太后却是真正做到了"happy"，实属罕见。缘何为后不如为娼？且听分解。

胡氏是个美人，出身名门，在朝廷举办的选美活动中胜出，被选为长广王妃。武成皇帝高湛继承了北齐的皇位后，将长广王妃胡氏册立为皇后。但是胡氏却并不得宠，和大多数嫔妃一样，被武成皇帝冷落，成为宫中空洞的摆设。但胡太后是不甘心做怨妇的，她有自己找乐的法子。

"初武成时，后与诸阉人亵狎"（《北齐书》），实在是有些猥琐不堪。后来，胡皇后找到了一个正经情人，他是皇帝的宠爱亲信和士开。据说和士开相貌英俊，风度翩翩，两人是一拍即合。这在丑态百出的南北朝各个短命的皇朝中，也算不得是什么新鲜事儿。武成帝沉迷于自己的嫂子，所以对胡皇后的寻欢作乐也不计较，依旧宠信和士开，也依旧让胡氏做着皇后。这夫妻俩可谓是各得其乐，谁也不干涉对方的自由，大有现代开放夫妻的新潮气息。

和大多数南北朝时期的皇帝一样，武成帝也沉迷于享乐，把国家大事都抛一边。在和士开的劝说下，武成帝把皇位让给了胡皇后的儿子、太子高纬，自己则退居二线，全心享乐。胡氏从皇后变成了太后。短命的皇朝，短命的皇帝，3年后纵情声色的武成帝因酒色过度而一命呜呼。之后，胡太后与和士开的关系几近公开化，和士开权倾一时，结果引来杀身之祸，后被高纬的弟弟高俨设计所杀。胡太后失去了这个情人，只能另寻他欢。这次，她把目光投向了寺院。后宫偷情之事，似乎也有规律可循，她们选择的对象一般无非也就是太监、近臣和僧侣。皇宫和寺院是嫔妃们有限的活动场所，所以她们能接触到的男人也不过这几类而已。

胡太后与僧侣昙献私通，甚至把龙床也搬到寺庙里，这几乎成了公开的秘密，只有儿子高纬还蒙在鼓里。一次，高纬见太后身边的两名女尼秀色可餐，让她们侍寝，谁知扒下衣服后竟发现都是男人。原来，他们都是胡太后召进宫来的淫乐工具。东窗事发后，胡太后被幽闭于北宫，失去了自由。不久后，北齐灭亡。胡太后和高纬的皇后一起流落长安，最后竟沦为娼妓，一下从"母仪天下"跌至卖身为生，这种落差非常人所能承受。但胡太后却兴高采烈地接受了这种命运转变。从幽闭的冷宫中来到外面的花花世界，让她欣喜若狂。此时的她大致40岁，应该是徐娘半老，风韵犹存。北齐的太后和皇后双双沦落为娼，全长安城都为之震撼，无数男人纷纷前往捧场。

要是换作他人，可能会选择自杀而免辱，但是胡太后却并不认为做妓女是种耻辱。做太后怎么会比做妓女快乐呢？胡太后自有一套哲学，大抵是一种快乐至上的东西。做妓女不必像做皇后、太后一样，要假装高贵，假装矜持。以现代的眼光来看，胡太后应该算是一位性解放先锋了。即便很多人都骂她是荡妇，但在我看来，胡太后自有她的可爱之处。至少，她认为职业不分高低贵贱的想法就非常超前，高于众人。

大唐才女上官婉儿：石榴裙下的极致风流

中国历史上，武则天是独一无二的女皇帝，追随女皇左右、深受信赖的上官婉儿，尽管没有明确的封号，实际属于手握实权的"女宰相"。翻翻中国历史，这种权倾朝野的铁腕女人，简直是凤毛麟角。一方面，她姿质绝佳，天赋灵犀，具有卓越的学识和文才；另一方面，她玩弄权术，驾驭政治，石榴裙下掩藏着极为淫荡的私生活。

和其他爬上权力巅峰的人物一样，上官婉儿也曾有过凄苦卑贱的出身。因为爷爷上官仪政治上排错了队，公元664年，他们全家获罪——杀！包括上官婉儿的父亲在内，很多亲人都掉了脑袋。这时候，可怜的小婉儿刚刚降生，还没吃几口奶，便随着母亲郑氏做了朝廷的"官奴"。虽说侥幸保全了性命，可是处境极为低贱。母亲拼死拼活地干苦力，跌跌撞撞地拉扯着小女儿。当然，败落的官宦人家也很有见识，母亲千方百计让婉儿接受全面而严格的正统教育，这可是将来安身立命的资本。小姑娘太聪明了，一点就透，刚四五岁，就做得一口漂亮的诗词。

《旧唐书》在列传中讲了一个半真半假的故事：郑氏怀孕期间，梦见一名巨人送来一杆秤，嘱咐说："持此，称量天下！"好大口气呀！称量天下，岂不就是皇帝身边说了算的人物？大概要生儿子吧？孰料呱呱坠地的却是个肥白的女婴。失望！做梦的事只能当姑妄一笑了。

武则天终于给了破败的上官家族一个翻身得解放的机会。她久闻上官婉儿的才学，便将那对可怜的母女召进了皇宫。现场考试，满意极了，于是除了她们母女的"贱籍"，还把婉儿留在身边，担任掌管诏书的贴身秘书。那年，上官婉儿刚刚14岁，从此涉足政坛，一步一步接近了当朝的权力核心。

新手总有拿不准的时候。上官婉儿也需要宦海沉浮，不断历练。因为不听话，武则天差一点儿宰了她，碍着根深蒂固的"爱才癖"，武则天只在姑娘粉嫩的额头上刺了一个乌黑的犯罪标志，这种近乎毁容的刑罚叫作"黥面"。虽说额头不完美了，上官婉儿依旧是光彩照人的大美女。她利用两种最厉害的东西在宫里混：一、头脑；二、姿色。

才华固然重要，干得好不如嫁得好。16岁，大约是念高中的年纪，上官婉儿妖媚地倒在皇太子李显怀里，她深知这

上官婉儿

种"政治投资"的重要意义。此后，李显被废，远戍钧州、房州，上官婉儿又坐到了武则天亲侄子武三思的大腿上。她利用皇帝秘书的便利，替这位情人频开绿灯，大讲武三思的好话，甚至有意排异李唐皇室。李家的人怎能不恨这个多事的娘们儿？

风水轮流转，李显咸鱼翻身了。705年，唐中宗李显又从衰老的武则天手里接过了皇权，"老相好"上官婉儿随即投靠。她被册封为"昭容"，其实，就是皇帝的小老婆。按《旧唐书》的说法，她的地位仅次于皇后1人、妃子3人，属于"九嫔"的第二名。婉儿负责的具体事务，还是内阁秘书长。有了政治靠山，她仍觉不稳固，便在李显大老婆韦皇后身上押了宝。最奇妙的手段便是引荐情人。很快，细皮嫩肉的武三思顺着婉儿的牵引，爬进了皇后娘娘温暖、华丽的被窝。对此，天性懦弱的"妻管炎"李显总是睁一只眼、闭一只眼，他的原则就是：只要老婆快活就好。李显、韦后、婉儿、三思，经常关起门来，在皇帝的床上鬼混……

这一时期，是上官婉儿红得发紫的巅峰阶段。在她倡议下，天下大兴文学之风，各种各样的赛诗会像今天选拔"超级女声"一样，如火如荼地折腾起来。皇宫里更热闹，帝后王公率先垂范，文采飞扬的婉儿理所当然成了焦点人物。她当仁不让地支持会议，不但代帝后捉刀作诗，还充任考评裁判，并对文才绝佳者实施奖励。据说第一名可以荣获黄金铸造的"爵"一尊，这可比奥林匹克的冠军奖牌名贵多了。

女人成为炙手可热的人物，投机钻营的人便纷纷投靠。提拔个把行政官员，对于婉儿来说简直是小菜一碟。话又说回来，她毕竟是有七情六欲的健康女人，环顾人生，她美中不足的还是"私生活"。于是，婉儿秘密购买私宅，在宫外和一些风流倜傥的花花公子们勾勾搭搭。《新唐书》说："邪人秽夫，争候门下，肆狎昵……"要命的是婉儿还为这帮家伙谋求政治利益，很多人踩着她温柔的肩膀做了显官。

她最有名的情夫就是崔湜。小伙子模样好，两人初相识时他也就二十三四岁。那时，婉儿已不是情窦初开的小姑娘了，已经40多了。按年岁，徐娘半老，她差不多可以当小崔姑姑、阿姨了。为了报答婉儿的垂青，小崔厚颜无耻地引荐了自己的3个亲哥哥：崔莅、崔液、崔涤。他们个个帅，个个花，自然成了婉儿床上的心肝宝贝。很快，崔湜被她弄到了副部级领导。即便崔湜犯错误，也没关系，皇上跟前一嘀咕，随即豁免，而且一步一步升到了宰相的高位……

清朝有位诗人感叹："妻子岂应关大计？"其实，这与"红颜祸水"的说法遥遥相对，都是强调女人在政治问题上作用的大与小。在权力问题上，男女并无本质不同。人熬到"一言兴邦、一言丧邦"的显赫位置，任何性别都会起到改变历史进程的作用，尽管那只是一种千载难逢的偶然性。

上官婉儿总算闹到头了，她的克星就是政治新秀李隆基。毕竟树敌太多，一切哀求都无济于事了。景龙四年（710年）夏天的一个晚上，李隆基操纵的宫廷政变爆发。夜幕中刀光一闪，上官婉儿惨叫着倒在了血泊里。那年她刚刚47岁。

清代官场的"艳照门"

光绪八年秋冬，大清官场上传开一条绯闻，主角系进士出身，时任礼部右侍郎有名士之称的宗室爱新觉罗·宝廷。

原来，宝廷奉旨赴福建任乡试主考官，出闱发榜后取道浙江回京。依制度，代表皇上主持一省抡才大典的钦点差使关防极严，来回行程都需要按照兵部颁发的勘台（出差证明）驰驿按站而行，不许携带家属，不许游山玩水，不许接触亲朋好友，也不许多带仆从骚扰地方。宝廷大概是嫌旅途寂寞，便乘坐"江山船"走水路。

"江山船"又叫"花船"，专向客人提供大姑娘、小媳妇（类似今K房小姐）卖唱伴游，亦名"船妓"。其中有一个小名叫珠儿的，虽然脸上生有痘瘢，但在高度近视的宝廷眼里却是雾里看花，赛过西施，遂与船主议定身价，写了契约，包为"二奶"。孰料行至袁浦（今江苏淮阴西南）地界，被当地知县觉察盘问。宝廷为免欺君之罪，只好抢先递上请罪折子，自请从重惩责。当年除夕，皇帝出谕将"宝廷着交部严加议处"，来年正月，处分颁布："革礼部右侍郎宝廷职。"（《光绪朝东华录》）

后来，好事者作诗嘲云："昔年浙水载空花，又见闽娘上使槎。宗室八旗名士草，江山九姓美人麻。曾因义女弹乌柏，惯逐京娟吃白茶。为报朝廷除属籍，侍郎今已婿渔家。"（《异辞录》）事实是经此一革，宝廷再未能重返政坛，当真是以船家女婿了此一生了。

宗室身份，进士出身，自同治七年入翰林以来，不到15年时间已经位居副部长级，像宝廷这种条件，其仕途绝对可称前程无量，但居然为一麻小姐而轻易断送，可见古代对此类事件的处分之严。

事实上，清朝不仅严禁官吏招妓陪酒，还在雍正年间撤销了延续千年的"教坊"系统，另设和声署掌奏殿廷朝会燕飨之乐，从此，所谓"官妓"成为历史名词，而其他如严禁官吏宿娼、挟妓饮酒、与部民通婚、与民妇通奸等各种维护官箴吏德、防范权色交易的法令，清朝亦在历代中最为齐全，对违令者的惩罚力度亦超过前代。

道光时，镇国公绵顺带妓女赴庙内唱曲，事发后道光帝严令查办，结果绵顺被革去公爵。不过也就是在道光时期，大清的末世光景开始显露，官吏冶游逐渐增多。《清稗类钞·娼妓类》中记载："道光以前，京师绝少妓寨，金鱼池等处，特舆隶溷集之地耳。咸丰时，妓风大炽，胭脂、石头等胡同，家悬纱灯，门揭红帖，每过年，香车络绎，游客如云，呼酒送客之声，彻夜震耳。士大夫相习成风，恬不知怪，身败名裂，且有因之褫官者。"

首善之区尚且如此，地方上不问可知。曾国藩攻克南京，受命总督两江，"欲兴商业，效官仲之设女闾也，因令于青溪设妓院……招四方游女，居以水榭，泛以楼船，灯火箫鼓，震炫一时"。江宁知府涂宗瀛不知道开放"红灯区"乃曾国藩招商引资的绝妙好计，"亟檄县厉禁"，曾国藩开导他说："淮河灯船尚落落如曙星，还远未达到我原先所计划之画舫千百、笙歌彻宵的规模。"

为帮助大家卸下思想包袱。"次日，（曾国藩）约幕府诸人买棹（赴秦淮河上）游览，并命江宁、上元二邑令设席款涂（宗瀛）。一时士女欢声，商贾麋集，河房榛莽之区，白舫红帘日益繁盛，寓公士著闻风来归，遂大有丰昌气象矣"。

对比历朝各代的官场"艳照门"，晚清以国门敞开的缘故复有与国际接轨之胜。光绪二十五年（1899 年）七月，刘学询以皇太后、皇上特使身份赴日本考察商务。在日期间，他与东洋妓女打得火热，索性将公务会谈的地点也安排在嫖娼招妓的酒楼中。

光绪二十九年，贝子载振与外务部左侍郎那桐结束访日回国，"神户华商宴之，复大集声伎"。那桐后来记述说，载振与他在日本期间曾多次观看女伎表演，"实为平生未睹之乐"。

恃权猎艳、权色交易的官道远不只嫖娼宿妓一途，晚清谴责小说名家李宝嘉一部未完成的《官场现形记》对其极尽描摹。然而，无论文学概括得多么典型，形象塑造得多么生动，终究赶不上现实生活的鲜活创新。就在李宝嘉病故的次年，大清官场又有一幕权色交易被曝光"现形"，当事人级别之高贵、身份之尊隆，均为李宝嘉小说中所未有。

光绪三十二年九月，清廷因有东北三省改设督抚的计划，特派贝子、农工商部尚书载振及巡警部尚书徐世昌等人前往奉天、吉林等地查办事件。载振乃庆亲王奕劻（时任首席军机大臣，可谓大清官场顶尖上的人物）的世子，天潢贵胄的血统，加上本人也是部院大臣，其在当时的显贵毋庸细述。

载振奉旨出京，途经天津，马上有直隶总督、北洋大臣袁世凯向他推荐督办天津巡警工程捐务事宜的段芝贵充当随员。段芝贵人本猥贱，无才可叙，但善于迎合，数年间便由佐杂爬到道员。这一回靠袁世凯引荐，段芝贵才得以抱上振贝子的粗腿，一路逢迎，无微不至。

来到东北后，段芝贵亲睹白山黑水的幅员辽阔、物产丰富，知道下手弄钱的机会很多，不由心怦怦然，竟想趁行政改制之际，弄一个黑龙江巡抚干干。然巡抚是省部

历史趣谈

级封疆夫吏，而此时的段芝贵仅仅是一个未曾引见过（未放过实缺）的道员，距离巡抚还差一大截。不过好在无论什么缺分都可标价出售，段芝贵自可循此途径交易。

彼时天津有个唱花旦的女伶杨翠喜，颇有声价，载振初到天津时曾看过她的戏，事后说起仍称羡不已。段芝贵返回天津后，先以12000两银子将杨翠喜买下，赠予载振为妾；又向天津富商王竹林贷银10万，献给奕劻做寿礼。

火到猪头烂，钱到公事办。来年三月初八，东北三省增设巡抚及授职的上谕正式发布，段芝贵先被提为布政使衔，再以这个赏衔署理黑龙江巡抚一职。

任命东北三抚的朝报公布后，立时舆论大哗，段芝贵色贿贝子、财贿王爷的得官真相很快暴露于世，人言啧啧。三月二十五日，监察御史赵启霖以此为题，点名参劾："在段芝贵以无功可纪无才可录并未曾引见之道员专恃贪缘，骤跻巡抚，诚可谓无廉耻；在奕劻、载振父子以亲贵之位，蒙倚畀之专，唯知广收赂遗，置时艰于不问，置大计于不顾，尤可谓无心肝！"奏章一上，满朝震动。当天皇帝发布上谕，先将段芝贵"撤去布政使衔，毋庸署黑龙江巡抚"，同时又指派醇亲王载沣、大学士孙家鼐马上就赵启霖所检举的问题进行调查，"务期水落石出，据实复奏"。

但让醇亲王查庆亲王，用不着开始就能想到结果。果然，四月五日，载沣、孙家鼐联名以查无实据复奏，上谕"赵启霖着即行革职"（《光绪朝东华录》），载振则自请辞职以息众怒。

屈指计算：段芝贵斥银112000两，做了半个月的巡抚梦；载振藏娇未成，制造了清朝有史以来最大的"艳照门"；赵启霖不畏权势，秉公直言，愈为清议所重，未满两个月即开复原职；更加得分的是杨翠喜，"寻常里巷中人，非有倾国之貌；因缘时会，亦得挂弹章，腾万口"（邓之诚《书杨翠喜案》），冠以"政坛超女"是绝对无愧的。